课程思政理念与实践：安徽财经大学课程思政优秀案例选编

丁忠明　主编

中国财经出版传媒集团
中国财政经济出版社

图书在版编目（CIP）数据

课程思政理念与实践：安徽财经大学课程思政优秀案例选编 / 丁忠明主编 .—北京 ：中国财政经济出版社，2021.12

ISBN 978-7-5223-0877-7

Ⅰ . ①课… Ⅱ . ①丁… Ⅲ . ①高等学校 — 思想政治教育 — 教案（教育）— 安徽 Ⅳ . ① G641

中国版本图书馆 CIP 数据核字（2021）第 217769 号

责任编辑：彭　波　　　责任校对：张　凡
责任印制：史大鹏　　　封面设计：卜建辰

中国财政经济出版社 出版

URL：http：//www.cfeph.cn

E-mail：cfeph @cfemg.cn

社址：北京市海淀区阜成路甲 28 号　邮政编码：100142

营销中心电话：010-88191522

天猫网店：中国财政经济出版社旗舰店

网址：https：//zgczjjcbs.tmall.com

北京财经印刷厂印刷　各地新华书店经销

成品尺寸：185mm × 260mm　16 开　34.5 印张　665 000 字

2021 年 12 月第 1 版　2021 年 12 月北京第 1 次印刷

定价：138.00 元

ISBN 978-7-5223-0877-7

（图书出现印装问题，本社负责调换，电话：010-88190548）

本社质量投诉电话：010-88190744

打击盗版举报热线：010-88191661　QQ：2242791300

PREFACE 前言

习近平总书记在全国高校思想政治工作会议上强调，要坚持把立德树人作为中心环节，把思想政治工作贯穿教育教学全过程，实现全程育人、全方位育人。以“课程思政”为目标的教学改革，既是对“教书育人”的教学本质的回归，更是对党领导下的高等教育培养什么人、怎样培养人、为谁培养人等根本性问题的回应。充分理解“课程思政”的关键内涵，深入把握其中的价值意蕴，积极探索实施路径，有利于我们的“课程思政”更多地体现教育目标、发挥教师作用、凝聚学生目光。

安徽财经大学深入贯彻落实习近平总书记关于教育的重要论述和全国教育大会精神，贯彻落实中共中央办公厅、国务院办公厅《关于深化新时代学校思想政治理论课改革创新的若干意见》，以及教育部《高等学校课程思政建设指导纲要》等文件要求，把思想政治教育贯穿人才培养体系，全面推进高校课程思政建设，学校出台了《安徽财经大学课程思政工作实施方案》《安徽财经大学“三全育人”综合改革建设方案》《安徽财经大学课程育人工作方案》等一系列相关规章制度，切实保障思政课程和课程思政的持续建设。为探索学校落实立德树人根本任务，充分发挥专业课程育人功能，构建“三全育人”理念下的“课程育人”模式，学校成功举办了“课程思政”教学设计大赛。各参赛教师结合自己的学科特色，充分深入挖掘各门课程蕴含的思政元素育人功能，既讲解了专业知识，又启迪学生做人做事的人生道理，把思想政治教育的内涵潜移默化融入课堂教学中。

为全面推进课程思政建设，2021 年安徽财经大学组织开展了征集和评选优秀“课程思政”教学设计案例活动，得到全校教师的热烈响应。教师们砥志研思，踊跃参赛，极大地促进和推动了学校思想政治理论课改革创新，提升教师“课程思政”教学能力。教师们从“课程思政”教学设计思路、教学展示、课程思政教育心得体会等方面结合不同课程特点、思维方法和价值理念，深入挖掘课程思政元素，有机融入课程教学，达到润物无声的育人效果。本书整理了此次获奖教师的优秀“课程思政”教学设计案例38篇，汇编成集，付梓成书，以供广大教师交流学习。

CONTENTS 目录

一等奖

二等奖

三等奖

优秀奖

一等奖

• 经济学

“税收学”课程

经庭如　财政与公共管理学院税收学系　教授
廖晓慧　财政与公共管理学院税收学系　副教授

一、课程思政教学设计思路

（一）课程基本信息

课程名称：税收学
课程类型：专业基础课程
课程性质：必修
开课年级：大学本科二年级
学　　时：36学时
学　　分：2学分

（二）课程目标

“税收学”课程为我校较早开设的专业核心课程，早在1980年就已设立（时名为《国家税收》）。此后该课程一直是我校经济类专业主干课程，至今已有40余年的历史。经过几代财税学人的努力，“税收学”课程已打造成一门知识能力素养有机融合、课程内容紧贴时代发展、教学形态丰富多样，并且具有一定挑战度的高阶性课程。

“税收学”课程作为专业核心基础课程，是财税专业学生接触的第一门专业课程，肩负着奠定专业根基，引领专业方向的重要职能。课程紧紧围绕立德树人这一根本任务，秉持“全程育人、全方位育人”理念，实现课程思政对知识、能力、素养全过程覆盖。

【知识目标】深刻阐释税收学基本原理，探究税收学理内在传承逻辑，紧密贴合最新税制改革实践，将税收理论与本土情境深度融合，培养学生“知有所合”之智。

【能力目标】全面拓展实践空间，以1个税收实验班为抓手，依托3间财税实验室、4大类涉税赛事、26家校外实习基地，切实提升学生解决现实税收问题能力。

【素养目标】以培养学生家国情怀为更高目标，引领学生从人民福祉和国家治理高度看待税收问题，通过价值塑造，升华学科素养。

【思政目标】

知识方面：研究梳理中国税收历史沿革，把握中国财税制度发展规律，深刻理解习近平新时代中国特色社会主义思想中关于财税问题的理论阐述，培养文化自信与理论自信。

能力方面：回应新时代税收人才需求，关注国内外新形势下税收制度建设与改革，引导学生客观理性进行税收国际比较，坚持制度自信。

素养方面：深入解读“十四五”新时期税收政策，理解税收作为国家财力源泉，是国家治理的基础和重要支柱，也是人民福祉的制度保障，践行道路自信。

（三）课程内容简介

“税收学”课程以“为什么要征税——怎样征税——征税的影响”为逻辑主线，系统阐述税收学基本原理，具体分为税收理论、税收制度、税收效应等三大板块12章内容。

第一部分：税收理论发展（第1~5章），包括税收起源与历史、税收概念与性质、税收原则、税收负担、税负转嫁与归宿。

第二部分：税收制度构建（第6~9章），包括税种设置与税制结构、商品税、所得税、财产及其他税。

第三部分：税收效应分析（第10~12章），包括最优税制选择、税收微观经济效应、税收宏观经济效应。

（四）课程思政融入设计

党的十八届三中全会提出“财政是国家治理的基础和重要支柱”，这将财税专业教育提升到前所未有的高度。财税专业要培养“为国理财，为民谋福”的创新型应用型人才，既要站位高远，也要脚踏实地。“税收学”课程坚决贯彻习近平总书记在全国高校思想政治工作会议提出的课程思政精神，坚持“把立德树人作为中心环节”，用好课堂教学这个主渠道，将专业教学与思政教育深度融合，同向同行，构建知识、能力、素养融合发展的全课程育人格局。

课程以“国家治理现代化”为核心抓手，以“上—下、古—今、中—外”三个维度，重构税收理论、制度、效应分析，从而将税收问题深度嵌入经济社会历史发展进程，构建传承中国历史、立足本土实践、凸显时代特征的中国税收学科体系。

【税收理论发展：古—今】中国历史蕴含深厚的税收文化底蕴和丰富的税收实践思想，《汉书・食货志》记载“财者，帝王所以聚人守位，养成群生，奉顺天德，治国安民之本也”，南宋史学家郑樵论述“古之有天下者，必有赋税之用”，《元史》有云“国非食货则无以为用”，凡此皆反映中国历史一向将财税问题视为关乎国家、民族、社会发展的重要因素。《国语・楚语下》“古者聚货不妨民衣食之利”的论断，文景之治“从民所欲，而不扰乱”“三十而税一”的轻税政策，则突出反映了中国税收历史轻徭薄赋的思想内核，也是当代中国实行大规模减税政策、坚持让利于民、追求共同富裕这一政治理念最好的历史注脚。课程系统梳理中国税收历史传统，通过税收理论与实践的历史溯源，尝试构建融贯古今、一脉相承的中国特色税收理论体系。

【税收制度构建：中—外】课程紧密贴合中国新一轮财税改革实践，将税收基本原理与中国现实情境深度融合，立足国情放眼世界，在国际竞争新形势下，以税收治理现代化为目标，系统研究税收制度选择、税制改革路径、税收国际治理体系等，切实做好税收制度构建的本土化研究。

【税收效应分析：上—下】“科学的财税体制是实现国家长治久安的制度保障”，其本质是“取之于民用之于民”。税收不仅关乎“国计”也关乎“民生”，一项税收政策的出台深刻影响着每一位国民的切身利益、行为选择乃至经济社会决策，必须从人民获得感和国家治理力两个角度深刻理解、系统阐释税收政策的效应影响。

二、教学展示

（一）教学目标和内容

第四章　税收负担		
教学内容	4.1宏观税收负担	1.宏观税收负担概念和测算
		2.宏观税收负担的三大口径
		3.宏观税收负担的影响因素
	4.2微观税收负担	1.微观税收负担概念和种类
		2.微观税收负担现状分析
	4.3拉弗曲线	1.拉弗曲线的概念和内涵
		2.拉弗曲线的机制分析

续表

第四章　税收负担	
教学目标	【知识目标】了解宏观税收负担与微观税收负担的概念、内涵、测算标准和决定机制
	【能力目标】掌握税收负担的口径选择、现实测算以及税收负担政策的国际比较等
	【素养目标】合理分析我国税收负担水平，正确理解税收负担与财政支出内在联系，深刻认识我国税收取之于民用之于民的本质特征
	【思政目标】深入探究我国现阶段大规模减税降费政策内涵，系统理解减税政策在疫情防控、国际竞争以及实现共同富裕中重要作用，提升制度优越感

（二）教学重点和难点

【教学重点】税收负担的衡量和测算，包括税收负担的指标选择、内涵分析、国际税负指标体系的本土化研究。

【教学难点】我国税收负担现状分析，尤其是我国企业税收负担的规模结构、国际比较，以及近年来我国企业税负改革措施、政策效应等。

（三）教学过程和方法（可含时间分配）

教学环节	教学内容	教学活动	课程思政教学目标
课前（0.5课时）	1.资料学习 2.课程重点 3.预习作业 4.调研任务	1.提供优质教学资源：MOOC、视频、图文等，鼓励学生自行上传学习资料，形成师生课程共建； 2.发布课程重难点讨论，请学生自行总结预习重难点； 3.发布预习作业，检验理论基础； 4.发布调研任务，拉近实践感知	激发学习兴趣，提升自主学习能力
课中（1.5课时）	现实热点导入：“死亡税率”之争	经典案例分析，辨析专家观点	分析与综合，辩证与统一
	我国税收负担初步认知	课堂辩论：“税收奇葩说”——我国税收负担高不高	关注现实热点，培养思辨能力
	本章重点：宏观税收负担的计算（思政重点1）	完成税收负担计算任务，辨析国内、国际税收负担衡量指标差异	理性比较：立足自身发展，应对国际纷争（1）
	宏观税负与财政支出（思政重点2）	结合疫情防控、科技创新等现实案例，探究税收负担与财政支出内在联系	掌握本质：税收取之于民用之于民
	宏观税收负担影响因素（思政重点3）	引入MOOC，阐释重点问题： “一国税收负担的影响因素”，强调税收与整体国民经济社会的联系与影响	深刻认识：财税问题是国家治理的基础和重要支柱
	分享课前调研，引入微观税收负担（思政重点4）	分享课前调研，引入微观税负：收集相关发票，感受税率变化；通过家人聊天，了解个税改革；感知公共服务，理解税收本质；抗疫税收政策，关注弱势群体	自身出发：感悟税收政策与人民生活息息相关

续表

教学环节	教学内容	教学活动	课程思政教学目标
课中 （1.5课时）	本章难点：中国企业税负分析 （思政重点5）	全面分析我国企业税负规模、结构，结合当前国际形势，系统进行国际间企业税负比较	理性比较：立足自身发展，应对国际纷争（2）
	我国减税降费效应分析 （思政重点6）	学习总理关于减税降费讲话精神，分析减税政策如何助力中国企业国际竞争、提升人民获得感	深刻理解：中国减税政策“让利于民”思想内核，坚持制度自信
	历史上的税收政策 （思政重点7）	财税史老师嘉宾连线，阐述我国轻徭薄赋的税收思想和税制设计	历史传承： 深挖中国税收历史，立经世济民之志，培养文化理论自信
	“十四五”税收政策解读与实践 （思政重点8）	连线税收学特邀教授，解读“十四五”时期税收政策 分组讨论专业调研报告，从“政府、企业、个人”角度理解新时期税收政策	认知升华：站位国家治理、人民福祉理解税收问题，践行道路自信
	介绍涉税赛事——安徽省大学生财税技能大赛 （思政重点9）	邀请获奖同学和大赛评委介绍赛事情况，鼓励学生积极参赛，精进税收实践能力	专业精进：以赛促学，提升职业素养
课后 （0.5课时）	课后作业	根据记忆规律，设计即期、远期两阶段课后作业	检验课程思政教学成效
	学情分析	根据学情分析，适时进行学业提醒、重点帮扶	

（四）教学反思

课程思政教学如何进一步改进提升？

1.建设高水平“专业+思政”教材。所谓教材，即施教之材，是所有教学资源的基础和根本。课程将在前期自编教材《税收学原理》基础上，对教材内容、体系、案例等各方面进行思政化更新，融入思政要素，体现思政重点，使教材更符合思政教育教学使用特点。

2.建立全过程思政教育教学质量监控。思政教学拓宽了专业教学的内涵和层次，需要建立更为符合思政教学特点的教学质量控制体系，形成更具有针对性的教学质量监控制度。

3.加强思政教学师资队伍建设。鼓励课程团队教师通过思政教学理论学习、思政教学方法培训、思政教学项目申报建设等方式提升课程思政教育教学能力。

（五）其他需要展示的内容

课程思政建设成效

《税收学》课程思政建设成果丰硕，2021年荣获首届全国高校教师教学创新大赛一等奖，并陆续获评2020年国家首批线上线下混合式一流本科课程、2020年安徽省课程思政示范课程、2019年安徽省一流课程、2018年安徽省MOOC示范项目、2018年安徽省优秀教学团队、2017年安徽省智慧课堂、2012年安徽省精品开放课程、2009年安徽省精品课程。

课程负责人深耕课程思政教学研究，2020年获安徽省重大教育教学研究项目：“新经管”模式下课程思政建设机制与实践路径研究，曾陆续荣获国家级教学成果奖二等奖、安徽省教学成果特等奖、安徽省教学成果一等奖、二等奖等教学奖励十余项。

三、课程思政教育心得体会

如何实现“课程思政”与“专业教学”的真正融合？

课程思政不是简单的“课程+思政”，也不是专业课程“思政化”或者“去知识化”，而是在专业教学的同时围绕课程目标、结合教学内容、凝练思政要素、构建专业教学与思政教育的“双螺旋机制”，才能真正实现课程在专业知识教学和思想政治教育上的有机统一。从这个意义上说，课程思政的实施重点是深度“融入”，而不是简单“相加”。

首先，思政要素与教学内容相融合。课程对所授内容深入分析，结合学科和专业特点，将中国特色社会主义道路自信、理论自信、制度自信、文化自信贯穿于专业教育全过程。正如习总书记所强调，“在5000多年文明发展中孕育的中华优秀传统文化，在党和人民伟大斗争中孕育的革命文化和社会主义先进文化，积淀着中华民族最深层的精神追求，代表着中华民族独特的精神标识。”中国税收历经数千年的历史传承，拥有丰富的思想积淀和制度智慧，深刻影响着当代中国的税收实践，如“民惟邦本，本固邦宁”（《尚书》）正是“科学的财税体制是实现国家长治久安的制度保障”这一重要论断的思想渊源；《论语》中“不患寡而患不均”的论述则包含社会主义公平正义的思想，契合我国当前大规模减税降费重点让利于普通经营者与中低收入者群体的政策思想，体现税收调节贫富差距、助力共同富裕的重要职能。课程立足中国税收历史传承，从中国特色社会主义的伟大实践中挖掘思政育人元素，引导学生立经世济民之志，树家国天下情怀，完成对学生人生观、价值观及世界观的引领和塑造。

其次，思政教育与教学方法相融合。针对不同教学模块采用差异性教学策略，构建沉浸式教学方法体系。“理论教学模块”：采用历史研究方法，以史料、文献为依托，以诵读、研讨为手段，结合传统文化学习，完成对中国税收历史的发掘与整理，沿承历史脉络，发声中国话语。“制度教学模块”：采用比较研究方法，通过案例分析、实操计算、行为实验等教学形式，系统分析当代中国税制改革历程与经验，扎根国内现实，放眼国际局势，站稳中国立场。“效应教学模块”：采用归纳与演绎相结合方法，利用小组研讨、实地调研、成果交流等方式，将对税收政策的理解深度嵌入经济社会乃至文明发展大进程，深刻理解税收政策效应机制，站位国家治理，关照普罗大众，讲好中国故事。

最后，思政目标与自主学习相融合。学习的终极目标不是掌握一堆零散、僵化的知识，而是自主、灵活地运用知识去理解世界、解决问题，并获得精神成长和人格发展，这些都离不开自主学习能力的培养与塑造。课程将“以学生为中心”的自主学习理念贯穿思政教育教学全过程，课前提供丰富优质的教学资源，并创设师生共建模式，激发自主参与度，打通思政育人接收通道；课中通过课堂辩论、小组研讨、生问生答、生讲生评等方式，把课堂交给学生，促使学生自发完成思政目标转化；课后通过学生间作业互评、疑难互助等方式，促进学生自我反馈机制形成，巩固课程思政育人效果。从而实现全过程全环节育人，使学生在自主学习中体悟税收专业学子应有的价值观念、专业精神和家国情怀，自觉担负起实现中华民族伟大复兴的责任和使命。

教学展示课件

经庭如　财政与公共管理学院税收学系　教授
廖晓慧　财政与公共管理学院税收学系　讲师

第四章　税收负担	
课前导入	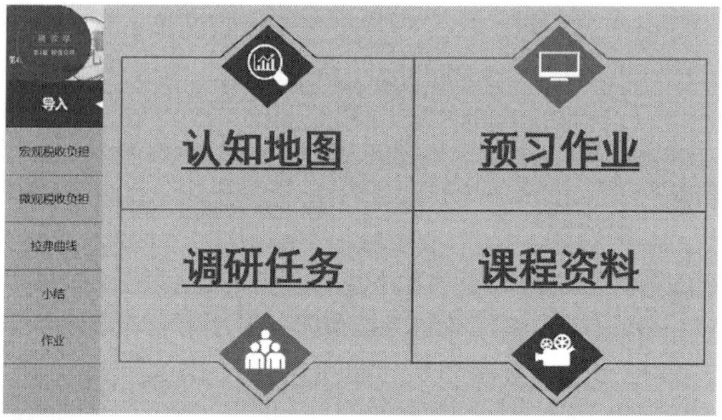  

续表

第四章　税收负担	
课前导入	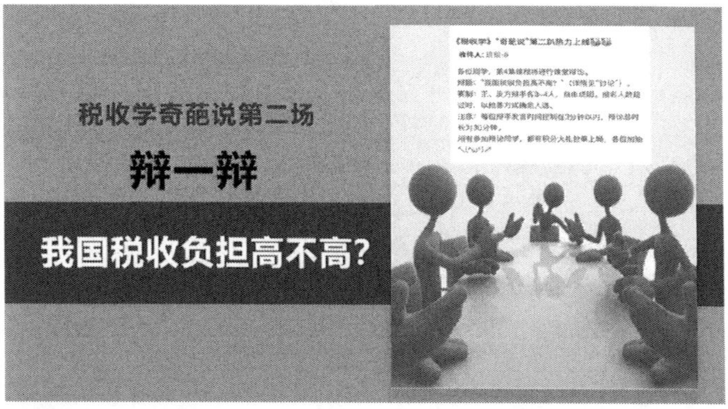
4.1宏观税收负担	 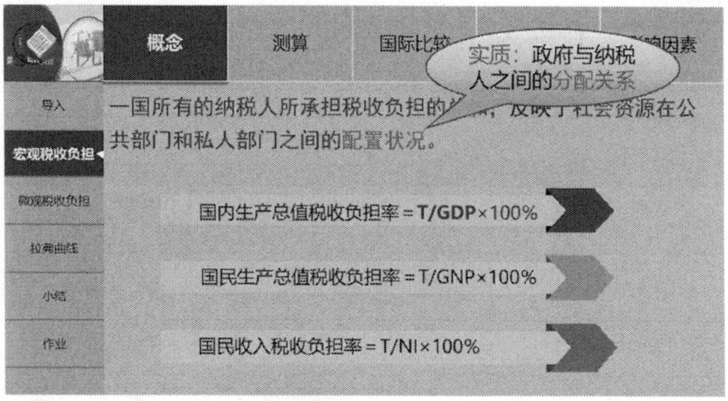 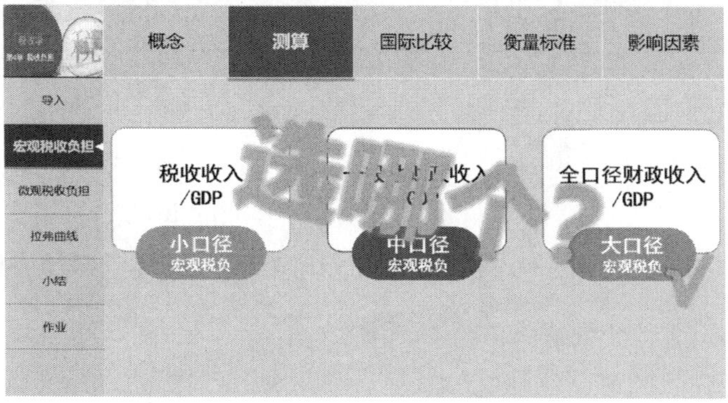

续表

<table>
<tr><th colspan="2">第四章　税收负担</th></tr>
<tr><td>4.1宏观税收负担</td><td>
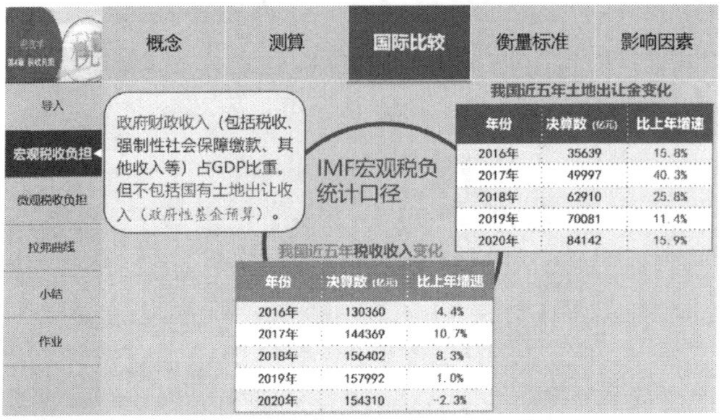

</td></tr>
</table>

续表

第四章　税收负担	
4.2微观税收负担	  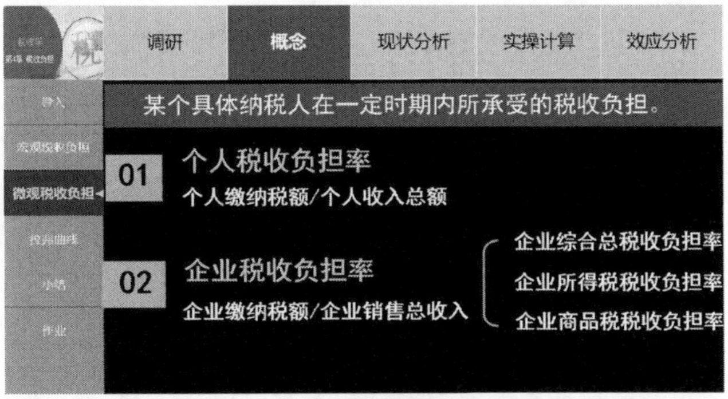 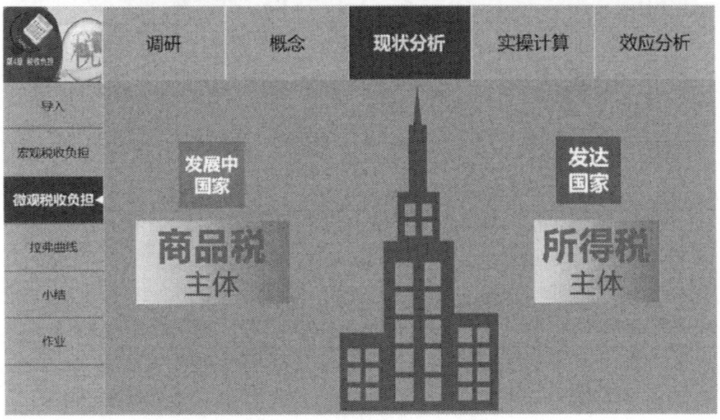

续表

<table>
<tr><th colspan="2">第四章　税收负担</th></tr>
<tr><td>4.2微观税收负担</td><td>

</td></tr>
</table>

续表

<table>
<tr><th colspan="2">第四章　税收负担</th></tr>
<tr><td>4.2 微观税收负担</td><td>
</td></tr>
<tr><td>4.3 拉弗曲线</td><td>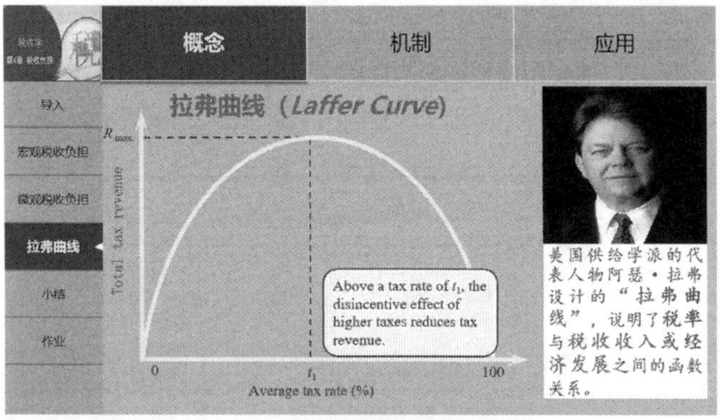

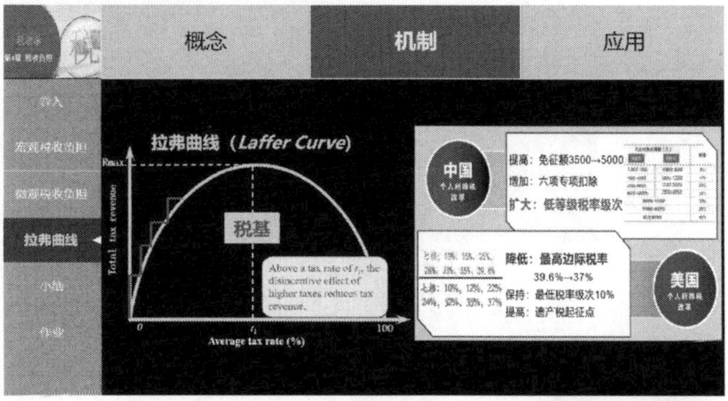

</td></tr>
</table>

续表

第四章　税收负担	
4.3拉弗曲线	 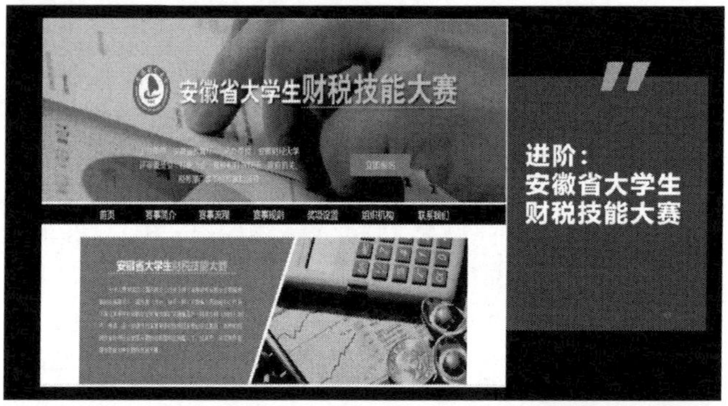 
课后小结	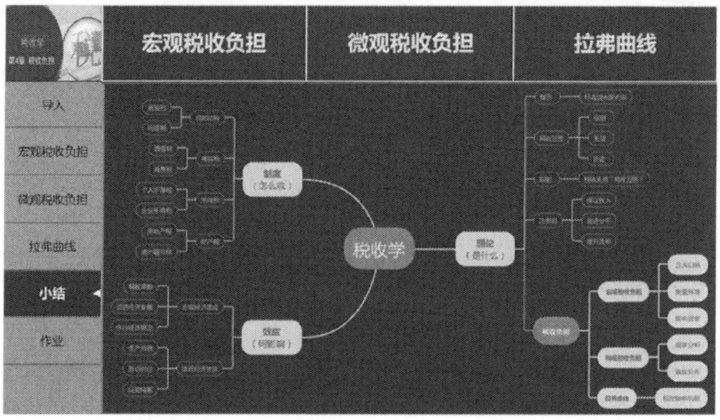

·管理学

“国际商务”课程

高新　国际经济贸易学院国际商务系　讲师

一、课程思政教学设计思路

（一）课程基本信息

目前，安徽财经大学国际经济贸易学院的国际经济与贸易、国际商务以及贸易经济三个专业均为国家一流专业建设点，“国际商务”是这三个专业的核心课程。该课程于2008年建立以来已开设13年，每学年修课学生数达400人以上。

（二）课程目标

依托省级和校级课程思政示范课程建设，目前，本课程制定了教学改革目标、课程建设目标、思政预期目标以及课程示范目标等多维度目标。

1.课程建设目标

纳入中国元素、讲好中国故事、旨在培养符合时代发展需要的复合型商务人才，拥有系统课程建设体系：较为完善的课程资源（规范翔实的教学大纲和教案教材、稳定合理的课程组等、经典权威的教材）、不断优化的课程教学体系（线上+线下教学、课外延展、学生风采展示等方面）。

2.思政预期目标

从健全的个人品格、正确的科学观以及有责任担当的家国情怀三个维度对学生进行教育培养，旨在以目标为导向、塑造正确的价值观、世界观和人生观，将思政元素和“国际商务”课程融合，培养学生如何做人、如何做事（包括从事国际商务活动）、如何体现责任与担当，使其成为新时代合格的商务人才。

3. 课程示范目标

目前，国内外课程涉及的教材大多忽视了不断变化的中国现状，缺少正确的中国元素和中国故事。同时，现有教材大多关注跨国企业如何“走出去”，忽视了如何将跨国企业引进来，即忽视了国际商务的“双向性”，这与新时代“循环”经济发展逻辑严重不符。

本项目将依托本课程组自行编著的“国际商务”教材，在教材纳入更多中国故事和元素、重视“循环”体系构建基础上培养学生专业基础知识的同时，重视通过课外延展认为培养学生的团队合作能力、分析问题和解决问题的实践能力，将思政元素和“国际商务”课程融合，培养学生如何做人、如何做事（包括从事国际商务活动）、如何体现责任与担当，使其成为新时代合格的商务人才。本课程旨在形成较高的复制和推广价值。

（三）课程内容简介

本课程主要从国际商务与全球化、国际商务制度环境（从宏观视角来看）、跨国企业的商务环境（从企业角度来看）以及跨国企业的运用管理四大部分展开。

第一部分：国际商务与全球化相关内容

第一章　国际商务与全球化（4课时）

☆教学内容简介

中国是经济全球化和贸易自由化的重要推动者和主要受益者，但是世界上“反全球化”势头从未停止。面对日益复杂的国际环境，中国的制度优势具有较强的现实意义，人类命运共同体理念是推动全球化发展的重要手段。这部分内容重点在于向学生灌输中国的发展观对全球化以及各国经济社会发展的重大意义。

第二部分：国际商务制度环境相关内容

第二章　国际商务环境：正式制度环境（6课时）

第三章　国际商务环境：非正式制度环境（8课时）

☆教学内容简介

在波折不断的全球化背景下，企业从事国际商务的影响因素极为复杂，企业不仅需要强化内部资源，这是发展的内在根本条件；还需要充分认识和利用外部商务环境，特别是商务制度环境，这是企业经营绩效的重要影响因素。现实中，正式和非正式的制度环境涉及政治体制、经济体制、法律体系、文化伦理等多个方面，而且各国间存在着显著的差异。

如何将正确的制度观与国际商务行为有效结合，既是新时代国际商务人才必须具备的条件，也是跨国企业国际商务活动取得成功的先决条件。

第三部分：跨国企业的外向行为相关内容

第四章　国际直接投资（4课时）

第五章　区域经济一体化（4课时）

第六章　跨国企业的战略（4课时）

第七章　跨国企业的组织结构（4课时）

第八章　进入战略与战略联盟（4课时）

☆教学内容简介

跨国企业的商务环境将决定跨国企业采取何种战略何种方式进入国际市场。这是跨国企业能否在国际市场取得成功的关键环节。新时代，无论是中国企业“走出去”，还是外国企业“走进来”，都必须面临复杂的宏观环境制定符合自身特点战略目标和实施方案，这都离不开企业管理人员的专业认知和管理能力。

因此，如何通过经典案例培养学生相关能力并塑造正确的科学观就显得尤为重要。

第四部分：跨国公司的运营管理相关内容

第九章　跨国企业的运营：生产链（8课时）

第十章　跨国企业的内部管理（8课时）

☆教学内容简介

跨国企业运营涉及生产、研发、营销、人力资源与财务管理等多个环节，这些环节是跨国企业发展的内在根本条件。

各环节之间如何优化资源配置和效率、促进有效衔接，需要合格的商务人才做支撑。这需要商务人才不仅具备合格的专业能力（正确的科学观），还需要有健全的个人品格和有责任担当的家国情怀。

（四）课程思政融入设计

1.国际商务与全球化方面的思政元素

将中国的制度观和发展观纳入跨国企业推动全球化的宏观经济环境中，培养学生将正确的世界观与国际商务基础知识相融合。

第一，世贸组织（WTO）与中国发展。让学生思考加入世贸组织对中国发展的影响，分析为什么反全球化现象频频发生，探索目前WTO的改革困境与破冰以及中国的作用。

第二，大国经贸关系。全球化带来了中国经济的快速发展，与此同时，大国经贸关系也正在发生微妙变化，特别是中美关系将影响新时代的全球化发展。因此，教学过程中我们将对中美贸易冲突的原因探究，并讨论中美贸易关系何去何从？同时，思考中国能够以何种方式赶超美国、跨越修昔底德陷阱？

第三，疫情大流行与全球化。新冠肺炎疫情让百年未有之大变局变得更加复杂，全球化发展让世界各国（企业和消费者）之间的联系日益密切，同时关系的韧性和抗风险能力也将影响今后全球化发展的方向。特别是，2020年初暴发的新冠肺炎疫情对中国乃至全球的经济社会发展产生重大影响，也对全球化的科学发展提出了新的继续思考和解决的问题：全球化如何纳入高质量因素、全球化两面性及其应对方式、新时代全球化中美如何展示大国担当等。

2. 国际商务制度环境方面的思政元素

培养学生正确认识制度差异、尊重制度差异，塑造学生党和国家意识、社会主义核心价值观、民族和时代精神等家国情怀，并塑造面对差异引起的国际商务活动的风险的管理能力。

第一，大国的制度变迁。让学生了解美国建国到不断强大并成为世界超级大国的制度变迁，来剖析制度差异。同时，以史为鉴，为中国进一步发展提供横向比较经验。

第二，中国的制度优势。和学生共同从政治、经济、法律以及文化等多个角度进行学习和探讨：理解什么是制度优势；关注中国制度优势的形成路径、战略意义以及对未来的影响，并思考如何服务于中国“双循环”战略。

第三，文化差异与国际商务。引导学生理解和审视国家间的文化差异，形成科学甄别跨文化风险并进行科学合理的管理能力，并有效运用文化差异来指导跨国企业的国际商务活动。

第四，全球化背景下文化的交融。学以致用，鼓励和引导学生通过书本和实践对“一带一路”倡议、人类命运共同体等开放思想中的文化作用进行探索。

3. 跨国企业的外向行为相关内容

使学生在认识论和方法论、求真务实和开拓进取、批判思维和创新意识等方面树立正确的科学观。

第一，双循环战略。随着国内外形势的日益复杂，欧盟发达国家出于对中国高新技术产业发展的制约、对中国基于国际投资模式的限制，以及对中国多边合作提升国际话语权的压制，国际商务人才的培养离不开对现实宏观背景的理解，例如，国家间的竞争核心内容是什么？新时代中国“双循环战略”提出的原因、作用以及具体实施是什么？

第二，全球化与区域经济一体化。让学生理解全球化与区域经济一体化两者之间包容而非对立的关系。引导学生思考以美国为首的欧美国家对中国采取的种种经贸措施是逆全球化（反全球化）还是“去中国化”？中国面临不利局面，如何和美国构建新型大国关系？如何通过与非洲国家、新兴经济体等多边合作，将贸易摩擦甚至是“去中国化”的影响最小化？WTO对这些有什么样的调节作用抑或是很难发挥作用？

第三，中国企业的国际商务。在理解跨国企业战略、组织结构以及进入模式选择等方面的理论知识基础上，培养学生对中国企业现实问题的理解和分析能力。随着宏观环境的不断复杂化，了解华为、Tik Tok、小米等中国企业的国际化（战略选择、组织结构、进入模式等）的进程，重点关注这些企业目前的困境（如华为断芯、Tik Tok的美国逆境等）、破冰之策等。

4. 跨国公司的运营管理相关内容

遵循基础知识和案例充分融合的思路，用习近平新时代中国特色社会主义思想培养拥有健全的个人品格、正确的科学观以及有责任担当的家国情怀的学生。

第一，竞争的本质。跨国企业从事国际商务活动的成败离不开外部的环境，但更离不开企业自身的竞争力。对于不同类型的企业而言，竞争的本质无法就是产品生产和研发以及市场营销，缺一不可。对于生产和研发环节，技术水平以及技术创新是关键；对于营销方面，消费者是企业的立足之本。但是，两者之间并不是孤立的，而是相辅相成的。同时，微观层面的竞争离不开宏观环境（制度）。因此，构建良性循环的竞争体系是根本！这是学生亟须构建的思维逻辑体系。

第二，消费者异质性。市场是企业存活的重要方面，学生需要理解基于消费者异质性的市场细分、消费者是不断变化的现实特征，进而制定不同的推拉策略来开拓或维护固有市场。

第三，经济发展新模式。向学生介绍跨境电子商务、数字经济等经济发展新模式，构建与时俱进的知识体系。

第四，中国企业的成与败。通过华为的5G战略、阿里巴巴国际化的企业内部管理等中国跨国企业的案例，让学生了解中国企业国际商务活动中在生产链环节、内部管理等方面的现实状态、存在的问题以及困境，利用自己所学知识进行思考并提出自己的解决方案，为中国企业的国际化献计献策。

二、教学展示

（一）教学目标和内容

1.教学目标

（1）理解和掌握制度的定义、特点、构成和作用。

（2）理解制度优势，领会中国制度优势的内涵及其对国际商务活动的作用。

（3）熟悉正式制度和非正式制度之间的关系。

（4）领会制度变革和移植的主要内容，思考制度变化对国际商务的影响。

（5）掌握三个支撑性支柱对个人和企业行为的作用，树立正确的个人价值观、世界观和人生观，树立理性的企业的国际商务制度基础观。

（6）理解制度环境差异给企业管理人员创造的机遇和挑战。

2.教学内容

本部分展示的具体内容如下：

第一部分，“国际商务”主要教材比较与启示

旨在说明纳入中国故事和思政教育元素的重要性。

第二部分，企业成功从事国际商务活动的影响因素

旨在引入制度环境，并说明制度环境的重要性。

2.1 案例一：俄罗斯的危险和前景

2.2 中国故事：不利舆论与现实情况

2.3 案例二：中国的破局之道——营商环境

第三部分，制度的内涵

旨在讲授制度相关的基础知识。

3.1 制度定义

3.2 制度特点

3.3 制度优势

课外延展任务：理解中国的制度优势

3.4 制度构成

3.4.1 正式制度及其支撑性支柱

3.4.2 非正式制度及其支柱

3.4.3 案例三：三个支撑性支柱与行为约束

3.4.4 案例启示

3.5 制度作用

第四部分，国际商务中的制度基础观

旨在引导管理人员树立理性的制度基础观。

4.1 制度的确在发挥着作用

4.2 管理启示

4.2.1 制度约束下理性地追求企业利益

4.2.2 理性看待非正式约束的国家间差异

（二）教学重点和难点

1. 教学重点

（1）掌握制度的内涵、构成，并认识制度差异的重要性。

（2）理解制度环境对企业国际商务活动和管理人员的影响（机遇和挑战），树立理性的管理人员的制度基础观。

2. 教学难点

（1）在制度环境的基础知识中，融入思政教育元素，树立正确的个人价值观、世界观和人生观。

（2）在基础知识学习的基础上，培养学生学习能力、分析能力，通过课外延展认为培养团队协作能力和解决现问题的能力。

（3）让学生充分理解和尊重国家或地区间的制度环境差异，培养学生识别差异风险和管理风险的能力。

（三）教学过程和方法

1. 教学过程

线下课堂教学与线上MOOC自学和答疑相结合；

基础知识讲授与学生组队课外延展、成果展示相结合；

时事热点串联、案例分析与学生评价相结合。

2. 教学方法

讲授、案例讨论、学生参与、课外延展。

（四）教学反思

第一，“国际商务”课程涉及的知识内容过多，且不少内容与企业管理、国际贸易等经管类课程重合，课程资源及体系不是很合理，造成内卷化现象（学生学习兴趣不强、深度欠缺），需要学校统筹规划、科学布局。

第二，在课外延展、“大班+小班”以及学生成果展示等创新措施带动下，教学效果有所改观但两极分化，不少学生自主学习能力亟待强化，目前网络资源利用率不高、效果不明显；课外延展活动中存在着很普遍的“搭便车”现象。同时，将不愿意听课的原因归咎于课程无用、老师不好等方面，具有极端的主观性和不合理的认知。

第三，由于时事变化较快，课程组教学素材需要及时更新，但是目前，本课程组在教学方式和素材等方面还缺乏统一性和系统性。同时，网络资源仍依赖于外部，纳入课程思政元素的教材及其线上视频需要尽快完成。

（五）其他需要展示的内容

基于教育教学的目的告诉学生为何学、基于思政培养目标和专业内容告诉学生学什么、基于创新的教学方法和执行策略告诉学生如何学、基于互动评价和有效反馈考察学生的学习效果。进一步基于五大环节优化本课程的“课程思政”的设计路径：

基本环节，旨在通过（教学设计）目标、内容、方法评价、教学过程构建科学有效的教学平台。

重点环节，旨在调动学生积极参与、着重自我体验和感悟的学生体验渠道。

关键环节，旨在通过教师案例讲授、时事热点引入、课外延展任务的串联等方式引导学生寻找自己的学习兴趣点、个人发展方向等。

难点环节，旨在通过评价意识和评价方法，塑造学生推理判断、思维逻辑、创新意识等方面的能力。

核心环节，旨在将思政元素和国际商务教学充分融合，构建科学系统的教师教学和学生学习互动平台。

三、课程思政教育心得体会

本课程的课程思政的建设和研究，是符合新时代高质量发展要求的，也是培养复合型专业商务人才的必要环节和关键环节。但现实课程教学中，还存在一些问题需要不断完善。

第一，“国际商务”课程的知识点虽然可以概括为全球化、制度环境、企业外向环境和自身运营管理四大模块，课程资源以及课程体系不是很合理，造成内卷化现象较为严重，需要学校统筹规划、科学布局。

第二，在课程中引入与课程相关的时事热点进行讨论，会吸引学生的目光，在一定程度上能够调动学生积极性和提升思考学习能力。但是，学生缺少“课前—课中—课后”的有效衔接，导致学生无法深度参与，很多学生甚至根本不关心发生在身边与课程相关的国家大事和热点。同时，课外延展活动中存在着很普遍的“搭便车”现象，有不少同学认为课外延展是给他们的附加压力，对他们要求越严格越容易引起他们的反感，这种情形在学生教学评价中就有较为明显的体现。

第三，“国际商务”课程思政的改革处于起步阶段，加之国内外环境瞬息万变，利用思政元素的挖掘、分析与运用来培养符合时代发展需求的高质量复合型国际商务人才，任重道远。

因此，不仅需要有效合理的教学改革和课程设计，也需要学生转变固有思路和认知，更需要学校统筹规划、科学布局，把学生的课程体系作为一盘棋，建立“大课程”思路，优化课程搭配，从严要求学生，利用高质量“金课”和严格合理的学生评价体系双轮驱动，培养满足国家发展需要的复合型人才。

教学展示课件

高新　国际经济贸易学院国际商务系　讲师

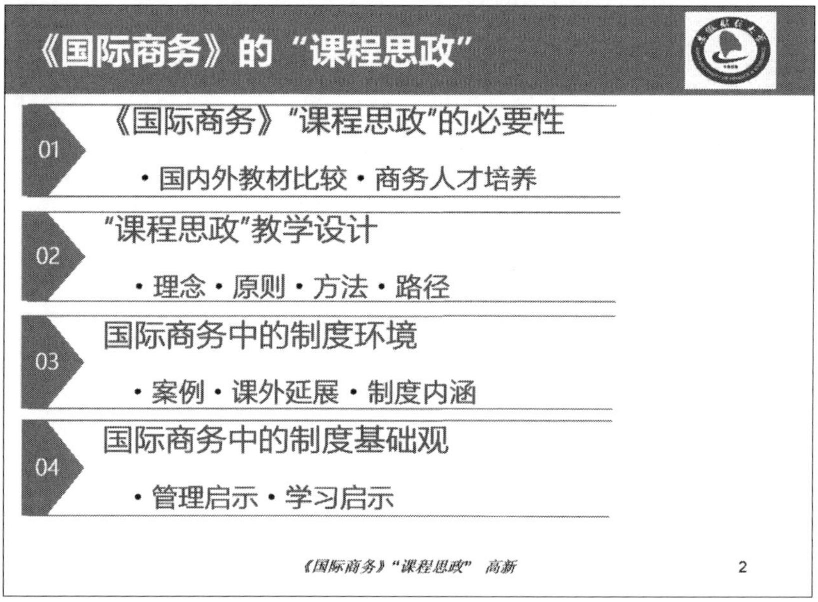

01《国际商务》“课程思政”的必要性

《国际商务》主要教材

- 国外教材
  - 查尔斯希尔，《国际商务》（11版）
  - 彭维刚，《全球商务》（第3版）
  - 卡瓦斯基尔和奈特，《国际商务进展》（第2版）
  - 鲍尔，《国际商务》（第12版）
  - 丹尼尔斯等，《国际商务：环境与运作》（第15版）等
- 国内教材
  - 洪银兴（1996）、李左东（2008）
  - 冯宗宪（2011）、赵有广（2013）
  - 韩玉军（2017）、王炜涵等（2020）等

《国际商务》“课程思政” 高新　3

01《国际商务》“课程思政”的必要性

现有教材比较与启示

- 基础知识大同小异
- 对中国的关注不够或者有点偏颇
  - 中国故事、中国的发展理念
- 忽视了国际商务的双向性
  - 中国那么大，适合他们来看看
  - 培养更自信、更有中国情怀的商务人才

《国际商务》“课程思政” 高新　4

02“课程思政”教学设计

- “课程思政”设计的理念
- “课程思政”设计的原则
- “课程思政”教学的方法
- “课程思政”教学的路径

《国际商务》“课程思政” 高新　5

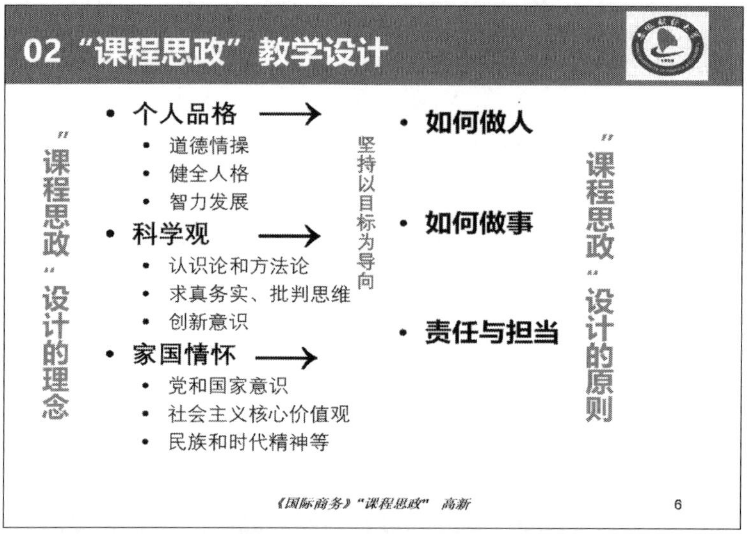
02 “课程思政”教学设计
“课程思政”设计的理念
• 个人品格
• 道德情操
• 健全人格
• 智力发展
• 科学观
• 认识论和方法论
• 求真务实、批判思维
• 创新意识
• 家国情怀
• 党和国家意识
• 社会主义核心价值观
• 民族和时代精神等
坚持以目标为导向
• 如何做人
• 如何做事
• 责任与担当
“课程思政”设计的原则
《国际商务》“课程思政” 高新
6

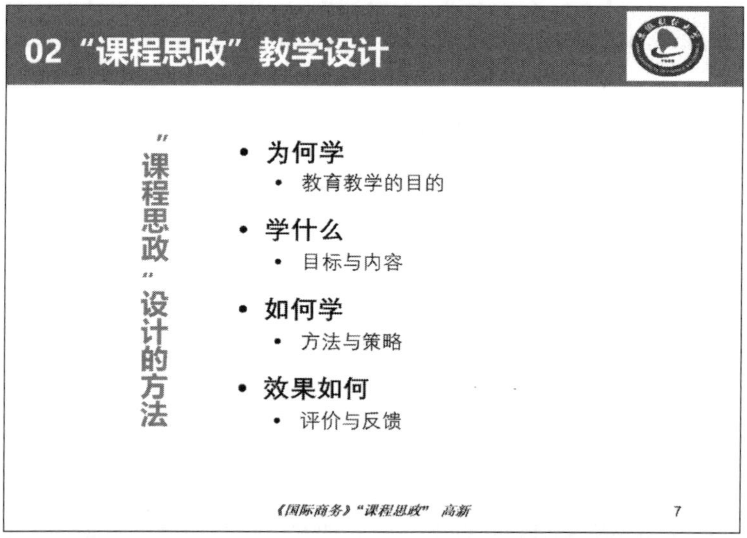
02 “课程思政”教学设计
“课程思政”设计的方法
• 为何学
• 教育教学的目的
• 学什么
• 目标与内容
• 如何学
• 方法与策略
• 效果如何
• 评价与反馈
《国际商务》“课程思政” 高新
7

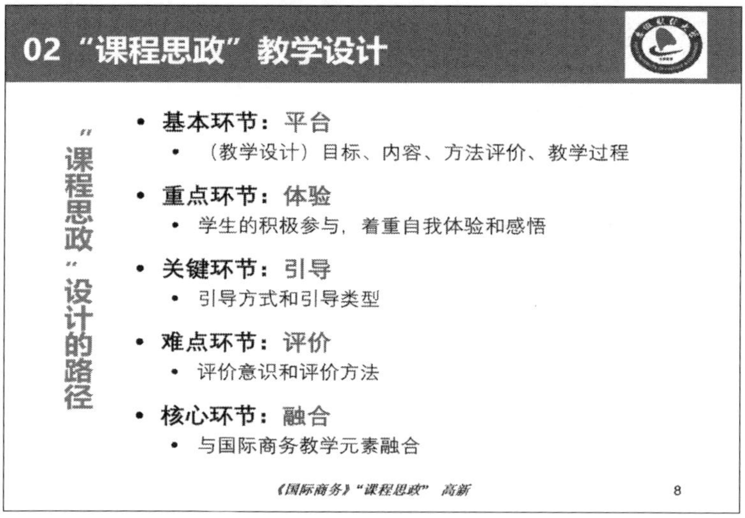
02 “课程思政”教学设计
“课程思政”设计的路径
• 基本环节：平台
• （教学设计）目标、内容、方法评价、教学过程
• 重点环节：体验
• 学生的积极参与，着重自我体验和感悟
• 关键环节：引导
• 引导方式和引导类型
• 难点环节：评价
• 评价意识和评价方法
• 核心环节：融合
• 与国际商务教学元素融合
《国际商务》“课程思政” 高新
8

03 国际商务中的制度环境

企业从事国际商务如何成功?

- **企业内部资源——企业发展的内在根本条件**

  企业外部商务环境—— 经营绩效的重要影响因素

  国内+国外环境

- 很大程度上取决于对各国商务**制度环境**的认识
  - **正式制度**(如政治、经济和法律)
  - **非正式制度**(如文化、道德和规范)

《国际商务》"课程思政" 高新 9

03 国际商务中的制度环境

案例一:俄罗斯的危险和前景

在西方国家我们读到的关于俄罗斯的新闻似乎都是负面的,在那里腐败盛行(在透明国际180 个国家中俄罗斯的排名第146 位),民族情绪也似乎阴郁(相关调查显示,俄罗斯过半数的企业间和大学生想在国外生活)。2004 年,俄罗斯被自由之家(Freedom House)从"部分自由"降级到"不自由"国家行列。2012 年,虽然普京再次当选俄罗斯总统,但是由于所有潜在竞选者不允许与之对抗,俄罗斯国内爆发了对普京的抗议示威。同时,国际社会也有不少人认为俄罗斯缺乏活力,甚至有人建议将其从金砖国家中剔除。

俄罗斯真的那么差劲吗?答案当然是否定的。尽管俄罗斯的GDP 比中国和巴西小,但比印度大。俄罗斯的人均GDP 按照购买力平价计算大约有16000 美元,比巴西的人均GDP高出1/3,分别是中国和印度的3 倍、5 倍。简单来说,俄罗斯庞大而富有,这不能被忽略。没有任何一家科技巨头(如思科、惠普、英特尔)和消费品公司(如家乐福、达能、宜家、雀巢、百事可乐和联合利华)宣称要离开俄罗斯。俄罗斯的经济增长或许不如中国和印度那么快,但肯定比美国和欧洲的增长要快。

《国际商务》"课程思政" 高新 10

03 国际商务中的制度环境

案例一:俄罗斯的危险和前景

因为俄罗斯是如此庞大和复杂,所以如何读懂俄罗斯仍然是一个难题,大部分的争论集中在政治、经济和法律层面。政治上,俄罗斯的民主确实在倒退。一部分人群(尤其是有着更好教育背景的人群)受到自由主义思想的影响,认为普京会维持现状而不能带来政治变革,因而对普京的回归感到失望,这种观念是可以理解的。

在经济方面,俄罗斯确实还有很多提升空间。它过于依赖石油和天然气出口,而且创新能力不足。在世界经济论坛的全球竞争力报告中,俄罗斯在创新方面在133 个参选国家中仅排名第51 位,落后与中国(第26 位)和印度(第30 位)。~~~~~~

在法律方面,制定尊重私有财产的法律规范是工作重点之一。2000年前后,四大家族或集团掌握了俄罗斯市场总资本的60%。如果私有财产是通过非法手段或灰色途径获取的,政府还应该保护吗?大多数寡头是在20 世纪90 年代从混乱中获得财富的。他们要求政府尊重并保护他们的私有财产,政府因而面临两难困境:如果没收资产进行财富再分配会导致更多不确定性,而如果尊重和保护寡头的财产权利又会引起公愤。

《国际商务》"课程思政" 高新 11

03 国际商务中的制度环境

案例一：俄罗斯的危险和前景

迄今为止，除少数寡头，特别是霍多尔科夫斯基这样在政治上已经威胁到政府的，政府都是站在寡头一边的。**寡头们很快学会按照普京的两套简单规则行事：（1）不要涉足政治；（2）交税。寡头们只做自己的事情，他们在俄罗斯比（除了外国企业主）其他类型企业主更加高效。**

俄罗斯将何去何从呢？一派观点认为这将取决于新一任普京总统任期的政策能否顺利推行。不要把莫斯科的反普京示威活动扩展到俄罗斯其他地方。另一派观点认为尽管俄罗斯有着昔日超级大国的地位，但它现在已经成为一个普通的中等收入国家。在这个收入范围内的民主国家大多进入发展临界点，如1990 年的阿根廷和2000 年的墨西哥。这些国家常有着腐败的政府、较明显的收入不均、集中的企业所有权和动荡的经济表现。考虑到所有这些方面，俄罗斯还是很“正常的”。然而这些并不一定与进一步谋求政治、经济和法律发展的道路不兼容。~~~~~~

资料来源：全球商务（第3 版），彭维刚，著；易靖韬，译。北京：中国人民大学出版社，2016。

《国际商务》“课程思政” 高新 12

03 国际商务中的制度环境

案例一：俄罗斯的危险和前景

思考：

◆为什么西方对俄罗斯的新闻报道如此负面？

◆俄罗斯真的有民主吗？这有关系吗？民主是发展俄罗斯经济最好的政治体系吗？

◆俄罗斯有法律规范吗？

◆如果你的公司考虑在新兴经济体投资，会考虑俄罗斯吗？

《国际商务》“课程思政” 高新 13

03 国际商务中的制度环境

中国故事：不利舆论与现实情况

- **不利舆论**
  - 民主和人权
  - 发展中国家的性质
  - 国有企业与市场经济
  - 高新技术发展
  - “中国病毒”
- **现实情况**
  - 人民民主集中制，一切为了人民、依靠人民
  - 第二大经济体，2019年底人均收入步入万美元俱乐部
  - 国有企业的社会责任
  - 新兴领域高新技术大多是自主研发
  - 为世界争取了两个月时间、积极秉持人类命运共同体理念、大国担当

《国际商务》“课程思政” 高新 14

03 国际商务中的制度环境

案例二：中国的营商环境发展

一、什么是营商环境？

营商环境是指市场主体在准入、生产经营、退出等过程中涉及的政务环境、市场环境、法治环境、人文环境等有关外部因素和条件的总和。是一项涉及经济社会改革和对外开放众多领域的系统工程。一个国家或地区营商环境的优劣直接影响着招商引资的多寡，同时也直接影响着区域内的经营企业，最终对经济发展状况、财税收入、社会就业情况等产生重要影响。

也就是说，营商环境与影响企业商务活动的政治体制、经济体制、法律体系等制度密切相关。良好的营商环境是一个国家或地区经济软实力的重要体现，是一个国家或地区提高综合竞争力的重要方面。

为评估各国企业营商环境，世界银行根据调查研究对构成各国的企业营商环境的十组指标进行了逐项评级，得出综合排名。营商环境指数排名越高或越靠前（越低或越靠后）表明在该国从事企业经营活动条件越宽松（困难）。

《国际商务》"课程思政" 高新 15

03 国际商务中的制度环境

案例二：中国的营商环境发展

总体上，排名靠前的国家大部分是发达国家（前30 位中占到73%），其中近80%的OECD 国家排在前30 名。多数发展中国家企业营商环境落后于发达国家。因此，经济发展也落后于发达国家，国民收入自然也偏低。与其相伴的腐败现象也比发达国家严重。近年来，企业营商环境指标的影响不断扩大，引起许多国家关注，使得企业营商环境指标排名竞争日益激烈。

目前，世界上较典型的营商环境包括法治优先模式（比如新加坡）、国际化优先模式（比如中国香港）、效率优先模式（比如中国深圳）以及便利优先模式（比如中国天津）。

二、中国营商环境的发展

2005 年，中国企业营商环境指标综合排名第91 名，其中注册物权、跨国贸易、合同执行以及企业关闭分布排名在第24、48、47 以及59 位。剩余的六项均比较靠后，雇佣和解雇、投资者保护、借贷、税制、企业开办和申领营业执照则分别排87 位、100 位、113 位、119位、126 位和136 位。从分项指标排名可看出中国企业营商环境严重落后于发达国家。

《国际商务》"课程思政" 高新 16

03 国际商务中的制度环境

案例二：中国的营商环境发展

随后，中国通过一系列行政和司法改革，从**2005 年**开始修改《公司法》《证券法》来降低门槛并保护投资者权益，制定《物权法》以保护公共财产和个人财产，制定的《著作权法》《商标法》和《专利法》保护知识产权等。

2018 年以来国务院成立了推进政府职能转变和"放管服"改革协调小组，并下设优化营商环境专题组，先后出台《关于部分地方优化营商环境典型做法的通报》《关于聚焦企业关切进一步推动优化营商环境政策落实的通知》等文件。

2019 年10 月，国务院总理李克强签署国务院令，公布《优化营商环境条例》，并于2020 年1 月1 日起施行。为了持续优化营商环境，不断解放和发展社会生产力，加快建设现代化经济体系，推动高质量发展，制定了专门行政法规，从制度层面为优化营商环境提供更为有力的保障和支撑。

2018 年中国营商环境总体评价在全球190 个经济体中已经跃居**第46 位，比2013 年累计上升50 位**。其中开办企业便利度大幅度跃升至第28 位，5 年累计上升130 位。

《国际商务》"课程思政" 高新 17

03 国际商务中的制度环境

案例二：中国的营商环境发展

2019 年营商便利度排名继2018 年大幅提升32 位后，2019 年又跃升15 位，升至全球第31 位。世界银行称，由于“大力推进改革议程”，中国连续两年跻身全球优化营商环境改善幅度最大的十大经济体。

2019 年10 月23 日，世界银行中国局局长芮泽（Maitin Raiser）在接受央视新闻采访时表示，**中国为改善营商环境做出巨大努力，并依靠政治承诺在多项营商环境指标上取得了令人赞许的进步。**

参考资料：

[1]营商环境政策库.中国政府网[引用日期2020-05-09].
[2]中国这个排名大幅上升世界银行说原因是这8 个字.中国政府网[引用日期2020-05-09].
[3]优化营商环境明确路线图、时间表.新华网[引用日期2020-05-09].
[4]持续优化营商环境，激发市场主体活力.国务院[引用日期2020-05-09].
[5]李克强签署国务院令公布《优化营商环境条例》.新华网[引用日期2020-05-09].

《国际商务》“课程思政” 高新 18

03 国际商务中的制度环境

案例二：中国的营商环境发展

思考题：

1.营商环境对国际商务活动有什么影响？

2.中国营商环境不断改善的主要原因是什么？

这些问题都归结为**制度（institutions），即广为人知的“游戏规则”。**

企业从事国际商务获得成败很大程度上取决于其理解和利用不同制度的能力。**这要求企业需要不断监控、解读和适应变化的国际商务制度环境。**

《国际商务》“课程思政” 高新 19

03 国际商务中的制度环境

制度的内涵——定义

- 艾尔斯纳、舒尔茨、诺思：不同学科、不同视角。大多认将制度概括为<u>约束人们行为的一系列行为规则</u>。
- 具体而言，**制度是一系列被创造出来以约束行为主体福利或效用最大化的个人行为的规则、守法程序、道德和伦理的行为规范。**
- **制度是一个系统化的结构，是以某种方式构建社会互动的规则**，包括价值、目标、功能、工具、机制、过程及预期效果。

《国际商务》“课程思政” 高新 20

03 国际商务中的制度环境

制度的内涵——特点

- **结构性特征，正式的或许是非正式的。**
- **一段时间内的稳定性，但并非一成不变。**
  - 变革的速度：正式制度可以在一夜之间被政治组织所改变，而非正式制度的变迁则需要一个漫长的过程。
  - 可移植性：正式制度可以从一个国家移植到另一个国家，非正式制度得移植可能性较小。移植后效果可能不一样，比如中国模式。
- **一定会影响个人和企业当前和将来的行为。**

《国际商务》"课程思政" 高新 21

03 国际商务中的制度环境

制度的内涵——制度优势

- **制度优势**的重要标准：
  - 是否有利于社会经济发展；
  - 是否有利于全体人民的共同利益和福祉；
  - 是否有利于社会的长期可持续发展；
  - 是否有利于本民族和全人类的利益。
- **制度优势**

  在有利于社会发展的制度中，一些制度比另一些制度对社会经济发展的推动作用更为有效、明显。
- **制度优势是一个国家的最大优势，制度竞争则是国家间最根本的竞争。**

《国际商务》"课程思政" 高新 22

03 国际商务中的制度环境

课外延展：理解中国的制度优势

- 什么是中国的制度优势？
- 中国制度优势怎么形成的？
- 制度优势对中国经济社会发展的影响，特别是对于疫情冲击以及后疫情时代的中国和全球经济，中国制度优势将发挥什么作用？

《国际商务》"课程思政" 高新 23

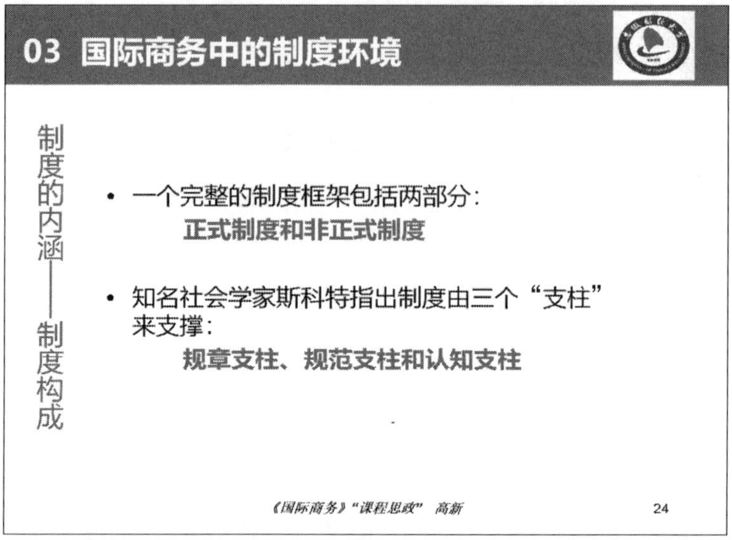
03 国际商务中的制度环境
制度的内涵——制度构成
• 一个完整的制度框架包括两部分：
正式制度和非正式制度
• 知名社会学家斯科特指出制度由三个“支柱”来支撑：
规章支柱、规范支柱和认知支柱
《国际商务》“课程思政” 高新
24

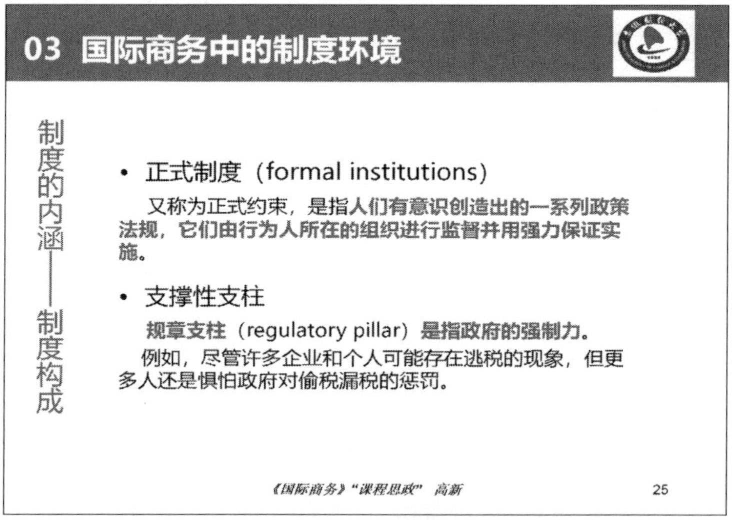
03 国际商务中的制度环境
制度的内涵——制度构成
• 正式制度（formal institutions）
又称为正式约束，是指人们有意识创造出的一系列政策法规，它们由行为人所在的组织进行监督并用强力保证实施。
• 支撑性支柱
规章支柱（regulatory pillar）是指政府的强制力。
例如，尽管许多企业和个人可能存在逃税的现象，但更多人还是惧怕政府对偷税漏税的惩罚。
《国际商务》“课程思政” 高新
25

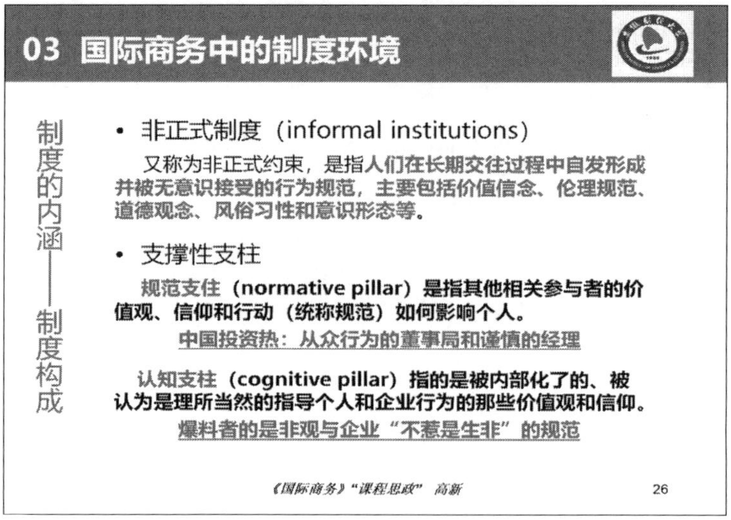
03 国际商务中的制度环境
制度的内涵——制度构成
• 非正式制度（informal institutions）
又称为非正式约束，是指人们在长期交往过程中自发形成并被无意识接受的行为规范，主要包括价值信念、伦理规范、道德观念、风俗习性和意识形态等。
• 支撑性支柱
规范支柱（normative pillar）是指其他相关参与者的价值观、信仰和行动（统称规范）如何影响个人。
中国投资热：从众行为的董事局和谨慎的经理
认知支柱（cognitive pillar）指的是被内部化了的、被认为是理所当然的指导个人和企业行为的那些价值观和信仰。
爆料者的是非观与企业“不惹是生非”的规范
《国际商务》“课程思政” 高新
26

03 国际商务中的制度环境

案例三：支撑性支柱与行为约束

- **个人层面**

限速正式定义了驾驶员可以开得多快（**规章支柱**），然而许多驾驶员对行车速度的操控却取决于其他车辆的速度（**规范支柱**）。当一些驾驶员因为超速而收到罚单时，他们抗议道“我们只是跟着车流而已”。

这表明他们在什么是正确的速度方面缺少一个清晰的认知支柱；他们经常让其他司机来定义正确的速度。

《国际商务》“课程思政” 高新 27

03 国际商务中的制度环境

案例三：支撑性支柱与行为约束

- **企业层面**

2008 年，纳税人数万亿美元的钱被用来救助华尔街，而高管却给自己开出了高达180 亿美元的奖金。公众抗议（**规范支柱**），但对自己慷慨的高管并不承认自己所犯的罪或者所从事的不法行为（**认知支柱**）。

因此，规章制度似乎没发挥什么作用。相反，这是高管所持有的规范支柱和认知支柱之间的主要冲突。

《国际商务》“课程思政” 高新 28

03 国际商务中的制度环境

案例三启示

- **强制性实施机制重要性**

强制性的实施机制是任何契约得以贯彻的基本前提，离开了实施机制，任何制度尤其是正式制度就形同虚设。

个人自由的权利与国家制度；

跨国企业的员工与规章、制度。

- **制度的相容性原理**

正式制度与非正式制度共同规范着人们的行为。但是，正式制度只有在社会认可，即与非正式制度相容的情况下，才能有效地发挥作用。

否则，由于意识观念等原因而导致的人们的抵制情绪会使正式制度丧失效能。

《国际商务》“课程思政” 高新 29

03 国际商务中的制度环境

制度的内涵——制度作用

- 降低了具有潜在破坏性的不确定性

制度通过发出什么行为是（不）合法的和（不）可接受的信号，来影响个人和企业的决策制定。制度基本上限定了可接受行为的范围。

  - **降低交易成本**
  - **提供激励机制**
  - **促进分工合作和经济发展**

- 热点补充：**制度质量和制度距离**

《国际商务》"课程思政" 高新 30

04 国际商务中的制度基础观

制度的确在发挥着作用

- **国际商务中制度基础观关注制度与企业的动态的相互作用，并将企业行为看作这种相互作用的结果。**如图所示，企业行为常常反映了特定制度框架下的正式和非正式制度的约束。

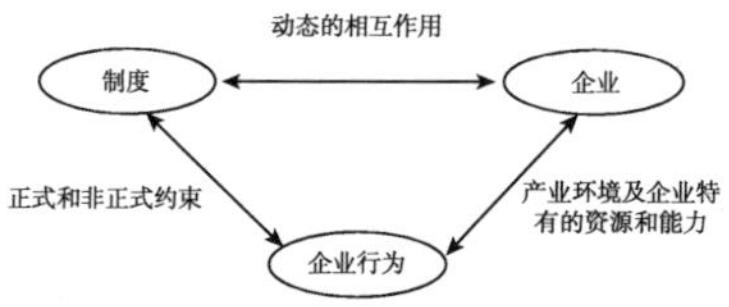

图3-1 制度与企业的动态关系

《国际商务》"课程思政" 高新 31

04 国际商务中的制度基础观

管理启示

- **制度约束下理性地追求企业利益**

比如企业遵循所在国家或地区的税收政策进行纳税。但是，由于不同国家或地区税收政策的差异性会导致企业迁移到税率较低的地方。

——希捷公司等美国公司海外注册：在正式制度约束下追求更高利润

但是，受限于现实中的不完全信息，很多企业只能做到有限理性，不是所有企业都能在海外立足（比如，没有管理经验）。

《国际商务》"课程思政" 高新 32

04 国际商务中的制度基础观

管理启示

- **理性看待非正式约束的国家间差异**

比如，现实中并非只有新兴经济国家的企业才会依靠非正式的关系，而发达经济体的企业只追求"基于市场的"战略。 在发达经济体中，正式的规则也只是制度性约束的一小部分，而非正式的约束却无处不在，企业也在以非正式的关系为特征的政治市场中激烈竞争。

2008 年9 月，迅速倒下的美林以500 亿美元的价格被卖给美国银行。美国政府支持、48小时完成交易。

但是，雷曼兄弟没能得到政府的帮助以致不得不申请破产！

《国际商务》"课程思政" 高新 33

04 国际商务中的制度基础观

学习启示

- 1.掌握国际商务的正式制度环境相关的概念内涵，了解制度的定义、制度的构成和制度的作用。
- 2.了解制度优劣的评判标准，认识（中国的）制度优势，理解制度优势对个人行为以及企业国际商务行为的作用。
- 3.树立科学合理的国际商务制度基础观，掌握正式制度和非正式制度之间的关系及其对国际商务活动的作用。
- 4.在基础知识学习的基础上，培养学习能力、分析能力，通过课外延展认为培养团队协作能力和解决现问题的能力。
- 5.塑造正确的价值观、世界观和人生观，充分理解和尊重国家或地区间的制度环境差异，培养识别差异风险和管理风险的能力。

《国际商务》"课程思政" 高新 34

· 管理学

“管理学”课程

杜晶晶　工商管理学院工商管理系　教授

一、课程思政教学设计思路

（一）课程基本信息

“管理学”是我校首批省级重点课程之一，2020年入选“国家一流课程”，课程历史积淀丰厚。“管理学”是研究和介绍组织管理一般规律的科学，也是我校经济类、管理类专业的基础课程。通过传授管理学一般原理，引导学生深入社会实践、关注现实问题，培育学生经世济民、诚信服务、德法兼修的职业素养。在我校“新经管”发展战略指导思想下，在“知识探究、能力提升、素质培养、人格养成”的专业目标指引下，在课程建设中秉承“深耕家国情怀，厚植职业修养”的教育理念，解决好高校“培养什么人、怎样培养人、为谁培养人”这一工作的根本问题。

（二）课程目标

1.认知目标：通过传授管理学一般原理，使学生了解工商企业及其他社会经济组织的基本运行规律；通过熟悉各项管理职能及其之间的相互关系，使学生掌握基本的管理方法与分析工具。

2.技能目标：通过互动式、案例式等多种教学方法，培养并提高学生分析实际管理问题及解决问题的应用性能力。

3.情意目标：通过与时俱进的知识更新与教学体验，使学生树立基本管理思维，启蒙职业意识与工匠精神；弘扬社会主义核心价值观，强化社会责任意识和国际化视野；鼓励学生担当民族复兴大任的卓越财经英才。

（三）课程内容简介

“管理学”是研究和介绍管理学一般规律的科学。通过本课程的学习，学生应掌握现代管理的基本理论和基本方法；树立现代管理的基本观念和思维方式；了解管理过程各阶段的主要工作内容及其管理方法。在熟练掌握上述内容的基础上，要求能利用有关理论和方法，分析具体管理问题。了解管理学的研究对象不仅是企业，而且还包括一般的社会经济组织，管理学的一般性决定了它有很大的适应性；管理职能不是孤立存在的，它们之间存在着非常密切的内在联系；管理过程的主要工作内容是决策、计划、组织、领导、激励、控制、创新；教学过程中要让学生利用相关知识积极参与案例讨论，以提高分析问题和解决问题的实际能力。

（四）课程思政融入设计

在本门课程建设中，我们利用“国家一流课程”建设契机系统性进行课程思政融入设计，积极推动教学改革。在每一章节中挖掘课程思政元素并梳理。凝练的主题有：

（1）以管理活动的专业化启蒙职业意识与职业素养，强化学生社会责任意识、创新创业意识与国际化视野。

（2）将中国优秀传统文化融入课堂，以东西方管理思想史的比较弘扬文化自信。

（3）以决策中的“两难”困境启发学生树立正确伦理观，尤其是大数据背景下决策挑战启发学生的法治意识与社会责任观念。

（4）结合中国共产党发展史、领袖实践与领导风格，展示组织设计基本原则，潜移默化融入社会主义核心价值观，弘扬民族自豪感。

（5）结合不确定环境下的管理创新，尤其是典型徽商案例分析启发学生树立创新创业意识、家国情怀与社会责任感。

二、教学展示

（一）教学目标和内容

1. 教学内容：企业社会责任

内容选自第一章《导论》第四节《管理活动的时代背景》，具体包含：

（1）什么是企业伦理；

（2）为什么需要遵循企业伦理；

（3）什么是企业社会责任；

（4）如何履行企业社会责任。

2.教学目标

（1）认知目标：掌握企业伦理、企业社会责任概念、企业社会责任观念演进。

（2）技能目标：结合时代背景掌握企业如何履行社会责任。

（3）情意目标：启蒙商业伦理，培养学生的社会责任感。

（二）教学重点和难点

1.教学重点：企业责任的概念。

2.教学难点：如何履行企业社会责任？

（三）教学过程和方法

1.教学方法

第一，问题导入教学，增强学生课堂兴趣。

第二，加入影像材料，提高课堂的吸引力。

第三，增加鲜活案例，帮助理解理论问题。

第四，研究成果启发，培养批判思维能力。

2.教学过程展示

引导问题：从企业家访谈中抛出引导问题——疫情之下的企业社会责任。

- 企业社会责任只是慈善、捐助吗？
- 企业社会责任仅仅是企业家的“良心”问题吗？
- 企业社会责任与经济利益是对立的吗？能实现共享吗？

（1）企业伦理的提出。

企业伦理，亦称商业伦理，是指以企业为行为主体，企业在处理内部和外部利益相关者之间关系中的伦理原则、道德规范及实践的总和。

- 企业伦理是负责任的决策过程。
- 企业伦理涉及企业当中的每一个人。
- 企业伦理是企业经营不可或缺的一部分。

（2）为什么要关注企业伦理？

结合漫画启发思考：市场经济的本质是什么？得出结论：

- 经济管理的核心在于“效率”。
- 伦理的核心在于“正当”“善”。
- 企业伦理关注效率与公平。

课堂讨论：滴滴事件引发的争议。

引申思考：平台企业的伦理边界在哪？

（3）企业社会责任的提出。

所谓CSR，不单单是指企业自我规范，也包括“通过按优先顺序回应利益相关者期待，打造一个优秀企业”的决策。

• 社会义务

一个企业的义务，以满足其经济和法律责任，仅此而已。

• 社会响应

公司对某种普遍的社会需要做出反应而从事社会活动。

• 社会责任

一种企业意图，它超越了法律和经济的义务，做正确的事，按照对社会有益的方式行动。

播放企业家访谈视频：以阿里实践与马云访谈展示什么是战略性企业社会责任这一命题。

（4）数字环境下的企业社会责任。

阅读学习通平台公众号链接“55位CEO自述：这场疫情教给我的”思考：数字环境下的企业社会责任发生了哪些变化?

结合自己的科研成果启发学生思考数字环境下企业社会责任新动向。

（5）课堂总结。

• 企业社会责任是一个在经济发展和社会变迁过程中，不断丰富和拓展的概念体系。

• 诸多国际标准都强调经济责任、社会责任、环境责任的平衡。

• 责任意识和责任行为是伟大企业的重要标志。

• 随着数字化、智慧化、平台化、共享化趋势的蓬勃发展，CSR将迎来新业态和新模式的质变。

（四）教学反思

1.系统性进行教学目标设计

教学设计当中情意目标与认知目标、技能目标是循序渐进、相辅相成的。在唤醒学生情感共鸣的基础上，通过知识传授中的价值引领让学生自发实现反思迁移。

2.确立以“学生为中心”的教学理念

借助学校的质量工程平台建设，主讲教师利用“超星学习通”创造了交互式学习氛围，体现了以学生为主体、教师为主导的理念，转变传统教育的“教师教”为“学生学”。坚持采用多样化的教学手段与教学创新，采用案例教学、情景模拟等教学模式实施教学，即达到教育目标的同时，满足管理学科学性和艺术性的特征。

3. 提升教学内容的高阶性

结合目前科研热点，尤其是自身科研成果，直接应用于课堂教学。例如“数字环境下企业社会责任变迁”，一方面体现本门课程的高阶性、创新性与挑战度；另一方面通过“滴水穿石的方式”，将正确的价值追求、科研成果有效传递给学生，让学生最大限度地获得知识和精神滋养。基于主讲教师在案例采编专长，积极进行徽商案例开发与建设。在教学团队中定期开展案例教学公开课讨论。将采编的一手案例应用于教学实践，结合典型徽商案例分析启发学生树立创新创业意识、家国情怀与社会责任感。

4. 夯实协同育人保障体系

在课程体系建设中注意与双创“样板支部建设”相结合，构建专业教师与党员教师的“教育共同体”。保证思政元素融入专业课的准确性与权威性，实现协同育人的长效机制。强化专业知识与实践教育的相互联系，引导学生深入社会实践、关注现实问题，构建基本商业伦理观。注重“徽商案例库”建设与案例行动教学学习，积极开展移动教学、参与一线调研，让学生在实践问题解决中产生情感共鸣与反思迁移。

（五）其他需要展示的内容

课堂讨论词云：

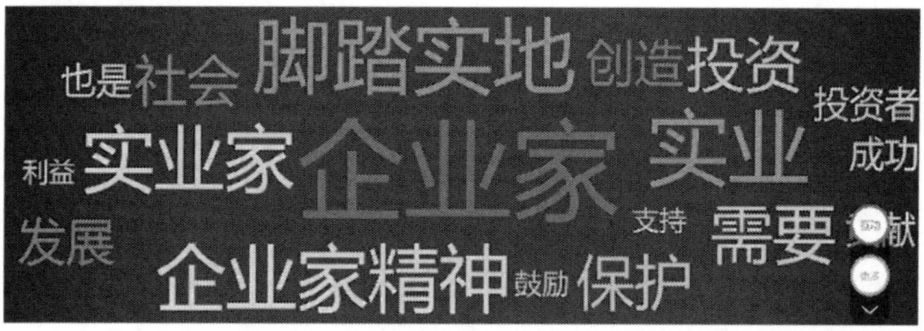

课堂讨论节选：

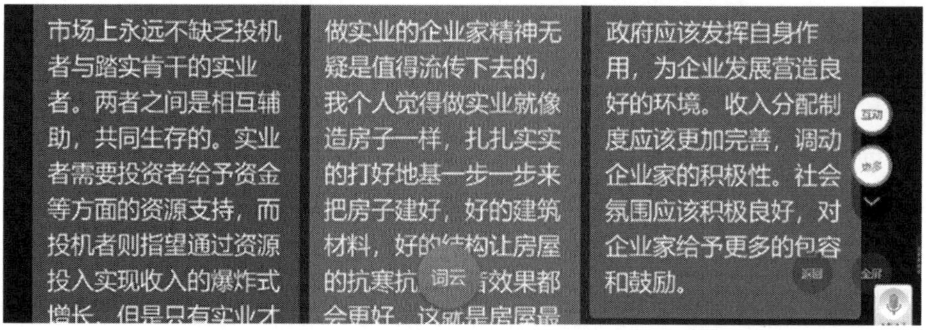

企业家访谈视频：

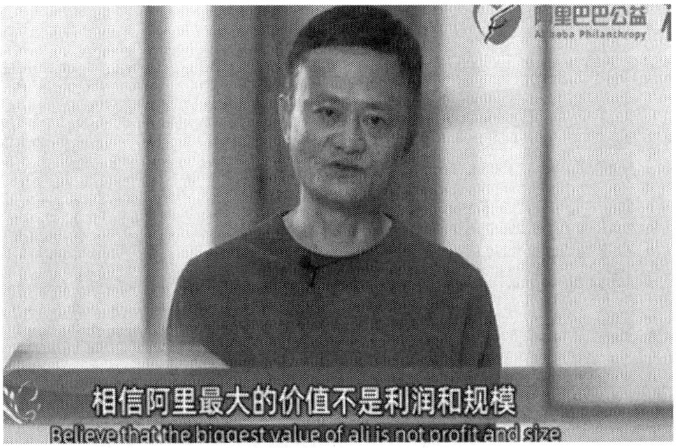

与科研成果结合启发学生深度思考：

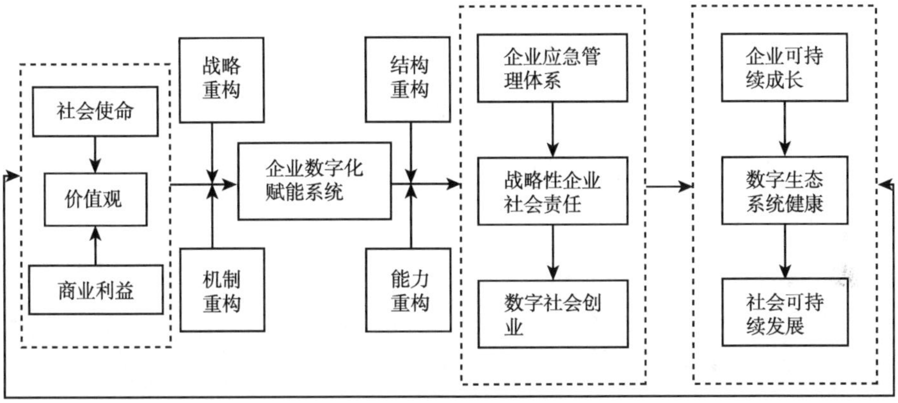

三、课程思政教育心得体会

（一）寻找适合的思政点

课程思政建设，需要进行缜密的教学体系设计，重新修订教学大纲，有效融入思政元素。对于经管类专业课来说，需要在课程教学中坚持以马克思主义为指导，加快构建中国特色哲学社会科学学科体系、学术体系、话语体系。帮助学生了解相关专业和行业领域的国家战略、法律法规和相关政策，引导学生深入社会实践、关注现实问题，培育学生经世济民、诚信服务、德法兼修的职业素养。尤其在专业课传授过程中探索“专业+思政模式”，在知识传授中注重价值引领，结合目前科研热点，直接应用于课堂教学。通过“滴水穿石的方式”，将正确的价值追求、科研成果有效传递给学生，让学生最大限度地获得知识和精神滋养。

（二）努力营造氛围

课程思政对于高校教师站稳讲台提出了更高的要求，对于经管类专业授课教师而言，首先需要提升自己的专业能力，才能在教学过程中实现对学生潜移默化的影响。教学目标的达成有赖于宽松的学习环境，专业教师用生动形象的举例、广博的专业知识、积极乐观的态度，以及独特的人格魅力来感染学生，使学生在愉快的状态下学习，了解商业与管理的奥秘与价值。实现“亲其师、乐其道、信其言。”

（三）搭建协同育人体系

课程思政建设是一项长期工程。在本门课程实践中，我们通过案例采编、实践实习基地建设、双创“样板”支部建设，搭建课程思政与党建、实践教学互联互通，实现协同育人的长效机制。鼓励老师走出校园，开发本土教学案例反哺于课堂教学。主讲教师开发的徽商企业成长与发展、安徽省单项冠军系列案例收录于国内各知名案例库并产生广泛的社会影响，通过举办案例公开课、案例大赛等教学创新使学生产生情感共鸣，在行动学习中转变思想，树立商业伦理与和谐发展基本思想，启蒙职业意识与职业素养。

（四）持续教学创新

课程思政的教学实践过程也是持续不断的教学创新与输出过程。课程思政的情意目标要求我们必须突破传统注入式教学方式，采用分组讨论、角色扮演、辩论、游戏等多元化教学手段，改变单一的评价体系，借助移动教学平台创造的交互式学习氛围，转变传统教育的“教师教”为“学生学”。教师在教学思想、教学方法、教学过程的持续创新才是推动课程思政建设持续不断向前发展的有效源动力。

教学展示课件

杜晶晶　工商管理学院工商管理系　教授

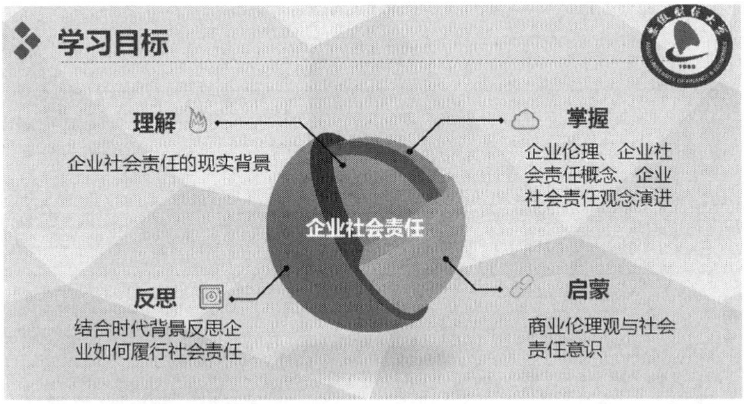

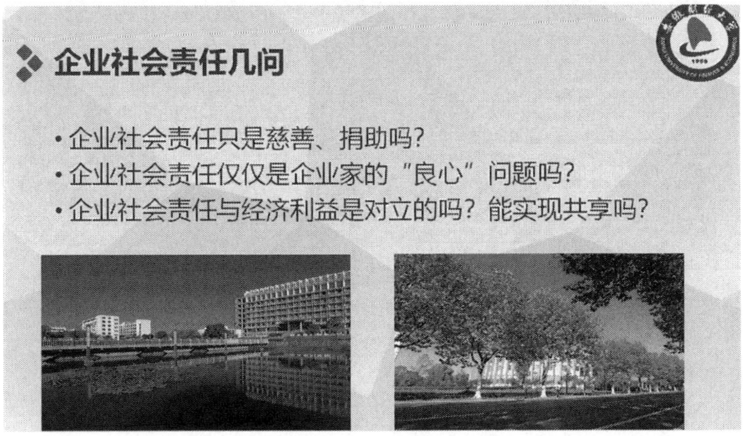

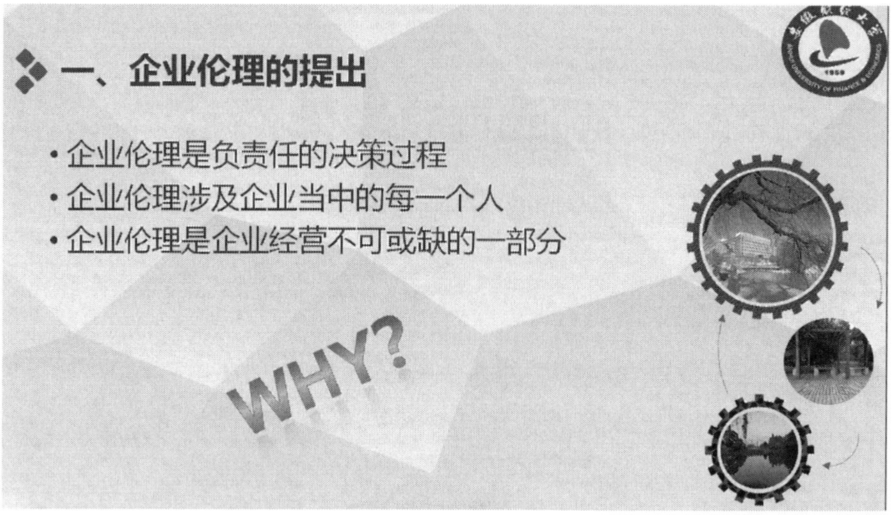
一、企业伦理的提出
• 企业伦理是负责任的决策过程
• 企业伦理涉及企业当中的每一个人
• 企业伦理是企业经营不可或缺的一部分
WHY?

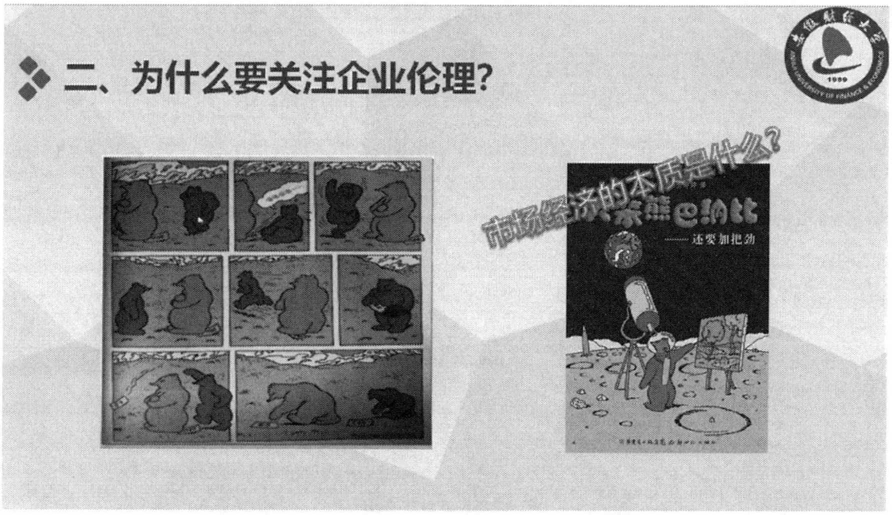
二、为什么要关注企业伦理？
市场经济的本质是什么？
——还要加把劲

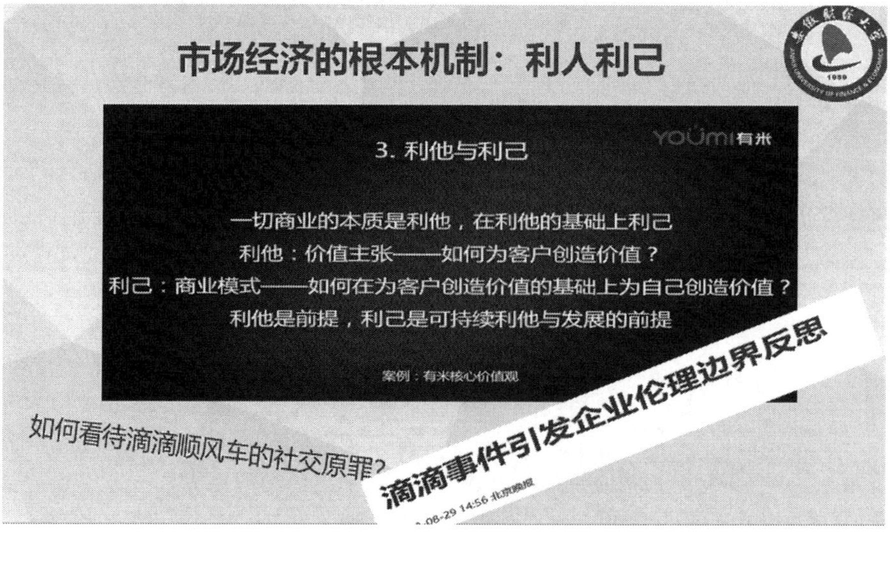
市场经济的根本机制：利人利己
YOUMI 有米
3. 利他与利己
一切商业的本质是利他，在利他的基础上利己
利他：价值主张——如何为客户创造价值？
利己：商业模式——如何在为客户创造价值的基础上为自己创造价值？
利他是前提，利己是可持续利他与发展的前提
案例：有米核心价值观
如何看待滴滴顺风车的社交原罪？
滴滴事件引发企业伦理边界反思

商业模式设计就是利益安排
•没有双赢，只有先后赢
•先利他再利己
• "风险我先担"
Joe Gebbia's TED talk
15:51
How Airbnb designs for trust
Posted Mar 2016

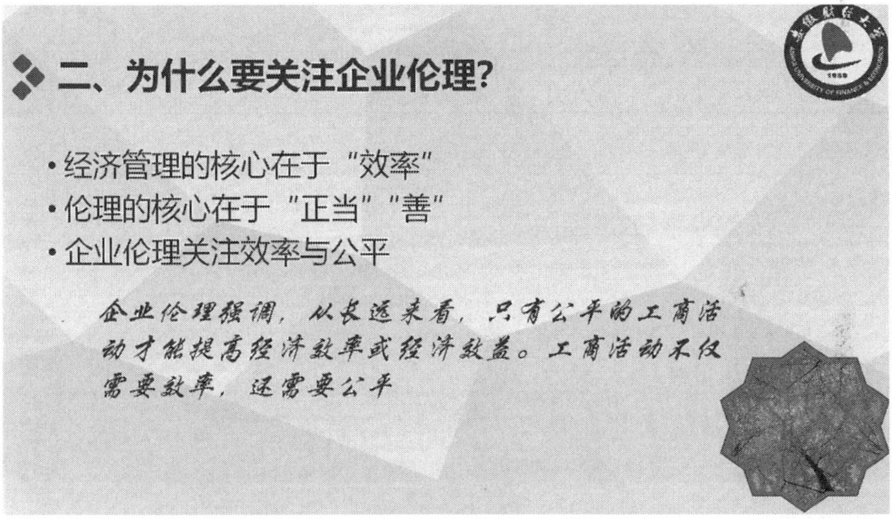
二、为什么要关注企业伦理?
•经济管理的核心在于"效率"
•伦理的核心在于"正当""善"
•企业伦理关注效率与公平
企业伦理强调，从长远来看，只有公平的工商活动才能提高经济效率或经济效益。工商活动不仅需要效率，还需要公平

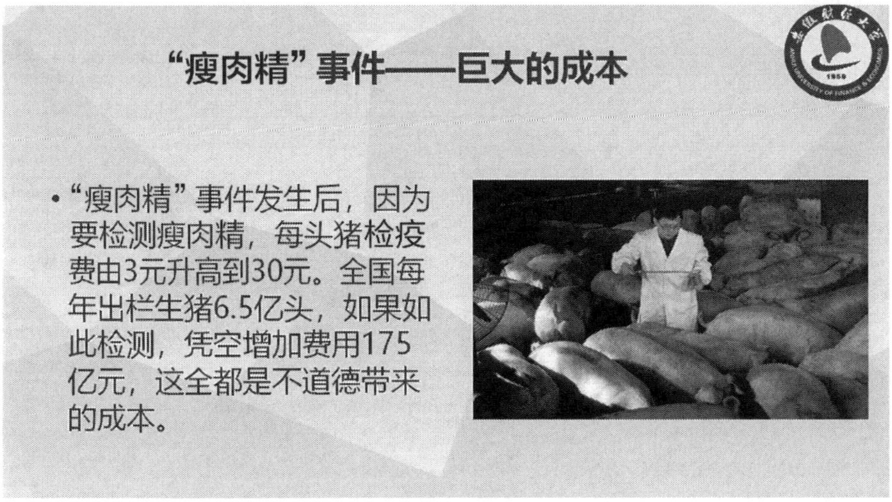
“瘦肉精”事件——巨大的成本
•“瘦肉精”事件发生后，因为要检测瘦肉精，每头猪检疫费由3元升高到30元。全国每年出栏生猪6.5亿头，如果如此检测，凭空增加费用175亿元，这全都是不道德带来的成本。

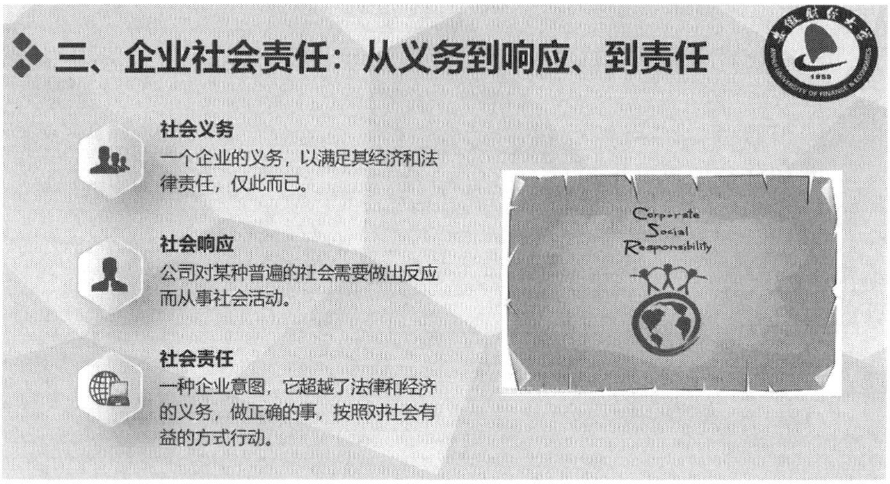
三、企业社会责任：从义务到响应、到责任
社会义务
一个企业的义务，以满足其经济和法律责任，仅此而已。
社会响应
公司对某种普遍的社会需要做出反应而从事社会活动。
社会责任
一种企业意图，它超越了法律和经济的义务，做正确的事，按照对社会有益的方式行动。
Corporate
Social
Responsibility

三、企业社会责任：从义务到响应、到责任
驰援武汉，
就这么干了！

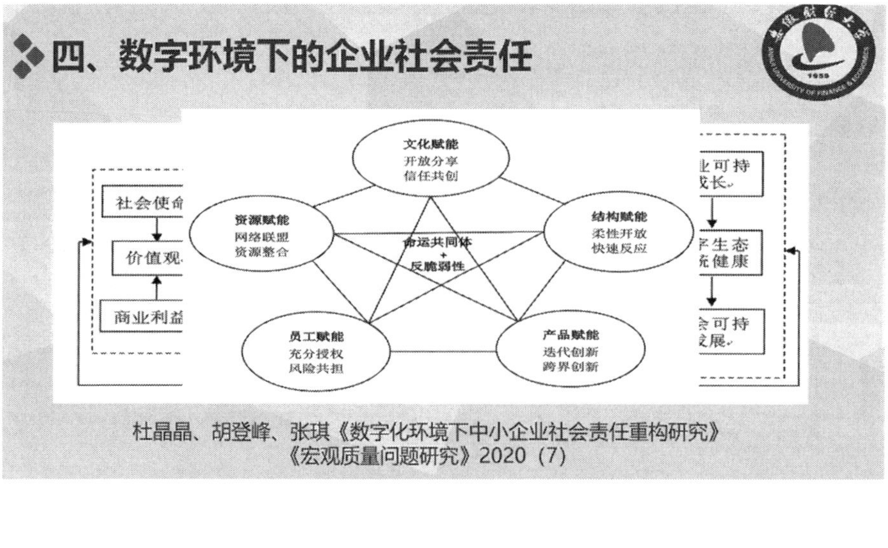
四、数字环境下的企业社会责任
文化赋能
开放分享
信任共创
资源赋能
网络联盟
资源整合
结构赋能
柔性开放
快速反应
命运共同体
+
反脆弱性
员工赋能
充分授权
风险共担
产品赋能
迭代创新
跨界创新
社会使命
价值观
商业利益
杜晶晶、胡登峰、张琪《数字化环境下中小企业社会责任重构研究》
《宏观质量问题研究》2020（7）

总结

- 企业社会责任是一个在经济发展和社会变迁过程中，不断丰富和拓展的概念体系。
- 诸多国际标准都强调经济责任、社会责任、环境责任的平衡。
- 责任意识和责任行为是伟大企业的重要标志。
- 随着数字化、智慧化、平台化、共享化趋势的蓬勃发展，CSR将迎来新业态和新模式的质变。

经济学

“每周经济热点问题”课程

项鑫　党委宣传部　政工师

一、课程思政教学设计思路

（一）课程基本信息

本课程是专业选修课，教学更注重的是知识传授、能力培养、素质提升。知识传授是基础，能力培养是主干，素质提升是目标。通过对社会经济热点问题分析讲解，帮助学生理解社会、开阔胸怀视野、增强责任感和大局观、提升综合素质。课程要求学生必须具有经济学基础知识的广度，对于经济学的知识领域有必要的认知和把握，因此本课程在经济学课程知识普及上占据着非常重要的地位。本课程以教师讲授为主，加以灵活多样的教学方式，如学生感兴趣的热点问题的课堂讨论等。

（二）课程目标

课程思政以立德树人为根本任务，发挥对大学生的思想价值引领作用，有助于坚持社会主义办学方向和育人功能。将“课程思政”融入经济学专业教学改革创新是促进新时代本科教育发展的基本要求，是改革经济学专业思想政治教育和教学的现实需要，也是抵御西方新自由主义经济学、防止经济学教育严重“西化”的必然选择，更是建设中国特色社会主义政治经济学的时代使命。本课程坚持把立德树人放在首位，系统地运用中国特色社会主义理论来解释经济热点问题，从而为学生从事经济类、管理类行业打下良好的政治素养，做到知识传授、价值引领和能力培养的高度统一。

（三）课程内容简介

本课程的任务是通过课程讲授，让学生系统了解经济学原理与实践的关系，掌握国家经济生活中热点问题。具体运用政治经济学、微观经济学、宏观经济学、新制度经济学等理论阐释经济热点问题。在课程内容方面重点把握生活中关注的经济热点问题，如经济新常态、供给侧结构性改革、反垄断、脱贫攻坚、“一带一路”倡议等，以“中国元素”“中国案例”为主要出发点，破解经济学理论讲授与社会实际相脱节难题，真正地做到学以致用。

（四）课程思政融入设计

本课程运用经济学视角下的“脱贫攻坚”案例，课程思政融入设计如下：

道：社会主义核心价值观、爱国主义、家国情怀

法：寓道于教、寓德于教、寓教于乐

术：画龙点睛式、专题嵌入式、隐性渗透式

器：微博、微信、QQ、钉钉等信息化技术

二、教学展示

（一）教学目标和内容

1. 教学目标

知识目标：掌握贫困概念和测算方法等知识，提高学生对精准扶贫内涵的认识。

能力目标：通过案例教学，培养学生理论联系实际，解决问题能力。

素质目标：寓道于教、寓德于教、寓教于乐，把专业课与思政课知识点进行融合。

2. 教学内容

案例主题——中国式的“脱贫之路”

党的十八大以来，以习近平同志为核心的党中央高度重视扶贫开发工作，把脱贫攻坚纳入“五位一体”总体布局和“四个全面”战略布局，摆到治国理政重要位置。在没有模式可依也无手册指导的情况下，我国推进建立了脱贫攻坚的责任体系、政策体系、投入体系、帮扶体系、监督体系、考核体系，为脱贫攻坚提供了有力的制度保障。包括东西扶贫协作、发展地区帮助贫困地区、中央单位定点帮扶贫困地区、军队武警帮助贫困地区、万企帮万村等在内，中国特色的脱贫攻坚的制度体系已经建立。2015年11月23日，中共中央政治局审议通过《关于打赢脱贫攻坚战的决定》。11月27日至28日，中央扶贫开发工作会议在北京召开。中共中央总书记、国家主席、中央军委主席习近平强调，消除贫困、改善民生、逐步实现共同富裕，是社会主义的本质要求，是中国共产党的重要使命。40多年来，中国一直致力于脱贫工作，并取得了举世瞩目的成绩，造福中国百姓的同时，也惠及全世界，为实现联合国《2030年可持续发展议程》设定的目标作出了重要的贡献，中国式的“脱贫之路”成为世界关注的焦点。

（二）教学重点和难点

1. 教学重点

梳理改革开放以来我国脱贫攻坚的历程与成就，以及党的十八大以来我国脱贫攻坚的方针政策。

2. 教学难点

如何理解认识我国产业结构调整助力精准扶贫？

（三）教学过程和方法

1. 教学方法

（1）采用模拟教学法。通过情景模拟与再现，鼓励学生亲身参与，激发学生的求知欲与主观能动性，提升学习效率，锻炼思考能力。例如，学生实景展示农产品价格调整前后销售量和总收益的变化，教师提出“薄利多销”观点，并由此作为切入点展开需求价格弹性教学，指出中国政府对于弹性较小的农产品实行最低限价政策正是为了保护农民的基本权益。

（2）采用案例教学法。通过引入与教学知识点相关的思政案例，特别是体现我国政府对于国计民生的商品所实行的最低限价和最高限价政策，以此说明政府对人民生活的积极保障。也可采用让学生自主进行思政案例分析的做法，这不仅有效考查学生了解和掌握知识的程度，而且有助于培养学生分析和评价问题的能力，从而加深对思政教育案例的理解。

（3）采用启发教学法。通过教师的积极引导，学生由被动接受变为主动钻研，提升学习兴趣，锻炼思考能力。例如，不再平铺直叙地加入思政内容，而是让学生通过亲自收集、整理资料的方式启发学生理论联系实际。教师在这个过程中还可以启发学生主动思考自己作为当代中国大学生的责任与担当。

（4）采用对比教学法。通过分析比较相关概念与知识点的异同，给学生留下深刻印象。例如，通过引导学生对比各国政府在提高人民生活福祉方面的福利政策，引发学生对于社会主义制度优越性的自豪感。

（5）采用实践教学法。在充分发挥学生主动性、参与性和创造性的基础上，在条件允许的情况下提倡外出实践教学，加深学生对脱贫攻坚的了解，切实感受我国国情的深刻变化和未来经济发展趋势。经济学的理论来源于实践，实践教学有助于学生深刻理解书本内容，学生能主动从新时代的经济实践中学习和应用。

2.教学过程

（1）步骤一：梳理改革开放以来我国脱贫攻坚的历程与成就（视频观看：全国脱贫攻坚总结表彰大会2月25日上午在北京人民大会堂隆重举行。中共中央总书记、国家主席、中央军委主席习近平向全国脱贫攻坚楷模荣誉称号获得者颁奖并发表重要讲话）。

（2）步骤二：产业结构与脱贫。

随着我国社会经济的快速发展，第一产业发展较快，农业商品化发展趋势明显。针对这一情况，立足于农业产业结构，加强、加快农业商品化发展，大力促进农业产业化发展，有利于提高农民的收入，解决农民增收难题。这样一来，可以很好地改善贫困问题，使扶贫开发效果得到更好的提升（案例引入：贵州平坝大关村：产业结构调整助推乡村振兴）。

（3）步骤三：产业的协调与脱贫。

第一产业发展对于促进第二产业、第三产业发展有着重要的影响，从经济学角度出发，扶贫开发要加快经济建设，通过第二产业、第三产业反哺农业，是实现农业产业化发展目标的关键。在这一过程中，农业产业化发展，可以实施农产品深加工、郊区农业等，提升农产品附加价值，以带动农业经济发展。同时，针对一些贫困地区，可以结合地区形势，大力发展适应产业。如旅游经济、乡村旅游等，对自身资源优势进行充分利用，走产业化发展道路，这也是实现贫困地区脱贫致富的一个重要举措。

采用小组讨论法，分三个小组用列举三个不同方法核算GDP，生产法（增值法）、收入法和支出法，归纳总结不同GDP核算方法的特点。学生代表上台发言，对比三种不同核算方法，重点介绍支出法和收入法。教师总结点评学生对三种不同GDP核算方法优点和不足之处。

（4）步骤四：反贫困的经济学属性及政府介入的原因。

外部性存在使某一小部分人占有了大量的资源后，进行生产活动时给其他人和外部环境造成了不良影响。这一小部分人占有了大量的社会资源后还会造成贫富分化，并且外部性的存在还会造成“市场失灵”，这些都为政府介入反贫困提供了依据，外部性理论也为政府干预经济提供了强有力的依据，政府可以根据外部性的影响方向和影响程度不同制度相应的经济政策，利用相应的经济手段，以消除外部性对收益和成本的差别，为实现资源的最优配置和收入的合理分配，采取的措施可以有：①使用税收和津贴：对造成外部不经济的企业进行征税，对造成外部经济的企业进行补贴；②使用企业合并的办法：将企业合并，使外部问题内部化；③规定财产权的办法：根据科斯定理，只要财产权是明确的，并得到充分保障，则有些外部影响就不会发生。

（四）教学反思

广义的“课程思政”不是指一门或一类特定的课程，而是指一种教育教学理念。大学所有课程都具有传授知识培养能力及思想政治教育双重功能，承载着培养大学生世界观、人生观、价值观的作用。“课程思政”也是一种思维方式，教师在教学过程中要有意、有机、有效地对学生进行思想政治教育；体现在教学的顶层设计上要把人的思想政治培养作为课程教学的目标放在首位，并与专业发展教育相结合。我认为，“课程思政”不是要改变专业课程的本来属性，更不是要把专业课改造成思政课模式或者将所有课程都当作思政课程，而是充分发挥课程的德育功能，运用德育的学科思维，提炼专业课程中蕴含的文化基因和价值范式，将其转化为社会主义核心价值观具体化、生动化的有效教学载体，在“润物细无声”的知识学习中融入理想信念层面的精神指引。

第一，每周经济热点问题这一课程具有强烈政治属性和意识形态属性。在这一课程中，将社会主义核心价值观本身作为研究对象恰如其分，这样课程设计既具有强烈的针对性，又有必要的现实关照，可以达到“润物细无声”的传播效果。

第二，将课堂教学、批判思考和社会服务结合起来。在本次课堂设计中，会有批判性问题的设计，让学生思考如何提高社会主义核心价值观的传播效果。

（五）课程思政理念展示

三、课程思政教育心得体会

高校的思政课程已成为大学必修课程之一，是我国培养马克思主义接班人的主要阵地。引入“课程思政”理念，尤其是通过隐性教育性质将价值引领融入专业课程教学，启发学生的自觉认同，能够显著增强高校思政教育的协同效应。课程思政讲究“润物细无声”，即承担“课程思政”的教师应在课堂教学的点滴之间影响学生，使其在学习专业课程的同时潜移默化地巩固思政内容。例如，经济学教师在课堂教学中通过分析思政案例的方式去阐述经济知识原理；采用研讨式教学，注重以真情实感与学生进行互动交流，使学生更积极主动地参与课堂，促进学生深入思考，从而在经济问题思辨过程中提升思政教育成效。

启示一：经济学类课程的“课程思政”教学应加强教学设计，在熟悉教学内容的基础上，深入挖掘和拓展教学内容所蕴含的思政内容，从教与学两个方面设计“课程思政”教学的具体目标、实施步骤与方法，同时充分利用新媒体教学手段，使课程内容“可听、可看、可思考”。

启示二：应坚持“寓德于教”的原则，要正确处理经济学类课程教学内容与“课程思政”教学内容的关系，经济学类课程“课程思政”不是硬性加入教学内容，而是有机地融入教学内容，“课程思政”与教学内容应是“盐与汤”的关系，提高课程思政与教学内容的融入度，使学生在学习专业知识的同时，潜移默化地接受了思政教育，以达到“润物细无声”的境界。

启示三：经济类课程的“课程思政”教学应坚持“学生主体性”原则，提高学生的参与度与体验度，增强学生的认同感。在具体的教学过程中，可以根据思政教学内容和学生学情，采取讲授法、案例教学法、探究式、讨论式、小组研讨式、翻转课堂等灵活多样的教学方法，提高教学效果。

教学展示课件

项鑫　党委宣传部　政工师

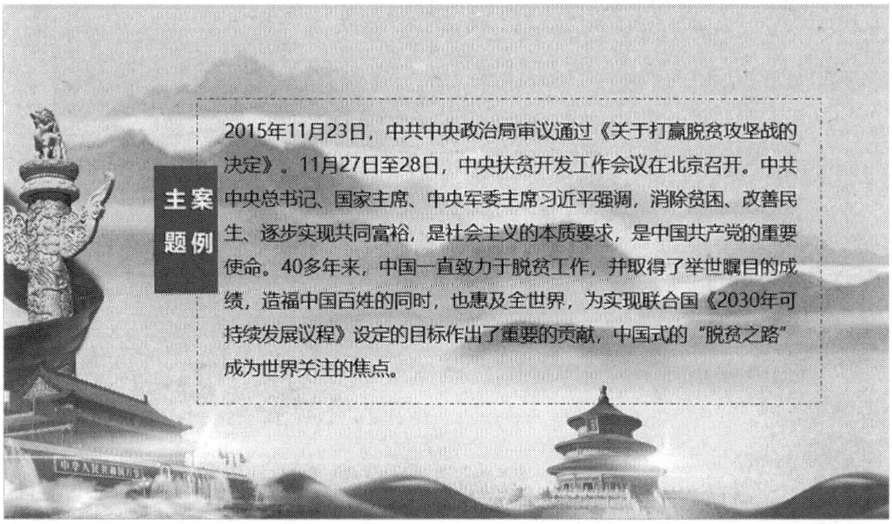

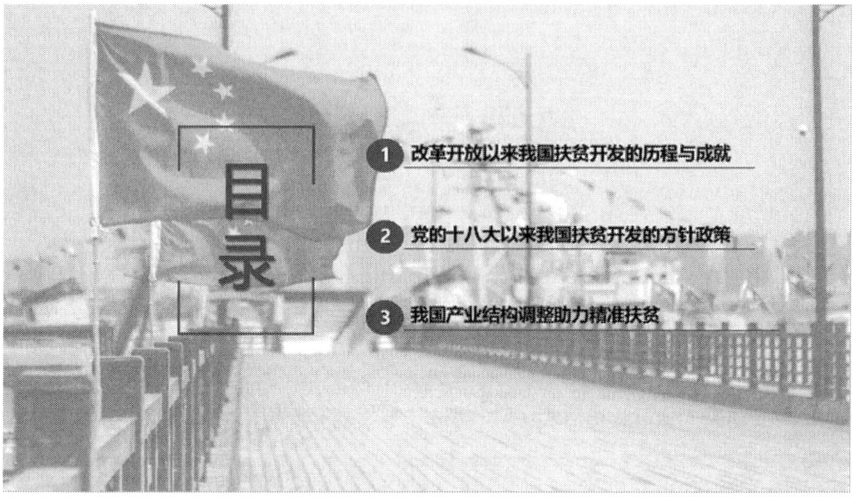
目录
1 改革开放以来我国扶贫开发的历程与成就
2 党的十八大以来我国扶贫开发的方针政策
3 我国产业结构调整助力精准扶贫

第一部分
改革开放以来我国扶贫开发的
历程与成就

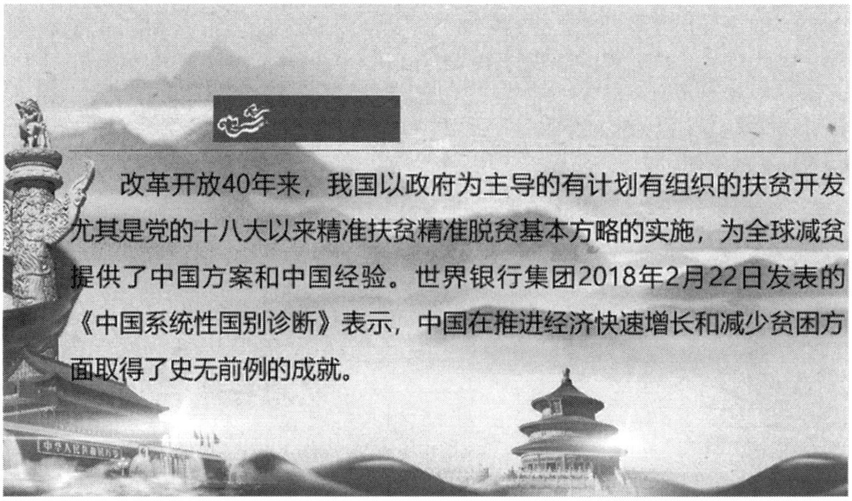
改革开放40年来，我国以政府为主导的有计划有组织的扶贫开发尤其是党的十八大以来精准扶贫精准脱贫基本方略的实施，为全球减贫提供了中国方案和中国经验。世界银行集团2018年2月22日发表的《中国系统性国别诊断》表示，中国在推进经济快速增长和减少贫困方面取得了史无前例的成就。

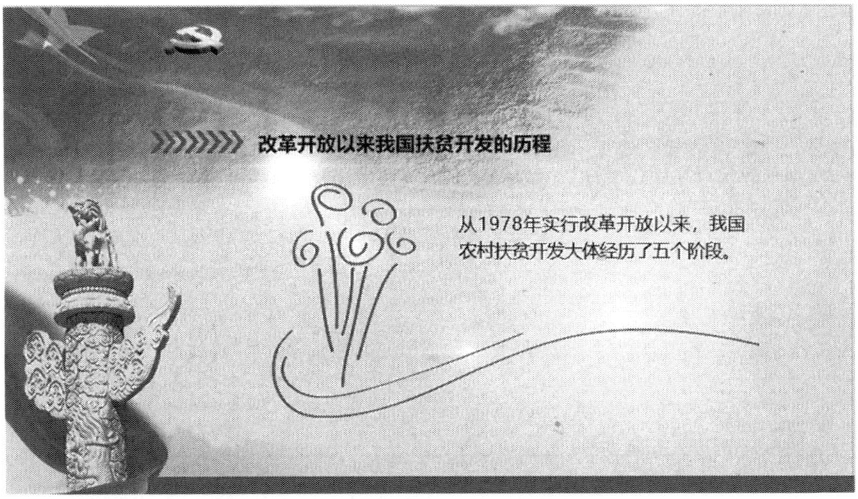
改革开放以来我国扶贫开发的历程
从1978年实行改革开放以来，我国农村扶贫开发大体经历了五个阶段。

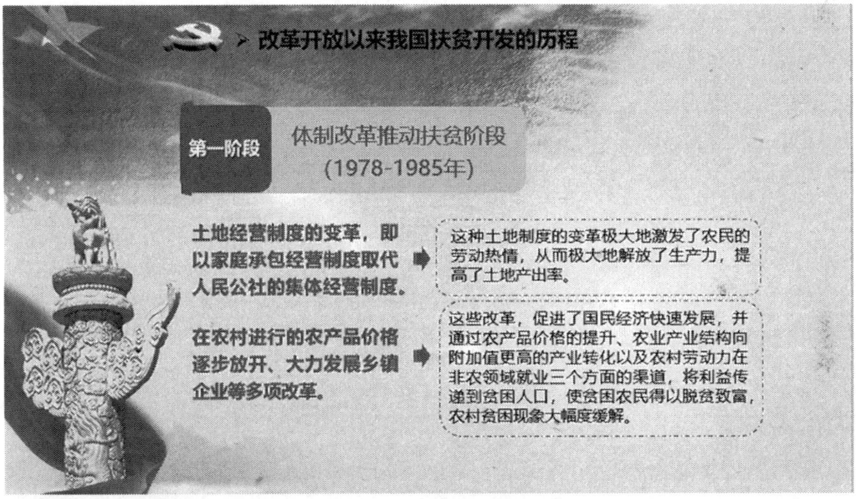
改革开放以来我国扶贫开发的历程
第一阶段
体制改革推动扶贫阶段
（1978-1985年）
土地经营制度的变革，即以家庭承包经营制度取代人民公社的集体经营制度。
这种土地制度的变革极大地激发了农民的劳动热情，从而极大地解放了生产力，提高了土地产出率。
在农村进行的农产品价格逐步放开、大力发展乡镇企业等多项改革。
这些改革，促进了国民经济快速发展，并通过农产品价格的提升、农业产业结构向附加值更高的产业转化以及农村劳动力在非农领域就业三个方面的渠道，将利益传递到贫困人口，使贫困农民得以脱贫致富，农村贫困现象大幅度缓解。

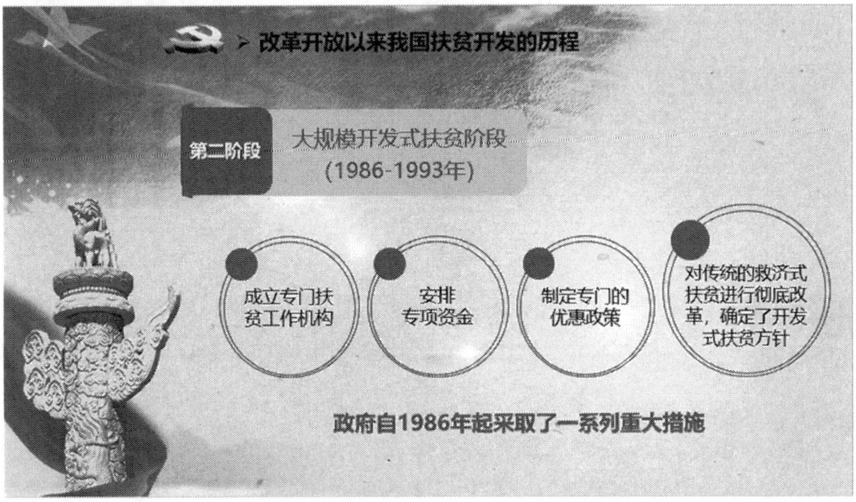
改革开放以来我国扶贫开发的历程
第二阶段
大规模开发式扶贫阶段
（1986-1993年）
成立专门扶贫工作机构
安排专项资金
制定专门的优惠政策
对传统的救济式扶贫进行彻底改革，确定了开发式扶贫方针
政府自1986年起采取了一系列重大措施

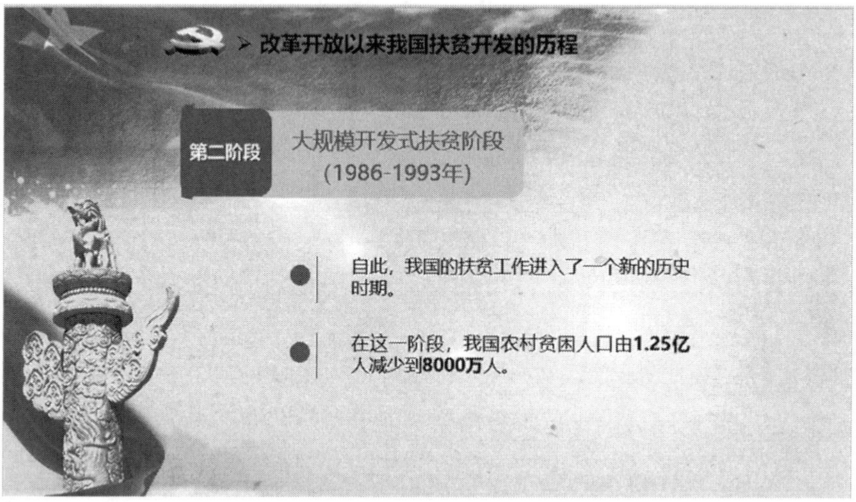
➢ 改革开放以来我国扶贫开发的历程
第二阶段
大规模开发式扶贫阶段
(1986-1993年)
自此，我国的扶贫工作进入了一个新的历史时期。
在这一阶段，我国农村贫困人口由1.25亿人减少到8000万人。

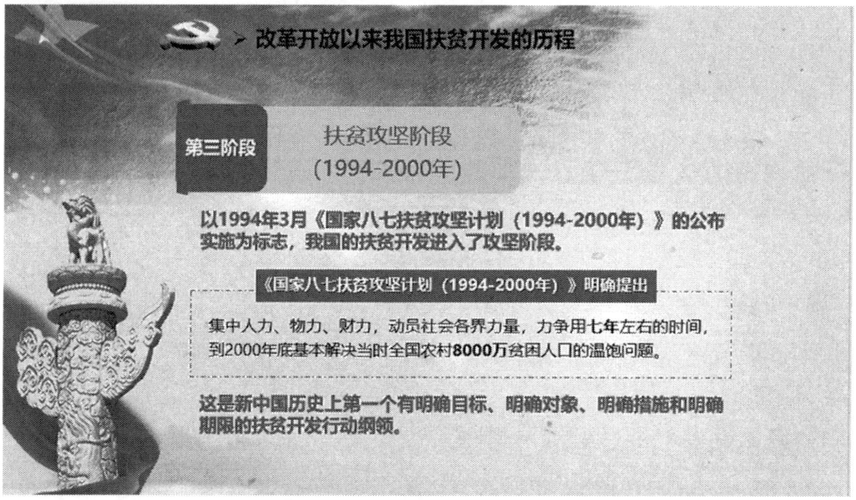
➢ 改革开放以来我国扶贫开发的历程
第三阶段
扶贫攻坚阶段
(1994-2000年)
以1994年3月《国家八七扶贫攻坚计划（1994-2000年）》的公布实施为标志，我国的扶贫开发进入了攻坚阶段。
《国家八七扶贫攻坚计划（1994-2000年）》明确提出
集中人力、物力、财力，动员社会各界力量，力争用七年左右的时间，到2000年底基本解决当时全国农村8000万贫困人口的温饱问题。
这是新中国历史上第一个有明确目标、明确对象、明确措施和明确期限的扶贫开发行动纲领。

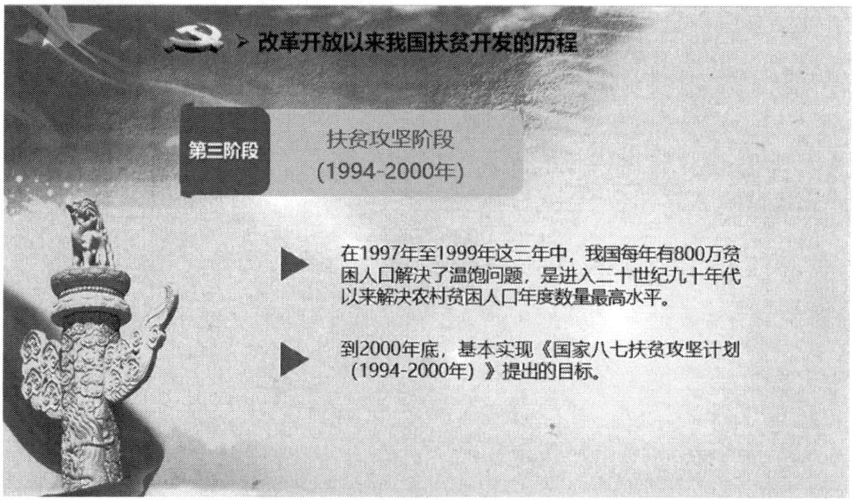
➢ 改革开放以来我国扶贫开发的历程
第三阶段
扶贫攻坚阶段
(1994-2000年)
在1997年至1999年这三年中，我国每年有800万贫困人口解决了温饱问题，是进入二十世纪九十年代以来解决农村贫困人口年度数量最高水平。
到2000年底，基本实现《国家八七扶贫攻坚计划（1994-2000年）》提出的目标。

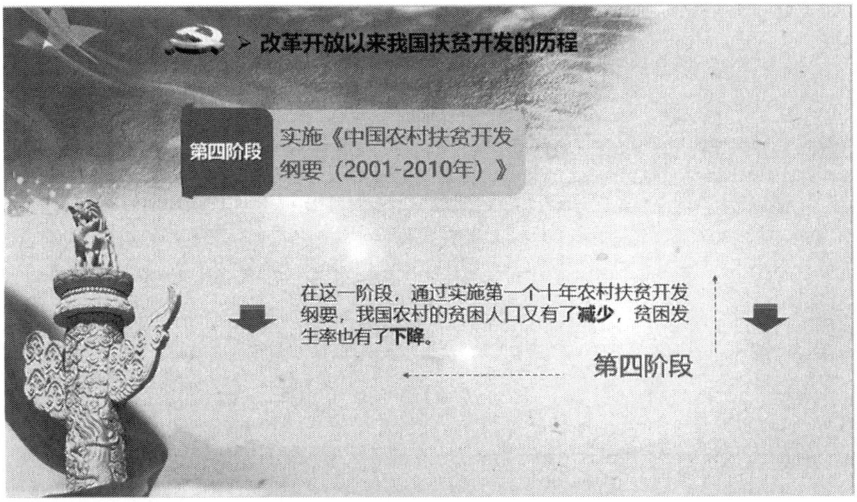
改革开放以来我国扶贫开发的历程
第四阶段
实施《中国农村扶贫开发纲要（2001-2010年）》
在这一阶段，通过实施第一个十年农村扶贫开发纲要，我国农村的贫困人口又有了**减少**，贫困发生率也有了**下降**。
第四阶段

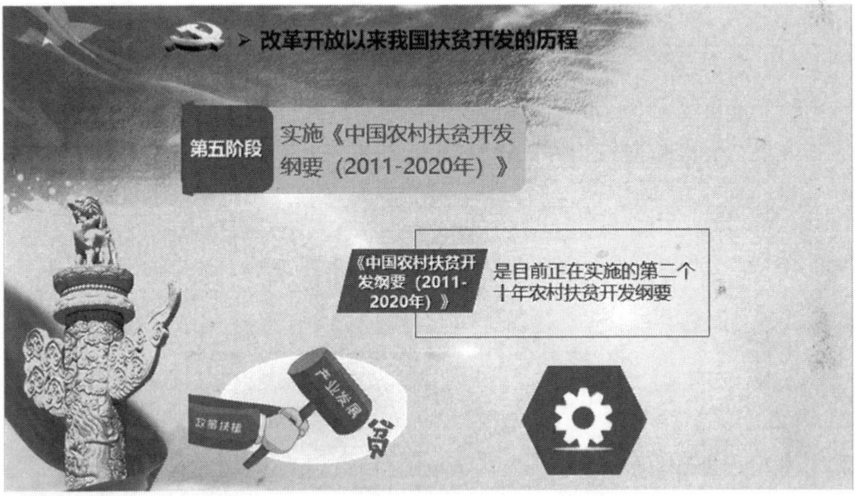
改革开放以来我国扶贫开发的历程
第五阶段
实施《中国农村扶贫开发纲要（2011-2020年）》
《中国农村扶贫开发纲要（2011-2020年）》
是目前正在实施的第二个十年农村扶贫开发纲要

改革开放以来我国扶贫开发的成就
改革开放以来，经过不懈地艰苦奋斗，我国的扶贫开发取得了巨大成就。

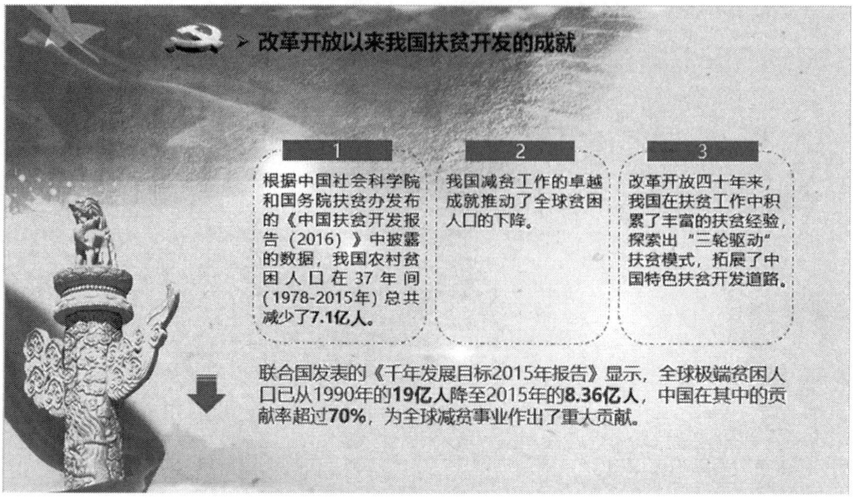
改革开放以来我国扶贫开发的成就
1
根据中国社会科学院和国务院扶贫办发布的《中国扶贫开发报告（2016）》中披露的数据，我国农村贫困人口在37年间（1978-2015年）总共减少了7.1亿人。
2
我国减贫工作的卓越成就推动了全球贫困人口的下降。
3
改革开放四十年来，我国在扶贫工作中积累了丰富的扶贫经验，探索出“三轮驱动”扶贫模式，拓展了中国特色扶贫开发道路。
联合国发表的《千年发展目标2015年报告》显示，全球极端贫困人口已从1990年的19亿人降至2015年的8.36亿人，中国在其中的贡献率超过70%，为全球减贫事业作出了重大贡献。

第二部分
党的十八大以来我国扶贫开发的
方针政策

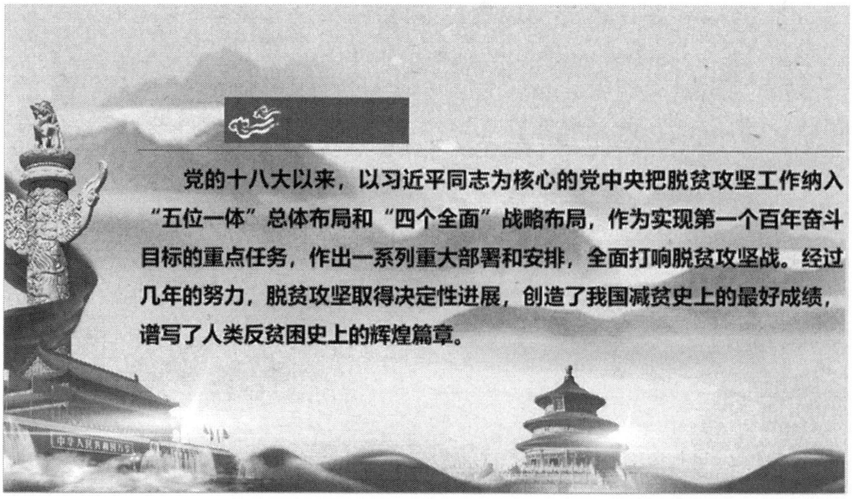
党的十八大以来，以习近平同志为核心的党中央把脱贫攻坚工作纳入“五位一体”总体布局和“四个全面”战略布局，作为实现第一个百年奋斗目标的重点任务，作出一系列重大部署和安排，全面打响脱贫攻坚战。经过几年的努力，脱贫攻坚取得决定性进展，创造了我国减贫史上的最好成绩，谱写了人类反贫困史上的辉煌篇章。

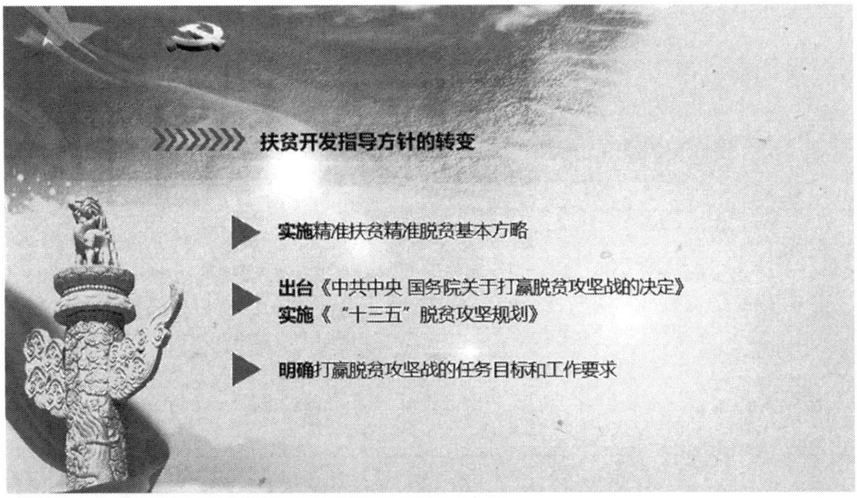
扶贫开发指导方针的转变
实施精准扶贫精准脱贫基本方略
出台《中共中央 国务院关于打赢脱贫攻坚战的决定》
实施《“十三五”脱贫攻坚规划》
明确打赢脱贫攻坚战的任务目标和工作要求

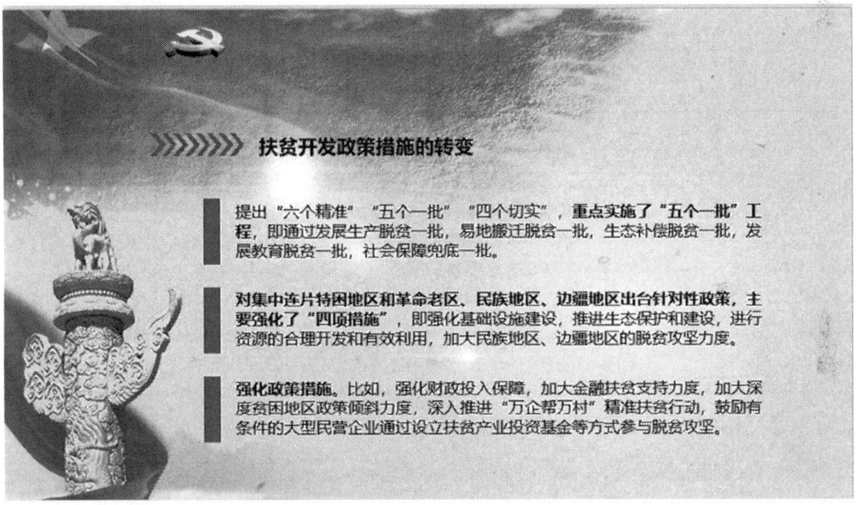
扶贫开发政策措施的转变
提出“六个精准”“五个一批”“四个切实”，重点实施了“五个一批”工程，即通过发展生产脱贫一批，易地搬迁脱贫一批，生态补偿脱贫一批，发展教育脱贫一批，社会保障兜底一批。
对集中连片特困地区和革命老区、民族地区、边疆地区出台针对性政策，主要强化了“四项措施”，即强化基础设施建设，推进生态保护和建设，进行资源的合理开发和有效利用，加大民族地区、边疆地区的脱贫攻坚力度。
强化政策措施。比如，强化财政投入保障，加大金融扶贫支持力度，加大深度贫困地区政策倾斜力度，深入推进“万企帮万村”精准扶贫行动，鼓励有条件的大型民营企业通过设立扶贫产业投资基金等方式参与脱贫攻坚。

第三部分
产业结构调整助力精准扶贫

贫困地区的发展还需要同其他地区的发展一致，需要统筹规划，综合地区资源优势、区域特点以及产业集群发展等方面的因素，以市场为导向，逐步开发出具有贫困地区特色的产业，最终形成具有地方特色的产业体系与支柱产业，为贫困地区的经济增长夯实产业基础。在产业结构调整的具体设计上可以遵循：补齐第二产业短板，逐渐发展工业，充分发挥第三产业优势，做大第三产业，注重区域特色形成等发展原则。这不仅要求三次产业需要以高质量、高水平发展，还需要注重三次产业共同发展，可以为贫困地区探索出一条以农业为基础、工业为支撑、服务业为主导的现代产业体系实现之路。

贵州平坝大关村:产业结构调整助推乡村振兴

平坝区鼓楼街道掀起了农业产业结构调整的热潮，而大关村巧妙利用“传统产业改革转型”和“因地制宜引进新兴产业”两项措施，顺利搭上农业产业结构调整发展的顺风车，农村经济得到飞速发展。

大关村全面启动农业产业结构调整工作，彻底改变种玉米的传统习惯，因地制宜发展蔬菜、食用菌、精品水果、中药材等绿色优势产业，着力提升农业生产效率。

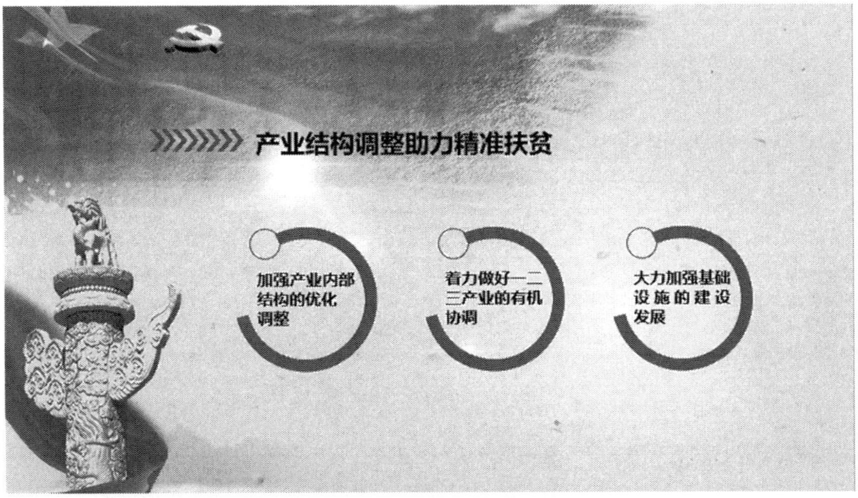
产业结构调整助力精准扶贫
加强产业内部结构的优化调整
着力做好一二三产业的有机协调
大力加强基础设施的建设发展

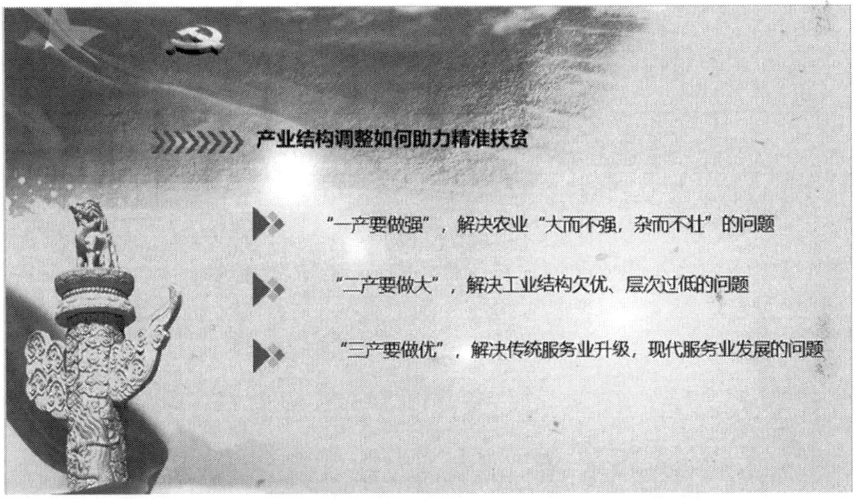
产业结构调整如何助力精准扶贫
“一产要做强”，解决农业“大而不强，杂而不壮”的问题
“二产要做大”，解决工业结构欠优、层次过低的问题
“三产要做优”，解决传统服务业升级，现代服务业发展的问题

感谢聆听

二等奖

• 经济学

“宏观经济学”课程

刘健　经济学院经济学系　副教授

一、课程思政教学设计思路

（一）课程基本信息

《宏观经济学》选用马克思主义理论研究和建设工程重点教材《西方经济学》第二版下册，由《西方经济学》编写组编写，高等教育出版社和人民出版社出版。本课程通过研讨式、互动式、案例式的方式推进，共设置八个教学单元，经济类专业安排54教学课时，管理类专业安排36教学课时。本课程着眼于国民经济的总量分析、总体分析，以经济体的总体经济活动为考察对象，探究总产出、总价格、总就业等宏观经济变量之间相互关系与影响机理，了解宏观经济目标与政策制定。该课程理论与实践性均很强，理论层面关注宏观经济模型演变，实践层面关注宏观政策手段配合。

（二）课程目标

作为一门经管类专业的基础核心课，该课程受众面非常广，通过“课程思政”，能让学生深刻领悟习近平新时代中国特色社会主义思想在宏观经济学中的引领和创新作用，强化学生对现实社会经济问题认识与研究的创新思维，培养学生的理想信念、价值取向、政治信仰和社会责任等。

价值目标：坚持把立德树人放在首位，用马克思主义的立场、方法和社会主义核心价值观贯穿课程教学全过程，系统地运用中国特色社会主义理论来解释当代中国经济发展的道路和成功经验，做到知识传授、价值引领和能力培养的高度统一，实现了全员、全程、全方位育人。

知识目标：理解国民收入决定的三大模型，掌握宏观经济目标与政策有效性分析，通货膨胀、失业、经济增长与开放经济下的国际收支问题等，了解当代宏观经济流派，如货币主义、供给学派、新凯恩斯主义与新古典宏观经济流派主要思想等。

能力目标：熟练运用宏观经济学基础理论、基本概念和基本方法，对宏观经济问题进行分析与研究；运用总量方法分析国民收入变化、财政政策效果和货币政策效果。

（三）课程内容简介

本课程是以研究社会总体经济行为及其运行规律和政府经济政策如何调控国民经济的一门学科，宏观经济学课程主要讲授凯恩斯主义宏观经济理论和以货币主义、理性预期学派为渊源的新古典宏观经济理论。教学内容主要包括国民经济核算基础知识，凯恩斯主义关于国民收入决定的三大模型：简单国民收入决定、产品市场与货币市场模型、总需求与总供给模型，宏观经济目标与政策有效性、通货膨胀、失业、经济增长与开放经济下的国际收支问题等，当代宏观经济流派，如货币主义、供给学派、新凯恩斯主义与新古典宏观经济流派主要思想等。

在课程内容方面重点把握国民收入核算主线，关注产品市场和货币市场的均衡，总需求与总供给对国民收入均衡影响。在课程研究方法方面把握基本分析方法，包括实证规范分析、总量个量、静态动态、均衡非均衡等，借用数学工具提升学生方法论素养。在课程前沿性方面推动理论联系实际，经济新常态、供给侧结构性改革、五大发展理念、“一带一路”倡议等，为课程理论学习提供“中国案例”，破解理论讲授与实际联系相脱节的难题，做到学以致用。

（四）课程思政融入设计

本课程运用新冠肺炎疫情与中国宏观经济运行的案例，采用“1+X”案例模式，力求将教学内容讲深、讲透，将思政元素贯穿于课程教学全过程，注重培养学生树立正确的人生观、价值观和世界观，注重培养学生思考分析能力、预测宏观经济未来发展趋势和判断决策的能力，提升应用型专门人才培养质量。

采取“讲理论、说故事、释案例”三步法推进课程思政。“讲理论”，从宏观经济学基本理论出发，通过翻转式、讨论式方法，让老师讲、学生讲相结合，讲好、讲透、讲深宏观经济学的重要理论。“说故事”，扎根中国大地，讲好“新冠肺炎疫情”的宏观经济学“本土故事”，引导学生关注热点、把握难点，解除疑点；“释案例”，立足“新冠肺炎疫情”案例，让学生搜集媒体发布的各种社论资料，组织学生分组讨论这些改革的利弊及对社会各个群体的影响，让学生列举其他“中国案例”，深化学生对“和谐”“公正”等社会主义核心价值观的理解。

二、教学展示

（一）教学目标和内容

1. 教学目标

知识目标：掌握GDP的概念和核算方法等知识，提高学生对GDP等经济数据内涵认识和分析能力。

能力目标：通过理论讲解，引导学生独立思考、独立分析等综合能力；通过课程研讨，培养学生善于发现问题、经济学思维能力；通过案例教学，培养学生理论联系实际、解决问题能力。

素质目标：拥有敢于创新和敢于质疑的批判性思维，树立自主学习、终身学习的观念。

2. 教学内容——案例主题

2020年1月12日，世界卫生组织正式将冠状病毒命名为Covid-19，面对疫情的来袭，中国政府果断采取严防严控措施，三个月内基本实现疫情的稳定。随着中国疫情的稳定，国外疫情却不断蔓延开来，而且势头不断加剧，截至2020年6月底，除中国以外确诊病例超过900万人，美国超过200万人，死亡人数超过40万人。新冠肺炎疫情对于全球经济带来严重的打击，国际经济整体下滑，国内经济放缓。根据经济合作与发展组织（OECD）对2020年GDP预测来看，全球GDP增长呈现下降趋势，2020年中国的GDP预测从6%增速下降到5%左右。

从疫情对中国经济整体影响来看，2020年第一季度中国GDP同比下降6.8%，这是自改革开放以来中国经历的最大的经济衰退。从三次产业结构第一季度的增长来看，第一产业同比下降3.2%，影响相对较小；第二产业影响最大，同比下降9.6%，产业链无法正常运转；第三产业同比下降5.2%，但是其中信息产业和金融产业在整体下降中呈现增长趋势，分别增长13.2%和6%。从消费来看，汽车（–30.5%）、餐饮（–41.9%）和金银珠宝类（–37.7%）等受到的冲击最大，但食品饮料类的消费却出现上升。医疗卫生用品、新零售、线上教育、县城文化娱乐、快递、外卖服务等领域呈现逆势增长。根据国家统计局2020年5月的数据，全国城镇调查失业率为5.9%（美国2020年5月失业率为14.70%），居民消费价格（CPI）同比上涨2.4%，社会消费品零售总额31973亿元，同比下降2.8%，降幅继续收窄。

新冠肺炎疫情阻击战持续了三个多月，举国体制，措施严厉，对中国经济活动造成巨大扰动。如何看待新冠肺炎疫情对经济的影响？宏观经济学基本常识很重要，能使我们在问题的讨论中保持清醒和客观。本案例把新冠肺炎疫情中的鲜活“中国元素”融入国民经济核算课堂教学，以“新冠肺炎疫情与中国宏观经济运行”为案例，一方面从教育教学和科学研究角度出发，清晰界定GDP概念与经营性收入的区别；另一方面，通过案例诠释中国共产党抵御疫情冲击的复工复产的学理支撑和实践路径。

（二）教学重点和难点

如何客观看待新冠肺炎疫情对经济的影响？如何从经济学视角出发解读疫情防控措施？为恢复经济发展常态化，政府可采取哪些应对之策？理解经济增长、宏观经济政策与疫情防控三元悖论？

（三）教学过程和方法

1.教学方法

（1）启发式课堂教学。包括启发式提问、引导提问、知识难点与观点解析。

（2）课堂思辨式讨论。结合PPT课件各类资讯链接与文献观点解析，提出思辨主题，分组讨论总结。

（3）课后线上线下讨论。结合思辨主题，课后按宿舍分组进行线上线下交互讨论。通过宏观经济学微信学习群推送学习强国、经济学专业网站、主流经济媒体等公众号与实践赛事通知等。

2.教学过程

（1）步骤一：核心概念讲解。

系统讲解“GDP”的内涵，从增加值角度理解GDP与营业收入之间差异。

（2）步骤二：概念内涵深挖。

采用小组讨论法，分三个小组用列举三个不同方法核算GDP，生产法（增值法）、收入法和支出法，归纳总结不同GDP核算方法的特点。学生代表上台发言，对比三种不同核算方法，重点介绍支出法和收入法。教师总结点评学生对三种不同GDP核算方法优点和不足之处。

（3）步骤三：思政元素切入。

截取中央电视台《庆祝改革开放40周年大会》视频片段，时长约3分钟，内容是介绍中国改革开放40年来GDP的变化。全面客观看待中国共产党为实现中华民族伟大复兴而奋斗的历史，团结带领全国各族人民，披荆斩棘、艰苦奋斗、开拓创新，不仅使中国人民“站起来”，而且使中国人民“富起来”“强起来”，创造了GDP“中国奇迹”。推动课程内容与思政的融合，有利于学生坚定政治立场。

（4）步骤四：“1+X”案例分析（15分钟）。

“1”：代表教师引用一个案例，解释为什么新冠肺炎疫情对中国GDP的影响将会非常有限，经济增长长期趋势性和短期波动性之间辩证关系。

“X”：代表学生提出“X”不同结论或“X”相同案例。让学生在轻松的氛围中谈一谈如何认识GDP内涵等，组织学生结合时事进行课堂讨论，并对案例结论进行延伸和概括，激发新时代爱国主义共鸣。

（四）教学反思

1.提高素质，优化完善知识结构

要以身示范，只有教师本人拥有正确的价值取向，才能在教学过程中向学生传递正确的人生观、价值观。必须掌握科学教学理念，运用多样化的教学方法、教学模式，让学生动起来、让课堂活起来、让教师转起来，提高教学效率。课程传授式是立体式、矩阵式的过程，必须融知识传授、思维训练和人文情怀培养于一体，使宏观经济学课堂教学发挥深化和拓展作用，使思政教育与宏观经济学教学协调同步。

2.严于律己，弘扬高尚师德师风

学高为师，身正为范。作为教师，要时刻重视职业道德修养，维护自己的形象，做好学生的表率。严于律己，以身作则。在教学过程中奉行和谐友善的教育理念，充分尊重学生，平等对待学生，客观评价学生，关心爱护学生。要不断增强教书育人的荣誉感和使命感，坚守高尚情操。

3.因材施教，探究“思政”元素切入点

教学准备的材料要针对学生的实际，有选择地加以使用，不同程度的学生需要选择不同的材料，即使相同的材料也可能要选取不同的角度、不同的侧重点进行讨论。要有一致性，教师提出的观点要与材料统一，这是理论联系实际的本质要求，观点不脱离材料，材料也不能成为观点的衬托，要从材料中总结出观点，有理有据，

达到育人的目的。

宏观经济学中的思政教学需要春风化雨，潜移默化，而不是简单说教。一定要注重学生特点，让学生角色代入，增加体验感。结合新时代青年学子特点、时代特征、课程专业知识与理论前沿，将新观点、新思维与新方法不断引入，引导学生从不同角度进行思考，提高学生的经济伦理、思想道德素养、科学思维认知和实践能力。使同学们感受到中国作为负责任大国的国家态度，树立正确的人生观、价值观、世界观，切实坚持“道路自信”，拥有“文化自信”，成为有担当有责任的新时代社会主义接班人。

（五）课程思政理念展示

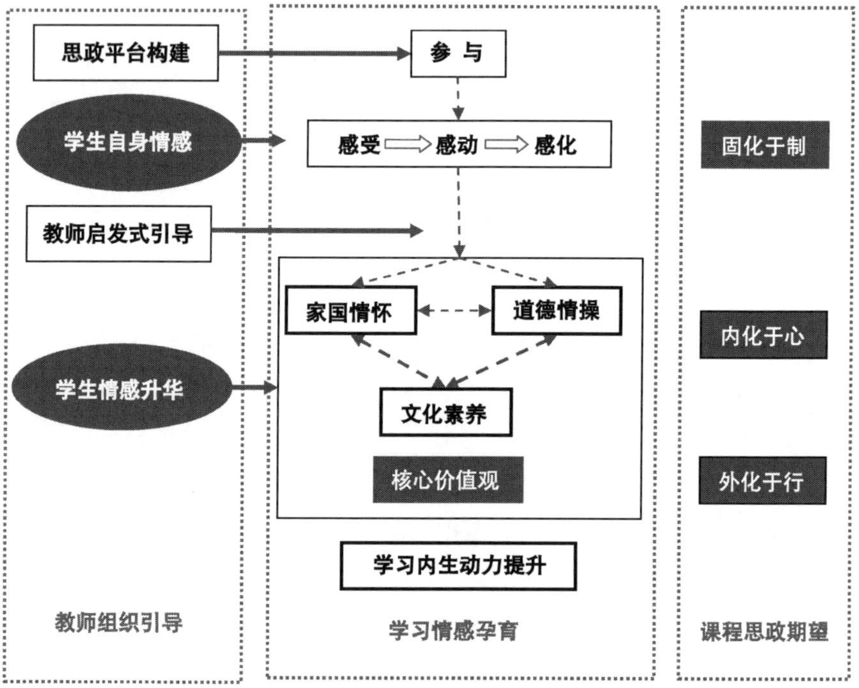

三、课程思政教育心得体会

习近平总书记指出：“要运用新媒体新技术使工作活起来，推动思想政治工作传统优势同信息技术高度融合，增强时代感和吸引力。”教师要适应“互联网”的发展趋势，“沿用好办法、改进老办法、探索新办法”，推动思政课传统优势同现代信息技术高度融合，推动思想政治工作联网上线，以讲故事的形式、可视化的表达、差异化的传播、互动式的交流，提升思政课的时代感和吸引力。

在“宏观经济学”课程思政建设中，教师是教书育人实施的主体，也是课堂教学的第一责任人，课程内容的策划、教学方式的组织、课堂的管理都需要教师的积极投入和深入思考。除了调整教学内容，加入案例元素，创新授课方式外，教师应坚持注重将学生学习效果考核评价从单一的专业维度，向人文素质、社会责任感、团队协作力等多维度延伸，建立能体现学生专业水平和思政素养的评价体系，也就是“课堂内”和“课堂外”教学环节的评价，包括过程性评价和总结性评价，课堂主要以过程性评价为主，目的在于“以评促学”，激发学生的学习积极性和参与热情；总结性评价在课程结束后进行，主要目的在于评价学生对经济学原理基础知识的应用能力。

课程思政建设的成效在学生。学校一切教育教学活动的根本目的在于培养出更高质量的人才。因此，“课程思政”改革的效果如何，最终必须以学生的获得感为检验标准。“宏观经济学”课程团队成员们围绕学生、关照学生、服务学生，把握青年学生的思想特点、发展需求和学习状态，抓住学生的兴趣点、触动点和共鸣点，强化师生互动，探索“课堂内”和“课堂外”相互结合的课堂评价体系，成就了一堂有情有义、有滋有味、有声有色的课程。

教学展示课件

刘健　经济学院经济学系　副教授

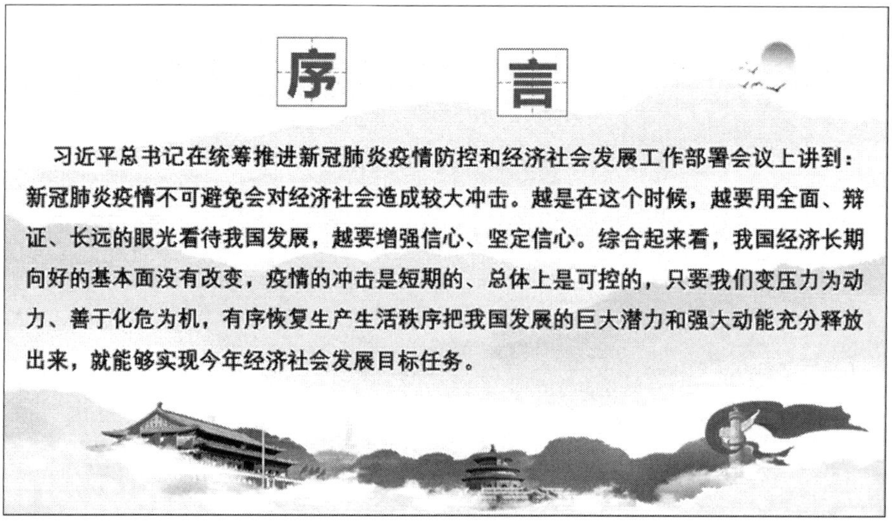

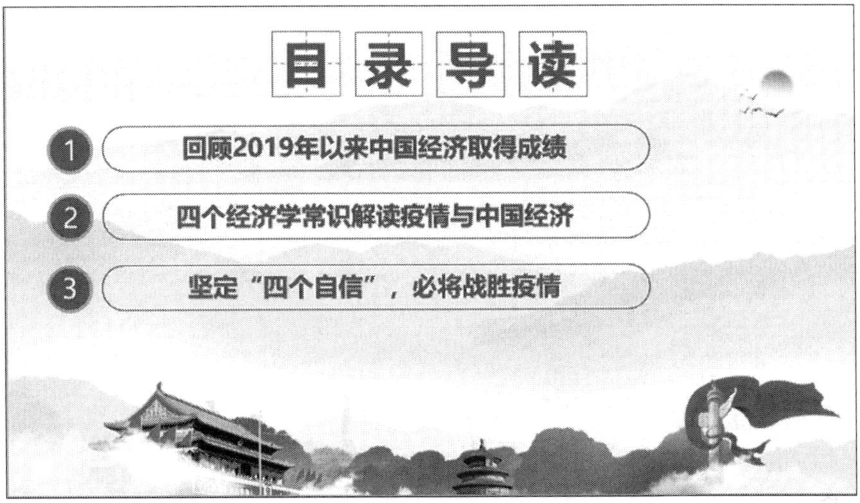
目录导读
1
回顾2019年以来中国经济取得成绩
2
四个经济学常识解读疫情与中国经济
3
坚定“四个自信”，必将战胜疫情

第一部分
2019年以来中国宏观经济回顾

经济运行总体平稳
GDP
国内生产总值达到99.1万亿元，增长6.1%
城镇新增就业1352万人，调查失业率在5.3%以下
居民消费价格上涨2.9%
国际收支基本平衡

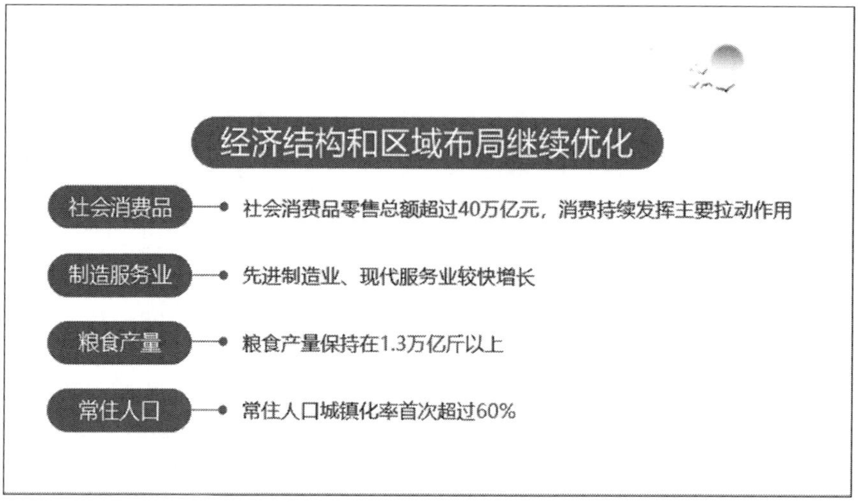
经济结构和区域布局继续优化
社会消费品
社会消费品零售总额超过40万亿元，消费持续发挥主要拉动作用
制造服务业
先进制造业、现代服务业较快增长
粮食产量
粮食产量保持在1.3万亿斤以上
常住人口
常住人口城镇化率首次超过60%

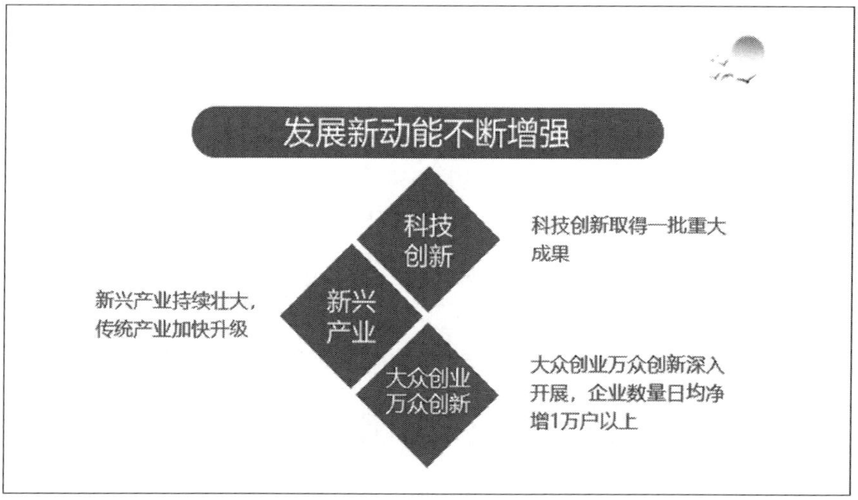
发展新动能不断增强
科技创新
科技创新取得一批重大成果
新兴产业
新兴产业持续壮大，传统产业加快升级
大众创业万众创新
大众创业万众创新深入开展，企业数量日均净增1万户以上

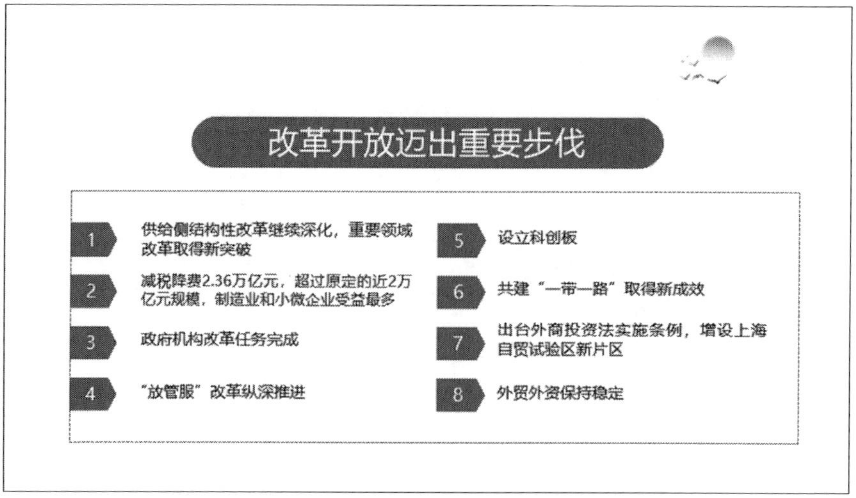
改革开放迈出重要步伐
1 供给侧结构性改革继续深化，重要领域改革取得新突破
2 减税降费2.36万亿元，超过原定的近2万亿元规模，制造业和小微企业受益最多
3 政府机构改革任务完成
4 “放管服”改革纵深推进
5 设立科创板
6 共建“一带一路”取得新成效
7 出台外商投资法实施条例，增设上海自贸试验区新片区
8 外贸外资保持稳定

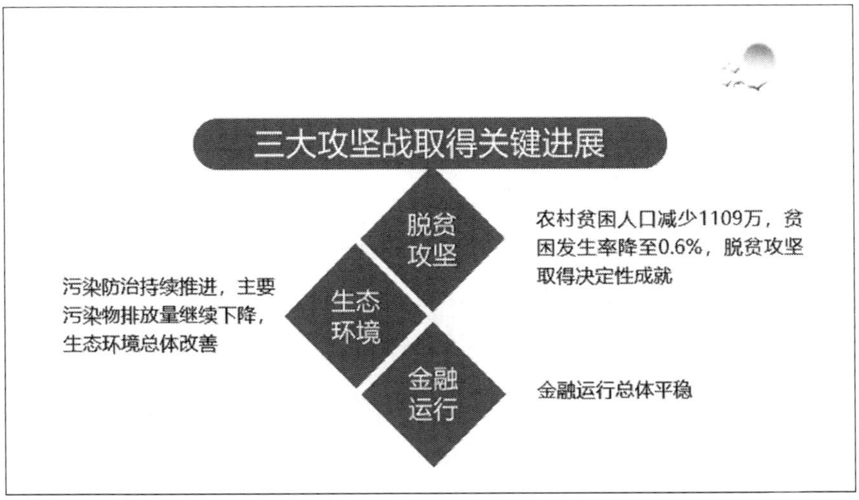
三大攻坚战取得关键进展
脱贫攻坚
农村贫困人口减少1109万，贫困发生率降至0.6%，脱贫攻坚取得决定性成就
生态环境
污染防治持续推进，主要污染物排放量继续下降，生态环境总体改善
金融运行
金融运行总体平稳

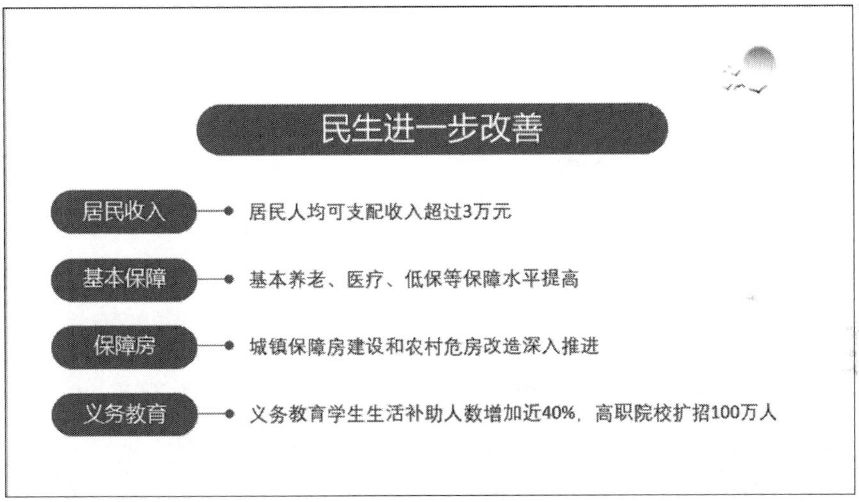
民生进一步改善
居民收入
居民人均可支配收入超过3万元
基本保障
基本养老、医疗、低保等保障水平提高
保障房
城镇保障房建设和农村危房改造深入推进
义务教育
义务教育学生生活补助人数增加近40%，高职院校扩招100万人

新冠肺炎疫情发生后
中华儿女风雨同舟、守望相助，
筑起了抗击疫情的巍峨长城。

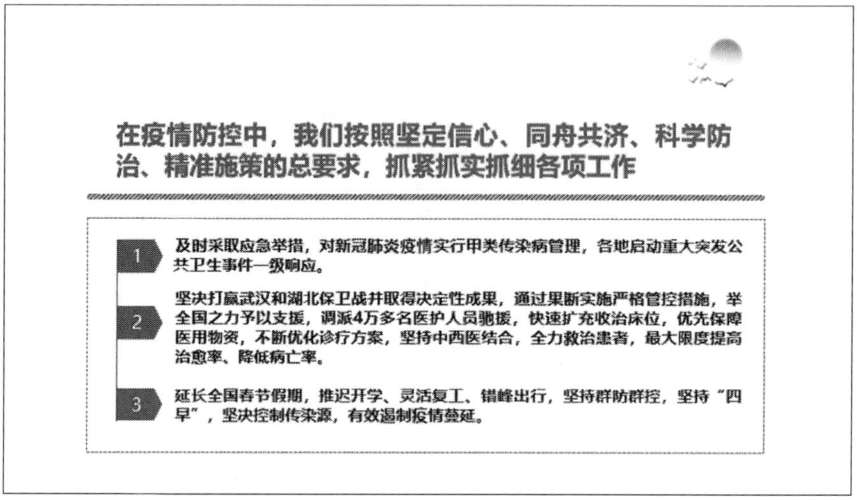
在疫情防控中，我们按照坚定信心、同舟共济、科学防治、精准施策的总要求，抓紧抓实抓细各项工作
1 及时采取应急举措，对新冠肺炎疫情实行甲类传染病管理，各地启动重大突发公共卫生事件一级响应。
2 坚决打赢武汉和湖北保卫战并取得决定性成果，通过果断实施严格管控措施，举全国之力予以支援，调派4万多名医护人员驰援，快速扩充收治床位，优先保障医用物资，不断优化诊疗方案，坚持中西医结合，全力救治患者，最大限度提高治愈率、降低病亡率。
3 延长全国春节假期，推迟开学、灵活复工、错峰出行，坚持群防群控，坚持“四早”，坚决控制传染源，有效遏制疫情蔓延。

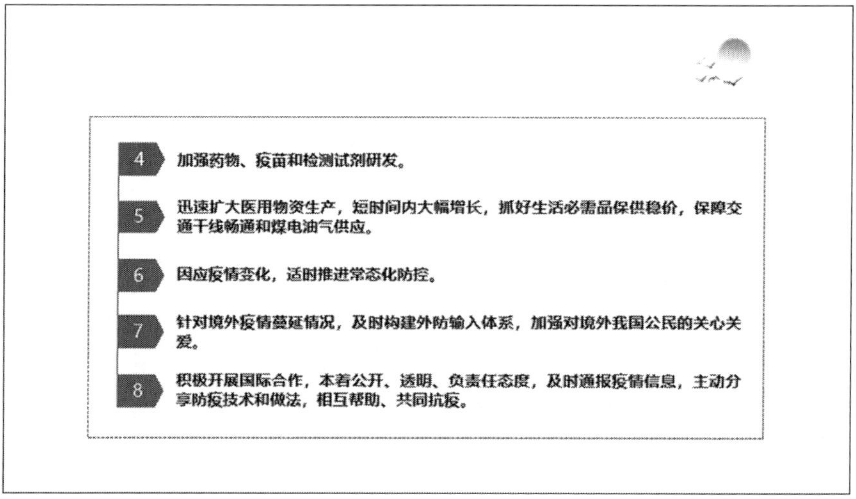
4 加强药物、疫苗和检测试剂研发。
5 迅速扩大医用物资生产，短时间内大幅增长，抓好生活必需品保供稳价，保障交通干线畅通和煤电油气供应。
6 因应疫情变化，适时推进常态化防控。
7 针对境外疫情蔓延情况，及时构建外防输入体系，加强对境外我国公民的关心关爱。
8 积极开展国际合作，本着公开、透明、负责任态度，及时通报疫情信息，主动分享防疫技术和做法，相互帮助、共同抗疫。

第二部分
“四个经济学常识”解读疫情与中国经济

第一个常识：经济增长是长期趋势，疫情冲击是短期波动。

任何一个成熟市场经济体都是一个有机系统，存在一个趋势性增长，无论是3%～4%或6%～7%甚至是10%，1位数、2位数增长。因为有趋势性增长，所以受到外部冲击时，它总会反弹和回归正轨。外部冲击会暂时让经济偏离这个趋势，但只要冲击过后，经济就会有强力反弹，有回到增长趋势的能力。即便经历战争和自然灾害（地震海啸），经济依然会在重建中加快资本形成，恢复生产能力。如果冲击巨大，起点低，反弹就更强力，如果冲击较小，起点高，反弹幅度则不大。第二次世界大战后日本和德国的高速增长都跟这个有一定关联。成熟市场经济体本身具备自我修复能力，看不见手（市场）和看得见手（政府）在协调运行。

此次，公共卫生危机或疫情多数情况下是恐慌或防疫政策造成消费需求的增长趋势中断、推迟或取消，如持续时间较长还会波及流通环节、生产环节。但在冲击过后，经济增长依然会反弹。中国案例：2003年SARS过后，反弹很快，全年几乎看不出SARS来过。

第二个常识：缩短疫情持续时间，有利经济快速恢复。

01 疫情持续时间越短越好，因为时间越短，经济冲击小、反弹快和恢复周期短。

02 要缩短疫情的持续时间，就要提升疫情防控广度、强度和力度（如停工、停产、停业、停学）。

03 过度防控需付出超量经济代价，但会缩短疫情持续时间，对经济的快速恢复是利好，放松防控虽然短期付出经济代价小，长期代价大。

04 回过头来看，中国政府的强力干预，短期会对经济产生较大冲击，长期来看是必要的，也是最理性的行为。

第三个常识：正确看待疫情对GDP的影响。

要看到 数据背后的真实含义，营业收入损失和GDP之间差异。

要理解 当我们说因为疫情和防疫政策造成一些行业损失掉多少营业收入的时候，这不是GDP。

要懂得 计入GDP的不是全部损失的收入和产值，而只是其中损失的增加值部分。

要分析 这个常识给我们一个概念空间来推测疫情可能造成今年第一季度的负增长。GDP计算增加值，因此疫情短期冲击仍有限。

坚持道路自信

疫情暴发以来，使用率最高的一个字就是“封”，封城、封镇、封村、封路、封楼、封社区。我们的道路让我们在面对传染病时，有了喊“封”的底气，封了一个武汉，还有数十个“武汉”供着；封了湖北，还有二三十个“湖北”救济。用世卫组织总干事高级顾问艾尔沃德的话：“如果我感染了，我希望在中国治疗。”当疫情全球蔓延，对比全世界各个国家的反应后，你会由衷地感叹一声，幸亏有共产党，幸亏在中国，这就是道路自信。

坚持理论自信

疫情当前，我们更要坚定中国特色社会主义理论自信，为中华民族伟大复兴提供理论支撑，为人类发展贡献中国智慧。在思想上，我们首先要战胜它，在行动上，我们也不能却步，依靠先进的科学理论知识，动员全民参与，全民抗击，全域抗击。理论是行动的先导，什么样的理论就决定了所采取的动作。我们的理论官方表述很长，归结起来就五个字——“为人民服务！”这看似没有标准，实则是最高标准，因为这代表着无限责任！

坚持制度自信

除夕夜，各省纷纷启动“公共卫生事件一级响应”，一场前所未有的疫情狙击战打响了。所有相关部门机关干部取消休假，回到岗位。一夜之间，全国各地联合检疫站到位。公安、医务、交通，每天投入近成千上万人，在所有的路口、渡口对来往人员车辆进行登记。所有的社区居委会开始运转，农村基层组织开始工作。挨家挨户宣传、排查，不落一户、不落一人。各地医护人员到位！解放军到位！救援物资到位！

坚持文化自信

精神是文化的内核，所有的文化为传播精神服务。“一级响应”一出，十几亿人闻令而动，人人宅家里，节日在家过，准备把病毒憋死；国家号令建火神山、雷神山医院，成千上万的工人扑向工地，十天十夜连续作战，生生创造一个世界奇迹；医用物资紧张，无数企业自发加班，无数员工放弃休假，然后无偿捐赠灾区疫区；农民用的农产品，不吃不卖，亲自装车，免费送给防疫一线；海外华侨，买空海外口罩，包客机托运回武汉……这些就是中国文化培养出来的中国人！

我们党在内忧外患中诞生，在磨难挫折中成长，在攻坚克难中壮大。敢于斗争、敢于胜利，是中国共产党人鲜明的政治品格，也是我们的政治优势。我们的自信，让我们更有信心，我们的信心会让我们更快更全面的获得防控疫情的胜利，从而更加坚定我们的信心和自信。

谢谢

·文 学

“日语泛读”课程

谭睿　文学院日语系　副教授

一、课程思政教学设计思路

（一）课程基本信息

“日语泛读”是高校日语专业的核心课程，是与基础日语（精读课）、日语听力、日语会话等平行的相辅相成的课程，教学对象为日语专业大二上学期的学生，先修课程为《基础日语》。

（二）课程目标

“日语泛读”旨在培养学生的阅读能力。通过本课程的学习学生能够达到以下目标。

1. 认知目标。进一步巩固基础阶段已学过的语言知识、扩大词汇量，特别是当今社会常用的新词。对已学过的语法进行梳理，学习更多语义相近的表达方式，准确把握其间细微的差异。

2. 技能目标。着重提高阅读日语文章的能力，加深对日本社会、文化等各方面的了解，为以后从事与日本有关研究和工作打下扎实的基础。

3. 德育目标。发掘日语泛读课程中的思政教育资源，融入民族文化与思想政治的内容，促进日语专业学生文化自觉的生成与沉淀，进而提升文化自信。

（三）课程内容简介

日语泛读课的教学目的是培养学生的阅读能力，具体体现在提高学生快速、通读的阅读能力，培养学生文章阅读的逻辑思维能力；培养学生的阅读兴趣；扩充学生的单词量；巩固语法与句型知识；阅读日本的政治、经济、社会、文化等方面的文章，以扩大知识面。同时，从课程思政探索的角度来看，培养学生运用马克思主义理论辩证地分析日本文化中存在的中国文化的要素，有利于增强中国文化自信。将课程思政融入泛读课的教学，可以在培养学生日语综合语言运用能力的同时，增强中国文化自信。

本课程提供的阅读素材不仅包含多领域的内容，而且更注重“真善美”文化的传播。教育教学工作中应突出显性教育和隐性教育相融通，其本质是以专业知识为载体，发挥外语学习中跨文化交流、比较文化学等因素的感染力和渗透力，将思政课程的思想理论通过文化传播与认知这一过程，浸入授课者和学习者的意识中。中日同属东亚文化，并且日本文化深受中国传统儒家文化的影响，有很多共通的地方，日语泛读课程在语言传播的过程中，将文化的传播自然地交融进去，没有任何违和感，这正是日语泛读课程自身的特性给思政教育提供了极佳的条件。

（四）课程思政融入设计

1.思想政治教育的融入点

党的十八大以来，习近平总书记反复强调“文化自信”，并指出文化自信是实现中华民族伟大复兴更基础、更广泛、更深厚的力量。基于新时代的新要求，各高校积极加强大学生对中华民族传统文化的认知、传承与发展，“文化自信培养”成为“课程思政”教育中极其重要的一环。在“日语泛读”课程中，以中日文化对比为切入点，实现专业教学与“思政课程”的有机融合。日语泛读课程思政教育融入点如下：

（1）中日历史与思想文化（以唯物史观帮助学生正确理解日本历史）；

（2）中日政治与经济社会（“一带一路”倡议、中美贸易摩擦下的中日经贸合作等）；

（3）中日关系与东亚区域（中日两国分别是当今世界第二、第三大经济体，对东亚区域乃至世界的影响已经超出双边范畴，未来还将更加重要）；

（4）中日语言与文学（中日文学史、文学作品赏析、汉日对比研究等）。

2.教学方法与举措

日语泛读课程拟采用以下教学方法将“课程思政”与日语教学有效结合，来提升大学生的文化自觉与自信。

（1）发掘日语泛读课程中的思政教育资源，提高学生对信息的筛选、分析能力。课程中引导学生梳理日本文化中的中国传统文化，让学生充分认识到了中国文化对日本文化的影响。另外，帮助学生运用马克思主义理论，对日语中的中国文化进行深入分析，对比中日文化中的不同，树立正确的文化观，从而使学生重新认知本国文化，提升文化自觉与自信。

（2）将专业课程与信息化手段有机结合，以思政教育资源加强对学生核心素养及竞争力的培养。以信息化手段为依托，学生在观看相关主题的短视频过程中，可以有针对性地对视频内容进行思考，并且通过暂停、回放等功能，自我调控学习进程。同学对于同一主题可能产生不同的理解和疑问，教师可以有针对性地为他们解答，对问题相对集中的内容，还可以组织小组讨论。老师不仅可以观察他们的讨论过程，还可以帮助学生理解协作能力对于学习和未来发展的重要性，使学生不仅真正理解了相互学习借鉴的意义，更会通过积极思考来认识专业课程中融入的思政问题，而不是死记硬背、囫囵吞枣地被动接受知识。

3. 教学成效

我们在日语泛读教学中，融入了民族文化与思想政治的内容，促进日语专业学生文化自觉的生成与沉淀，进而提升文化自信。教学改革阶段的教学表明，同学们能够积极地投入小组及课堂讨论和学习中。通过引导学生对中日两国传统文化的差异查找资料、思考和分组讨论，鼓励学生自主探究、互相协作与自我反思，锻炼了学生的资料收集能力、阅读能力、思辨能力、口语表达能力和团队合作能力，学生在讨论中增进交流，加强对中国文化的理解，从而增强文化认同感和文化自信。同时通过引导学生学习中华民族传统的优秀文化，有利于培养学生爱国的优良品德和塑造健康健全的人格。

二、『かぶき』（歌舞伎）教学展示

（一）教学目标和内容

1. 教学目标：

①掌握速读技巧，准确把握文章大意；掌握单词「思い付き」「堅苦しい」「洗練」「しぐさ」。

②熟练掌握汉字词的读音，流利地通读全文；熟练掌握句型「せっかく~」「やむをえず」「~し」。

2. 教学内容：

内容によって、次の三つの段落に分ける：

①外国での歌舞伎の舞台などについての評価などについて紹介した。（第1段落）

②歌舞伎の舞台や花道、俳優、楽器などについて紹介した。（第2~6段落）

③歌舞伎の芸術的価値について紹介した。（第7段落）

（二）教学重点和难点

1. 教学重点

歌舞伎的发展进程、伴奏乐器以及歌舞伎在世界文化艺术舞台上的价值。导入素有“东方艺术传统的姊妹花”之称的中国京剧，引导学生对比分析。

2. 教学难点

歌舞伎与京剧舞台文化差异性。京剧与歌舞伎既存在表现形式的相同性，又存在戏剧本质观念性的区别。这种相同首先体现了东方文化的共性，同时也与日本受容性文化物质相关。正是由于这种广采博引外来文化的受容性，最终形成了歌舞伎与京剧本质上的不同，展现出两方戏剧彼此独特的个性与品质。

（三）教学过程和方法

1. 教学过程

主要以自主学习理论和协作学习理论为指导，采用课堂发表法，引导学生对中日文化进行正确和理解，促进本民族文化自觉与自信的提升。

教学过程设计表

	时间	教师活动	学生活动
导入课题	1	歌舞伎概述	初步了解歌舞伎
讲授新课	3	视频展示，对比分析歌舞伎和京剧舞台差异性	观看视频，直观比较歌舞伎和京剧的舞台表现差异
提出问题	1	歌舞伎的起源与发展过程；歌舞伎和京剧舞台表现和文化内涵差异性	学生分组讨论
课堂发表	4	组织指导学生就歌舞伎的文化内涵和文化渊源发表观点	课堂发表
拓展延伸	1	课文中涉及的歌舞伎和中国京剧相关内容让学生使用网络进行查阅、研读、对比分析	学生课后查阅资料

2. 课堂发表

用“齐莫曼自主学习理论”，以“学生”为中心，以“教师”为辅助，引导学生进行文化思考与探索，通过学生主动质疑与探索、独立思考与分析、积极实践与创造等方法来完成学习任务、实现学习目标。发表者小组协作，提前查找资料，制作PPT，上台用日语作口头演讲，之后与听众进行互动问答。通过“课堂发表”练习，学生各方面的能力将会得到一定的提升。

课堂发表设计表

阶段	内容	具体操作
课前准备	教师布置任务；学生自主学习	3~5人成组协作完成
课程进行	将专业教学与“思政课程”有机融合，教师就本课难点及重点进行分析；就“课堂发表”教师指导点评；学生互评	学生合作讨论，具体分工；教师就本课重点及难点进行分析，“思政融入课程”引导学生培养对中国文化的深层次理解；教师对学生的“课堂发表”进行点评或补充
评价	学生提交，展示成果	小组内部或小组间讨论，相互点评；教师点评或补充

（四）教学反思

在“日语泛读”课程中，以中日文化对比为切入点，实现专业教学与“思政课程”的有机融合。但是在完善教学设计和整体规划、提高教学能力等以下几个方面还有待于提高：

（1）不仅仅停留在中日文化对比上，如何激发学生出自本心的爱国情怀，发掘学生的学习潜力，实现“课程思政”润物无声的效果，还有待于进一步探讨。

（2）以强调集价值塑造、能力培养、知识传授为一体的课程育人目标，完善教学的整体设计还有待于完善。

（3）通过“课程思政”，引导学生建立正向的认知，从而实现行为的转化，这个目标不是一朝一夕也不是一门课程所能达到的，需要渗透、强化到各门课程中，这也是今后所面临的课题。

（五）参考资料

（1）高德毅，宗爱东.从思政课程到课程思政：从战略高度构建高效思想政治教育课程体系［J］.中国高等教育，2017（1）：43-46.

（2）徐淑丹.思政因素在日语专业课程中的融入——以日语阅读课为例［J］.课程教育研究，2019（13）：111-112.

三、课程思政教育心得体会

语言是文化的载体，外语类课程兼有工具性和人文性的双重性质。传统的日语课程教学多重视语言的工具性而容易忽视语言的人文性，重视语法的正确使用、句子和文章结构的分析，重视语言技能的培养和运用，而忽视两国文化的比较以及学生思想上的正确引导和正确看待不同文化冲突的辩证思维的培养。对外语专业的学生来说，如果在学习外国文化的同时不进行相应的中国文化的学习、不了解本国文化的话，当外国文化、价值观与本国文化、价值观出现差异时，学生可能会受到外国文化和价值观的冲击，在跨文化交际中缺少文化自信和文化自觉，甚至会影响学生树立正确的道德观、价值观。而“课程思政”的教学理念为解决这一问题提供了方法指导。教师通过挖掘教材中的德育和美育因素，对学生进行德育和人文教育的引导，在教学过程中潜移默化地输出正能量，有利于帮助学生在不同文化的交流中培养爱国情怀、文化自信和辩证思维，塑造健康健全的人格和礼貌修养，树立正确的世界观、人生观、价值观。

“课程思政”的教学理念对日语教师提出了更高要求，教师不仅要有深厚的语言功底，也要具有教育学、文学、美学、社会学等跨学科相关知识。教师是学生学习和成长道路上的指导者，教师自身的业务素质、思想政治素质潜移默化地对学生的思想观念起着重要作用。教师要积极学习先进的教学理念，优化课程设计，改进教学方法，以学生为中心，根据教学内容的不同灵活采用不同的教学形式来组织好课堂教学，兼顾教学内容的专业性、思想性与人文性，将日语专业课教育、思政教育和人文教育有机地结合起来，才能培养出具有健康的心理素质和健全的人格品质、具有较强跨文化沟通能力的德才兼备、全面发展的国际化人才。

教学展示课件

谭睿　文学院日语系　副教授

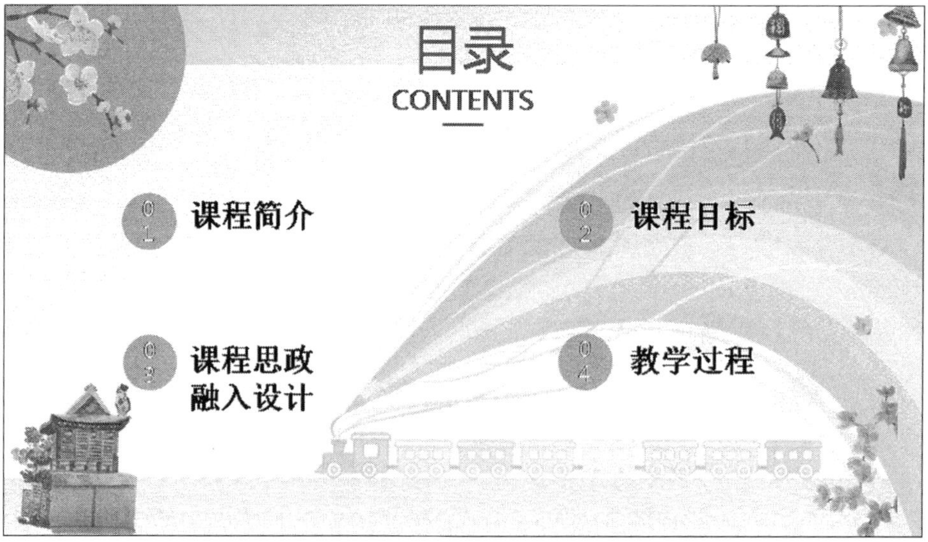

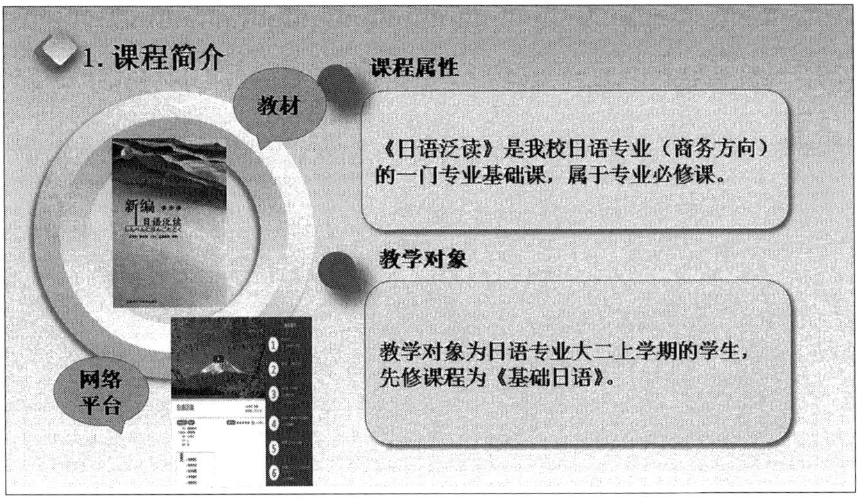
1. 课程简介
教材
网络平台
课程属性
《日语泛读》是我校日语专业（商务方向）的一门专业基础课，属于专业必修课。
教学对象
教学对象为日语专业大二上学期的学生，先修课程为《基础日语》。

2. 课程目标
技能目标
认知目标
德育目标

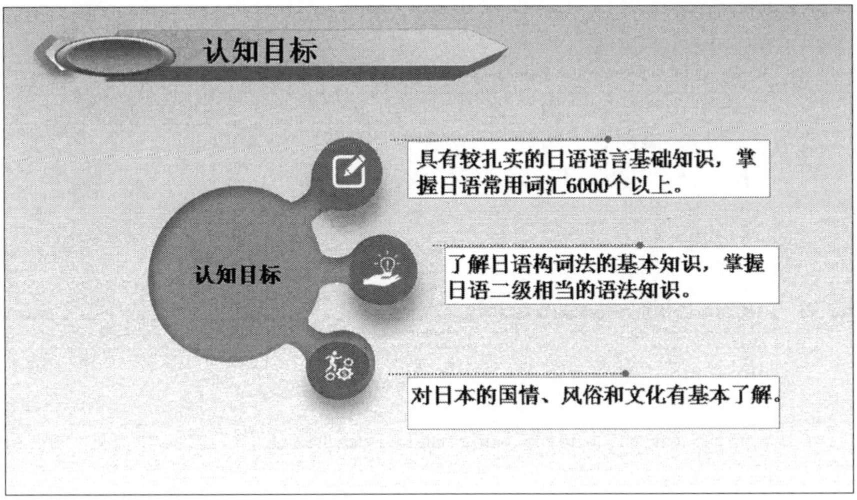
认知目标
认知目标
具有较扎实的日语语言基础知识，掌握日语常用词汇6000个以上。
了解日语构词法的基本知识，掌握日语二级相当的语法知识。
对日本的国情、风俗和文化有基本了解。

技能目标
说
听
读
译
写

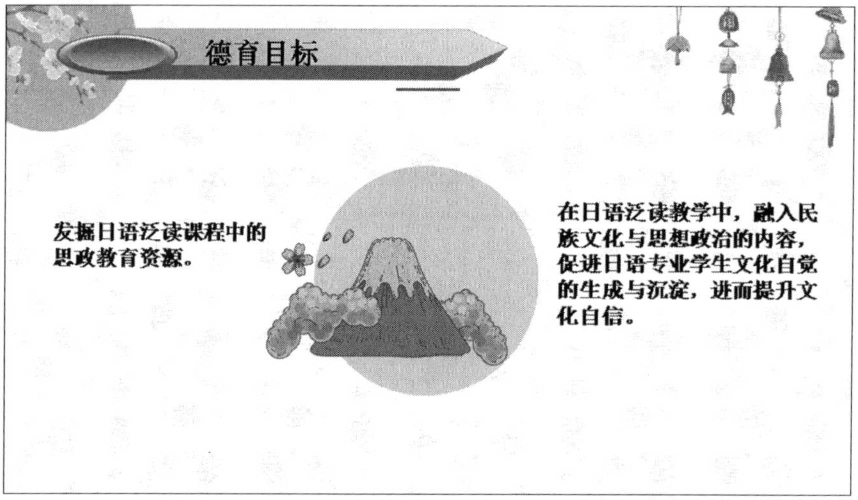
德育目标
发掘日语泛读课程中的思政教育资源。
在日语泛读教学中，融入民族文化与思想政治的内容，促进日语专业学生文化自觉的生成与沉淀，进而提升文化自信。

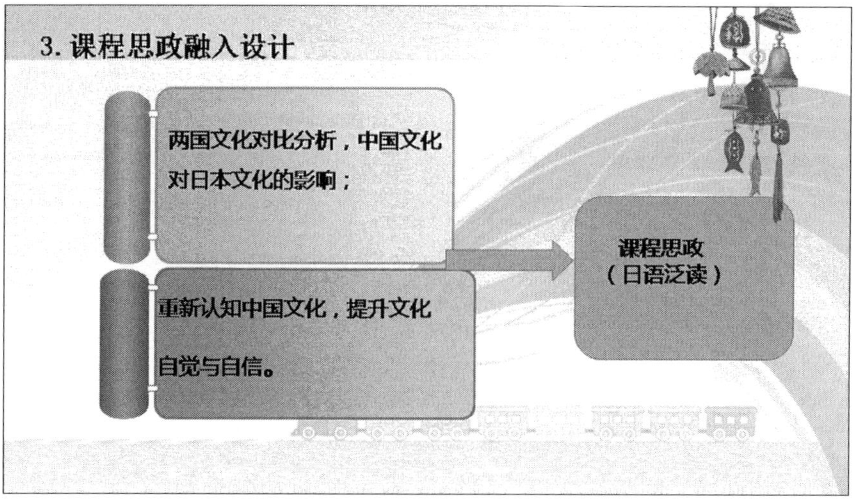
3. 课程思政融入设计
两国文化对比分析，中国文化对日本文化的影响；
重新认知中国文化，提升文化自觉与自信。
课程思政
（日语泛读）

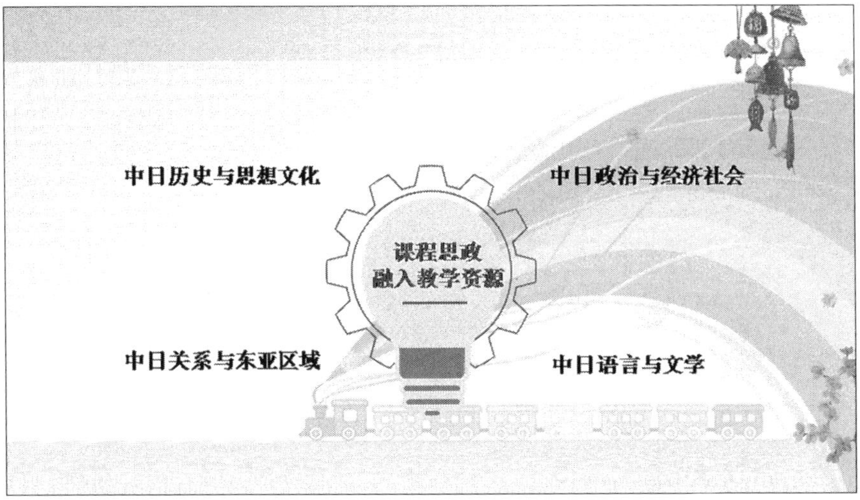

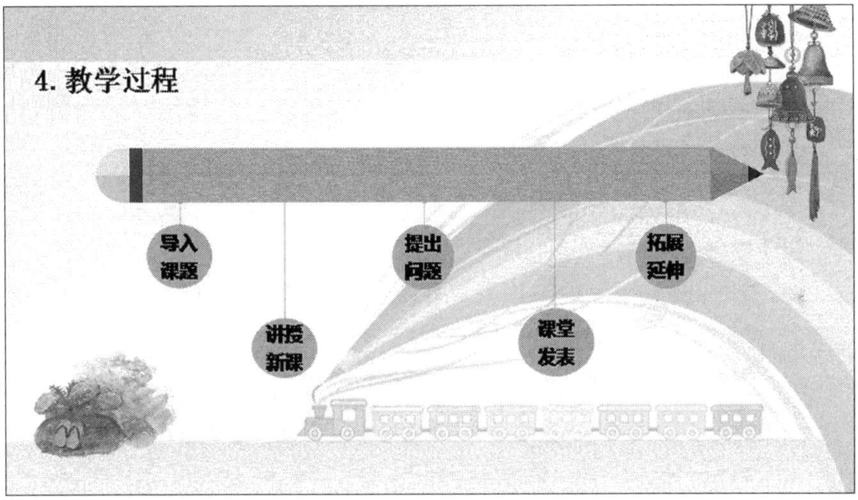

教学过程设计表

阶段	内容	具体操作
课前准备	教师布置任务；学生自主学习。	3~5人成组协作完成。
课程进行	将专业教学与“思政课程”有机融合，教师就本课难点及重点进行分析；就“课堂发表”教师指导点评，学生互评。	学生合作讨论，具体分工；教师就本课重点及难点进行分析，“思政融入课程”引导学生培养对中国文化的深层次理解；教师对学生的“课堂发表”进行点评或补充。
评价	学生提交，展示成果。	小组内部或小组间讨论，相互点评；教师点评或补充。

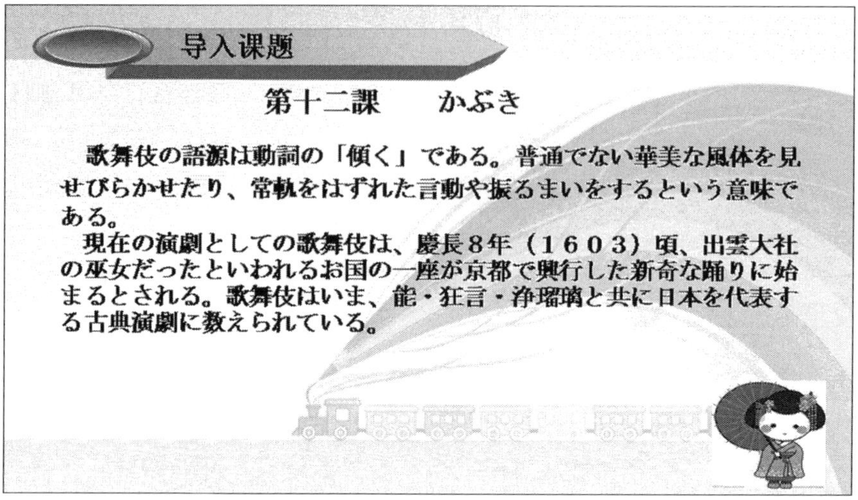
导入课题
第十二課　かぶき
歌舞伎の語源は動詞の「傾く」である。普通でない華美な風体を見せびらかせたり、常軌をはずれた言動や振るまいをするという意味である。
現在の演劇としての歌舞伎は、慶長８年（１６０３）頃、出雲大社の巫女だったといわれるお国の一座が京都で興行した新奇な踊りに始まるとされる。歌舞伎はいま、能・狂言・浄瑠璃と共に日本を代表する古典演劇に数えられている。

导入课题
第十二課　かぶき
歌舞伎
中国京剧
特別舞踊公演

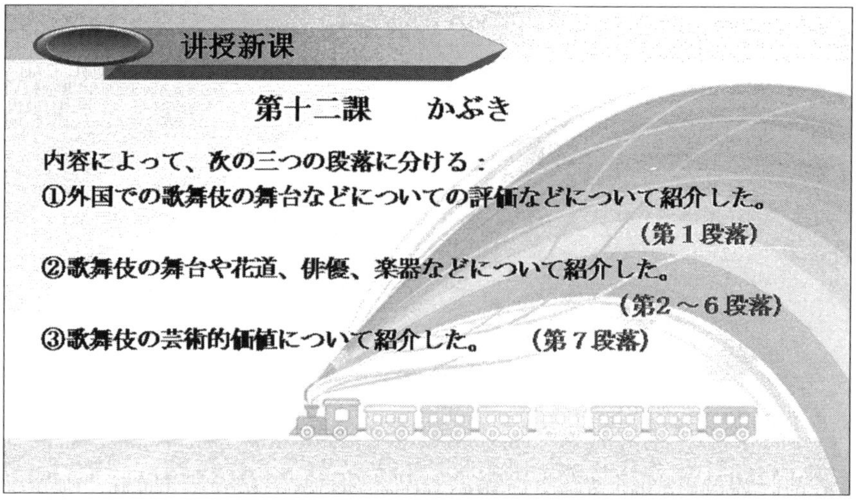
讲授新课
第十二課　かぶき
内容によって、次の三つの段落に分ける：
①外国での歌舞伎の舞台などについての評価などについて紹介した。
（第１段落）
②歌舞伎の舞台や花道、俳優、楽器などについて紹介した。
（第２～６段落）
③歌舞伎の芸術的価値について紹介した。　（第７段落）

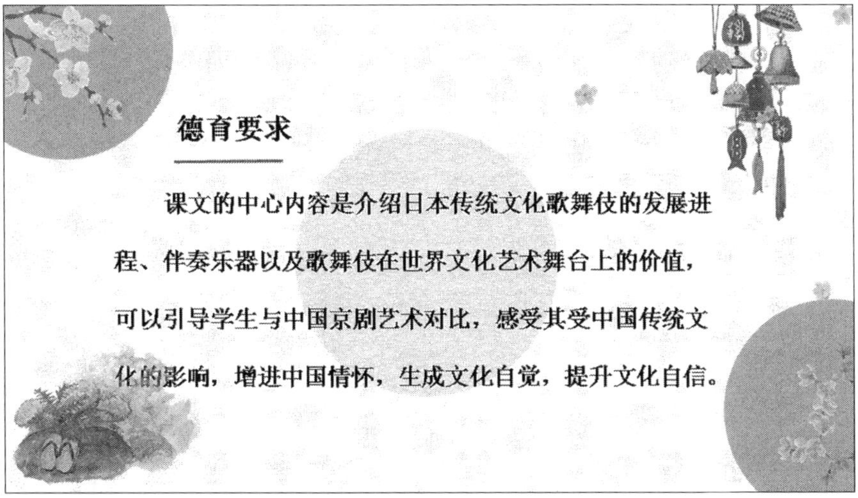
德育要求
课文的中心内容是介绍日本传统文化歌舞伎的发展进程、伴奏乐器以及歌舞伎在世界文化艺术舞台上的价值，可以引导学生与中国京剧艺术对比，感受其受中国传统文化的影响，增进中国情怀，生成文化自觉，提升文化自信。

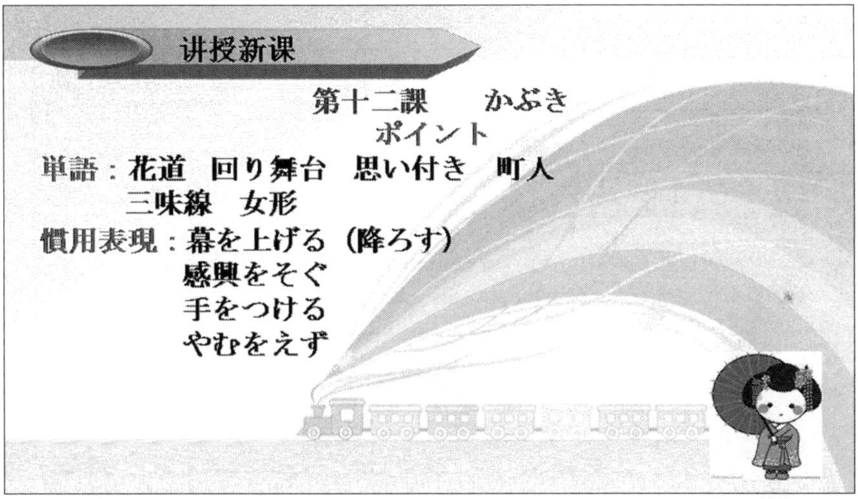
讲授新课
第十二課　かぶき
ポイント
単語：花道　回り舞台　思い付き　町人
三味線　女形
慣用表現：幕を上げる（降ろす）
感興をそぐ
手をつける
やむをえず

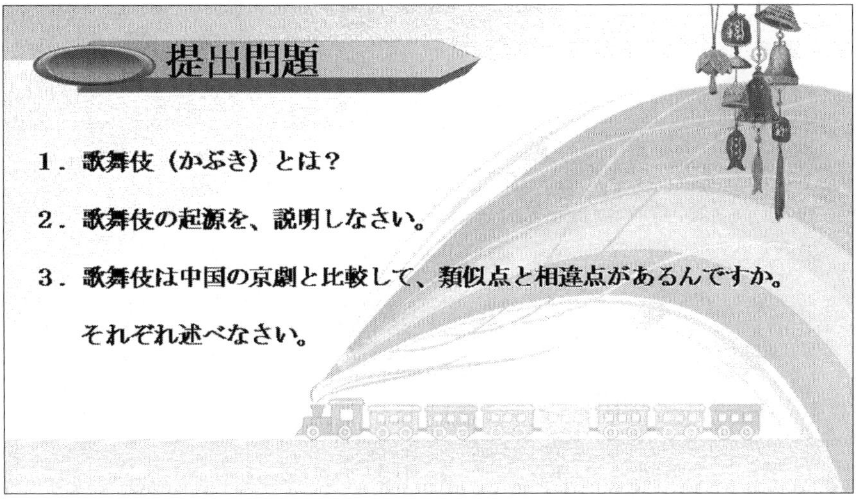
提出問題
1．歌舞伎（かぶき）とは？
2．歌舞伎の起源を、説明しなさい。
3．歌舞伎は中国の京劇と比較して、類似点と相違点があるんですか。
それぞれ述べなさい。

本舞台
床
下手
上手
上手揚幕
セリ
定式幕
花道（本花道）
回り舞台
スッポン
揚幕
客席
仮花道
歌舞伎の舞台

京劇の舞台

歌舞伎的着装
歌舞伎演员的服装是十分华丽的和服，做工、质地和装饰都十分上乘，因此也异常昂贵。
歌舞伎演员的化妆也十分讲究，浓妆的施用有特殊的程序，用料也以传统原料为主。最醒目的是，歌舞伎演员会用一种液状的白色颜料均匀涂满脸部、颈项，看起来犹如雕饰华美的人偶一般。

京剧的着装

京剧服饰也被称为“行头”，给人以豪华绚烂之感，刺绣精美、图案夸张、色彩鲜艳，具有很高的观赏价值。京剧的服饰整体上以明代服饰为基准，同时还吸收了宋、元、清代服饰的一些特点，形成了一种固定的样式。

课堂发表

拓展延伸

课文中涉及的歌舞伎和中国京剧相关内容让学生使用网络进行查阅、研读、对比分析。

「三味線」

歌舞伎は日本の伝統芸能であるが、歌舞伎で使われるのは、「三味線」「太鼓」「笛」などといった和楽器である。特に「三味線」は歌舞伎に欠かせない大切な楽器である。

「三味線」は中国の三弦に由来すると言われている。日本への伝来は諸説あるが、１６世紀に琉球に伝わり、その後、日本にもたらされたという説が有力である。

ありがとう
ございます。

管理学

"管理学"课程

潘竞成　工商管理学院工商管理系　副教授

一、课程思政教学设计思路

（一）课程基本信息[①]

"管理学"是安徽财经大学经济类、管理类专业的学科基础课程，是研究和介绍管理学一般规律的科学。通过本课程的学习，学生应掌握现代管理的基本理论和基本方法；树立现代管理的基本观念和思维方式；了解管理过程各阶段的主要工作内容及其管理方法。在熟练掌握上述内容的基础上，要求能利用有关理论和方法，分析具体管理问题。

"管理学"作为经管类学生的学科基础课，具有鲜明的自然属性和社会属性，肩负着培养中国特色社会主义事业经管类建设者和接班人的重任，应该体现马克思主义理论对管理学研究的指导，用马克思主义的世界观和方法论去指导管理学的思考，对管理问题的分析、管理理论的抽象以及管理演化的描述都努力体现辩证唯物主义与历史唯物主义的精神。

（二）课程目标[②]

通过学习"管理学"，了解管理学的研究对象不仅是企业，而且还包括一般的社会经济组织，管理学的一般性决定了它有很大的适应性；管理职能不是孤立存在的，

① 安徽财经大学国家级一流课程"管理学"教学大纲；上海剑桥学院商学院"管理学"教学大纲（超星学习通）。

② 安徽财经大学国家级一流课程"管理学"教学大纲；上海剑桥学院商学院"管理学"教学大纲（超星学习通）。

它们之间存在着非常密切的内在联系；管理过程的主要工作内容是决策、计划、组织、领导、激励、控制、创新；课堂教学时要让学生利用相关知识积极参与案例讨论，以提高分析问题和解决问题的实际能力。培养学生运用管理理论、管理知识解决实际问题的能力，培养学生的管理素质和案例分析的能力，为学习后续各门专业管理课奠定理论和方法基础，培养学生正确的价值观、人生观，确立马克思主义的世界观和方法论。

1. 知识目标：系统掌握管理学一般原理和方法，了解管理活动一般规律。

2. 能力目标：形成理性分析能力，提升以直觉判断为基础的决策或决断的能力。

3. 素质目标：培养学生辩证唯物主义和历史唯物主义的科学世界观和方法论，培养学生科学的管理思维（包括战略思维、历史思维、辩证思维、创新思维、底线思维），指导管理实践，提升管理水平。

（三）课程内容简介①

管理学是研究管理活动一般规律的科学，是经济管理类各专业必修的专业基础课，是介于社会科学与自然科学之间的边缘科学。它的应用需要使用到社会学、心理学、统计学、数学等许多理论，但又不是这些课程的简单综合。管理学是管理入门课，其作用在于为将来的专业学习与研究打下理论基础，引导学生入门，培养学生养成管理思维模式，提高管理思维能力。

"管理学"课程内容设计

序号	章节	课时安排	
		54课时	36课时
1	导论	4	2
2	管理理论	6	6
3	决策	8	6
4	组织设计	6	4
5	人员配备	2	0
6	组织文化	2	0
7	领导	6	4
8	激励	6	4
9	沟通	2	0
10	控制	2	2

① 安徽财经大学国家级一流课程"管理学"教学大纲；上海剑桥学院商学院"管理学"教学大纲（超星学习通）。

续表

序号	章节	课时安排	
		54课时	36课时
11	创新	2	2
12	案例竞赛或实验	6	4
13	复习	2	2
	合计	54	36

（四）课程思政融入设计

<table>
<tr><th>教学章节</th><th>知识点</th><th>思政元素案例</th><th>培养目标</th><th>备注</th></tr>
<tr><td rowspan="3">第一章
导论</td><td>管理的二重性</td><td>马克思主义辩证唯物史观；社会主义国家管理与资本主义国家管理在社会属性上的本质区别</td><td>形成马克思主义辩证唯物史观；深刻理解社会主义国家管理与资本主义国家管理在社会属性上的本质区别</td><td></td></tr>
<tr><td>管理的基本原理</td><td>“依靠人的管理”和“为了人的管理”的人本原理</td><td>树立社会主义人才思想和“以人民为中心”的思想</td><td></td></tr>
<tr><td>管理的基本方法</td><td>经济方法；法律方法；行政方法；教育方法</td><td>树立市场意识，确立市场是资源配置起决定作用的思想；法律方法要树立法治意识、规则意识和底线意识；行政方法要确立正确的权力观和加强品德修养；教育方法要发挥价值观引领的作用</td><td></td></tr>
<tr><td colspan="5">课程思政总体要求：
通过对国内企业案例与管理学相关概念的结合，加深学生对国内优秀企业的认识。</td></tr>
<tr><td>第二章
管理理论</td><td>中国古代的管理思想</td><td>顺道、重人、求实、法治、人和、节俭、利器、守信、对策等古代传统管理思想</td><td>了解中国古代传统的管理文化；形成社会主义核心价值观</td><td></td></tr>
<tr><td colspan="5">课程思政总体要求：
通过“毛泽东思想、邓小平理论、‘三个代表’、科学发展观和习近平新时代中国特色社会主义思想”的演进过程，梳理“四个自信”。</td></tr>
<tr><td>第三章
决策</td><td>决策理论与方法</td><td>科学决策；民主决策；依法决策</td><td>培养哲学思维、辩证思维、底线思维；坚持“以人民为中心”的发展理念，走群众路线，尊重人民首创精神，自觉做到民主决策，维护好最广大人民群众的根本利益；培养法治思维，自觉遵守法律程序</td><td></td></tr>
<tr><td colspan="5">课程思政总体要求：
通过我国企业所面临的发展环境分析，树立同学们“科学发展观”意识。
通过中国企业决策案例分析，树立学生“大国担当”的意识。
通过对国家关键时期重要的国家战略（“十四五”国民经济规划和2035年远景规划）解读和效果分析，树立学生“四个自信”。</td></tr>
<tr><td>第四章
组织设计</td><td>组织的实质</td><td>明确的目标、协作的意愿和良好的沟通</td><td>培养奉献精神和团队意识；提升作为未来管理者的洞察力、忍耐力、责任心和协调能力</td><td></td></tr>
<tr><td colspan="5">课程思政总体要求：
结合国内优秀企业（如华为、海尔等）案例分析，强化学生对国内优秀企业的认识，树立学生热爱中国企业、爱国情怀。</td></tr>
</table>

续表

<table>
<tr><th>教学章节</th><th>知识点</th><th>思政元素案例</th><th>培养目标</th><th>备注</th></tr>
<tr><td>第五章
人员配备</td><td>人员配备</td><td>任人唯贤的原则</td><td>理解我国的“任人唯贤”的干部路线</td><td></td></tr>
<tr><td colspan="5">课程思政总体要求：
结合毛泽东任用干部的艺术为例强调人员配备的重要性，引导学生了解党史，思考用人艺术。通过国内优秀企业选人、用人理念（如华为、海尔等世界500强我国企业）案例分析，融入“青年责任担当”和提高个人道德品质等思政元素，引导学生注重品德操行的考核。</td></tr>
<tr><td>第六章
组织文化</td><td>组织文化</td><td>全体成员共同接受和共同遵循的价值观念、思维方式、行为准则、团队归属感以及工作作风等群体意识</td><td>形成规则意识和集体主义精神</td><td></td></tr>
<tr><td colspan="5">课程思政总体要求：
通过国内优秀企业文化（如格力、中建材、中粮集团等世界500强的中国企业）的经典案例分析，激发学生热爱中国优秀企业情怀。</td></tr>
<tr><td>第七章
领导的
一般理论</td><td>领导的本质</td><td>优秀的领导者需要有正确的权力观</td><td>树立正确的权力观、地位观、利益观，任何时候都要稳得住心神、管得住行为、守得住清白</td><td></td></tr>
<tr><td colspan="5">课程思政总体要求：
通过对国内优秀国家领导人、企业领导者的解读，树立学生“文化自信、道路自信”。</td></tr>
<tr><td>第八章
激励</td><td>激励理论</td><td>人生的世界观、价值观和人生观的追求</td><td>结合党的十九大精神融入，讨论当代大学生自我价值需求，帮助学生调整努力方向，从而更好地实现为人民服务的伟大目标和理想</td><td></td></tr>
<tr><td colspan="5">课程思政总体要求：
通过国内优秀企业（如格力、中建材、中粮集团等世界500强的中国企业）的经典激励案例分析，激发学生热爱中国优秀企业情怀。</td></tr>
<tr><td>第九章
沟通</td><td>沟通原理
沟通管理</td><td>社会主义价值观的融入：诚信、友善</td><td>引入案例分析，帮助学生提高沟通技巧。教育学生懂得诚信、友善，沉默是金、多听少说、实干的为人处事的道理</td><td></td></tr>
<tr><td colspan="5">课程思政总体要求：
通过国内优秀沟通案例分析，激发学生对中国传统文化的热爱。</td></tr>
<tr><td>第十章
控制</td><td>风险控制</td><td>社会主义价值观的融入：敬业，风险意识教育与培养</td><td>教育学生树立敬业精神、工匠精神，诚信、道德和责任与担当的精神，增强风险意识，树立风险观念，加强风险管理</td><td></td></tr>
<tr><td colspan="5">课程思政总体要求：
结合国内经典案例（如汶川地震、全民抗疫等），让学生感悟什么是社会主义制度集中力量办大事的爱国情怀。</td></tr>
<tr><td>第十一章
创新</td><td>创新原理
创新类型</td><td>社会主义价值观的融入：爱国</td><td>在技术创新中，结合美国打压华为、中兴的中国企业的实例，激励学生的爱国热情；客观分析中国科技发展与国外的差距，激发学生奋发图强的动力；介绍我国改革开放40多年取得的成就，增强学生的民族自信心</td><td></td></tr>
<tr><td colspan="5">课程思政总体要求：
结合国内经典案例和我国改革开放40多年取得的成就，让学生感悟到社会主义制度优越性，增强学生的民族自信心和自豪感。</td></tr>
</table>

二、教学展示

（一）教学目标和内容

“管理学”第七章领导

领导是管理工作的重要内容。马克思主义理论强调对社会的领导绝不是对人民的统治和剥削，而是为人民服务。本章使学生明确领导的内涵与特征，理解领导者、被领导者和领导情景三项影响领导有效性的决定性因素。通过本章的学习，帮助学生掌握领导的一般理论，更好地理解管理活动。

（二）教学重点和难点

1.领导和管理的内涵以及两者之间的关系，领导三要素。

2.费德勒模型，何塞和布兰查德的领导情境理论（领导生命周期理论）。

（三）教学过程和方法

内容（标题）	“管理学”第七章领导 领导的内涵与特征	教学时长	1学时
教学方法	课堂讲授，案例分析与讨论。		
教学过程设计	（1）在简单分析什么是领导的概念后，导入视频案例背景，提出问题，激发学生的关注点。（5分钟） （2）导入“共筑中国梦”（中国共产党）领导（课程思政小视频），完成课堂情感铺垫，实现师生间情感共鸣。（5分钟） （3）讲授教学内容：①领导和管理区别与联系；②领导权力的来源（奖赏权力、强制权力、法定权力、参照权力和专家权力）；③领导三要素（领导者、被领导者、情境）。 可以采用先学生思考讨论，然后老师补充和总结的方式完成专业知识的学习。每个知识点讲解完成后自然带入案例中的思政内容，实现对学生的价值引领。（25分钟） （4）课堂互动：面对突如其来的新冠肺炎疫情，学生参与讨论，通过对比中国和美国在抗击新冠肺炎疫情表现，通过思考分析，激发学生热爱中国共产党和祖国的爱国情怀。（6分钟） （5）课堂总结。（4分钟）		
思政元素体现	通过对国内优秀国家领导人、企业领导者的解读，树立学生“文化自信、道路自信”。通过对比中国和美国在抗击新冠肺炎疫情表现，让学生感受到，中国人民在以习近平同志为核心的中国共产党领导下，取得的优异成绩，让学生感悟到社会主义制度优越性，增强学生的民族自信心和自豪感。		
课外作业	要求学生在课后学习阅读《习近平的七年知青岁月》，撰写一篇500字读书心得，进行分享。		

（四）教学反思

1.教师是落实立德树人根本任务的关键，是专业基础课程思政改革的具体实施者、践行者，打铁还需自身硬，教师应该努力做到政治强、情怀深、人格正、专业精才能让课程思政建功见效。

2.明确树立高等院校课程思政培养目标，尽量多样化，全面，便于评估效果。

为学生树立学习榜样，树立对本专业的信心，弘扬爱国主义教育，帮助学生树立正确的人生观价值观等。

3.尽可能多搜集思政素材，采用更多教学方法和手段来提高思政效果。丰富“第二课堂”的思政元素。为了能让学生近距离感受管理问题和管理魅力，可考虑将各类学科竞赛、学校各类社团活动、企业参观等实践活动与思政教育结合起来，通过学生自主参与，实现思政教育的多渠道融合。

4.改革教学方法。在课堂教学中，注重管理学基本理论知识的讲授，融入党史组织管理经验和社会主义核心价值观等思政内容。同时，借助线上平台，要求学生分组协作完成大作业，通过阅读课前材料、视频材料和案例分析等，以生生互动、师生互动等方式实现学生全过程的自我管理和自我提升。

三、课程思政教育心得体会①

1.要更多地从中国国学中学东方管理智慧：儒家的《论语》、道家的《道德经》、法家的《韩非子》、兵家的《孙子兵法》……中华五千年文明凝结了无数先人的智慧和经验，造就了丰富的历史文化和国学经典。

2.要更多地从党史中学组织管理经验：自1921年，中国共产党从成立到发展经历了风风雨雨、峥嵘坎坷，但始终正确地引领我们建设中国特色社会主义的道路。这近百年历史中孕育出的党的优秀组织管理经验自然也是一笔不小的精神财富。

3.要更多地从实践中学自我管理工具：教师在课堂教学中除了要传递知识外，更重要的是要帮助学生真正地吸收、消化这些信息。所以，课后的自我实践非常重要。

4.要更多地以马克思主义理论思想为引领，在教学设计中融入社会主义核心价值观、党的十九大精神、习近平新时代中国特色社会主义思想、党的优秀组织管理经验等内容，通过管理思想、管理理论和管理实践的介绍，培养学生文化自信和民族自豪感，帮助学生树立正确的价值观，按照管理的规律进行科学的思维，成为本课程素质目标定位。

① 袁建昌的“管理学基础”课程思政融入课堂之思路。

教学展示课件

潘竞成　工商管理学院工商管理系　副教授

第一节 领导的内涵与特征
一、领导与管理
二、领导权力的来源
三、领导三要素
01

第一节 领导的内涵与特征
一、领导与管理
二、领导权力的来源
三、 领导三要素
什么是领导？
• 行为学家保罗·赫塞（Paul.Hersey）和肯尼思·布兰查德（Kenneth Blanchard）认为：领导是一个在特定情境中，通过影响个体或群体的行为来努力实现目标的过程。
分析领导概念，导入视频案例背景，提出问题，激发学生的关注点。（5分钟）
导入视频案例“共筑中国梦”（中国共产党）领导（课程思政小视频），完成课堂情感铺垫，实现师生间情感共鸣。（5分钟）
leadership

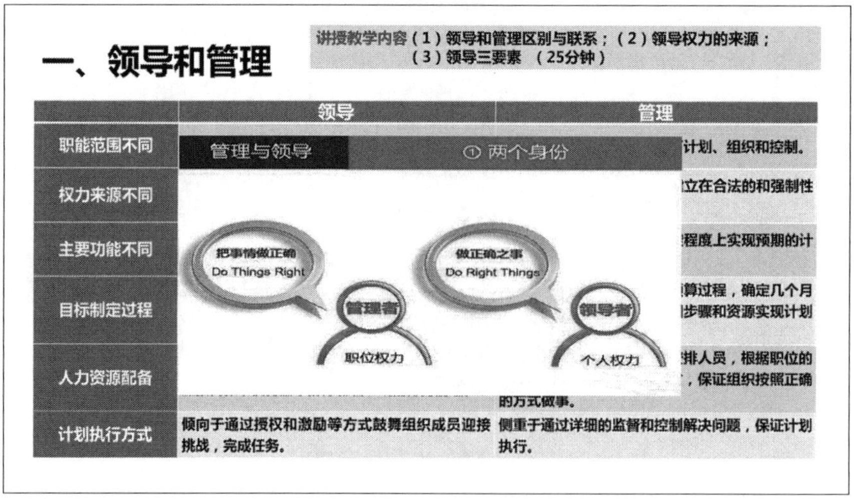
一、领导和管理
讲授教学内容（1）领导和管理区别与联系；（2）领导权力的来源；（3）领导三要素 （25分钟）
领导
管理
职能范围不同
计划、组织和控制。
权力来源不同
立在合法的和强制性
主要功能不同
程度上实现预期的计
目标制定过程
算过程，确定几个月
步骤和资源实现计划
人力资源配备
排人员，根据职位的
，保证组织按照正确
的方式做事。
计划执行方式
倾向于通过授权和激励等方式鼓舞组织成员迎接挑战，完成任务。
侧重于通过详细的监督和控制解决问题，保证计划执行。
管理与领导
① 两个身份
把事情做正确
Do Things Right
管理者
职位权力
做正确之事
Do Right Things
领导者
个人权力

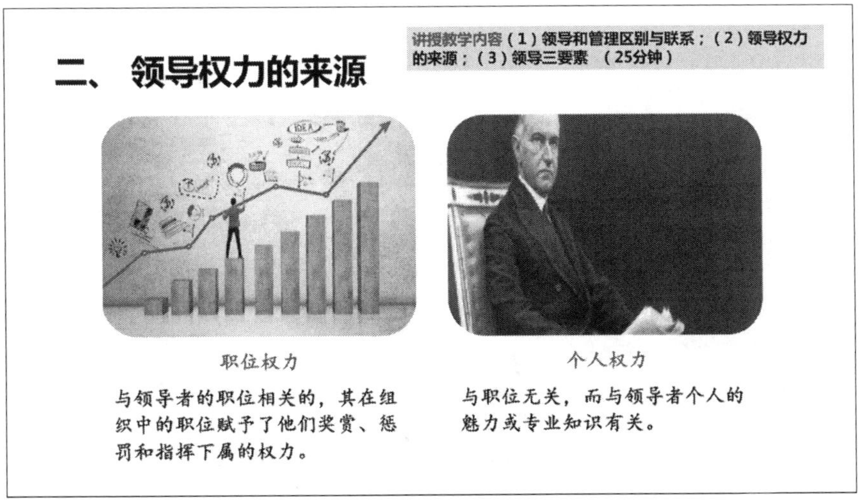
讲授教学内容（1）领导和管理区别与联系；（2）领导权力的来源；（3）领导三要素 （25分钟）
二、 领导权力的来源
IDEA
职位权力
与领导者的职位相关的，其在组织中的职位赋予了他们奖赏、惩罚和指挥下属的权力。
个人权力
与职位无关，而与领导者个人的魅力或专业知识有关。

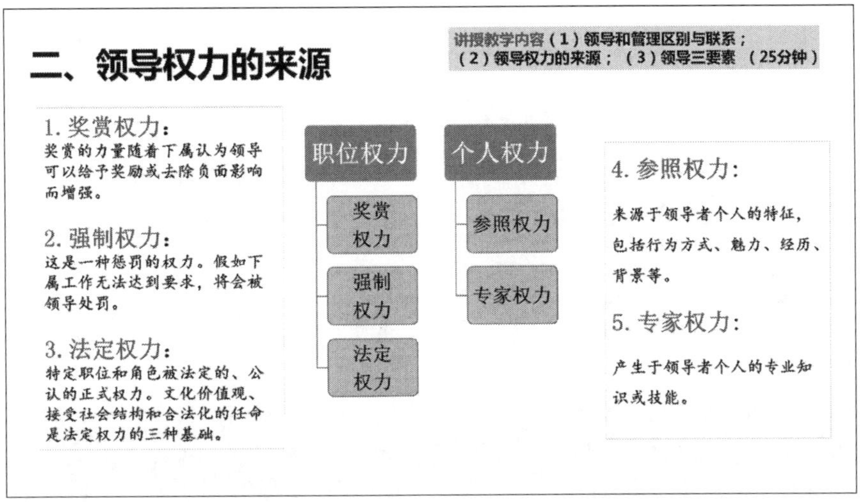
讲授教学内容（1）领导和管理区别与联系；（2）领导权力的来源；（3）领导三要素 （25分钟）
二、领导权力的来源
1. 奖赏权力：
奖赏的力量随着下属认为领导可以给予奖励或去除负面影响而增强。
2. 强制权力：
这是一种惩罚的权力。假如下属工作无法达到要求，将会被领导处罚。
3. 法定权力：
特定职位和角色被法定的、公认的正式权力。文化价值观、接受社会结构和合法化的任命是法定权力的三种基础。
职位权力
奖赏权力
强制权力
法定权力
个人权力
参照权力
专家权力
4. 参照权力：
来源于领导者个人的特征，包括行为方式、魅力、经历、背景等。
5. 专家权力：
产生于领导者个人的专业知识或技能。

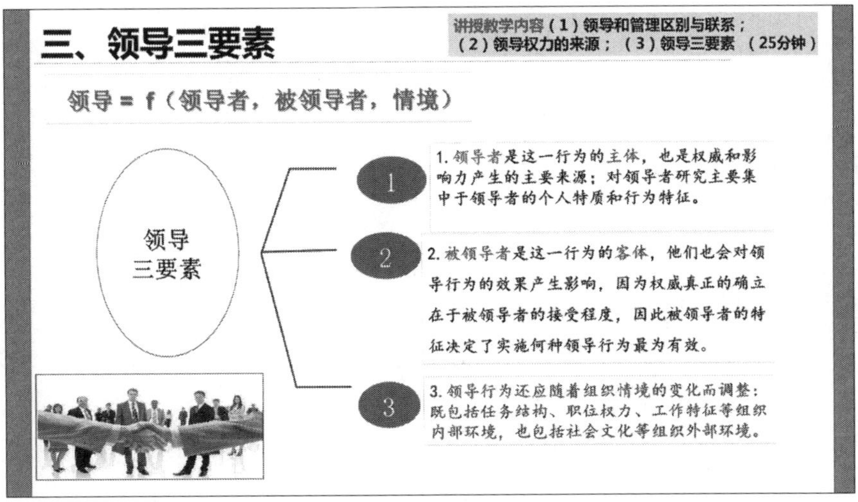
讲授教学内容（1）领导和管理区别与联系；（2）领导权力的来源；（3）领导三要素 （25分钟）
三、领导三要素
领导 = f（领导者，被领导者，情境）
领导三要素
1
1. 领导者是这一行为的主体，也是权威和影响力产生的主要来源；对领导者研究主要集中于领导者的个人特质和行为特征。
2
2. 被领导者是这一行为的客体，他们也会对领导行为的效果产生影响，因为权威真正的确立在于被领导者的接受程度，因此被领导者的特征决定了实施何种领导行为最为有效。
3
3. 领导行为还应随着组织情境的变化而调整：既包括任务结构、职位权力、工作特征等组织内部环境，也包括社会文化等组织外部环境。

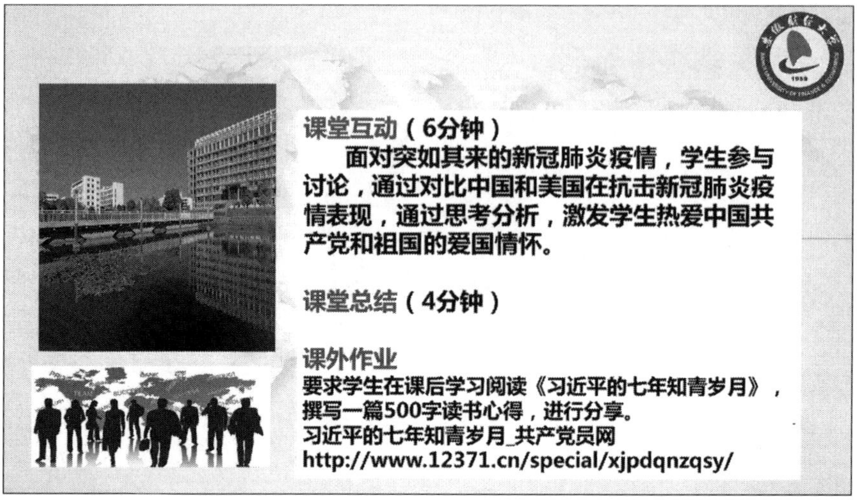
课堂互动（6分钟）
面对突如其来的新冠肺炎疫情，学生参与讨论，通过对比中国和美国在抗击新冠肺炎疫情表现，通过思考分析，激发学生热爱中国共产党和祖国的爱国情怀。
课堂总结（4分钟）
课外作业
要求学生在课后学习阅读《习近平的七年知青岁月》，撰写一篇500字读书心得，进行分享。
习近平的七年知青岁月_共产党员网
http://www.12371.cn/special/xjpdqnzqsy/

谢谢
教师：
潘竞成
邮箱：
pjc1964@126.com

理 学

"微积分"课程

苏涵 统计与应用数学学院应用数学系 讲师

一、课程思政教学设计思路

(一)课程基本信息

"微积分"是经管类院校的公共基础课，授课对象为大学本科一年级学生，"微积分"的主要内容也是研究生入学考试数学试卷的必考内容。

(二)课程目标

1.基本知识的教学目标

(1)知识掌握："微积分"课程授课内容分六个部分：函数、极限与连续，一元函数微分学——导数、微分及其应用，一元函数积分学——不定积分、定积分及其应用，多元函数微积分学，微分方程与差分方程，无穷级数。通过本课程的学习，掌握一元函数微积分学和二元函数微积分学的基础知识，领悟微积分的经典理论和数学思想。

(2)能力培养：培养学生的逻辑思维能力，掌握推理、判断、论证和演算的技能，能够通过现象看本质，用数学思想分析和解决问题。

(3)实践应用：了解数学知识在实践中的应用，理论联系实际，运用数学工具解决现实生活中的问题。

2.思想政治教育的教学目标

(1)情感目标：以学生为中心，通过和学生教与学的互动，调动学生学习的积极性，激发学生的学习兴趣，帮助学生发现学习瓶颈，分享学习感悟，解决学习困惑，更好地认识自我、接受自我，通过课程的教与学活动来实现育人的理念和实践。

(2)价值塑造：将思想政治元素有机地融入课程的知识点中，使学生理解数学中所蕴含的唯物辩证法思想，了解相关的数学史，形成科学的历史观，知晓我国当代各个领域优秀成果体现的数学应用，树立正确的世界观、人生观和价值观。

（三）课程内容简介

“微积分”是经济、管理各专业的一门重要的基础课。本课程面向全校所有经管类专业大一学生开设，是一门公共基础必修课，至今已开设近60届。目前本课程每年开设2个学期，共144学时，6学分。通过课程的学习，使学生掌握微积分的基本概念、基本理论与方法以及它所涉及的数学思想，培养学生的逻辑思维能力，掌握推理、判断、论证和演算的技能，开发创新思维，提高学生的数学素养，并为进一步学习打下良好的基础，适应经济管理类硕士研究生入学考试“微积分”部分内容的需要。

课程授课内容分六个部分：函数、极限与连续，一元函数微分学——导数、微分及其应用，一元函数积分学——不定积分、定积分及其应用，多元函数微积分学，微分方程与差分方程，无穷级数。

“微积分”课程作为安徽省精品开放课程，其教学素材（课程简介、教学团队、课程大纲、多媒体课件、微课教学视频、电子教案、习题等）已发布到安徽财经大学数学网络学习平台中（http：//192.168.157.9/jpkc），向全校开放。

（四）课程思政融入设计

在课程建设过程中我们拟从以下五个方面融入思政元素。

1. 挖掘课程的唯物辩证法思想

数学与哲学密不可分。哲学的方法论指导了数学发展，同时数学发展的进步推动了哲学的变革。哲学中的唯物辩证法思想指导着数学思想，唯物辩证法包含三个基本规律：对立统一规律、量变质变规律和否定之否定规律。在“微积分”课程中处处体现了唯物辩证思想的光辉，处处闪烁着人类思维进步的理论结晶。例如，积分的定义中体现了“化整为零，积零为整”的化归思想、对立统一规律以及否定之否定规律；无限个无穷小量可以变成无穷大量的性质揭示了量变质变规律；级数敛散性的定义揭示了化未知为已知、化无限为有限的化归思想。

2. 将数学文化融入课程教学中

微积分是高等数学的核心所在，它是全世界的科学家经过几个世纪的不懈奋斗，创造出了一系列科学的研究方法，从而逐步形成的优秀文化成果。因此，在讲解课程时可以将数学文化融入教学中，将极大地丰富抽象、枯燥的数学教学。例如，古代有刘徽提出的割圆术思想就是早期的极限思想，现代有中国数学大师华罗庚传奇的学习经历，贝克莱悖论中关于无穷小量的论题引发了第二次数学危机，从而激励了众多数学家进行研究、讨论，最终在极限的基础上建立了微积分；讲解无穷级数的敛散性判别时通过引入龟兔赛跑问题（阿基里斯悖论）及汤姆森的灯悖论，引导学生进行讨论，探究问题的解决办法，培养学生分析问题、解决问题的能力以及合作研究的精神。

3. 我国当代各个领域优秀成果体现的数学应用

我国在建筑、机械、交通、科技和航天等方面有着令人瞩目的重大科技成就。在这些成就中都包含大量的数学基础知识，让学生对我国各个领域优秀的数学成就进行深入了解，增强学生的民族自信，激发学生的民族自豪感，引导学生重视专业课，学好专业课，为祖国的科技创新贡献力量。例如，著名的港珠澳大桥的外部形态是函数曲线凹凸性的现实体现，我国探月工程引出无穷积分的学习，我国的高铁建设和导数的概念密切相关等。

4. 数学中所包含的三观思想

“微积分”中包含丰富的三观思想，通过在每一节知识的讲解中渗透正确的世界观、人生观和价值观思想，做到教学与育人功能相统一，形成协同效应。例如，数学家的不懈奋斗告诉我们确立了奋斗目标，就要有不怕艰难，坚持到底的人生态度；数学中的课程实例向我们揭示了数学看似抽象复杂，但实则来源于生活、来源于实践，是世界万物的高度概括，要养成善于发现问题、分析问题进而解决问题的能力；我国重大科技成就中的数学知识告诉了学生应该将书本知识学以致用，将知识转化为实践，实现理论和实际的统一。

5. 理论联系实际

数学作为所有自然学科的基础，是对世间万物的高度概括，如何将数学理论以直观生动的形象展示给学生变得尤为重要。适当地将数学建模和数学竞赛的赛点有机地融入课堂教学中，“以赛促学”“学以致用”，将极大地调动学生学习的积极性，鼓励大学生参加各类比赛，使学生体验竞赛带来的使命感、成就感，充分调动学生的学习兴趣，形成良好学风。

二、《常数项级数的概念》教学展示

（一）教学目标和内容

1. 教学目标

（1）认知和技能目标。

①掌握常数项级数和级数敛散性的概念；

②理解和掌握两个重要级数的敛散性；

③学会使用定义判别级数的敛散性；

④培养学生分析问题、解决问题的能力。

（2）情感和价值目标。

①了解中国古代优秀的数学成果和引以为豪的数学成就，激发学生的民族自豪感和自信心；

②揭示了数学与哲学密不可分的关系，从抽象的数学知识中体会到唯物辩证法的基本规律：对立统一规律和量变质变规律；

③从调和级数的发散领会到了一种积极的人生态度，积微方能成著，滴水可以穿石，磨杵也能磨成针；现在还处在“战疫”的特殊时期，每个同学都应该响应国家号召，坚持在疫情封闭状态下努力学习，每个人的努力看似微不足道，但全国人民的力量汇聚在一起，就能取得令人瞩目的成就。

④以学生为中心，通过课上和课后同学生教与学的互动，激发学生的学习兴趣，分享学习感悟，解决其学习困惑，实现育人的理念和实践。

2. 教学内容

“常数项级数的概念”课程思政教学内容如下：

（1）将中国历史故事截丈问题和割圆术以小视频的形式展现出来，启发学生对问题进行思考从而给出常数项级数的定义，通过对中国古代引以为豪的数学成果的展现，激发学生的民族自豪感和自信心；

（2）选取三道典型级数例题进行课堂互动，让学生对于三个级数的和进行思考并利用学习通教学软件作答，通过三道题目的解答由此给出级数敛散性的定义，并从定义中揭示了化未知为已知的化归思想和唯物辩证法对立统一规律；

（3）从调和级数的发散性探寻出唯物辩证法的量变质变规律和“战疫”特殊时期积极进取、团结一心的人生态度，进而对于常数项级数有了更深刻的认识；

（4）理论联系实际，用科赫雪花曲线和奖励基金的案例，将课堂内容进行丰富和拓展，增强课堂内容的思想性、实用性。

（二）教学重点和难点

1. 理解级数敛散性的定义；

2. 掌握等比级数敛散性的不同分类情况和调和级数发散性的结论；

3. 阐述本节课的思想政治教育元素，引导学生树立正确的世界观、人生观和价值观。

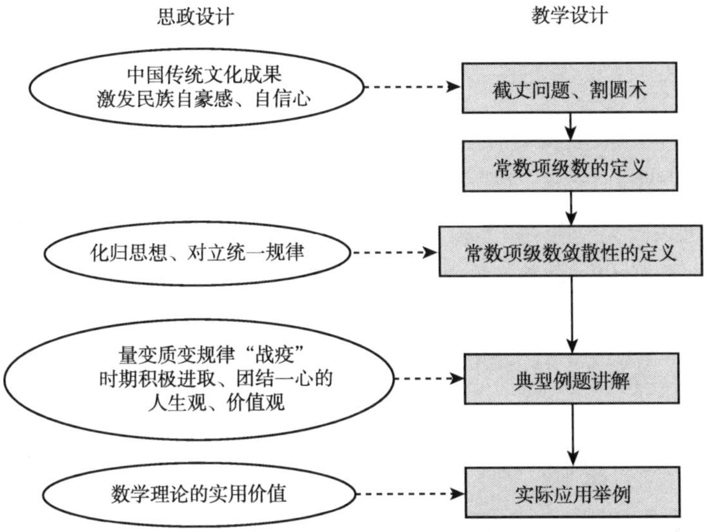

常数项级数的概念教学设计图

（三）教学过程和方法（可含时间分配）

“常数项级数的概念”教学过程设计表

教学内容	思政元素	学生活动	教学方法	时间
例题引入： 截丈问题和割圆术	展现中国古代优秀的数学成就，激发民族自豪感和自信心	观看视频	发现法	6分钟
常数项级数的定义		理解记忆	归纳法	2分钟
学习通参与式互动： 三道例题的敛散性猜测	培养分析问题、解决问题的能力	回答问题	发现法 互动法	6分钟
常数项级数敛散性的定义	化归思想和对立统一规律	理解记忆	启发法 讲授法	6分钟
例题讲解： 几何级数和调和级数的敛散性	量变质变规律、积极进取的人生观、团结一心“战疫”的价值观	回答问题 理解记忆	讨论法 讲授法	15分钟
级数的实际应用拓展： 科赫雪花曲线和基金创立问题	生活中随处可见数学问题，学会用数学思维解决实际问题	查找资料解决问题	自主学习法	10分钟

（四）教学反思

通过一年多对课程思政的了解和学习，结合“微积分”课程思政建设中遇到的问题，我对课程思政教学有了以下的反思：

1.教师要不断完善自己适应新形势下人才培养的需求

“十三五”规划圆满收官，“十四五”规划也已开局，国家对人才培养提出了新要求，要加强创新型、应用型、技能型人才培养，实施知识更新工程、技能提升行动，壮大高水平工程师和高技能人才队伍。支持发展高水平研究型大学，加强基础研究人才培养。现在的高校教师仅仅讲授书本上的知识已经远远无法适应人才培养的需求，教师必须不断增加自己的知识储备，紧跟时代要求，对课程内容不断进行创新和反思，将思想政治元素融入教学过程中，给教学注入新的活力，才能在答疑解惑的同时实现立德树人，理论联系实际，用数学知识分析解决现实生活中的问题。

2. 只有以学生为中心，让学生参与到教学活动中才能实现真正的课程思政

现今社会教育环境在变化，教育资源的获取变得多渠道，网络上大量的优质教育资源免费开放，移动互联时代逐步取代微机互联时代。学生在学习习惯、学习态度和学习方式上也有了很大变化，知识获取碎片化、价值取向多元化、信息来源丰富化等都为课程思政带来了思路和方向，只有以学生为中心，了解学生的需求和兴趣，改变教学方法，更新教学手段，利用优质在线学习资源，开展混合式教学，在课上和课后与学生加强互动，帮助学生发现学习瓶颈，分享学习感悟，解决学习困惑，通过课程的教与学活动来实现育人的理念和实践。

3. 平衡课堂教学和课外教学，处理好加法和减法的辩证关系

在教学内容中添加思政元素，增加互动、讨论等教学环节对于学生更好地理解和参与教学有很大促进作用，但同时要占用大量的正常教学时间，而“微积分”课程中基础知识的讲授、例题习题的推理、演算等教学内容需要有充足的时间才能完成，如何平衡好思政教学和传统教学的关系需要我们不断地尝试、摸索和反思。我们需要在课堂教学中对思政元素做加法、对传统知识的传授做减法，在课外教学中做加法，增加线上慕课视频、布置思考题、实践题作为课堂内容的补充，推行混合式教学才能真正地实现学习成效和育人理念。

三、课程思政教育心得体会

在“微积分”课程思政学习和践行的过程中，我对课程的教育目标、教学内容、教学形式和教师能力等方面有了更深刻的认识。

1. 教育目标的转变

以往数学公共基础课程侧重于知识的传授，培养学生的逻辑、演绎、推理等能力，融入课程思政元素的数学课程是要实现知识传授、能力培养和价值引领相统一，在答疑解惑的同时实现育人的功能。

2. 教学内容的丰富

由于“微积分”课程内容多，受众面广，教学班容量大，以往教学内容都是“满堂灌”，老师注重的是知识点的讲解、习题的演算、定理的证明等，抽象、复杂、枯燥，老师讲的累，学生听的更累。对课程进行思政建设，如同给抽象难懂的知识打了强心剂，改变了数学的教学面貌，让数学知识充满了活力。数学史、数学命题和数学悖论等数学文化的注入，唯物辩证法与数学知识的相辅相成，现代科技飞速发展应用到的丰富的数学知识，以及数学中体现得丰富的世界观、人生观和价值观的思想都可以有机地融入数学课程的知识点中，激发了学生的学习兴趣，仿佛给他们打开了一扇更广阔、更有趣的知识大门。

3.教学方式和手段的多样化

教学不再是老师一个人唱主角，以学生为中心，改变教学的方法与手段，将线上和线下教学相结合，课上和课后互动相结合，采取课程思政的混合式教学方法，通过小组讨论、学习通软件在线答题、提问、课后实践、为学生搭建课外学习平台等多种教学手段，更多地让学生参与到教学过程中，帮助学生发现学习瓶颈，分享学习感悟，解决学习困惑，通过课程的教与学活动来实现育人的理念和实践。

4.教师能力的提升

学高为师，教师必须提升自身的专业素质，拓展对数学文化、数学应用以及现代科技知识等领域的学习和研究，并用高水平科研经验和成果反哺教学。教师对待教学、课堂、课程认真、负责的态度，更是最直接的课程思政，潜移默化地影响着学生对待这门课程的态度。

课程思政不是简单地将思政元素添加到课程当中，只有对课程内知识点悉心安排，融会贯通，对科学史有了更广泛的了解，对当今新形势新背景下国家对于人才的需求有了更准确的定位，才能实现思政元素有机融入，并真正地实现价值塑造、能力培养和知识传授相统一。

教学展示课件

苏涵　统计与应用数学学院应用数学系　讲师

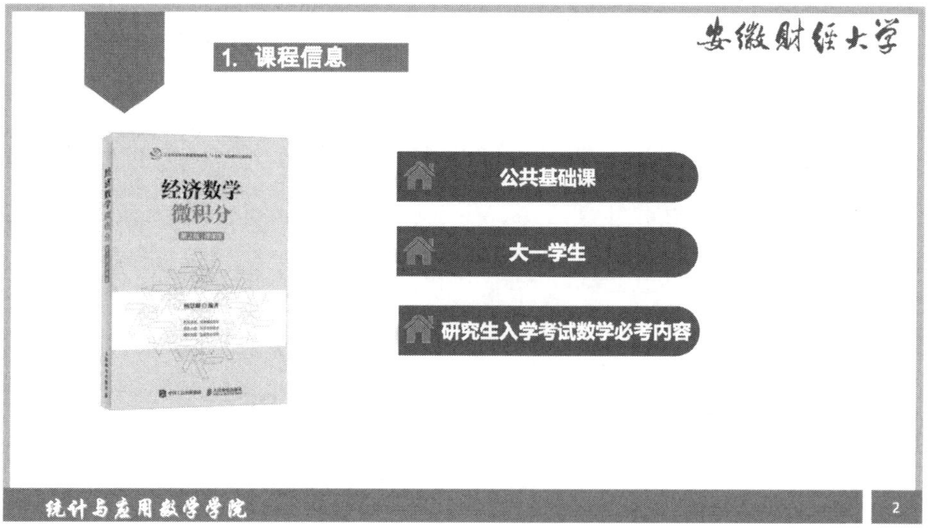

安徽财经大学

2. 课程目标

基本知识的教学目标：

知识掌握

- 掌握一元和二元函数微积分学的基础知识
- 领悟微积分的经典理论和数学思想

能力培养

- 培养学生的逻辑思维能力
- 掌握推理、判断、论证和演算的技能
- 用数学思想分析和解决问题的能力

实践应用

- 了解数学知识在实践中的应用
- 理论联系实际，运用数学工具解决现实生活中的问题

统计与应用数学学院 3

安徽财经大学

2. 课程目标

思政教育的教学目标：

情感目标

- 以学生为中心，通过和学生教与学的互动，调动学生学习的积极性
- 帮助学生发现学习瓶颈，分享学习感悟，解决学习困惑，通过课程的教与学活动来实现育人的理念和实践

价值塑造

- 理解数学中所蕴含的唯物辩证法思想
- 了解相关的数学史，形成科学的历史观
- 知晓我国当代各个领域优秀成果体现的数学应用
- 树立正确的世界观、人生观和价值观

统计与应用数学学院 4

安徽财经大学

3. 课程内容

第一章 函数、极限与连续

第二章 一元函数微分学
—导数、微分及其应用

第三章 一元函数积分学
—不定积分、定积分及其应用

第四章 多元函数微积分学

第五章 微分方程与差分方程

第六章 无穷级数

统计与应用数学学院 5

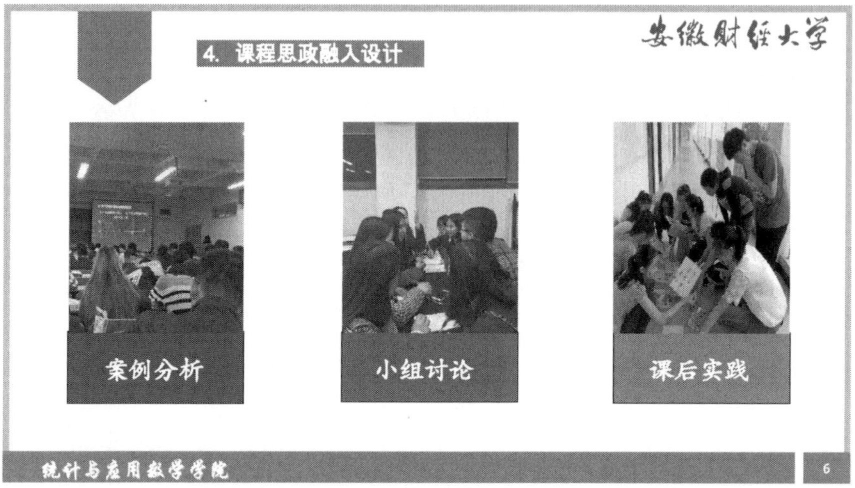
安徽财经大学
4. 课程思政融入设计
案例分析
小组讨论
课后实践
统计与应用数学学院
6

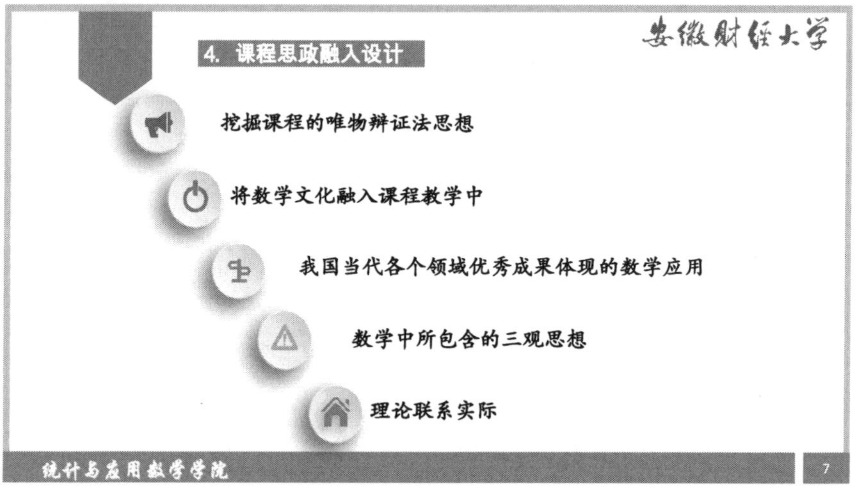
安徽财经大学
4. 课程思政融入设计
挖掘课程的唯物辩证法思想
将数学文化融入课程教学中
我国当代各个领域优秀成果体现的数学应用
数学中所包含的三观思想
理论联系实际
统计与应用数学学院
7

常数项级数的概念
苏涵 统计与应用数学学院
统计与应用数学学院
8

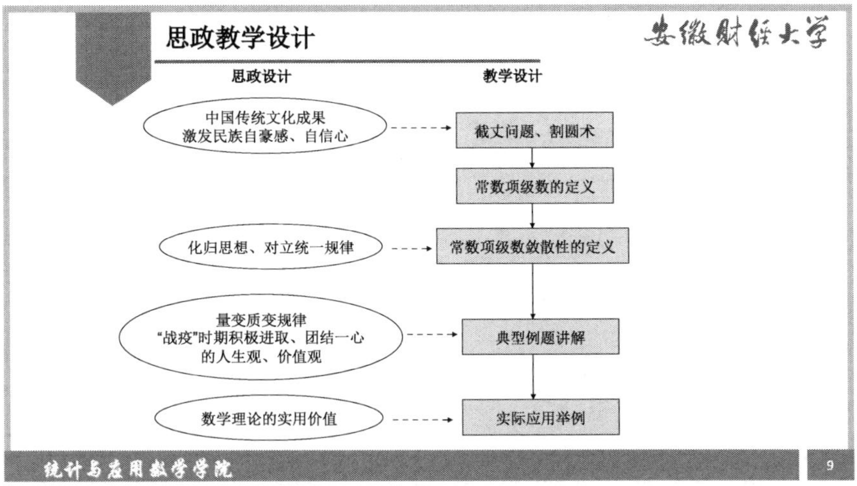
思政教学设计
安徽财经大学
思政设计
教学设计
中国传统文化成果
激发民族自豪感、自信心
截丈问题、割圆术
常数项级数的定义
化归思想、对立统一规律
常数项级数敛散性的定义
量变质变规律
“战疫”时期积极进取、团结一心
的人生观、价值观
典型例题讲解
数学理论的实用价值
实际应用举例
统计与应用数学学院
9

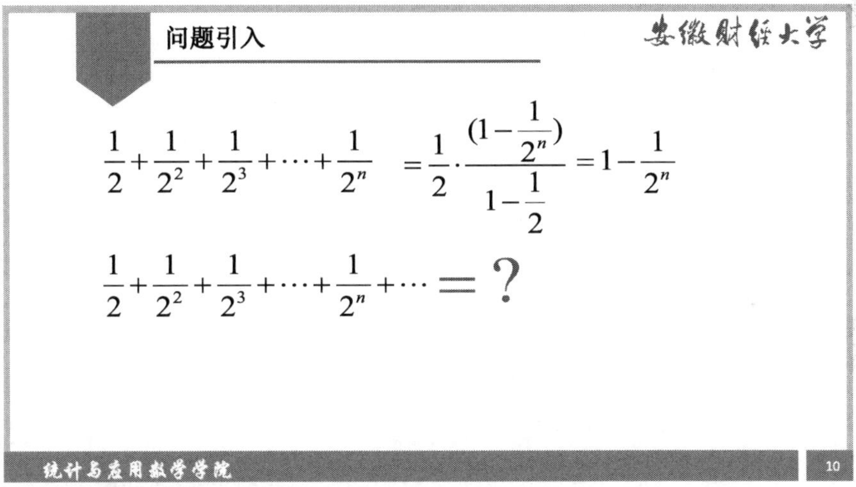
问题引入
安徽财经大学
$\frac{1}{2}+\frac{1}{2^2}+\frac{1}{2^3}+\cdots+\frac{1}{2^n}=\frac{1}{2}\cdot\frac{(1-\frac{1}{2^n})}{1-\frac{1}{2}}=1-\frac{1}{2^n}$
$\frac{1}{2}+\frac{1}{2^2}+\frac{1}{2^3}+\cdots+\frac{1}{2^n}+\cdots=?$
统计与应用数学学院
10

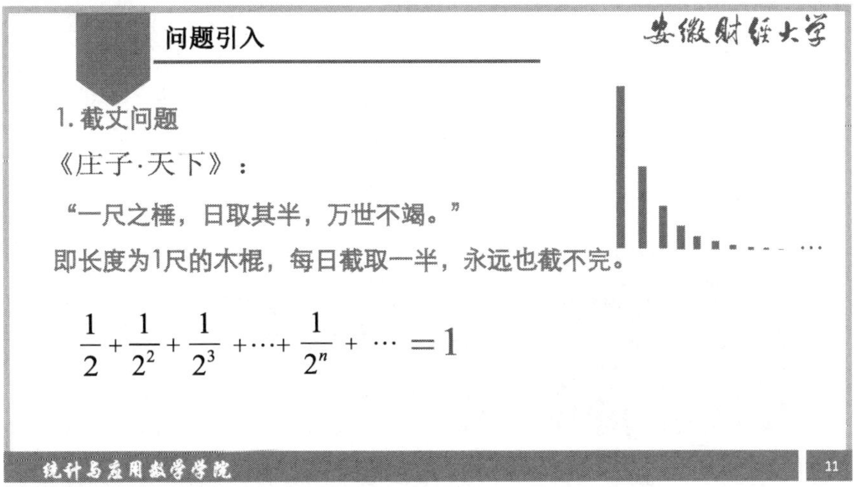
问题引入
安徽财经大学
1. 截丈问题
《庄子·天下》：
“一尺之棰，日取其半，万世不竭。”
即长度为1尺的木棍，每日截取一半，永远也截不完。
$\frac{1}{2}+\frac{1}{2^2}+\frac{1}{2^3}+\cdots+\frac{1}{2^n}+\cdots=1$
统计与应用数学学院
11

问题引入 安徽财经大学

2. 刘徽割圆术

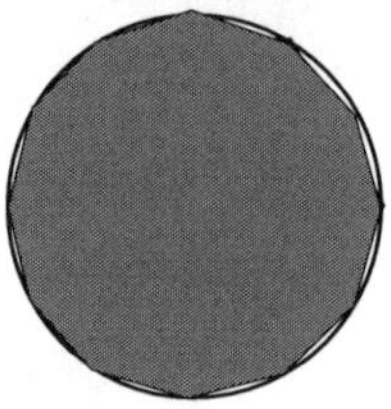

《九章算术注》：

“割之弥细，所失弥少，割之又割，以至于不可割，则与圆合体，而无所失矣。”

正六边形的面积 $S_1 = a_1$

正十二边形的面积 $S_2 = a_1 + a_2$

正二十四边形的面积 $S_3 = a_1 + a_2 + a_3$

正3×2^n边形的面积 $S_n = a_1 + a_2 + \cdots + a_n$

$a_1 + a_2 + \cdots + a_n \approx S$

$a_1 + a_2 + \cdots + a_n + \cdots = S$

统计与应用数学学院 12

常数项级数的定义 安徽财经大学

1.定义：设有数列$\{u_n\}$，将$\{u_n\}$中的各项用加号连接的形式

$$u_1 + u_2 + \cdots + u_n + \cdots$$

称为常数项无穷级数，简称级数，记为$\sum_{n=1}^{\infty} u_n$.

其中$\sum$是求和记号，n称为下标变量。第n项u_n称为级数的一般项（通项）。

统计与应用数学学院 13

常数项级数的定义 安徽财经大学

截文问题

割圆术

中国有着引以为豪的数学成果，作为中国人我们是自豪和幸福的。新一代的你们，应该努力学习，振兴祖国科技，建设伟大国家！

统计与应用数学学院 14

常数项级数的定义

安徽财经大学

例：$\sum_{n=1}^{\infty}\frac{1}{2^n}=\frac{1}{2}+\frac{1}{2^2}+\cdots+\frac{1}{2^n}+\cdots$　　$\sum_{n=1}^{\infty}\frac{1}{n}=1+\frac{1}{2}+\frac{1}{3}+\cdots+\frac{1}{n}+\cdots$

$$\sum_{n=1}^{\infty}(-1)^n=-1+1+(-1)+1+\cdots+(-1)^n+\cdots$$

互动环节：**思考一下，上面三个常数项级数的和存在吗？**

请同学们打开学习通软件主题讨论界面进行回答。

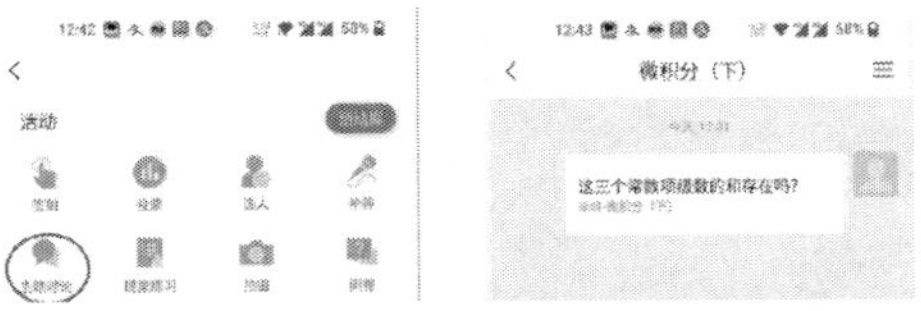

统计与应用数学学院　15

常数项级数的定义

安徽财经大学

1. $\frac{1}{2}+\frac{1}{2^2}+\frac{1}{2^3}+\cdots+\frac{1}{2^n}+\cdots$

令$S_n=\frac{1}{2}+\frac{1}{2^2}+\frac{1}{2^3}+\cdots+\frac{1}{2^n}$　　$1=\sum_{n=1}^{\infty}\frac{1}{2^n}=\lim_{n\to\infty}S_n$

2. $a_1+a_2+\cdots+a_n+\cdots$

令$S_n=a_1+a_2+\cdots+a_n$　　$S=\sum_{n=1}^{\infty}a_n=\lim_{n\to\infty}S_n$

统计与应用数学学院　16

常数项级数的定义

安徽财经大学

2.级数的部分和：级数$\sum_{n=1}^{\infty}u_n$的前n项的和 $S_n=u_1+u_2+\cdots+u_n=\sum_{i=1}^{n}u_i$

S_n称为级数的部分和.

级数的部分和数列：由级数部分和构成的数列$\{S_n\}$称为级数的部分和数列.

n:	1	2	3	$\cdots$	n	$\cdots$
$\{S_n\}$:	S_1	S_2	S_3	$\cdots$	S_n	$\cdots$
	$\parallel$	$\parallel$	$\parallel$		$\parallel$	
	u_1	u_1+u_2	$u_1+u_2+u_3$		$u_1+u_2+\cdots+u_n$	

统计与应用数学学院　17

常数项级数的定义

安徽财经大学

3.级数的敛散性：若级数$\sum_{n=1}^{\infty}u_n$的部分和数列$\{S_n\}$有极限，即$\lim_{n\to\infty}S_n=S$，

则称级数$\sum_{n=1}^{\infty}u_n$收敛，极限S叫作级数$\sum_{n=1}^{\infty}u_n$的和，写作$\sum_{n=1}^{\infty}u_n=S$；

若数列$\{S_n\}$无极限，则称$\sum_{n=1}^{\infty}u_n$发散。

拓展：级数敛散性的定义

- 化未知为已知的化归思想
- 对立统一规律

统计与应用数学学院 18

例题讲解

安徽财经大学

例1. 讨论级数(等比级数)$\sum_{n=1}^{\infty}aq^{n-1}=a+aq+aq^2+\cdots+aq^{n-1}+\cdots(a\neq 0)$的敛散性。

解： $q\neq 1$

$$s_n=a+aq+aq^2+\cdots+aq^{n-1}=a\cdot\frac{1-q^n}{1-q}$$

$$\lim_{n\to\infty}s_n=\lim_{n\to\infty}\frac{a(1-q^n)}{1-q}=\begin{cases}\frac{a}{1-q}, & |q|<1 \quad \text{收敛}\\ \infty, & |q|>1 \quad \text{发散}\end{cases}$$

$q=1$ $s_n=na$，$\lim_{n\to\infty}s_n=\infty$ **发散**

$q=-1$ $\sum_{n=1}^{\infty}a(-1)^{n-1}=a-a+a-a+\cdots$

$$s_n=\begin{cases}a, & n\text{为奇数}\\ 0, & n\text{为偶数}\end{cases}$$ **发散**

$$\sum_{n=1}^{\infty}aq^{n-1}=\begin{cases}\text{收敛}, & |q|<1\\ \text{发散}, & |q|\geq 1\end{cases}$$

统计与应用数学学院 19

例题讲解

安徽财经大学

例1. 讨论级数(等比级数)$\sum_{n=1}^{\infty}aq^{n-1}=a+aq+aq^2+\cdots+aq^{n-1}+\cdots$的敛散性。

$$\sum_{n=1}^{\infty}aq^{n-1}=\begin{cases}\text{收敛}, & |q|<1\\ \text{发散}, & |q|\geqslant 1\end{cases}$$

$a=q=\frac{1}{2}$ $\sum_{n=1}^{\infty}\frac{1}{2^n}$ **收敛**

$a=q=-1$ $\sum_{n=1}^{\infty}(-1)^n$ **发散**

统计与应用数学学院 20

例题讲解

安徽财经大学

例2. 猜测调和级数 $\sum_{n=1}^{\infty}\frac{1}{n}$ 的敛散性.

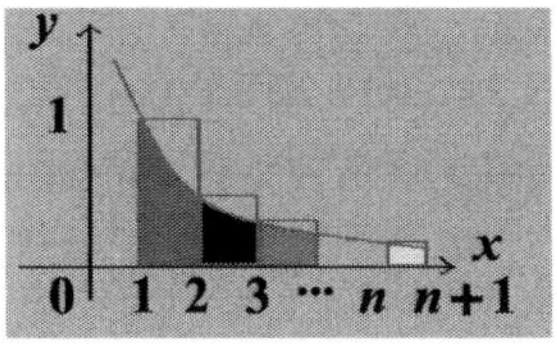

证明：如图,

每个小矩形的面积大于它下方的曲边梯形面积, 即

$$1+\frac{1}{2}+\frac{1}{3}+\dots+\frac{1}{n}>\int_1^{n+1}\frac{dx}{x} \qquad 则S_n>\int_1^{n+1}\frac{dx}{x}=\ln(n+1)$$

$$又\lim_{n\to\infty}\ln(n+1)=+\infty,所以\lim_{n\to\infty}S_n=+\infty \qquad 故\sum_{n=1}^{\infty}\frac{1}{n}=1+\frac{1}{2}+\cdots+\frac{1}{n}+\cdots=\infty$$

级数发散

统计与应用数学学院 21

例题讲解

安徽财经大学

调和级数： $\sum_{n=1}^{\infty}\frac{1}{n}=1+\frac{1}{2}+\frac{1}{3}+\frac{1}{4}+\frac{1}{5}+\cdots=\infty$

拓展：调和级数的发散

- 量变质变规律
- 脚踏实地、积极进取的人生观
- “战疫”特殊时期，全国人民众志成城、团结一心的价值观

习主席说过：“每个人的生活都是一件件小事组成的，养小德才能成大德。”

统计与应用数学学院 22

实际应用

安徽财经大学

例.（基金创立问题）

为了创立某奖励基金，需要募集资金，假设该基金从创立之日起，每年需要支付5百万元作为奖励，银行的年利率为4%，分别以

（1）年复利计算利息，

（2）连续复利计算利息，

计算需要募集的原始资金为多少？

解：假设奖励基金按年发放，

（1）以年复利计算利息, 所需募集的总资金为

$$5+\frac{5}{1+4\%}+\frac{5}{(1+4\%)^2}+\cdots+\frac{5}{(1+4\%)^n}+\cdots=\frac{5}{1-\frac{1}{1.04}}\approx 130.2(万元)$$

统计与应用数学学院 23

实际应用

安徽财经大学

例.（基金创立问题）

为了创立某奖励基金，需要募集资金，假设该基金从创立之日起，每年需要支付5百万元作为奖励，银行的年利率为4%，分别以

（1）年复利计算利息，

（2）连续复利计算利息，

计算需要募集的原始资金为多少？

解：（2）连续复利计算利息，所需募集的总资金为

$$5+5e^{-0.04}+5e^{-0.04\times2}+\cdots+5e^{-0.04\times n}+\cdots=\frac{5}{1-e^{-0.04}}\approx127.22(\text{万元})$$

统计与应用数学学院 24

实际应用

安徽财经大学

思考：能做出一条封闭曲线，使得曲线周长无限、围成的面积有限吗？

作业：查找资料了解

不可思议的科赫雪花曲线

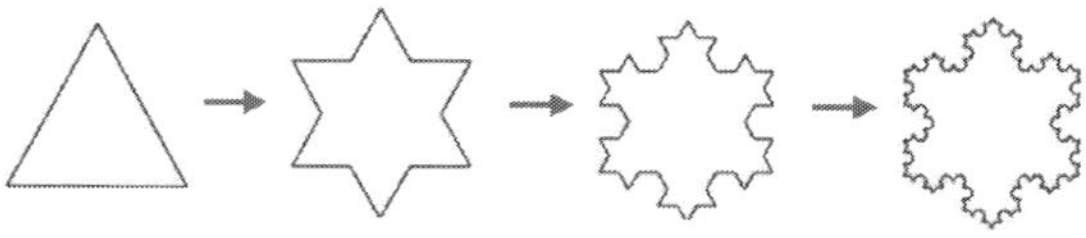

统计与应用数学学院 25

管理学

“就业指导”课程

宗惠　学生处就业指导与生涯规划教研室　讲师

一、课程思政教学设计思路

（一）课程基本信息

“就业指导”是通识必修课程，1学分，18学时，面向2018级全体本科生开放。围绕学校“新经管”工程建设，结合“高层次应用型人才”培养目标，坚持“以生为本”“立德树人”的工作理念，以促进学生多元化就业、提高学生就业质量为导向，通过课堂教学和实践指导，引导学生树立正确的职业观和就业观，提高学生就业能力和创新创业意识，帮助学生明晰个人发展目标，实现更充分、更高质量就业。

“大学生职业生涯规划”是本课程第二讲。主要通过生涯唤醒，激发大学生职业生涯发展的自主意识，促使学生在兴趣、性格、技能、价值观等自我探索的基础上加强自我了解；通过职业选项的拓展渠道、职业分析的七个视角、职业信息的搜集方法来探索生涯路径，在知己知彼的基础上理性生涯决策、合理规划发展，并努力在学习过程中自觉提高职业生涯管理能力。

（二）课程目标

结合中国传统文化和现实职业生涯案例，以生涯规划教育知识点为支撑，加强对大学生思想道德、政治观念方面的引导和教育，帮助学生扣好“第一粒扣子”，坚定学生爱党爱国的理想信念，培养学生报国强国的家国情怀，将大学生个人的成长与单位、社会的发展紧密结合起来，使其认识到个人的利益与单位利益、社会利益的一致性，实现个人的就业稳定和职业的可持续发展。

1.培养学生树立正确的职业理想，养成职业生涯发展的自主意识；2.帮助学生明晰自我探索的维度，掌握生涯决策的路径与方法；3.指导学生掌握职业生涯设计能力，助力学生养成良好职业习惯。

（三）课程内容简介

1.成长历程与生涯规划

1.1 生涯的内涵

1.2 生涯发展阶段与发展任务

2.自我探索

2.1 自我探索之兴趣维度（兴趣定义，霍兰德职业类型论）

2.2 自我探索之性格维度（性格定义，MBTI类型指标）

2.3 自我探索之技能维度（技能定义，技能评估STAR法）

2.4 自我探索之价值观维度（价值观定义，价值观评估方法）

3.职业路径探索

3.1 拓展职业选项的渠道与角度

3.2 搜集职位信息的方法

4.生涯决策

4.1 决策的内涵

4.2 决策方法（决策平衡单）

（四）课程思政融入设计

在课程思政的理念下，本课程将“为实现中华民族伟大复兴中国梦而奋斗”的时代主题，通过案例分析、小组讨论、观看视频等多样化的手段，将理想信念教育、爱国主义教育、职业道德规范教育、社会主义核心价值观等与课程模块及内容巧妙融合，实现隐性教育与显性教育的有机结合，课程思政与思政课程的同频共振。

1.模块一：生涯唤醒

引导学生了解生涯规划含义，重视生涯规划。以“俞敏洪的励志演讲”开篇，引导学生积极向上，规划“像树一样的人生”明确发展方向，树立人生理想。采用“撕纸活动——生涯量量看”，引导学生思考：在有限的学涯和生涯阶段，“我想成为什么样的人”以及“我如何规划学涯和生涯”，通过列举优秀校友努力奋斗实现人生价值的事例，唤醒学生“以始为终”、学会独立、增进社会责任感，结合“一带一路”建设、网络强国和智慧社会等国情、世情，树立自己的人生目标，敢想敢做，努力拼搏，成为更好的自己。

2.模块二：自我探索

引导学生通过对自身性格、兴趣、技能、价值观进行探索，增强自我认知，为实现自我与职业职场最佳匹配做好铺垫。

性格探索时，基于MBTI类型指标，用《西游记》中的师徒四人作为四种气质类型的典型代表，引导学生探索自我性格的同时增强对中华优秀传统文化的认知和了解；价值观探索时，融入新冠肺炎疫情防控中涌现出来的各行各业的志愿者事迹，从钟南山院士，到医护工作者，再到社区志愿者，增强了学生的社会责任感，结合马克思青年时期的择业观与《习近平的七年知青岁月》，引导学生基于社会、国家整体利益寻找合适的职业岗位，树立正确的三观和报国强国的远大志向，培养爱党爱国的家国情怀。

3.模块三：职业路径探索

引导学生结合世情、国情来探索职业环境，结合乡村振兴战略和“互联网+”时代背景，引导并鼓励学生关注国家发展的需要，把所学与社会经济发展的需要结合起来。以《清风传家》读本中于漪老师为例，于漪一家三代六口均为教育工作者，阐述“家族职业树”在职业路径探索中的重要影响；基于优秀校友生涯人物访谈来激发学生热爱专业，不忘初心，积极投身于中华民族伟大复兴的中国梦建设。

4.模块四：生涯决策

引导大学生基于自我探索和职业路径探索，将个人利益与国家利益、社会利益保持一致，处理好个人、集体与他人的利益关系。用支教保研学生李波的事例和教师自身作为辅导员“不忘初心、牢记使命”的坚定，鼓励同学们在生涯决策时，充分考虑，不急功近利，积极投身基层，到祖国最需要的地方去奉献智慧和力量。

（五）其他

1.充分发挥第一课堂育人成效，促成知行合一

在课堂教学环节，将学生分成不同项目团队，以“生涯人物访谈”“专业就业地图”“生涯决策平衡单”为主题，培养学生团队合作意识，鼓励学生走出课堂、学以致用，回归课堂、汇报成果，促成知行合一。

2.积极拓展第二课堂精品项目，实现笃行致远

开设优秀学长学姐、杰出校友走上讲台，开展“优秀朋辈榜样面对面”活动，培养大学生勤业、创业、立业、敬业的职业精神；开展新生入学教育生涯启蒙、优秀学生精英训练营、职业生涯规划书大赛、模拟求职大赛等，在实践行动中落实、落细学生的生涯规划。

二、教学展示

（一）教学目标和内容

1.知识与技能：引导学生掌握自我兴趣、性格、技能和价值观的探索方法和技巧；掌握职业路径探索的六种渠道、七个视角和三种方法；了解决策平衡单的七个步骤，学习并掌握职业生涯决策的分析和量化方法。

2.过程与方法：通过分组讨论法，在师生互动中真实了解学生职业生涯决策过程中的想法与感受，引导学生学会从自我认知和生涯路径两个维度来考虑所有可能的备选生涯决策；理论讲解决策平衡单的制作方法，运用案例分析和学生实践的方法，强化学生在生涯决策中对决策平衡单的运用，让学生真正掌握生涯决策的步骤与技巧。

3.情感态度和价值观：在理论讲解和互动交流中，让学生树立职业生涯发展的自觉意识，树立积极正确的人生观、价值观和就业观念，把个人发展和国家需要、社会发展相结合，愿意为个人的生涯发展和社会发展主动付出积极的努力，尤其将大我与小我，将个人发展与国家、社会需求相结合；引导学生积极主动思考各种备选生涯决策的优势与不足；学会根据自身实际情况和社会发展趋势，合理做出生涯决策。

（二）教学重点和难点

1.教学重点

大学生自我兴趣、性格、技能和价值观探索是本章的第一个教学重点；生涯决策具体操作流程与注意事项是第二个教学重点。

2.教学难点

如何引导大学生进行生涯决策时，从自我认知和职业路径认知两个方面全面挖掘决策影响因素，并将思政引导滴灌其中是本教学的第一个难点；决策平衡单的制作与运用中，考虑因素的权重设置和原始打分直接决定决策平衡单的量化结果，如何通过讲解让大学生真正掌握操作技巧，学会合理定位是本教学的第二个难点。

（三）教学过程和方法（可含时间分配）

	时间（分钟）	教学者活动	学生活动	教学手段与方法
导言	3	视频展示：所有问题皆有答案，引发有关“以终为始”的思考	观看视频，回答问题	视频观看
前测	9	二维码生涯规划小测试，了解大家目前自我规划状态；生涯量一量活动唤醒生涯意识	进行测试，参与互动，在启发中回答问题	师生互动小测试

续表

	时间（分钟）	教学者活动	学生活动	教学手段与方法
重点知识学习	60	1.通过理论讲解和兴趣岛等系列活动引导学生掌握自我兴趣、性格、技能和价值观的探索；2.通过家庭职业树、专业就业地图、生涯人物访谈等互动，结合理论知识，讲解探索生涯路径的方法和要点；3.以生涯平衡单为主要工具，传授基于自我和生涯路径探索的生涯决策技巧	跟随活动环节，积极参与互动，及时反馈活动结果	师生互动、案例分析、视频观看、理论讲解
知识巩固	7	引用“支教保研”学生的案例以及任课教师的“辅导员之路”的选择，引导学生如何基于自我探索和生涯路径探索，来合理自我定位、科学生涯决策	深入案例，结合自身予以思考	案例分析法
后测及讨论	8	鼓励学生根据所学知识进行生涯决策，讨论收获并予以分享	每组同学派代表进行分享自己制作决策平衡单的过程	学生分组讨论
总结	3	1.学会从自我探索和生涯路径探索两方面思考生涯决标准； 2.鼓励同学使用该工具，而不依赖该工具，最重要的是做出选择后，坚定、自信地面对未来，以不变应万变，用心、用情坚守选择，在党和人民最需要的地方绽放青春理想之花	记录课后作业，积极巩固并反馈	教师讲解

（四）教学反思

1.实施效果及成果

（1）在探索生涯决策标准时，由于在讨论中思想发生碰撞，有些决策影响因素如社会需求等以前被学生忽视，课堂中学生开始重新审视影响因素及权重。

（2）决策平衡单的使用中，不能片面依赖最后的计算结果。如果学生对决策标准考虑不周、权重赋值不准确时，可能整个分析是无效的，会出现错误的引导，更重要的是引导学生以不变应万变，有一个克服困难、自信面对未来不确定因素的信心，同时给予更多学生思想的有效指引和方法的深度指导。

（3）由于课堂内容贴近学生需求，大家积极性较高，从课后的交流来看，大家对此方法基本掌握，能有效地将个人发展和国家需求相结合，也能较好地做出职业定位，达到了预期的教学目标。

2.存在的实际困难和问题

（1）大班上课与小班研讨的衔接不畅，经验不足。

（2）学生的课后阅读情况，参差不齐。

（3）总体上学生对公选课的重要性认识不足，不愿投入更多的时间和精力，绝大多数同学只是做到了上课认真听。

3. 今后的改进思路和注意事项

（1）采用现代教育技术，如雨课堂等，优化课程设计，进一步提高学生的课堂参与度和课堂教学效果。

（2）加大课后阅读的指导和监控。

（五）其他需要展示的内容

在对授课对象——18级会计学专业学生进行问卷调查中发现，60%左右的同学对于职业定位选择处于摇摆状态，30%左右的学生是完全困惑的状态。同学们在选择时存在“跟着感觉走”、盲目跟风、受家长或老师的意见影响较大、目标功利化、标准利益化等问题。各种各样的影响因素干扰着同学们合理进行职业定位。那么在进行职业定位时，需要考虑的影响因素到底有哪些？又该如何综合考量选择呢？这是本课讲解的背景。

三、课程思政教育心得体会

（一）明确了课程思政育人的价值目标，提高了育人效果

较好地发挥了本课程不说教、不枯燥，但有深度、有思想、有立场的优点，尤其是马克思青年时期的择业观与《习近平的七年知青岁月》以及新冠肺炎疫情防控中涌现出来的各行各业的志愿者事迹，对于培养学生的家国情怀、社会责任感和历史使命感等具有积极的教育作用。

（二）注重课程思政设计

在课堂多个互动环节中较好地基于社会需求和发展趋势厘清了大学生对自我和职业路径的探索，教学方法接地气，课堂互动感强，学生参与度高，课程的实用度增加了，学生的获得感也增强了。

（三）从知识与能力、情感与态度、价值与立场实现教学目标

组织课堂教学和课后实践，同步实现价值塑造、能力培养、知识传授“三位一体”的教学目标。课程思政的实施效果不仅局限在课堂之中，更扩展到校园之外，不仅囿于大学阶段，更是纵贯学生一生。鼓励同学使用生涯决策平衡单，而不依赖该工具，最重要的是做出选择后，坚定、自信地面对未来，以不变应万变，用心、用情坚守选择，在党和人民最需要的地方绽放青春理想之花。

教学展示课件

宗惠　学生处就业指导与生涯规划教研室　讲师

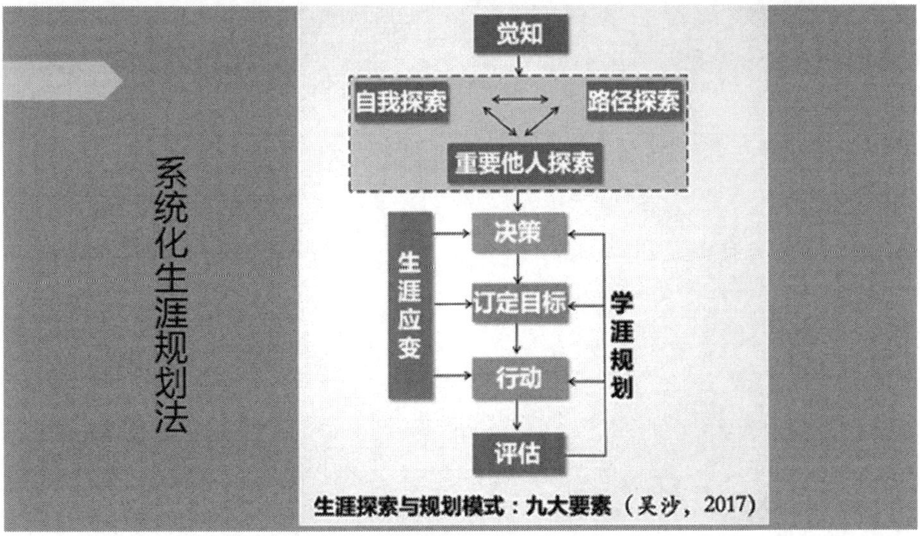

一
生涯规划内涵

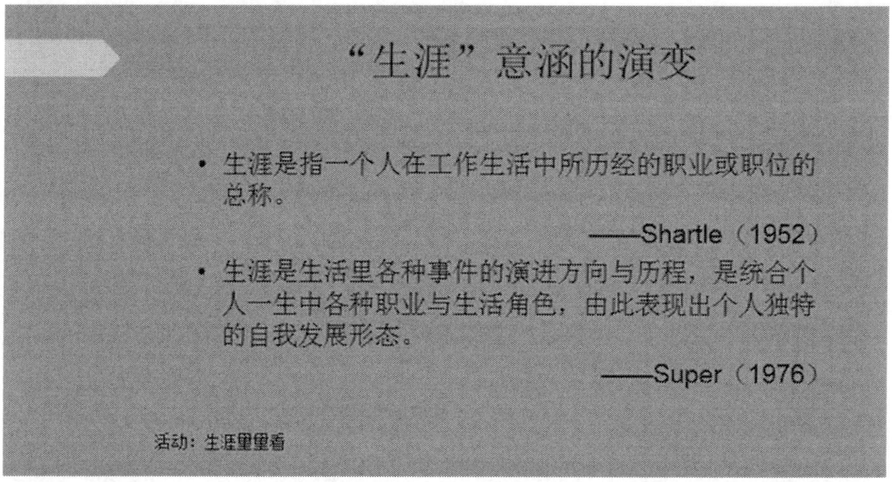
“生涯”意涵的演变
• 生涯是指一个人在工作生活中所历经的职业或职位的总称。
——Shartle（1952）
• 生涯是生活里各种事件的演进方向与历程，是统合个人一生中各种职业与生活角色，由此表现出个人独特的自我发展形态。
——Super（1976）
活动：生涯量量看

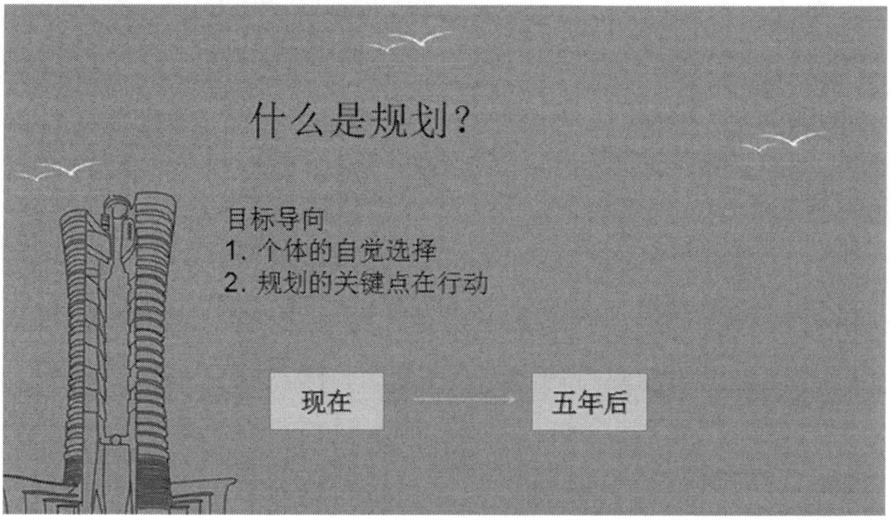
什么是规划？
目标导向
1. 个体的自觉选择
2. 规划的关键点在行动
现在
五年后

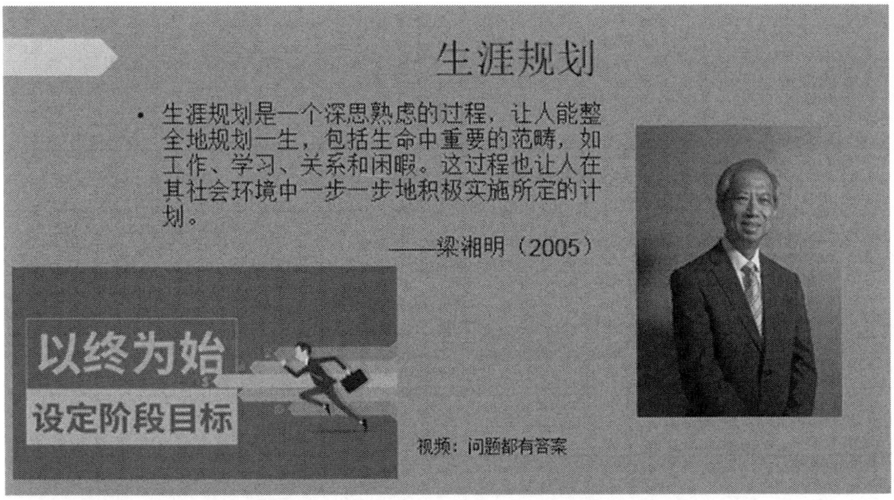
生涯规划
• 生涯规划是一个深思熟虑的过程，让人能整全地规划一生，包括生命中重要的范畴，如工作、学习、关系和闲暇。这过程也让人在其社会环境中一步一步地积极实施所定的计划。
——梁湘明（2005）
以终为始
设定阶段目标
视频：问题都有答案

二
自我探索

兴趣
能力
价值观
性格

兴趣
请想一想，做什么事情你会忘记时间？
1
01
兴趣不是需求
兴趣具有可持续性
02
兴趣不是能力
胜任不一定快乐，能力强调结果，兴趣强调过程：即便不擅长，依然喜欢
03
兴趣不等于爱好
有这个爱好，你做了之后学了之后不一定真的喜欢，因为可能只是表象而已

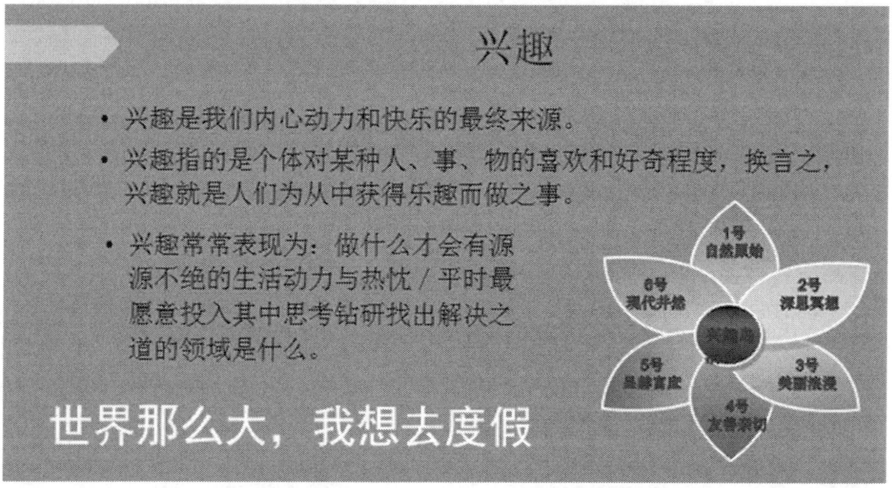
兴趣
• 兴趣是我们内心动力和快乐的最终来源。
• 兴趣指的是个体对某种人、事、物的喜欢和好奇程度，换言之，兴趣就是人们为从中获得乐趣而做之事。
• 兴趣常常表现为：做什么才会有源源不绝的生活动力与热忱 / 平时最愿意投入其中思考钻研找出解决之道的领域是什么。
1号 自然原始
2号 深思冥想
3号 美丽浪漫
4号 友善亲切
5号 显赫富庶
6号 现代井然
世界那么大，我想去度假

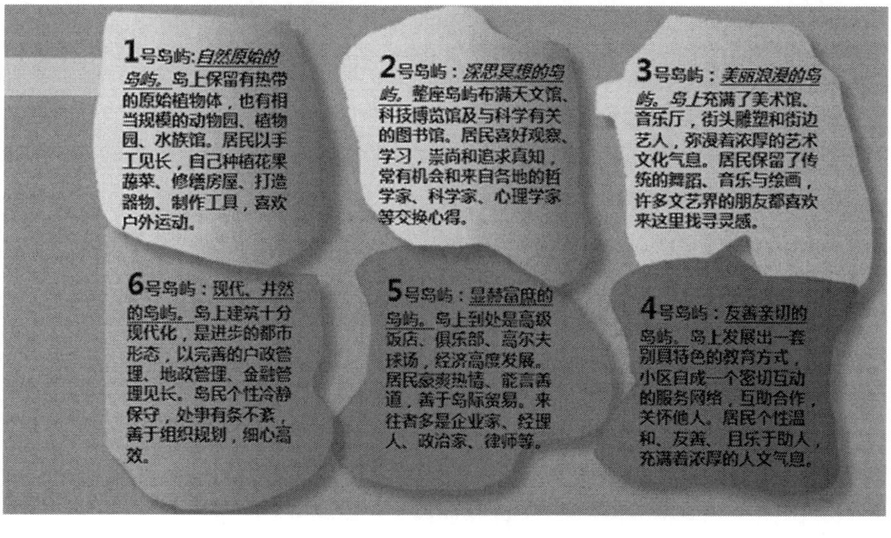
1号岛屿：自然原始的岛屿。岛上保留有热带的原始植物体，也有相当规模的动物园、植物园、水族馆。居民以手工见长，自己种植花果蔬菜、修缮房屋、打造器物、制作工具，喜欢户外运动。
2号岛屿：深思冥想的岛屿。整座岛屿布满天文馆、科技博览馆及与科学有关的图书馆。居民喜好观察、学习，崇尚和追求真知，常有机会和来自各地的哲学家、科学家、心理学家等交换心得。
3号岛屿：美丽浪漫的岛屿。岛上充满了美术馆、音乐厅，街头雕塑和街边艺人，弥漫着浓厚的艺术文化气息。居民保留了传统的舞蹈、音乐与绘画，许多文艺界的朋友都喜欢来这里找寻灵感。
6号岛屿：现代、井然的岛屿。岛上建筑十分现代化，是进步的都市形态，以完善的户政管理、地政管理、金融管理见长。岛民个性冷静保守，处事有条不紊，善于组织规划，细心高效。
5号岛屿：显赫富庶的岛屿。岛上到处是高级饭店、俱乐部、高尔夫球场，经济高度发展。居民豪爽热情、能言善道，善于岛际贸易。来往者多是企业家、经理人、政治家、律师等。
4号岛屿：友善亲切的岛屿。岛上发展出一套别具特色的教育方式，小区自成一个密切互动的服务网络，互助合作，关怀他人。居民个性温和、友善、且乐于助人，充满着浓厚的人文气息。

兴趣岛类型列表

1号岛	实用型——R	Realistic
2号岛	研究型——I	Investigation
3号岛	艺术型——A	Artistic
4号岛	社会型——S	Social
5号岛	企业型——E	Enterprising
6号岛	事务型——C	Conventional

兴趣探索的常用方法

- 直接询问
- 行为观察
- 知识多寡
- 测评量表

虽然我们做了几十年的研究，但预测个人职业选择最有效的方法却是询问这个人自己想做什么。

——约翰·霍兰德（2008）

兴趣与职业发展

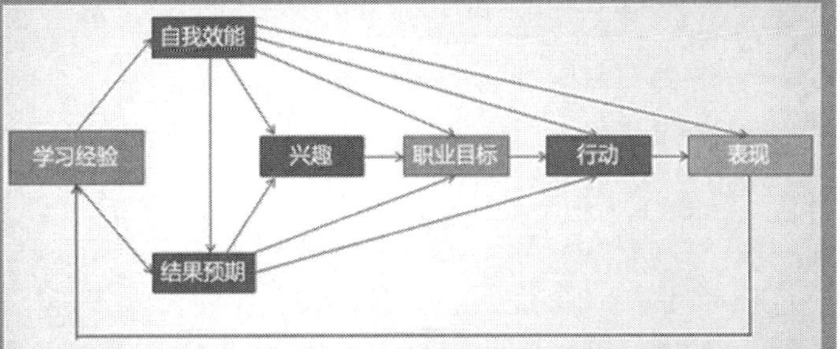

（资料来源：Lent，Brown，& Hackett，1994）

持久兴趣=能力+价值观

性 格

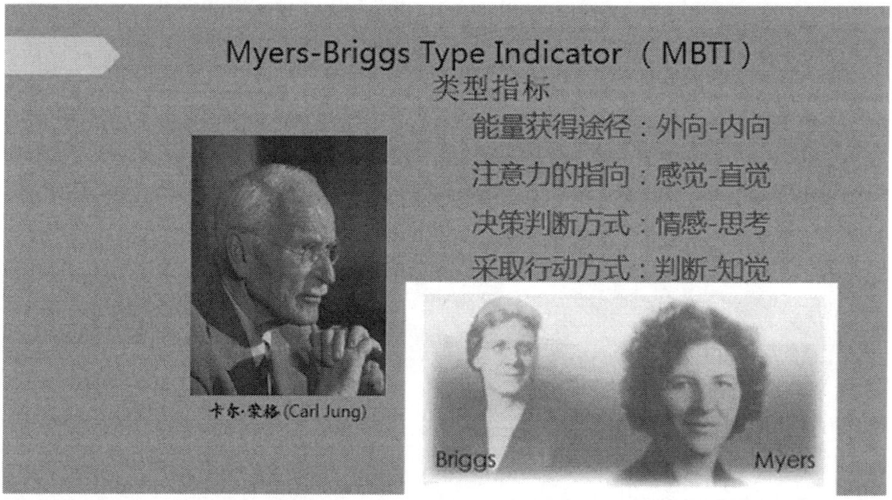
Myers-Briggs Type Indicator（MBTI）
类型指标
能量获得途径：外向-内向
注意力的指向：感觉-直觉
决策判断方式：情感-思考
采取行动方式：判断-知觉
卡尔·荣格(Carl Jung)
Briggs
Myers

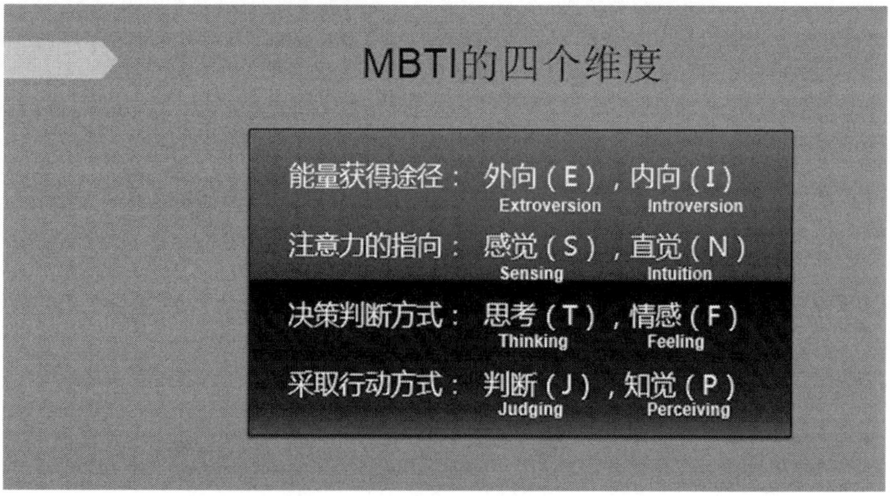
MBTI的四个维度
能量获得途径： 外向（E），内向（I）
Extroversion Introversion
注意力的指向： 感觉（S），直觉（N）
Sensing Intuition
决策判断方式： 思考（T），情感（F）
Thinking Feeling
采取行动方式： 判断（J），知觉（P）
Judging Perceiving

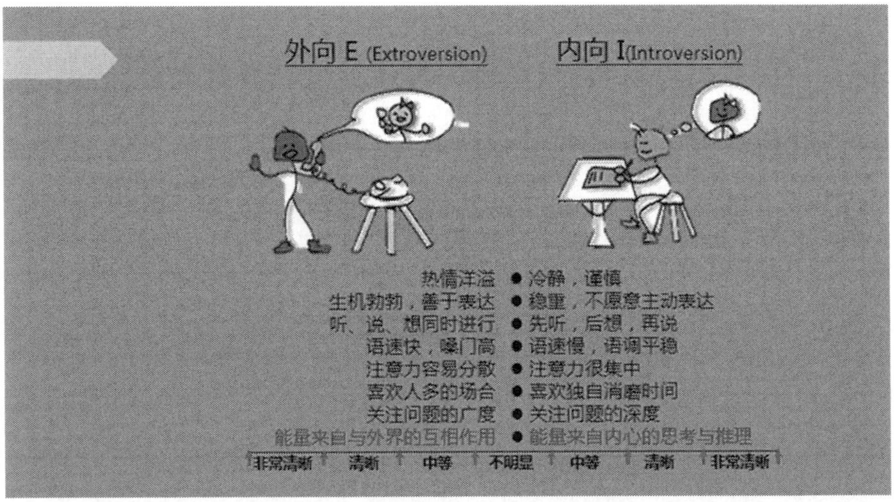

外向 E (Extroversion)
内向 I(Introversion)
热情洋溢 ● 冷静，谨慎
生机勃勃，善于表达 ● 稳重，不愿意主动表达
听、说、想同时进行 ● 先听，后想，再说
语速快，嗓门高 ● 语速慢，语调平稳
注意力容易分散 ● 注意力很集中
喜欢人多的场合 ● 喜欢独自消磨时间
关注问题的广度 ● 关注问题的深度
能量来自与外界的互相作用 ● 能量来自内心的思考与推理
非常清晰 清晰 中等 不明显 中等 清晰 非常清晰

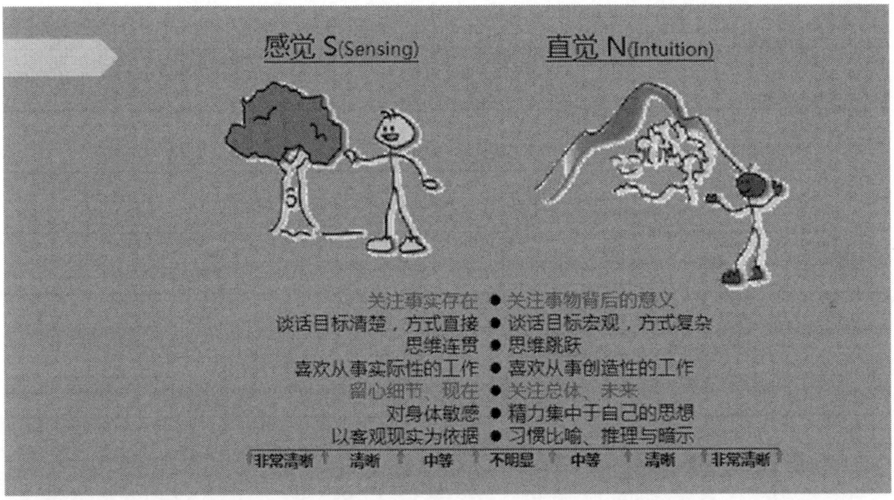

感觉 S(Sensing)
直觉 N(Intuition)
关注事实存在 ● 关注事物背后的意义
谈话目标清楚，方式直接 ● 谈话目标宏观，方式复杂
思维连贯 ● 思维跳跃
喜欢从事实际性的工作 ● 喜欢从事创造性的工作
留心细节、现在 ● 关注总体、未来
对身体敏感 ● 精力集中于自己的思想
以客观现实为依据 ● 习惯比喻、推理与暗示
非常清晰 清晰 中等 不明显 中等 清晰 非常清晰

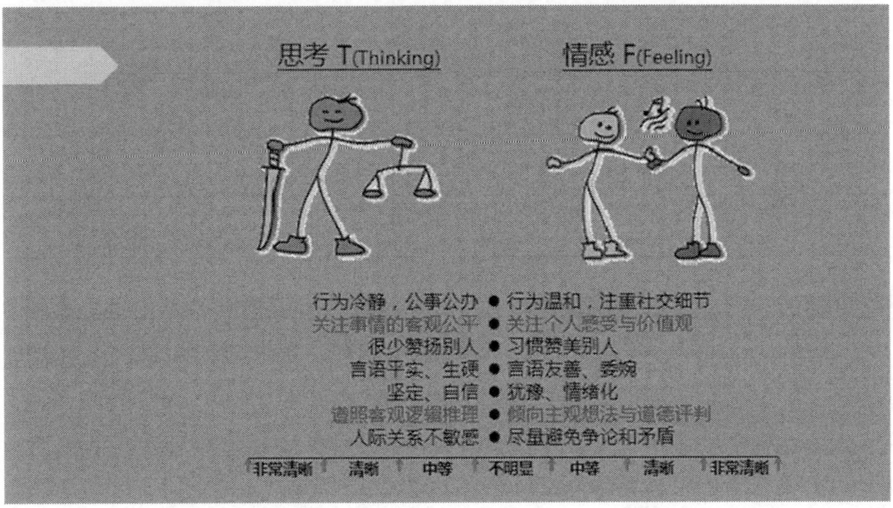

思考 T(Thinking)
情感 F(Feeling)
行为冷静，公事公办 ● 行为温和，注重社交细节
关注事情的客观公平 ● 关注个人感受与价值观
很少赞扬别人 ● 习惯赞美别人
言语平实、生硬 ● 言语友善、委婉
坚定、自信 ● 犹豫、情绪化
遵照客观逻辑推理 ● 倾向主观想法与道德评判
人际关系不敏感 ● 尽量避免争论和矛盾
非常清晰 清晰 中等 不明显 中等 清晰 非常清晰

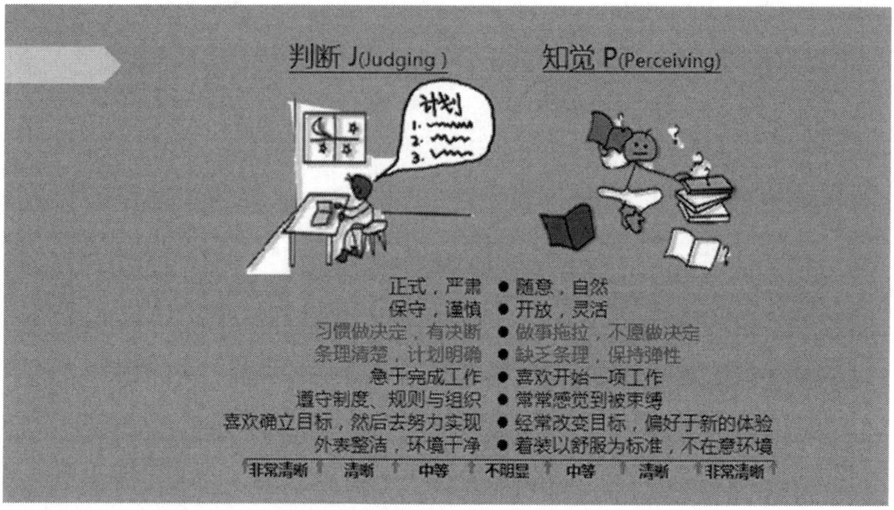
判断 J(Judging)
知觉 P(Perceiving)
计划
正式，严肃 ● 随意，自然
保守，谨慎 ● 开放，灵活
习惯做决定，有决断 ● 做事拖拉，不愿做决定
条理清楚，计划明确 ● 缺乏条理，保持弹性
急于完成工作 ● 喜欢开始一项工作
遵守制度、规则与组织 ● 常常感觉到被束缚
喜欢确立目标，然后去努力实现 ● 经常改变目标，偏好于新的体验
外表整洁，环境干净 ● 着装以舒服为标准，不在意环境
非常清晰 清晰 中等 不明显 中等 清晰 非常清晰

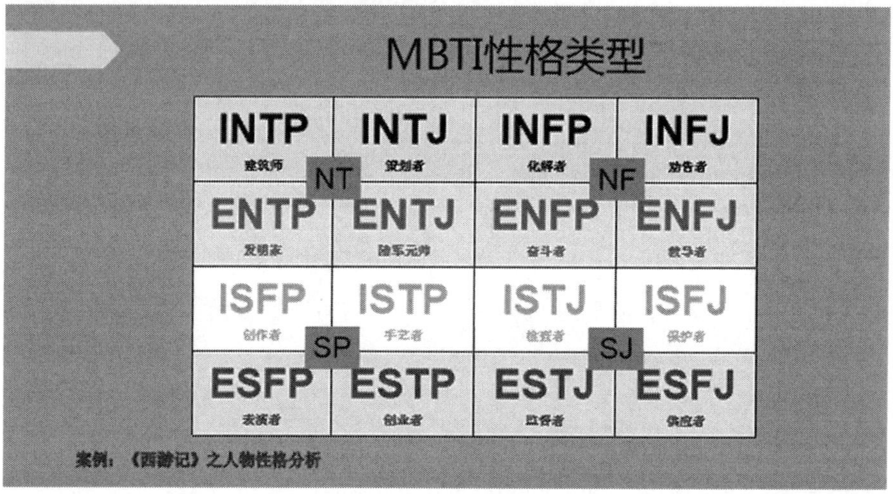
MBTI性格类型
INTP 建筑师
INTJ 策划者
INFP 化解者
INFJ 劝告者
NT
NF
ENTP 发明家
ENTJ 陆军元帅
ENFP 奋斗者
ENFJ 教导者
ISFP 创作者
ISTP 手艺者
ISTJ 检查者
ISFJ 保护者
SP
SJ
ESFP 表演者
ESTP 创业者
ESTJ 监督者
ESFJ 供应者
案例：《西游记》之人物性格分析

技 能

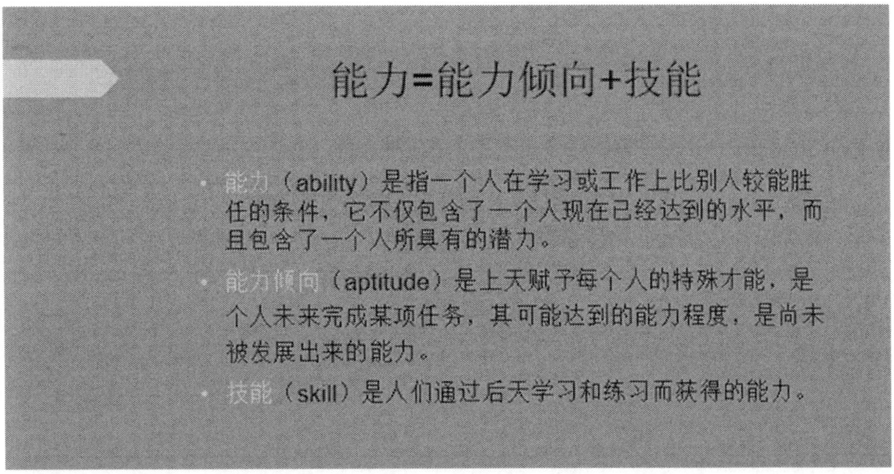
能力=能力倾向+技能
能力（ability）是指一个人在学习或工作上比别人较能胜任的条件，它不仅包含了一个人现在已经达到的水平，而且包含了一个人所具有的潜力。
能力倾向（aptitude）是上天赋予每个人的特殊才能，是个人未来完成某项任务，其可能达到的能力程度，是尚未被发展出来的能力。
技能（skill）是人们通过后天学习和练习而获得的能力。

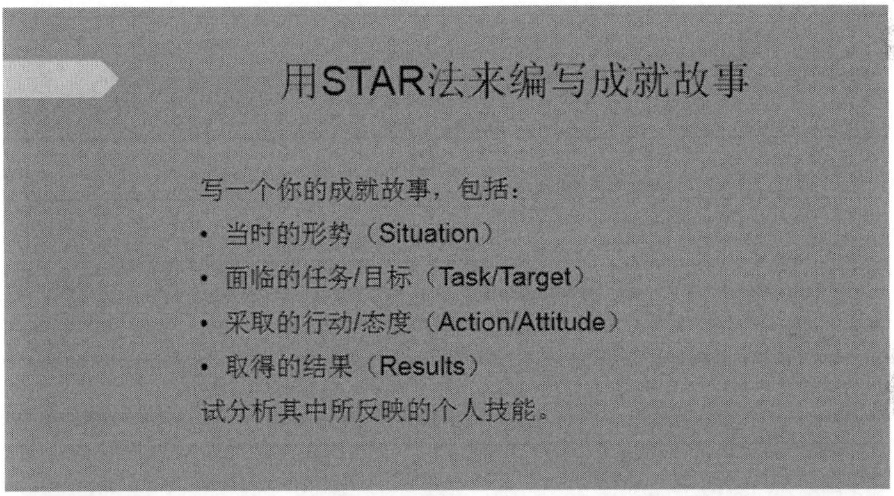
用STAR法来编写成就故事
写一个你的成就故事，包括：
当时的形势（Situation）
面临的任务/目标（Task/Target）
采取的行动/态度（Action/Attitude）
取得的结果（Results）
试分析其中所反映的个人技能。

价 值 观

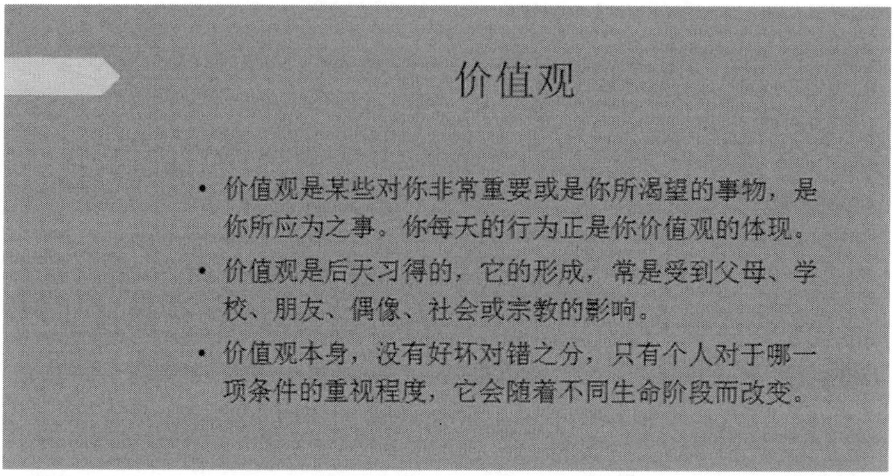
价值观
• 价值观是某些对你非常重要或是你所渴望的事物，是你所应为之事。你每天的行为正是你价值观的体现。
• 价值观是后天习得的，它的形成，常是受到父母、学校、朋友、偶像、社会或宗教的影响。
• 价值观本身，没有好坏对错之分，只有个人对于哪一项条件的重视程度，它会随着不同生命阶段而改变。

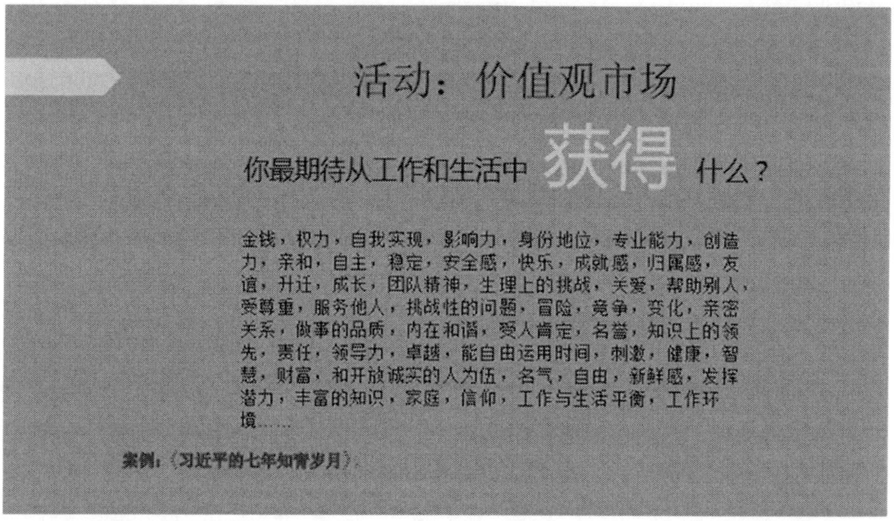
活动：价值观市场
你最期待从工作和生活中 获得 什么？
金钱，权力，自我实现，影响力，身份地位，专业能力，创造力，亲和，自主，稳定，安全感，快乐，成就感，归属感，友谊，升迁，成长，团队精神，生理上的挑战，关爱，帮助别人，受尊重，服务他人，挑战性的问题，冒险，竞争，变化，亲密关系，做事的品质，内在和谐，受人肯定，名誉，知识上的领先，责任，领导力，卓越，能自由运用时间，刺激，健康，智慧，财富，和开放诚实的人为伍，名气，自由，新鲜感，发挥潜力，丰富的知识，家庭，信仰，工作与生活平衡，工作环境……
案例：《习近平的七年知青岁月》

三
生涯路径

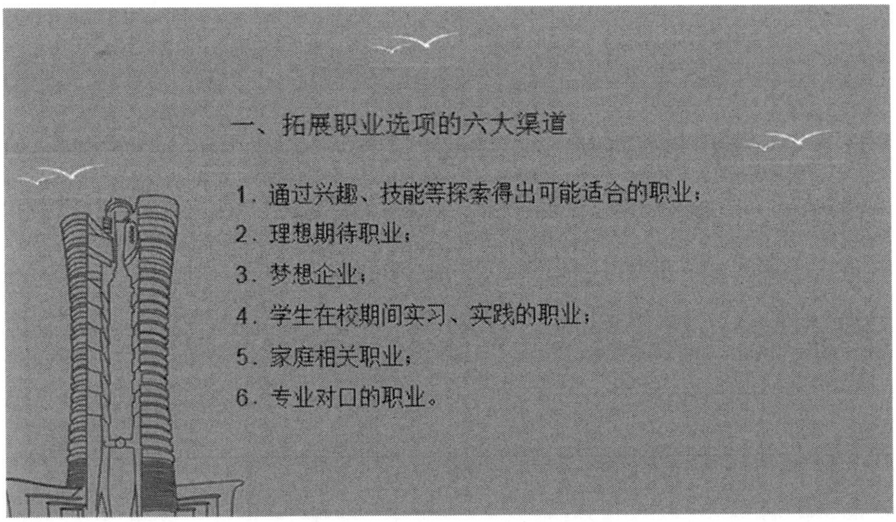
一、拓展职业选项的六大渠道
1. 通过兴趣、技能等探索得出可能适合的职业；
2. 理想期待职业；
3. 梦想企业；
4. 学生在校期间实习、实践的职业；
5. 家庭相关职业；
6. 专业对口的职业。

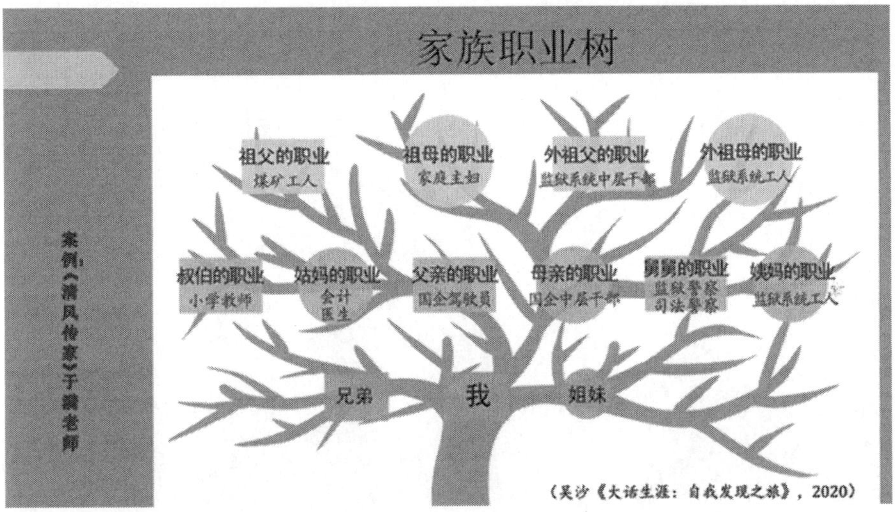
家族职业树
案例：《清风传意》于淼老师
祖父的职业
煤矿工人
祖母的职业
家庭主妇
外祖父的职业
监狱系统中层干部
外祖母的职业
监狱系统工人
叔伯的职业
小学教师
姑妈的职业
会计
医生
父亲的职业
国企驾驶员
母亲的职业
国企中层干部
舅舅的职业
监狱警察
司法警察
姨妈的职业
监狱系统工人
兄弟
我
姐妹
（吴沙《大话生涯：自我发现之旅》，2020）

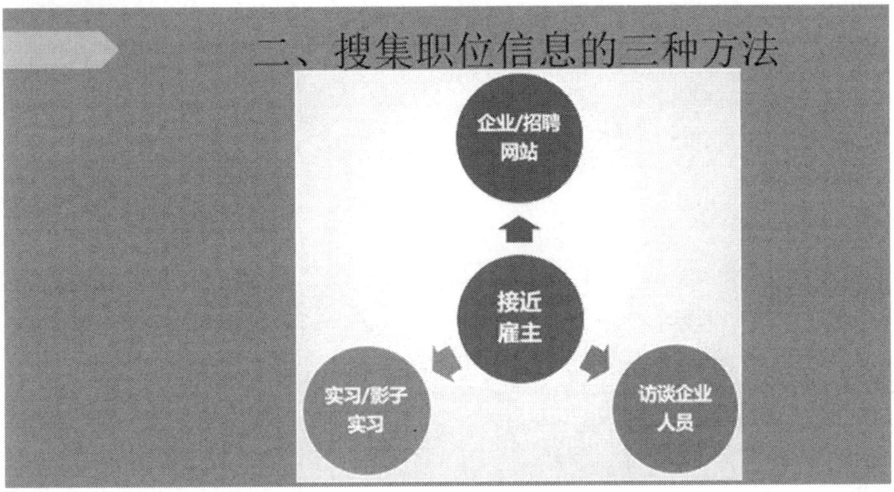
二、搜集职位信息的三种方法
企业/招聘网站
接近雇主
实习/影子实习
访谈企业人员

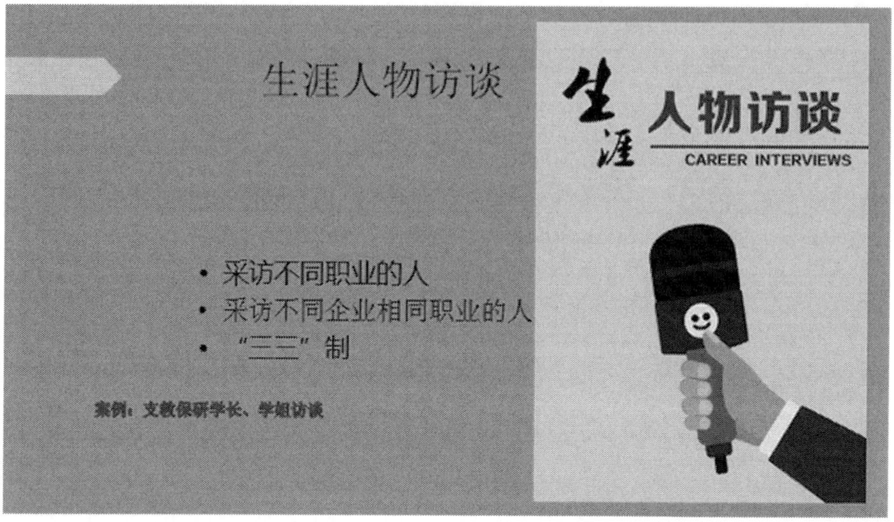
生涯人物访谈
• 采访不同职业的人
• 采访不同企业相同职业的人
• “三三”制
案例：支教保研学长、学姐访谈
生涯
人物访谈
CAREER INTERVIEWS

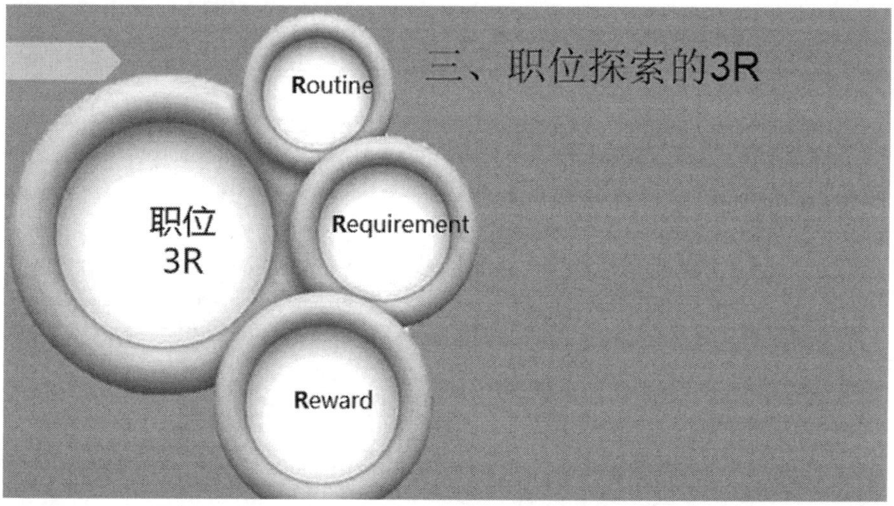
三、职位探索的3R
职位
3R
Routine
Requirement
Reward

四
生涯决策

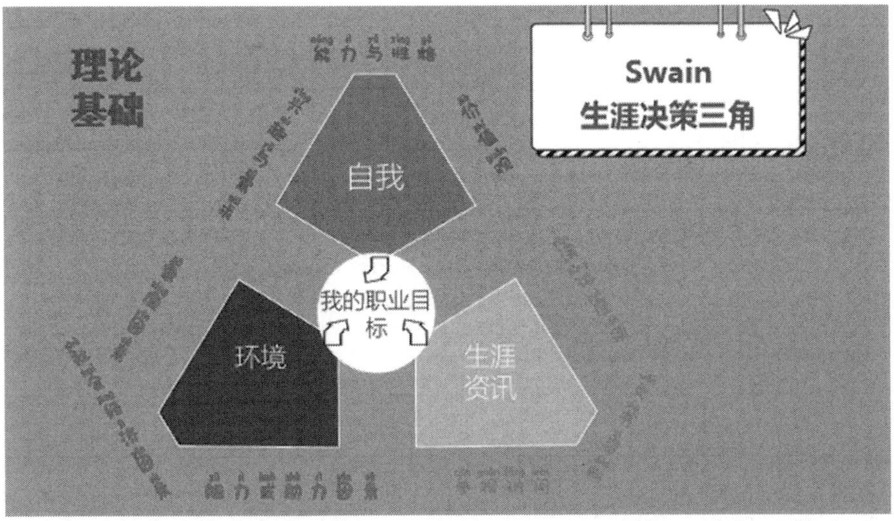
理论
基础
Swain
生涯决策三角
自我
我的职业目标
环境
生涯
资讯

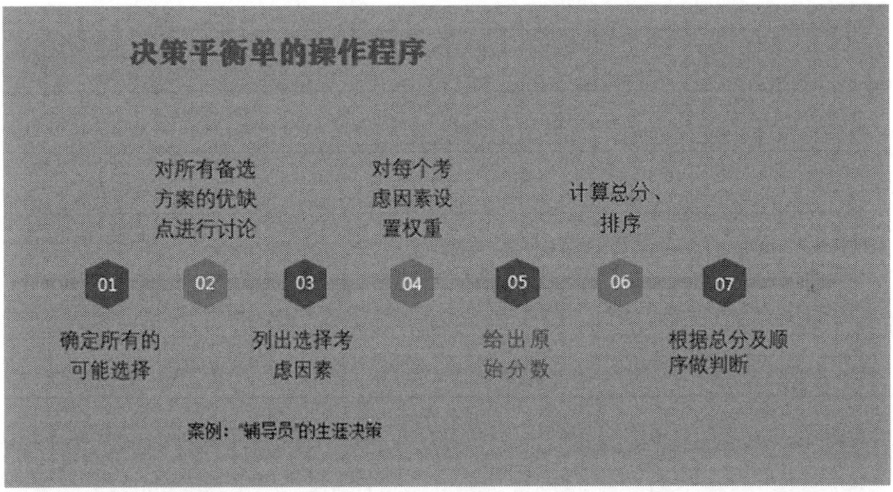
决策平衡单的操作程序
对所有备选
方案的优缺
点进行讨论
对每个考
虑因素设
置权重
计算总分、
排序
01
02
03
04
05
06
07
确定所有的
可能选择
列出选择考
虑因素
给出原
始分数
根据总分及顺
序做判断
案例："辅导员"的生涯决策

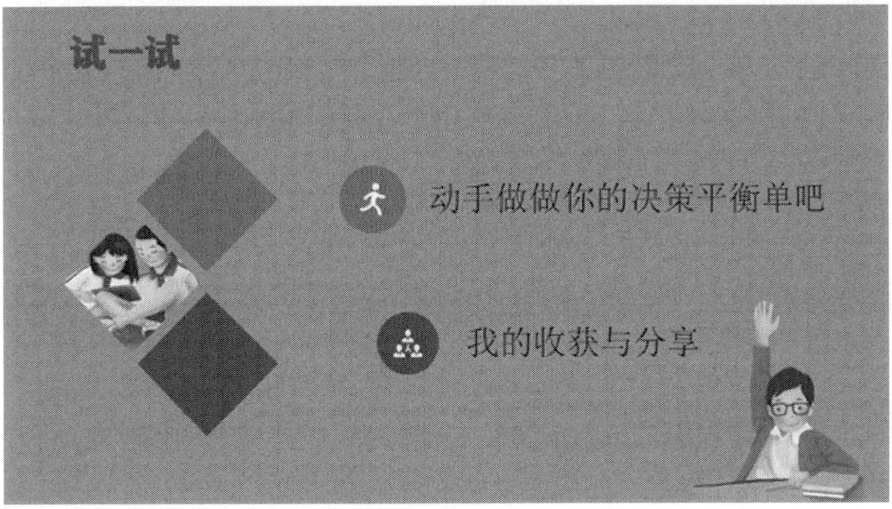
试一试
动手做做你的决策平衡单吧
我的收获与分享

• 经济学

“保险学原理”课程

陈美桂　金融学院保险系　讲师

一、课程思政教学设计思路

（一）课程基本信息

本课程是金融学类专业的必修课程，是一门兼具理论性和应用性的课程，修读对象为大三本科学生。

（二）课程目标

通过本课程的学习，学生能够达到以下目标：

1. 夯实基础知识：能记忆并理解保险相关概念与基本原理，系统掌握保险基本原则及保险合同重要术语，全面把握保险市场的供求规律以及保险业经营管理的技术特点。

2. 培养应用能力：能熟练运用保险相关原理对实际的保险案例做出分析评判，对个人或组织的风险状况作出评估并制订相应的风险管理计划，能紧跟保险业前沿理论和最新业态发展提高创新思维与实践能力。

3. 提高综合素质：树立爱国主义情怀与远大志向，弘扬公正、诚信等精神，激励学生具备坚实的思想道德素质；打牢专业基础理论知识，掌握前沿理论发展，增强科学精神，促进学生具备牢固的科学素质；知行合一，身体力行，提升学生的身心素质。

（三）课程内容简介

保险学原理是一门独立学科，它研究在市场经济条件下风险管理及损失补偿机制的运行规律，是保险学、金融学及相关专业的专业必修课，是学习人身保险、财产保险等后续专业课程的基石。本课程教学的主要内容包括风险与风险管理、保险概述、保险合同、保险基本原则、保险险种、保险企业经营管理与保险监管。

（四）课程思政融入设计

1.思政教育的融入点

（1）“和谐”：在“保险职能”的教学中，融入和谐思政元素。保险通过发挥分散风险和经济补偿两大职能，保障保险消费者病有所医，老有所养，充当着人们经济和生命安全的“保护伞”，起到社会稳定器和减震器的作用。保险是建设和谐社会不可或缺的保障制度之一。

（2）“爱国”：在学习“保险概述”这一章时，结合我国保险发展史，利用大量数据和事实呈现我国保险大国的形象，增强学生的文化自信，激发学生的民族自豪感和爱国主义情怀。

（3）“法制”：在“保险合同”这一章的教学中，针对保险合同的契约属性，结合不可抗辩、自杀等合同条款和我国《保险法》法条，通过案例分析，引导学生的法治思维，增强学生遵法、学法、守法、用法意识。

（4）“诚信”：在“最大诚信原则”的教学中，融入诚信教育元素。保险经营以诚信为基础，每一个经营环节都要求“最大”诚信，在保险合同的订立和履行过程、在承保和理赔环节，保险双方当事人都要遵循最大诚信原则。作为保险消费者，只有诚实守信，才能真正享有保险保障的权利；而作为保险供给者，只有诚信，才能在保险市场竞争中立于不败之地。

（5）“敬业”：在讲授“保险企业经营管理”时，注意将职业素养教育融入专业知识的教学中，引导并培养学生团队合作的意识和敬业精神，提高未来岗位胜任能力。

2.教学方法和举措

为达到课程思政教学目标，本课程在教学过程中主要采取以下教学方法：

（1）案例教学法。在基础理论讲授后，选取典型保险实务案例为素材，让学生分析和讨论，得出结论，以便学生更深刻地理解所学知识点，领悟思政思想。

（2）模拟教学法。为使学生了解新契约、保全、理赔等实践流程，可在课堂上安排学生填写投保单、保单变更等实践环节。在保险营销、保险产品设计等知识教学中，也可采取模拟教学，加强学生对相关知识点的记忆、理解，提升职业素养。

（3）PBL教学法。用保险业内的热点话题或事件作素材，以课前驱动问题为导向，学生围绕问题独立收集资料，通过小组成员的合作学习与讨论，去发现问题、解决问题，培养学生自主学习能力和创新能力。

3. 教学效果

（1）激发了学生自主学习与参与实践的热情。学生的课堂活动参与度不断提高，讨论更加积极，参与创新实践活动的热情也日益高涨，学生积极参加保险理赔大赛、保险产品设计大赛、国元证券杯投资大赛等各类创新、实践类比赛并获得良好成绩。

（2）促进了学生主流价值观的形成。从学生课上汇报的主题来看，学生在专业知识之外，也在关注一些社会热点，如公益保险、保险扶贫、老龄化等问题。这显示了其对社会相关热点的关注。课程思政教学对学生主流价值观的形成也起到了一定作用。

二、《最大诚信原则——如实告知》教学展示

（一）教学目标和内容

1. 教学目标

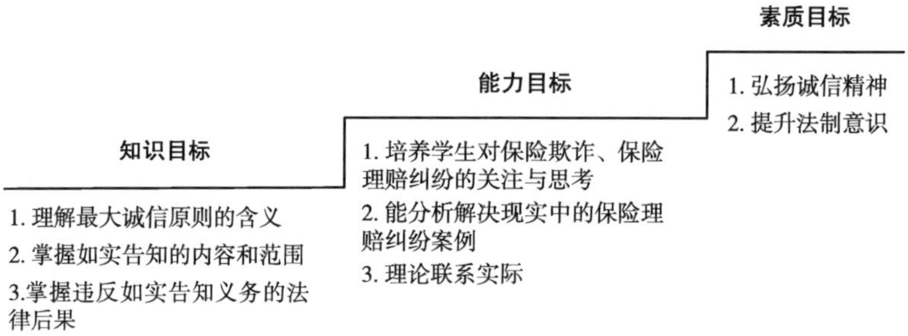

2. 教学内容

主要包括：最大诚信原则的含义，遵循最大诚信原则的原因，如实告知的内容、形式、范围，违反如实告知义务的表现，违反如实告知义务的法律后果。

（二）教学重点和难点

【**教学重点**】如实告知的形式与范围

【**教学难点**】违反如实告知义务的处理

（三）教学过程和方法

教学内容/方法	时间（分钟）	教师活动	学生活动	教学设备
学生分组汇报（根据课前导入故事）	10	让学生去搜集关于华为的诚信故事	分组讨论、汇报：华为的成功给我们带来哪些启示？保险业的诚信经营应体现在哪些方面	PPT
导言	5	提出问题：保险合同主体为什么要最大诚信	思考、回答	PPT
讲授	2	讲授：最大诚信原则的含义及内容		PPT
问题导向	2	结合理赔数据提出问题	搜集资料自主学习	PPT、教材
教具展示（告知形式及违反如实告知的法律后果）	15	向学生展示保险法法条、保险合同条款、健康告知投保实操	阅读法条、合同条款，实地投保实操	PPT、保险法读本、纸质保险合同条款、互联网投保实操
案例分析	10	把学生分组	讨论、分析案例	PPT
总结	1	总结并拓展诚信与守法的重要性，布置课后作业		PPT

（四）教学反思

专业课教学中的思政教学靠说教是不行的，需要春风化雨，潜移默化。以学生为本，结合当代大学生的特点，因地制宜、与时俱进地引入新的教学思维与教学方法，提高学生的学习融入度，引导学生多角度思考问题，在掌握专业知识的基础上，提升其思想道德素养、科学思维认知和业务实践能力，使学生树立正确的人生观、价值观与世界观，切实提高综合素养，成为有担当有责任的新时代社会主义接班人。

（五）附件

1. 2020年保险公司理赔年报；
2.《中华人民共和国保险法》；
3. 平安e生保个人长期住院医疗保险条款。

三、课程思政教育心得体会

经过近两年来的课程思政工作的逐步推进，我对课程思政有了更深的认识。个人认为，课程思政教育要想做得好，需要从三个方面进行有效推进。

（一）教师

课程思政教育的关键在教师。习近平主席指出："办好思想政治理论课关键在教师，关键在发挥教师的积极性、主动性、创造性。”[①] 教师的育人意识和育人水平对课程思政的效果影响至深。因此，立德树人，把知识传授和价值引领兼容并进对于教师来说至关重要，“传道”“授业”“解惑”缺一不可。

以我个人为例。一是注重提高自身的政治理论水平、业务合规理念、道德站位等。我积极参加党史学习教育（如参观孙家圩子渡江战役纪念馆）、学习习总书记在全国高校思想政治工作会议上的讲话；持续参加蚌埠保险行业协会组织的保险宣传日活动，定期去保险公司开展调研交流活动，提升业务实践能力的同时，加强合规、诚信教育等。二是上好每一堂课，做好课前准备工作，理论结合实践，因材施教。三是敞开心扉与学生交流，为他们解答学习、工作、生活方面遇到的难题和困惑。通过这些工作的开展，潜移默化地影响学生正确价值观、人生观的树立，提升其专业能力与综合素养。

（二）课程

课程思政建设的载体是课程。“课程承载思政”“思政寓于课程”是课程思政教育要秉承的重要理念。因此，在教学中要嵌入育人要素。当然，这里所说的教学包括课堂教学和实践教学。

在课堂教学中，我发现丰富教学内容、采取多种教学方法和手段去融合专业教育与思政教育进行教学，容易被学生接受和吸收。教学内容要紧跟行业最新发展态势、最新理论、热点话题，引导学生关注行业发展与理论进展，养成及时思考的习惯。教学方法一定要创新，否则学生会失去听课兴趣。我们可以采取案例教学、问题引导式教学、实验教学等方法采用观看视频、小组讨论、大咖理论学习等多种教学手段进行课程思政教育，润物无声地做到知识传授的同时进行了思政教育。

实践教学往往比较受学生欢迎，通过实地调研、实习、实验课、业界交流等各种方式，使学生在实践中理解与强化专业理论知识，同时接受职业素养教育。理论知识、实践学习、思政教育，相得益彰。

（三）学生

课程思政教育的成效在学生。因此，课程思政的效果如何要看学生的获得感怎样。

通过与学生的交流，我发现学生在求学期间的诉求主要有：“我能从老师身上学到哪些有用的知识？”“我的组织能力、管理能力、团队协作能力等能得到锻炼与提升吗？”“我能胜任将来的工作岗位吗？”“我能顺利地进一步深造吗？”等。他们

① 2019年3月18日，习近平主席在学校思想政治理论课教师座谈会上的讲话。

的这些诉求，作为老师我们要能够有意识地去满足他们、去为他们创造实现目标的条件。而我们系组织的保险产品设计大赛、保险理赔大赛等赛事在一定程度上提升了学生的创新意识与动手能力，保险知识进课堂、进社区活动也有效地提高了学生的专业自豪感、社会责任感和个人自信心。

总之，课程思政既不是增加了一门新课，也不是增加了一项教学活动，它是专业知识与思政教育的有机融合。彼此紧密联系，互相促进。教师是关键，课程是载体，学生是成效体现，三者做到有机统一，学校才能培养出“德识兼备”的栋梁之材。

教学展示课件

陈美桂　金融学院保险系　讲师

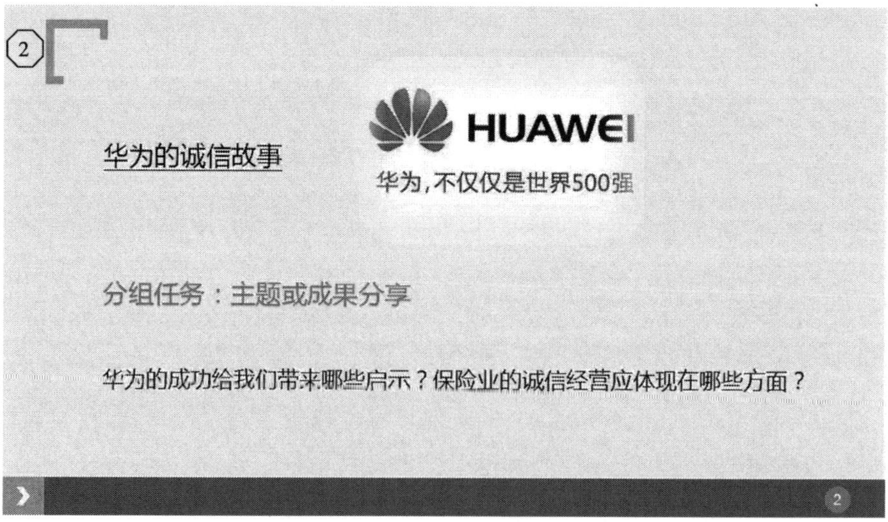

③

保险合同主体在订立和履行合同过程中，为什么要遵循“最大诚信”呢？

3

④

一、最大诚信原则

- 最大诚信原则可表述为：保险合同主体在订立和履行合同的过程中，应向对方提供影响对方作出订约与履约规定的全部实质性**重要事实**，并绝对信守合同订立的条件与承诺。
- 最大诚信原则的内容：如实告知、保证、弃权与禁止反言

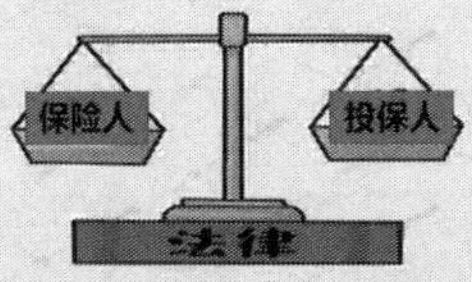

4

⑤

导读材料

2020年寿险公司拒赔或产生理赔纠纷的原因

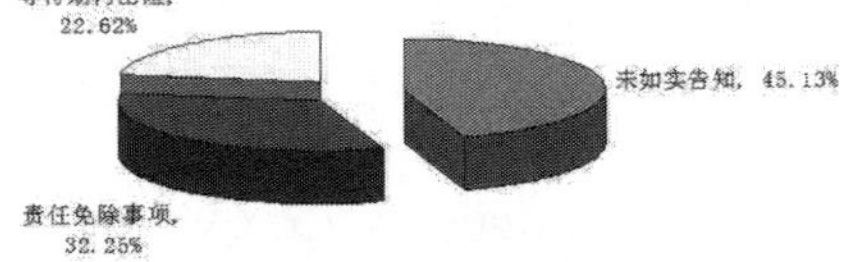

数据来源：据我国55家寿险公司理赔年报整理而得。

引导性问题：什么是如实告知？未如实告知是怎样体现的？保险公司的责任免除事项出了什么问题进而产生理赔纠纷的？

5

⑥
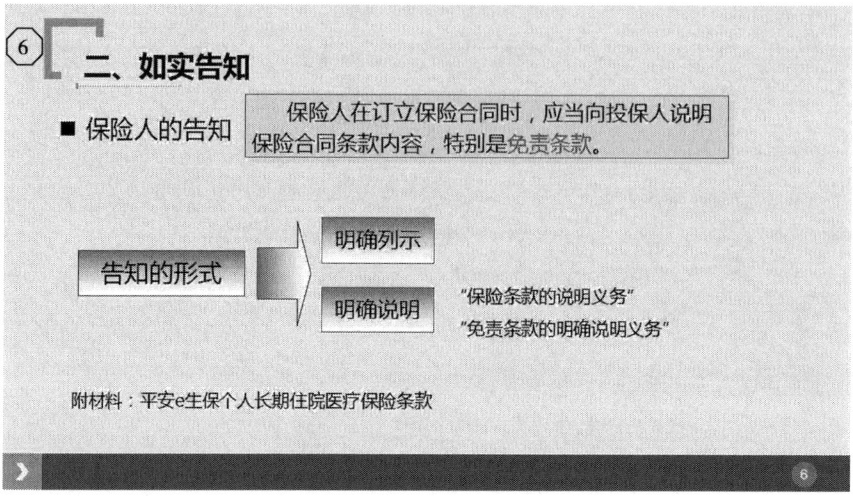
二、如实告知
■ 保险人的告知
保险人在订立保险合同时，应当向投保人说明保险合同条款内容，特别是免责条款。
告知的形式
明确列示
明确说明
"保险条款的说明义务"
"免责条款的明确说明义务"
附材料：平安e生保个人长期住院医疗保险条款
6

⑦
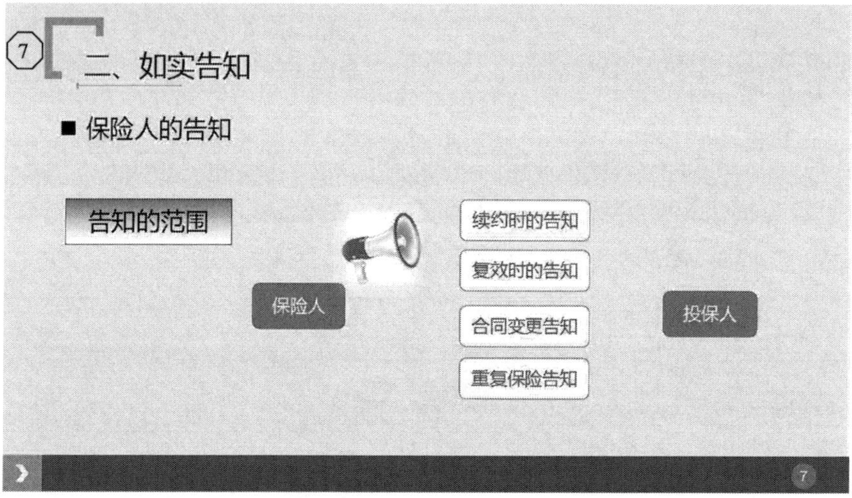
二、如实告知
■ 保险人的告知
告知的范围
保险人
续约时的告知
复效时的告知
合同变更告知
重复保险告知
投保人
7

⑧
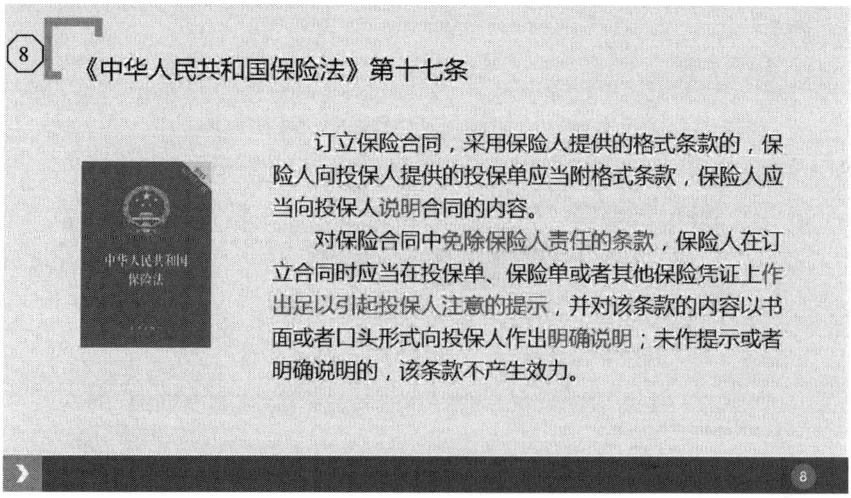
《中华人民共和国保险法》第十七条
中华人民共和国保险法
订立保险合同，采用保险人提供的格式条款的，保险人向投保人提供的投保单应当附格式条款，保险人应当向投保人说明合同的内容。
对保险合同中免除保险人责任的条款，保险人在订立合同时应当在投保单、保险单或者其他保险凭证上作出足以引起投保人注意的提示，并对该条款的内容以书面或者口头形式向投保人作出明确说明；未作提示或者明确说明的，该条款不产生效力。
8

⑨

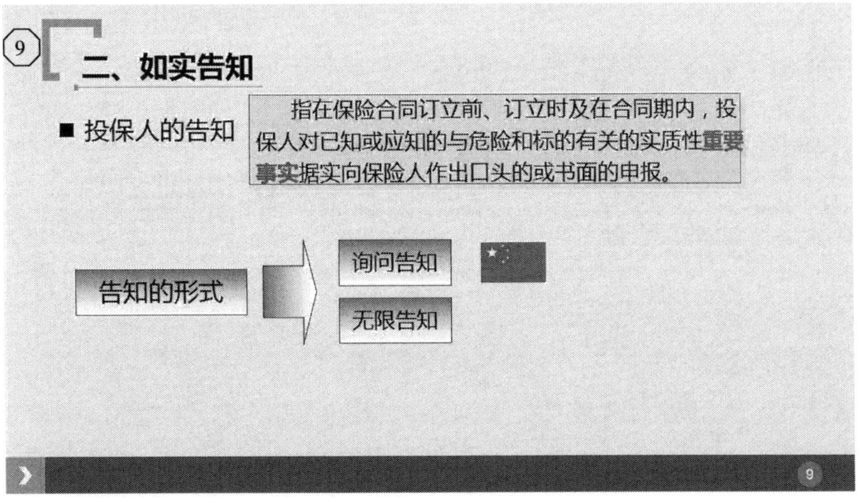
二、如实告知
■ 投保人的告知
指在保险合同订立前、订立时及在合同期内，投保人对已知或应知的与危险和标的有关的实质性重要事实据实向保险人作出口头的或书面的申报。
告知的形式
询问告知
无限告知
9

⑩

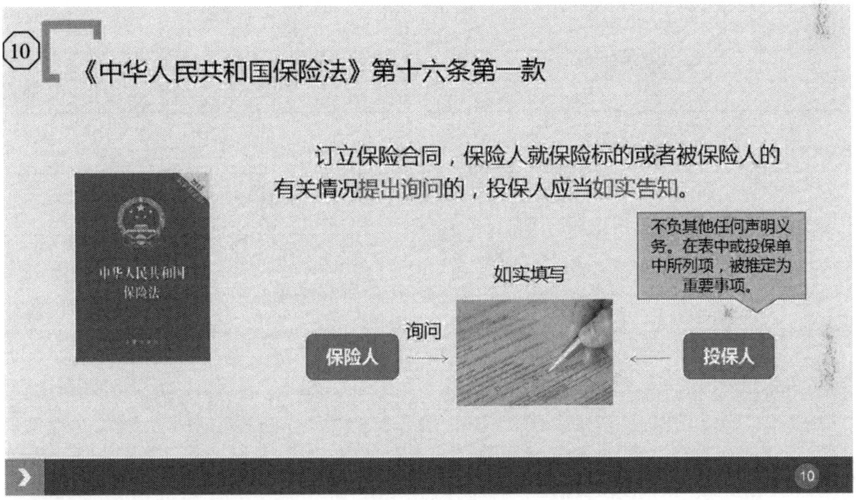
《中华人民共和国保险法》第十六条第一款
订立保险合同，保险人就保险标的或者被保险人的有关情况提出询问的，投保人应当如实告知。
中华人民共和国保险法
如实填写
不负其他任何声明义务。在表中或投保单中所列项，被推定为重要事项。
询问
保险人
投保人
10

⑪

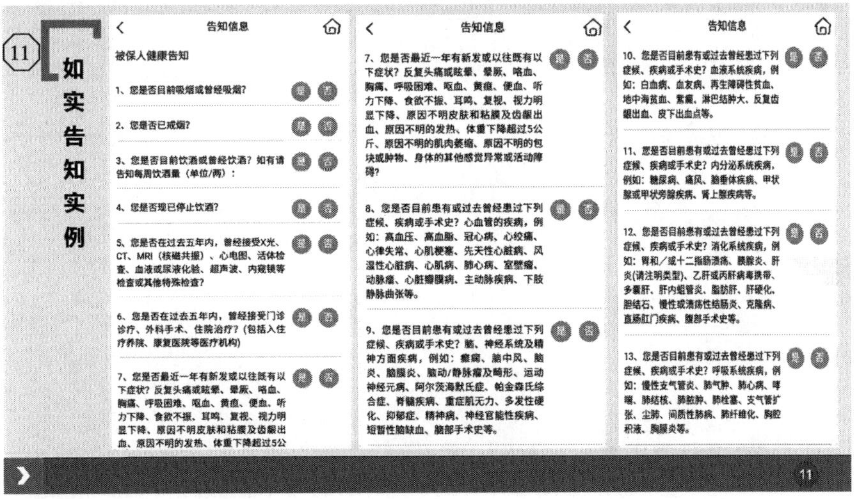
如实告知实例
告知信息
被保人健康告知
1、您是否目前吸烟或曾经吸烟？
2、您是否已戒烟？
3、您是否目前饮酒或曾经饮酒？如有请告知每周饮酒量（单位/两）：
4、您是否现已停止饮酒？
5、您是否在过去五年内，曾经接受X光、CT、MRI（核磁共振）、心电图、活体检查、血液或尿液化验、超声波、内窥镜等检查或其他特殊检查？
6、您是否在过去五年内，曾经接受门诊诊疗、外科手术、住院治疗？(包括入住疗养院、康复医院等医疗机构)
7、您是否最近一年有新发或以往既有以下症状？反复头痛或眩晕、晕厥、咯血、胸痛、呼吸困难、呕血、黄疸、便血、听力下降、食欲不振、耳鸣、复视、视力明显下降、原因不明皮肤和粘膜及齿龈出血、原因不明的发热、体重下降超过5公
告知信息
7、您是否最近一年有新发或以往既有以下症状？反复头痛或眩晕、晕厥、咯血、胸痛、呼吸困难、呕血、黄疸、便血、听力下降、食欲不振、耳鸣、复视、视力明显下降、原因不明皮肤和粘膜及齿龈出血、原因不明的发热、体重下降超过5公斤、原因不明的肌肉萎缩、原因不明的包块或肿物、身体的其他感觉异常或活动障碍？
8、您是否目前患有或过去曾经患过下列症候、疾病或手术史？心血管的疾病，例如：高血压、高血脂、冠心病、心绞痛、心律失常、心肌梗塞、先天性心脏病、风湿性心脏病、心肌病、肺心病、室壁瘤、动脉瘤、心脏瓣膜病、主动脉疾病、下肢静脉曲张等。
9、您是否目前患有或过去曾经患过下列症候、疾病或手术史？脑、神经系统及精神方面疾病，例如：癫痫、脑中风、脑炎、脑膜炎、脑动/静脉瘤及畸形、运动神经元病、阿尔茨海默氏症、帕金森氏综合症、脊髓疾病、重症肌无力、多发性硬化、抑郁症、精神病、神经官能性疾病、短暂性脑缺血、脑部手术史等。
告知信息
10、您是否目前患有或过去曾经患过下列症候、疾病或手术史？血液系统疾病，例如：白血病、血友病、再生障碍性贫血、地中海贫血、紫癜、淋巴结肿大、反复齿龈出血、皮下出血点等。
11、您是否目前患有或过去曾经患过下列症候、疾病或手术史？内分泌系统疾病，例如：糖尿病、痛风、脑垂体疾病、甲状腺或甲状旁腺疾病、肾上腺疾病等。
12、您是否目前患有或过去曾经患过下列症候、疾病或手术史？消化系统疾病，例如：胃和／或十二指肠溃疡、胰腺炎、肝炎(请注明类型)、乙肝或丙肝病毒携带、多囊肝、肝内胆管炎、脂肪肝、肝硬化、胆结石、慢性或溃疡性结肠炎、克隆病、直肠肛门疾病、腹部手术史等。
13、您是否目前患有或过去曾经患过下列症候、疾病或手术史？呼吸系统疾病，例如：慢性支气管炎、肺气肿、肺心病、哮喘、肺结核、肺脓肿、肺栓塞、支气管扩张、尘肺、间质性肺病、肺纤维化、胸腔积液、胸膜炎等。
11

⑫

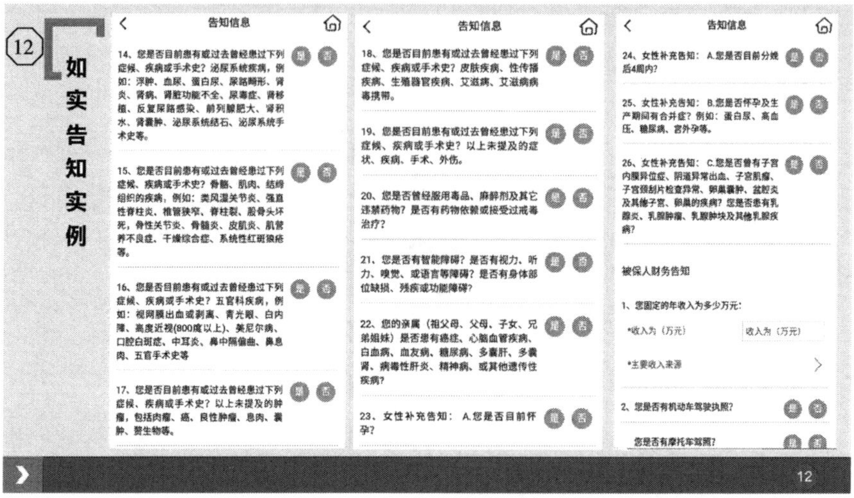
如实告知实例
告知信息
14、您是否目前患有或过去曾经患过下列症候、疾病或手术史？泌尿系统疾病，例如：浮肿、血尿、蛋白尿、尿路畸形、肾炎、肾病、肾脏功能不全、尿毒症、肾移植、反复尿路感染、前列腺肥大、肾积水、肾囊肿、泌尿系统结石、泌尿系统手术史等。
15、您是否目前患有或过去曾经患过下列症候、疾病或手术史？骨骼、肌肉、结缔组织的疾病，例如：类风湿关节炎、强直性脊柱炎、椎管狭窄、脊柱裂、股骨头坏死，骨性关节炎、骨髓炎、皮肌炎、肌营养不良症、干燥综合征、系统性红斑狼疮等。
16、您是否目前患有或过去曾经患过下列症候、疾病或手术史？五官科疾病，例如：视网膜出血或剥离、青光眼、白内障、高度近视(800度以上)、美尼尔病、口腔白斑症、中耳炎、鼻中隔偏曲、鼻息肉、五官手术史等
17、您是否目前患有或过去曾经患过下列症候、疾病或手术史？以上未提及的肿瘤，包括肉瘤、癌、良性肿瘤、息肉、囊肿、赘生物等。
告知信息
18、您是否目前患有或过去曾经患过下列症候、疾病或手术史？皮肤疾病、性传播疾病、生殖器官疾病、艾滋病、艾滋病病毒携带。
19、您是否目前患有或过去曾经患过下列症候、疾病或手术史？以上未提及的症状、疾病、手术、外伤。
20、您是否曾经服用毒品、麻醉剂及其它违禁药物？是否有药物依赖或接受过戒毒治疗？
21、您是否有智能障碍？是否有视力、听力、嗅觉、或语言等障碍？是否有身体部位缺损、残疾或功能障碍？
22、您的亲属（祖父母、父母、子女、兄弟姐妹）是否患有癌症、心脑血管疾病、白血病、血友病、糖尿病、多囊肝、多囊肾、病毒性肝炎、精神病、或其他遗传性疾病？
23、女性补充告知：A.您是否目前怀孕？
告知信息
24、女性补充告知：A.您是否目前分娩后4周内？
25、女性补充告知：B.您是否怀孕及生产期间有合并症？例如：蛋白尿、高血压、糖尿病、宫外孕等。
26、女性补充告知：C.您是否曾有子宫内膜异位症、阴道异常出血、子宫肌瘤、子宫颈刮片检查异常、卵巢囊肿、盆腔炎及其他子宫、卵巢的疾病？您是否患有乳腺炎、乳腺肿瘤、乳腺肿块及其他乳腺疾病？
被保人财务告知
1、您固定的年收入为多少万元：
*收入为（万元）
收入为（万元）
*主要收入来源
2、您是否有机动车驾驶执照？
您是否有摩托车驾照？
12

⑬

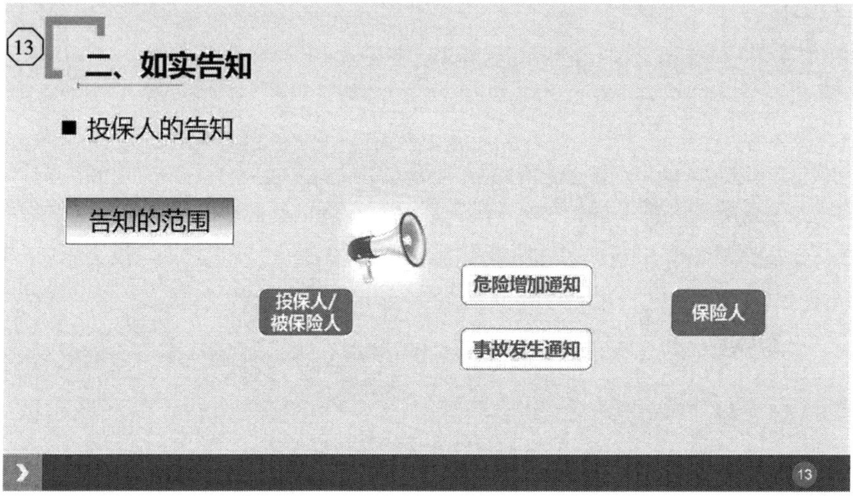
二、如实告知
■ 投保人的告知
告知的范围
投保人/
被保险人
危险增加通知
事故发生通知
保险人
13

⑭

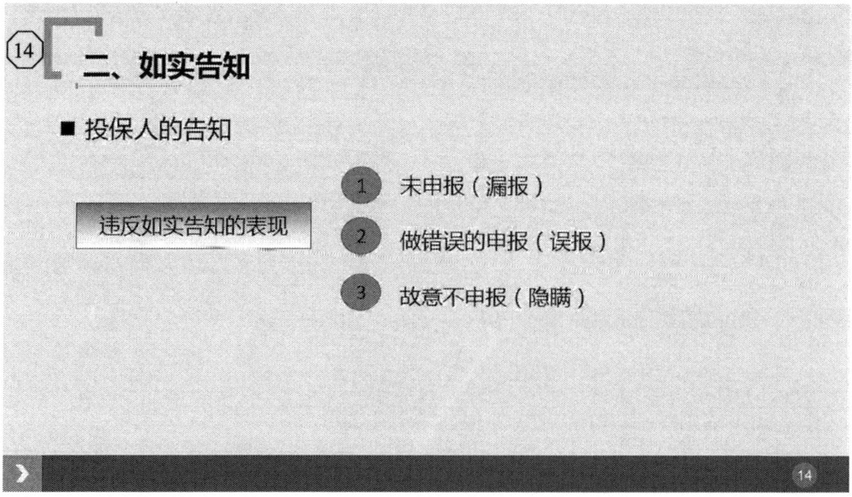
二、如实告知
■ 投保人的告知
违反如实告知的表现
1 未申报（漏报）
2 做错误的申报（误报）
3 故意不申报（隐瞒）
14

(15)

三、违反如实告知义务的法律后果

我国《保险法》第十六条第二至第五款

投保人故意或者因重大过失未履行前款规定的如实告知义务，足以影响保险人决定是否同意承保或者提高保险费率的，保险人有权解除合同。

前款规定的合同解除权，自保险人知道有解除事由之日起，超过三十日不行使而消灭。自合同成立之日起超过二年的，保险人不得解除合同；发生保险事故的，保险人应当承担赔偿或者给付保险金的责任。

投保人故意不履行如实告知义务的，保险人对于合同解除前发生的保险事故，不承担赔偿或者给付保险金的责任，并不退还保险费。

投保人因重大过失未履行如实告知义务，对保险事故的发生有严重影响的，保险人对于合同解除前发生的保险事故，不承担赔偿或者给付保险金的责任，但应当退还保险费。

保险人在合同订立时已经知道投保人未如实告知的情况的，保险人不得解除合同；发生保险事故的，保险人应当承担赔偿或者给付保险金的责任。

15

(16)

三、违反如实告知义务的法律后果

我国《保险法》第十七条第二款

对保险合同中免除保险人责任的条款，保险人在订立合同时应当在投保单、保险单或者其他保险凭证上作出足以引起投保人注意的提示，并对该条款的内容以书面或者口头形式向投保人作出明确说明；未作提示或者明确说明的，该条款不产生效力。

16

(17)

三、违反如实告知义务的法律后果

我国《保险法》第二十一条

投保人、被保险人或者受益人知道保险事故发生后，应当及时通知保险人。故意或者因重大过失未及时通知，致使保险事故的性质、原因、损失程度等难以确定的，保险人对无法确定的部分，不承担赔偿或者给付保险金的责任，但保险人通过其他途径已经及时知道或者应当及时知道保险事故发生的除外。

17

18

三、违反如实告知义务的法律后果

我国《保险法》第四十九条第二至第四款

保险标的转让的，被保险人或者受让人应当及时通知保险人，但货物运输保险合同和另有约定的合同除外。

因保险标的转让导致危险程度显著增加的，保险人自收到前款规定的通知之日起三十日内，可以按照合同约定增加保险费或者解除合同。保险人解除合同的，应当将已收取的保险费，按照合同约定扣除自保险责任开始之日起至合同解除之日止应收的部分后，退还投保人。

被保险人、受让人未履行本条第二款规定的通知义务的，因转让导致保险标的危险程度显著增加而发生的保险事故，保险人不承担赔偿保险金的责任。

18

19

案例分析

- 2017年3月25日，投保人、被保险人：冯某，投保重疾险，基本保额12万元，合同成立并生效。
- 2018年6月24日，冯某突然发病，被送至北京甲医院诊治，经门诊诊断为脑梗死，住院治疗16天，于2018年7月10日10时出院。后又在北京乙医院住院治疗两次。家属提出索赔12万元，保险公司拒赔。
- 甲医院病历记载：“患高血压时间2年，最高血压的记录为180/ mmHg”；乙医院病历记载：“既往史高血压病史8年余、血压最高190/100mmHg、未规律服药、血压未规律监测，吸烟30余年，每日20支左右；饮酒30余年，每日二两不等。”

19

20

案例分析

- 冯某提出在2017年之前无报销医疗费记录，以说明原告本人身体健康，没有高血压的疾病史。法院调取了其于2013年1月1日至2017年3月31日在医保中心的记录，没有关于高血压疾病治疗的信息。
- 冯某在向保险公司投保时，对于保险公司询问的“是否吸烟、饮酒”；“是否患高血压”等问题，一概作出了否定的回答。
- 本案例中，保险公司拒赔合理吗？为什么？

分组讨论，阐明观点。

20

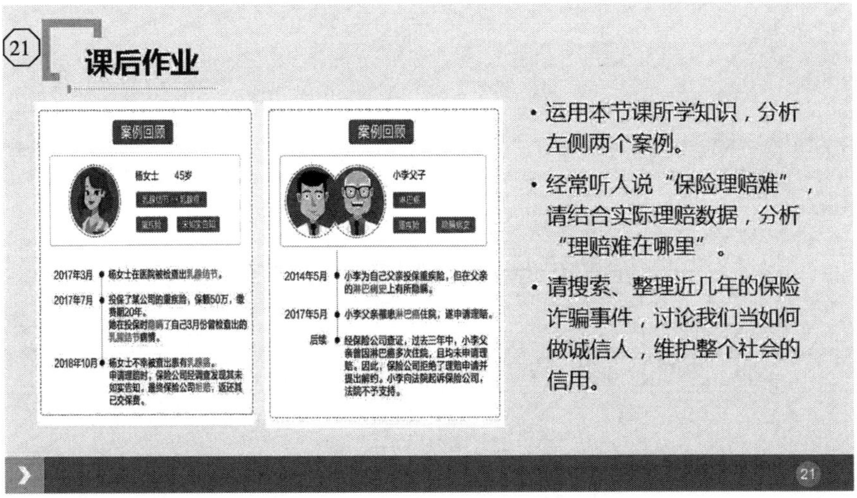
21
课后作业
案例回顾
杨女士 45岁
2017年3月 杨女士在医院被检查出乳腺结节。
2017年7月 投保了某公司的重疾险，保额50万，缴费期20年。
她在投保时隐瞒了自己3月份曾检查出的乳腺结节病情。
2018年10月 杨女士不幸被查出患有乳腺癌。
申请理赔时，保险公司经调查发现其未如实告知，最终保险公司拒赔，返还其已交保费。
案例回顾
小李父子
2014年5月 小李为自己父亲投保重疾险，但在父亲的淋巴病史上有所隐瞒。
2017年5月 小李父亲罹患淋巴癌住院，遂申请理赔。
后续 经保险公司查证，过去三年中，小李父亲曾因淋巴癌多次住院，且均未申请理赔。因此，保险公司拒绝了理赔申请并提出解约。小李向法院起诉保险公司，法院不予支持。
• 运用本节课所学知识，分析左侧两个案例。
• 经常听人说“保险理赔难”，请结合实际理赔数据，分析“理赔难在哪里”。
• 请搜索、整理近几年的保险诈骗事件，讨论我们当如何做诚信人，维护整个社会的信用。
21

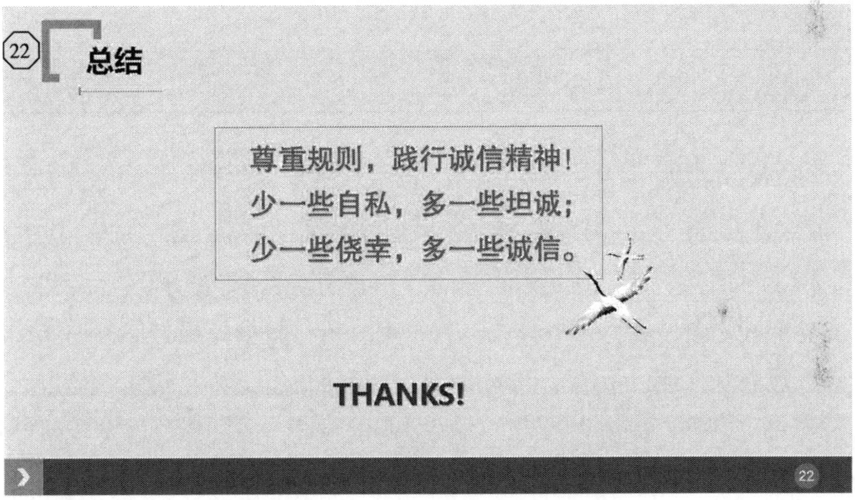
22
总结
尊重规则，践行诚信精神！
少一些自私，多一些坦诚；
少一些侥幸，多一些诚信。
THANKS!
22

• 管理学

“管理信息系统”课程

李会　管理科学与工程学院信息管理与信息系统系　副教授

一、课程思政教学设计思路

（一）课程基本信息

“管理信息系统”是一门理论与实践相结合的课程总学时54学时，其中36学时理论课，18学时的实验课。理论课程重点介绍管理信息系统的概念、结构、技术和应用，实验课程则重点在协同办公、运营数据分析、数据挖掘与商务智能、信息系统构建等领域展开介绍，提高学生利用所学理论知识解决实际问题的能力。理论课程使用劳顿夫妇编著、黄丽华等译，机械工业出版社出版的教材，实验课程使用课程组自编教材。该门课程先后获批安徽省一流课程、安徽省精品资源共享课，安徽省大规模在线开放课程，安徽省课程思政示范课程、安徽省线上线下与社会实践课程以及校级智慧课堂项目并以优异的建设成果结项。

（二）课程目标

课程组在多年教学改革的基础上，围绕“价值、知识、能力、素质”的教学目标进行教学设计，培养学生解决复杂问题的综合能力和高级思维，不断提升教学效果和质量。

在知识目标方面：培养学生系统掌握管理信息系统的基本概念、结构和技术基础；掌握管理信息系统的战略规划和开发方法；建立正确的“IT”观，认识到信息技术对企业的价值与利弊；利用计算机知识为实际问题建立MIS的思想和方法。

在价值目标方面：结合学生专业特点，在课程教学过程中，引入课程思政理念，让学生认识到信息技术在推动社会进步的同时也引发了信息系统伦理问题、安全问题、泄密问题，通过对问题的分析和讨论引导学生树立正确的职业观、伦理观和价值观。

在能力目标方面：培养初步理解从“技术创新”到“应用创新”再到“商业创新”的内在关联；建立基于IT思维的创新意识能力以及引导学生的分析问题及解决问题的能力，以获得对科学探索不断追求的激情。

在素质目标方面：把人文精神渗透到管理信息系统教学中，激发学生的学习兴趣，培养学生的科学态度和创新精神，使学生成为具有科学精神和人文精神和谐结合的创新型人才。

（三）课程内容简介

“管理信息系统”课程是面向经管类专业开设的学科基础课，本课程紧跟信息技术的步伐，密切结合大数据、物联网、云计算、社会化媒体、智能制造等技术前沿，系统地介绍了信息技术发展下的信息系统在互联网商业模式创新、大数据环境下的企业管理、新兴技术背景下的管理信息系统的战略规划、开发方法以及对内的数据仓库与数据挖掘、企业资源计划，对外的电子商务、供应链管理以及移动终端的互联网应用等内容。

（四）课程思政融入设计

1.充分挖掘课程中的思政元素

随着大数据、人工智能、5G等新技术的应用，信息系统的伦理问题日益凸显，美国等国家开始对我国高科技企业进行制裁，信息安全、科技强国都是国家未来发展战略中重要组成部分。在此背景下，可以在“管理信息系统”课程中，将信息系统的伦理、信息安全、科技制裁等内容作为课程思政的载体，不仅向学生解释相关技术的原理和概念，还可以分析并讨论案例背后的实质性问题，注重在知识传播中强调价值引领，达到知识传授、能力培养和价值塑造相融的教学目标。具体设计请参看表1。

表1　充分挖掘课程中的思政元素

思政元素	课程知识点	价值目标
从科技创新发展战略中彰显科技强国、科技自信	讲述管理信息系统新兴技术篇章时，通过新兴科技产品及应用领域的学习，学生进一步了解国际科技产品的最新动态，也对中国取得的最新科技成果有深刻的认识	在对比中凸显中国科技的实力，潜移默化地使学生坚定“科技强国、科技自信”，帮助学生树立正确的科学素养

续表

思政元素	课程知识点	价值目标
从科技产业制裁中厚植爱国主义情怀	讲授信息技术基础设施及企业生态系统时，结合“美国针对中国的技术转移实施遏制措施”的案例，通过案例分享、互动讨论等教学方式，让学生理解中国高科技企业在面对各种技术封锁、遏制措施时，提出了自己的应对之策	在专业让同学们意识到新时代中国青年应牢牢地把个人发展与国家前途联系起来，自觉为实现中华复兴而读书，并将书本知识转化为实际行动，以舍我其谁的气概，勇立潮头，敢于追梦、勇于圆梦、善谋实干、善做善成，成为走在时代前列的奋进者、力行者、开拓者和奉献者
从全球供应链分工体系中理解人类命运共同体	在讲述地球村、企业外包、虚拟企业、企业生态等都离不开全球供应链的支持。2020年新冠肺炎疫情全球大流行，给全球制造业带来了“断供”危机，主要因为供应链高度全球化，并且产业链处于高度跨国分工的态势	借助翔实的数据、科研论文、案例、视频，结合新冠肺炎疫情带来的全球供应链的连锁反应，给世界各地的经济带来的影响，帮助学生理解全球供应链与人类命运共同体的关系
从“TikTok禁令”中正确认识隐私数据保护的重要意义	讲授信息安全论时，可以结合美国以信息安全为由，禁止美国联邦雇员在政府发放的设备上安装短视频应用TikTok的案例，让同学们展开讨论，深入理解“TikTok禁令”背后的实质问题	激发学生去探索信息安全对国家、对企业、对个人的意义，帮助学生形成正确的道德准则，树立信息安全的意识和伦理素养，为下一阶段的工作、学习、生活做好信息安全规划，形成良好的职业素养和意志品质

2. 专业知识与思政教育融合路径分析

（1）遵循“近、远、广、专”的原则，积累思政素材。

所谓“近”就是选取最新发生的、学生熟悉的素材，例如，“利用Facebook个人信息分析来影响美国大选”的案例入手，引发学生对个人信息泄露和数据分析用途是否合乎伦理要求的思考；再如淘宝芝麻信用协议、APP手机权限问题等都是学生身边熟悉的案例，讨论这些案例容易引起学生的共鸣。“远”是指引入全球性案例开拓学生的视野，学生从这些不熟悉的案例中获取新鲜的知识，如通过美国政府用人工智能“把守国门”的极端审查计划遭科学家反对的案例，以及欧盟API-PNR系统中的数据使用的相称性原则正面案例，从正反两个方面说明政府在应用大数据时要注意目的的正当和方法的合理性问题。“广”是指选取多个行业的案例应用，兼有国内与国外、企业与政府部门，让学生打开思路，如通过Cookie数据收集、APP权限和用途不对等案例说明大数据来源的伦理风险，讨论哪些是合法和非法的数据获取途径。“专”是指在广泛介绍了多个行业应用之后，最后聚焦于学生所在的专业，让其从专业视角深入理解问题。

（2）如盐在肴，思政元素要自然地融入专业知识的学习中。

在专业课中嵌入思政元素，其目的是在保持原有的课程内容专业、丰富、完整的同时，引导学生树立正确的世界观、人生观、价值观。在“管理信息系统”课程教学中，将思政元素嵌入课程全过程，课程组根据学生不同的专业背景、不同的发展需求，做到因事而化、因时而进、因势而新，充分挖掘思政素材，将其与课程内容有机融合，具体的设计如表2所示。

表2 专业知识与思政元素有机融合的教学设计方案（节选）

教学内容	思政元素	思政目标	表达载体
信息系统如何改变企业	科技自信 科技强国 家国情怀 理想塑造	列举华为、支付宝等实例，凸显我国企业在信息系统方面的巨大优势，培养爱国主义情怀	查阅资料、文献、学习通平台、学习强国、小组讨论
协作和社会化商务的商业利益	科学素养 科学思维 逻辑思辨	通过《社会化商务特性对消费者购买意愿的影响研究》论文，揭示社会化商务对消费者的影响？提高学生分析问题、解决问题能力，培养学生的科学素养	查阅资料、文献、学习通平台、学习强国、线上线下讨论
组织特征、组织文化	企业文化 国家文化 中国故事 职业观	通过案例《频繁的员工罢工事件背后是亚马逊残酷的企业文化》、“团队选择之刘关张团队or唐僧四徒团队？”揭示企业文化、组织特征对于公司有着深远的影响。借助案例，培养学生的辩证思维能力，并树立正确的职业观	查阅资料、文献、学习通平台、学习强国、阿里巴巴、华为等企业文化的讨论
信息权利：互联网时代的隐私和自由	数据伦理 职业素养 科技强国 价值取向	通过观看视频：Cookie数据收集、APP权限和用途不对、“TIKTOK”禁令等案例，说明大数据来源的伦理风险，讨论哪些是合法和非法的数据获取途径	查阅视频资料、学习通平台、学习强国、小组讨论、辩证等
无线科技	自强合作 创新意识 社会责任 家国情怀	通过“中国的高科技企业的科技制裁”的案例，分析案例背后的实质问题，以及在科技产业制裁中面临的我国高科技企业面临的短板问题，从而激发学生思考时代赋予自身的职责以及科技创新的挑战	查阅资料、学习通平台、学习强国、小组讨论、案例汇报等
内部员工的威胁	职业素养 守法平等 意志品质 价值取向	通过《七大真实内部威胁案例》说明内部员工泄密对企业的威胁程度，进一步说明数据安全和保密工作的必要性和后果的严重性。培养学生的职业观	查阅资料、学习通平台、学习强国、小组讨论、实践实践教师讲授等
点击欺诈	公民意识 健全人格 诚信尽责	通过观看《3.15晚会中刷出来的好信用》视频，使得学生对点击欺诈有直观的认识和了解并远离代刷诱惑，树立正确的价值观	教师课堂讲授，学生课后需查找相关资料阅读

（3）探索多样化教学方法，强化专业课程育人功能。

课堂是教师教学的主战场，是人才培养的主阵地。在“以学生为中心”的教育理念下，打造“以学生为主体、以教师为主导”的课堂教学模式，实现全员全程全方位育人目标，需要用多种教学方法自然地融入。

（4）抓住课间十分钟，落实“三全育人”。

“管理信息系统”课程自2019年以来开展课间视频展播活动。在活动中，“管理信息系统”课程组教师邀请学生结队共建，广泛收集并整理内容积极向上、贴合青年学生需求、符合时代主旋律的视频、音频等资料，如党史短片、热点新闻、时政要闻、歌唱祖国快闪短片、演讲视频、名人传记、课程及学科发展前言介绍等，如表3所示。

表3　“课间视频展播”活动素材（节选）

视频名称	思政元素	思政目标
中国共产党党史	国情观念 历史文化 时代精神 价值取向	纵观中国共产党99年的历史岁月风雨兼程，风云巨变，99年峥嵘岁月，99年砥砺前行，中国共产党在历练中不断地发展壮大，如今变得如此生气盎然，焕发着新的希望。我们始终坚信，中国共产党领导人民走的道路虽然曲折，但是前途一定是光明的
社会主义核心价值观小故事（100）	文化自信 社会责任 家国情怀 价值取向	弘扬社会主义核心价值观，为国家发展助力，为民族进步铸魂
焦点访谈：制造恐怖的谎言	道德原则 伦理素养 意志品质	信息技术已渗透到人们的日常生活，也深度融入国家治理、社会治理的过程中，对于实现美好生活、提升国家治理能力、促进社会道德进步发挥着越来越重要的作用。它不仅对人类引以为荣的智能唯一性发出有力挑战，而且有可能动摇人类的道德主体地位
储殷：中国为什么有前途	社会责任 国家自信 历史文化 时代精神	向上的力量：通过贸易战，高考、高铁、互联网实际案例，让学生切身体会国家制度的优越性，增强民族自尊心、自豪感
感动中国：黄大年	社会责任 价值取向 科研道德 创新意识	中国复兴道路上，每个人有每个人的责任和使命。不论你是科研学者、官员干部、厂矿工人、青年学生，抑或是保安、服务员，我们每个人都是振兴中华的具体践行者。每个人都应该保持一颗爱岗敬业、无私奉献的心，做好岗位上的一颗小螺丝钉

续表

视频名称	思政元素	思政目标
董促鑫：教育的意义	职业素养 理想塑造 时代精神	教育的意义是让学生明白作为一个人需要对人类社会发展和进步贡献自己的余热，明白自己肩负的责任和义务。在职业生涯中，要树立家国情怀的意识和胆识
在社交网站做个聪明人	职业素养 意志品质 创新意识	面对复杂的交际网络，聪明的人总是做得很好，他们懂得去其糟粕，取其精华，无效的社交无疑是给自己增加负担

二、教学展示

（一）教学目标和内容

1.知识目标：

（1）为什么信息系统容易受到破坏，容易出错和被滥用？

（2）保证信息资源安全最重要的工具和技术有哪些？

（3）形成信息安全保护的意识。

2.能力目标：通过大量实例的引入，培养学生团队协作能力，并能够结合案例分析信息系统脆弱的问题所在，以及如何保障信息资源安全，加强学生的分析问题、解决问题的能力。

3.情感目标：初步引发对信息系统安全与保护的兴趣，乐意探索企业信息系统安全的保障体系。

（二）教学重点和难点

1.教学重点：掌握信息系统容易受到破坏，容易出错和被滥用的内容。

2.教学难点：电子欺骗、拒绝服务攻击、身份盗用、点击欺诈等内容。

（三）教学过程和方法（可含时间分配）

以视频案例作为课程讲解的切入点，引出信息安全相关理论。在课程教学中，借助网络教学平台，开展主题讨论、问卷等相关任务，让学生主动参与到课堂，并辅助章节测试，检验同学们听课效果。在讲述点击欺诈、身份盗窃等基本理论的同时，通过“思政小课堂”的形式传递正确的价值观，具体设计过程如表4所示。

表 4

“信息系统安全”教学过程设计

教学过程					
环节	内容	活动		技术手段	备注
		教师	学生		
课前准备	教师利用网络平台布置课前作业：登录网络学习平台，观看课前视频。学生登录答题并提出疑问。教师检查，发现学生的问题所在，解答学生的问题。同时了解学生的知识掌握情况，及时修改教学内容	布置作业： 1.用网络课程平台发布微课，让学生思考相关问题并回答。 2.预习书本（本节课内容）	完成作业： 1.登录网络课程平台，回答问题，完成课前作业。 2.认真预习本节课所学内容，提出疑问	网络课程平台	
导入新课（5分钟）	1.播放视频：国家网络安全宣传视频 2.教师提出问题：你经历过哪些信息系统不安全的情景	播放网络安全视频，网络平台抛出问题，学生参与，词云展示，教师总结，引入课程教学内容	认真观看视频，思考并回答问题，引导学生树立信息安全意识	视频 PPT课件 网络课程平台	注意调动气氛，引起学生兴趣
讲授新知理解内容（30分钟）	教学内容一：信息系统容易遭到破坏、被滥用，教师课前分配各个小组的任务，派一名代表讲解信息系统不安全的案例，根据学生讲述内容，讲解信息系统容易遭到破坏、被滥用的原因 “思政小课堂”以点击欺诈理论为出发点，列举网络刷单等现象，帮助学生梳理网络刷单背后的原理，帮助同学们树立正确的价值观	播放PPT，结合微课讲解知识点	认真听教师讲解，开动脑筋，回答问题，提出疑问	PPT课件 视频	注意营造活跃气氛，调动学生上课的积极性
	教学内容二：保护信息资源的技术和工具 教师播放PPT，根据ppt内容讲解保护信息资源的技术和工具	播放PPT，结合教学案例讲解知识点	认真听教师讲解，开动脑筋，回答问题，提出疑问	PPT课件 视频	多利用各种提问手段，调动学生积极性
随堂测试巩固练习（6分钟）	课堂做习题，巩固本节课所学知识：1.结合本节内容，简述信息系统不安全原因。 2.怎样保护信息资源的安全	在线布置课堂练习题	登录课程，开动脑筋，思考问题，使学生形成信息全保护意识	网络课程平台	鼓励学生积极思考，大胆回答
归纳总结共同梳理（4分钟）	师生共同归纳本节课所学知识点，梳理每个知识点的内容	利用提问方式，并播放课件，引导学生总结梳理所学知识	根据教师的提问，将本节课内容总结梳理清楚	多媒体	引导学生共同梳理
课后评价	评价学生本节课知识掌握情况：老师评价；学生自评	结合本节课所学情况以及随堂检测情况对学生进行评价	思考自身课前疑问是否得到解决，根据学习效果对自身进行评价	网络课程平台	教师的评价注意多方面结合
课后小结	1.学生在课前完成教师布置的作业，可以对将要学习的内容有自主的了解，在通过预习书本，提出疑惑，更全面掌握这些知识点。 2.本节课的教学手段主要以PPT的使用为主，把枯燥的书本内容转化为生动的PPT课件，同时穿插多种教学手段，运用图片、视频等让学生更直观的学习知识，并通过思政小课堂形式，传递正确的价值观，圆满地完成了教学目标。 3.学生学习完整节课的内容后，安排了一个随堂测试环节，这个环节可以帮助学生检查自己对于知识的掌握情况，及时查漏补缺				

（四）教学反思

在教学实践中，我接触课程思政教学形式时间已经有两年多的时间。我理解的课程思政是以构建全员、全程、全课程育人格局的形式将各类课程与思想政治理论课同向同行，形成协同效应，把“立德树人”作为教育的根本任务的一种综合教育理念。因此，在“管理信息系统”教学中，深入挖掘课程中的思政元素并借助新闻热点、案例解析、时政要闻等方式，将思政元素与专业课程有机融合，使学生在家国情怀、文化自信、科技强国、职业素养、伦理道德等方面提高认知，帮助学生树立正确的世界观、价值观、职业观。

在未来的教学中，进一步发挥教学团队的优势资源，引领课程组成员围绕高效课堂、智慧课堂、“线上+线下”混合式教学、德育课程一体化、规划教材等内容开展反复的研讨、打磨，成就一堂堂“优质课”。

（五）其他需要展示的内容

在本课程教学过程中，注重专业知识和思政元素有机融合，培养学生正确的商业伦理观、学习观和成才观；同时在教材编写中，不断挖掘信息系统应用的本土化案例，讲好中国故事，传递中国声音；在教学资源建设中，利用智慧树、学习通等教学平台，开发教学所需的各种在线数字化教学资料，特别强调学生通过“干中学”“实践中学”，提升对我国社会发展、经济与技术的认知，积极参与奋斗的精神。

本课程推行“二维三阶”的教学模式，不断丰富在线资源，满足个性化教学需求。线上教学平台共提供1000余分钟的基础理论、不同学科领域案例等视频资源，200余个其他类型教学资源，供学生课前进行线上自主学习，满足学生个性化学习需求。e会学平台累计在线学习人数5270人，智慧树累计在线学习人数1707人，线上教学资源得到了广大学生的认可。

课程体系增设18课时的实验教学内容，将原有理论课教学内容分解为线上和线下教学。实验课程注重决策支持、流程优化、系统应用等实践能力培养，提高学生利用所学理论知识解决实际问题的能力。依托实验课程，举办“管理流程设计与决策分析”学科竞赛，提升学生创新意识和能力。

三、课程思政教育心得体会

要最大限度地发挥专业课程的育人主渠道作用，需要深入挖掘专业课程中蕴含的思想政治教育元素，搭建线上线下相结合、课内课外相结合、理论教学与社会实践相结合等多途径协调育人平台，实现课程思政需要学校、教师、学生的共同努力。

学校应在课程设置、教学过程、教学目标以及教学评价等方面进行顶层设计，将思政教育贯穿教学的全过程。构建党委领导、部门协调、院系主导、党支部推动、教师组队、学习参与的全员全过程全方位育人体系。教师要拥有思政思维、习惯思政思维，深入挖掘课程中的思政素材，做到课程组教师全员全过程参与。学生作为课程思政的受众，必须要积极配合学校、老师的要求和任务，即时向教师反馈需求，并及时反馈教学效果，教师才能更有的放矢地准备教学资料，更好地满足个性化学习的需求。

教学展示课件

李会　管理科学与工程学院信息管理与信息系统系　副教授

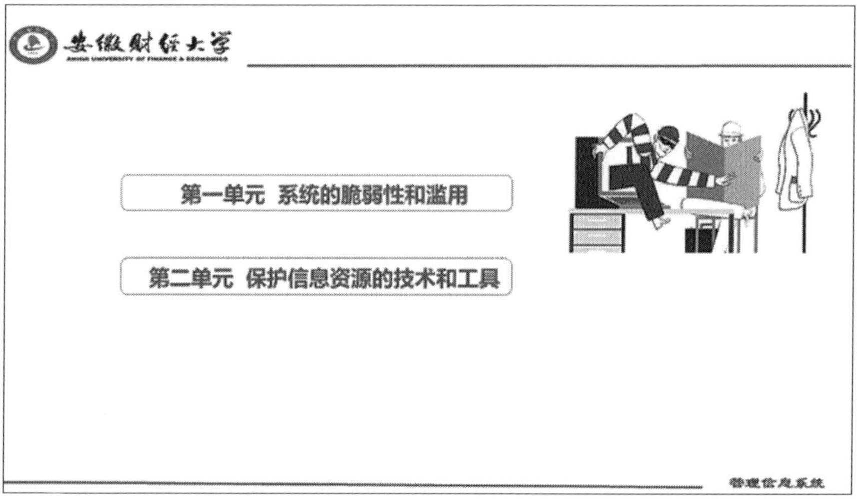
安徽财经大学
第一单元 系统的脆弱性和滥用
第二单元 保护信息资源的技术和工具
管理信息系统

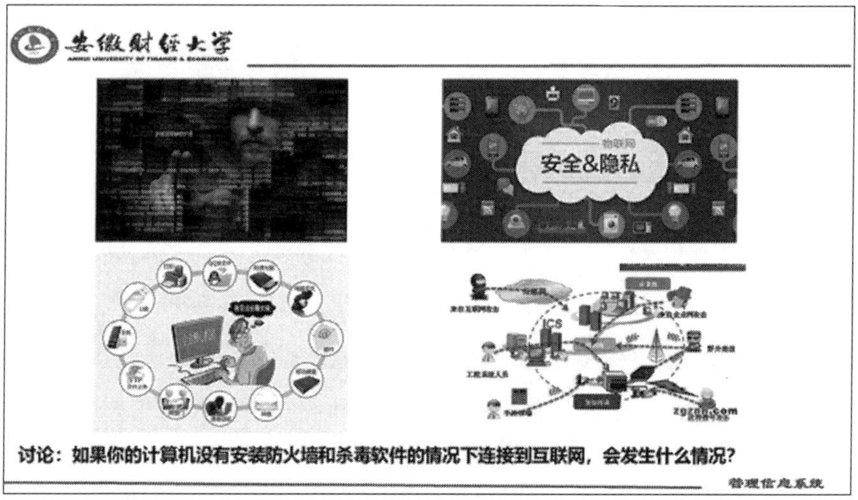
安徽财经大学
安全&隐私
讨论：如果你的计算机没有安装防火墙和杀毒软件的情况下连接到互联网，会发生什么情况？
管理信息系统

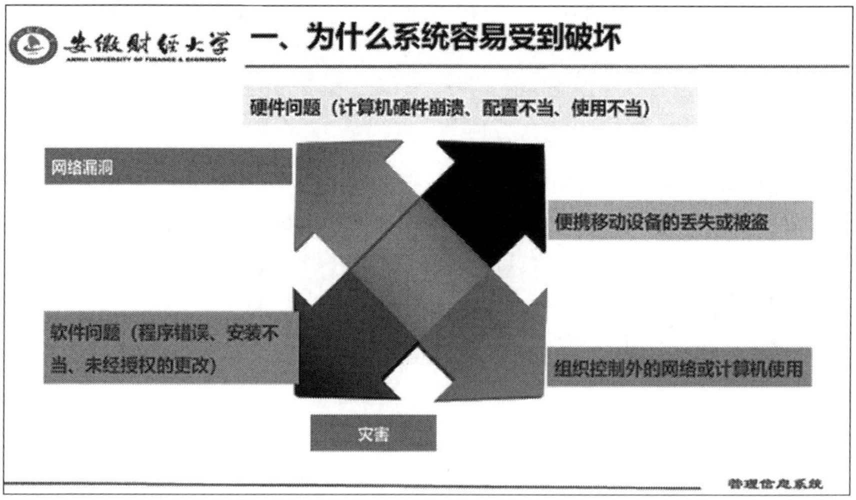
安徽财经大学
一、为什么系统容易受到破坏
硬件问题（计算机硬件崩溃、配置不当、使用不当）
网络漏洞
便携移动设备的丢失或被盗
软件问题（程序错误、安装不当、未经授权的更改）
组织控制外的网络或计算机使用
灾害
管理信息系统

安徽财经大学 ANHUI UNIVERSITY OF FINANCE & ECONOMICS

二、恶意软件：病毒、蠕虫、特洛伊木马、间谍软件

恶意软件（malware）是指对计算机造成威胁的软件，如计算机病毒、蠕虫和木马。

计算机病毒（computer virus）是指在用户不知晓或未允许的情况下，在计算机程序或数据文件中插入的可执行的一组计算机指令或者程序代码。大多数计算机病毒都会造成一定后果。

管理信息系统

安徽财经大学 ANHUI UNIVERSITY OF FINANCE & ECONOMICS

二、恶意软件：病毒、蠕虫、特洛伊木马、间谍软件

蠕虫（worms）：不需要依赖其他程序，可独立存在，能通过网络在计算机之间实现自我复制和传播。

木马(Trojan horse)表面上没有什么破坏性，但是它所造成的后果会出乎意料。木马不会自我复制，从这个角度来看，它不是病毒，不过它经常把病毒或其他恶意代码带入计算机系统。

间谍软件(spyware)也是恶意软件。这些小程序自动安装在计算机上，监控用户的上网记录并为广告服务。

管理信息系统

安徽财经大学 ANHUI UNIVERSITY OF FINANCE & ECONOMICS

三、黑客与计算机犯罪

黑客：指在未经授权的情况下，试图进入计算机系统的人。尽管公开报刊经常将黑客和骇客混为一谈，在黑客圈中，骇客一词通常用来指有犯罪意图的黑客。黑客和骇客均利用网站和计算机系统所用安全保护的弱点，以及开放的互联网，获得未经授权的访问

8 管理信息系统

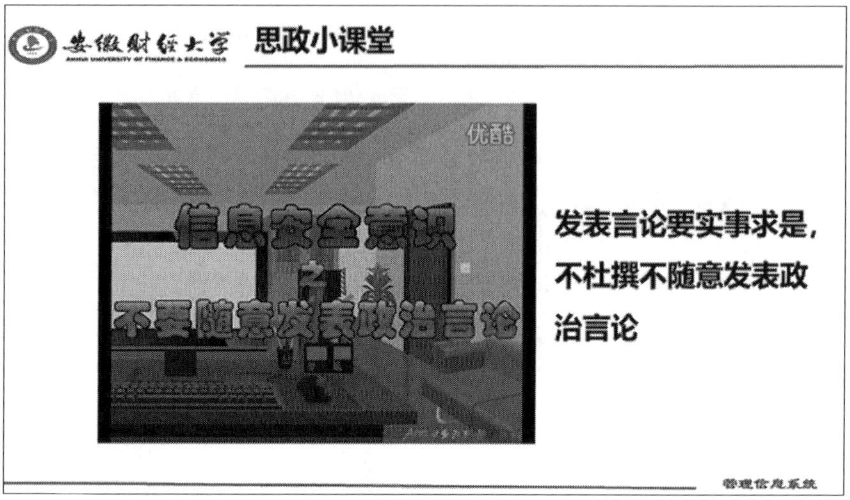
安徽财经大学
思政小课堂
优酷
信息安全意识
之
不要随意发表政治言论
发表言论要实事求是，
不杜撰不随意发表政
治言论
管理信息系统

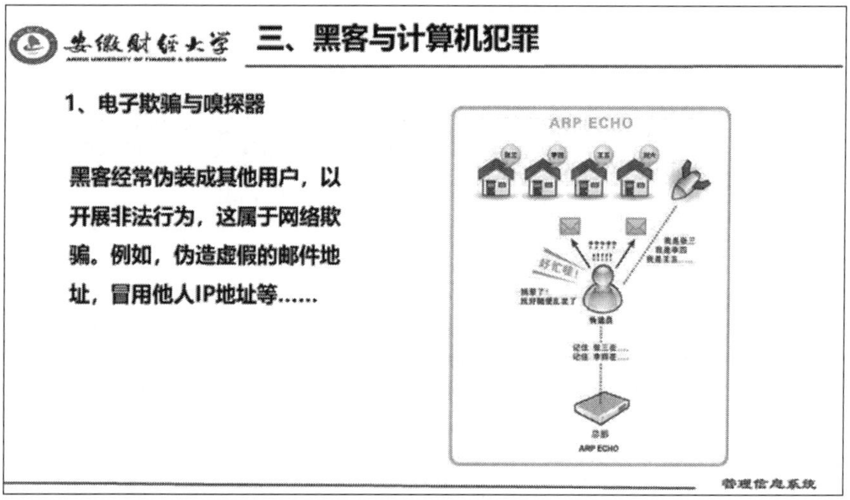
安徽财经大学
三、黑客与计算机犯罪
1、电子欺骗与嗅探器
黑客经常伪装成其他用户，以
开展非法行为，这属于网络欺
骗。例如，伪造虚假的邮件地
址，冒用他人IP地址等……
ARP ECHO
管理信息系统

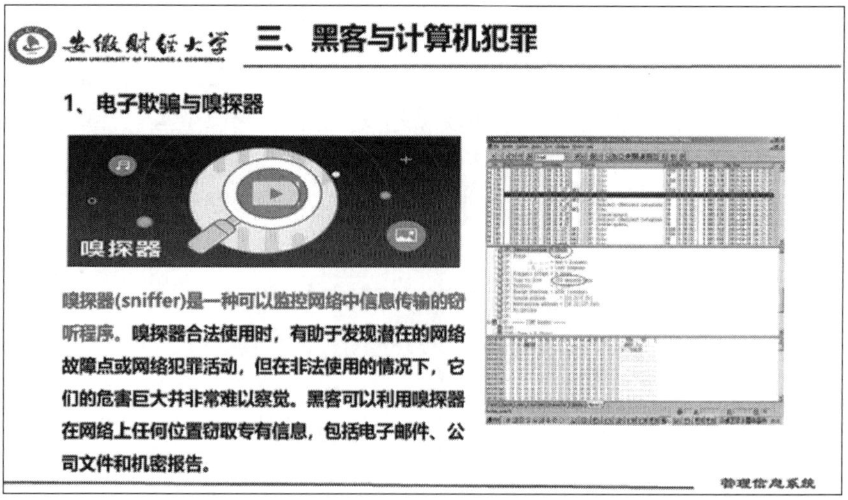
安徽财经大学
三、黑客与计算机犯罪
1、电子欺骗与嗅探器
嗅探器
嗅探器(sniffer)是一种可以监控网络中信息传输的窃
听程序。嗅探器合法使用时，有助于发现潜在的网络
故障点或网络犯罪活动，但在非法使用的情况下，它
们的危害巨大并非常难以察觉。黑客可以利用嗅探器
在网络上任何位置窃取专有信息，包括电子邮件、公
司文件和机密报告。
管理信息系统

安徽财经大学 ANHUI UNIVERSITY OF FINANCE & ECONOMICS

2.拒绝服务攻击

正常的三次握手建立通讯的过程

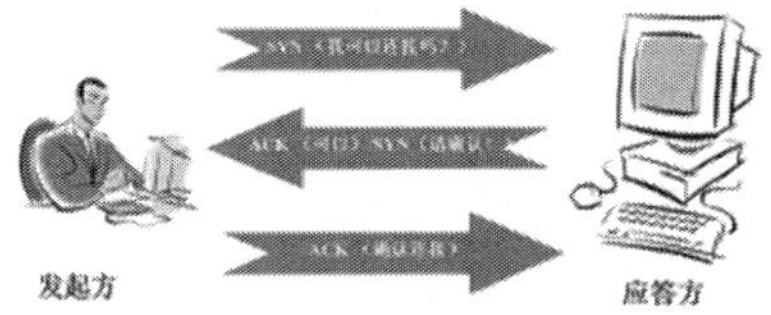

SYN Flood原理

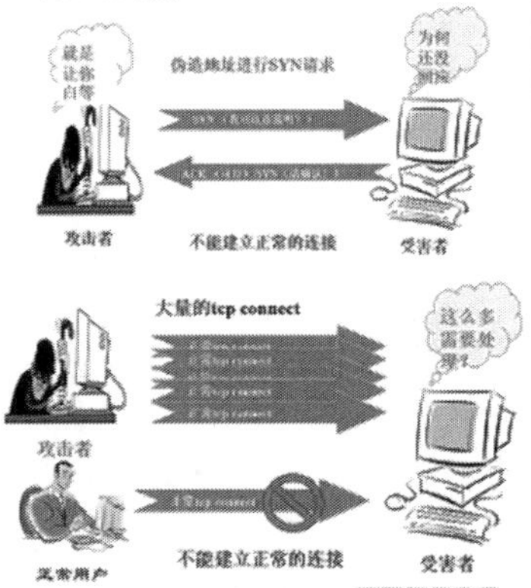

拒绝服务(denial-of-service,DoS)攻击是指黑客向网络服务器或Web服务器发送大量请求，使服务器来不及响应，从而无法正常工作。分布式拒绝服务(DDoS)攻击利用大量计算机从众多发射点发送请求，使网络崩溃。

管理信息系统

安徽财经大学 ANHUI UNIVERSITY OF FINANCE & ECONOMICS

3.身份盗窃

身份盗窃(identity theft)是一种犯罪行为，冒名者利用所获得的他人的重要个人信息，如社会安全号码、驾驶执照号码或信用卡号码，冒充他人身份。该信息可能被用于以受害人的身份获得信贷、商品或服务，或者提供虚假证明。

管理信息系统

安徽财经大学 ANHUI UNIVERSITY OF FINANCE & ECONOMICS

3.身份盗窃

- **网络钓鱼：建立假冒网站或发送电子邮件，看起来像合法的企业获得用户个人保密资料。**
- **双面恶魔：无线网络，假装提供可靠的Wi - Fi连接到互联网**
- **嫁接：用户重定向到一个假网页，即使个别类型正确的Web浏览器进入他或她的网页地址**

管理信息系统

安徽财经大学

4.点击欺诈

当你点击搜索引擎上所显示的广告时，广告商通常要为每次点击支付一定费用，因为你被视为其产品的潜在买家。点击欺诈（click fraud）是指个人或计算机程序点击网络广告，但不想了解广告商所发布的信息或无购买意向。

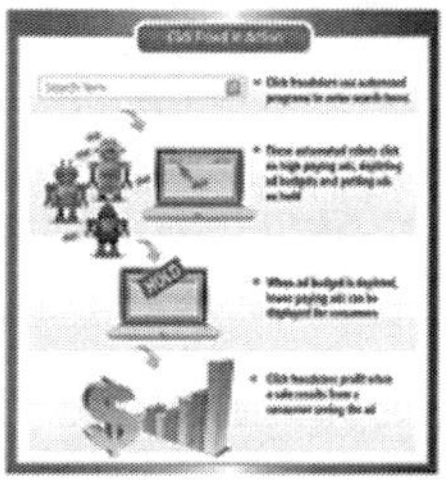

按点击量付费让网络广告服务商不惜用欺诈手段夸大点击率。

管理信息系统

安徽财经大学

思政小课堂

如何规避网络钓鱼

管理信息系统

安徽财经大学

思政小课堂

"兼职刷单、足不出户"

"日赚百元、月入过万"

"只需动动手指、敲敲键盘即可"

警方提醒

1. 拒绝刷单，刷单是违法的，国家法律法规、电商平台均明令禁止这种虚假交易。
2. 低投入、高回报的好事是不存在的，想要兼职请通过正规渠道。
3. 如果发现被骗，请第一时间拨打110报警。

管理信息系统

安徽财经大学 ANHUI UNIVERSITY OF FINANCE & ECONOMICS

四、来自员工的内部威胁

人们总是认为，系统安全威胁都来自企业外部。实际上公司内部员工也会威胁系统安全。员工知晓公司安全系统的运作机制，可以收集机密信息且不留痕迹。

研究发现：

用户缺乏相关知识是导致网络安全遭到破坏的最主要原因。许多员工忘记他们进入计算机系统的密码或允许同事使用自己的密码，这些行为均会为系统带来威胁。有些恶意入侵者冒充企业内部员工，以工作需要为由让真实员工提供密码等信息，从而进入企业网络。

管理信息系统

安徽财经大学 ANHUI UNIVERSITY OF FINANCE & ECONOMICS

五、软件漏洞

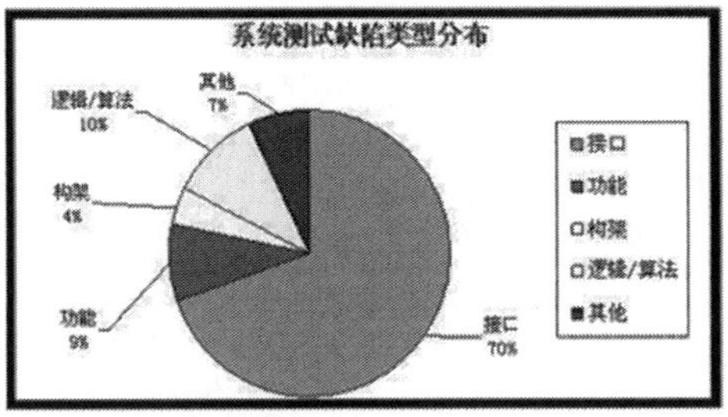

软件的主要问题是存在隐藏错误（bugs）或程序代码缺陷。研究发现，对于大型软件而言，实际上无法完全消除所有程序错误。

管理信息系统

安徽财经大学 ANHUI UNIVERSITY OF FINANCE & ECONOMICS

第二部分：保护信息资源的技术和工具

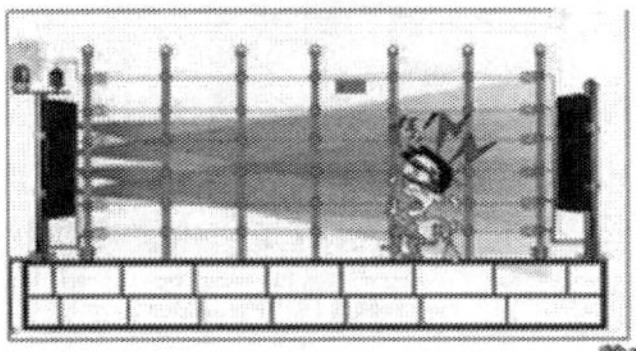

管理信息系统

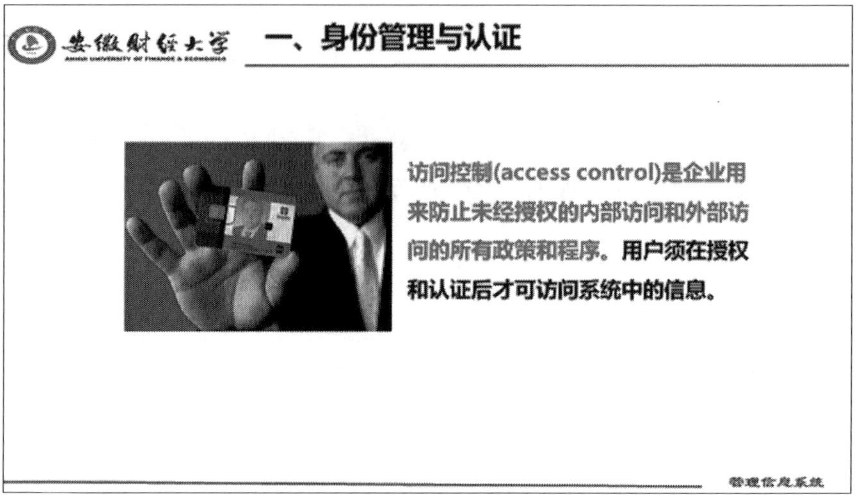
安徽财经大学
ANHUI UNIVERSITY OF FINANCE & ECONOMICS
一、身份管理与认证
访问控制(access control)是企业用来防止未经授权的内部访问和外部访问的所有政策和程序。用户须在授权和认证后才可访问系统中的信息。
管理信息系统

安徽财经大学
ANHUI UNIVERSITY OF FINANCE & ECONOMICS
二、反病毒软件和反间谍软件
·常见的杀毒软件和反间谍软件
McAfee SECURE
KASPERSKY
JIANGMIN 江民科技
360杀毒
Symantec.
金山毒霸
RISING 瑞星
AVIRA
内含金山毒霸2012 + 金山卫士 永久免费 专业杀毒 全面安全防护
立即下载
管理信息系统

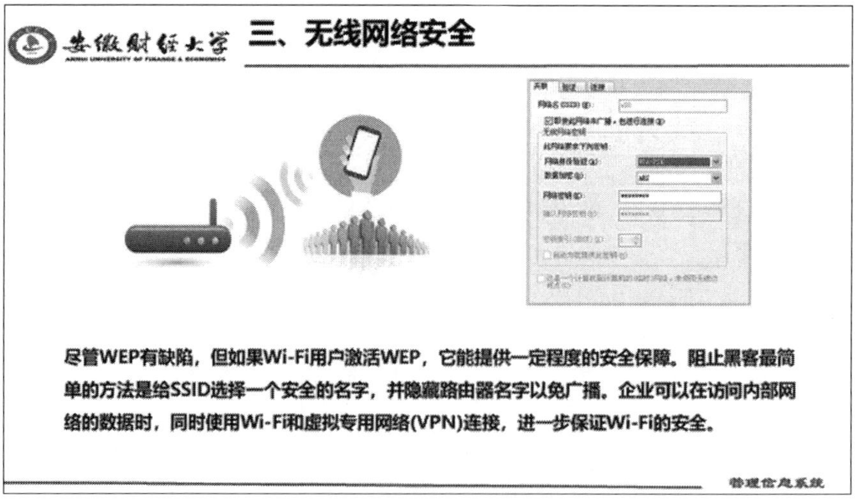
安徽财经大学
ANHUI UNIVERSITY OF FINANCE & ECONOMICS
三、无线网络安全
尽管WEP有缺陷，但如果Wi-Fi用户激活WEP，它能提供一定程度的安全保障。阻止黑客最简单的方法是给SSID选择一个安全的名字，并隐藏路由器名字以免广播。企业可以在访问内部网络的数据时，同时使用Wi-Fi和虚拟专用网络(VPN)连接，进一步保证Wi-Fi的安全。
管理信息系统

安徽财经大学

四、加密及公共加密体系

许多企业在存储、传输或通过互联网发送数字信息时，将数字信息加密以保护其安全。加密(encryption)即将文本或数据转换成密码文本的过程，除发送方和接收方，其他人无法阅读。数据可通过数字代码进行加密，即密钥，密钥把普通数据转换为密文。信息必须由接收方解密。

加密有两种方法：对称密钥加密和公共密钥加密。对称密钥加密要求发送方和接收方在安全会话之前，商定一个密钥，在会话中双方使用同一密钥。这种密钥的位长越长，安全性越高。

公钥加密系统可以看成一系列公钥和私钥，传输数据时锁定数据，数据收到后解密数据。发送方在目录中找到接收方的公钥，使用该公钥加密信息。加密信息通过互联网或内部网络传送。接收方收到信息后，使用他的私钥解密并读取信息。

管理信息系统

安徽财经大学

四、加密及公共加密体系

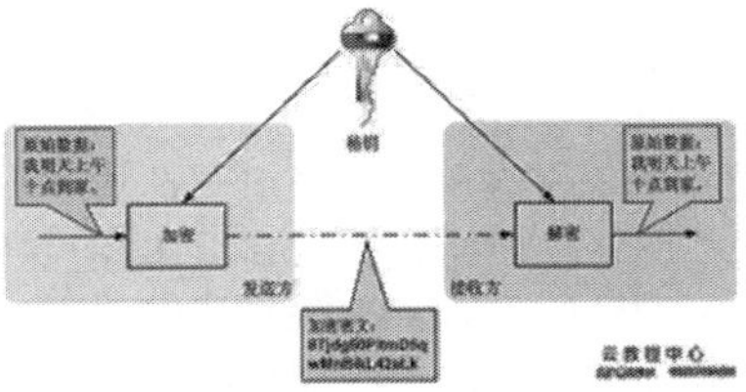

所有对称加密方案的问题在于发送方和接收方须共享同一密钥，入侵者可能在密钥传输途中拦截和解密该密钥。公共密钥加密(public key encryption)更加安全，它采用两个密钥：一个是公钥，另一个是私钥，这两个密钥之间在数学上有关联，因此由一个密钥加密的信息只能用另一个解密。交流双方在发送和接收信息之前，首先要分别创建公开和私密的密钥对。公钥保存在公开目录下，私钥则须用户秘密保存。信息的发送方用公钥加密信息。接收方收到信息后，使用他的私钥解密。

管理信息系统

安徽财经大学

四、加密及公共加密体系

数字证书(digital certificates)是用来确认用户身份的数据文件和用于保护网上交易的电子文档。数字证书系统委托可信赖的第三方，即证书授权中心（CA），验证用户身份。美国及世界其他地方有许多CA，如美国的VeriSign、IdenTrust和澳大利亚的KeyPost。数字证书可以用于确认个人身份或电子资产，通过提供安全、加密的网上交流以保护在线交易的安全。

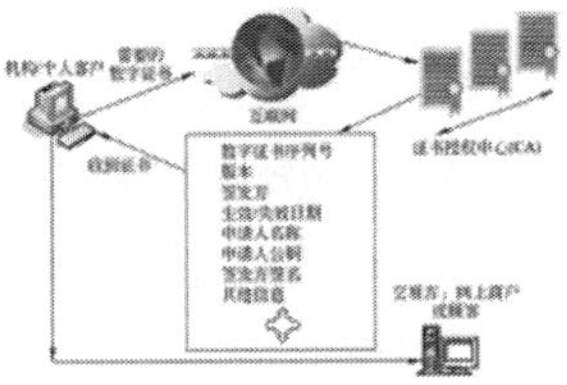

管理信息系统

安徽财经大学 ANHUI UNIVERSITY OF FINANCE & ECONOMICS

五、确保系统的可靠性

企业的盈利和运作日渐依赖数字网络，它们需要采取更多方式保证系统和应用程序正常运行。例如，航空公司和金融服务公司需要联机处理交易，它们多年来一直使用容错计算机系统，以确保百分之百的可用性。

1.联机交易处理(online transaction processing)中，网上交易可立即由计算机处理，数据库内容随之改变，生成报表并实时响应信息需求。

2.容错计算机系统(fault-tolerant computer systems)包含备用的硬件、软件和电力供应系统，确保系统可提供不间断的服务。容错计算机使用特殊的软件程序或内置的自我检查电路，检测硬件故障并可自动切换到备份设备。即使这些计算机的部件被移除或修复，整个计算机系统也不会停止工作。

管理信息系统

安徽财经大学 ANHUI UNIVERSITY OF FINANCE & ECONOMICS

五、确保系统的可靠性

1.控制网络流量（深度包检测）：我们在使用校园网的过程中，是否觉得网络速度过慢。这可能是因为你的同学正在使用校园网下载音乐、观看视频。占用带宽的应用程序均会阻碍企业网络或减慢网速，降低性能。深度包检测检查网络上的数据文件，找出低优先级的文件，把流量分配给高优先级的重要业务文件。根据网络运营商制定的优先级，深度包检测决定特定数据包是可以继续向目的地传送，还是暂停或阻止传送，以保证其他更重要的传送。

2.安全性外包：许多公司，尤其是小企业，缺乏资源或专业人员建立安全的高可用性计算环境，它们便将许多安全功能外包给安全管理服务提供商。帮助企业监控网络活动、执行漏洞检测和入侵检测。

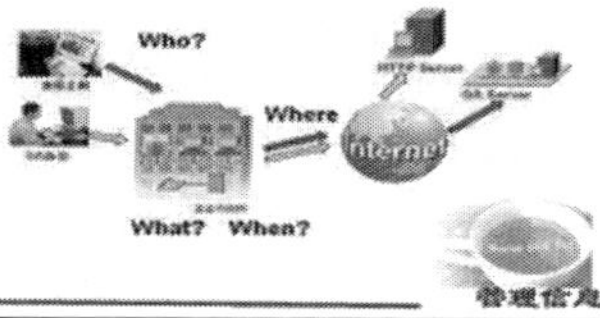

管理信息系统

安徽财经大学 ANHUI UNIVERSITY OF FINANCE & ECONOMICS

六、云计算与移动数字平台的安全问题

- 云计算的安全问题
  - 保护敏感数据的责任和义务仍然由数据所有者承担
  - 企业必须确保云计算提供商对数据提供充分的保护
    - 数据在哪里存储
    - 满足企业的安全需求及合法的隐私保护
    - 将自己的数据与其他公司的数据隔离开
    - 外部审计和安全认证
  - 服务等级协议（SLA）

33

管理信息系统

安徽财经大学 ANHUI UNIVERSITY OF FINANCE & ECONOMICS

六、云计算与移动数字平台的安全问题

- 移动平台安全
  - 企业应确保将移动设备的使用纳入其安全措施计划
    - 制定允许使用的移动平台和应用软件的指导原则
  - 移动设备管理工具
    - 移动设备授权
    - 库存记录
    - 升级控制
    - 锁死 / 擦除丢失设备
    - 加密
  - 将公司数据与设备中的个人信息分隔开的软件

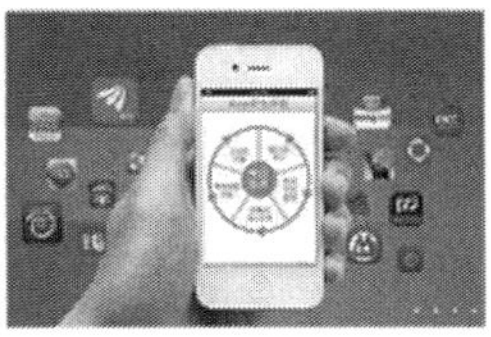

34 管理信息系统

安徽财经大学 ANHUI UNIVERSITY OF FINANCE & ECONOMICS

七、确保软件质量

企业除实行有效的安全和控制措施外，还可以通过软件量度和严格的软件测试来提高系统质量和可靠性。软件量度是以量化形式客观评估系统。信息系统部门和终端用户可利用量度共同测试系统性能，并找出共有问题。

管理信息系统

安徽财经大学 ANHUI UNIVERSITY OF FINANCE & ECONOMICS

七、确保软件质量

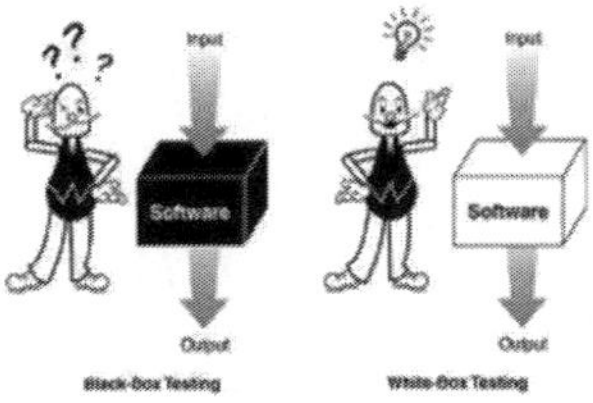

软件测试描述一种用来促进鉴定软件的正确性、完整性、安全性和质量的过程，分为黑盒测试和白盒测试。
白盒测试：是通过程序的源代码进行测试而不使用用户界面。
黑盒测试：又被称为功能测试、数据驱动测试或基于规格说明的测试，是通过使用整个软件或某种软件功能来严格地测试，而并没有通过检查程序的源代码或者很清楚地了解该软件的源代码程序具体是怎样设计的。

管理信息系统

谢谢

• 管理学

“工程项目管理与实务”课程

张玮　管理科学与工程学院工程管理系　讲师

一、课程思政教学设计思路

（一）课程基本信息

本课程是工程管理和工程造价专业核心课程，开设于本科第五学期，36课时，2学分。课程先修课程为：“管理学”“管理运筹学”和“房屋建筑学”等课程。

（二）课程目标

本课程以学生为中心，以“立德树人”为根本任务，帮助学生达成知识、能力和素质的全面提升，尤其是让学生通过课程思政教育，树立正确的世界观、人生观和价值观，提高人文精神、创新精神和合作能力，努力探寻未来发展职业方向，报效祖国。

1. 课程思政教学目标

在学习和掌握工程项目管理理论知识的同时，以鲜活的工程案例对学生进行爱国主义教育，弘扬富强、民主、文明、和谐的社会主义核心价值观，建立学生对中国特色社会主义的“四个自信”，激发学生对国家的认同感与自豪感，成为有责任、有担当的优秀青年。

2. 知识和能力目标

培养学生掌握工程项目管理基础知识、基本方法和管理的基本技能，解决建筑工程项目进度、质量、成本等管理实际问题，具备工程师的基本素质：

（1）能够准确描述工程项目管理的目标及影响项目管理效果的环境因素；

（2）能够合理组织施工项目；

（3）能够利用网络计划技术进行工程项目进度计划的管理和优化；

（4）能够运用目标管理的基本原理进行工程项目的质量和成本管理；

（5）能够完成工程项目的合同和信息管理工作。

3. 职业素质养成目标

（1）具有良好的职业道德和严谨的科学态度；

（2）具有较强的沟通能力和良好的团队合作意识；

（3）能够严格执行建筑法规等有关法律、法规的规定；

（4）具有较强分析和解决问题能力。

（三）课程内容简介

课程内容包括工程项目管理概论、工程项目管理组织、工程项目招投标管理、工程项目施工组织管理、工程项目进度管理、工程项目质量管理、工程项目成本（投资）管理、工程项目现场及安全管理、工程项目后期管理、工程项目风险管理、工程项目管理软件及理论前沿等内容。

（四）课程思政融入设计

课程思政教学过程中，我们确立了“四个原则”“四种途径”“两种方式”和“两个目标”。

1. 课程思政元素选取的：四个原则

课程思政的实现，首先是选取课程思政元素，为此我们设定了四个原则。

（1）关注中国传统文化，不媚外。选取的素材要让学生了解中国工程伟大的成就，了解中国工程管理思想的发展。

（2）贴近学生生活，不枯燥。选取学生学习、生活的工程项目作为素材，通过身边工程分析工程管理方法和思想。

（3）结合社会热点，不抽象。通过港珠澳大桥的建设、中国高铁、中国天眼等我国伟大的工程项目，树立学生的家国情怀，夯实他们的爱国热情。

（4）融合专业知识，不空谈。选择工程串标、围标等案例，培养学生对于法律的敬畏之心。

2. 课程思政元素的导入：四种途径

针对不同素材，可以采用不同的导入方式，包括课前直接导入、知识点导入、知识拓展导入、习题导入等。

课前直接导入：社会热点类素材可以遵循“因事而化”“因时而进”的原则，在课前直接导入。

知识点导入：与专业知识有关的素材，可以在讲解知识点导入。

知识点拓展导入：作为知识点的拓展，发布阅读材料，导入课程思政元素。

习题导入：对于可以给学生讨论的知识，习题设计时导入。

课程思政元素通过这样四种途径，实现课程承载课程思政，课程思政融入课程，以潜移默化的方式达到润物无声的效果。

3. 课程思政元素的使用：两种方式

由于课时所限，课程思政元素的高度凝练、用时较少的，以教师课上讲解为主；辅之以气氛热烈、互动充分的师生讨论。对于用时较多的素材，以课前推送和课后推送网络推送相结合，打造全方位立体的育人平台。

4. 课程思政教学目标：两个目标

通过挖掘课程自身蕴含的课程思政价值，在知识传授中强调价值引领，在价值传授中凝聚知识底蕴，实现“重德、明规、强技”的教学目标。

重德：即培养学生遵循和崇尚诚实守信、积极进取等伦理道德。

明规：即培养学生熟悉招投标法、经济法相关法律规范，树立法律意识、形成法治思维。

强技：即培养学生获得如工程管理从业技能、团队协作、冲突解决等方面的职业技能。

通过学习，学生在掌握工程项目管理理论知识的同时，实现“社会公德、职业道德、个人美德”方面的提升。

（五）课程思政元素选取

根据课程思政的基本要求，充分考虑专业课程和学生自身特点等因素，有效地实现了课程思政教学内容与专业知识的自然、科学、紧密融合。

1. 家国情怀和文化自信教育

工程管理和工程造价专业的毕业生未来将在工程建设领域从事相关管理工作，与国家的进步、民族的复兴息息相关，因此，“天下兴亡、匹夫有责”，作为工程管理和工程造价专业的学生应该具有的家国情怀与责任担当意识；“大国工匠”“厉害了，我的国”，在中国路、中国桥、中国港等工程建设领域取得的瞩目成绩和技术突破，增强学生的专业认同感和学习兴趣。

2. 科学精神和逻辑思维教育

从学科的角度看，工程项目管理虽然是一门管理科学，但学习和研究管理科学依然要有科学精神和科学态度。目前存在不少学生轻视工程项目管理理论掌握，偏颇工程技术的学习，对工程项目管理理论不够重视的现象，觉得工程项目管理理论是“万金油”，并没什么科学规律可循，都是包工头干的活，这势必影响学生对本专业的自信和学习的积极性。另外，还存在部分学生对工程项目管理理论专业庞杂的理论知识，思维方法受限，不知如何学习消化和吸收，因此，在教学过程中，培养同学们科学精神和逻辑思维非常有必要。

3. 大学生道德和素质教育

当代大学生是国家和民族的希望，不仅要拥有健康的体魄，掌握丰富的科学知识，还要有良好的道德修养。因此，课程结合关于工程项目从业者的道德观和素质要求等相关知识的讲解，结合工程项目经理应该具有的素养，重点对大学生进行道德观和素质教育。要形成良好的道德品质，首先提高个人道德修养的自觉性；其次要鼓励学生借鉴历史上思想家所提出的各种积极有效的道德修养方法，同时结合当今社发展需要和实践经验，以此提高自身道德修养和素质；最后要引导学生着重培养高尚的道德情操、健康的心理素质和系统的专业素质。

4. 大学生价值观和行为引导教育

大学生的价值观是决定大学生行为的心理基础。只有树立正确的世界观，有正确的价值取向，积极乐观的人生态度，才能在为国家和社会做贡献的过程中提升生命的价值。工程管理和工程造价专业的学生在未来的执业过程中，要做工程须做到“楼起楼不倒，楼起人不倒”，既要重视建筑设计施工质量，又要重视自身廉洁自律，绝不可利用工作之便牟取私利，丢失工程师的匠心和良心。

（六）课程思政教学内容设计

立足“工程项目管理与实务”课程的教学大纲和课程目标，“内外驱动、四维一体”的课程思政教学体系，将课程思政教学有机地融入专业教学。

“内外驱动”一是指引导、激发出学生的内生动力，二是给学生施加积极、适当的外部驱力，从而形成合力的影响。要坚持把立德树人作为重中之重，把思想政治工作贯彻到教育教学全过程中，通过内外驱动，帮助同学们建立正确的认知、倾听内在的声音，推动他们主动学习、不断前进。

“四维一体”是指构建融入课程思政元素的教学体系，基于社会主义核心价值观和中华民族优秀传统文化，从理想信念教育（爱党、爱国、中国梦）、心理品质教育（核心价值观、思辨精神、良善）、道德法制教育（遵纪守法、诚信、社会公德、孝道）和努力奋斗教育（吃苦耐劳、奋斗）四个主要维度、十二个重要方向，通过课程思政元素的融入点，贯穿于“工程项目管理与实务”教学当中，构建起整门课程的内容体系（见表1）。

表1 “工程项目管理与实务”课程思政教学内容体系

章节	章节名称	课程思政融入点
第一章	工程项目管理概论	学习工程项目管理概论知识和原理的同时，通过从古到今的伟大的工程，中国路、中国桥、中国港，大国工匠培养学生对中国特色社会主义的“四个自信”，激发学生对国家的认同感与自豪感
第二章	工程项目管理组织	学习工程项目管理组织、施工项目经理等内容的同时，用工程事故来剖析工程专业从业者要廉洁奉公，绝不可利用工作之便牟取私利，丢失工程师的匠心和良心
第三章	工程项目招投标管理	学习工程项目招投标知识的同时，以工程串标、围标等案例，培养学生对于法律的敬畏之心培养学生具有诚实精神、契约精神的优秀青年
第四章	工程项目施工组织管理	学习工程项目施工组织设计内容的同时，引导学生了解真实的施工现场工作生活状态，勉励同学成为具有吃苦敬业的工程人
第五章	工程项目进度管理	学习工程项目进度管理内容的同时，以真实的现实工程进度管理案例，激发学生脚踏实地，做好每一件工作，为实现中华民族伟大复兴而努力
第六章	工程项目质量管理	学习工程项目质量管理内容的同时，以鲜活的工程质量案例，培养学生对于法律的敬畏之心，对工程质量的责任心
第七章	工程项目成本（投资）管理	学习工程项目成本管理内容的同时，以真实的现实工程成本进度管理案例，培养同学们工匠精神，严谨的工作作风，只有脚踏实地，做好每一件小事，仰望天空，胸怀理想，为实现中华民族伟大复兴中国梦
第八章	工程项目现场及安全管理	学习工程项目安全管理内容的同时，以真实的现实工程安全管理案例，培养同学们敬畏生命和严谨的工作态度
第九章	工程项目后期管理	学习工程项目后期管理内容的同时，以真实的现实工程案例，培养同学们培养善始善终的严谨的工作态度
第十章	工程项目风险管理	学习工程项目风险管理内容的同时，以真实的现实工程案例，培养同学们培养创新精神，以人为本，敬畏生命，谨慎对待工程风险问题，规避工程风险
第十一章	工程项目管理软件及理论前沿	学习工程项目应用软件和前沿理论的同时，以视频和案例阅读的方式，培养同学们敢于创新，敢于求索，勤于实践的工作作风

（七）教学成效

“工程项目管理与实务”课程教学模式的创新给予学生更多参与思政教育的空间，网络资源和教材的结合，学生自主学习与教学讲授相结合，让学生有机会、有动力做课堂的主人翁，从而更容易认可和达到课程思政的教学目标。

1.教师课程思政教学目标实现情况

课程思政课堂教学实践中，教师通过合理运用多种教学方法，在讲述工程项目管理基本原理的过程中，科学融入很多做人做事的道理，并结合相关案例或课程思政小故事深入浅出地加以引导，实现了德育内容与管理学理论的科学、自然和密切结合。同时也在课程思政内容讲授中注意把握尺度，以专业理论讲述为主，以德育内容支持为辅，没有喧宾夺主，较好地完成了课程思政教学的目标。

“工程项目管理与实务”课程建设富有成效，从具体教学实践来看，课堂气氛热烈融洽，学生学习热情高涨，课程成绩得以提升，教学效果反馈理想，学生评教居全校前列。

2. 学生课程思政收获情况

通过将课程思政教学内容与工程项目管理学基本原理紧密联系，有效实现了课程思政与专业知识教育的紧密自然和科学融合，同时有效实现了两者教学效果的相互促进。学生们普遍反映受益匪浅，通过课程思政课堂教育，有力促进了他们对专业理论知识的深刻理解，同时又获取了做人做事的基本道理和行为准则，使他们更加喜欢自己的专业，更加自信、更加具有正能量。

二、《工程项目管理概论》章节教学展示

（一）教学目标和内容

1. 知识目标

通过本节学习，培养学生掌握项目的含义及特征、建设项目及分类、建设工程项目管理的含义，了解建设工程项目管理的要素、任务、内外部环境。

（1）理解项目的含义和分类；

（2）理解工程项目管理的目标和职能；

（3）掌握项目管理的历史发展；

（4）理解项目各参与方项目管理目标和任务。

2. 课程思政教学目标

在学习和掌握工程项目管理概论知识和原理的同时，以武汉火神山医院和雷神山医院建设对学生进行爱国主义教育，弘扬富强、民主、文明、和谐的社会主义核心价值观，建立学生对中国特色社会主义的“四个自信”，激发学生对国家的认同感与自豪感，成为有责任、有担当的优秀青年。

（二）教学重点和难点分析

重点：项目的含义、工程项目管理的含义、工程项目管理类型；

难点：工程项目管理的目标及职能、项目各参与方项目管理目标和任务。

（三）授课方式和教学手段

1. 教学模式

线上线下混合式教学。

2. 教学手段

多媒体演示、讲解法、讨论法、探究式教学、黑板板书、课堂练习。

（四）教学过程和方法（见表2）

表2　《工程项目管理与实务》教学过程

序号	教学活动设计	教学活动实施时间	课程思政教学目标	教学活动设计目标
课前1	教师发布导学单	上课前2天	培养学生良好的学习习惯，有计划地学习	培养学生了解课程重点难点，带着问题有目的地听课
课前2	学生自主学习	每次自主学习时间控制在30分钟之内	引导学生不要拖拽视频，诚信学习	自主学习教师推送学习内容
课前3	学生自主生生交流	学生根据需要，时间不限	团队合作	交流学习观点，消除网络学习孤独感学生课前自主学习
课前4	学生自主师生交流	根据需要	培养沟通能力	师生及时互动，给学生提供无缝接驳的学习帮助和心理支持
课前5	学生自主学习测试	5分钟，学生完成自主学习后	诚信测试	检测学生自主学习情况，为教师课中教学设计提供数据支持
课前6	学生学情数据分析	通过对学生自主学习整体数据分析、个人数据分析、学习测试整体情况分析和学习测试单项分析，进行学情分析，为课堂教学提供数据支持		
课中1	课前准备	上课前10分钟	培养良好的学习习惯	增强学生上课仪式感
课中1	课前学习回顾	5分钟	提高学习效率，积极尝试，自信参与	科学检测，积极自信
课中2	新课讲授（学习通提供信息支持）	75分钟	提高学习效率，敬业精神，文化自信	师生互动，增强同学上课参与感
课中3	课程思政主题讨论	5~8分钟	工匠精神，文化自信	师生互动，实现课程思政的教学目标
课中4	选人	3~5分钟	积极自信	检查学生对知识点的掌握
课中5	分组讨论	5分钟	团队协作	头脑风暴，共同学习
课中6	课堂练习	5分钟	诚信精神	检查学生对知识点的掌握
课后1	课后练习	5分钟	检测学生对课程思政教学元素掌握	巩固学习效果

（五）教学反思

通过将课程思政教学内容与工程项目管理学基本原理紧密联系，有效实现了课程思政与专业知识教育的紧密自然和科学融合，同时有效实现了两者教学效果的相互促进。学生们普遍反映受益匪浅，通过课程思政课堂教育，有力地促进了他们对专业理论知识的深刻理解，同时又获取了做人做事的基本道理和行为准则，使他们更加喜欢自己的专业，更加自信、更加具有正能量。

（1）上课纪律更好。上课时听课的效果也有所提高，对于课堂上提出的问题，同学们都能及时反馈。课前课后大家就所学知识积极展开讨论，每位同学都努力做到最好。

（2）同学们学习更加认真。每个人都根据自己掌握的内容了解课程思维导图、整理复习提纲，以便更好地掌握知识。

（3）考试过程中大家的诚信意识加强。期末考试时，桌面桌洞无杂物，所有复习资料和书包均放置在指定位置，心无旁骛地完成考试。

三、课程思政教育心得体会

教学过程中紧扣立德树人，坚持以学生为中心，将价值塑造、知识传授和能力培养三者融为一体。一方面通过工程项目管理理论和技术知识的讲授，提高学生专业知识水平，扩展学术胸襟和眼界；另一方面注重学生健全人格的养成，使学生能够深入体会“大国工匠”“中国工程建设速度”的家国情怀，提高职业素养能力、思想道德修养和精神文化素养，提升中华文化认同感，增强中华文化自信。

1.科学选择课程思政元素。时刻绷紧地对学生进行价值引领这根弦，并将这种意识内化到日常的课程教育教学实践中，要确立巧妙、自然、富于感染力的授课形式，将专业课里蕴含的如爱国主义精神、中国传统文化精华、科学精神、艰苦奋斗品质等思政元素以崭新的课堂模式和精巧的授课方法加以呈现。

2.合理规划课程思政的内容。要想把学生培养成为有理想、有目标、有道德的优秀人才，需要有系统的规划，循序渐进地引导他们思考，在适当的时机引入适当的内容。内容的引入不光要结合专业课知识点，还要结合学生的状态。

3.构建良好的师生关系。教学过程中，学生是否接受老师传递的东西在很大程度上取决于学生对老师的认同感，这就需要增强师生间信任感，这样才能提升课程思政的教学效果。

教学展示课件

张玮　管理科学与工程学院信息管理与信息系统系　副教授

<table>
<tr><td>教学展示课件1</td><td>
</td></tr>
<tr><td>2</td><td>
</td></tr>
</table>

续表

3	教学分析 PART 01
4	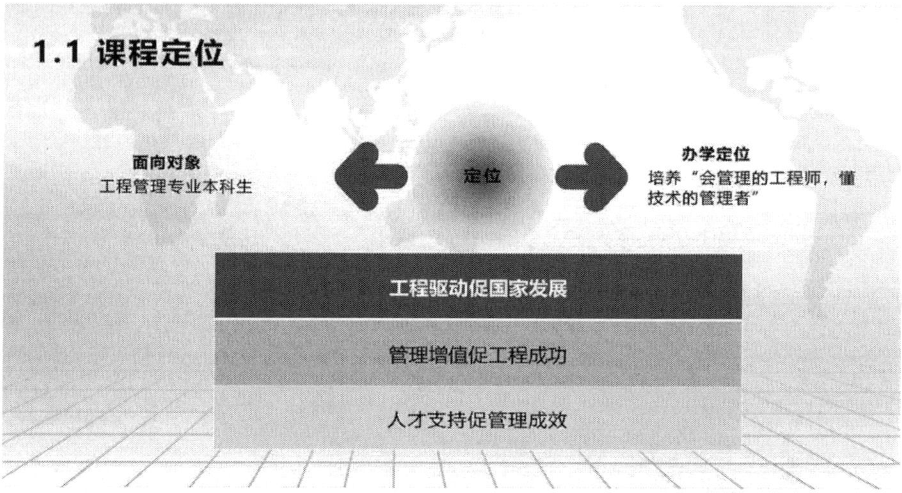1.1 课程定位 面向对象 工程管理专业本科生 定位 办学定位 培养“会管理的工程师，懂技术的管理者” 工程驱动促国家发展 管理增值促工程成功 人才支持促管理成效
5	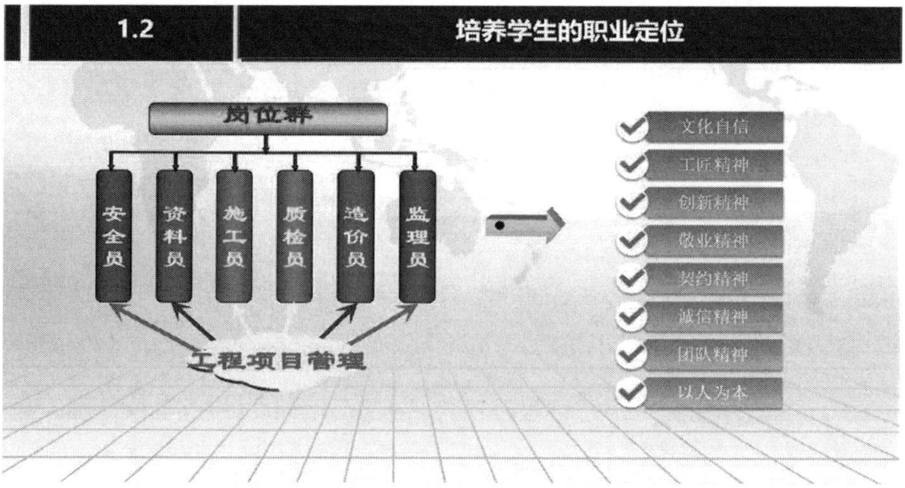1.2 培养学生的职业定位 岗位群 安全员 资料员 施工员 质检员 造价员 监理员 工程项目管理 文化自信 工匠精神 创新精神 敬业精神 契约精神 诚信精神 团队精神 以人为本

续表

6	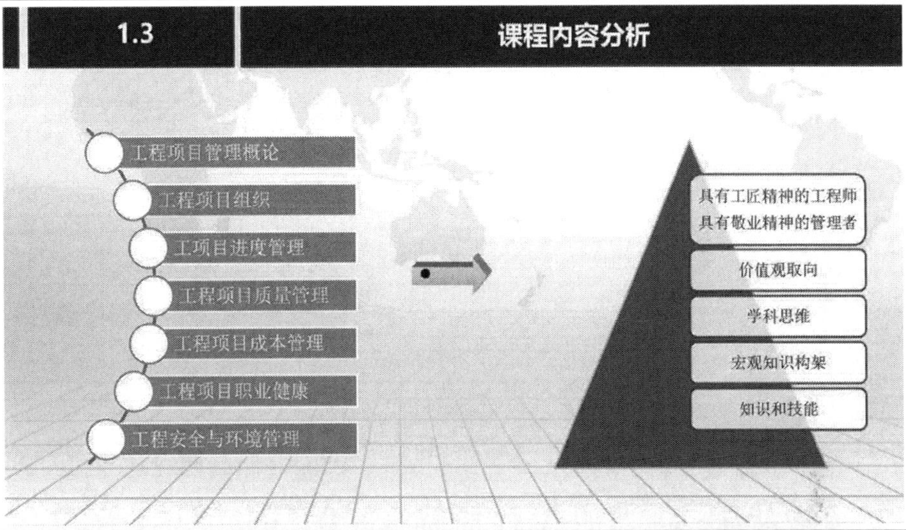1.3 课程内容分析 工程项目管理概论 工程项目组织 工项目进度管理 工程项目质量管理 工程项目成本管理 工程项目职业健康 工程安全与环境管理 具有工匠精神的工程师 具有敬业精神的管理者 价值观取向 学科思维 宏观知识构架 知识和技能
7	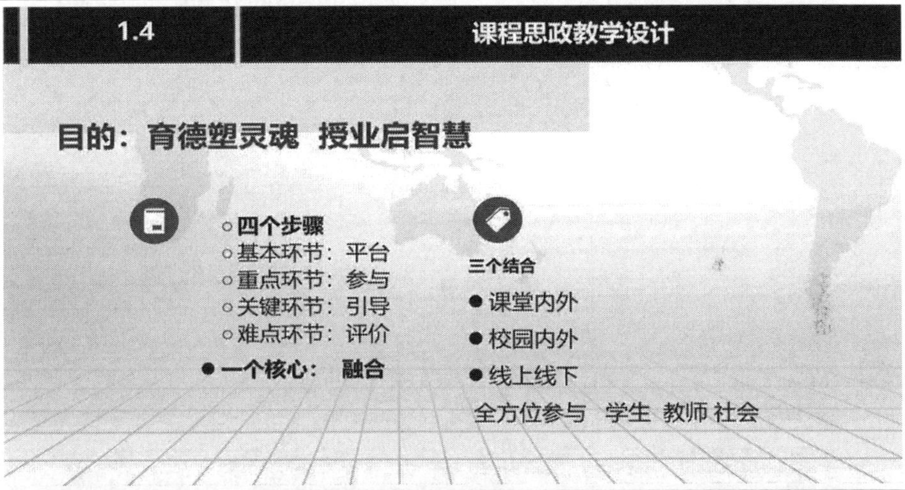1.4 课程思政教学设计 目的：育德塑灵魂 授业启智慧 四个步骤 基本环节：平台 重点环节：参与 关键环节：引导 难点环节：评价 一个核心： 融合 三个结合 课堂内外 校园内外 线上线下 全方位参与 学生 教师 社会
8	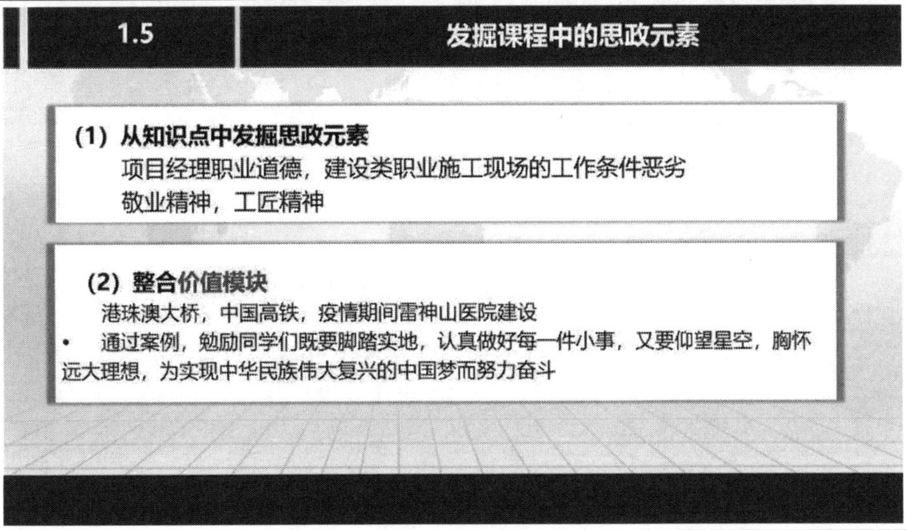1.5 发掘课程中的思政元素 (1) 从知识点中发掘思政元素 项目经理职业道德，建设类职业施工现场的工作条件恶劣 敬业精神，工匠精神 (2) 整合价值模块 港珠澳大桥，中国高铁，疫情期间雷神山医院建设 通过案例，勉励同学们既要脚踏实地，认真做好每一件小事，又要仰望星空，胸怀远大理想，为实现中华民族伟大复兴的中国梦而努力奋斗

续表

9

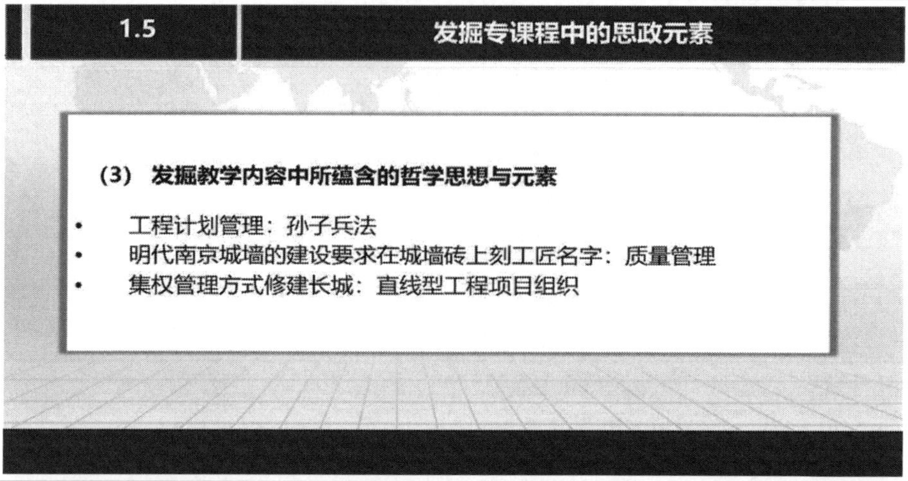
1.5
发掘专课程中的思政元素
(3) 发掘教学内容中所蕴含的哲学思想与元素
• 工程计划管理：孙子兵法
• 明代南京城墙的建设要求在城墙砖上刻工匠名字：质量管理
• 集权管理方式修建长城：直线型工程项目组织

10

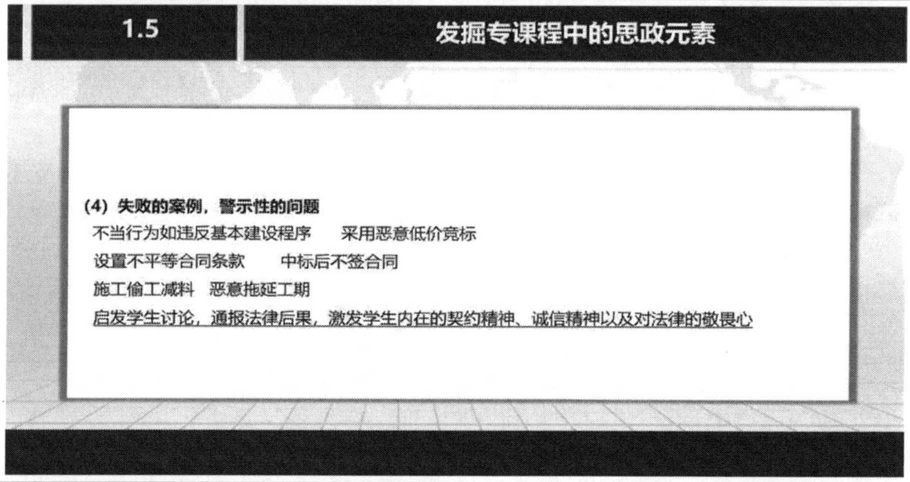
1.5
发掘专课程中的思政元素
(4) 失败的案例，警示性的问题
不当行为如违反基本建设程序 采用恶意低价竞标
设置不平等合同条款 中标后不签合同
施工偷工减料 恶意拖延工期
启发学生讨论，通报法律后果，激发学生内在的契约精神、诚信精神以及对法律的敬畏心

11

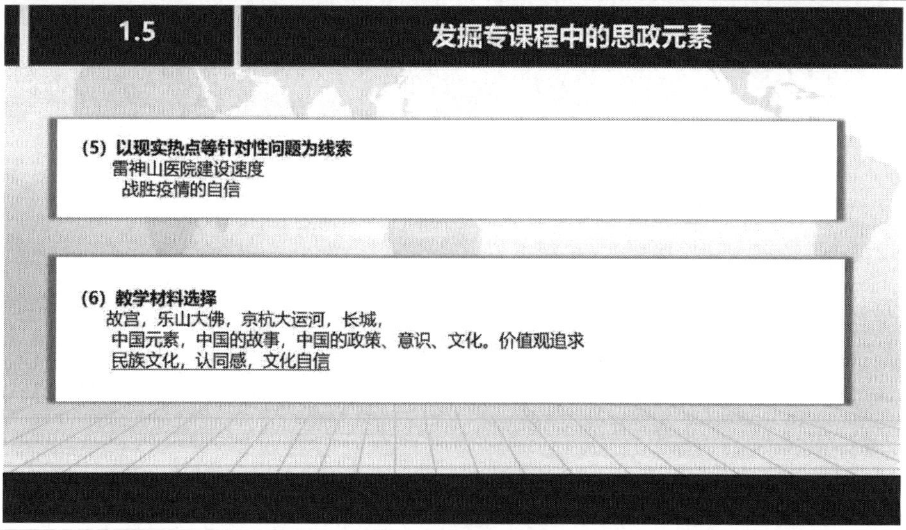
1.5
发掘专课程中的思政元素
(5) 以现实热点等针对性问题为线索
雷神山医院建设速度
战胜疫情的自信
(6) 教学材料选择
故宫，乐山大佛，京杭大运河，长城，
中国元素，中国的故事，中国的政策、意识、文化。价值观追求
民族文化，认同感，文化自信

续表

12	1.6 课程思政教学设计步骤 基本环节：（教学设计）目标，内容，方法，评价，教学过程 通过教师的引导 学生自我 与本专业课程教学元素融合，润物无声，情感体验和行为锻炼
13	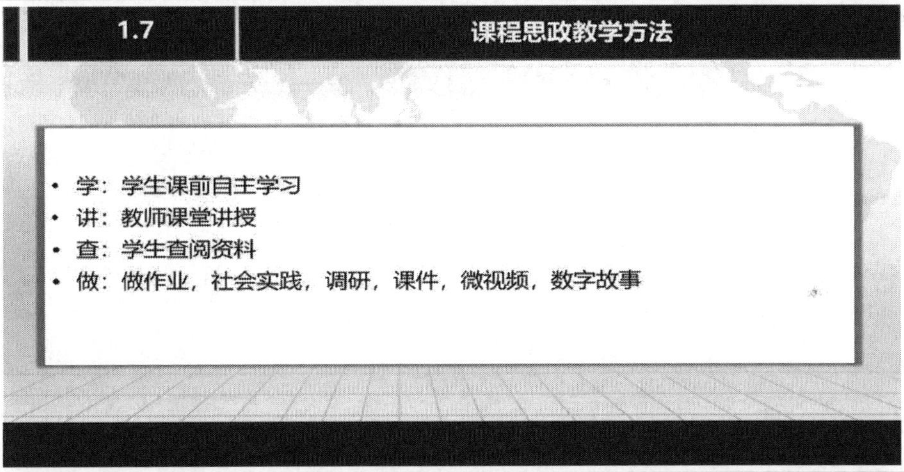1.7 课程思政教学方法 • 学：学生课前自主学习 • 讲：教师课堂讲授 • 查：学生查阅资料 • 做：做作业，社会实践，调研，课件，微视频，数字故事
14	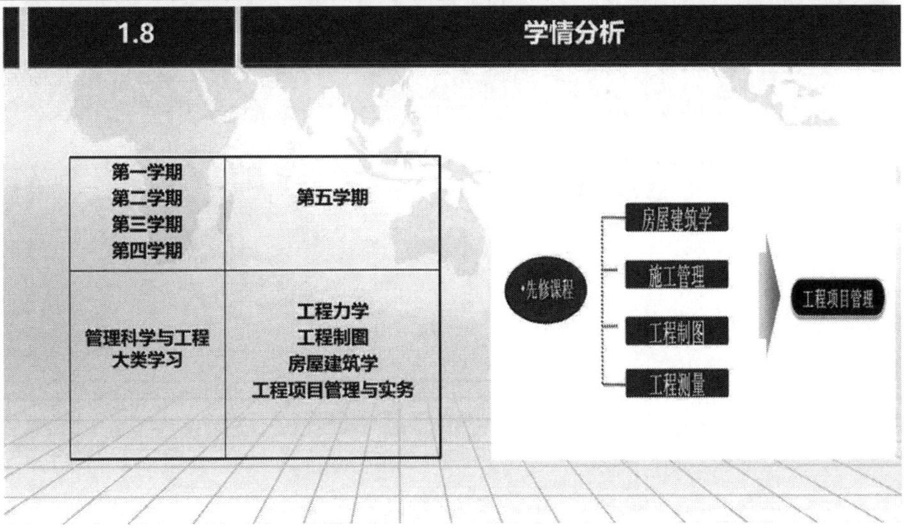1.8 学情分析 第一学期 第二学期 第三学期 第四学期 第五学期 管理科学与工程 大类学习 工程力学 工程制图 房屋建筑学 工程项目管理与实务 •先修课程 房屋建筑学 施工管理 工程制图 工程测量 工程项目管理

续表

15

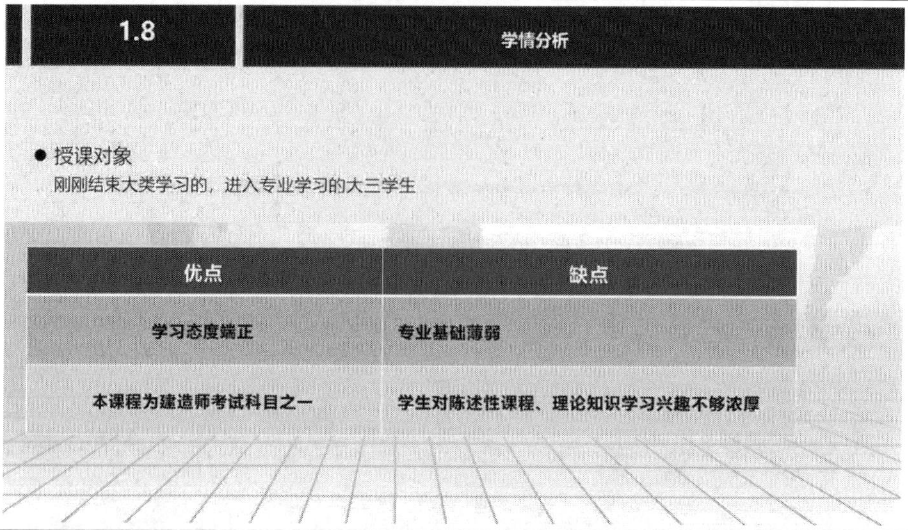
1.8
学情分析
● 授课对象
刚刚结束大类学习的，进入专业学习的大三学生
优点
缺点
学习态度端正
专业基础薄弱
本课程为建造师考试科目之一
学生对陈述性课程、理论知识学习兴趣不够浓厚

16

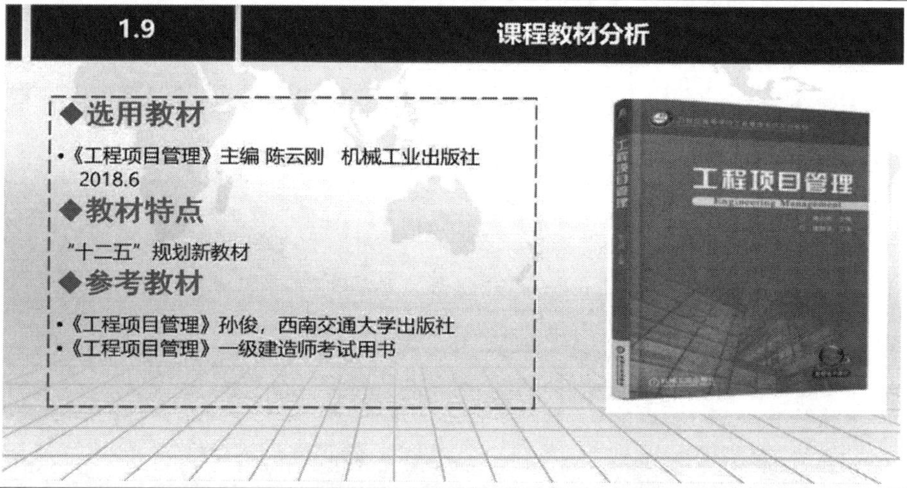
1.9
课程教材分析
◆选用教材
•《工程项目管理》主编 陈云刚 机械工业出版社 2018.6
◆教材特点
"十二五"规划新教材
◆参考教材
•《工程项目管理》孙俊，西南交通大学出版社
•《工程项目管理》一级建造师考试用书
工程项目管理

17

1.10
课程考核
考核方式
考核形式
权重
平时成绩 30%
小组讨论活动 0.1
课堂教学参与程度 0.1
作业情况 0.6
到课率 0.2
模拟实训 20%
招投标实训 0.5
进度管理实训 0.5
期末成绩 50%
课程大作业 --

续表

18

课程思政教学设计
PART 02

19

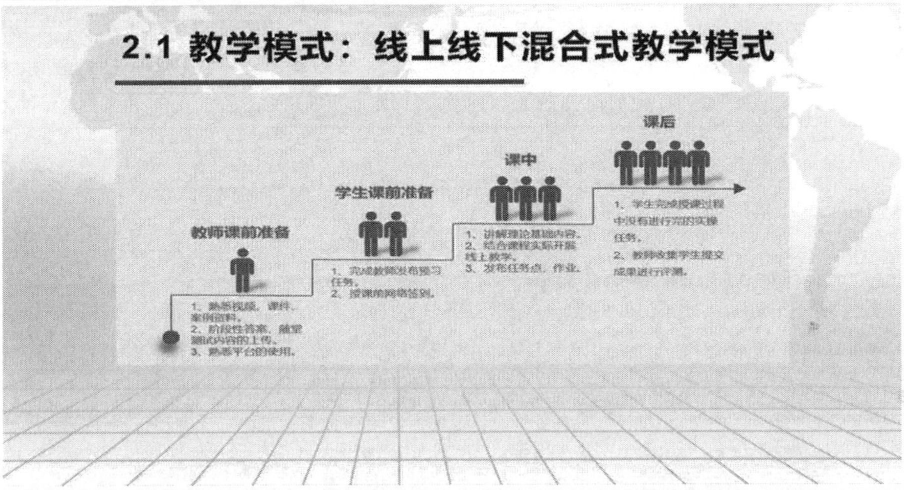
2.1 教学模式：线上线下混合式教学模式
教师课前准备
1、熟悉视频、课件、案例资料。
2、阶段性答案、随堂测试内容的上传。
3、熟悉平台的使用。
学生课前准备
1、完成教师发布预习任务。
2、授课前网络签到。
课中
1、讲解理论基础内容。
2、结合课程实际开展线上教学。
3、发布任务点、作业。
课后
1、学生完成授课过程中没有进行完的实操任务。
2、教师收集学生提交成果进行评测。

20

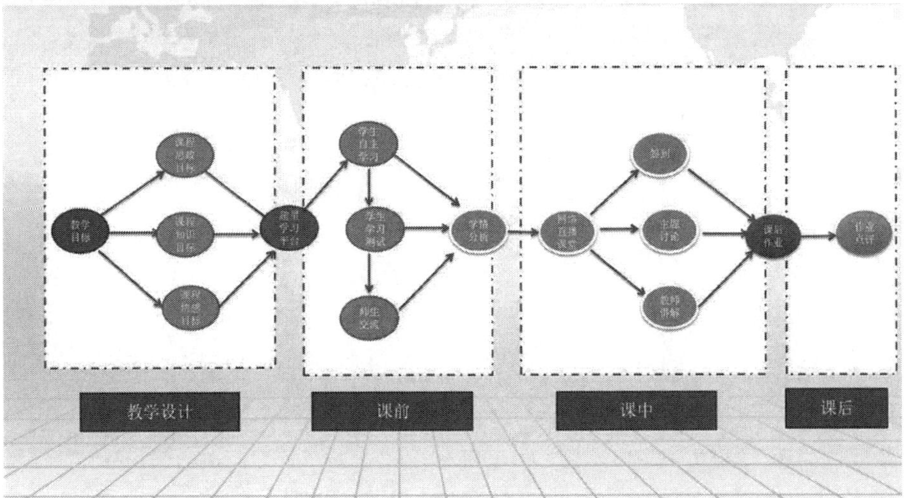
教学设计
课前
课中
课后

续表

21	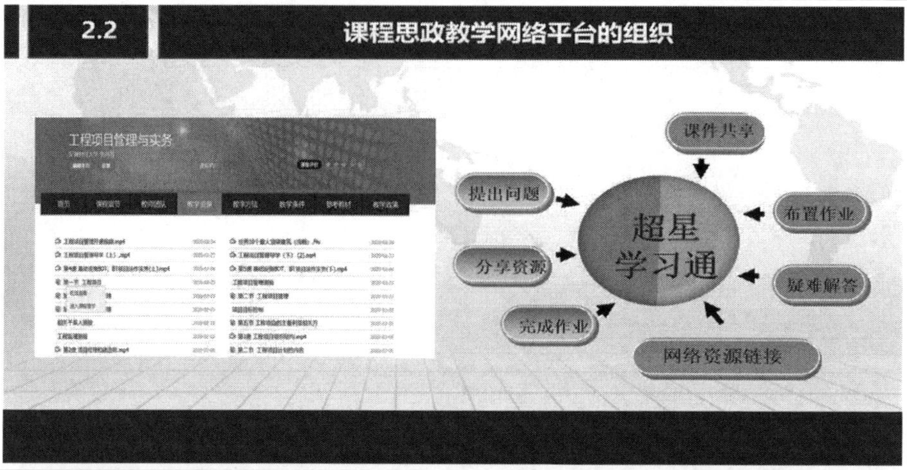2.2 课程思政教学网络平台的组织 工程项目管理与实务 超星 学习通 课件共享 提出问题 布置作业 分享资源 疑难解答 完成作业 网络资源链接
22	2.3 课堂作业设计 【单选题】建设工程管理工作的核心任务是（） A. 项目的目标控制 B. 为工程建设和使用增值 C. 为建设项目的决策和实施增值 D. 实现工程项目实施阶段的建设目标 正确答案：B 【单选题】建设工程管理工作的核心任务是（） A. 项目的目标控制 B. 为工程建设和使用增值 C. 为建设项目的决策和实施增值 D. 实现工程项目实施阶段的建设目标 正确答案：B 【单选题】工程项目管理的核心任务是项目的（）。 A. 策划 B. 设计 C. 施工 D. 目标控制 正确答案：D 【单选题】下列建设工程管理的任务中，属于为工程使用增值的是（ ）。 A. 有利于环保 B. 提高工程质量 C. 有利于投资控制 D. 有利于进度控制 正确答案：A
23	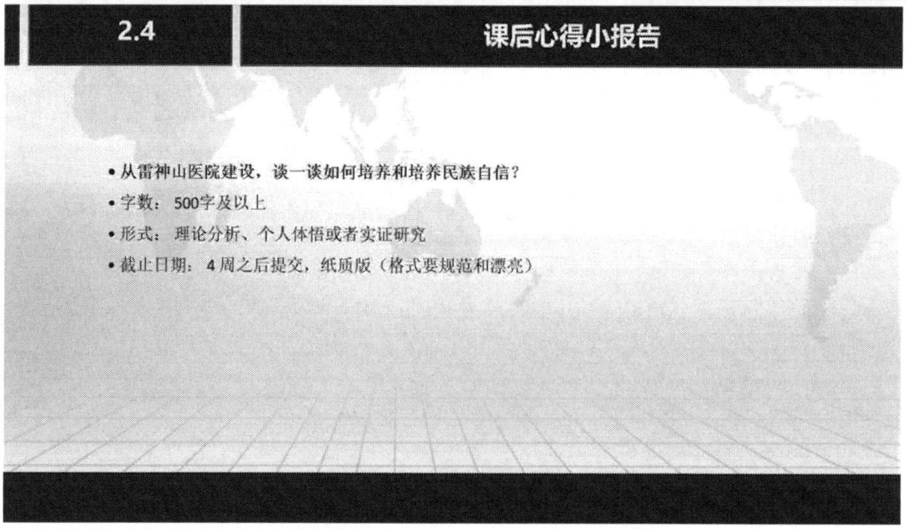2.4 课后心得小报告 • 从雷神山医院建设，谈一谈如何培养和培养民族自信？ • 字数：500字及以上 • 形式：理论分析、个人体悟或者实证研究 • 截止日期：4周之后提交，纸质版（格式要规范和漂亮）

续表

24	课程思政教学展示 ——以工程项目管理概论章节为例 PART 03
25	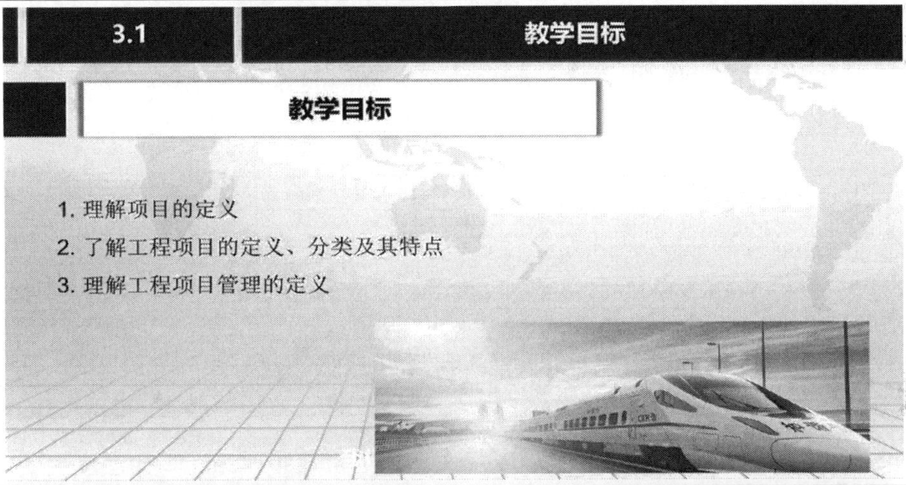3.1 教学目标 教学目标 1. 理解项目的定义 2. 了解工程项目的定义、分类及其特点 3. 理解工程项目管理的定义
26	教学目标 挖掘和发现章节课程思政元素 教学目标 教学目标 挖掘 课程思政元素 课程思政目标

续表

27	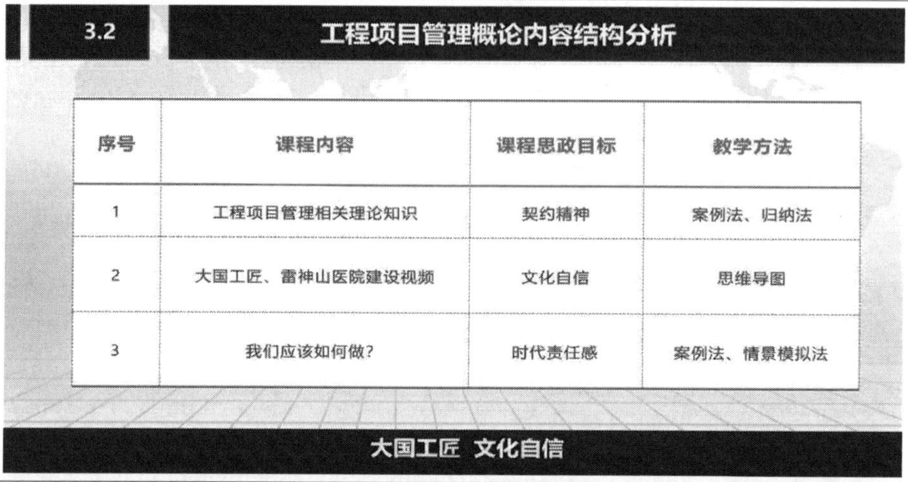3.2 工程项目管理概论内容结构分析 序号 课程内容 课程思政目标 教学方法 1 工程项目管理相关理论知识 契约精神 案例法、归纳法 2 大国工匠、雷神山医院建设视频 文化自信 思维导图 3 我们应该如何做？ 时代责任感 案例法、情景模拟法 大国工匠 文化自信
28	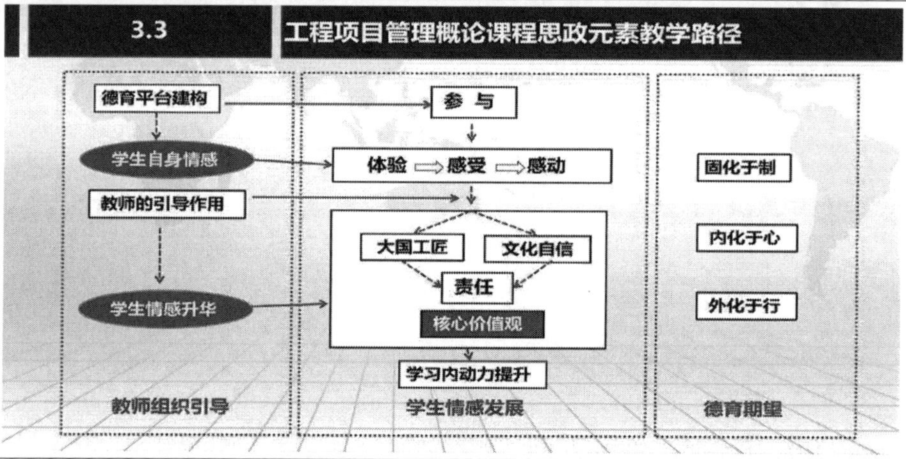3.3 工程项目管理概论课程思政元素教学路径 德育平台建构 学生自身情感 教师的引导作用 学生情感升华 参 与 体验 感受 感动 大国工匠 文化自信 责任 核心价值观 学习内动力提升 固化于制 内化于心 外化于行 教师组织引导 学生情感发展 德育期望
29	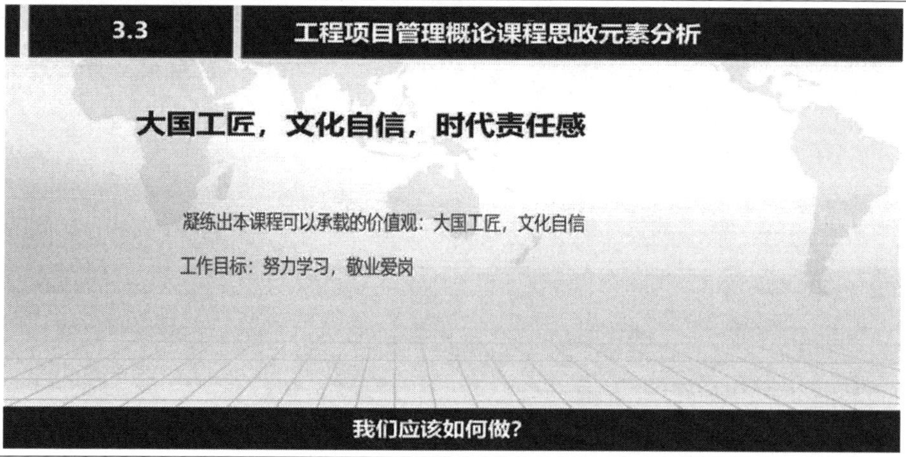3.3 工程项目管理概论课程思政元素分析 大国工匠，文化自信，时代责任感 凝练出本课程可以承载的价值观：大国工匠，文化自信 工作目标：努力学习，敬业爱岗 我们应该如何做？

续表

<table>
<tr><td>30</td><td>
</td></tr>
<tr><td>31</td><td>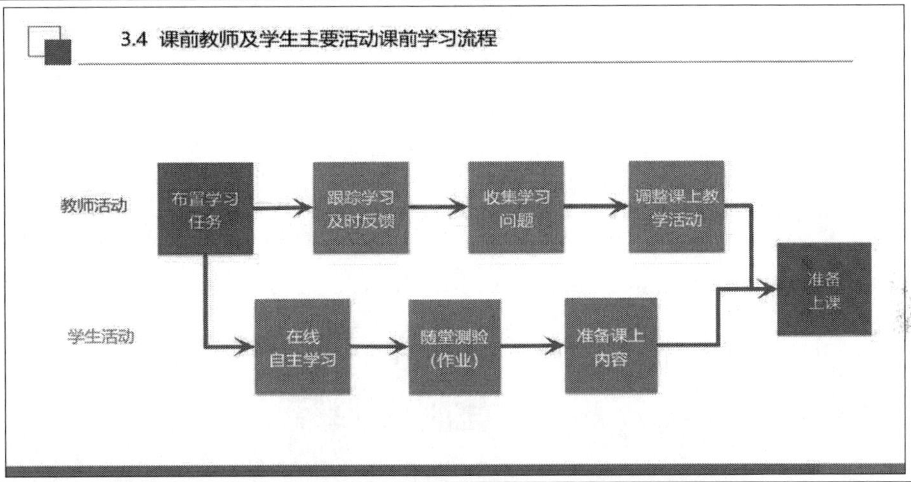
</td></tr>
<tr><td>32</td><td>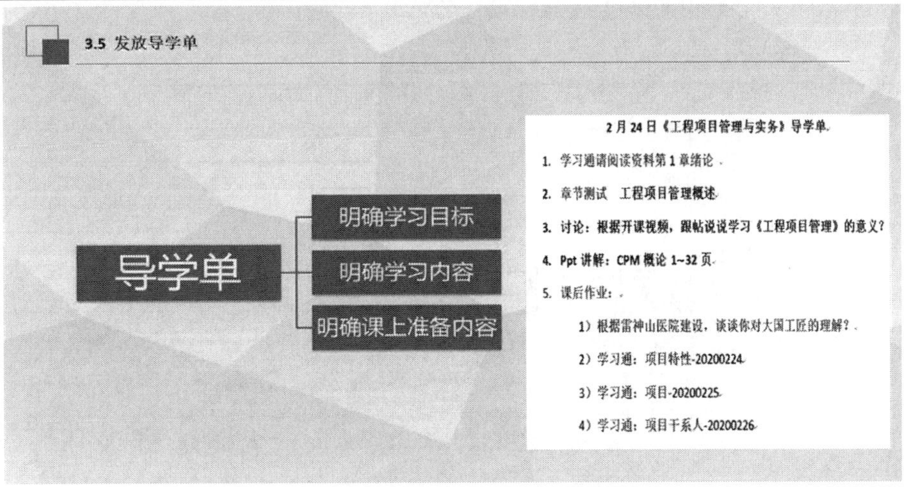
</td></tr>
</table>

续表

33	学生课前学习视频
34	线下 翻转 课堂 邀请码：96485084
35	3.6 上课签到 已签 20 费亮亮 陈江涛 余超 刘国虎 朱葛葛 李语哲 储菁烨 余先安 陆旭东 张蓓蕾 叶凡 王帆 赵国庆 蔡冠宇 高婧 高翀鹏 陈鑫辉 沈强 陶相勇 杨瑞

续表

36

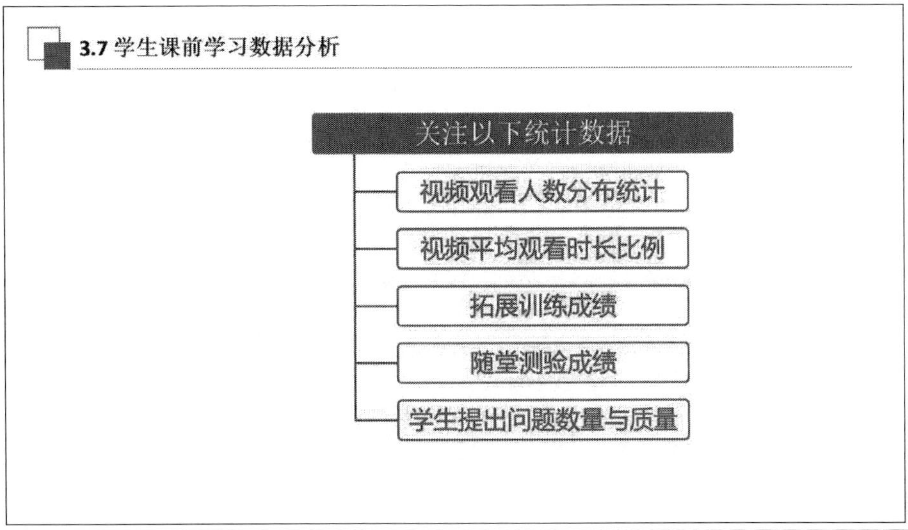
3.7 学生课前学习数据分析
关注以下统计数据
视频观看人数分布统计
视频平均观看时长比例
拓展训练成绩
随堂测验成绩
学生提出问题数量与质量

37

3.8 自主学习情况点评
序号
任务名
类型
说明
学生完成数
详情
1.1、开课视频
任务点1
工程项目管理开课视频.mp4
视频
1.9分钟
18/20
查看
任务点2
火神山建设！一部动画片带你见证中国速度.mp4
视频
2.9分钟
17/20
查看
任务点3
180秒速看雷神山医院建设全记录.mp4
视频
2.7分钟
17/20
查看
1.2、工程项目管理在现代社会中的重要作用
任务点1
世界10个最大顶级建筑（流畅）.f4v
视频
1.1分钟
18/20
查看

38

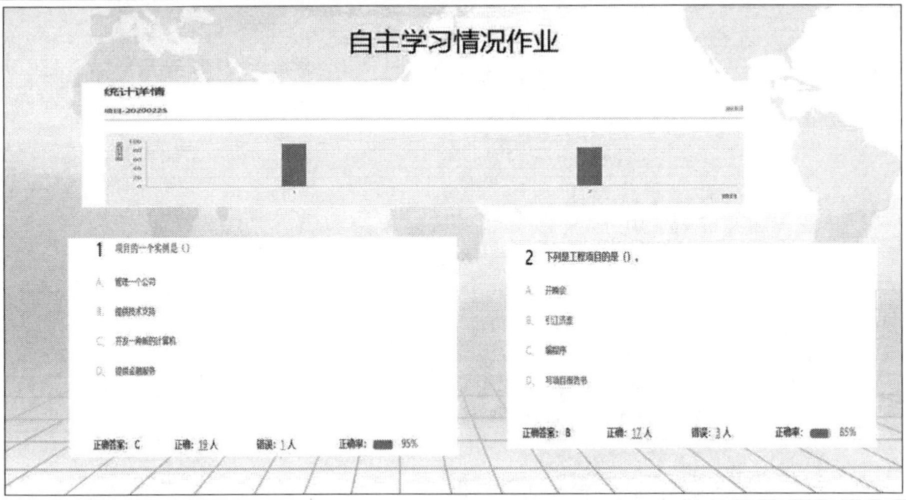
自主学习情况作业
统计详情
1 项目的一个实例是（）
A. 管理一个公司
B. 提供技术支持
C. 开发一种新的计算机
D. 提供金融服务
正确答案：C
正确：19人
错误：1人
正确率：95%
2 下列是工程项目的是（）。
A. 开晚会
B. 引江济淮
C. 编程序
D. 写项目报告书
正确答案：B
正确：17人
错误：3人
正确率：85%

续表

39	3.9 知识点抢答：谈谈企业组织和工程项目组织的区别？ 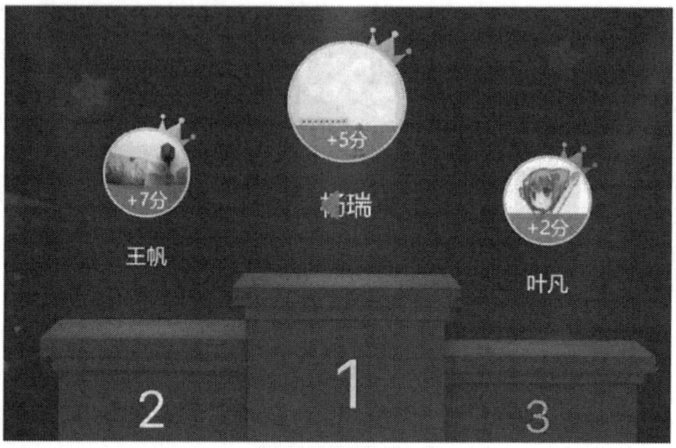
40	3.10 知识点精讲：工程项目的概念 **1**．定义 CP是指在一定的约束条件（资源、时间、质量）下，具有完整组织机构和明确目标的一次性工程建设任务或工作。 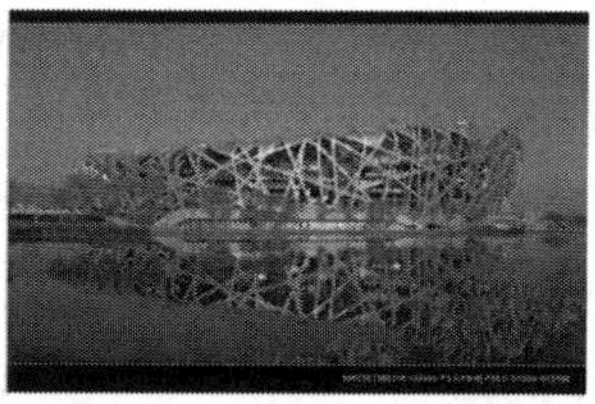
41	3.11 知识点精讲：工程项目的特征 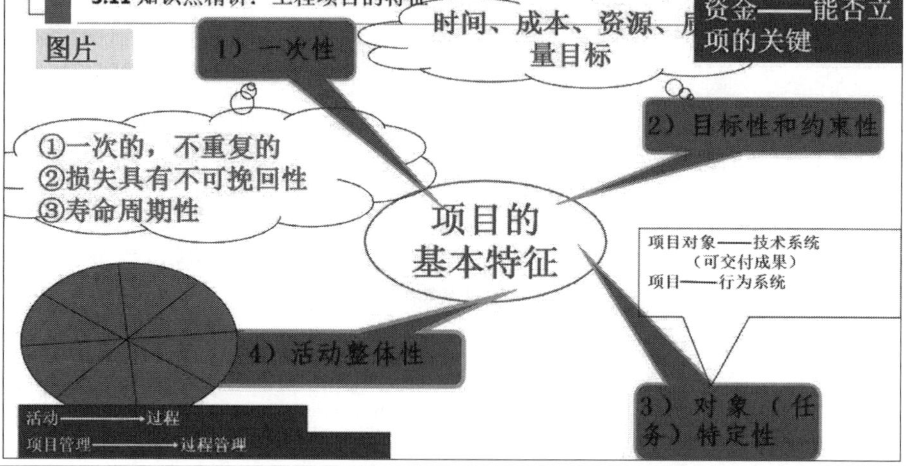

续表

42

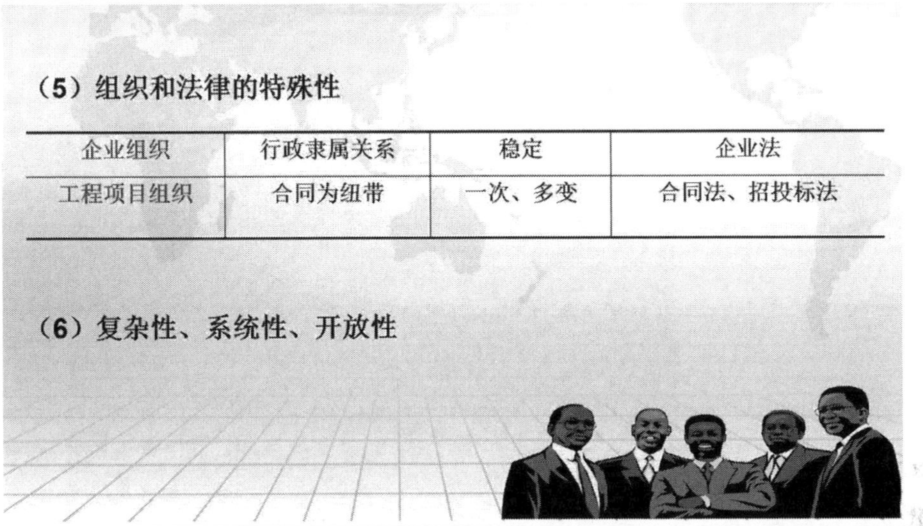
（5）组织和法律的特殊性
企业组织 行政隶属关系 稳定 企业法
工程项目组织 合同为纽带 一次、多变 合同法、招投标法
（6）复杂性、系统性、开放性

43

3.12 课上提问：如何理解工程项目一次性特点
您怎么理解工程项目的一次性特点？
+2分
+2分
+2分

44

3.13 抢答：谈谈企业组织和工程项目组织的区别？
+7分
王帆
+5分
杨瑞
+2分
叶凡
2
1
3

续表

<table>
<tr><td>45</td><td>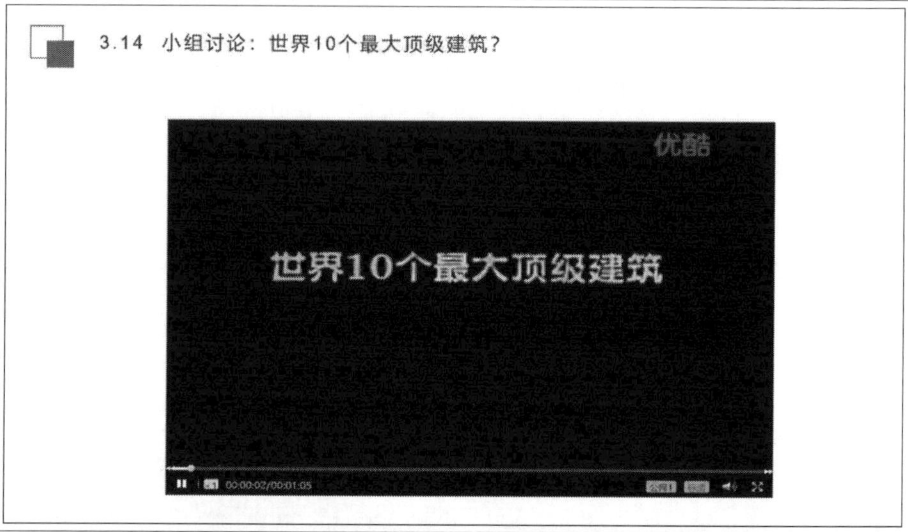
</td></tr>
<tr><td>46</td><td>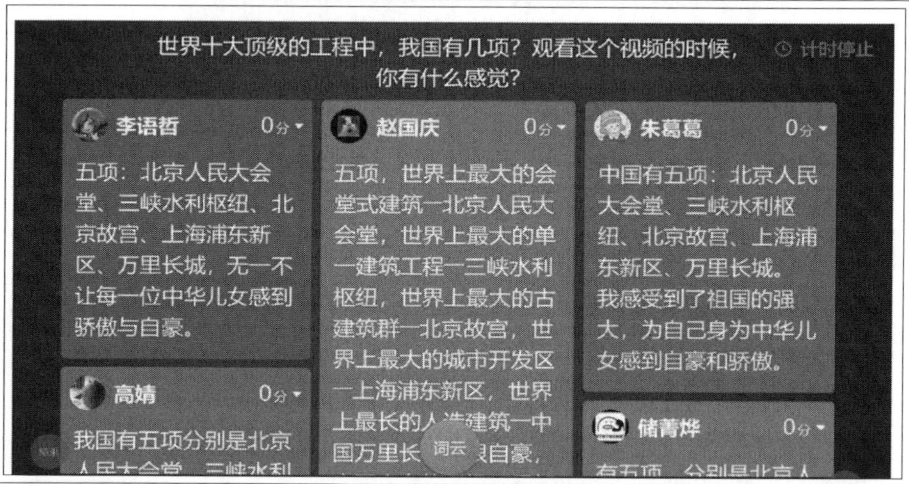
</td></tr>
<tr><td>47</td><td>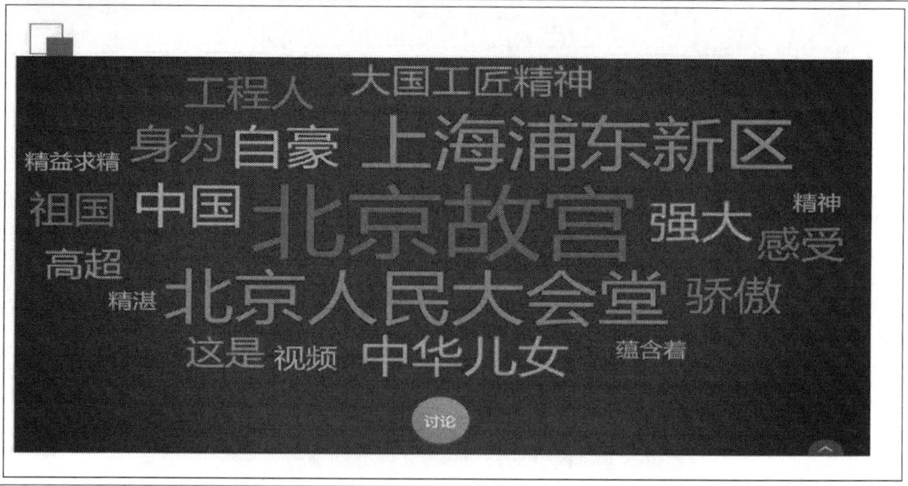
</td></tr>
</table>

续表

48	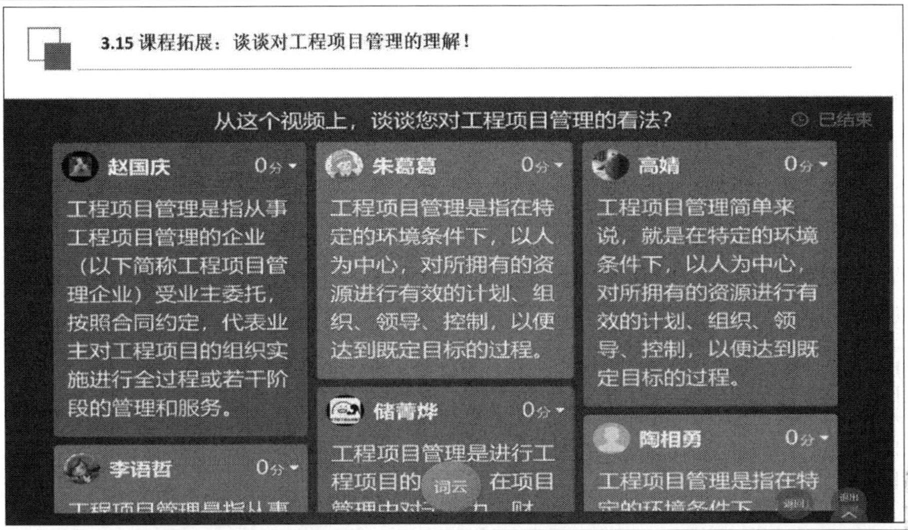3.15 课程拓展：谈谈对工程项目管理的理解！ 从这个视频上，谈谈您对工程项目管理的看法？ 已结束 赵国庆 0分 工程项目管理是指从事工程项目管理的企业（以下简称工程项目管理企业）受业主委托，按照合同约定，代表业主对工程项目的组织实施进行全过程或若干阶段的管理和服务。 朱葛葛 0分 工程项目管理是指在特定的环境条件下，以人为中心，对所拥有的资源进行有效的计划、组织、领导、控制，以便达到既定目标的过程。 高婧 0分 工程项目管理简单来说，就是在特定的环境条件下，以人为中心，对所拥有的资源进行有效的计划、组织、领导、控制，以便达到既定目标的过程。 储菁烨 0分 李语哲 0分 陶相勇 0分 词云
49	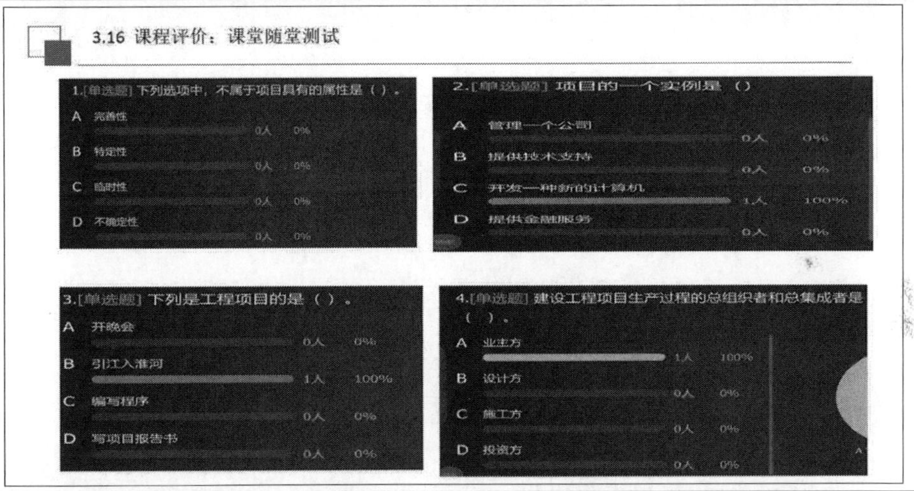3.16 课程评价：课堂随堂测试 1.[单选题] 下列选项中，不属于项目具有的属性是（ ）。 A 完善性 0人 0% B 特定性 0人 0% C 临时性 0人 0% D 不确定性 0人 0% 2.[单选题] 项目的一个实例是 （） A 管理一个公司 0人 0% B 提供技术支持 0人 0% C 开发一种新的计算机 1人 100% D 提供金融服务 0人 0% 3.[单选题] 下列是工程项目的是（ ）。 A 开晚会 0人 0% B 引江入淮河 1人 100% C 编写程序 0人 0% D 写项目报告书 0人 0% 4.[单选题] 建设工程项目生产过程的总组织者和总集成者是（ ）。 A 业主方 1人 100% B 设计方 0人 0% C 施工方 0人 0% D 投资方 0人 0%
50	课后 复习

续表

<table>
<tr><td>51</td><td>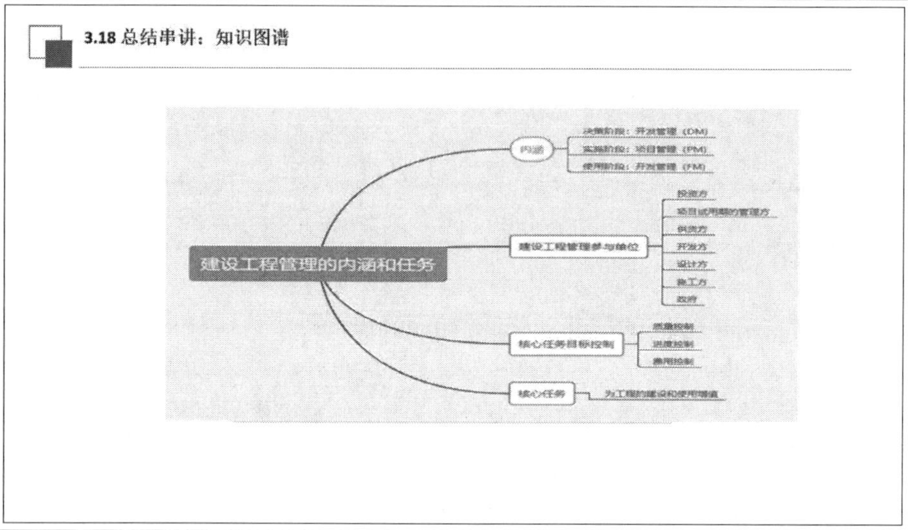
</td></tr>
<tr><td>52</td><td>
</td></tr>
<tr><td>53</td><td>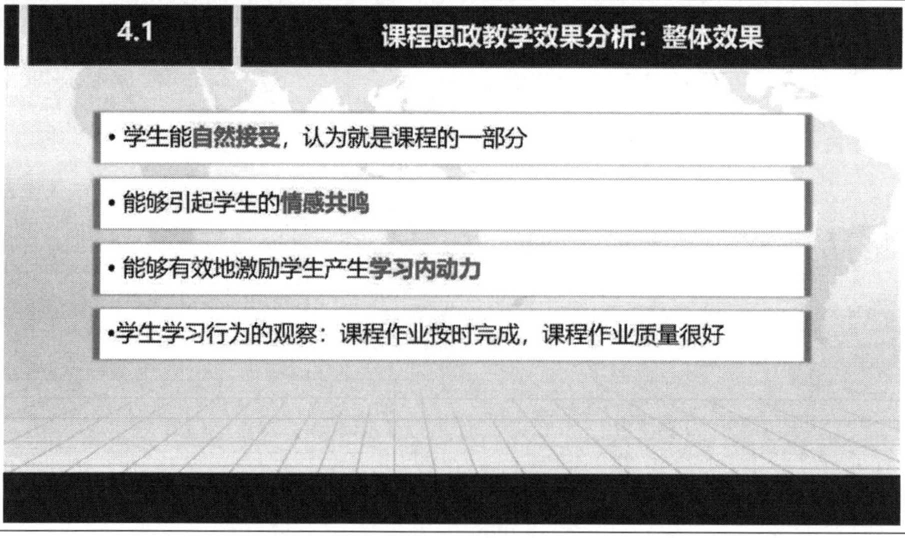
</td></tr>
</table>

续表

54	

三等奖

• 经济学

“国际贸易实务”课程

徐洁香　国际经济贸易学院国际商务系　教授

一、课程思政教学设计思路

（一）课程基本信息

本课程为国际经济与贸易、国际商务等专业的必修课，修读对象为大二下学期学生或大三上学期学生，先修课程为国际贸易学、国际经济学。

（二）课程目标

通过本课程的学习，学生能够达到以下目标：

1. 认知目标：能掌握国际贸易术语、国际贸易合同中的各项条款的内容及注意事项、国际贸易方式、跨境电商基本知识等。

2. 技能目标：具备合同磋商谈判、订立合同、履行合同的能力；具备学生语言表达和沟通能力；具备风险防范能力。

3. 情感素质目标：培养学生的爱国主义情怀；培养学生爱岗敬业、认真做人、踏实做事；培养学生诚信、守法，学会用法律保护自己；培养学生风险意识。

（三）课程内容简介

“国际贸易实务”是一门主要研究国际货物买卖具体过程及相关活动内容与商务运作规范的学科，也是一门具有涉外商务活动特点、实践性很强的综合性应用学科，是国际经贸类专业的一门专业必修核心课程。它的核心性还体现在它是《商务英语函电》《国际货物运输与保险》《国际商务谈判》等课程的基础和先修课程。

“国际贸易实务”课程除了开篇引入国际贸易术语之外，主要围绕合同展开，包含以下部分内容。一是交易前的准备，在这部分需要把握国家的贸易政策、做好出口计划的编制与经营方案，出口货源的组织以及建立客户关系和推销网等。二是交易过程中的谈判，谈判需要一定的技巧和方法，谈判的内容主要就是各项合同条款，对涉及的核心条款如价格条款、运输条款、保险条款、支付条款等要逐条把关，不能出现闪失为后期履行合同带来困难。三是签订合同，这是谈判成功之后将各项条款赋予法律效力的一个必要环节。四是履行合同，就是按照合同中的各项条款认真执行，包括发货、办理运输、保险、报关、交单等程序。五是违约处理，如果合同履行中出现问题，还要涉及违约的处理问题等。

（四）课程思政融入设计

教学内容	课程思政育人融入点	教学措施与方法
第一章 绪论	本部分可以引入我国对外贸易的发展速度及发展质量，让学生建立大国自信，爱国；同时让学生了解外贸在我国经济发展中的重要作用、出口占GDP的比重、出口对我国就业的贡献度等，培养学生的使命感和责任感	讲授法、视频、图片分享、案例分析
第二章 国际贸易术语	在本章的教学中，引入遵守法律、法规意识的教育，强调惯例虽与法律不同，但对贸易的实践有指导作用，尽可能按照大家普遍认可的惯例来与外商进行贸易	讲授法、案例分析、线上线下混合教学
第三章 国际贸易合同的商定	在与外商谈判时要遵守谈判礼仪规范，有礼有节，要有良好的心理素质，不卑不亢；同时作为外贸人员也要尊重客户宗教信仰，时刻维护国家形象和企业形象，不损害国家利益。在与买家邮件磋商时，应使用礼貌用语，及时快速回复，态度上应心平气和、不厌其烦。在签订合同时要强调契约精神	讲授法、案例分析、线上线下混合教学、模拟谈判、讨论
第四章 进出口商品品质、数量、包装	讲授商品的品质、数量等内容时，增加诚信问题内容的讲解。诚信是企业的生存之本，是买卖双方最重要的品质，只有双方秉承诚信的理念，内诚于心，外信于人，交易才能顺利进行。因此，在教学过程中要求学生在今后的工作中坚守“诚信”二字，严守道德底线，诚信做人、踏实做事	讲授法、案例分析、线上线下混合教学
第五章 国际货物运输	需要严格按照贸易双方约定，选择资质好的运输公司，不得与运输公司串通，监守自盗。运输工作不能粗心大意，否则可能会导致货物在运输过程中损失惨重，可以教导学生要认真细致，不能粗心酿大祸	讲授法、案例分析、线上线下混合教学
第六章 国际货物运输保险	在国际货物运输保险的教学中，引入风险意识教育，让学生认识到风险是未来损失的不确定性，风险会带来的后果及危害。要求同学们要增强风险防范意识，做好市场调查、信用调查等前期准备工作，加强理论学习，提高自我判断决策能力，贸易履行中认真对待每一个环节等，使一些风险在可控范围之内。另外就是要加强保险工作	讲授法、案例分析、线上线下混合教学、视频观看
第七章 进出口商品的价格	在商品价格的教学中引入核算成本的重要性，不能做亏本的买卖，要货比三家，也不要一味强调自己盈利，要平等互利，实现双赢，贸易中只有双赢，贸易关系才能长期维持。在讲解佣金与折扣时，引入正确的金钱观、价值观，不能贪图个人私利，损毁公司信誉与利益	讲授法、案例分析、线上线下混合教学
第八章 国际货款支付	在支付方式教学中，强调银行信用和商业信用的区别，在支付方式的选择上要考虑收付汇的安全性，选择合适的支付方式，从而规避可能产生的各种风险；强调在开立信用证的过程中，一定要遵守惯例和规则，从而再次引入法制观念教育，让学生意识到，遵纪守法是每个公民应尽的社会责任和道德义务。只有遵纪守法，国家才能文明发展，社会才能安定团结	讲授法、案例分析、线上线下混合教学、讨论

续表

教学内容	课程思政育人融入点	教学措施与方法
第九章 争议的预防与处理	在讲授争议的预防与处理时，再次强调风险预防的重要性，如果在发货前或收货前做好进出口货物的检验工作，就能很大程度上避免风险的发生。对于已经发生的风险和争议，要学会通过异议与索赔条款、不可抗力条款、仲裁条款妥善处理争议与纠纷，减少风险损失	讲授法、案例讨论、线上线下混合教学
第十章 进出口合同的履行	在讲授合同履行的时候教导学生忠实履行合同是基本的行业道德要求，再次强调诚信的重要性，因为市场经济不仅仅是法治经济，更是诚信经济，诚信是一切才能的基础，只有获得别人的信任，才能铸就自己的信誉。同时，教导学生认真对待合同履行的每一个环节，善始善终	讲授法、案例分析、线上线下混合教学、第二课堂
实验一 合同商定	在模拟签订合同时，强调合同的多样性和复杂性，合同中责任、义务约定是签约各方享受权利、履行义务的重要依据，再次引入爱国这一关键词，教导学生在签订合同的时候能够自觉维护国家利益、社会利益、集体利益和公司利益	讲授法实验教学
实验二 出口托运定舱与出口投保装船	在制作托运单和保险单据时，要求学生要有敬业精神，在制作单据时态度端正、认真细致、不急不躁，耐心地完成各项单据的制作。对于客户提出的问题，要耐心地解答，不私自收取额外的财物和酬金，具有良好的职业道德	讲授法实验教学
实验三 信用证审核与修改	审核信用证、确保信用证安全可靠，是出口商安全收汇的保障，因此，需要教导学生依据合同和《跟单信用证统一惯例》严格审核信用证，特别注意要找出信用证与惯例不一致的地方，以及信用证中存在的“软条款”，防止被骗	讲授法实验教学
实验四 进出口业务案例	全面解析出口和进口完整的案例，再次巩固所学知识点，及巩固思政重点，例如，诚信教育、法制教育、责任心教育、爱国教育、道德底线教育，帮助学生树立正确的人生观、价值观	讲授法实验教学
考试	再次进行诚信教育	

二、第六章《国际货物运输保险》教学展示

（一）教学目标和内容

1. 培养学生风险意识，理解风险与保险的关系。
2. 理解国际货物运输保险的含义及基本原则，培养学生诚信做人、踏实做事。
3. 掌握海洋运输货物保险承保的风险、损失及费用。
4. 掌握我国海洋运输货物保险条款的内容。

（二）教学重点和难点

教学重点：

1. 国际货物运输保险的五大基本原则。
2. 海洋运输货物保险承保的风险、损失。
3. 我国海洋运输货物保险各项条款。

教学难点：

1. 国际货物运输保险的五大基本原则中的可保利益原则、代位追偿权原则。

2. 单独海损与共同海损的含义及区别；实际全损与推定全损的含义及区别。

3. 基本险、附加险及专门险的区别以及投保时如何进行选择问题。

（三）教学过程和方法（可含时间分配）

教学过程	教学时间	授课者活动	教学方法、手段
课前预习	线上自学，1小时	提前一天发布课前自主学习单，学习材料	超星网络教学平台或学习通
导入新课	10分钟	思政导入：生活中的风险以及风险的防范，培养学生风险意识及风险防范能力	讲授法、PPT展示，举例，提问
教学新课	60分钟	讲授国际货物运输保险的五大基本原则；海洋运输货物保险承保的风险、损失；我国海洋运输货物保险各项条款。 根据保险的基本原则之最大诚信原则，思政导入：诚信的重要性	讲授法、PPT展示、视频播放、举例，提问互动、案例讨论，并邀请学生上讲台分析案例
巩固新课	12分钟	课堂检测（6道选择题）及分析	PPT展示、学习通完成提交
课堂小结	6分钟	总结本章的主体内容及重难点回顾	讲授法、提问互动
布置作业	2分钟	布置案例讨论题	学习通上分组讨论，并提交讨论结果

（四）教学反思

通过认真学习和思考，我对课程思政有了比较深入的认识。“国际贸易实务”课程是贸易类专业的核心课程，内含丰富的课程思政元素，因此，我在本门课程中设定爱国、敬业、诚信、守法、认真、踏实等思政育人目标，并通过与谈判、签订合同、履行合同等各环节要求融合。融入思政元素以后，我在课堂上不仅是传授专业知识，同时也尽可能地给学生传授社会主义核心价值观，以及作为外贸专业人才所应具备的专业素养。所授课程班级学生普遍比较欢迎这种方式，他们认为通过本课程的学习不仅使他们掌握了专业知识，同时个人的素养也在不断提升。

在今后的“国际贸易实务”课程的教学过程中，我将进一步研究课程思政，使思政内容更好地与专业课程融合，对学生进行价值引领，较好地达到课程思政育人的目标，使学生走上社会以后能够更好地胜任自己的本职工作。

（五）其他需要展示的内容

1. 参考教材

黎孝先、王健：《国际贸易实务》（第七版），对外经济贸易大学出版社2021年版。

吴百福、徐小薇、聂清:《进出口贸易实务教程》(第七版),格致出版社2015年版。

2.超星网络教学平台本课程网址

https://mooc1.chaoxing.com/mycourse/teachercourse?moocId=217018710&clazzid=37917460&edit=true&v=0&cpi=0&pageHeader=0.

三、课程思政教育心得体会

随着时代的发展，中国面临很多的机遇，同时挑战也无处不在，要想实现民族复兴的伟大中国梦，需要我们一代又一代人的智慧和努力，这其中人才的培养是重中之重。而学校是承担教育任务的主体力量，要在教授学生知识、技能的同时，把育人的功能充分体现出来，传统的教育理念很难适应时代发展的新要求。

课程思政是在“三全育人”背景下提出的一种新的教育理念，是新形势下国家落实立德树人根本任务的战略性举措。思政教育与专业课堂融合，能够有效解决思政教育的困境，全面提高人才培养质量。

通过课堂上的实践，我的教育理念发生了很大的变化，以前我认为，作为专业老师，我在课堂上有限时间内就是要把专业知识尽可能多地传授给学生们，让学生们走出校园以后能够拥有过硬的专业知识和技能，至于育人方面的教育主要由思政老师来完成，但思政课的时间非常有限，在不结合专业的情况下很难讲得生动，也很难让学生入脑。在新的教育理念驱使下，专业课程中融入思政教育，我们的思政教育就变得生动起来，因为和未来的工作联系密切，学生们听起来也就格外认真，这时候对学生进行价值引领，融入社会主义核心价值观的教育，能够起到比单纯思政课好得多的教学效果。

同时，通过思政课实践，我的教学设计能力得到了提高，教学方法手段比以前更丰富了，思考的东西就更多了，自己在思政方面也受益匪浅，人生观、价值观也在不断得到修正，这又进一步促进了我的教学能力的提升。

教学展示课件

徐洁香　国际经济贸易学院国际商务系　教授

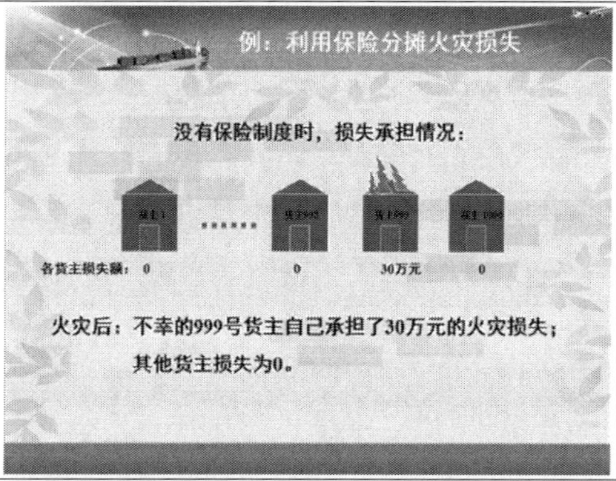

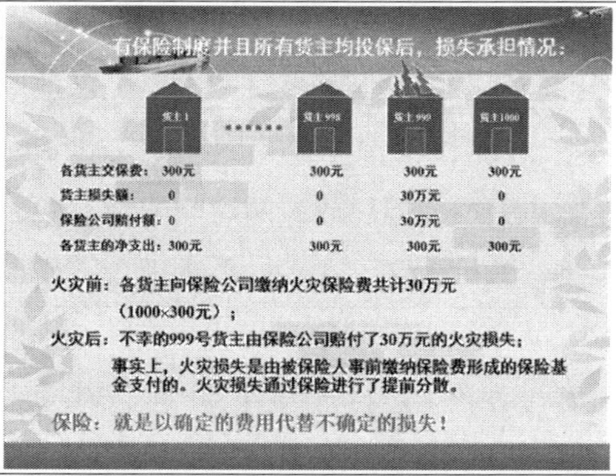

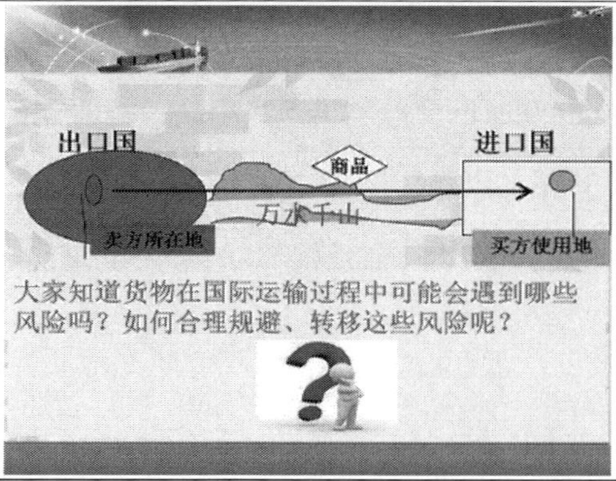

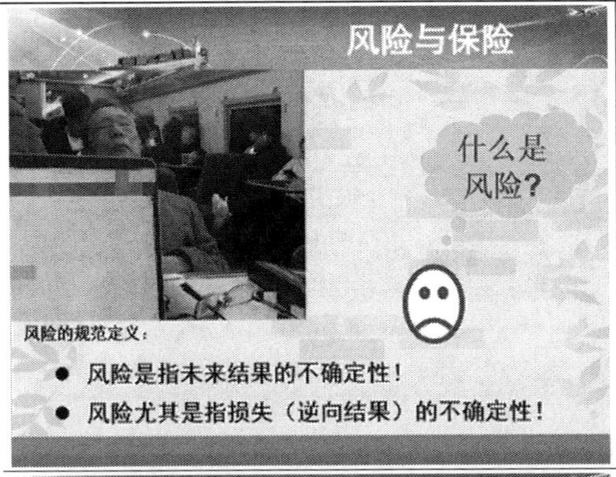
风险与保险
什么是风险？
风险的规范定义：
● 风险是指未来结果的不确定性！
● 风险尤其是指损失（逆向结果）的不确定性！

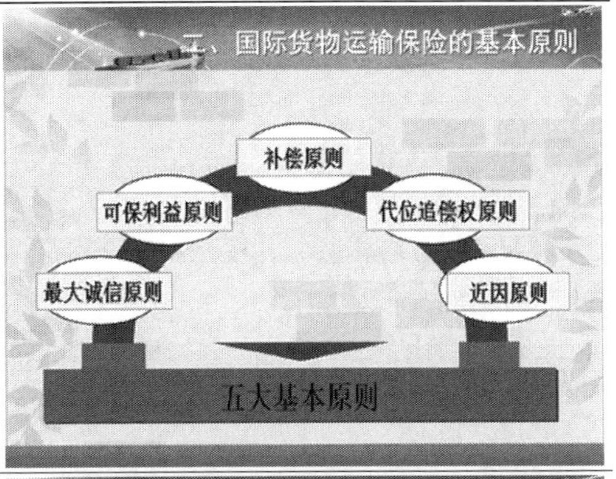
二、国际货物运输保险的基本原则
补偿原则
可保利益原则
代位追偿权原则
最大诚信原则
近因原则
五大基本原则

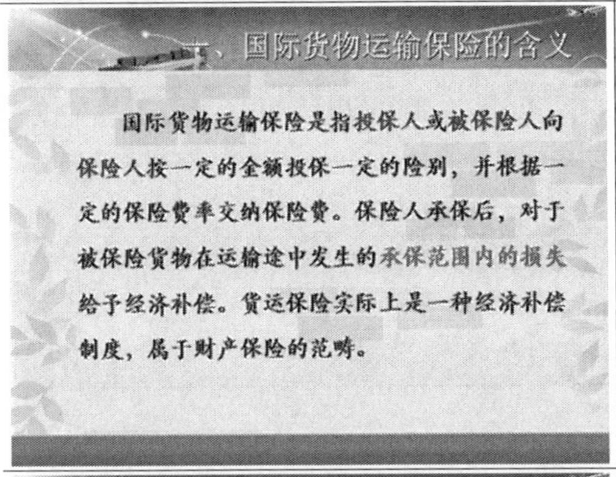
一、国际货物运输保险的含义
国际货物运输保险是指投保人或被保险人向保险人按一定的金额投保一定的险别，并根据一定的保险费率交纳保险费。保险人承保后，对于被保险货物在运输途中发生的承保范围内的损失给予经济补偿。货运保险实际上是一种经济补偿制度，属于财产保险的范畴。

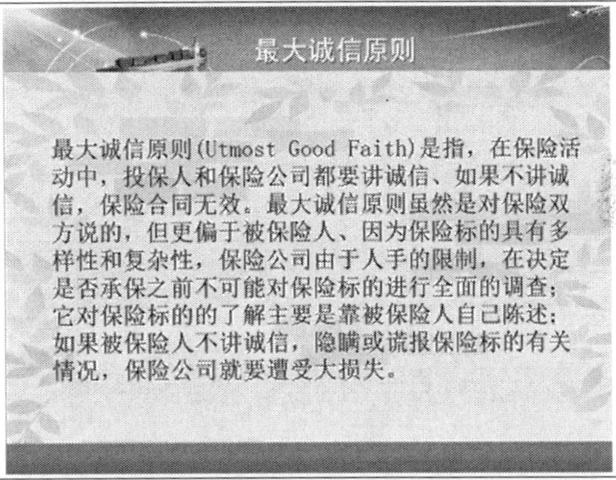
最大诚信原则
最大诚信原则(Utmost Good Faith)是指，在保险活动中，投保人和保险公司都要讲诚信、如果不讲诚信，保险合同无效。最大诚信原则虽然是对保险双方说的，但更偏于被保险人、因为保险标的具有多样性和复杂性，保险公司由于人手的限制，在决定是否承保之前不可能对保险标的进行全面的调查；它对保险标的的了解主要是靠被保险人自己陈述；如果被保险人不讲诚信，隐瞒或谎报保险标的有关情况，保险公司就要遭受大损失。

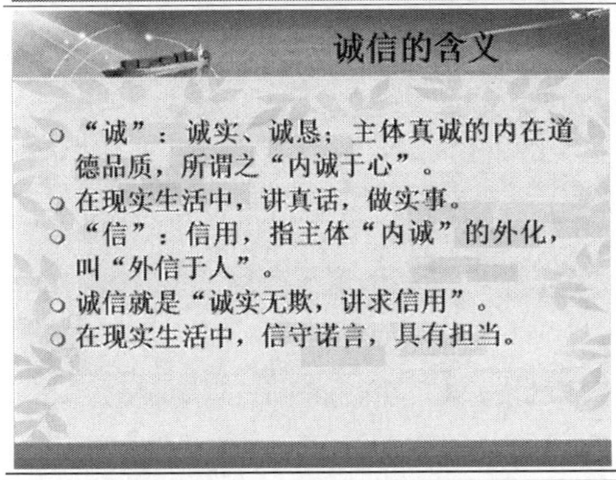
诚信的含义
○ "诚"：诚实、诚恳；主体真诚的内在道德品质，所谓之"内诚于心"。
○ 在现实生活中，讲真话，做实事。
○ "信"：信用，指主体"内诚"的外化，叫"外信于人"。
○ 诚信就是"诚实无欺，讲求信用"。
○ 在现实生活中，信守诺言，具有担当。

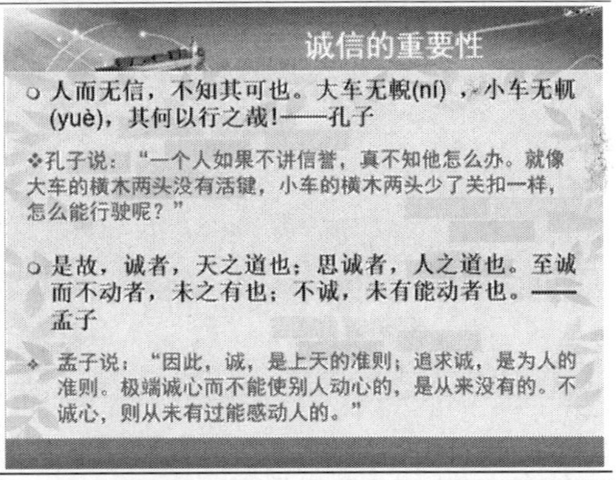
诚信的重要性
○ 人而无信，不知其可也。大车无輗(ní)，小车无軏(yuè)，其何以行之哉！——孔子
❖孔子说："一个人如果不讲信誉，真不知他怎么办。就像大车的横木两头没有活键，小车的横木两头少了关扣一样，怎么能行驶呢？"
○ 是故，诚者，天之道也；思诚者，人之道也。至诚而不动者，未之有也；不诚，未有能动者也。——孟子
❖ 孟子说："因此，诚，是上天的准则；追求诚，是为人的准则。极端诚心而不能使别人动心的，是从来没有的。不诚心，则从未有过能感动人的。"

安徽财经大学
ANHUI UNIVERSITY OF FINANCE & ECONOMICS
诚信博学 知行统一

案例：杭州武林门广场的三把大火
耻辱之火
1987年8月8日，杭州武林门广场上，愤怒的杭州人，点起大火，5000多双温州的假冒劣质鞋葬身火海。
这就是著名的杭州火烧温州鞋事件，对温州产品声誉造成了严重影响，对温州模式造成了重大冲击。这把火，被温州人称为"耻辱之火"
http://m.sjfzxm.com/body/18_006/36749

雪耻之火
1999
1999年12月15日下午3点，武林门，“打假保名牌”的横幅下人头攒动。王振滔和浙江皮革协会领导以及温州市的领导，点燃了一把火，2000多双假冒温州鞋在熊熊大火中化为灰烬。当时的《经济日报》生动地说：“12年前一把火，烧温州人的劣质鞋；12年后的火一把，温州人烧仿冒温州鞋的劣质鞋
。

2007年8月8日夜晚，随着一首《迎宾曲》，温州诚信日民营企业大型活动，在杭州武林门广场拉开了序幕。在晚会上，省市部门领导、温州企业诚信促进会会长和温州品牌协会名誉会长等人进行了“企业向贫困地区和贫困学生赠款”，点燃了温州人在武林门广场的第三把火——“诚信之火”，也是“品牌之火”。
诚信之火

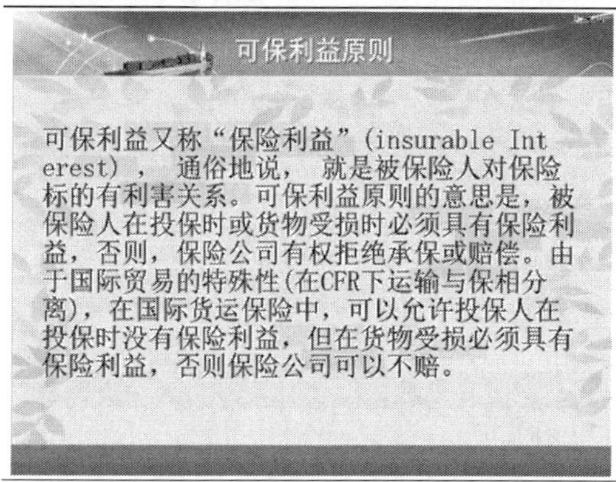
可保利益原则
可保利益又称“保险利益”(insurable Interest)， 通俗地说， 就是被保险人对保险标的有利害关系。可保利益原则的意思是，被保险人在投保时或货物受损时必须具有保险利益，否则，保险公司有权拒绝承保或赔偿。由于国际贸易的特殊性(在CFR下运输与保相分离)，在国际货运保险中，可以允许投保人在投保时没有保险利益，但在货物受损必须具有保险利益，否则保险公司可以不赔。

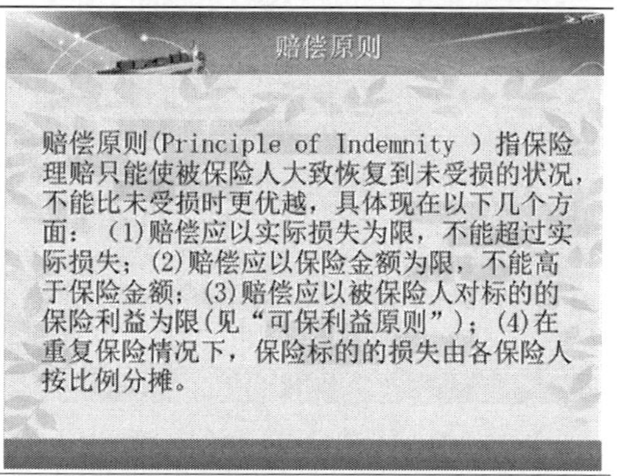
赔偿原则
赔偿原则(Principle of Indemnity) 指保险理赔只能使被保险人大致恢复到未受损的状况，不能比未受损时更优越，具体现在以下几个方面： (1)赔偿应以实际损失为限，不能超过实际损失；(2)赔偿应以保险金额为限，不能高于保险金额；(3)赔偿应以被保险人对标的的保险利益为限(见“可保利益原则”)；(4)在重复保险情况下，保险标的的损失由各保险人按比例分摊。

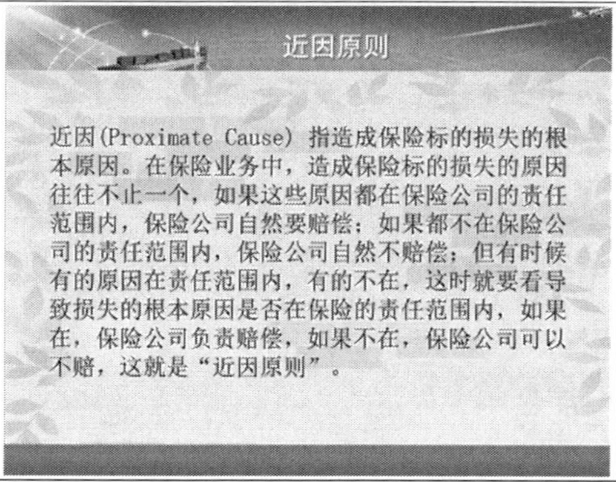
近因原则
近因(Proximate Cause) 指造成保险标的损失的根本原因。在保险业务中，造成保险标的损失的原因往往不止一个，如果这些原因都在保险公司的责任范围内，保险公司自然要赔偿；如果都不在保险公司的责任范围内，保险公司自然不赔偿；但有时候有的原因在责任范围内，有的不在，这时就要看导致损失的根本原因是否在保险的责任范围内，如果在，保险公司负责赔偿，如果不在，保险公司可以不赔，这就是“近因原则”。

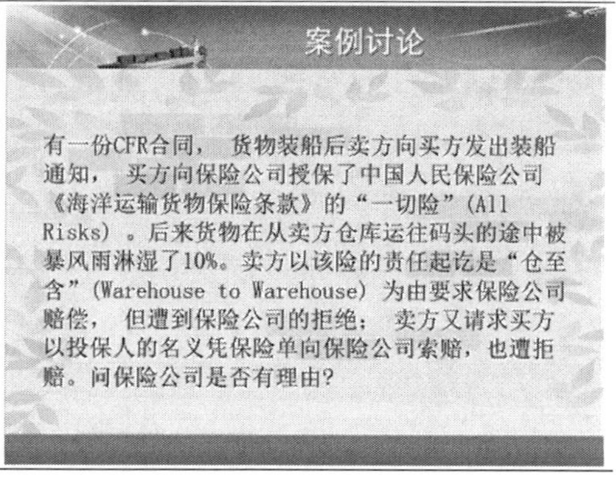
案例讨论
有一份CFR合同， 货物装船后卖方向买方发出装船通知， 买方向保险公司投保了中国人民保险公司《海洋运输货物保险条款》的“一切险”(All Risks) 。后来货物在从卖方仓库运往码头的途中被暴风雨淋湿了10%。卖方以该险的责任起讫是“仓至仓”(Warehouse to Warehouse) 为由要求保险公司赔偿， 但遭到保险公司的拒绝； 卖方又请求买方以投保人的名义凭保险单向保险公司索赔，也遭拒赔。问保险公司是否有理由?

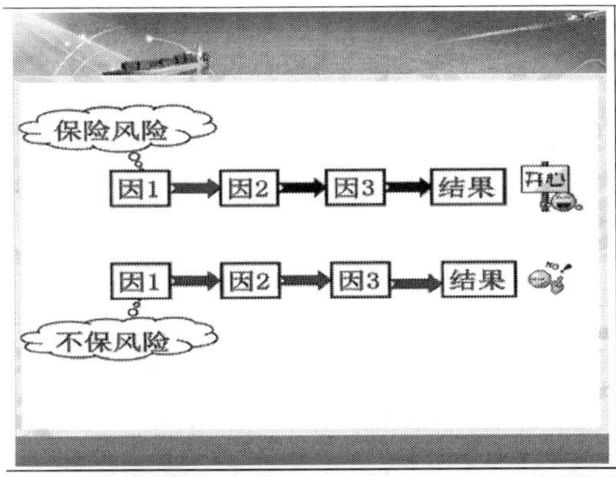

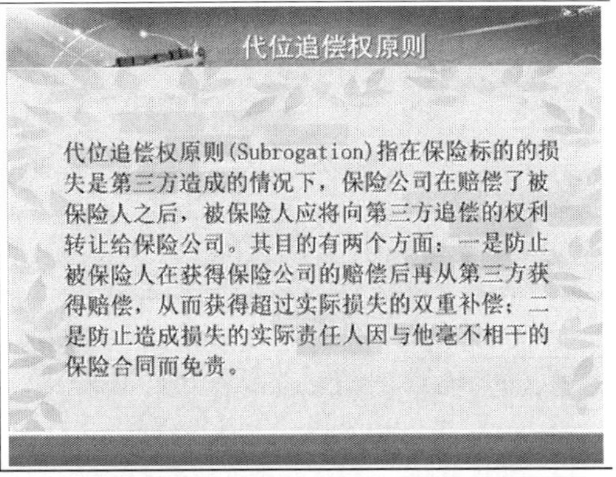

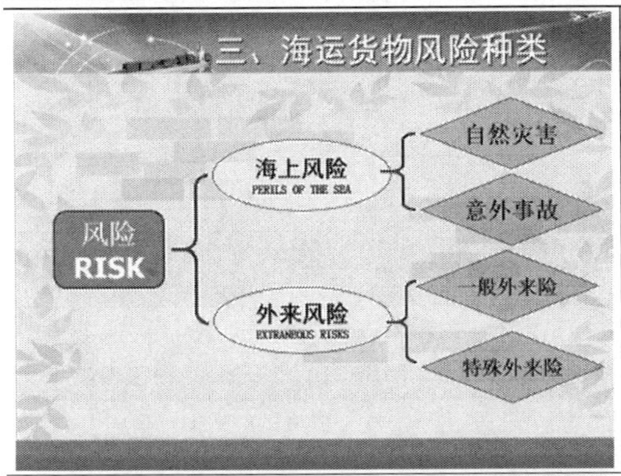

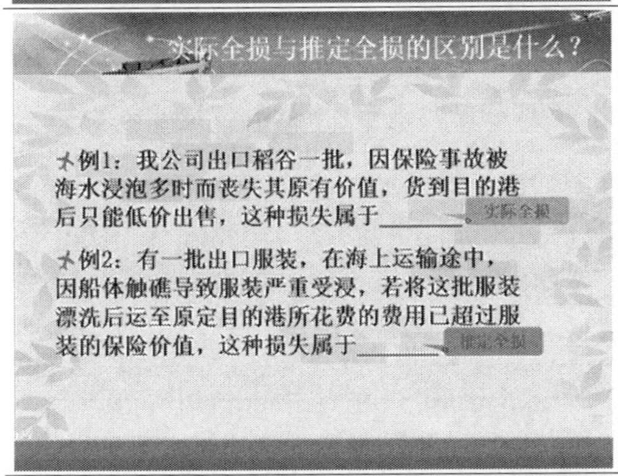

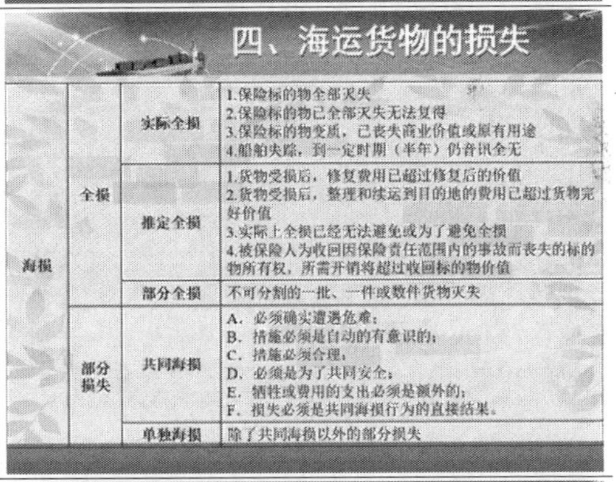

海损	全损	实际全损	1.保险标的物全部灭失 2.保险标的物已全部灭失无法复得 3.保险标的物变质，已丧失商业价值或原有用途 4.船舶失踪，到一定时期（半年）仍音讯全无
		推定全损	1.货物受损后，修复费用已超过修复后的价值 2.货物受损后，整理和续运到目的地的费用已超过货物完好价值 3.实际上全损已经无法避免或为了避免全损 4.被保险人为收回因保险责任范围内的事故而丧失的标的物所有权，所需开销将超过收回标的物价值
		部分全损	不可分割的一批、一件或数件货物灭失
	部分损失	共同海损	A．必须确实遭遇危难； B．措施必须是自动的有意识的； C．措施必须合理； D．必须是为了共同安全； E．牺牲或费用的支出必须是额外的； F．损失必须是共同海损行为的直接结果。
		单独海损	除了共同海损以外的部分损失

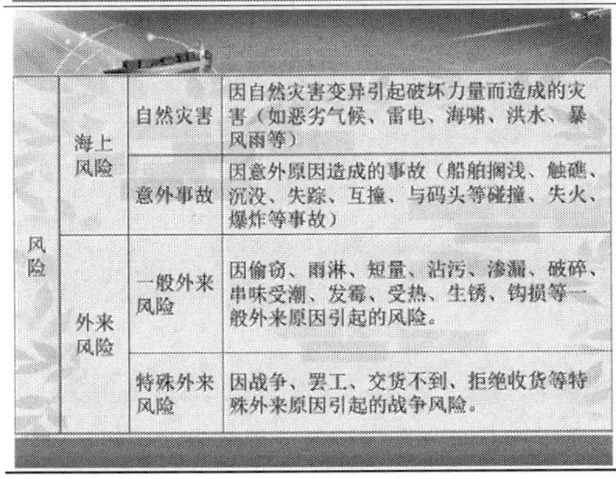

风险	海上风险	自然灾害	因自然灾害变异引起破坏力量而造成的灾害（如恶劣气候、雷电、海啸、洪水、暴风雨等）
		意外事故	因意外原因造成的事故（船舶搁浅、触礁、沉没、失踪、互撞、与码头等碰撞、失火、爆炸等事故）
	外来风险	一般外来风险	因偷窃、雨淋、短量、沾污、渗漏、破碎、串味受潮、发霉、受热、生锈、钩损等一般外来原因引起的风险。
		特殊外来风险	因战争、罢工、交货不到、拒绝收货等特殊外来原因引起的战争风险。

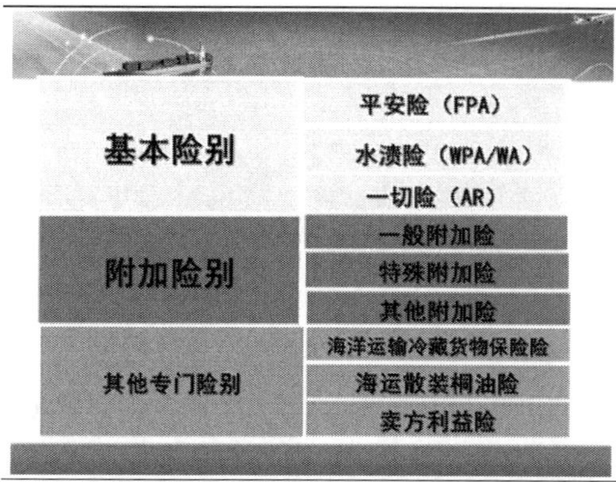
基本险别
平安险（FPA）
水渍险（WPA/WA）
一切险（AR）
附加险别
一般附加险
特殊附加险
其他附加险
其他专门险别
海洋运输冷藏货物保险险
海运散装桐油险
卖方利益险

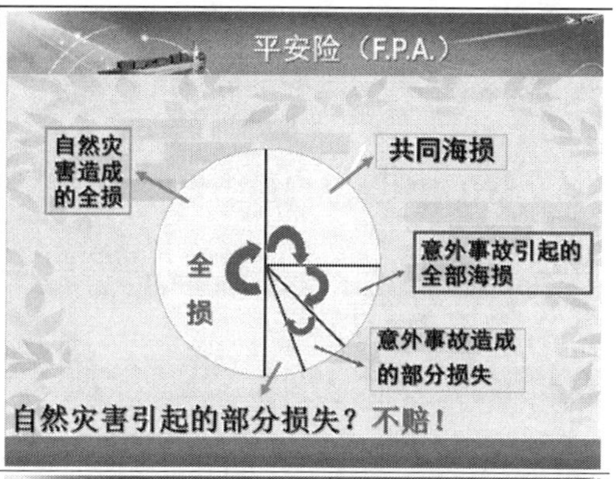
平安险（F.P.A.）
自然灾害造成的全损
共同海损
全损
意外事故引起的全部海损
意外事故造成的部分损失
自然灾害引起的部分损失？不赔！

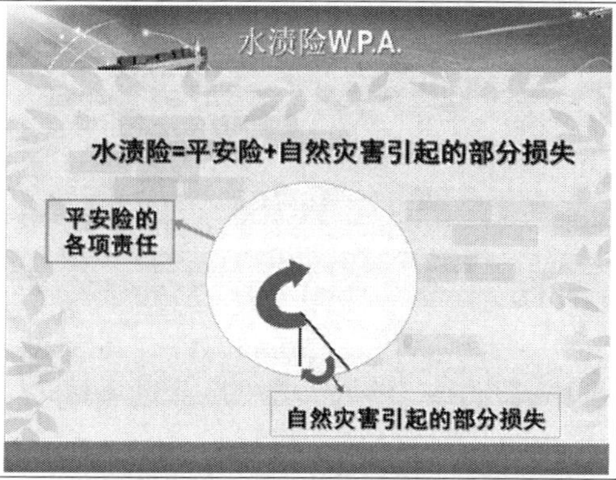
水渍险W.P.A.
水渍险=平安险+自然灾害引起的部分损失
平安险的各项责任
自然灾害引起的部分损失

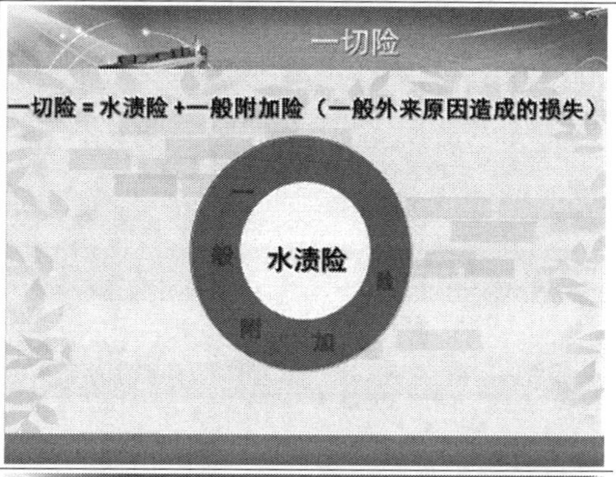
一切险
一切险 = 水渍险 +一般附加险（一般外来原因造成的损失）
水渍险

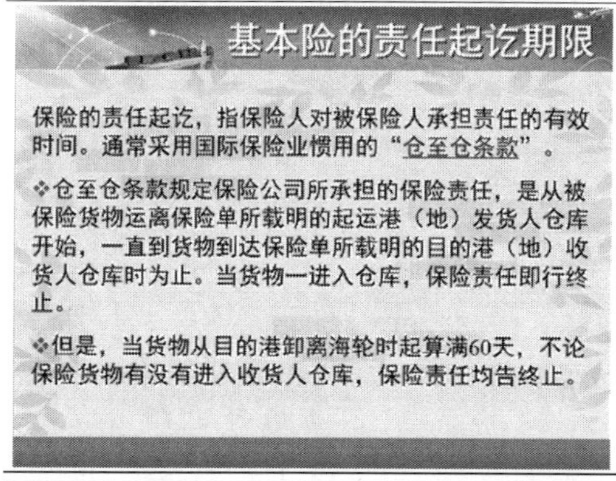
基本险的责任起讫期限
保险的责任起讫，指保险人对被保险人承担责任的有效时间。通常采用国际保险业惯用的“仓至仓条款”。
❖仓至仓条款规定保险公司所承担的保险责任，是从被保险货物运离保险单所载明的起运港（地）发货人仓库开始，一直到货物到达保险单所载明的目的港（地）收货人仓库时为止。当货物一进入仓库，保险责任即行终止。
❖但是，当货物从目的港卸离海轮时起算满60天，不论保险货物有没有进入收货人仓库，保险责任均告终止。

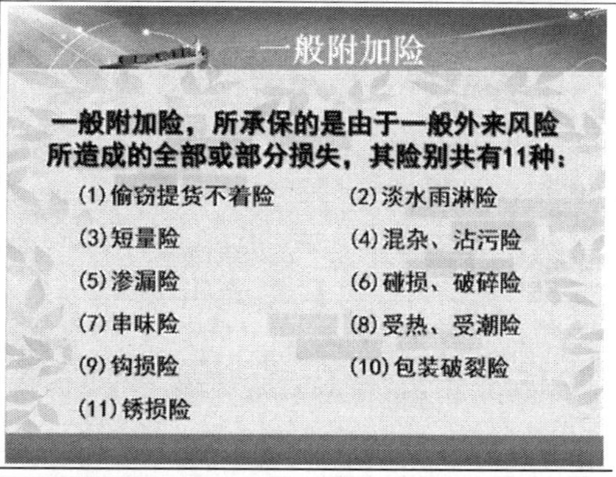
一般附加险
一般附加险，所承保的是由于一般外来风险所造成的全部或部分损失，其险别共有11种：
(1) 偷窃提货不着险
(2) 淡水雨淋险
(3) 短量险
(4) 混杂、沾污险
(5) 渗漏险
(6) 碰损、破碎险
(7) 串味险
(8) 受热、受潮险
(9) 钩损险
(10) 包装破裂险
(11) 锈损险

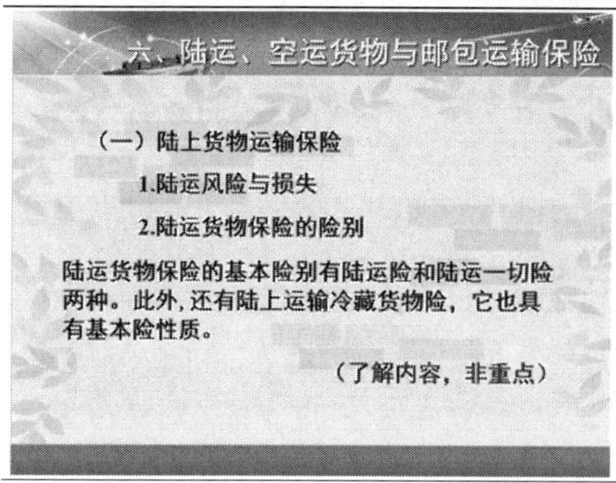
六、陆运、空运货物与邮包运输保险
（一）陆上货物运输保险
1.陆运风险与损失
2.陆运货物保险的险别
陆运货物保险的基本险别有陆运险和陆运一切险两种。此外，还有陆上运输冷藏货物险，它也具有基本险性质。
（了解内容，非重点）

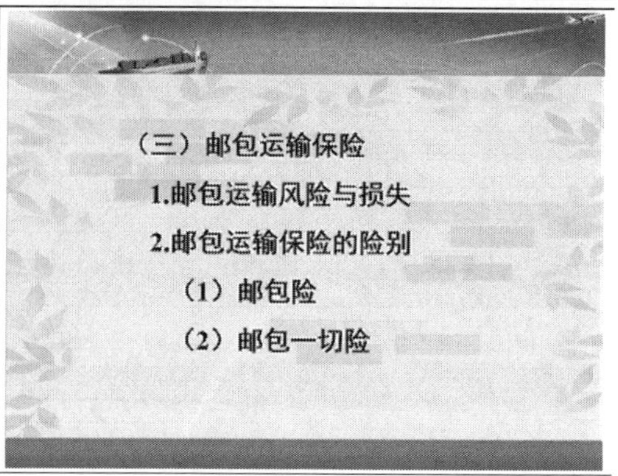
（三）邮包运输保险
1.邮包运输风险与损失
2.邮包运输保险的险别
（1）邮包险
（2）邮包一切险

其他专门险

❖海洋运输冷藏货物保险险别

（包括冷藏险和冷藏一切险）

❖海运散装桐油险

❖卖方利益险

注意：其他专门险均可单独投保

特殊附加险及其他附加险

❖ 特殊附加险是承保由于特殊外来风险所造成的全部或部分损失。中国人民保险公司承保的特殊附加险共有2种

❖ (1)战争险　(2)罢工险

中国人民保险公司承保的其他附加险有6种

❖ (1)交货不到险　(2)进口关税险

❖ (3)拒收险　(4)舱面险

❖ (5)黄曲霉素险

❖ (6)货物出口到香港(包括九龙)或澳门存仓火险

注意：附加险不能单独投保！

（二） 空运货物保险

1.空运风险与损失

2.空运货物保险的险别

（1） 航空运输险

（Air Transportation Risks）

（2） 航空运输一切险

（Air Transportation All Risks）

常见商品投保险别

商品种类	主要商品	应保险别
粮谷类	粮食、豆类、花生仁、饲料	一切险或在水渍险的基础上加保短量险受潮受热险
食品类	铁皮罐头、玻璃罐头、坛装食品	一切险或在平安险、水渍险的基础上加保破损、破碎、碰损、锈损险
冻品类	冻猪肉、冻牛羊肉、冻鸡鸭、冻鱼虾	冷藏货物险
家用电器类	收音机、电视机、收录机、电冰箱、电扇等	平安险或水渍险加保碰损险和偷窃提货不着险
五金类	铸铁制品	平安险加保锈损险、偷窃提货不着险

七、保险险别选择原则

1. 考虑货物的种类、性质和特点

2. 考虑货物的包装情况

3. 考虑货物的运输情况（包括运输方式、运输工具、运输路线）

4. 考虑发生在港口和装卸过程中的损耗情况等

5. 考虑目的地的政治局势

基本险选择

(水渍险的费率约相当于一切险的1/2，平安险约相当于一切险的1/3)

◆平安险:低值、裸装的大宗货物如矿砂、钢材、铸铁制品,可根据实际情况再投保舱面险(附加险)。

◆水渍险:不大可能发生碰损、破碎，或容易生锈但不影响使用的货物，如铁钉、铁丝、螺丝等小五金类商品，以及旧汽车、旧机床等二手货.

◆一切险:毛、棉、麻、丝、绸、服装类和化学纤维类商品，遭受损失的可能性较大，如粘污、钩损、偷窃、短少、雨淋等。

课堂检测

1. 我方按CIF条件成交一批罐头食品，卖方投保时，按下列（　　）投保是正确的。

❖A. 平安险+水渍险

❖B. 一切险+偷窃提货不着险

❖C. 水渍险+偷窃提货不着险

❖D. 平安险+一切险

课堂检测

3. 我国对外贸易货运保险可分为（　）（多选）

❖A. 海上运输保险

❖B. 陆上运输保险

❖C. 航空运输保险

❖D. 邮包运输保险

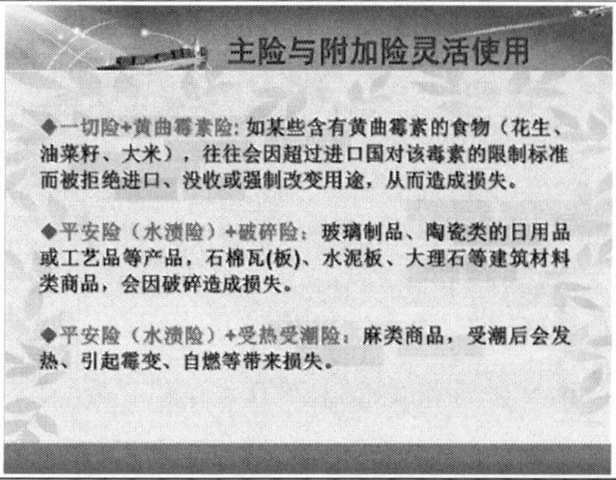
主险与附加险灵活使用
◆一切险+黄曲霉素险：如某些含有黄曲霉素的食物（花生、油菜籽、大米），往往会因超过进口国对该毒素的限制标准而被拒绝进口、没收或强制改变用途，从而造成损失。
◆平安险（水渍险）+破碎险：玻璃制品、陶瓷类的日用品或工艺品等产品，石棉瓦(板)、水泥板、大理石等建筑材料类商品，会因破碎造成损失。
◆平安险（水渍险）+受热受潮险：麻类商品，受潮后会发热、引起霉变、自燃等带来损失。

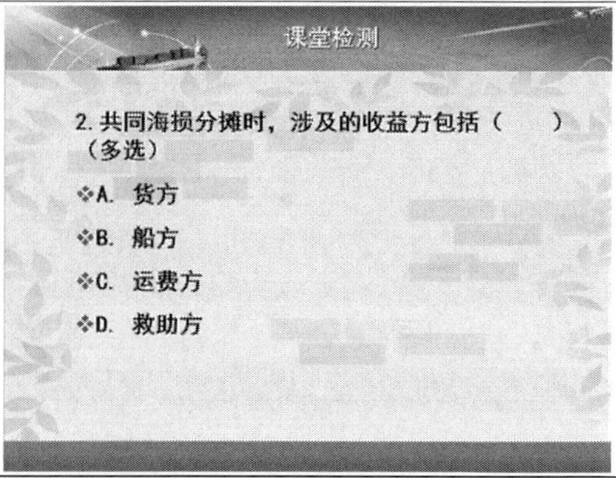
课堂检测
2. 共同海损分摊时，涉及的收益方包括（ ）（多选）
❖A. 货方
❖B. 船方
❖C. 运费方
❖D. 救助方

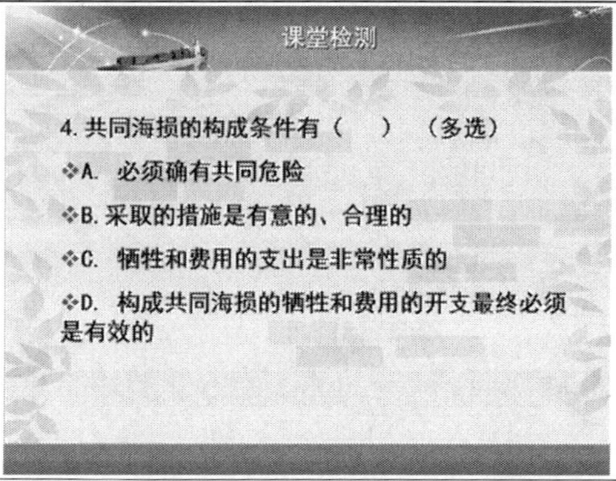
课堂检测
4. 共同海损的构成条件有（ ）（多选）
❖A. 必须确有共同危险
❖B. 采取的措施是有意的、合理的
❖C. 牺牲和费用的支出是非常性质的
❖D. 构成共同海损的牺牲和费用的开支最终必须是有效的

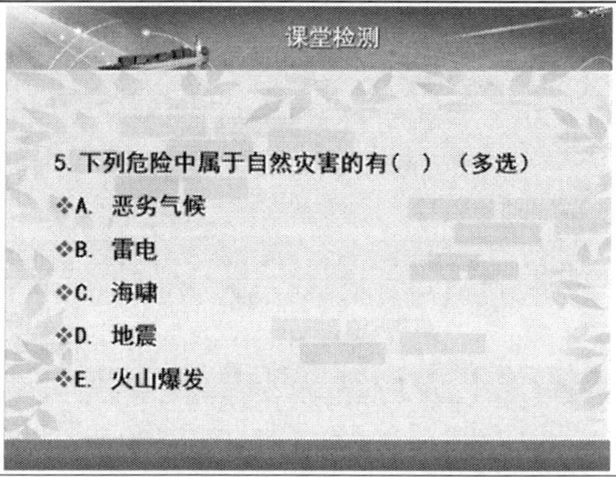
课堂检测
5. 下列危险中属于自然灾害的有（ ）（多选）
❖A. 恶劣气候
❖B. 雷电
❖C. 海啸
❖D. 地震
❖E. 火山爆发

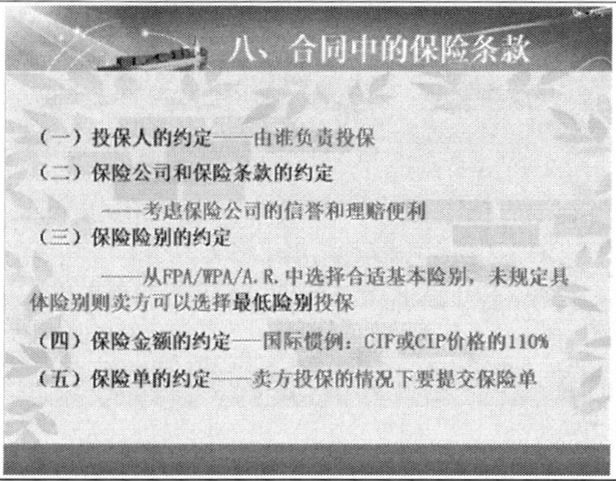
八、合同中的保险条款
（一）投保人的约定——由谁负责投保
（二）保险公司和保险条款的约定
——考虑保险公司的信誉和理赔便利
（三）保险险别的约定
——从FPA/WPA/A.R.中选择合适基本险别，未规定具体险别则卖方可以选择最低险别投保
（四）保险金额的约定——国际惯例：CIF或CIP价格的110%
（五）保险单的约定——卖方投保的情况下要提交保险单

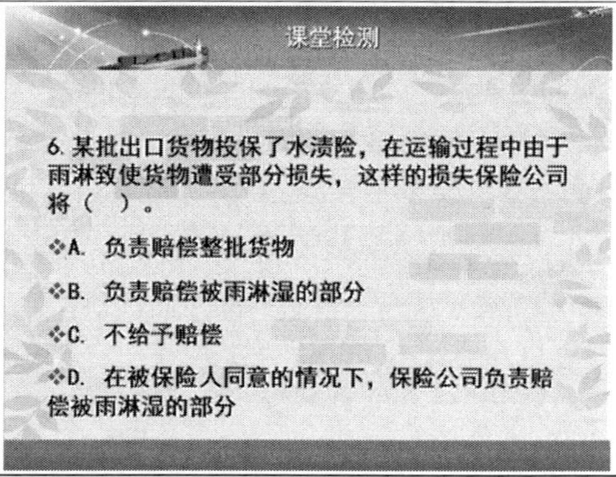
课堂检测
6. 某批出口货物投保了水渍险，在运输过程中由于雨淋致使货物遭受部分损失，这样的损失保险公司将（ ）。
❖A. 负责赔偿整批货物
❖B. 负责赔偿被雨淋湿的部分
❖C. 不给予赔偿
❖D. 在被保险人同意的情况下，保险公司负责赔偿被雨淋湿的部分

·工 学

“人工智能”课程

陈涛　管理科学与工程学院计算机科学与技术系　副教授

一、课程思政教学设计思路

（一）课程基本信息

“人工智能”是安徽财经大学计算机科学与技术专业的一门选修课，本人于2016年首次开出新课，当年选课人数100多人，可见同学对人工智能知识的热爱。2020年本人参加了管工学院线上教学比赛，获得“人工智能”课程思政线上教学一等奖。虽然是选修课，但选课人数一直比较多。经过教学改革，有三位老师讲授人工智能课，目前放在大三下开设，总学时32学时。今年的选课人数又达到了选课的上限240人。不仅有计算机专业的同学选修，还有会计、金融学院的同学也选修、学习了这门课。

（二）课程目标

人工智能已经上升到国家战略，人工智能课程是计算机专业的一门重要专业课。人工智能课程具有专业性强、知识更新快、知识点多、与实践结合非常紧密等特点。在当今互联网、物联网、大数据时代，人工智能技术代表着国家实力。在人工智能课除了坚持传统原理和现实应用相结合外，还应以培养社会主义接班人为目标，坚持思政理论教学元素与专业思政教育有效融合。因此，制定课程目标为：

思政目标：结合人工智能的国家战略和我国芯片发展受限等事实，宣传国家战略，激发同学们学习的积极性，宣传国家的需要就是我们个人努力的方向，树立为国学习的理想。在人工智能课堂上，引导高校学生坚定特色社会主义核心理想信念，培育学生践行社会主义的核心思想观和价值观。通过首届最高科学技术奖获得者——人工智能领域的吴文俊院士的事迹，树立民族自信心。特别结合我们身边的人物——身边人物看得见，摸得着——例如，合肥工业大学杨善林院士在2020年抗击疫情期间用人工智能技术辅助医院医疗诊断，几天几夜奋斗在抗疫一线的事迹，正确认识远大抱负和脚踏实地的关系。

知识目标：人工智能知识体系比较庞大，新知识、新理念也经常出现。在理解和掌握有关人工智能的基本概念、基础知识和其理论体系的基础上，首先要掌握人工智能从知识表示、知识搜索到知识获取等基本知识。然后根据学生不同程度进行扩展，如对于研究生，可能要着重讲解深度学习等新知识，对于非计算机专业的学生，可以结合专业特点，讲述相关的专业应用。最后，要进一步了解国内人工智能的技术发展、研究的领域以及当前国内外应用的热点，特别强调当今我国在芯片智能、生物智能等需要，强调为国学习的理念。

能力目标：掌握科学的知识表示、推理机制和问题求解等技术，培养解决实际问题的能力和创新能力；理解智能优化、机器学习等领域重要算法的思想和实现，了解算法设计、参数调整、结果分析等过程，培养学生运用经典算法分析研究复杂问题的能力。对于本科生，在课程过程中强调编程和应用，而对于研究生则结合自己的研究方向，强调用人工智能方法解决自己的专业问题。

注重伦理引导：人工智能强势发展的同时，也带来了算法公平性、伦理等问题。习近平总书记也多次强调需要加强人工智能相关法律、伦理、社会问题的研究，在人类利用人工智能、享受计算机强大算力的同时，要多关注算法的公平，关注弱势群体，树立正确的伦理观，对大自然保持敬畏之心。

（三）课程内容简介

人工智能就是用“人工”的办法实现自然的“智能”。相比食品，人类更喜欢天然的食品，而面对大自然，解决问题时，却喜欢用“物”借“力”。人工智能具有引领科技革命、产业变革和社会发展的战略性技术，有很强的头雁效应，正在对经济发展、社会进步、国际格局等方面产生重大而深远的影响。人工智能从知识表示讲起，然后讲述搜索求解、专家系统、机器学习、强化学习、博弈等知识。内容多，感兴趣的学生也多。作为一项前沿技术，特别在财经类院校，我们会结合当前问题探索人工智能在财经类专业中的一些应用。

（四）课程思政融入设计

1.研究融入方法

礼记曰：“师者，教之以事而喻诸德”，思政教学一定要避免满堂灌输、生搬硬套，要“随风潜入夜，润物细无声”，让学生乐于接受，自然接受。

案例教学法：在案例教学中着重选取蕴含丰富思政教育元素的案例，实现专业教育理论学习与现代化思政教育的有机互动和融合。例如，在讲授搜索策略时，可以联系我国高铁站点选择、进藏公路的修建，对学生进行爱国主义教育。在讲授集成学习，可以用“和而不同”，让学生理解我们中华民族文化的博大精深和目前我国的外交政策、交友原则。在讲述知识表示和推理时，介绍我国人工智能的先驱吴文俊院士，他提出的几何机器定理证明被国际称为“吴方法”，讲述他的爱国情怀和奋斗精神，用中国故事，激励学生树立正确的人生观。

问题讨论法：在一些经典的问题上，例如“你认为人工智能带给人类是便利还是灾难”？引导学生认识到人工智能只是一个工具。让学生上升到辩证法和方法论上，从马克思主义的历史观上正确理解和分析运用人工智能，引导学生理解和树立正确的科学世界观。

启发感悟法：可以用神经网络曲折的发展历史，告诉同学们“百折不挠”的道理，遇到困难顽强拼搏的精神，“坚持初心，方得始终”。通过华为集团在国际上遭受以美国为首的西方国家“拦堵围截”的事例，让学生体会到在新时代，利用技术和实力让世界重新认识中国，树立为国学习，科学家是有国界的理念。

2. 丰富教学手段

传统课堂上存在教学时间固定、课时少等特点，而且不能做到及时、充分了解学生的兴趣点，交流也不充分。因此，在开展思政教育时，专业课教师可以利用信息技术，丰富教学手段，采用线上、线下相结合的方式，提高学生思政学习的兴趣。例如，在2020年初新冠肺炎疫情肆虐之际，我们的邻居合肥工业大学杨善林院士带领一帮老师、专家深入武汉一线，进行医疗专家系统建设，为抗疫服务的事迹，中央电视台做了采访。可以把对杨院士的采访视频放在线上教学课堂，结合专家系统的讲解，一方面引导同学们思考，“人工智能能做什么？”；另一方面学习身边先进人物事迹（杨院士，70岁高龄，冲进疫情前线），为国家利益冲锋在前。

此外，通过引导同学做人工智能大设计、参加学科竞赛，打Kaggle比赛，一方面学生可以综合运用自己所学的机器学习、数据挖掘技术，培养学生动手解决问题、解决复杂问题的能力；另一方面启发学生认真思考、在比赛的过程中培养学生的学习兴趣和昂扬的斗志。还有，这些比赛大多需要团队合作，与人工智能中的集体智能也不谋而合。培养学生团结协作的能力，学生在竞争中合作，做到资源共享、观点交流。对于研究生，还可以结合专业实际，拓展解决问题的方法。

3. 挖掘思政元素

发展人工智能是我国一项重要国策。发展人工智能，就是培养学生的创新能力，解决我们现代化进程中“卡脖子”的问题。要发展人工智能，就要在高校里通过“课程思政”教育，培养出政治站位高、具有创造力和创新精神的人工智能专业人才。从人工智能导论、推理技术、群体智能和机器学习4个教学内容出发，结合思政融入点进行教学效果分析。具体如表1所示。

表1　教学内容思政元素归纳

教学内容	思政融入点	讲授形式	效果
人工智能导论	通过将我国人工智能产业及其成就激发同学们为国学习的决心，激发学习积极性和探索进来的决心。贯穿整个学期的学习，以线上为主	我国关于人工智能政策，看先进人物视频，收集实事资料，比如刚刚发生的我国空间站核心舱成功发射	a.介绍人工智能发展史 b.通过时事学习，增强学生学习的大局观和使命感
推理技术	通过学习老一辈科学家的事迹，深入学习他们勇于创新、艰苦奋斗的科学工作敬业精神，学习他们爱国爱党的科学家情怀以及坚忍不拔的“工匠”精神	线上课堂播放数学家、计算机家的故事，如王浩、吴文俊，学习热爱祖国、报效家乡的情怀	a.对学生进行爱国主义教育 b.培养学生“十年磨一剑”的“工匠”精神
群体智能	是人类向生物界学习的典范。向学生传授团结、协商一致、共享理念、集思广益、合作与竞争等辩证关系的思想政治知识点	课堂演示，启发同学们思考。开设课堂研讨环节，讨论这些群体智能在我们生活中的应用。 号召同学们参加博弈比赛，培养合作、解决问题能力	a.培养学生尊重大自然，爱护环境，向大自然学习的敬畏之心 b.培养同学们团结协作，学会在竞争中合作，在合作中竞争，做到资源共享、观点交流
机器学习	科研成果与具体案例相结合，了解一些最新的应用。通过比赛、大设计，培养学生的自主创新意识和较强的团队精神	结合本校在经济管理领域内的发表的论文，直观展示机器学习在科研项目中广泛应用的技术和实例，加深学生对算法的理解，让学生了解最新技术和科学知识，感觉科研过程	a.激发同学们爱学习、爱安财的情怀 b.提高学生的行业自豪感，培养爱岗敬业和勇于探索的精神

（五）其他

本人2020年参加了管工学院的线上思政课程竞赛，获得了一等奖的好成绩，更加鼓舞了我开路人带领课程组进行思政教学、挖掘人工智能思政元素的勇气和动力。

二、《集成学习》教学展示

（一）教学目标和内容

1.了解“好而不同”是集成学习构成的基本原则；

2.掌握集成学习中集成的方法，平均法、投票法、学习法；

3.具体掌握Boosting和Bagging算法。

（二）教学重点和难点

1.重点：集成学习算法的思想。大家都在优化单一学习器时，集成学习通过某种结合策略将多个弱学习器构造成一个强学习器，为人类的进步、解决问题又提供了一种方式。

2.难点：两个算法的掌握，PAC理论的介绍

（三）教学过程和方法（含时间分配）

首先以大家耳熟能详的成语“三个臭皮匠，抵个诸葛亮”，引入讲课的主题，引起同学对传统文化的重视，并以国外也有类似的谚语，“Two head are better than one”，说明文化是相通的。（3分钟）

其次设问，“什么样的学习器结合起来比较好呢”？通过一个具体的例子，引出学习器的特点，是“好而不同”。其实这与我们外交政策，“和而不同”有很大的类似。这也是习近平总书记以其深厚的国学积淀，运用与时俱进“和”文化理念，讲述中国故事，为维护世界持久和平贡献新智慧。（5分钟）

从俗语来的“三个臭皮匠，抵个诸葛亮”其实有很深的理论基础，顺势介绍一个PAC理论，为下面生成不同学习器生成埋下伏笔。（5分钟）

有重复的采样产生了Bagging算法（20分钟）。这里可以介绍一下相关学者，引出“工匠”精神。

从平时同学背单词，不会背的会重复背，还有我们平时如果做错了题，会在错题中学习，引入Boosting算法，“从失败中学习”“在失败中站起来”，在这里顺理成章，一个很好的思政材料，很有激励性。（30分钟）

最后通过案例和大家一起讨论如何使用这些算法。从理论到实践（20分钟）

（四）教学反思

2018年4月，教育部发布《高等学校人工智能创新行动计划》，以美国为首的西方国家对华为公司“智能芯片”的拦堵以及刚刚清华大学宣布成立芯片学院，宣传人工智能是国家战略。我们是社会主义国家，培养社会主义接班人，因此，在人工

智能专业课开展思政教育很有必要。不仅如此，我们还要号召同学们为国而学，为中华民族之崛起而读书。有了动力，我们才能学的更好，学的更开心，学的更入脑，学的更主动，学的更有劲。

技术工人队伍作为支撑中国创造的重要基础。目前，我们在全社会弘扬精益求精的“工匠精神”，而“工匠精神”就是要求在工科领域，要具备爱岗敬业、默默奉献、责任担当等精神，这也正是进行人工智能课程的“课程思政”的意义，让学生走上技能报国之路，又能弘扬大国工匠精神，培养社会主义新的接班人。

三、课程思政教育心得体会

1.课程思政是教师忠诚党的教育事业表现。2016年，在全国高校思想政治工作会议上，习近平总书记提出：“要用好课堂教学这个主渠道，提升思想政治教育亲和力和针对性，使各类课程与思想政治理论课同向同行，形成协同效应”。我们教师成长于新中国，为祖国培养社会主义接班人是我们应尽的义务，是教师忠诚党的教育事业表现。本人在从事人工智能专业课“课程思政”过程中，自己的思想也得到了升华。

2.要“润物细无声”。老师的职责是“教之以事而喻诸德”，但一定要注意教育的方法。思政教学一定要避免满堂灌输、生搬硬套，而是要“随风潜入夜，润物细无声”，让学生乐于接受，自然接受。高校教师一方面理直气壮对学生进行思想教育；另一方面也要注重方法和方式，特别对当代大学生，你说多了，反而会引起反感。要“润物细无声”，自然而然地进行思政教育，甚至通过自己不断的磨炼上好课，搞好科研，以身作则，让大学生体会到奋进的力量、学习的力量。

3.强调创新意识。创新是一个民族的灵魂，是国家发展的利器。习近平总书记多次强调创新，强调只有创新，我们才能发展，才能屹立于世界民族之林。当前，新一代人工智能正在全球范围内蓬勃发展，促进人类社会生活、生产和消费模式巨大变革，我们要紧紧抓住新一代人工智能发展的机遇，通过凝练教学成果及把握科学研究前沿，通过“传道、授业、解惑”，提高教学质量，投身人工智能人才培养主战场，为我国构筑人工智能发展先发优势和贯彻教育强国、科技强国、创新驱动战略贡献力量。

致谢：教学展示课件部分材料来源于网上，表示感谢。本论文的写作受安徽省教育厅教学研究项目（项目号：2020jyxm0037，2020zyrc020）、研究生处重大教学研究项目（项目号：cxjhjyzda1803）和安徽财经大学教学研究项目（项目号：ackcsz2021005）资助。

《集成学习》教学展示课件

陈涛　管理科学与工程学院计算机科学与技术系　副教授

Ensemble Learning
集成学习

一个古语

- 三个臭皮匠，顶个诸葛亮
- Two heads are better than one

vs.

现实中....

- 单击此处添加文本

个体与集成

- 集成学习(ensemble learning)通过构建并结合多个学习器来提升性能

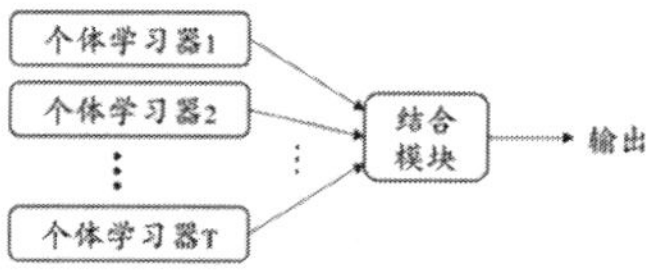

- 融合多个学习方法的结果应该能提升效果

➢ 理论基础

- PAC (Probably approximately correct)
- 强可学习和弱可学习是等价的，也就是说弱学习模型是可以通过组合提升为强学习模型的

三个臭皮匠，顶个诸葛亮

直觉

- 则不同的数据上训练可以获得不同的基础模型
- 一个朴素的方法: 从训练集种采样不同的子集且训练不同的基础模型
  - 这些模型会大不相同
  - 但它们的效果可能很差
- 解决办法: 拔靴采样（Bootstrap sampling）

Bagging: 算法

Leo Breiman

- Bagging: 由 Breiman 在 1994 年提出
  - 伯克利大学统计学荣誉教授
  - 美国科学院院士
- Bagging 算法

For $t = 1, 2, \ldots, T$ *Do*

从S中拔靴采样产生 D_t

在 D_t 上训练一个分类器H_t

分类一个新的样本$x \in X$时，通过对 H_t 多数投票(等权重)

可以给出连续值预测

也可以特定问题上用不同的结合方法

Bagging

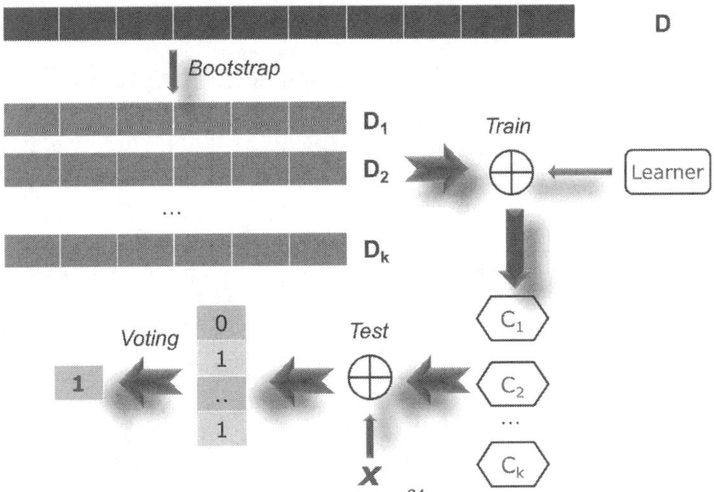

24

·文 学

"英语精读（2）"课程

孙虹　文学院公共外语教学部　讲师

一、课程思政教学设计思路

（一）课程基本信息

1.课程简介。本课程是面向全校非英语专业、非艺术类专业学生开设的一门公共必修课。通过对学生英语阅读能力的培养而夯实学生的基础知识和语法及写作等多个方面的能力。课程的特点是以课本为基础，进行全面拓展，并以培养学生的阅读能力为主要目的，使学生通过课文及相关的课外知识的学习，或课文中语法的应用，或文中的独特语言结构的研究，或文章的翻译技巧的归纳总结，获得可以进行相关英语读物的独立阅读能力。并能通过该门课程的学习和锻炼，对英文的整体鉴赏能力和把握能力得到进一步的提高。

2.学情分析。本门课的开课时间为大一第二学期，授课对象为非英语专业、非艺术类专业大一学生。这一阶段的学生有以下特点：（1）年龄特点。本课程的授课对象为非英语专业大一的学生。大多数学生的年龄为18周岁或19周岁，这一年龄段的青年充满活力，喜欢追求新鲜事物，对于传统的说教式的思想政治教育接受度低，甚至部分学生会产生抵触情绪。因此，如何能"润物细无声"地对学生进行相关的思想政治教育是授课教师所面临的第一个挑战。（2）知识特点。根据以往的教学经验，此时班级中的绝大部分同学已顺利通过大学英语四级考试，说明他们具备基本听说读写技能，大部分同学亦能够顺利地完成本课程的各类阅读任务。但令人遗憾的是，仍然有相当一部分同学不愿开口说英语，羞于在课堂上发表自己的观点。因此，如何能帮助学生克服害羞心理，勇敢自信地用英语表达自己是授课教师所面临的第二个挑战。

（二）课程目标

1. 课程具体目标。在上一学期精读课的基础上进一步加强学生基本功的训练并提高学生的听、说、读、写、译的语言能力和交际能力，使学生在语言基本技能方面能上一个新的台阶。要求学生通过预习能正确回答与课文有关的问题，并熟悉文章的语篇结构；通过课堂讲解，要求学生能用简单的英文解释难句；要求学生能用课文中学到的词汇、词组和句型在恰当的场合灵活熟练地运用，进一步扩大学生的词汇量；培养学生对语言的敏感性和实际运用能力，提高学生的逻辑推理能力和判断力；加强学生对英语国家文化的了解；培养学生的独立学习、自主学习和研究性学习的能力。

2. 课程目标与思政教育。作为一门集语言、文化和思维教育于一体的课程，大学英语课程不仅要传授学生英语语言知识、培养学生的英语语言技能，还要帮助学生通过英语学习拓展国际视野、具备世界眼光、理解西方文明与思维方式，使学生学会辩证地看待西方文化及其核心价值观。想要实现这些目标，首先要帮助学生通晓中国社会文化价值理念，理解并坚持中国社会文化立场与核心价值观，弘扬中华优秀传统文化，这是我们反思差异、展开对话的基本立足点。也正是因为如此，正确的人生观、价值观和世界观引领的思想政治教育成为大学英语教育的应有之义。

（三）课程内容简介

教学章目	教学内容	教学课时
课程介绍	Course Introduction	2
Unit 1	Living Green	6
Unit 2	Tales of True Love	6
Unit 3	Friendship	6
Unit 4	Study Abroad	6
Unit 5	Pioneers of Flight	6
复习与答疑	Review	4
总计		36

（四）课程思政融入设计

1. 树立文化自信

本次课程的阅读材料讲述的人类历史上的三位飞行先驱的故事，分别是万户、霍华德·休斯和达·芬奇。其中在讲述万户飞天的故事时，文章还提到了我国第一位进入太空的宇航员杨利伟。

这里，学生会做一个单词图片的匹配练习，通过该练习学生将了解：在当今的英语话语中，有三个单词可以表述“宇航员”这个意思，分别是“astronaut”（美国宇航员）、“cosmonaut”（俄罗斯宇航员）和“taikonaut”（中国宇航员）；最后一个单词是由汉语拼音“taikong”和英语单词“naut”组合而成，是最近十几年才在英文媒体中大量使用的新词。接着，授课教师会要求学生思考及讨论为什么会出现这样的一个新词。以下是匹配练习截图及根据学生在学习通的回答生成的词云。

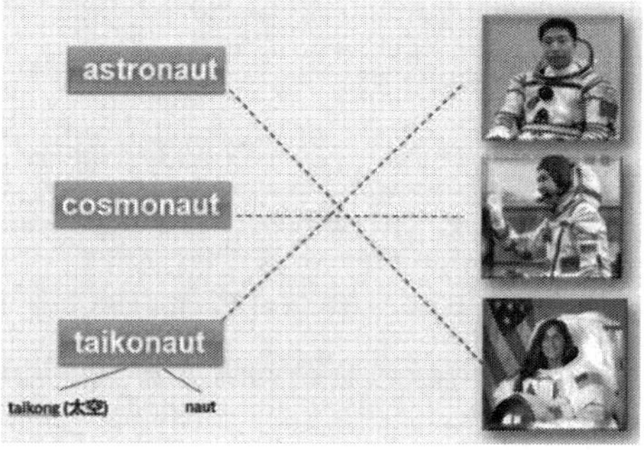

匹配练习

学生回答生成的词云

通过讨论我们发现，一个小小的新词彰显了我国在航空航天领域的话语权，新词背后是我国航空航天事业的蓬勃发展，以及综合国力和国际地位的不断提升。新词虽小，却能充分激起学生的民族自豪感，引导学生树立文化自觉和文化自信。

2. 培养民族意识，陶冶爱国情操

文章中提到的万户飞天的故事让人不难联想到中华民族的飞天梦。这里，授课教师会为学生播放一段视频，该视频由万户飞天的故事开始，着重展现了中华人民共和国成立以来我国在航空航天领域取得的重大突破及一代又一代航天人如何筚路蓝缕、砥砺前行。该视频配乐激昂，剪辑精准，作为一个中国人很难不为之动容。通过播放该视频，学生不仅可以进一步了解我们航空航天事业艰苦的发展历史和取得的辉煌成就，还能充分激发学生的民族意识，陶冶学生的爱国主义情操。

3. 讲好中国故事，传播中国声音

用外语“讲好中国故事、传播好中国声音”是当代大学生的重要使命。在国际政治、经济、文化等活动中，英语目前仍然是使用最为广泛的语言。因此，要向全世界展现中华文化的魅力、讲好中国故事，一个重要的前提就是精通英语并且熟悉中国相关元素在英语中的表达。本节课的作业为六级汉译英翻译练习，结合本节课的思政教育内容，授课教师特意选取了与中国航空航天事业相关的两段语篇作为翻译材料，学生通过此次作业不仅可以锻炼翻译技能，还可以进一步掌握与中国航空航天事业相关的英语表达，为传播中国声音做好准备。

二、教学展示

（一）教学目标和内容

1. 知识目标

（1）扫读——掌握课文大意；

（2）略读——理解课文内容；

（3）细读——把握课文细节。

2. 能力目标：提升口头表达能力

（1）用自己的话复述文中的三个故事；

（2）谈论与中国航空航天事业相关的话题。

3. 思政育人目标

（1）树立文化自信；

（2）培养家国情怀；

（3）讲好中国故事。

（二）教学重点和难点

1. 教学重点：对课文大意及细节的把握。

2. 教学难点：鼓励学生在课堂上开口表达。

（三）教学过程和方法

1. 教学方法

（1）任务型教学法；

（2）线上线下相结合的教学法；

（3）多媒体教学法。

2. 教学过程

本单元教学安排

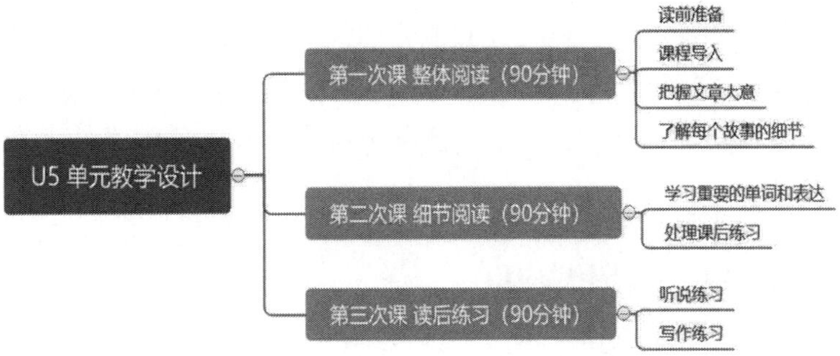

	第一次课整体阅读 教学过程
教学进程	教学内容
课程导入	(1) Two hysterical video clips about the early attempts to fly will be introduced. (2) Question for discussion Are they pioneers of flight? Why?
理解课文	(1) Text Organization This text tells us three stories from aviation history. Each story starts with an interesting event or activity that took place a long time ago, and then follows up with how it relates to aviation today. Students are supposed to go over the text and then complete a table. (2) Comprehension Check ① Focusing on the main ideas Students are supposed to complete a paragraph with key information from the text. ② Digging into detail (story 1) Decide whether the statements are True or False. (story 2&3) Answer the questions to better understand the text. ③ Retell the stories with the help of some pictures
主题讨论	(1) Match the words with the pictures taikonaut（中国宇航员） cosmonaut（苏联/俄罗斯宇航员） astronaut（美国宇航员） (2) What can we infer from the appearance of the new word "taikonaut"? (3) A video clip about China's space industry.
作业	Translation practice of the materials concerning about China's space industry.

学生课堂学习成果自测表			
Checklist			
I have gotten the main idea of each story and the main idea of the text.			
I can tell the stories of Wan Hu, Howard Hughes, and Leonardo da Vinci.			
I have learned more about the history of China's space industry.			
I can talk about topics concerning about China's space industry.			

（四）教学反思

本次课较好地完成了各项教学目标，学生配合度高，取得了较积极的教学效果。结合学生的反馈及自我总结，要改进的地方如下：首先，课前通过“词达人”布置的预习作业要更加重视单词的发音，避免有的同学只认单词拼写却不识单词发音；其次，在小组讨论环节尽量鼓励更多的同学开口，授课教师应尽量观察到每个小组的讨论并给予引导和帮助。

（五）线上教学辅助手段手机应用

（学习通）；微信小程序：（词达人）

三、课程思政教育心得体会

（一）充分利用线上资源，全面提升教学效果

本节课充分利用线上线下相结合的教学方法，大大提升了课堂的教学效果。在课前的单词预习环节，学生会利用微信小程序“词达人”来完成单词的预习任务，这极大地提升了单词的预习效果。在课中的小组讨论发表看法环节，学生要利用“学习通”的抢答功能来进行抢答并获得相应的加分，这极大地提高了学生回答问题的积极性。在课中的主题讨论环节，害羞的同学也能通过“学习通”大胆地表达观点，使授课教师可以收到更为全面的反馈。

单词预习作业

学习通抢答环节

主题讨论

（二）将舞台交给学生，让思政教育更“无声”

当代大学生对机械式说教的接受度低，甚至有部分学生有抵触心理，在思想政治教育上教师尤其应该避免一味说教。在实际的教学过程中我们发现，让学生接住思政教育的这枚“球”，反而会取得更好的育人效果。例如，在本节课中，授课教师并不会直接告诉学生“taikonaut”这个词的意思，也不会直接道出这个新词的出现意味着什么，而是通过一系列巧妙的活动设计引导学生自我探索、自我发现。我们惊喜地发现学生的回答基本都能够透过现象看到本质，即这一新词的出现彰显了我国综合国力的增强以及我国航空航天事业的蓬勃发展。我们相信，通过学生自我探索所得出的答案远比说教更有教育意义。我们也希望这些教学实践能帮助我们进一步地靠近我们所一直追求的理想的思政教育教学效果，即“雨润万物细无声，盐化于水了无痕”。

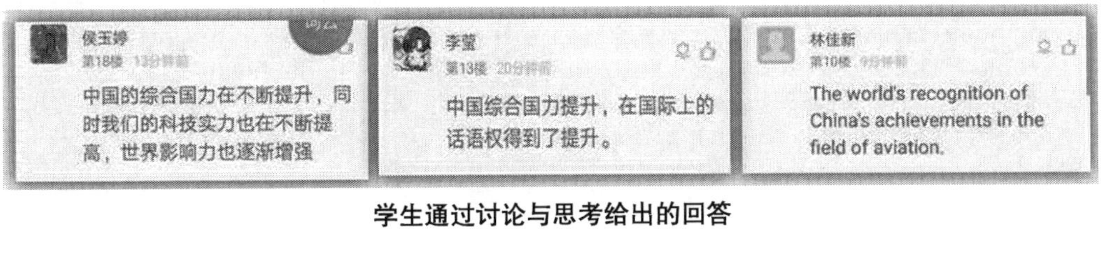

学生通过讨论与思考给出的回答

教学展示课件

孙虹　文学院公共外语教学部　讲师

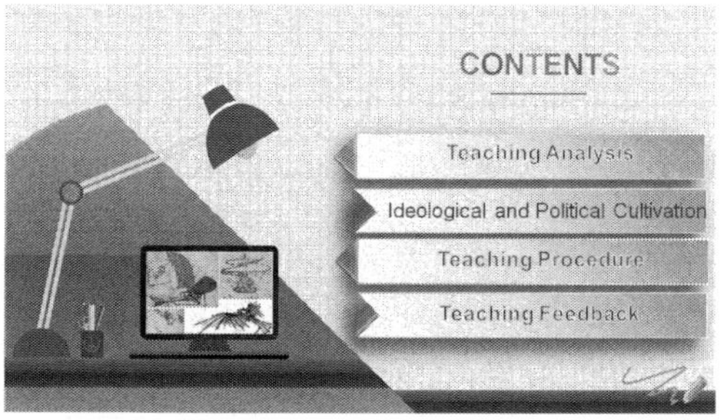

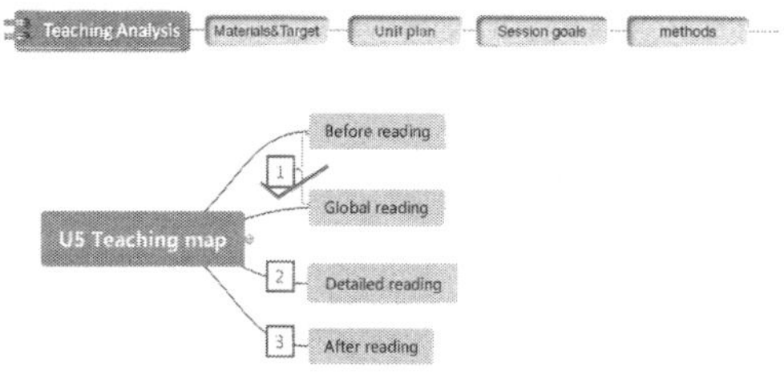

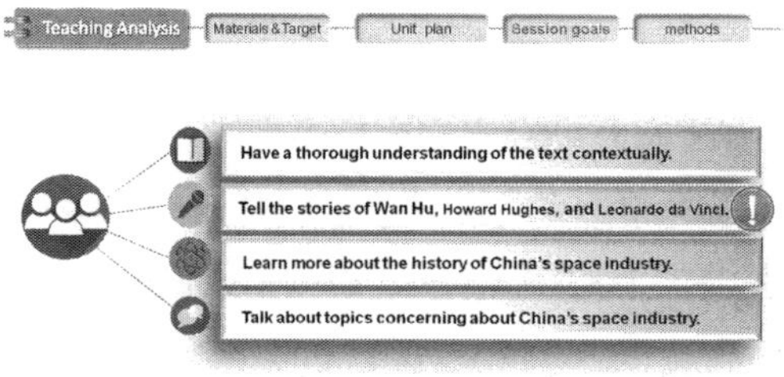

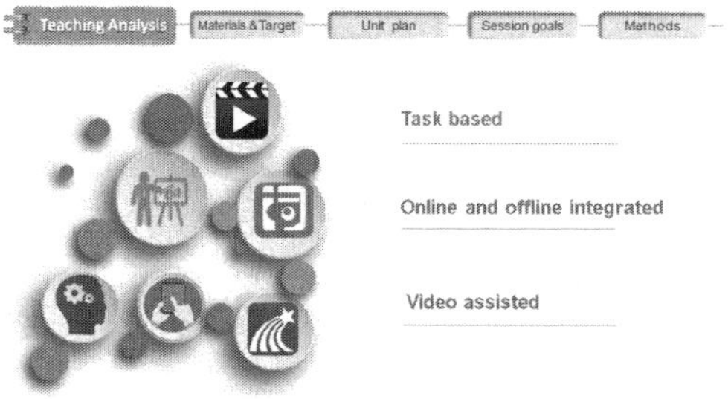

Ideological and Political Cultivation
培养民族意识
树立文化自信
讲好中国故事
A China-related neologism "taikonaut"; the meaning of the appearance of this new word.
Tremendous achievements of China's space industry in the past few decades.
Translation practice of the material concerning about China's space industry.

3
Teaching Procedures

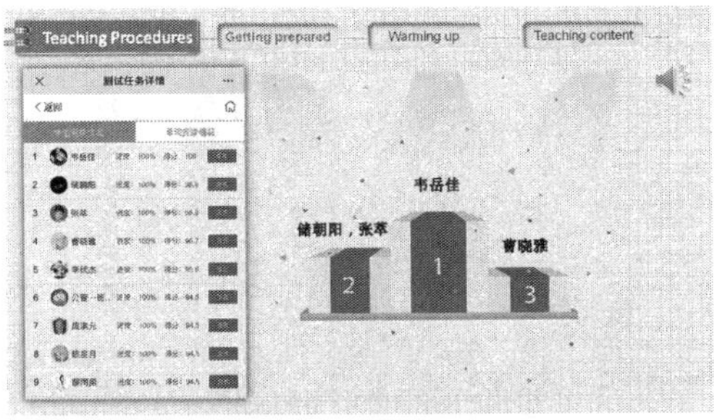
Teaching Procedures
Getting prepared
Warming up
Teaching content
韦岳佳
储朝阳，张萃
曹晓雅
1
2
3

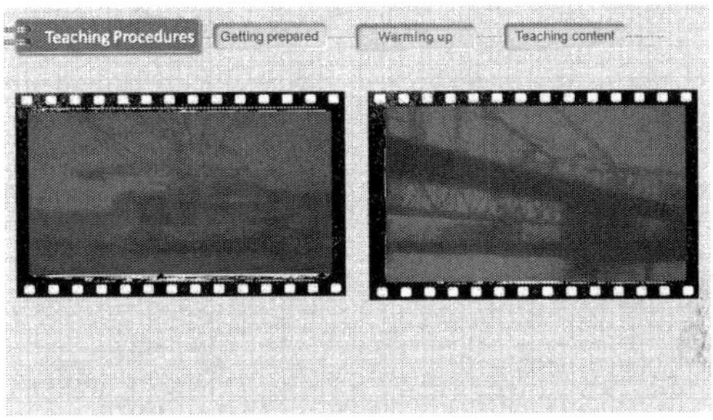
Teaching Procedures
Getting prepared
Warming up
Teaching content

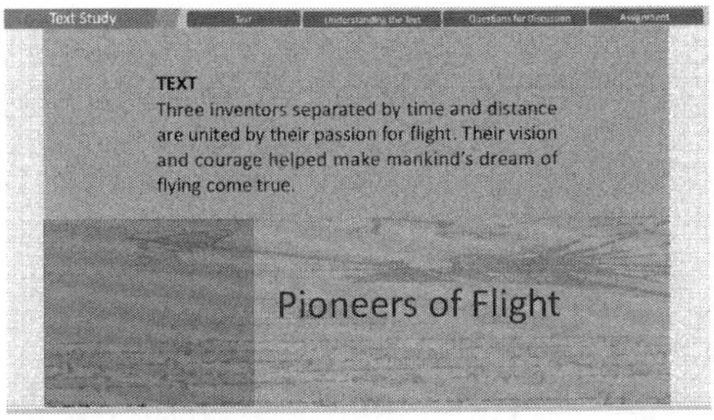
Text Study
TEXT
Three inventors separated by time and distance are united by their passion for flight. Their vision and courage helped make mankind's dream of flying come true.
Pioneers of Flight

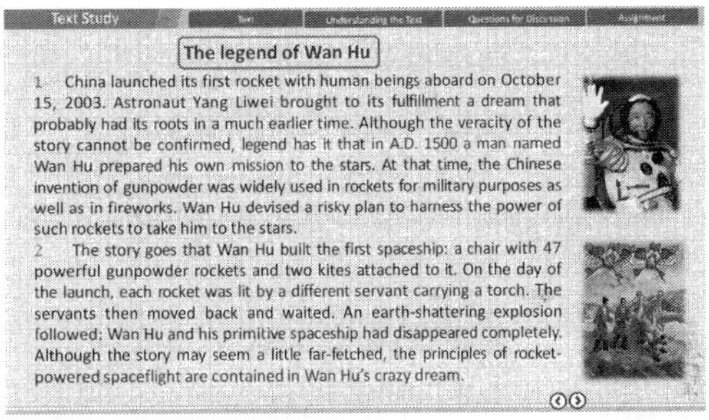
Text Study
The legend of Wan Hu
1 China launched its first rocket with human beings aboard on October 15, 2003. Astronaut Yang Liwei brought to its fulfillment a dream that probably had its roots in a much earlier time. Although the veracity of the story cannot be confirmed, legend has it that in A.D. 1500 a man named Wan Hu prepared his own mission to the stars. At that time, the Chinese invention of gunpowder was widely used in rockets for military purposes as well as in fireworks. Wan Hu devised a risky plan to harness the power of such rockets to take him to the stars.
2 The story goes that Wan Hu built the first spaceship: a chair with 47 powerful gunpowder rockets and two kites attached to it. On the day of the launch, each rocket was lit by a different servant carrying a torch. The servants then moved back and waited. An earth-shattering explosion followed; Wan Hu and his primitive spaceship had disappeared completely. Although the story may seem a little far-fetched, the principles of rocket-powered spaceflight are contained in Wan Hu's crazy dream.

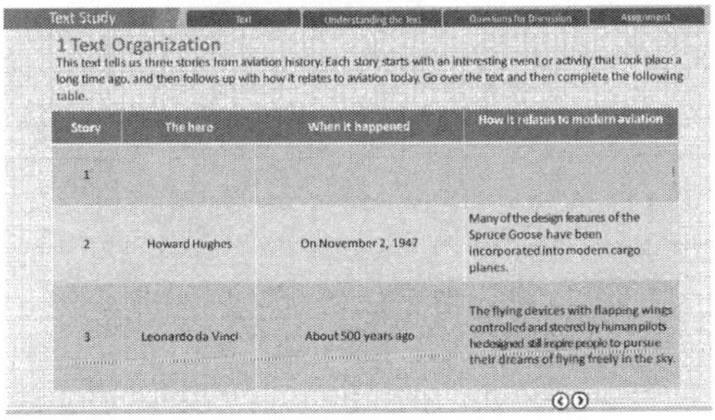
Text Study
1 Text Organization
This text tells us three stories from aviation history. Each story starts with an interesting event or activity that took place a long time ago, and then follows up with how it relates to aviation today. Go over the text and then complete the following table.
Story	The hero	When it happened	How it relates to modern aviation
1			
2	Howard Hughes	On November 2, 1947	Many of the design features of the Spruce Goose have been incorporated into modern cargo planes.
3	Leonardo da Vinci	About 500 years ago	The flying devices with flapping wings controlled and steered by human pilots he designed still inspire people to pursue their dreams of flying freely in the sky.

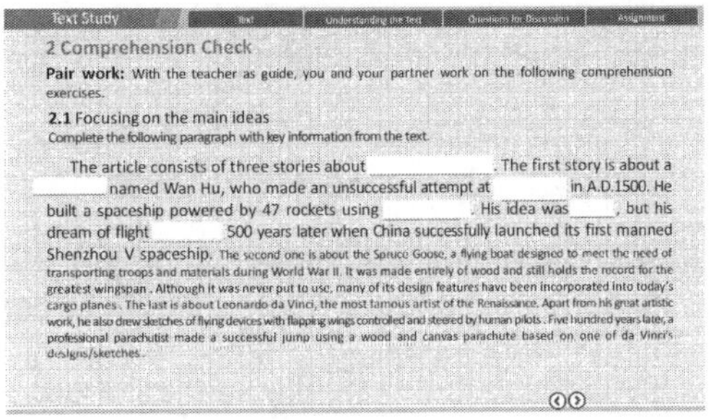
Text Study
2 Comprehension Check
Pair work: With the teacher as guide, you and your partner work on the following comprehension exercises.
2.1 Focusing on the main ideas
Complete the following paragraph with key information from the text.
The article consists of three stories about ______. The first story is about a ______ named Wan Hu, who made an unsuccessful attempt at ______ in A.D.1500. He built a spaceship powered by 47 rockets using ______. His idea was ______, but his dream of flight ______ 500 years later when China successfully launched its first manned Shenzhou V spaceship. The second one is about the Spruce Goose, a flying boat designed to meet the need of transporting troops and materials during World War II. It was made entirely of wood and still holds the record for the greatest wingspan. Although it was never put to use, many of its design features have been incorporated into today's cargo planes. The last is about Leonardo da Vinci, the most famous artist of the Renaissance. Apart from his great artistic work, he also drew sketches of flying devices with flapping wings controlled and steered by human pilots. Five hundred years later, a professional parachutist made a successful jump using a wood and canvas parachute based on one of da Vinci's designs/sketches.

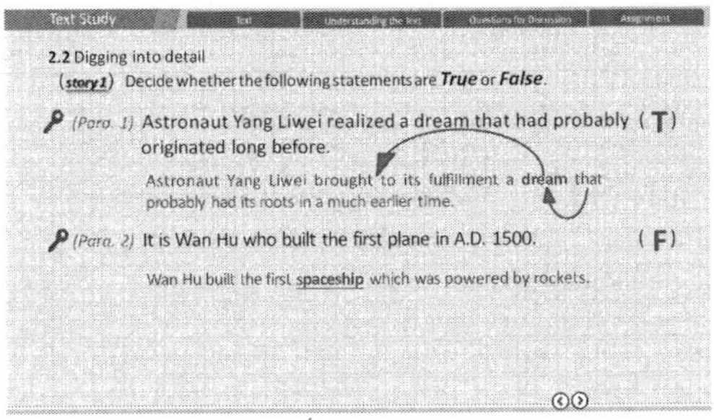
Text Study
2.2 Digging into detail
(story1) Decide whether the following statements are True or False.
(Para. 1) Astronaut Yang Liwei realized a dream that had probably originated long before. (T)
Astronaut Yang Liwei brought to its fulfillment a dream that probably had its roots in a much earlier time.
(Para. 2) It is Wan Hu who built the first plane in A.D. 1500. (F)
Wan Hu built the first spaceship which was powered by rockets.

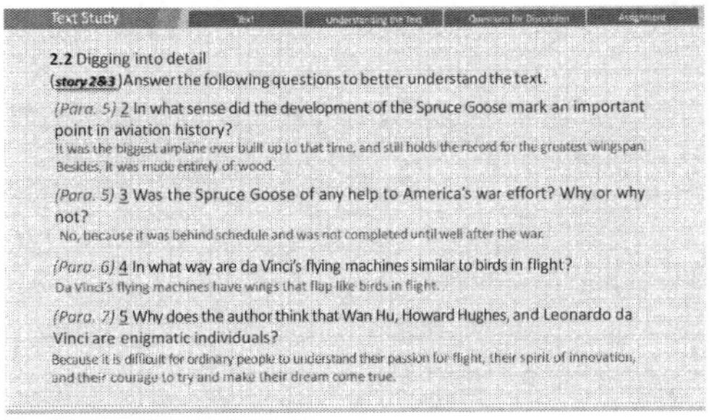
Text Study
2.2 Digging into detail
(story2&3) Answer the following questions to better understand the text.
(Para. 5) 2 In what sense did the development of the Spruce Goose mark an important point in aviation history?
It was the biggest airplane ever built up to that time, and still holds the record for the greatest wingspan. Besides, it was made entirely of wood.
(Para. 5) 3 Was the Spruce Goose of any help to America's war effort? Why or why not?
No, because it was behind schedule and was not completed until well after the war.
(Para. 6) 4 In what way are da Vinci's flying machines similar to birds in flight?
Da Vinci's flying machines have wings that flap like birds in flight.
(Para. 7) 5 Why does the author think that Wan Hu, Howard Hughes, and Leonardo da Vinci are enigmatic individuals?
Because it is difficult for ordinary people to understand their passion for flight, their spirit of innovation, and their courage to try and make their dream come true.

Text Study
Text
Understanding the Text
Questions for Discussion
Assignment
2.3 Retell the story

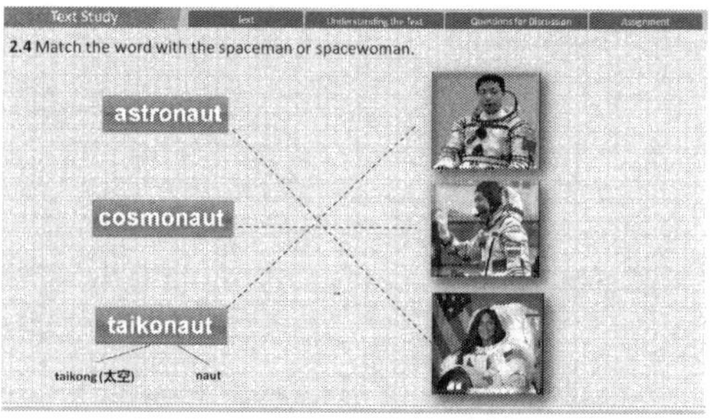
Text Study
Text
Understanding the Text
Questions for Discussion
Assignment
2.4 Match the word with the spaceman or spacewoman.
astronaut
cosmonaut
taikonaut
taikong (太空)
naut

Text Study
Text
Understanding the Text
Questions for Discussion
Assignment
Question for brainstorm
● What can we infer from the appearance of the new word "taikonaut"?
世界影响力
国家
strength
增强
提高
中国
china
实力
话语权
说明
强大
国际
飞天梦
comprehensive

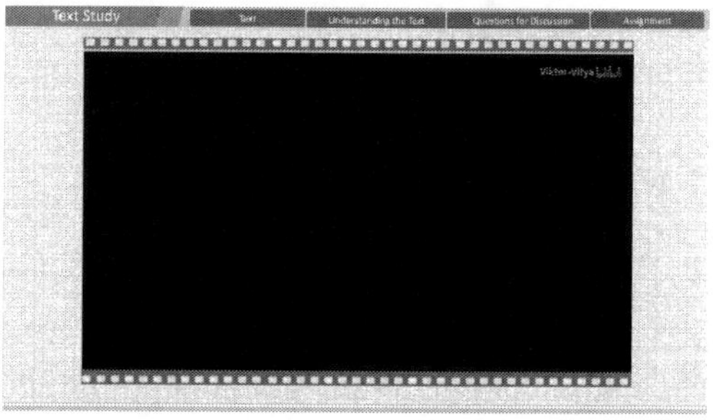
Text Study
Text
Understanding the Text
Questions for Discussion
Assignment

Text Study
Text
Understanding the Text
Questions for Discussion
Assignment

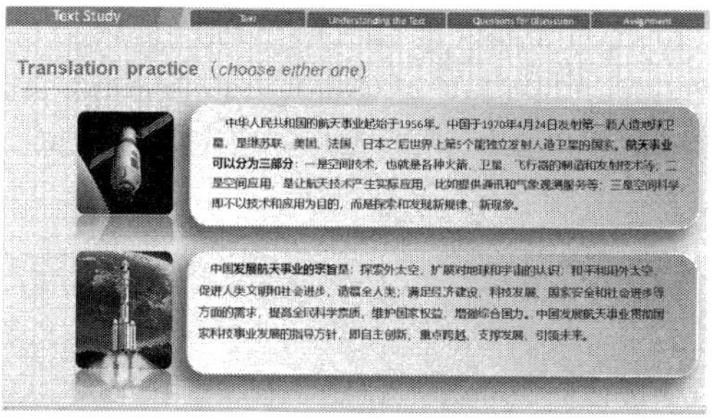
Text Study
Text
Understanding the Text
Questions for Discussion
Assignment
Translation practice (choose either one)
中华人民共和国的航天事业起始于1956年。中国于1970年4月24日发射第一颗人造地球卫星，是继苏联、美国、法国、日本之后世界上第5个能独立发射人造卫星的国家。航天事业可以分为三部分：一是空间技术，也就是各种火箭、卫星、飞行器的制造和发射技术等；二是空间应用，是让航天技术产生实际应用，比如提供通讯和气象观测服务等；三是空间科学，即不以技术和应用为目的，而是探索和发现新规律、新现象。
中国发展航天事业的宗旨是：探索外太空，扩展对地球和宇宙的认识；和平利用外太空，促进人类文明和社会进步，造福全人类；满足经济建设、科技发展、国家安全和社会进步等方面的需求，提高全民科学素质，维护国家权益，增强综合国力。中国发展航天事业贯彻国家科技事业发展的指导方针，即自主创新、重点跨越、支撑发展、引领未来。

4
Teaching
Feedback

预习单词更有效
回答问题更积极
收到反馈更全面
思政教育更"无声"

THANK YOU

• 法 学

“法律职业伦理”课程

陈逸飞　法学院理论法学教研部　讲师

一、课程思政教学设计思路

（一）课程基本信息

1. 课程名称：法律职业伦理（Legal Professional Ethics）

2. 课程编码：18LS0105

3. 学时与学分：18学时，1学分

4. 适用专业：法学

5. 课程性质与属性：专业主干课/必修

6. 先修课程：法理学、诉讼法学

7. 课程管理单位：法学院

8. 课程负责人：陈逸飞

（二）课程目标

1. 通过相关课程的学习，学生应当了解法律职业伦理的基本内涵、发展历史、国内外现状；

2. 基本掌握律师、法官、检察官等主要法律职业的立法性、行业性伦理道德规范的内容；

3. 能够评估并防范法律职业伦理风险，面对特定情况，能够分析其是否具有导致自身违背职业伦理的风险，并对风险进行防控；

4. 能够投身于公益事业，用自身的法律知识与实务经验保护公众特别是弱势群体的利益，使学生警醒法律职业的公共主义使命，避免成为只关注营销、博取利益之精致的利己主义者；

5. 能够正确处理不同法律职业之间的利益冲突，维护合法、畅通的法律职业关系；

6. 能够运用各类法律职业的伦理道德规范，分析和解决实践中的具体案例，培养学生解决实际问题的能力。

（三）课程内容简介

法律职业伦理教育在法治人才培养中占据重要位置。教育部、中央政法委《关于坚持德法兼修实施卓越法治人才教育培养计划2.0的意见》要求："加大学生法律职业伦理培养力度，面向全体法学专业学生开设'法律职业伦理'必修课，实现法律职业伦理教育贯穿法治人才培养全过程。"在《法学类教学质量国家标准》规定的课程体系中，"法律职业伦理"属于法学专业学生必须完成的10门专业必修课程，属于我校规定的专业主干课。

"法律职业伦理"是法律职业者处理法律职业伦理关系的观念和规则，法学高等教育阶段是对学生进行法律职业伦理教育的最佳时机，其教学内容主要涉及职业伦理观念、职业伦理关系和职业伦理规则三个方面。

（四）课程思政融入设计

教学章节	授课要点	思政映射与融入点	授课形式与教学方法	预期成效
第1章	开设"法律职业伦理"课程的必要性	1. 习总书记2017年考察中国政法大学讲话； 2. 中央在政法领域打虎拍蝇的力度与成效	信息媒介、数据对比、视频观摩	深入学习总书记讲话精神，理解法律职业道德在全面推进依法治国进程中的重要性，了解课程设置的政策背景等
第4章	法官职业伦理	1. 安徽财经大学法学院优秀院友"魏晶晶法官"感人事迹 2."全国模范法官"周春梅法官的先进事迹 3."改革先锋"邹碧华：2018年，党中央、国务院授予其"改革先锋"称号，颁授"改革先锋"奖章。 生前任上海市高院副院长，著有《要件审判九步法》，被尊称为庭前独角兽、法治"燃灯者"。习近平总书记对邹碧华同志先进事迹作出重要批示强调"坚定理想信念，坚守法治精神"	课堂讨论（要求课前观看电影《邹碧华》并撰写影评，在课堂上进行讨论）	在学生心目中树立法官恪守职业伦理的正面典型，领略新时期公正为民好法官、敢于担当好干部应有的风范。 借此引导学生崇法尚德，践行社会主义法治理念，捍卫社会公平正义，在今后的法律职业生涯和法治工作中，敢于啃硬骨头，甘当"燃灯者"，树立崇高远大的法治事业理想信念

续表

教学章节	授课要点	思政映射与融入点	授课形式与教学方法	预期成效
第5章	检察官职业伦理	2017年，习近平主席在致第22届国际检察官联合会年会暨会员代表大会的贺信中指出：“检察官作为公共利益的代表，肩负着重要责任。……中国在发挥检察官公益保护作用、推进法治建设中积累了不少经验，也愿积极借鉴世界有关法治文明成果。”将最高检官网“检察官风采栏目”《李凯石：跋山涉水护公益》纳入教学案例	信息媒介、参观体验（拟邀请蚌埠市检察院检察官线上、线下与同学们全方位交流）	2020年10月18日上午，蚌埠市人民检察院，安徽财经大学共建的检察理论研究基地在安徽财经大学正式成立。安徽财经大学校党委书记、校长丁忠明，市检察院党组书记、代检察长李孝云分别致辞，并会签共建框架协议。充分利用号这一平台，有助于同学们近距离了解优秀检察官的职业道德坚守，体会习近平总书记贺信精神，立志成为守护社会公共利益的检察官
第6章第1节	律师职业伦理的重要性	1. 杨金柱律师因以攻击、诋毁司法机关和司法制度等不正当方式影响依法办理案件，扰乱法庭秩序，干扰诉讼活动的正常进行，发表恶意诽谤他人的言论等违背律师职业伦理行为，被湖南省司法厅吊销律师执业证一案； 2. 长沙市中级人民法院公开开庭审理律师谢阳煽动颠覆国家政权、扰乱法庭秩序一案	信息媒介课堂讨论	以多个“反面教材”和负面案例，突出强调执业律师坚持接受思想政治和职业道德教育的必要性，深刻诠释《中华人民共和国律师法》第三条“律师执业必须遵守宪法和法律，恪守律师职业道德和执业纪律”的立法内涵
第6章第4节	律师收费行为规范	我国的社会主义法律援助制度美国高昂的律师收费引发社会反感、讽刺的案例和各类反响材料	中外比较信息媒介课堂讨论	了解我国律师服务收费实行政府指导价和市场调节价、对律师风险代理的限制，我国法律援助的社会效果；了解国外律师收费制度弊端
第7章	调解员职业伦理	习总书记在中央政法工作会议提出“把非诉讼纠纷解决机制挺在前面”，强调“要加强和创新社会治理，坚持和完善新时代‘枫桥经验’”，《新加坡调解国际公约》的签订，均要求建设一支高素质的新时代调解员队伍	信息媒介案例研讨	让学生认识到调解员这一承载中国传统优良法治文化的职业，可能成为未来炙手可热的法律职业。调解员的职业伦理是职业化建设的重要组成部分，而且调解员职业道德要求往往比传统法律职业更高
第8章	立法者法律职业伦理	2020年5月28日，十三届全国人大三次会议表决通过《中华人民共和国民法典》，一部具有民族精神、时代特色的民法典就此诞生，中国由此进入民法典时代。这是新中国历史上首个以“法典”命名的法律，是一部具有鲜明时代特色，反映人民意愿，体现社会共识“最大公约数”的“社会生活的百科全书”。它寄托了几代民法学人期盼与梦想。引出魏振瀛与民法典的故事	课堂讨论（讲述立法草案起草人和法学家们的故事）	以《民法典》的立法过程为例，讲授立法者应当坚持科学立法、民主立法、依法立法，将“弘扬社会主义核心价值观”作为一项重要的立法目的，体现坚持依法治国与以德治国相结合的鲜明中国特色。社会主义核心价值观的内涵在各分编立法中的体现（合同编的契约自由、信守契约精神，婚姻家庭编、继承编中的弘扬家庭美德等）
第9章	法学专业教师的职业伦理	2019年9月17日，根据国家主席习近平签署的主席令，刑法泰斗和法学教育家高铭暄教授被授予“人民教育家”国家荣誉称号。高铭暄教授曾在2001年被评为“全国师德先进个人”	信息媒介课堂讨论	理解高铭暄教授对法学专业同学提出的寄语：“坚持正确的政治方向，爱党爱国爱人民，注意道德修养，不违纪不违法，更不要犯罪”；对于立志成为法学教育和法学研究人员的同学，强调师德和学术伦理的重要性

续表

教学章节	授课要点	思政映射与融入点	授课形式与教学方法	预期成效
第10章	行政执法人员职业伦理	1. 美国警察跪压黑人佛洛伊德致死案，凸显西方法治国家行政执法人员不遵守职业道德而屡酿人权惨案； 2. 2018年美国共平反151件冤案，其中107件因美国政府人员不当行为造成	信息媒介课堂讨论	1. 正确认识西方民主法治国家的法治现状，打破“言必称英美”； 2. 充分认识行政执法人员职业伦理的重要性，坚持公平公正、尊重人权、文明执法、清正廉洁的职业道德操守

（五）课程育人目标

课程育人目标	1. 总目标。法律职业伦理教育贯穿法治人才培养全过程，造就德法兼修、知行合一的高素质法治人才 2. 具体目标：一是要培育忠于党、忠于国家、忠于人民、忠于法律的社会主义法治人才；二是要培养维护宪法法律权威、维护人民权益、维护社会公平正义、维护国家安全稳定，关爱民生、热心公益，善于运用自身法学知识和技能保护人民群众合法权益的法律人；三是培养能够挡得住诱惑、经得起考验、负得起责任，坚定法律职业伦理操守，正确处理法律职业伦理冲突的法律人
教学创新之处： 吸纳德才兼备的优秀法官、检察官、知名律所律师、大型国企法务等，通过在线“现身说法”、实习指导、模拟法庭点评，为同学诠释在法治实践中如何恪守法律职业伦理，充分发挥法治实践部门在法治人才培养中的主体作用，体现全员育人	

二、教学展示

（一）教学目标和内容

教学内容包括法律职业的内涵、法律职业共同体、法律职业的良性互动。

（二）教学重点和难点

认识法律职业、法律职业共同体的内涵和外延，理解法律职业的良性互动。

（三）教学过程和方法

1.以习总书记讲话直接切入概念；

2.结合热播电视剧《巡回检查组》引导学生思考；

3.组织学生开展讨论；

4.总结法律职业共同体的内涵和外延。

（四）教学反思

作为一名年轻的老师，对于这门课我深感责任重大，“法律职业伦理”课程是教育部《法学类教学质量国家标准》规定的10门专业必修课之一。2017年，习近平总书记在中国政法大学考察时强调，法学教育要坚持立德树人，不仅要提高学生的法学知识水平，而且要培养学生的思想道德素养。教育部、中央政法委《关于坚持德法兼修实施卓越法治人才教育培养计划 2.0 的意见》将“加大学生法律职业伦理培养力度，面向全体法学专业学生开设‘法律职业伦理’必修课，实现法律职业伦理教育贯穿法治人才培养全过程”列入“改革任务和重点举措”。

最初在教学中，我仅仅思考哪些知识点可以切入课程思政。随着教学的深入，我深刻意识到必须努力创新，让同学们自主领悟法律知识背后的法律价值，将其内化为自身的世界观、价值观、人生观和思维方式，进而为实现法律中的正义、秩序、效率、自由价值搭建一座理想的天梯。

三、课程思政教育心得体会

我个人认为，“法律职业伦理”这门课本质上具有显著的思想政治教育色彩和功能，理应处于法学课程体系“课程思政”改革工作的第一线。

如何最大限度地发挥法律职业伦理教育的功能，提高法科学生的德行素养并为实现法治中国贡献力量将是我未来持续研究并为之努力的方向。

教学展示课件

陈逸飞 法学院理论法学教研室 讲师

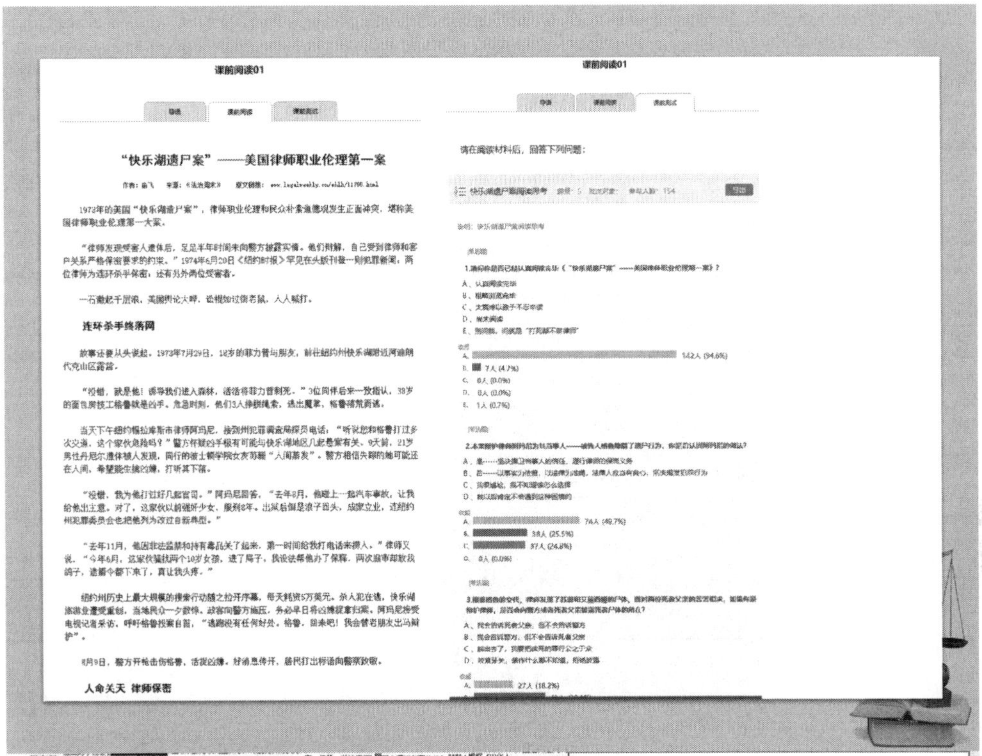

课后利用学习通平台与同学们的互动截图

利用信息化平台翻转课堂+“课程思政”法律职业伦理教学一直在路上

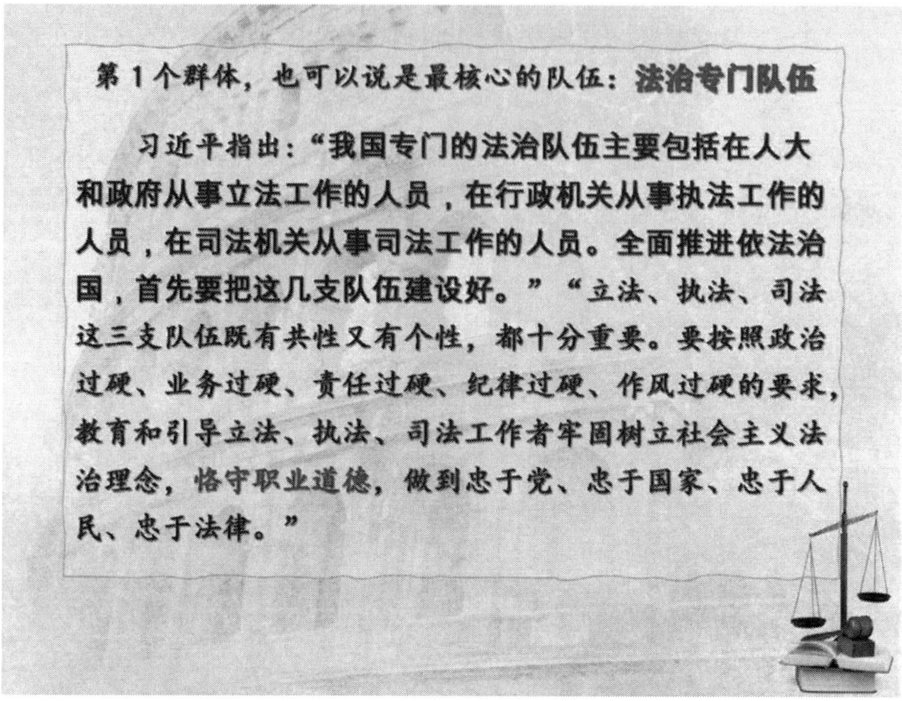
第 1 个群体，也可以说是最核心的队伍：法治专门队伍
习近平指出：“我国专门的法治队伍主要包括在人大和政府从事立法工作的人员，在行政机关从事执法工作的人员，在司法机关从事司法工作的人员。全面推进依法治国，首先要把这几支队伍建设好。”“立法、执法、司法这三支队伍既有共性又有个性，都十分重要。要按照政治过硬、业务过硬、责任过硬、纪律过硬、作风过硬的要求，教育和引导立法、执法、司法工作者牢固树立社会主义法治理念，恪守职业道德，做到忠于党、忠于国家、忠于人民、忠于法律。”

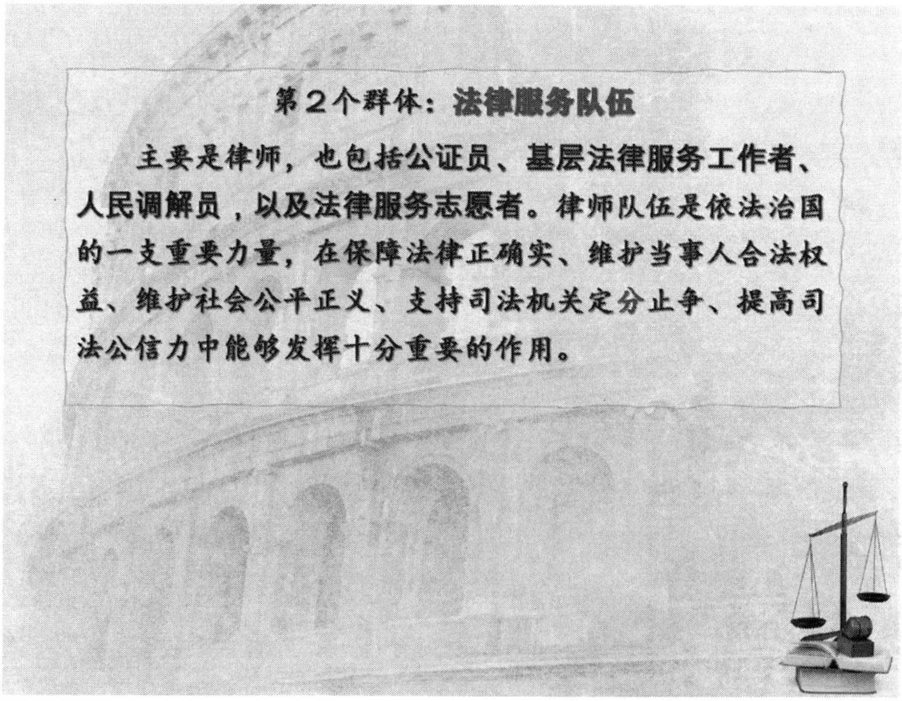
第 2 个群体：法律服务队伍
主要是律师，也包括公证员、基层法律服务工作者、人民调解员，以及法律服务志愿者。律师队伍是依法治国的一支重要力量，在保障法律正确实、维护当事人合法权益、维护社会公平正义、支持司法机关定分止争、提高司法公信力中能够发挥十分重要的作用。

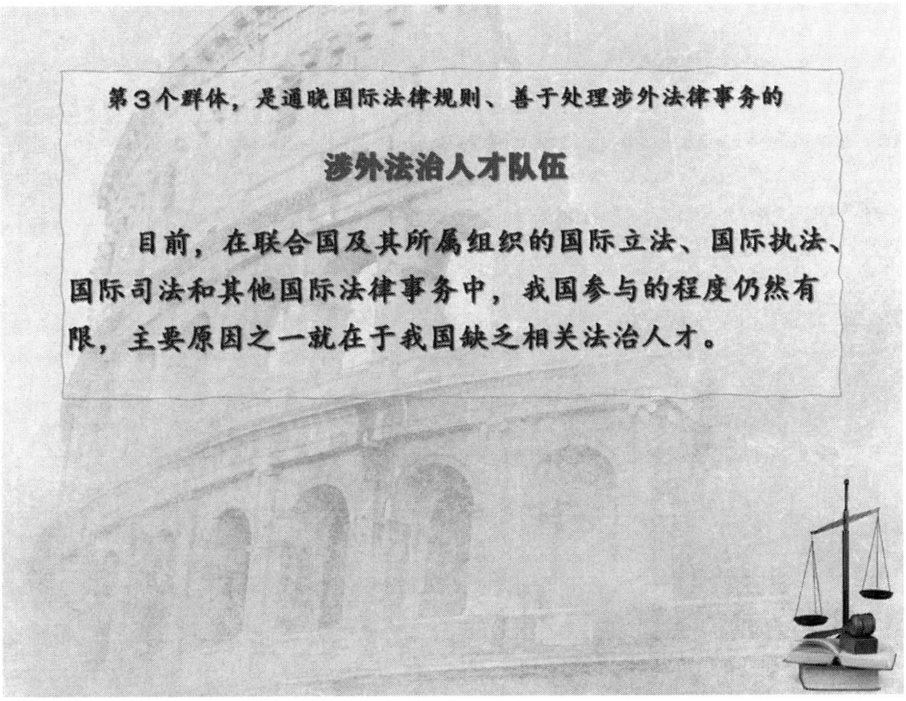
第3个群体，是通晓国际法律规则、善于处理涉外法律事务的
涉外法治人才队伍
目前，在联合国及其所属组织的国际立法、国际执法、国际司法和其他国际法律事务中，我国参与的程度仍然有限，主要原因之一就在于我国缺乏相关法治人才。

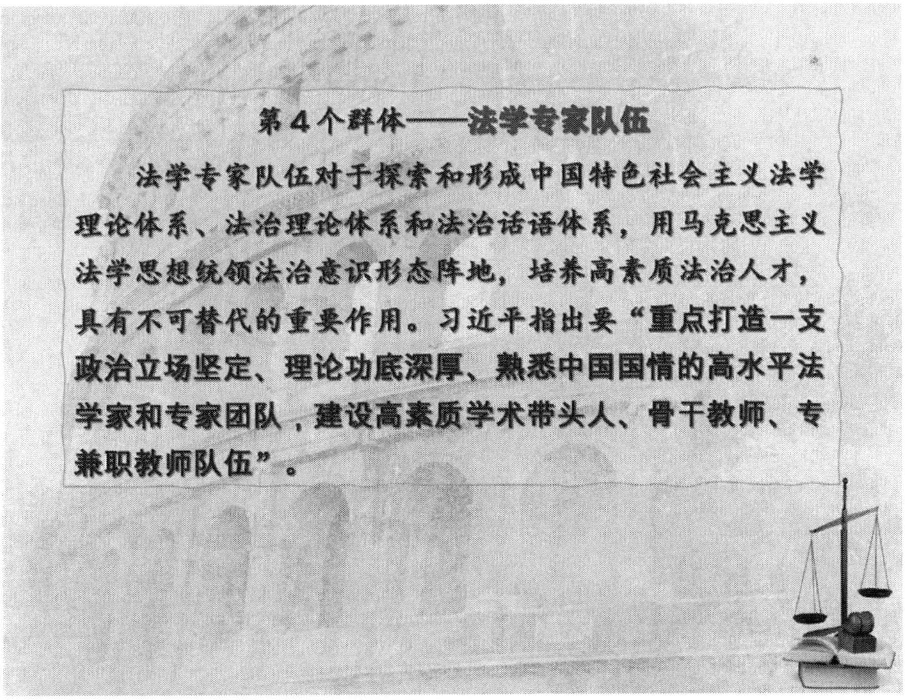
第4个群体——法学专家队伍
法学专家队伍对于探索和形成中国特色社会主义法学理论体系、法治理论体系和法治话语体系，用马克思主义法学思想统领法治意识形态阵地，培养高素质法治人才，具有不可替代的重要作用。习近平指出要“重点打造一支政治立场坚定、理论功底深厚、熟悉中国国情的高水平法学家和专家团队，建设高素质学术带头人、骨干教师、专兼职教师队伍”。

以近期热播的电视剧《巡回检察组》为例，哪些属于本课程所指的“法律职业”呢？
巡回检察组
巡回检察组
省政法委书记张友成
检察官罗欣然、冯森

以近期热播的电视剧《巡回检察组》为例，哪些属于本课程所指的“法律职业”呢？
巡回检察组
律师邓耀先
狱警郑锐
司法掮客老四

LAW
教材对法律职业的界定

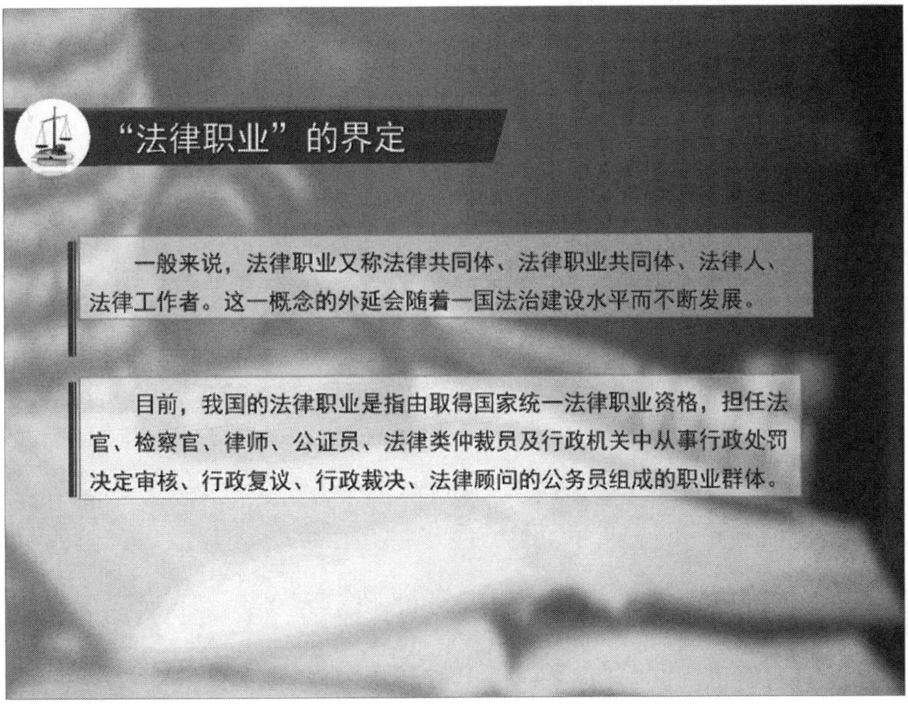
“法律职业”的界定
一般来说，法律职业又称法律共同体、法律职业共同体、法律人、法律工作者。这一概念的外延会随着一国法治建设水平而不断发展。
目前，我国的法律职业是指由取得国家统一法律职业资格，担任法官、检察官、律师、公证员、法律类仲裁员及行政机关中从事行政处罚决定审核、行政复议、行政裁决、法律顾问的公务员组成的职业群体。

LAW
界定的依据

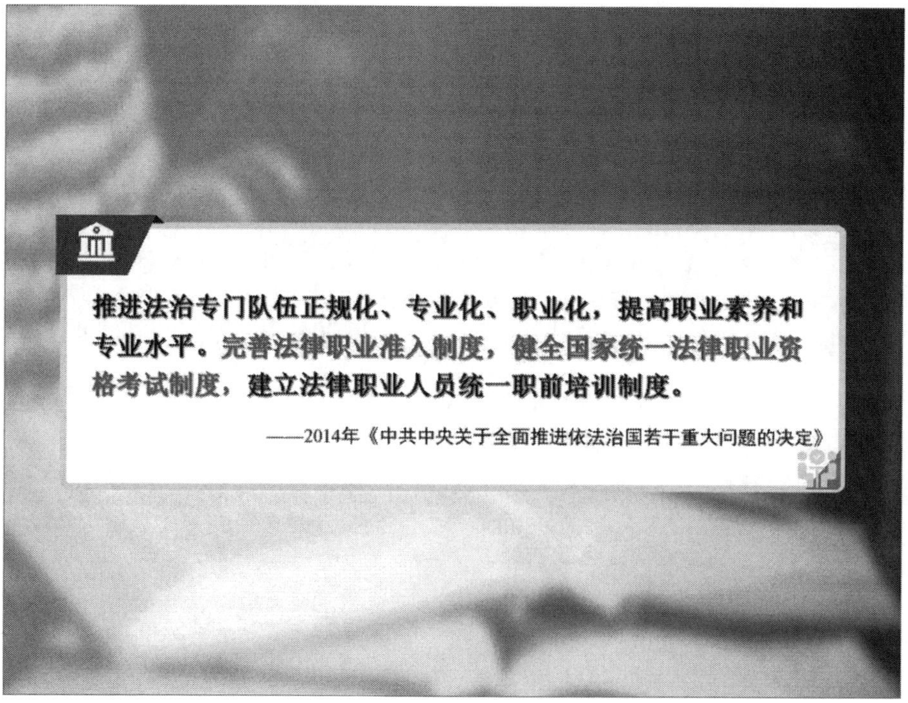
推进法治专门队伍正规化、专业化、职业化，提高职业素养和专业水平。完善法律职业准入制度，健全国家统一法律职业资格考试制度，建立法律职业人员统一职前培训制度。
——2014年《中共中央关于全面推进依法治国若干重大问题的决定》

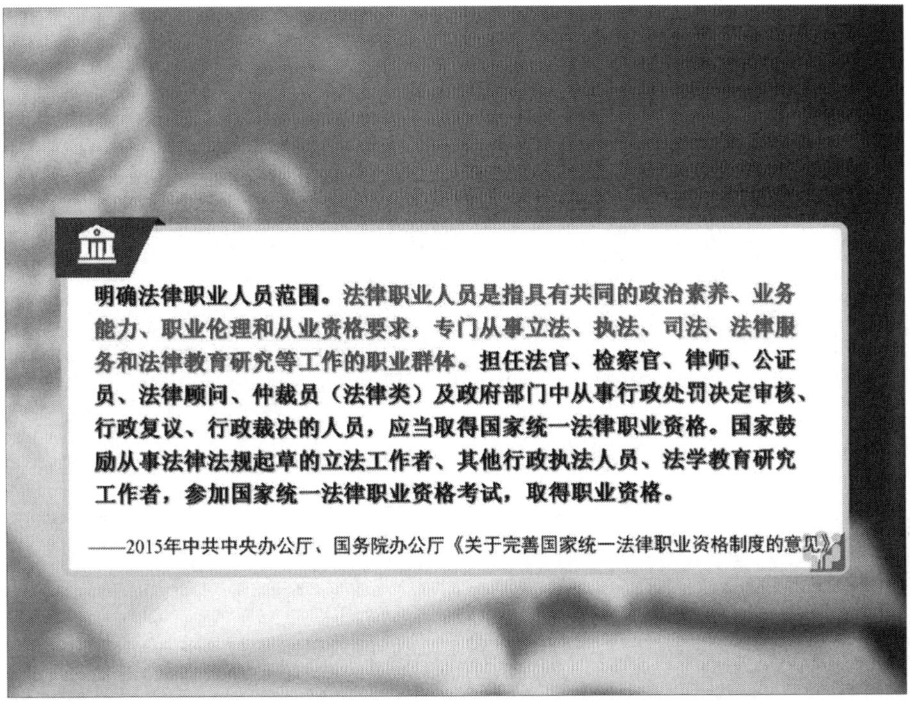
明确法律职业人员范围。法律职业人员是指具有共同的政治素养、业务能力、职业伦理和从业资格要求，专门从事立法、执法、司法、法律服务和法律教育研究等工作的职业群体。担任法官、检察官、律师、公证员、法律顾问、仲裁员（法律类）及政府部门中从事行政处罚决定审核、行政复议、行政裁决的人员，应当取得国家统一法律职业资格。国家鼓励从事法律法规起草的立法工作者、其他行政执法人员、法学教育研究工作者，参加国家统一法律职业资格考试，取得职业资格。
——2015年中共中央办公厅、国务院办公厅《关于完善国家统一法律职业资格制度的意见》

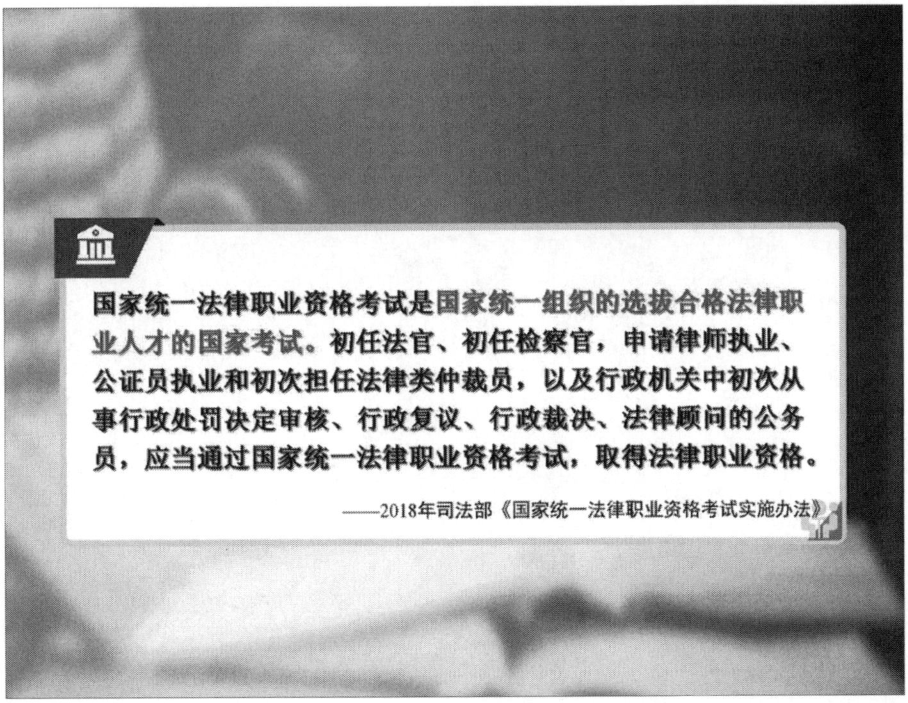
国家统一法律职业资格考试是国家统一组织的选拔合格法律职业人才的国家考试。初任法官、初任检察官，申请律师执业、公证员执业和初次担任法律类仲裁员，以及行政机关中初次从事行政处罚决定审核、行政复议、行政裁决、法律顾问的公务员，应当通过国家统一法律职业资格考试，取得法律职业资格。
——2018年司法部《国家统一法律职业资格考试实施办法》

LAW
狱警属于法律职业吗？

狱警郑锐

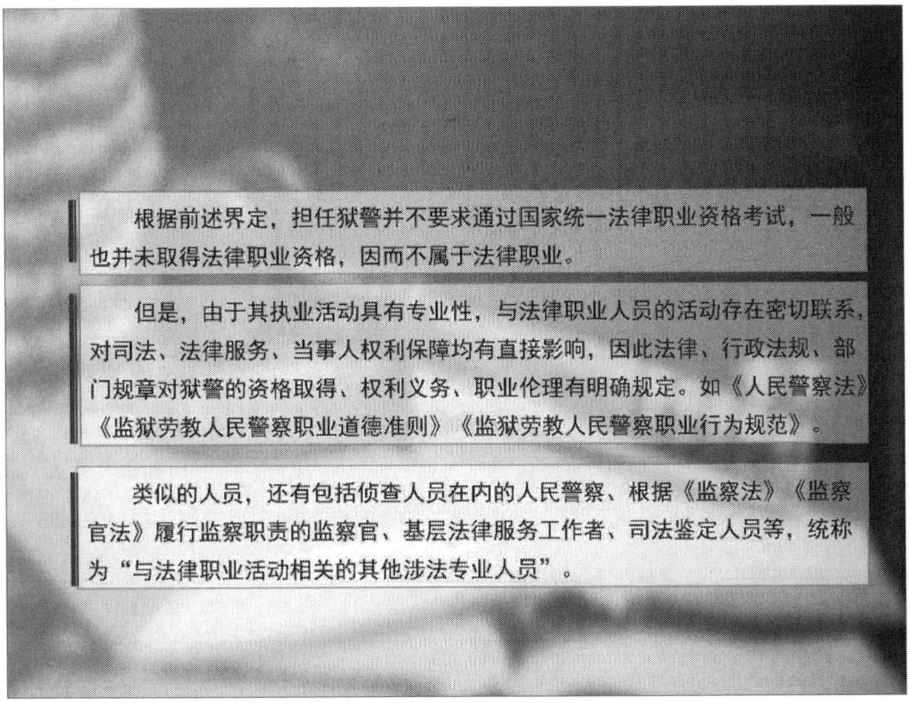
根据前述界定，担任狱警并不要求通过国家统一法律职业资格考试，一般也并未取得法律职业资格，因而不属于法律职业。
但是，由于其执业活动具有专业性，与法律职业人员的活动存在密切联系，对司法、法律服务、当事人权利保障均有直接影响，因此法律、行政法规、部门规章对狱警的资格取得、权利义务、职业伦理有明确规定。如《人民警察法》《监狱劳教人民警察职业道德准则》《监狱劳教人民警察职业行为规范》。
类似的人员，还有包括侦查人员在内的人民警察、根据《监察法》《监察官法》履行监察职责的监察官、基层法律服务工作者、司法鉴定人员等，统称为“与法律职业活动相关的其他涉法专业人员”。

· 管理学

“高级财务会计”课程

万仁新　会计学院会计学系　副教授

一、课程思政教学设计思路

（一）课程基本信息

“高级财务会计”（课程号 18AC0130）是为会计学院会计学专业（含 CPA 方向）开设的一门专业必修课程，主要探讨客观经济环境中的特殊交易或事项的会计处理，其研讨的问题有的涉及当代会计四大难题（常勋，2006）。这些难题形成了前沿性强、综合性高、复杂深奥等课程特点。先修课程为基础会计、中级财务会计。

（二）课程目标

通过本课程的教学，学生能够达到以下相互联系又层层递进的目标：

1. 知识的获取能力。能够“诚信博学”地“感受黄山”“知行统一”地“天下无山”，即引导学生复习、赏析先修课程基本概念（黄山），并“悟道”“行道”引致“知识外溢”。这些均让学生不经意地学习、掌握并获取“高级财务会计”中的重点、难点，做到最终无难点（无山）。

2. 知识的应用能力。能够应用“高级财务会计”中的知识，辨析企业中发生的特殊交易或事项的业务实质，据此做出正确的会计处理，以解决问题。

3. 专业情感的增强。能够在悟道中应用“高级财务会计”的基本理论、基本方法、基本技能处理特殊交易和事项，借此“高级财务会计”的实践价值增强学生对专业主观反映的情感。

4. 校训精神之传承。能够在悟道中客观、正确做出特殊交易、事项的会计处理，传承“诚信博学，知行统一”的校训精神。

5.丰富核心价值观。挖掘“高级财务会计”课程各知识单元本身所蕴藏的思政元素，据此构建“高级财务会计”自身特点的课程思政内容，并随着传授知识的课堂教学过程相继外溢思政内容，以此传承校训精神。通过校训精神的传承，释放课程的“思政”之能，做到润物细无声，促使学生形成并丰富社会主义核心价值观。

（三）课程内容简介

“高级财务会计”是在先修《基础会计》《中级财务会计》等课程之后开设的前沿性课程，其关注特殊经济业务和特殊经营方式的会计处理之基本理论、基本方法、基本技能。课程内容共分为六章，具体为：第一章所得税会计、第二章外币折算、第三章企业合并、第四章合并财务报表（上）、第五章合并财务报表（下）、第六章每股收益。

具体来说，第一章所得税会计主要介绍会计准则和所得税法在所得税确认、计量和报告上的差异及其会计处理；第二章外币折算重点关注外币交易中外币计价、结算和报告等会计处理；第三章企业合并重点介绍为企业合并业务的会计处理；第四、第五章合并财务报表（上、下）主要探究如何编制企业集团的合并财务报表；第六章每股收益主要介绍基本每股收益和稀释每股收益的计算方法、列报。

（四）课程思政融入设计

在传承“诚信博学，知行统一”校训精神中，深入挖掘“高级财务会计”课程本身所蕴藏的思政元素，应用课堂教学主渠道，培育并丰富学生的社会主义价值观。

1.基于课程教学内容的思政元素之挖掘

第一章所得税会计介绍“税前会计利润”与“应纳税所得额”各自的计算、之间的差异及其会计处理。这些会计处理的依据为全国人大（以下简称“国家”）颁布的法律（会计法、企业所得税法）、国务院颁布的行政法规（企业所得税实施条例）、财政部（以下简称“国家”）颁布的企业会计准则等法律、行政法规和部门规章治理制度（以下简称“制度”）。知晓并掌握这些众多的国家制度知识并诚信遵守，以传承“诚信博学，知行统一”的校训精神。校训精神要求“知晓众多的国家治理制度并且促使所有主体平等地诚信遵守”，如诚信计算、缴纳所得税，以振兴中华、报效祖国，蕴藏了“平等”“法治”“诚信”“爱国”思政元素；引导学生了解关于所得税处理的中外会计文献，蕴藏了面向世界的“文明”思政元素。

第二章外币折算重点关注国际贸易中外币交易的外币计价、结算和报告等会计处理。该会计处理的依据为国际贸易、会计准则等制度，知晓并掌握这些众多的国家制度知识并诚信遵守，以传承安财“诚信博学，知行统一”的校训精神。校训精神要求“知晓众多的国家治理制度并且促使所有主体平等地诚信遵守”，可挖掘出“平等”“法治”“诚信”之思政元素，同时国际贸易中外币结算，是改革开放、强国之路上的重要体现和内容，是社会主义现代化国家经济建设的应然状态，蕴藏了“富强”思政元素；引导学生了解关于外币折算的中外会计文献，蕴藏了面向世界的“文明”思政元素。

第三章企业合并重点介绍企业做大做强过程中发生的企业合并业务之会计处理。其依据为企业合并的业务性质、会计准则等制度知识，蕴藏了透过现象看本质（业务性质）和忠于职守的“敬业”思政元素；企业做大做强过程中的合并，是社会主义现代化国家经济建设的应然状态，蕴藏了“富强”思政元素；企业合并业务中双方在社会主义经济市场上分别“自由”地选择对方并按市场公允价值支付对等价格，蕴藏了“自由”和“公正”思政元素；引导学生了解关于企业合并的中外会计文献，蕴藏了面向世界的“文明”思政元素。

第四、第五章合并财务报表（上、下）要探究在母公司、子公司等个别财务报表的基础上，如何编制企业集团的合并财务报表。这是“高级财务会计”中难点之一，其难点拟在传承安财“诚信博学，知行统一”校训精神中消化。也就是通过引导学生复习、赏析先修的“基础会计”等课程中相关概念，在悟道、行道和知识外溢中不经意掌握合并财务报表中的调整和抵销会计分录等难点，以忠于职守、服务社会，蕴藏了“敬业”思政元素；母公司、子公司的个别财务报表中的要素项目，其中内部交易形成的部分需要抵销。这抵销的会计处理，须遵守会计准则的要求正确地编制合并财务报表，并向外部资本市场传递客观、真实的信息，以维护企业集团与资本市场其他主体的社会主义新型关系，蕴藏了“法治”“友善”思政元素；在讲解抵销分录的教学过程，引导学生探讨不同的抵销方法，并与现在会计准则对比，有什么不同，会计准则为什么做出现有规定，为什么不采用其他方法，建议学生以此为课题展开研究并发表论文，提出自己的见解，这些难点的教学引导过程、异议的探讨与见解的发表，分别蕴藏了学有所教的“和谐”思政元素和人民当家作主的“民主”思政元素。

第六章每股收益主要介绍基本每股收益和稀释每股收益的计算方法、列报。基本每股收益和稀释每股收益的计算，正义并公平对待每位股东，蕴藏了“公平”的思政元素；列报每股收益，包括潜在股东的稀释每股收益，向外传递较全面的信息，尊重他人、维护企业与市场其他主体的社会主义新型关系，蕴藏“友善”思政元素。

2. 课程思政内容的教学举措

（1）小组合作。5~6人一组，选一个具体问题，如企业合并，引导学生面向世界，研读中外企业合并会计理论，归纳相关学派观点、“文明”成果及其受到的启发，并予以汇报。

（2）课堂讨论。从具体问题入手讨论，引导学生在复习、赏析先修课程相关知识的基础上，阐述相关现有问题的理解。如合并财务报表中的抵销分录，要求学生应用已修知识展开讨论，提出见解。让其享受课堂上的学有所教之“和谐”和当家作主之“民主”。

二、“合并财务报表”节选部分教学展示

（一）教学目标和内容

1. 教学目标

（1）认知编制合并财务报表的原则；（2）掌握“同一控制下控制权取得日合并报表”抵销分录的编制技能；（3）在“诚信博学，知行统一”校训精神的传承中，实现课程思政元素的溢出，润物细无声、不经意地培育“法治”“敬业”“友善”“和谐”和“民主”等社会主义核心价值观。

2. 教学内容

母公司对子公司投资形成的长期股权投资，与子公司接受母公司投资形成的股东权益进行抵销，具体如下：

借：股本
　　资本公积
　　盈余公积
　　未分配利润
　　贷：长期股权投资
　　　　少数股东权益

（二）教学重点和难点

1. 教学重点

合并财务报表的会计主体及其假设下的会计要素理解、应用。

2. 教学难点

如何理解“调整与抵销分录”。

（三）教学过程和方法（可含时间分配）

教学内容	教师主导活动	学生主体活动	教学方法	传承校训素养	思政元素	时间分配
1.前置：编制合并财务报表步骤	编制合并财务报表步骤？	回顾相关知识	提问法、演示法	诚信、博学知行、统一		1分钟
2.借方子公司股东权益	如何理解会计主体假设下股东权益的定义？	复习、讨论、赏析相关知识	启发、参与、讨论、互动	诚信、博学知行、统一	法治、敬业、友善、和谐	5分钟
3.贷方少数股东权益	如何理解会计主体假设下股东权益的定义	复习、讨论、赏析相关知识	启发、参与、讨论、互动	诚信、博学知行、统一	法治、敬业、友善、和谐、民主	2分钟
4.贷方母公司长期股权投资	如何理解会计主体假设下长期股权投资的定义	复习、讨论、赏析相关知识	启发、参与、讨论、互动	诚信、博学知行、统一	法治、敬业、友善、和谐	3分钟
5.抵销方法的进一步探讨及总结	理解会计准则的做法后，并探讨新方法和总结	复习、讨论、赏析相关知识	启发、参与、讨论、互动	诚信、博学知行、统一	法治、敬业、友善、和谐	3分钟

（四）教学反思

引导学生复习、赏析先修课相关知识，在其过程悟道并在不经意中掌握合并财务报表的抵销分录知识，同时挖掘抵销分录知识本身所蕴藏的思政元素，并在课堂教学中通过传承安财“诚信博学，知行统一”校训精神方式外溢，培育社会主义核心价值观。

三、课程思政教育心得体会

习近平总书记在全国高校思想政治工作会议上强调，要用好课堂教学这个主渠道，各类课程都要与思想政治理论课同向同行，形成协同效应。打破高校的思想政治教育普遍存在“孤岛”困境，建设课程思政，延续思政课程的功能，全方位构建“一体化”的育人体系，形成“大思政”格局，实现思想政治教育与专业知识教育的有机统一。

教学展示课件

万仁新　会计学院会计系　副教授

安徽财经大学 会计学院

第四章 合并财务报表（上）

第五节 同一控制下的控股合并条件下合并财务报表的编制

- 一、控制权取得日的合并财务报表的抵销分录

- 借：股本
- 资本公积
- 盈余公积
- 未分配利润
- 贷：长期股权投资
- 少数股东权益

安徽财经大学 会计学院

- 例：P公司20×7年1月1日以212000元银行存款购买了S公司80%的股权,P公司控制了S公司。该项控股合并为同一控制下的企业合并。20×7年1月1日在该项合并发生后P公司和S公司的资产负债表数据如表1所示。

表1　控股合并发生后P公司和S公司的资产负债表数据

20×7年1月1日　　单位：元

项目	P公司		S公司	
	借方	贷方	借方	贷方
货币资金	38 000		49 000	
应收账款及应收票据	264 000		111 000	
存货	160 000		130 000	
长期股权投资	168 000			
固定资产	660 000		100 000	

安徽财经大学 会计学院

续前表

项目	P公司		S公司	
	借方	贷方	借方	贷方
应付账款及应付票据		208 000		20 000
应付债券				160 000
长期借款		86 000		160 000
股本		300 000		150 000
资本公积		556 000		40 000
盈余公积		135 000		17 000
未分配利润		5 000		3 000
合计	1 290 000	1 290 000	390 000	390 000

安徽财经大学 会计学院

前置知识：会计主体——P公司

P公司对S公司长期股权投资的会计处理。

- 借:长期股权投资　　168 000　　210000×80%
- 　资本公积　　44 000
- 　贷:银行存款　　212 000

安徽财经大学 会计学院

编制合并财务报表

- 回顾合并财务报表的编制步骤
- 一是开设工作底
- 二是将个别财务报表过入工作底并计算合计数
- 三是编制调整与抵销分录
- 四是计算合并数
- 五是将合并数抄至合并财务报表

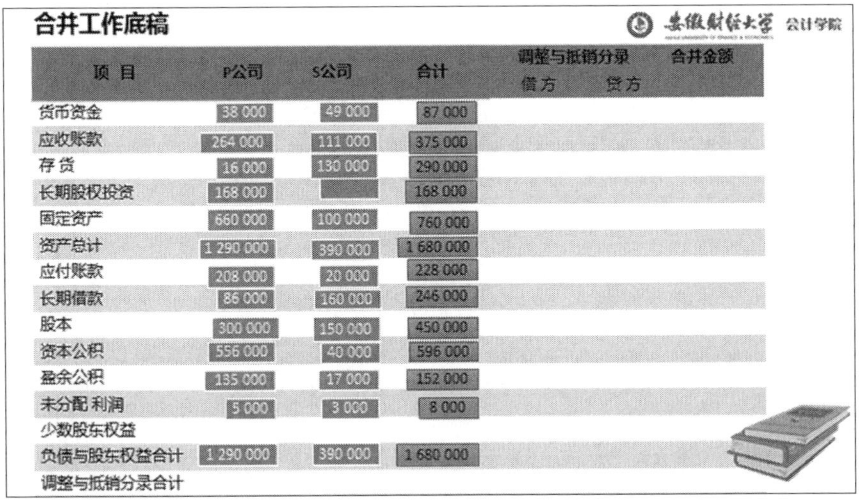

合并工作底稿

安徽财经大学 会计学院

项 目	P公司	S公司	合计	调整与抵销分录 借方	调整与抵销分录 贷方	合并金额
货币资金	38 000	49 000	87 000			
应收账款	264 000	111 000	375 000			
存货	16 000	130 000	290 000			
长期股权投资	168 000		168 000			
固定资产	660 000	100 000	760 000			
资产总计	1 290 000	390 000	1 680 000			
应付账款	208 000	20 000	228 000			
长期借款	86 000	160 000	246 000			
股本	300 000	150 000	450 000			
资本公积	556 000	40 000	596 000			
盈余公积	135 000	17 000	152 000			
未分配利润	5 000	3 000	8 000			
少数股东权益						
负债与股东权益合计	1 290 000	390 000	1 680 000			
调整与抵销分录合计						

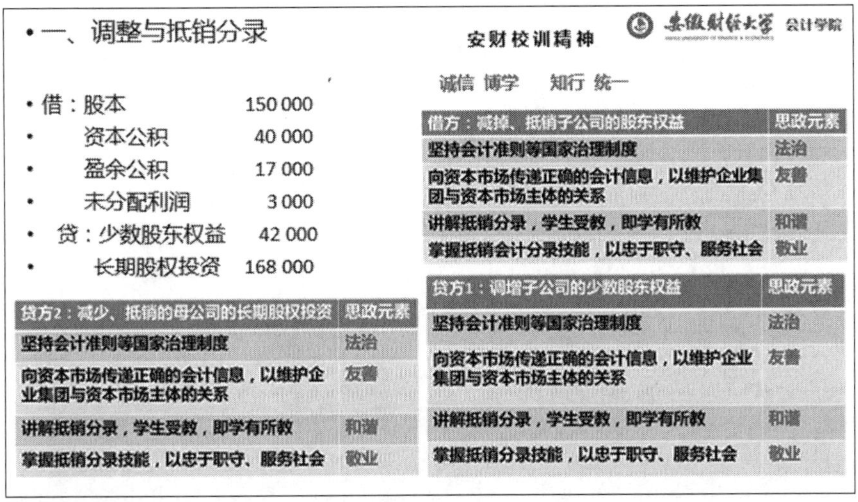

• 一、调整与抵销分录

安财校训精神

安徽财经大学 会计学院

诚信 博学 知行 统一

• 借：股本 150 000
• 资本公积 40 000
• 盈余公积 17 000
• 未分配利润 3 000
• 贷：少数股东权益 42 000
• 长期股权投资 168 000

借方：减掉、抵销子公司的股东权益	思政元素
坚持会计准则等国家治理制度	法治
向资本市场传递正确的会计信息，以维护企业集团与资本市场主体的关系	友善
讲解抵销分录，学生受教，即学有所教	和谐
掌握抵销会计分录技能，以忠于职守、服务社会	敬业

贷方1：调增子公司的少数股东权益	思政元素
坚持会计准则等国家治理制度	法治
向资本市场传递正确的会计信息，以维护企业集团与资本市场主体的关系	友善
讲解抵销分录，学生受教，即学有所教	和谐
掌握抵销分录技能，以忠于职守、服务社会	敬业

贷方2：减少、抵销的母公司的长期股权投资	思政元素
坚持会计准则等国家治理制度	法治
向资本市场传递正确的会计信息，以维护企业集团与资本市场主体的关系	友善
讲解抵销分录，学生受教，即学有所教	和谐
掌握抵销分录技能，以忠于职守、服务社会	敬业

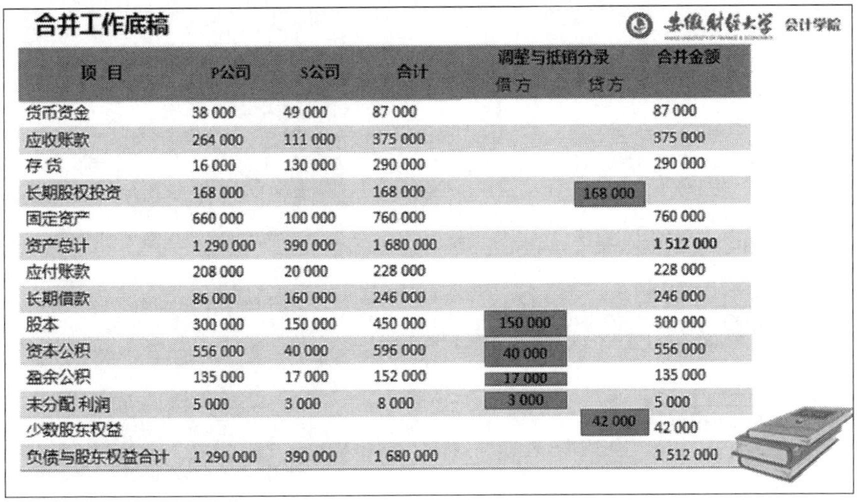

合并工作底稿

安徽财经大学 会计学院

项 目	P公司	S公司	合计	调整与抵销分录 借方	调整与抵销分录 贷方	合并金额
货币资金	38 000	49 000	87 000			87 000
应收账款	264 000	111 000	375 000			375 000
存货	16 000	130 000	290 000			290 000
长期股权投资	168 000		168 000		168 000	
固定资产	660 000	100 000	760 000			760 000
资产总计	1 290 000	390 000	1 680 000			1 512 000
应付账款	208 000	20 000	228 000			228 000
长期借款	86 000	160 000	246 000			246 000
股本	300 000	150 000	450 000	150 000		300 000
资本公积	556 000	40 000	596 000	40 000		556 000
盈余公积	135 000	17 000	152 000	17 000		135 000
未分配利润	5 000	3 000	8 000	3 000		5 000
少数股东权益					42 000	42 000
负债与股东权益合计	1 290 000	390 000	1 680 000			1 512 000

合并财务报表（会计主体——企业集团）

资　产	金 额	负 债	金 额
货币资金	87 000	应付账款	228 000
应收账款	375 000	长期借款	246 000
存 货	290 000	**股东权益**	
长期股权投资		股本	300 000
固定资产	760 000	资本公积	556 000
		盈余公积	135 000
		未分配利润	5 000
		少数股东权益	42 000
资产总计	1 512 000	**负债与股东权益合计**	1 512 000

- 二、调整与抵销分录的**进一步探讨**
- 现有会计准则做法
- 借：股本　150 000
- 　　资本公积　40 000
- 　　盈余公积　17 000
- 　　未分配利润　3 000
- 　贷：少数股东权益　42 000
- 　　　长期股权投资　168 000

安财校训精神

诚信 博学　知行 统一

- **进一步探讨的方法**
- 借：股本　(150 000*80%)　120 000
- 　　资本公积　(40 000*80%)　32 000
- 　　盈余公积　(17 000*80%)　13 600
- 　　未分配利润　(3 000*80%)　2 400
- 　贷：长期股权投资　168 000

进一步探讨的做法：借方没有100%抵销子公司的股东权益，仅抵销了该抵销的80%部分。	思政元素
抵销了该抵销的80%部分，而不是100%的抵销，即没过度执法。	法治
该做法的探讨，可通过发表论文，表达自己的见解，人民当家作主。	民主

- 总结：调整与抵销分录的**学习与探讨**

安财校训精神：诚信 博学　知行 统一

复习、赏析：会计准则中有关会计主体、资产、股东权益、借贷记账规则等知识素定义，掌握调整与抵销分录难点。

感受黄山——悟道（知识）

天下无山

• 总结：调整与抵销分录的**学习与探讨**

安徽财经大学 会计学院

感受黄山——悟道（价值观）

借方：减掉、抵销子公司的股东权益	思政元素
坚持会计准则等国家治理制度	法治
向资本市场传递正确的会计信息，以维护企业集团与资本市场主体的关系	友善
讲解抵销分录，学生受教，即学有所教	和谐
掌握抵销会计分录技能，以忠于职守、服务社会	敬业

贷方1：调增子公司的少数股东权益	思政元素
坚持会计准则等国家治理制度	法治
向资本市场传递正确的会计信息，以维护企业集团与资本市场主体的关系	友善
讲解抵销分录，学生受教，即学有所教	和谐
掌握抵销分录技能，以忠于职守、服务社会	敬业

贷方2：减少、抵销的母公司的长期股权投资	思政元素
坚持会计准则等国家治理制度	法治
向资本市场传递正确的会计信息，以维护企业集团与资本市场主体的关系	友善
讲解抵销分录，学生受教，即学有所教	和谐
掌握抵销分录技能，以忠于职守、服务社会	敬业

进一步探讨的做法：借方没有100%抵销子公司的股东权益，仅抵销了该抵销的80%部分。	思政元素
抵销了该抵销的80%部分，而不是100%的抵销，即没过度执法。	法治
该做法的探讨，可通过发表论文，表达自己的见解，人民当家作主。	民主

本次教学结束

Thank you!

·管理学

“公司战略与风险管理”课程

张敏　会计学院审计系　副教授

一、课程思政教学设计思路

（一）课程基本信息

1. 课程性质：专业、必修、考试

2. 课程学时：36课时

3. 教学对象：大三会计教改班

4. 先修课程：《基础会计》《中级财务会计》与《财务管理》

5. 主讲老师简介：

张敏，女，副教授，会计学博士、会计学、会计专硕和审计专硕导师，理财规划师，2007年3月至今在安徽财经大学会计学院审计系任教。在CSSCI来源期刊及校定核心等期刊上发表科研论文二十余篇，主持安徽省自然科学基金项目、安徽省质量工程项目、省级青年人才基金重点项目等二十余项，指导22名研究生、本科生分别获得研究生科研创新基金、本科生科研创新基金项目、国家级以及省级创新创业计划项目，指导24名研究生顺利按期毕业。

6. “公司战略与风险管理”课程建设基本情况

“公司战略与风险管理”这门课程自从2017年起开设至今已有6届有余，主要针对会计学院财管专业与会计专业教改班学生，学生选课场场爆满，平均每次开课选课人数达到50人以上。该课程的思政教学设计主要是：提炼该课程思政元素，将其融入教学目标、教学内容、教学流程各环节之中，达到教书和育人的有机统一。近三年来学生评教均分达92.5分，获得学生一致肯定。

（二）课程目标

1.课程预期受众的定位与课程教学目标

本课程是管理类专业核心课程，教学目标是：将从战略分析、选择与实施三大视角以及内部控制、企业风险管理两大护航工具开展系统学习，帮助学生掌握公司战略管理以及全面风险管理的基本理论与方法，从而培养学生战略性统筹思维、构建战略分析的能力、提高战略决策与管控力、强化风险防范意识。

2.思政育人目标

“公司战略与风险管理”的思政育人教学目标是：教书与育人结合；推进习近平新时代中国特色社会主义思想进高校课堂，充分发挥社会主义核心价值观的高端引领作用。具体以“把你的人生看作一个公司如何进行战略管理”“管风险，增价值；心中有规，行不越轨”为价值导向，将思政元素融入日常教学，引导学生发现、思考问题，着重学生的自我体验和感悟，把课程思政的理念贯穿于教学全过程，把育人作为教学的主要目标之一，形成课程标准，优化教学实施过程，推动社会主义核心价值观和中华民族优秀传统文化进入高校课堂，使专业课程与思政课程叠加产生协同效应，凸显课程的价值引领功能，从而帮助学生树立正确的人生观、高尚的价值观、积极的世界观。

（三）课程内容简介

“公司战略与风险管理”主要介绍公司管理者从全局把控战略风险的角度科学安排企业生存与发展的基本概念、原理与管控风险的方法，该课程的教学，致力于培养学生根据企业情况的变化灵活进行各种综合战略分析；确保战略选择、实施及风险管理环节的管理活动顺利进行；识别、评估以及应对企业面临的多种风险并给予有针对性的监控与应对等方面的能力。

（四）课程思政融入设计

1.专门思政教学内容设计

（1）课本中可以进行思政的知识点（见表1）。

表1　思政教育结合专业知识融入点

项目	课程思政知识点	案例名称	思政内容
1	企业文化与绩效中企业文化如何成为维持企业可持续竞争优势的条件	海尔的创新企业文化	通过海尔的创新企业文化、黑海战略、云生态系统顺势引导出我国的创新驱动发展战略，鼓励学生增强创新意识，提高创新能力、用专业报国

续表

项目	课程思政知识点	案例名称	思政内容
2	企业文化与绩效中企业文化如何成为维持可持续竞争优势的条件	华为公司垫子文化	通过华为创始人早期的艰苦奋斗经历，使学生懂得创业者的艰苦奋斗，努力拼搏精神是企业成功的基石
3	企业面对的风险种类——财务风险	温州“眼镜大王”负债过亿元玩失踪	通过温州“眼镜大王”负债过亿元玩失踪使企业员工、供应商、债权人陷入困境的案例，引出社会主义核心价值观之诚信，实现对学生的价值引领
4	企业面对的风险种类——政治风险	茅台“危机四伏”	政治环境之中央提倡厉行节约、反腐败，通过分析茅台酒销量下滑的原因引出中央提倡厉行节约、反腐败的决心，引领学生了解中央八项规定由来，倡导学生厉行节约、反对浪费、从我做起

（2）学科发展史、大师成长道路等的介绍。

例如，在课程引言讲解中，介绍战略与风险管理学科发展史，名家在该领域发展做出的贡献，他们严谨的治学态度和励志小故事，引导学生爱国、爱校、热爱自己的专业，专业报国。

（3）失败警示性的案例教学（见表2）。

表 2　　　　失败警示性案例教学思政结合融入点

项目	案例名称	案例目的	思政内容
1	安然和安达信的毁灭	掌握内部控制基础知识	光鲜理论只是纸上谈兵，通过安然及安达信倒闭案例的讨论，引领学生理解内部控制光有制度建设还不够，制度得到有力执行才能发挥作用、人人都要心中有规、行不越矩
2	万福生科造假上市、南方股份瞒天过海5年	掌握如何进行风险识别、风险应对	会计人员职业道德不做假账，通过两大财务造假失败丑闻案例研讨，引领学生将来走上财务岗位，要坚守职业道德、富有“工匠精神”、不做假账、守法合规
3	济南轻骑摩托倒闭、新加坡中航油巨亏事件	掌握内部控制基础知识	强化依法合规经营意识；通过对两大经典破产公司案例研讨，思考企业依法合规经营吃亏吗？公司治理的重要性？生活中按章办事吃亏吗？引领学生树立依法办事、客观公正的职业道德

2. 日常思政教学内容设计

例如，学生想考研，为了上辅导班，经常向老师请假。课上在讲到战略的本质是选择时，结合学生学习时间的安排问题，教育学生要对自己的学习和生活有个战略规划，作出选择，有所为，有所不为。还有讲到战略控制时，结合学生考研的问题，指出作出考研规划要认真实施，为了不出现战略失效，要进行战略控制，随时调整实际结果与战略目标出现的偏差。

（五）本课程教学设计理念

本课程秉承的教学设计理念是：基于通信技术和团队协作能力培养的参与式沉浸式案例教学模式创新（见图1）。

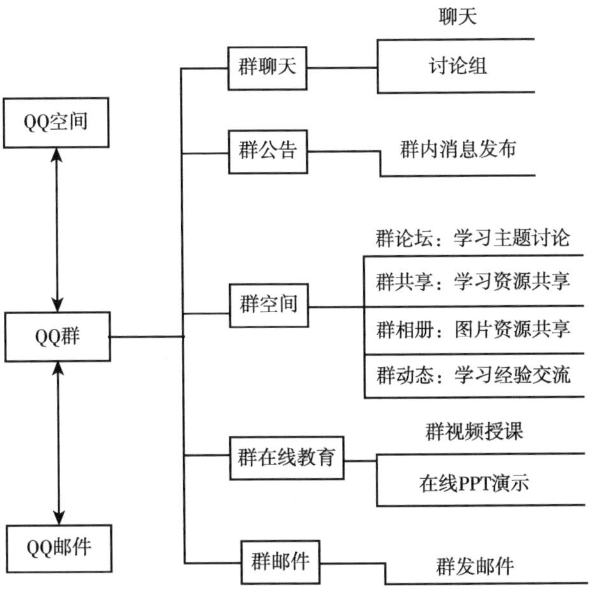

图1 QQ群的网络功能

（六）本课程教学方法、手段和载体途径三大特色

1.将思政元素融入考核评价体系，发挥专业课育人主渠道作用。

2.实施多种方案相结合的混合式教学模式与线上线下有机协作的即时教学手段。

3.在具体教学过程中采用基于"合作能力培养"的参与式沉浸式团队合作案例教学模式。

二、教学展示

（一）教学目标和内容

1.教学三大目标

（1）情感素质目标。

教书与育人结合。推进习近平新时代中国特色社会主义思想进高校课堂，时刻发挥社会主义核心价值观的高端引领功能。具体以"把你的人生看作一个公司如何进行'战略管理'""管风险，增价值；心中有规，行不越轨"为价值取向，把思政元素与日常教学科学融合，引导学生发现并思考问题，注重学生的自我提升，树立正确的价值观。

（2）认知目标。

第一，使学生通过对该课程的学习，充分了解和掌握公司战略与风险管理的概念、特点，以及不同时机下的战略选择、风险管控的基本方法；

第二，熟悉公司战略与风险管理工作具体步骤和重点内容；

第三，理解与掌握各种战略分析以及不同时机下战略选择的方法、风险管控的方法。

（3）技能目标。

第一，掌握公司战略管理的概念；

第二，掌握分析影响公司表现的外部与内部因素的能力；

第三，掌握各种业绩评价方法、指标与模式的运用；

第四，掌握战略分析、选择、实施的过程与方法；

第五，分析战略选择及实施战略所带来的财务影响；

第六，掌握内部控制概念及其规范的框架和运用；

第七，掌握风险管理的主要框架；

第八，掌握控制风险的方法，识别及评估公司面对的各种内部及外部风险的方法。

（二）教学重点和难点

1.教学重点：公司战略的定义、公司战略的层次、战略管理过程、战略变革管理、战略三大层次、风险管理的流程。

2.教学难点：从内部与外部两大视角进行战略分析、核心竞争力的分析、企业战略发展方式的三种类型、企业面对不同种类风险的应对方法。

3.典型教学案例示范：详见表3

表3　　典型教学案例示范

序号	教学内容概述	课程思政育人目标	教学方法
案例1	第四章 战略选择 第一节 企业战略选择 一、总体战略的选择 二、业务单位战略的选择 三、职能战略的选择	结合课程内容，把“学习强国”网站的大量崭新案例与专业知识相结合，以党和国家的方针政策、战略规划作案例讲解，以促进学生对课程内容的深刻理解、并帮助学生了解国家的方针政策，增强学生在新时代的使命感和责任感	案例教学、雨课堂、QQ、超星学习通、“正保云”等线上线下混合式教学手段相结合
案例2	第一章 第二节 公司战略管理 一、战略管理过程 二、战略变革管理	通过百年老店“瑞蚨祥”与通用电器公司的案例，引导学生理解战略管理的过程，发挥社会主义核心价值观的引领作用。具体以“把你的人生看作一个公司如何进行战略管理”	案例教学、雨课堂、QQ、超星学习通、“正保云”等线上线下混合式教学手段相结合

续表

序号	教学内容概述	课程思政育人目标	教学方法
案例3	公司治理 第一节公司治理的基本理论 一、公司治理的概念 二、代理理论 三、利益相关者理论 四、公司治理的参与各方 五、公司治理的基本原则	习近平总书记指出：要加强和创新社会治理，关键在体制创新，核心是人。随着社会建设进步，人们渴望“更有序、安全、和谐”。引导学生充分理解社会主义核心价值观、传播正能量，充分发挥“稳定器”与“助力器”的积极作用，拔高社会整体文明程度	案例教学、雨课堂、QQ、超星学习通、“正保云”等线上线下混合式教学手段相结合

（三）教学过程和教学方法（每周学时与内容安排见表4）

表4　　每课时教学内容概述、课程思政育人目标、教学方法

（注：因篇幅所限，只列了前九周）

2~4课时教学内容概述、课程思政育人目标总结、教学方法			
序号	教学内容概述	课程思政育人目标	教学方法
第1周	第一章 战略与战略管理 第一节 公司战略的基本概念 一、公司战略的定义 二、公司的使命、目标 三、公司战略的功能 四、公司战略的层次	理解公司使命的重要性；今天我们的行为和观念将决定我们以后的生活结果；强调社会主义核心价值观的重要性	案例教学、雨课堂、QQ、超星学习通、“正保云”等线上线下混合式教学手段相结合
第2周	第二节 公司战略管理 一、战略管理过程 二、战略变革管理	通过百年老店“瑞蚨祥”与通用电器公司的案例，引导学生理解战略管理的过程，发挥社会主义核心价值观的引领作用。具体以“把你的人生看作一个公司如何进行战略管理”	案例教学、雨课堂、QQ、超星学习通、“正保云”等线上线下混合式教学手段相结合
第3周	第一章 战略分析——外部环境 第一节 一般宏观环境分析（PEST分析） 一、政治和法律因素 二、经济因素 三、社会和文化因素 四、技术因素 第二节 行业环境分析 一、行业生命周期（Industrial Life-cycle） 二、波特的五力模型（Porter's Five-Forces Model）	通过对高新技术企业创业中的PEST分析等案例，引导学生明白外部环境分析的重要性与主要模型，意识到中国古代孙子兵法提出的“知己知彼，百战不殆；知天时地利，百战不殆。”的意义，引导学生敬业报国、追求卓越	案例教学、雨课堂、QQ、超星学习通、“正保云”等线上线下混合式教学手段相结合
第4周	第二章 战略分析——外部环境 第三节 经营环境与竞争优势环境分析 一、市场分析（竞争对手+消费者） 二、融资来源 三、劳动力市场状况 第四节 国际商业环境和国际化经营概念及分析 一、国际化行为 二、国际化经营的动因 三、钻石模型分析 四、国际贸易生命周期 五、经营环境中的挑战（省略）	引导学生明白外部环境分析的重要性与主要模型，争取培养具有国际视野、熟悉国际规则、有能力参与国际贸易和国际竞争的国际化人才。以“正面教育”培育学生家国情怀，以素质发展提升学生全球竞争力的思想	案例教学、雨课堂、QQ、超星学习通、“正保云”等线上线下混合式教学手段相结合

续表

2~4课时教学内容概述、课程思政育人目标总结、教学方法			
序号	教学内容概述	课程思政育人目标	教学方法
第5周	第三章 战略分析—内部资源、能力与核心竞争力 第一节 战略的内部因素分析 一、企业内部因素的构成 二、核心竞争力的辨别 三、评价核心竞争力	引导学生明白内部环境分析的重要性与主要模型，以“正面教育”培育学生家国情怀，以素质发展提升学生全球竞争力的思想	案例教学、雨课堂、QQ、超星学习通、“正保云”等线上线下混合式教学手段相结合
第6周	第三章 战略分析—内部资源、能力与核心竞争力 第二节 企业内部因素的分析方法及附加竞争值 一、资源分析 二、价值链分析 三、超越竞争对手 第三节 SWOT分析 一、SWOT分析概念 二、SWOT分析四要素 三、内部环境分析和外部环境分析的匹配	引导学生明白内部环境分析的重要性与主要模型，以“正面教育”培育学生家国情怀，以素质发展提升学生全球竞争力的思想	案例教学、雨课堂、QQ、超星学习通、“正保云”等线上线下混合式教学手段相结合
第7周	第四章 战略选择 第一节 企业战略选择 一、总体战略的选择 二、业务单位战略的选择 三、职能战略的选择	结合课程内容，以党和国家的方针政策、战略规划作案例讲解，以促进学生对课程内容的深刻理解、并帮助学生了解国家的方针政策，增强学生在新时代的使命感和责任感	案例教学、雨课堂、QQ、超星学习通、“正保云”等线上线下混合式教学手段相结合
第8周	第二节 战略发展方法 一、内部发展 二、并购战略 三、联合发展或战略联盟	把“学习强国”网站的大量崭新案例与专业知识相结合，以促进学生对课程内容的深刻理解、并帮助学生了解国家的方针政策，增强学生在新时代的使命感和责任感	案例教学、雨课堂、QQ、超星学习通、“正保云”等线上线下混合式教学手段相结合
第9周	第三节 战略评估及选择 一、战略适宜性的分析 二、战略筛选 三、战略的可行性分析 四、战略的可接受性分析 五、行动计划	把中国共产党发展历史中丰富的典型事迹引入课程的教学案例中，使学生明白新中国的建立和建设是无数革命前辈用宝贵生命换来的，现在的幸福生活要倍加珍惜	案例教学、雨课堂、QQ、超星学习通、“正保云”等线上线下混合式教学手段相结合

（四）教学反思

1.课程外部考评机制建设

（1）学生评价。

（2）教师能力业绩评价。

（3）督导评价。

2.本课程建设成果的综合利用与完善反思

（1）完成对于传统教学大纲的修订，设计、构建一套融知识传授、孕育人才与提升能力为一体的课程教学方案。

（2）制订体现“课程思政”新特点的教案，克服学时压缩障碍、实现内容精讲目标、提升课程思政的融入深度。

（3）充分利用现有教学方法，设计并推广切实可行又高效的教学组织形式与课程教学模式，确保传道授业与思政育人目标珠联璧合、相得益彰。

（4）把本课程的教改成果推广运用到审计教研室其他专业课程，实现校企联合专业共建及创新型国际化人才培养的目标。

（五）讨论、思考与作业题示例

请你运用所学的SWOT分析方法，对自己做一个细致的SWOT规划分析，并请列出今后6年内你的职业目标、一份今后6年的职业生涯规划?

三、课程思政教育心得体会

本人所授这门课程，主要特色亮点和创新点体现在以下六个方面：

（一）团队是课堂活动的基本单元

（二）以协作能力为核心的综合素质培养是课堂教学目标

（三）基于差异化战略与沉浸式教学模式的多种教学方法交叉结合

（四）构建思维导图并要求学生在课前、课中、课后充分利用好它

（五）做好课程思政教学流程设计

（六）将思政元素融入考核评价体系

教学展示课件

张敏　会计学院审计系　副教授

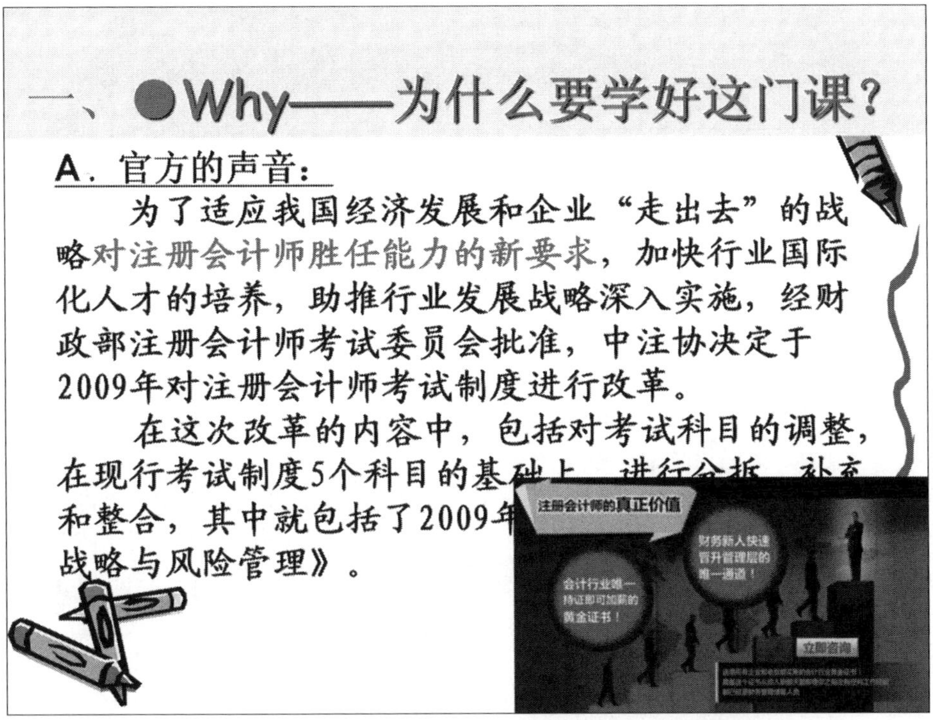
一、●Why——为什么要学好这门课？
A．官方的声音：
为了适应我国经济发展和企业“走出去”的战略对注册会计师胜任能力的新要求，加快行业国际化人才的培养，助推行业发展战略深入实施，经财政部注册会计师考试委员会批准，中注协决定于2009年对注册会计师考试制度进行改革。
在这次改革的内容中，包括对考试科目的调整，在现行考试制度5个科目的基础上，进行分析、补充
和整合，其中就包括了2009年
战略与风险管理》。
注册会计师的真正价值
财务新人快速晋升管理层的唯一通道！
会计行业唯一持证即可加薪的黄金证书！
立即咨询

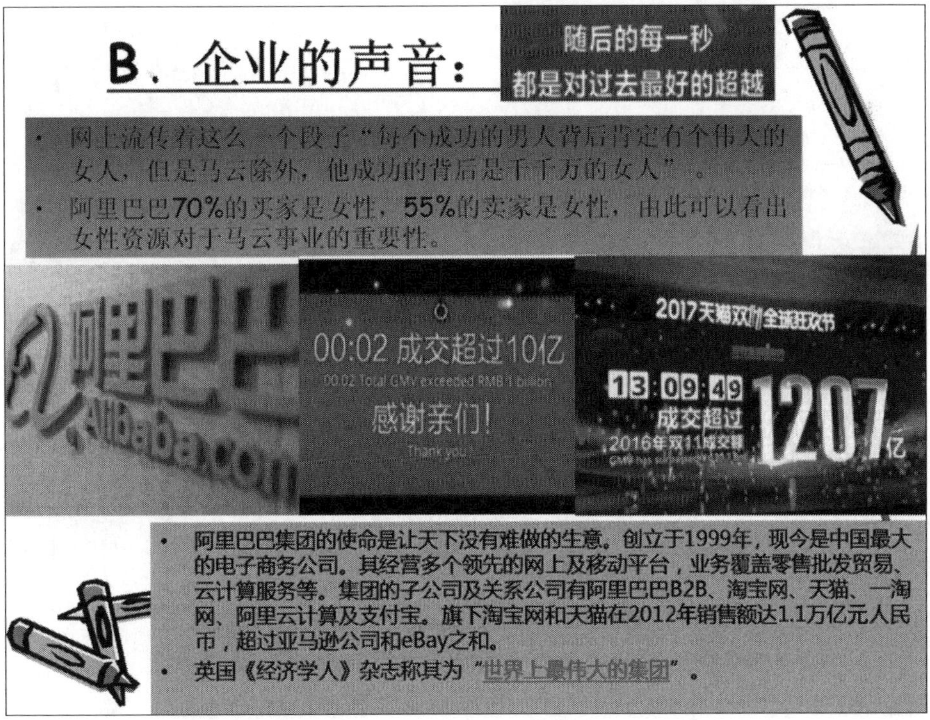
B．企业的声音：
随后的每一秒
都是对过去最好的超越
• 网上流传着这么一个段子“每个成功的男人背后肯定有个伟大的女人，但是马云除外，他成功的背后是千千万的女人”。
• 阿里巴巴70%的买家是女性，55%的卖家是女性，由此可以看出女性资源对于马云事业的重要性。
阿里巴巴
Alibaba.com
00:02 成交超过10亿
00:02 Total GMV exceeded RMB 1 billion
感谢亲们！
Thank you !
2017天猫双11全球狂欢节
13:09:49
成交超过
2016年双11总交易
1207亿
• 阿里巴巴集团的使命是让天下没有难做的生意。创立于1999年，现今是中国最大的电子商务公司。其经营多个领先的网上及移动平台，业务覆盖零售批发贸易、云计算服务等。集团的子公司及关系公司有阿里巴巴B2B、淘宝网、天猫、一淘网、阿里云计算及支付宝。旗下淘宝网和天猫在2012年销售额达1.1万亿元人民币，超过亚马逊公司和eBay之和。
• 英国《经济学人》杂志称其为“世界上最伟大的集团”。

阿里帝国早已富可敌国
阿里巴巴[BABA]_美股实时行情_新浪财经
190.70 +4.99 (+2.69%)
2018-01-05 16:00:00 已收盘（美东时间）
今开:187.17 最高:190.75 成交量:1816.46万
昨收:185.71 最低:186.3 总市值:4855.22亿元
分时 5日 1月 1年
190.70 +2.69%
189.45 +2.02%
188.21 +1.34%
186.96 +0.67%
185.71 0.00%
09:30 11:00 12:30 14:00 16:00
道琼斯: 25295.87(+0.88%) 标普500: 2743.15(+0.70%) 纳斯达克: 7136.56(+0.83%)
2018财年第四季度以及全年业绩位居国内公司市值第一位。按照6.3589的汇率计算，折合30382亿元人民币。与A股大市值公司相比，阿里巴巴的市值，约等于1.5个工行、两个中石油、3个平安、4个茅台
KFC
2018年1月5日，阿里巴巴集团公布了2018财年第一季度业绩。漂亮的财报数字又给股市打了一剂强心剂。股价随之上扬，达到了历史新高4855.22亿美元。
同时期，阿里巴巴老对手亚马逊市值为4604.3亿美元。按照增长速率，阿里巴巴超越亚马逊一跃成为全球第一大电商公司，已经触手可及。

阿里巴巴2019新年正式击败腾讯成为中国市值第一，4223亿美元
2019-02-01 21:27
1月31号，马云的阿里巴巴集团，再次在2019年新年之际，成功击败老对手，马化腾的腾讯，登上了中国第一的位置，中国市值最高的上市公司，市值4323.28亿美元，主要依靠其在美国的股票市场上以6.3%的涨势，帮助阿里巴巴，超越腾讯。
SPUTNIK
2019胡润富豪榜：阿里巴巴创始人马云成为全球华人首富
马云在全球富豪榜上排名攀升
截至2019.2.27，马云再次成为中国首富，阿里市值为4757.69亿美元，折合人民币约31867亿元，相比2018年年底的市值24149亿元，暴涨了7718亿元。同时阿里也反超腾讯，成为目前市值最高的互联网企业。

B．企业的声音：

阿里巴巴总裁马云：

真正让他担心的问题，不是眼前看得见的阻碍，而是那些隐性的、无声的、不知藏在公司什么角落里的风险，就像是肿瘤细胞，不知道它是否会爆发，也不知道将来会变成良性还是恶性，是机会还是挑战，最终又会不会演变成危及公司存亡的癌症。

企业发展不能只盯着眼前，而应该有长远的打算，这就是战略。而企业战略发展之路永远是一条充满荆棘的道路，因此“未雨绸缪”永远比“临阵磨枪”好。

C．个人的声音

不想当将军的士兵不是好士兵！——拿破仑

- 既然注会考试设置这门课，就应该排除对这门课的排斥情绪，静下心来学习、磨炼自己。

  短期目标：顺利通过CPA考试

  长期目标：提升自我，成为更优秀的人

- 1.提升决策能力、战略思维、风险意识；
- 2.利用所学知识在职业生涯中有更好的发展

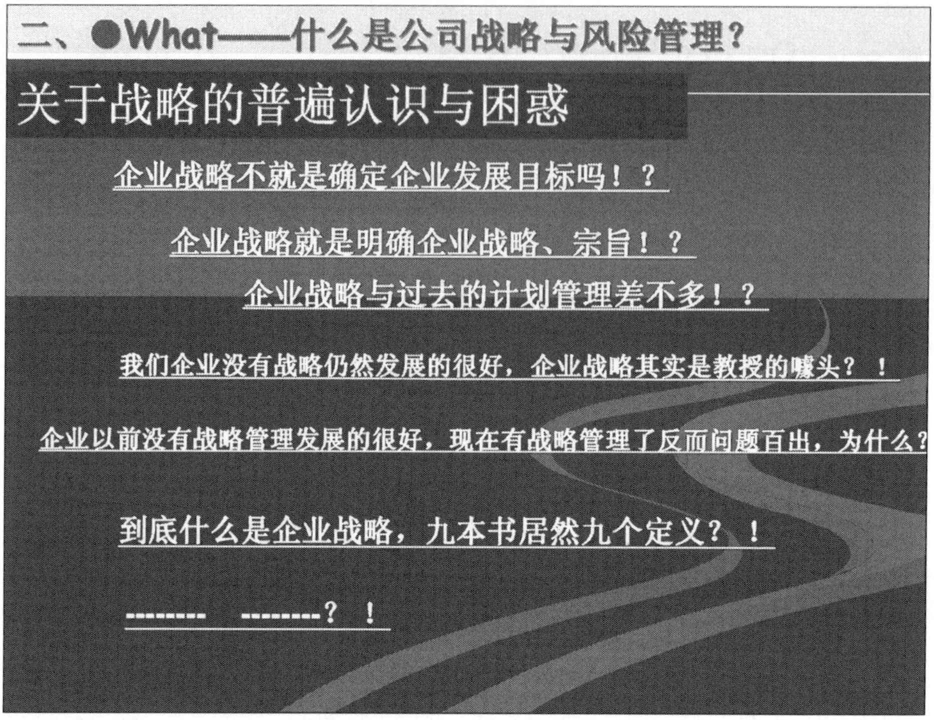
二、●What——什么是公司战略与风险管理？
关于战略的普遍认识与困惑
企业战略不就是确定企业发展目标吗！？
企业战略就是明确企业战略、宗旨！？
企业战略与过去的计划管理差不多！？
我们企业没有战略仍然发展的很好，企业战略其实是教授的噱头？！
企业以前没有战略管理发展的很好，现在有战略管理了反而问题百出，为什么？
到底什么是企业战略，九本书居然九个定义？！
-------- --------？！

企业经营管理最可怕的是——把错的事情做得很好！
龟兔赛跑

当前国内企业战略规划与管理存在的主要问题

2015年下半年开始， O2O（Online To Offline）死亡名单占据各种媒体的头条新闻。“百度”一下，标题都触目惊心！

2015年O2O死亡榜：惨不忍睹；

O2O死亡名单疯传：9成创业项目不靠谱；

O2O全行业死亡启示录；

……

有哪些死亡的O2O创业企业呢？

小鸣单车、烧饭饭、社区001、泡宠网、考拉班车、呱呱洗车、爱拼车、时尚猫……

为什么同一行业中采用同样商业模式的企业有的成功，有的不成功？

例如，苏宁、京东、永辉超市，不都是采用O2O商业模式么？为什么这些企业能成功，而大多数的O2O创业企业却失败了呢？

决定企业成败的关键因素是什么？

战略管理能力！战略定位、战略选择（制定）与战略执行的能力！

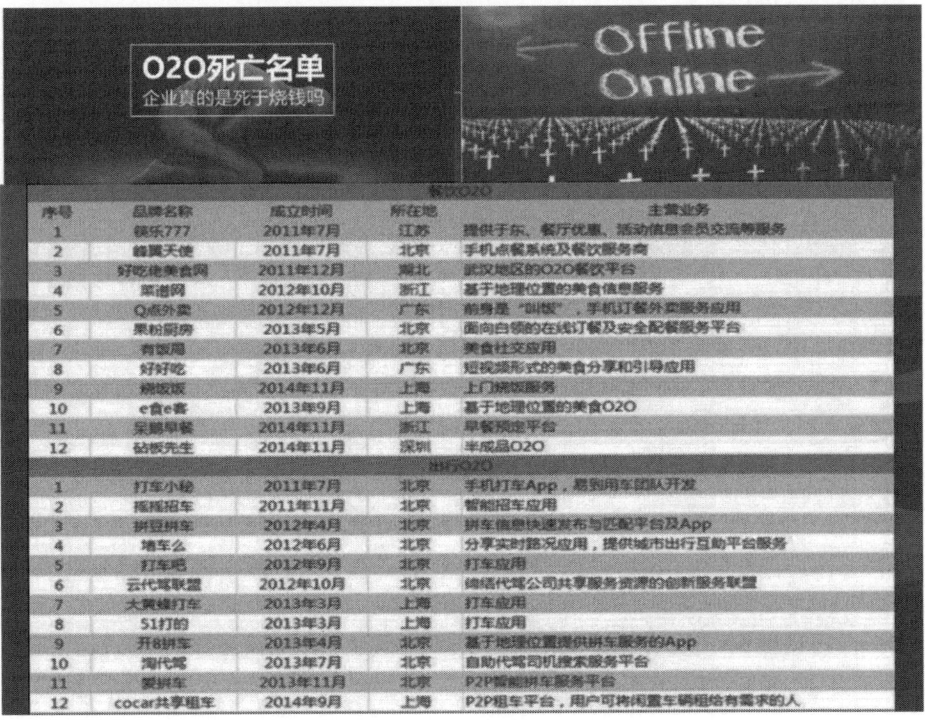

序号	品牌名称	成立时间	所在地	主营业务
		餐饮O2O		
1	锦乐777	2011年7月	江苏	提供手东、餐厅优惠、活动信息会员交流等服务
2	翻翼天使	2011年7月	北京	手机点餐系统及餐饮服务商
3	好吃佬美食网	2011年12月	湖北	武汉地区的O2O餐饮平台
4	菜谱网	2012年10月	浙江	基于地理位置的美食信息服务
5	Q点外卖	2012年12月	广东	前身是“叫饭”，手机订餐外卖服务应用
6	果粉厨房	2013年5月	北京	面向白领的在线订餐及安全配餐服务平台
7	有饭局	2013年6月	北京	美食社交应用
8	好好吃	2013年6月	广东	短视频形式的美食分享和引导应用
9	烧饭饭	2014年11月	上海	上门烧饭服务
10	e食e客	2013年9月	上海	基于地理位置的美食O2O
11	呆鹏早餐	2014年11月	浙江	早餐预定平台
12	砧板先生	2014年11月	深圳	半成品O2O
		出行O2O		
1	打车小秘	2011年7月	北京	手机打车App，易到用车团队开发
2	摇摇招车	2011年11月	北京	智能招车应用
3	拼豆拼车	2012年4月	北京	拼车信息快速发布与匹配平台及App
4	堵车么	2012年6月	北京	分享实时路况应用，提供城市出行互助平台服务
5	打车吧	2012年9月	北京	打车应用
6	云代驾联盟	2012年10月	北京	缔结代驾公司共享服务资源的创新服务联盟
7	大黄蜂打车	2013年3月	上海	打车应用
8	51打的	2013年3月	上海	打车应用
9	开8拼车	2013年4月	北京	基于地理位置提供拼车服务的App
10	淘代驾	2013年7月	北京	自助代驾司机搜索服务平台
11	爱拼车	2013年11月	北京	P2P智能拼车服务平台
12	cocar共享租车	2014年9月	上海	P2P租车平台，用户可将闲置车辆租给有需求的人

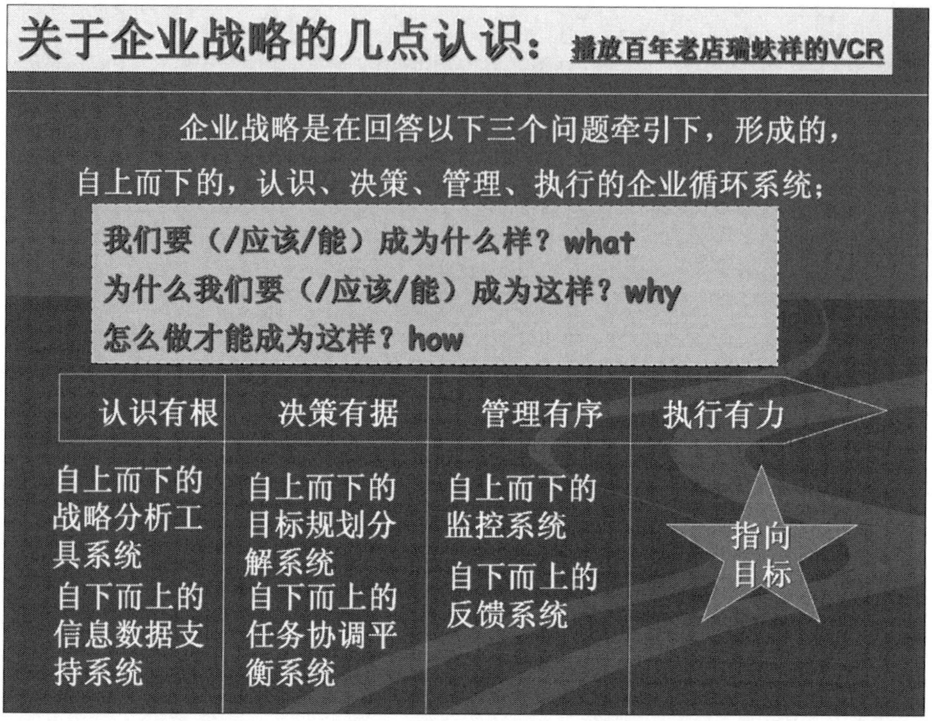
关于企业战略的几点认识：
播放百年老店瑞蚨祥的VCR
企业战略是在回答以下三个问题牵引下，形成的，
自上而下的，认识、决策、管理、执行的企业循环系统；
我们要（/应该/能）成为什么样？what
为什么我们要（/应该/能）成为这样？why
怎么做才能成为这样？how
认识有根
决策有据
管理有序
执行有力
自上而下的战略分析工具系统
自下而上的信息数据支持系统
自上而下的目标规划分解系统
自下而上的任务协调平衡系统
自上而下的监控系统
自下而上的反馈系统
指向目标

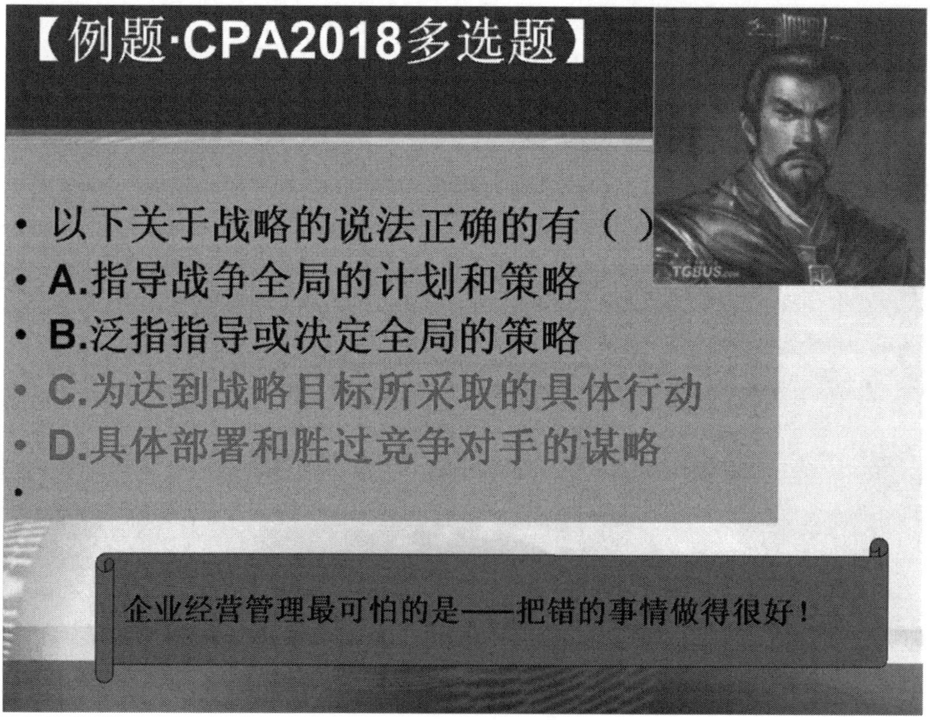
【例题·CPA2018多选题】
以下关于战略的说法正确的有（ ）
A.指导战争全局的计划和策略
B.泛指指导或决定全局的策略
C.为达到战略目标所采取的具体行动
D.具体部署和胜过竞争对手的谋略
企业经营管理最可怕的是——把错的事情做得很好！

思考：个人“战略管理”场景模拟：

你叫元芳，毕业于安徽某高校。经过两年的打拼，在安徽某中等规模会计师事务所担任了项目经理一职，有了一份尚可的收入。生活该如何继续？

职业发展？婚姻大事？房子、车子、票子……“五子登科”？

从生活的幸福指数提升来看，先考虑职业发展吧。因为职业有了良性发展，收入就会增加，找到革命伴侣的概率也会增加，房子、车子自然就是顺水推舟的事。

命题1：如何做自己的职业规划？

命题2：发生了意外情况怎么应对？

命题1的思路：

第一步，认清自己的现状。（职业爱好、职业特长、工作能力、性格特点、价值观、主要优缺点等，工具——SWOT分析）

按照企业竞争战略的完整概念，战略应是一个企业“能够做的”（即组织的强项和弱项）和“可能做的”（即环境的机会和威胁）之间的有机组合。

第二步，确定自己的奋斗目标。假设从三个10来考虑，这三个10是：10天内我要达成什么目标？——短期目标。10个月内我要达成什么目标？——中期目标。10年内我要达成什么目标？

第三步，分析现状与目标的差距。

第四步，制订行动计划找出减少差距的方法。

第五步，开始行动。

命题2：发生了意外情况怎么应对？

人生不总是一帆风顺的，做规划还要考虑环境的变化，这种变化就是风险。

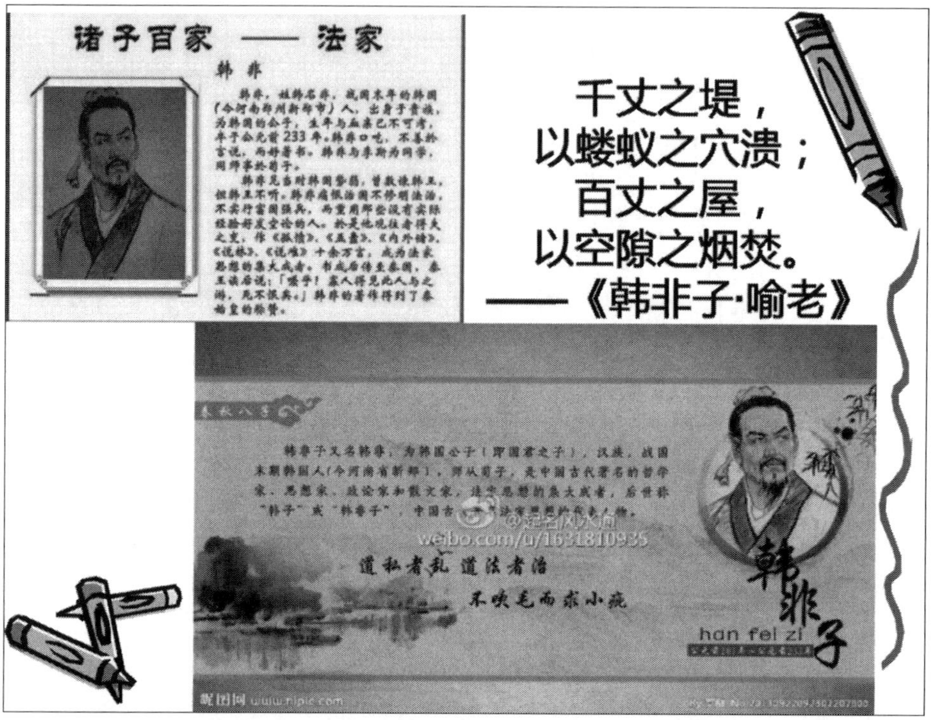

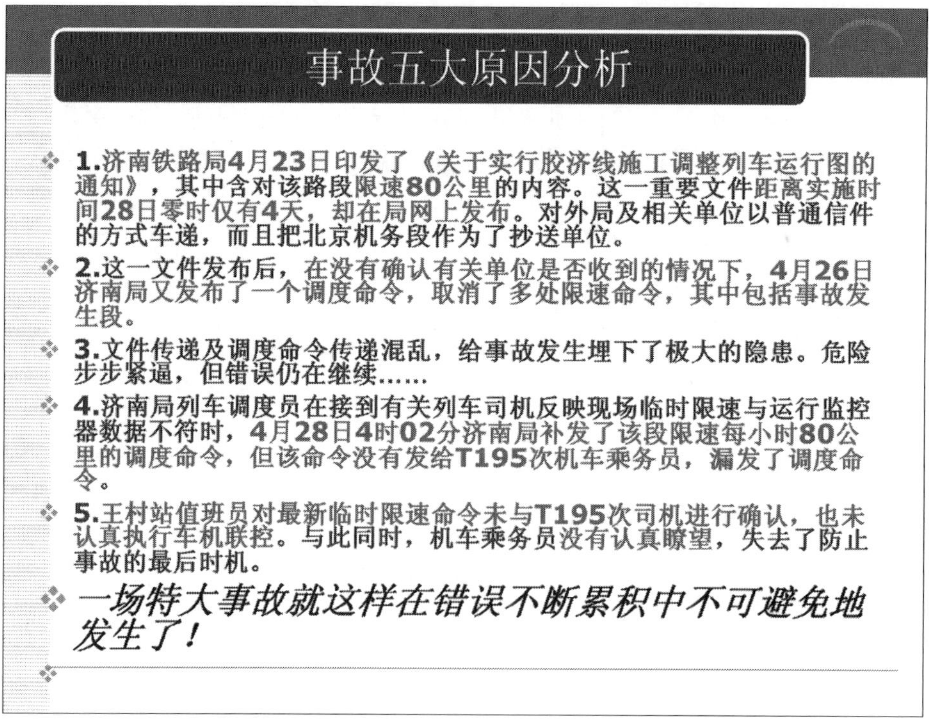

事故五大原因分析

- 1.济南铁路局4月23日印发了《关于实行胶济线施工调整列车运行图的通知》，其中含对该路段限速80公里的内容。这一重要文件距离实施时间28日零时仅有4天，却在局网上发布。对外局及相关单位以普通信件的方式车递，而且把北京机务段作为了抄送单位。
- 2.这一文件发布后，在没有确认有关单位是否收到的情况下，4月26日济南局又发布了一个调度命令，取消了多处限速命令，其中包括事故发生段。
- 3.文件传递及调度命令传递混乱，给事故发生埋下了极大的隐患。危险步步紧逼，但错误仍在继续……
- 4.济南局列车调度员在接到有关列车司机反映现场临时限速与运行监控器数据不符时，4月28日4时02分济南局补发了该段限速每小时80公里的调度命令，但该命令没有发给T195次机车乘务员，漏发了调度命令。
- 5.王村站值班员对最新临时限速命令未与T195次司机进行确认，也未认真执行车机联控。与此同时，机车乘务员没有认真瞭望，失去了防止事故的最后时机。
- *一场特大事故就这样在错误不断累积中不可避免地发生了！*

启示

- “这起列车撞击事故，不管最终认定原因何复杂，但可以毫无疑问地说，这不是天灾，是人祸！”济南铁路局一位负责运输管理的工程师说，这需要认真加以反思。
- 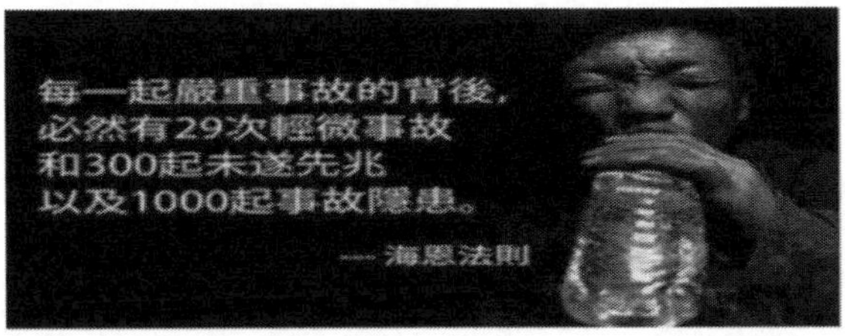

海恩法则的精髓：事故的发生是量的积累的结果；再好的技术，再完美的规章，在实际操作层面，也无法取代人自身的素质和责任。

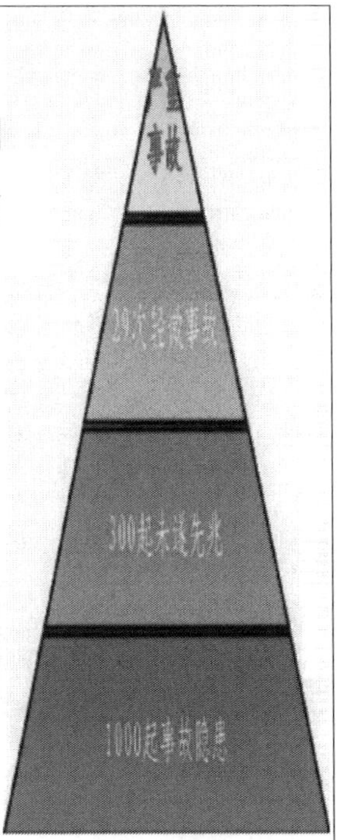

小心驰得万年船
——百年老字号瑞蚨祥的前世今生

- 风险管理是企业的一个自我证明系统，就像天然具有“自我净化”功能的小河一样能提高企业的净化和免疫；具有价值增值功能：改善现金流量、保障经营可持续性、控制风险。

战略
经营
报告
遵循
内部环境
目标设定
事项识别
风险评估
风险应对
控制活动
信息与沟通
监控
企业整体层次
分支机构
业务单位
子公司
REM的好处：
1、内控的目标、要素与组织层级之间形成了一个相互作用、紧密联系的有机统一体系；
2、对内控要素的进一步细分和充实，使内控与REM融合从而得以拓展。
REM是一个帮助企业管理者有效处理不确定性、减少风险进而提高企业创造价值的能力的框架。
——著名内部审计专家Urton Anderson博士

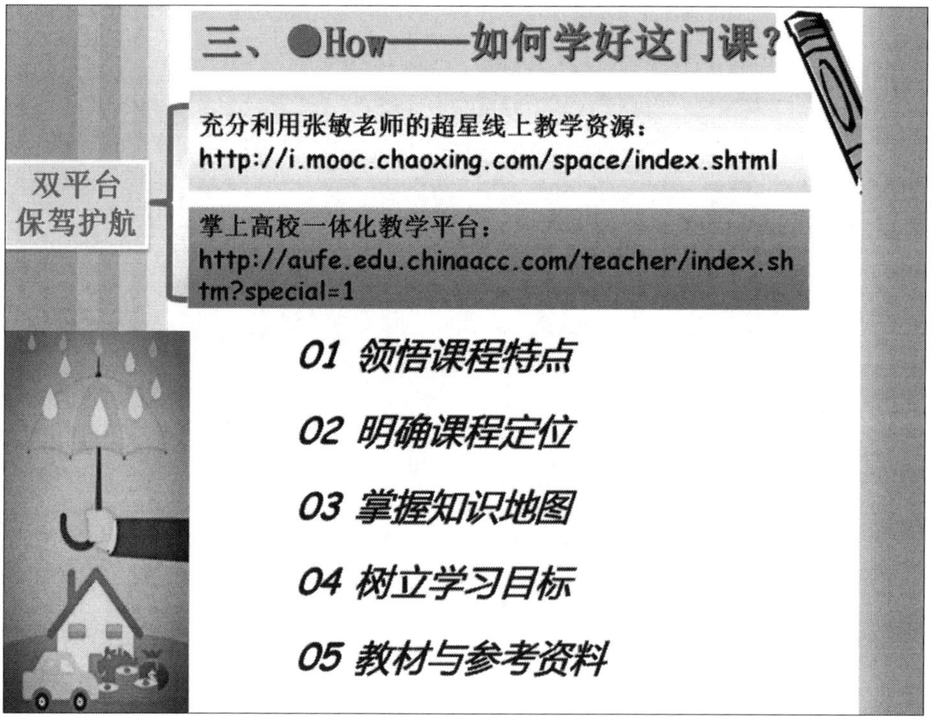
三、●How——如何学好这门课？
双平台保驾护航
充分利用张敏老师的超星线上教学资源：
http://i.mooc.chaoxing.com/space/index.shtml
掌上高校一体化教学平台：
http://aufe.edu.chinaacc.com/teacher/index.shtm?special=1
01 领悟课程特点
02 明确课程定位
03 掌握知识地图
04 树立学习目标
05 教材与参考资料

双教学平台保驾护航：掌上高校+超星学习通
《公司战略与风险管理（2019）》 理实一体化平台
首页
张毅
0节
7个
1个
0个
课外管理
任务
作业
考试
答疑
教学资源
数据统计
培育和践行
社会主义核心价值观

1.领悟课程特点
• 是管理类专业的一门核心课程，研究企业在复杂多变和激烈竞争的环境下，为了求得长期生存和发展，如何在充分分析企业外部环境和内部条件的基础上，对企业的未来经营发展战略做出全局性、长期性、根本性的谋划，以及如何将制订好的发展战略成功地付诸实施等问题。
本课程将从战略分析、战略选择、战略实施三大方面开展系统学习，掌握公司战略与风险管理的基本理论与方法，有助于培养战略性思维、构建战略分析的能力、提高战略决策能力、强化风险意识；
学会从战略角度评价企业财务绩效、理解企业投融资决策，帮助企业实现价值增值，有助于未来成长为职场精英；
未来无论是商业决策还是生活选择，决策能力与风险意识都能提高。

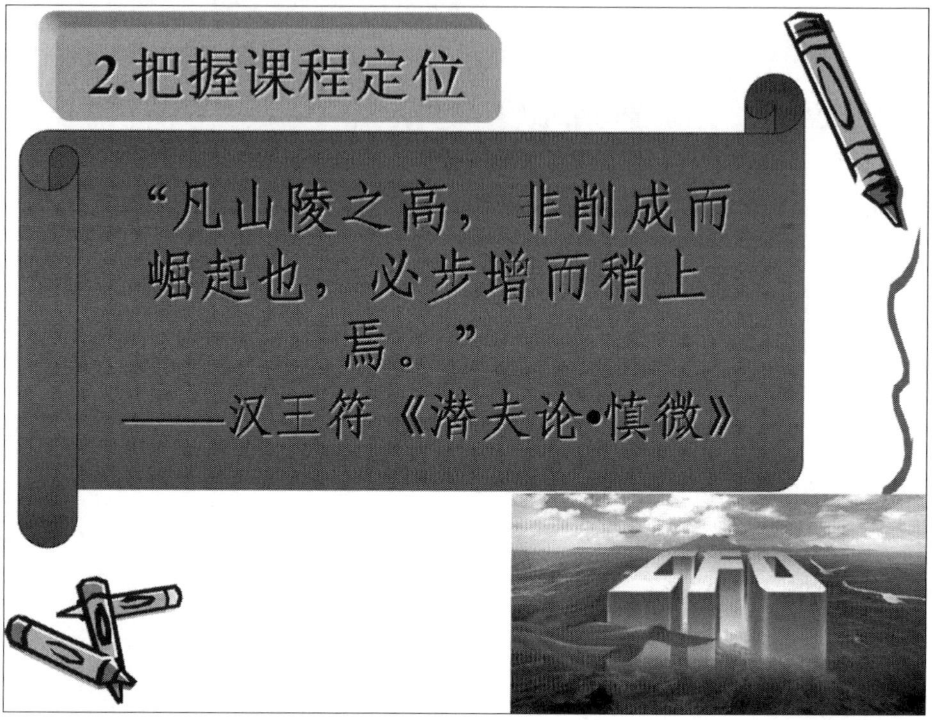
2.把握课程定位
“凡山陵之高，非削成而崛起也，必步增而稍上焉。”
——汉王符《潜夫论•慎微》

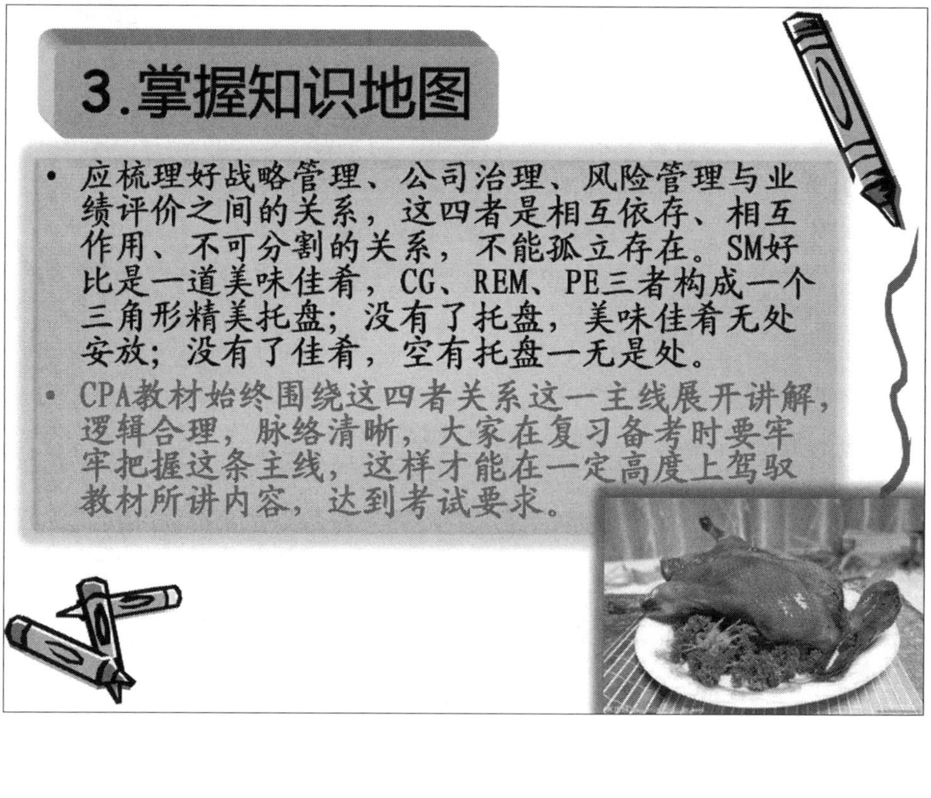
3.掌握知识地图
• 应梳理好战略管理、公司治理、风险管理与业绩评价之间的关系，这四者是相互依存、相互作用、不可分割的关系，不能孤立存在。SM好比是一道美味佳肴，CG、REM、PE三者构成一个三角形精美托盘；没有了托盘，美味佳肴无处安放；没有了佳肴，空有托盘一无是处。
• CPA教材始终围绕这四者关系这一主线展开讲解，逻辑合理，脉络清晰，大家在复习备考时要牢牢把握这条主线，这样才能在一定高度上驾驭教材所讲内容，达到考试要求。

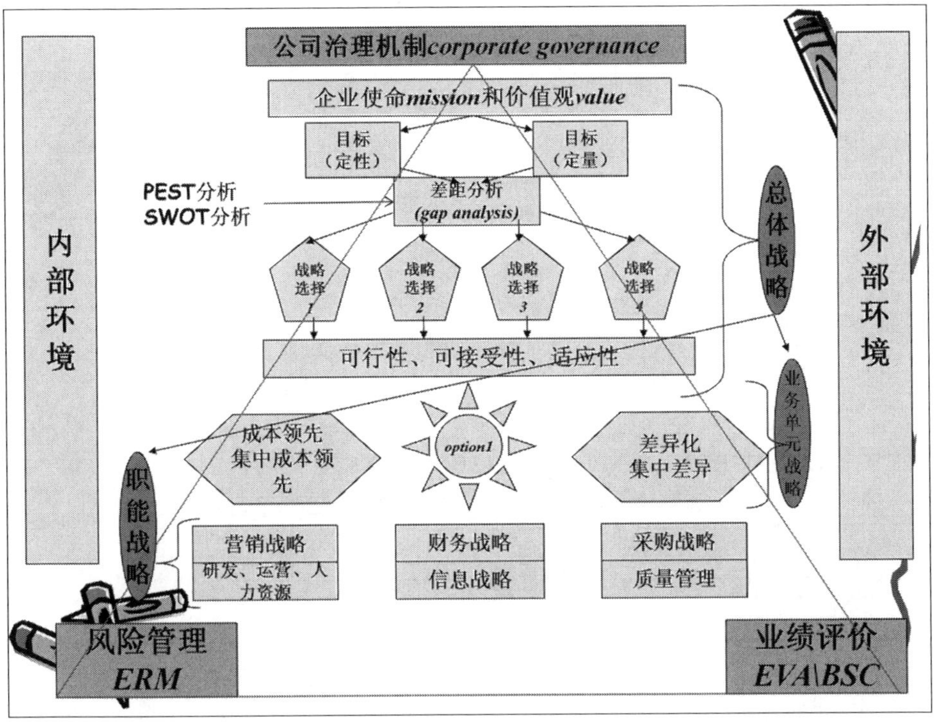

4.教材及参考资料

- [1]田明.2020年注册会计师考试应试指导及全真模拟测试.北京大学出版社，2020.
- [2]中华会计网校. 2020年注册会计师考试梦想成真系列辅导书.人民出版社，2020.
- [3]池国华、朱荣.内部控制与风险管理.中国人民大学出版社，2015.
- [4]蒙丽珍.内部控制与风险管理.大连：东北财经大学出版社，2011.
- [5]战略管理——制定、实施和控制（第12版），（工商管理经典译丛·战略与组织系列），中国人民大学出版社， 2015.4
- [6]布莱克威尔战略管理手册，希特、弗里曼、哈里森等著，宋华译，电子工业出版社，2015.10
- [7]战略管理：概念与案例（第10版）（工商管理经典译丛），希特等著，刘刚等译 ，中国人民大学出版社 ，2012.12
- [8]战略管理：概念与案例（第13版）（清华MBA核心课程英文版教材） ，（美）戴维等著，清华大学出版社，2013.4
- [9]企业内部控制编审委员会.企业内部控制基本规范及配套指引案例讲解.上海：立信会计出版社，2014.
- [10]风险管理. [美]沃尔特 V. 小哈斯莱特著，郑磊、王盛译，机械工业出版社，2019.3.

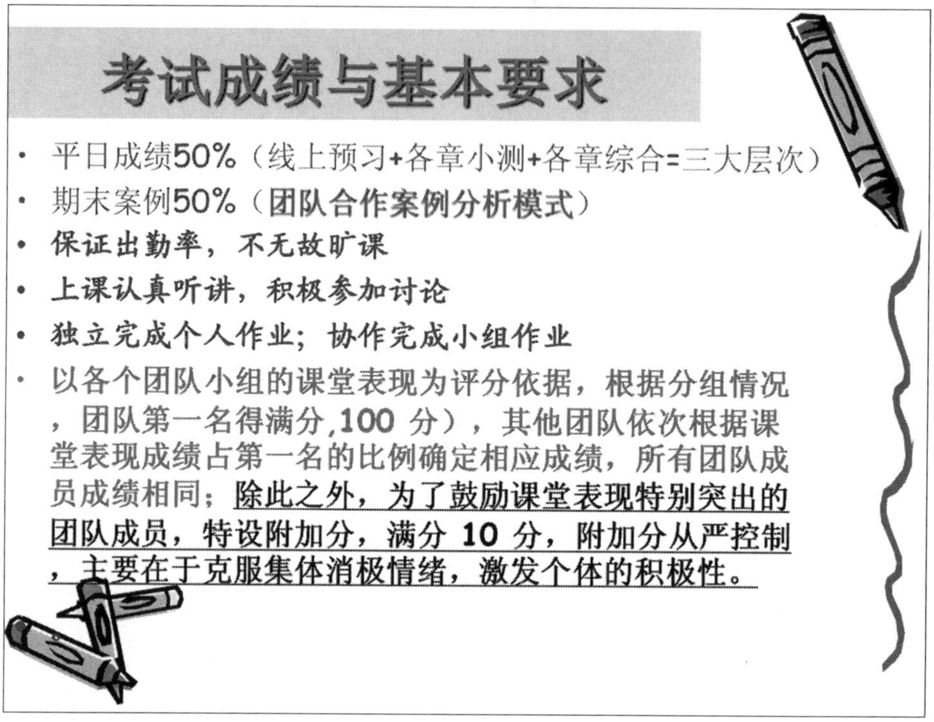
考试成绩与基本要求
• 平日成绩50%（线上预习+各章小测+各章综合=三大层次）
• 期末案例50%（团队合作案例分析模式）
• 保证出勤率，不无故旷课
• 上课认真听讲，积极参加讨论
• 独立完成个人作业；协作完成小组作业
• 以各个团队小组的课堂表现为评分依据，根据分组情况，团队第一名得满分,100 分），其他团队依次根据课堂表现成绩占第一名的比例确定相应成绩，所有团队成员成绩相同；除此之外，为了鼓励课堂表现特别突出的团队成员，特设附加分，满分 10 分，附加分从严控制，主要在于克服集体消极情绪，激发个体的积极性。

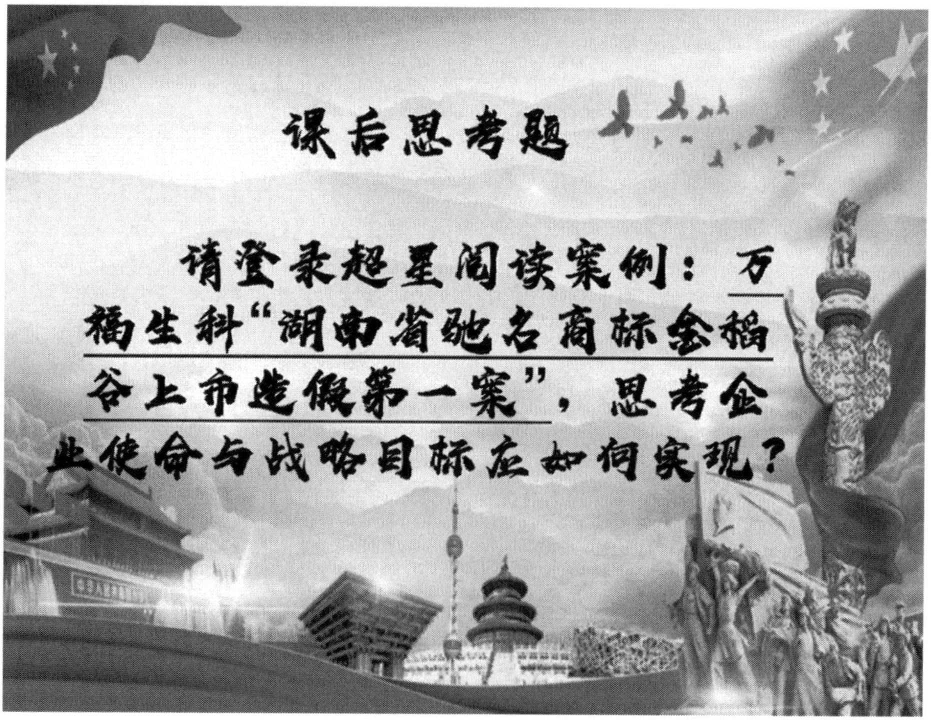
课后思考题
请登录超星阅读案例：万福生科“湖南省驰名商标金稻谷上市造假第一案”，思考企业使命与战略目标应如何实现？

·理　学

“经济统计学专业导论”课程

方国斌　统计与应用数学学院经济统计系　教授

一、课程思政教学设计思路

（一）课程基本信息

经济统计学专业导论课是面向全体经济统计学专业一年级本科生的一门专业必修课，作为专业导论系列课程之一。系好学生们大学阶段第一粒扣子是专业导论课程开设的初衷，本门课程开设的目的是对本专业学生进行专业介绍和专业课程学习指导。根据学校统一安排，本课程原则上要求由系主任讲授。计划开设学期为大一第二学期，授课时长为课内2课时，0.2学分，要求本专业学生必须修读，无先修课程要求。目前采用的是线上线下混合式教学方法，线下教学采用集中讲授和互动问答方式，线上为教学视频、交流讨论、完成布置的任务点。课程考核方式为考查，包括签到、学习、讨论及撰写学习心得体会等环节。

（二）课程目标

通过本课程的学习，让学生了解本学科和本专业发展历史，激发对专业的热爱和学好本专业的信心。了解统计学的含义及其在经济金融等领域的应用。熟悉本专业目标定位以及学习内容。了解本专业学生的毕业去向，帮助学生做好专业规划、明确学习的目标和方向。指导学生结合课程学习和参加各类学科竞赛、撰写科研论文、申报大创项目等，全面提升学生的科研创新和专业应用能力。

（三）课程内容简介

本课程主要包括五个方面的内容：什么是统计学；经济统计学专业培养目标；

经济统计学专业到底学什么；经济统计学专业有哪些出路；统计学的未来发展方向。

在第一部分中首先向学生推荐几本统计学的科普读物，讲解统计学科和安徽财经大学经济统计学专业发展历史，围绕统计学的几种含义全方位对统计学这一概念进行解释。

第二部分主要介绍统计学科自2012年上升为一级学科以后教育部统计学类教学指导委员会对三个统计学类本科专业培养目标的定位，介绍全国经济统计学专业的发展情况。

第三部分围绕经济统计学本科培养方案，按照模块划分介绍专业核心课程以及课程体系，让学生明确未来应该学习哪些内容以及如何系统掌握专业知识。

第四部分通过对国内外本专业情况的介绍，结合本校本专业最近三年的就业情况，讲解本专业的就业去向，让学生明确努力的方向。

第五部分为准备进一步深造和就业的同学分别讲解本专业的理论前沿和几个具有发展前途的应用领域。

（四）课程思政融入设计

1.课程引入部分，通过几本统计学的科普读物（《统计学的世界》《统计与真理》《女士品茶》《统计数字会撒谎》）的介绍让同学们明白统计学科既有思想理论又有具体应用领域，要学会去伪存真，用统计方法和思想去解决实际问题。让学生明白做学问和做研究应该具有顶天立地的胸怀和抱负。

2.通过2018年11月19日华为总裁任正非先生在中国科技大学讲话让学生明白现代统计学在5G和人工智能等前沿领域的地位和作用。积极思考统计学科如何建设发展，统计学界应该积极合作，探索适应互联网时代的新统计学！

3.通过统计学发展的时间轴让学生明白我国自古至今对统计学做出的诸多贡献，培养民族自豪感和加深对古代中国文明的认识。例如，公元2年，中国汉代进行了人口普查，结果是1236万家庭，5767万人口。记载的数据被认为是相当准确的。而美国直到1790年在第三任总统托马斯·杰斐逊总统指导下进行了首次人口普查，结果为390万人口。近代统计学大师许宝騄先生获得了国际统计学界的高度评价。

4.运用COPSS总统奖65名获得者中有9位华人统计学家的成功经历和主要贡献增强学生对我国科学家在统计学领域的作用和地位的认识。激发学生以前辈为榜样，未来投身于现代统计学科的发展和建设。

5.通过对经济统计学培养目标的介绍，让同学们明白近年来我们国家高等教育的蓬勃发展，希望同学们认真把握机会，为祖国建设添砖加瓦。

6.从经济统计学毕业生的出路和国际上统计学毕业生薪酬对比鼓励学生学习过程中要触类旁通，将来能够将统计学知识运用于自己所从事的领域。从师兄师姐们的成就取得激发学生对母校和本专业的热情。

二、教学展示

（一）教学目标和内容

通过本门课程的学习，让学生了解经济统计学专业定位、培养目标，引导学生如何去学经济统计学，学好经济统计学有何出路，培养学生做到理论结合实际，将统计学理论和方法结合实际应用领域，使学生在学习过程中能够深入领会统计学在经济金融领域的应用。

本门课程的教学内容主要包括什么是统计学；经济统计学专业培养目标；经济统计学专业到底学什么；经济统计学专业有哪些出路；统计学的未来发展方向等五个组成部分。

（二）教学重点和难点

教学重点是让学生深入领会经济统计学的内涵，经济统计学本科生学习哪些内容、如何去学习这些内容，经济统计学与其他学科的区别与联系，以及经济统计学前沿领域和未来的就业方向。

教学难点是如何把大量抽象的名词和概念解释清楚，让学生短期内了解经济统计学本科专业的课程体系和所学主要课程之间的联系，激发学生学习本专业的信心和热情。

（三）教学过程和方法（见表1）

表1 “经济统计学专业导论”课程思政教学设计表

模块	教学内容	思政元素	教学方法	时间（分钟）
1	课程引入	科普读物介绍统计与真理和统计学的世界	图形展示	10
2	统计学科的重要性	任正非先生的讲话	多媒体展示	10
3	什么是统计学：统计学发展的时间轴	华人统计学和中国对统计学的贡献	摆事实讲道理	10
4	经济统计学专业培养目标	我国高等教育的蓬勃发展	举例说明	10
5	经济统计学专业到底学什么：本专业培养方案	先进思想的掌握需要从课程学习开始	案例法	10

续表

模块	教学内容	思政元素	教学方法	时间（分钟）
6	经济统计学专业有哪些出路	校友的先进事迹，我国经济的飞速发展	举例说明	10
7	经济统计学的未来发展方向：理论方面和应用方面	学以致用	理论结合实际	10
8	答疑	系好人生的第一粒扣子	互动式教学	10
9	线上观看学习视频	在讨论区讨论交流，深入对专业的了解	课程作业	不限

（四）教学反思

经济统计学专业主要学习和研究统计学在经济领域中的应用，是以经济数据为主要研究对象，包括经济数据的搜集、整理和分析，用统计方法分析经济数据背后的社会现象以及复杂经济系统的规律，从而为经济和管理提供系统、全面的决策服务。经济统计学有机结合了经济学和统计学的核心知识内容，充分发挥这两个一级学科的特色与优势——通过统计软件、统计建模方法等手段实现对经济数据的收集、整理和分析，运用经济学知识和统计学方法探索社会经济现象中的客观数据的规律性，提供经济管理领域的决策服务。从课程思政的角度，需要理解不论在社会还是国家层面经济统计学都能占据一席之地，是一种将定性与定量分析相结合的方法论学科，对社会经济现象的分析有着不可或缺的重要作用，对国家未来经济发展提供了人才支撑。

统计学发展历史十分悠久，现代统计学经过几百年的发展渐渐成熟渐渐完善。统计学无论在以前还是在将来都是不可缺少的，是十分重要的。虽然数百年来统计学领域取得的主要成就是由欧美科学家完成的，但是最近几十年来，我们华人统计学家在前人的成就上不断提升不断完善，这让学生深刻领会民族自豪感和自己的责任担当，这就是最主要的课程思政。从平均数、方差到中位数、众数又到各种统计分布等，这一系列问题不断被提出，又不断被解决，这是人类智慧的结晶，是社会不断向前发展的结果。这些统计学的成就让数字更加贴近我们的生活，成就我们现在的文明社会。

在经济统计学课程思政教学中，要让学生深刻领会统计学是一种科学方法，遍及自然科学及社会科学的各个领域，随着数字技术的发展，互联网时代数字分析与处理和统计学息息相关。随着互联网的日益普及，人们对于信息也有了一定的关注，反映宏观和微观经济运营状况的数据更加有效，大量储存。经济统计学应该以统计学在经济金融领域的应用为核心，让学生认识本专业的地位和作用是进行课程思政的前提和基础。

英国统计学家哈斯利特很早就说过："统计方法的应用是如此普遍，在我们的日常生活和习惯中，统计学的影响是如此巨大，以致统计学的重要性无论怎样强调也不过分"。有的科学家还把我们的时代称为"统计时代"。经济统计学专业导论是数字时代青年大学生们如何围绕社会经济现象进行统计分析的全方位介绍。

（五）其他需要展示的内容

主要参考文献：

1. Timeline of Statistics，ASA RSS，2014.

2. Stigler S M. Statistics on the table：The history of statistical concepts and methods［M］. Harvard University Press，2002.

3. 陈希孺. 数理统计学简史［M］. 长沙：湖南教育出版社出版，2002.

4. 统计学（经济学）类教学质量国家标准。

三、课程思政教育心得体会

在专业课程尤其是像统计学这类的偏理科课程中，如何做到将传授知识和课程思政无缝对接，给一线教师提出了一个巨大的挑战。在经济统计学专业导论过程中，紧紧围绕"立德树人"这一教育理念，进行"五育并举"，是讲授好专业导论课的基本出发点。

"课程思政"是将高校思想政治教育融入专业课课程教学和改革的各环节，实现润物无声、立德树人。教师是专业课教学的第一责任人，是引领学生思想、传播价值理念的重要设计者。做好课程思政，需要专业课教师用心备课、融会创新，不断扩展知识面，善于捕捉学科知识和德育教育元素的最佳结合点，避免为了课程思政而打乱原有的学习计划，在教学过程中寻找德育和其他知识体系的融入点。

在经济统计学专业导论课程教学过程中，如何使学生既能准确掌握其中的理论知识，又能把理论运用于经济实际，是教学过程中追求的主要目标。本课程努力尝试将思政元素引入经济统计学科及其应用的知识体系中，努力做到将思政元素与有趣的统计案例结合在一起，从而为向学生实践传授知识与课程思政无缝对接提供了一种生动有效的教学途径。

在课程设计中，需要让学生了解经济统计学专业的发展对国家的发展和推动社会的进步有着重大的意义，在互联网时代，我们应该加强统计学专业和其他相关专业的融合，共同发展。统计学是搜集、整理、分析数据并且探索数据规律性的科学，也就是说统计学是数据的科学；另外，统计学也有非常强大的应用性，可以应用于社会实践和相当广泛的专业领域。让学生明确本专业的培养目标和学习方向，了解经济管理等相关专业知识并将其应用于实践，同时也要具备一定的运用统计软件和编程技术进行数据分析的能力。

经济统计学具有统计学和经济学的双重属性，体现了交叉学科的特性。无论从理论范畴和应用领域，经济统计学体现了理论与实际的完美结合，尤其是在经济管理领域的应用。通过对以往毕业生就业情况的介绍，让学生明确经济统计学专业有哪些出路，了解统计学未来的发展方向，这在国内和国际上都是一个有前景的学科，培养相关专业学生前瞻意识和独立思维能力。让学生从思想上努力做到明确目标，激发动力，规划未来，学以致用。

教学展示课件

方国斌　统计与应用数学学院经济统计系　教授

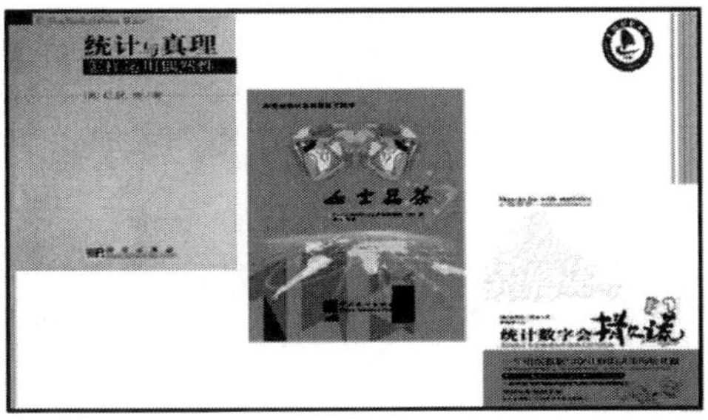

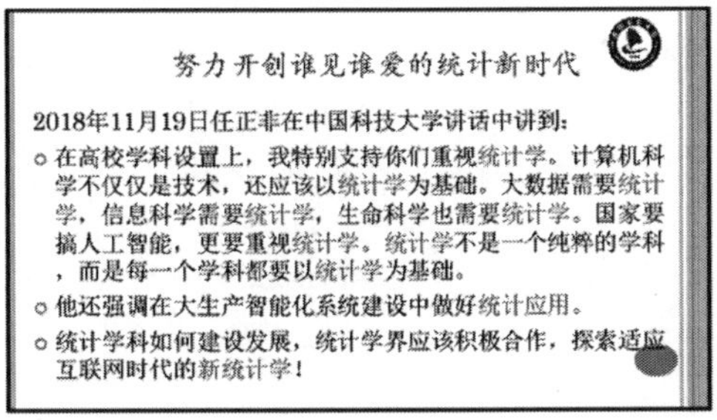

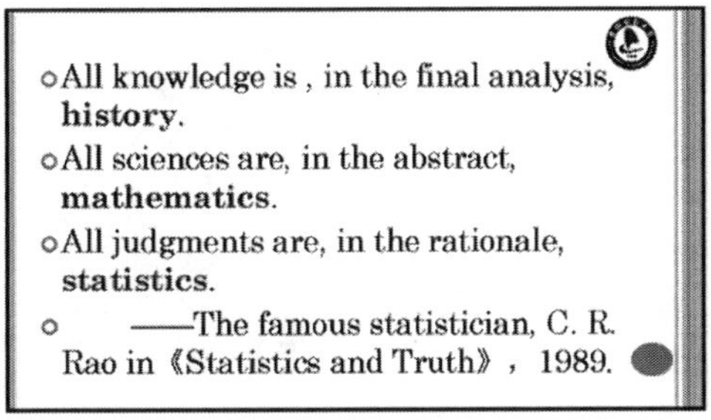

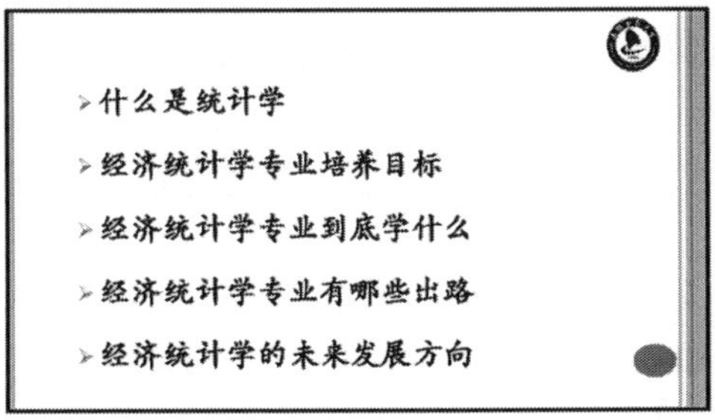

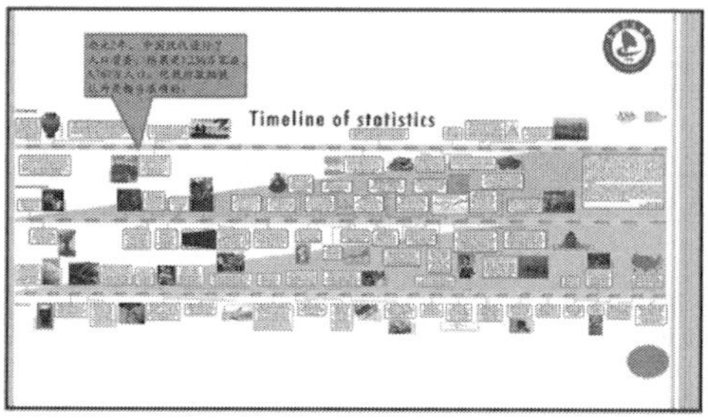
Timeline of statistics

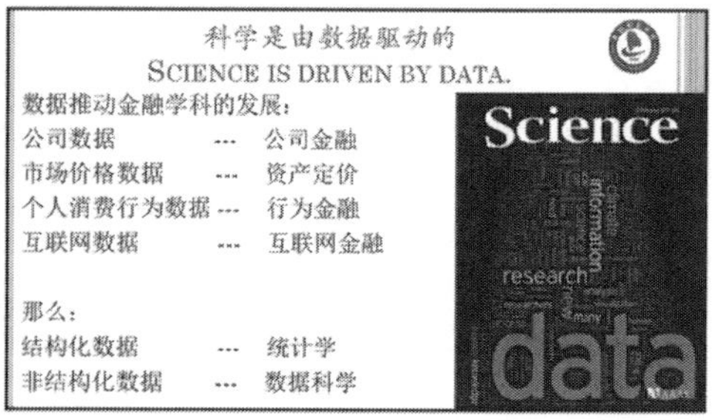
科学是由数据驱动的
SCIENCE IS DRIVEN BY DATA.
数据推动金融学科的发展：
公司数据 --- 公司金融
市场价格数据 --- 资产定价
个人消费行为数据 --- 行为金融
互联网数据 --- 互联网金融
那么：
结构化数据 --- 统计学
非结构化数据 --- 数据科学
Science
information
research
data

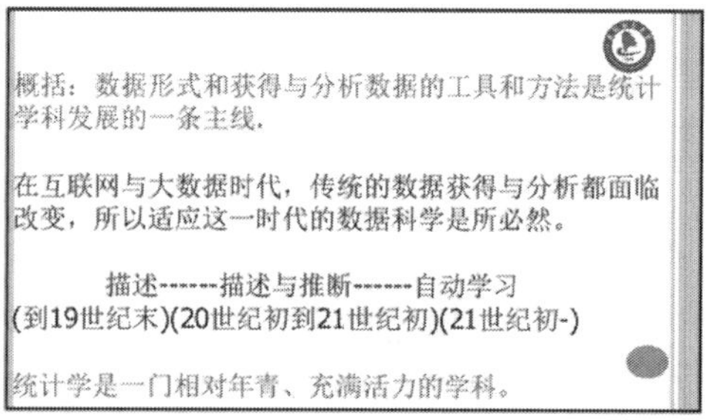
概括：数据形式和获得与分析数据的工具和方法是统计学科发展的一条主线。
在互联网与大数据时代，传统的数据获得与分析都面临改变，所以适应这一时代的数据科学是所必然。
描述------描述与推断------自动学习
(到19世纪末)(20世纪初到21世纪初)(21世纪初-)
统计学是一门相对年青、充满活力的学科。

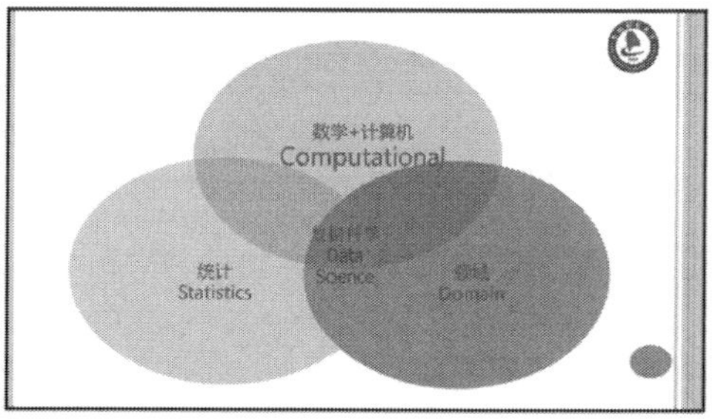
数学+计算机
Computational
统计
Statistics
领域
Domain

Statistics is the science of data collection, analysis, and interpretation.
It plays a pivotal role in many disciplines, including environmental, health, economic, social, physical, and information sciences.
Past, Present, and Future of Statistical Science
COPSS

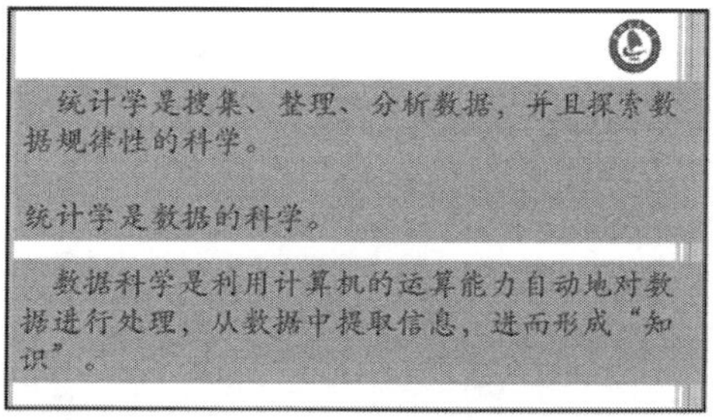
统计学是搜集、整理、分析数据，并且探索数据规律性的科学。
统计学是数据的科学。
数据科学是利用计算机的运算能力自动地对数据进行处理，从数据中提取信息，进而形成“知识”。

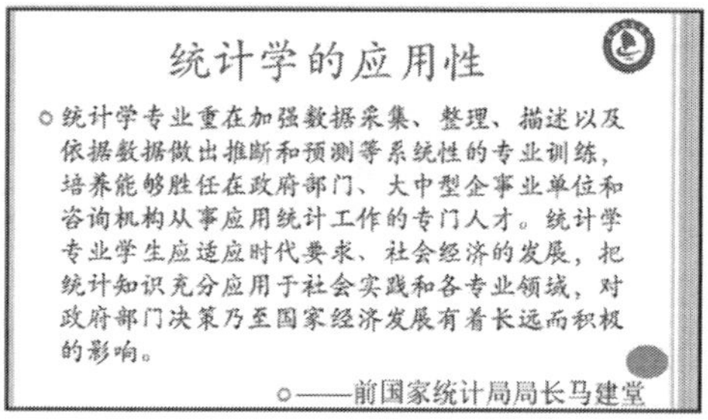
统计学的应用性
统计学专业重在加强数据采集、整理、描述以及依据数据做出推断和预测等系统性的专业训练，培养能够胜任在政府部门、大中型企事业单位和咨询机构从事应用统计工作的专门人才。统计学专业学生应适应时代要求、社会经济的发展，把统计知识充分应用于社会实践和各专业领域，对政府部门决策乃至国家经济发展有着长远而积极的影响。
——前国家统计局局长马建堂

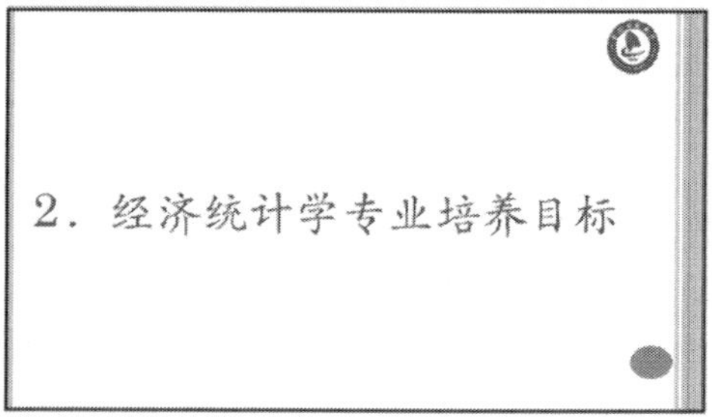
2．经济统计学专业培养目标

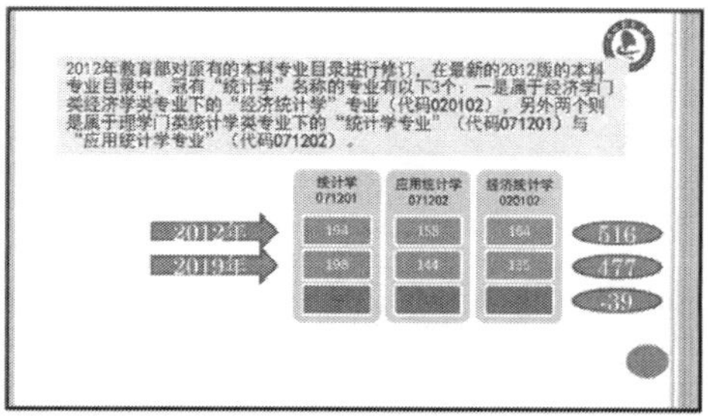
2012年教育部对原有的本科专业目录进行修订，在最新的2012版的本科专业目录中，冠有“统计学”名称的专业有以下3个：一是属于经济学门类经济学类专业下的“经济统计学”专业（代码020102），另外两个则是属于理学门类统计学类专业下的“统计学专业”（代码071201）与“应用统计学专业”（代码071202）。
统计学
071201
应用统计学
071202
经济统计学
020102
2012年
2019年
516
477
-39

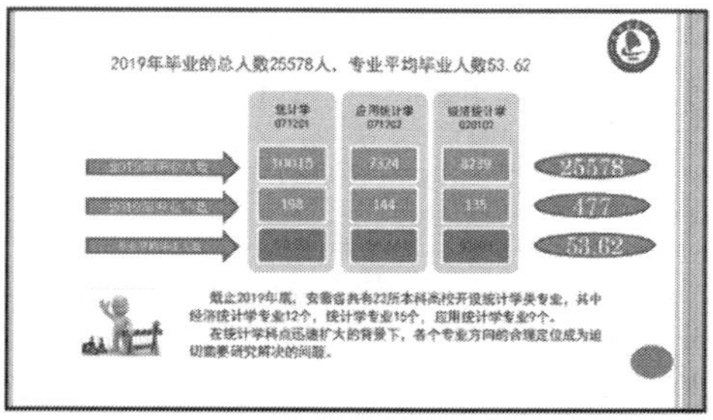
2019年毕业的总人数25578人，专业平均毕业人数53.62
统计学
071201
应用统计学
071202
经济统计学
020102
25578
477
53.62
截止2019年底，安徽省共有23所本科高校开设统计学类专业，其中经济统计学专业12个，统计学专业15个，应用统计学专业9个。
在统计学科点迅速扩大的背景下，各个专业方向的合理定位成为迫切需要研究解决的问题。

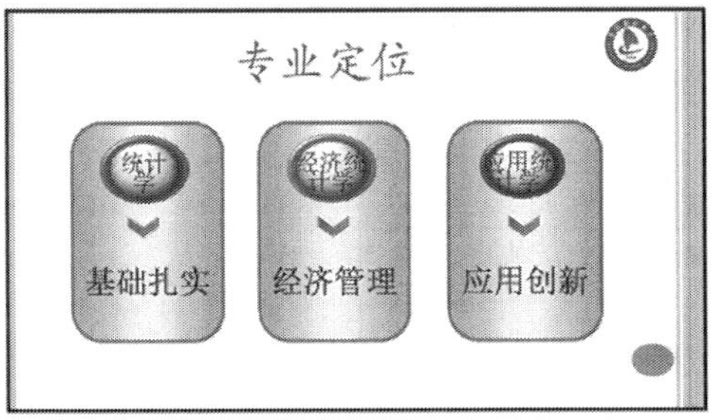

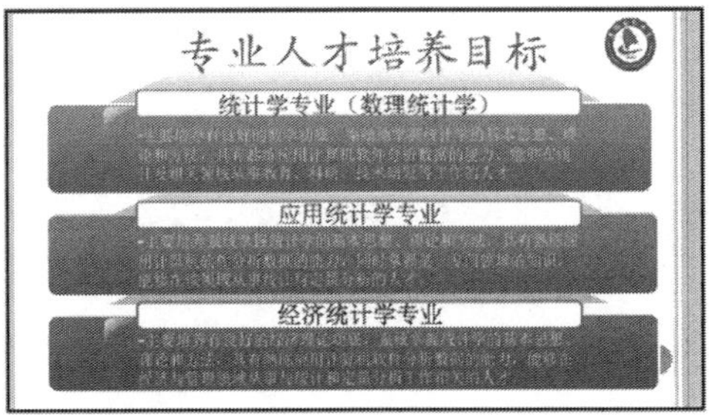

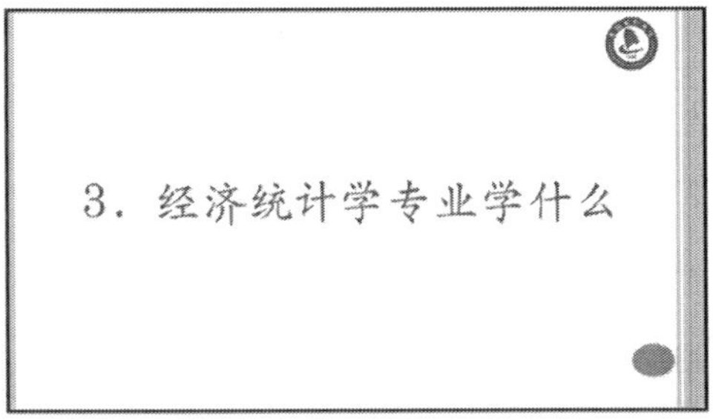

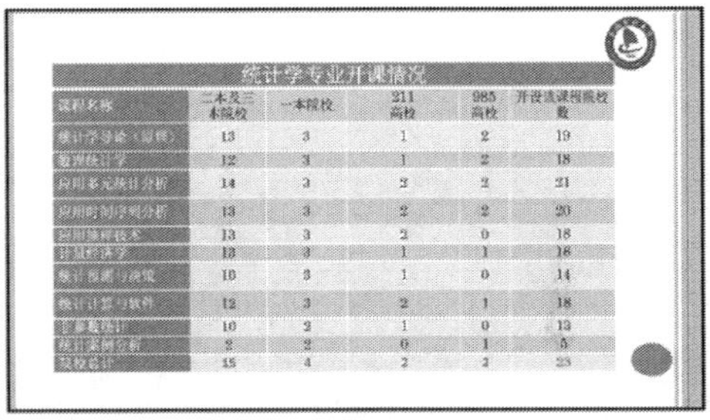

统计学专业开课情况

课程名称	二本及三本院校	一本院校	211高校	985高校	开设该课程院校数
统计学导论（原理）	13	3	1	2	19
数理统计学	12	3	1	2	18
应用多元统计分析	14	3	2	2	21
应用时间序列分析	13	3	2	2	20
应用抽样技术	13	3	2	0	18
计量经济学	13	3	1	1	18
统计预测与决策	10	3	1	0	14
统计计算与软件	12	3	2	1	18
非参数统计	10	2	1	0	13
统计案例分析	2	2	0	1	5
试验设计	15	4	2	2	23

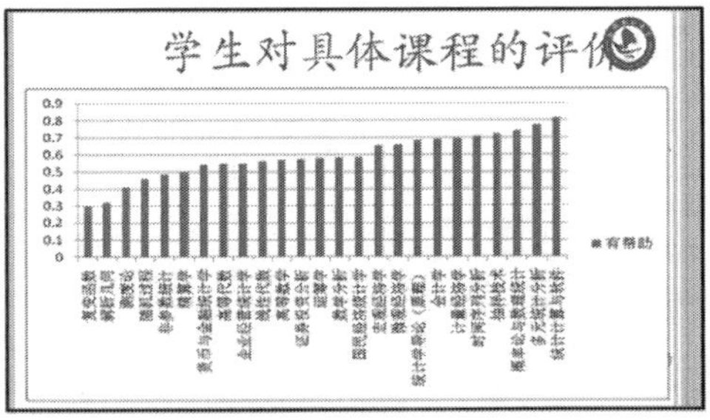

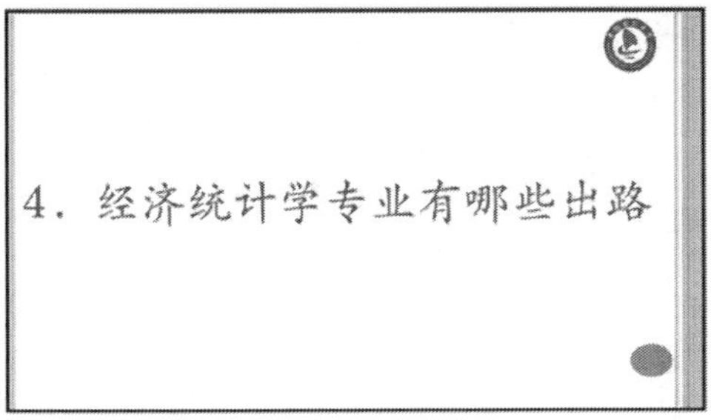

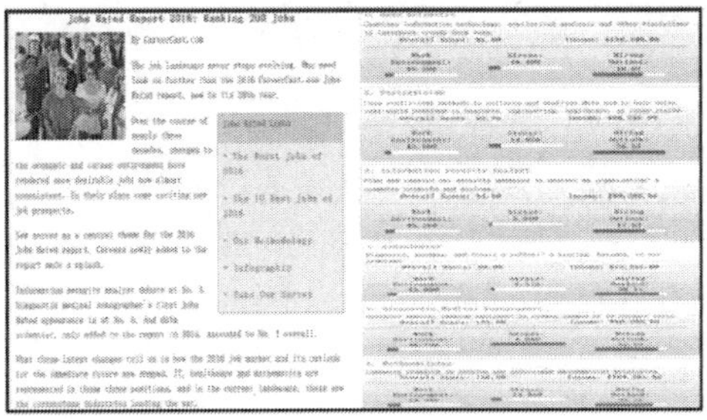

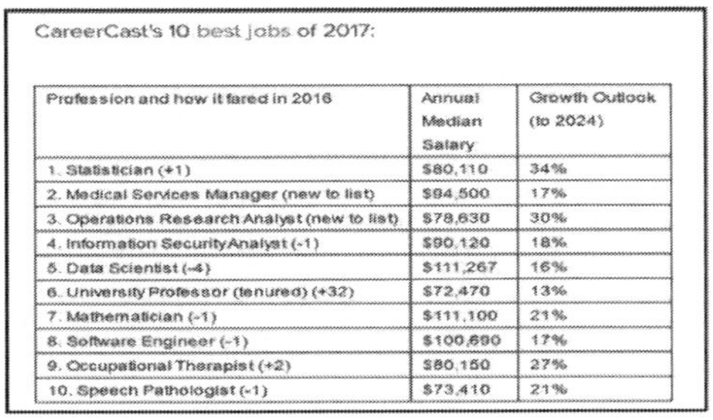

CareerCast's 10 best jobs of 2017:

Profession and how it fared in 2016	Annual Median Salary	Growth Outlook (to 2024)
1. Statistician (+1)	$80,110	34%
2. Medical Services Manager (new to list)	$94,500	17%
3. Operations Research Analyst (new to list)	$78,630	30%
4. Information Security Analyst (-1)	$90,120	18%
5. Data Scientist (-4)	$111,267	16%
6. University Professor (tenured) (+32)	$72,470	13%
7. Mathematician (-1)	$111,100	21%
8. Software Engineer (-1)	$100,690	17%
9. Occupational Therapist (+2)	$80,150	27%
10. Speech Pathologist (-1)	$73,410	21%

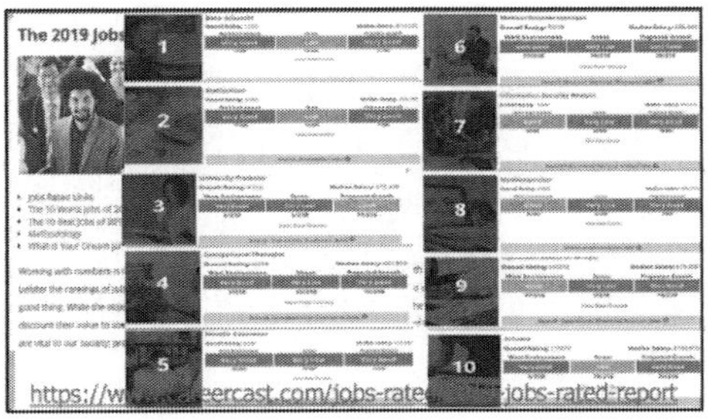

	美国《财富》杂志2016年评选10种就业最好的研究生学位	职业中期中位数薪酬	到2024年职业需求增长率	高满意度所占%	低工作压力
1	生物统计硕士	$105,900	23%	85%	57%
2	统计硕士	$113,700	16.4%	75%	57%
3	计算机科学博士	$147,400	12%	77%	45%
4	经济学博士	$125,800	11.3%	88%	59%
5	应用数学硕士	$124,900	12.7%	71%	49%
6	计算机硕士	$125,700	11.9%	69%	51%
7	药学博士	$126,000	13.8%	81%	32%
8	数学博士	$106,600	13.7%	72%	53%
9	物理学博士	$137,800	9.1%	82%	49%
10	软件工程硕士	$118,900	11.9%	66%	51%

http://search-app.fortune.com/?q=best+degrees

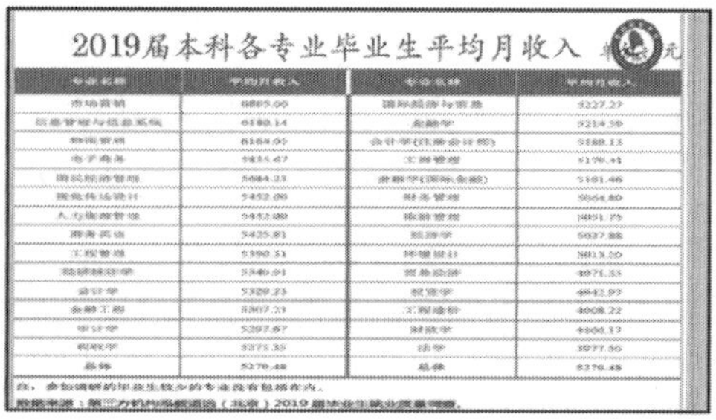

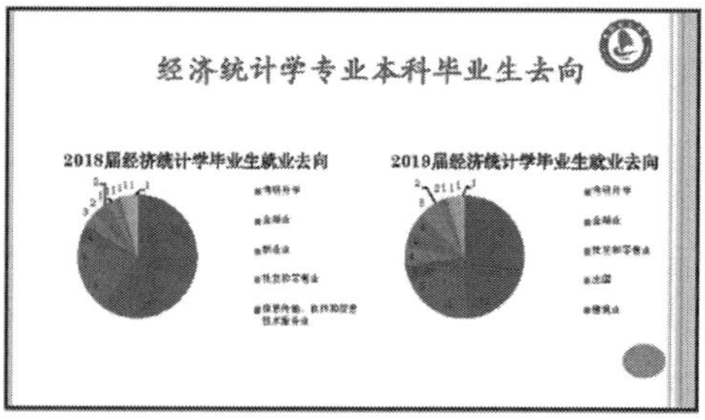

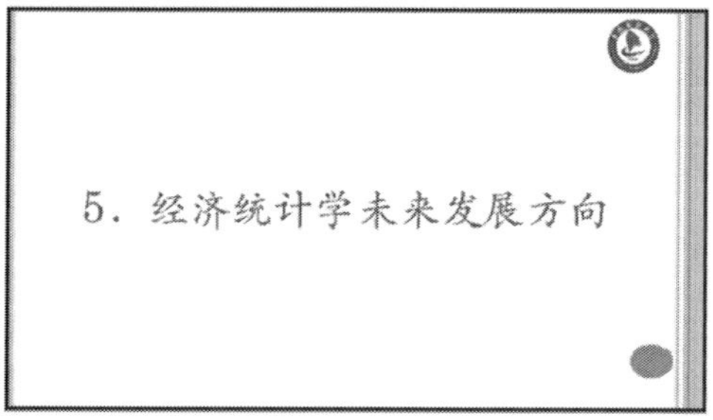

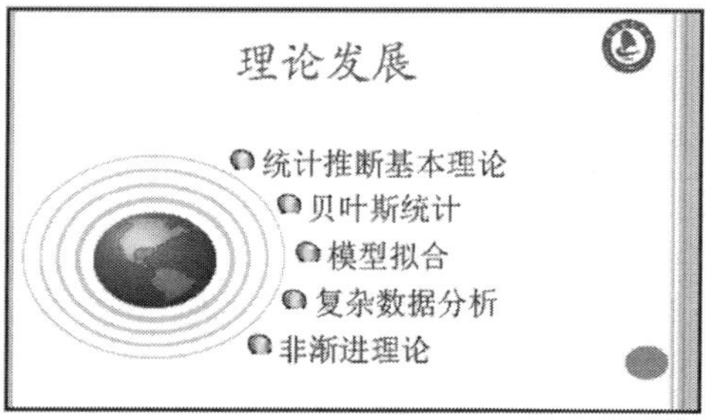

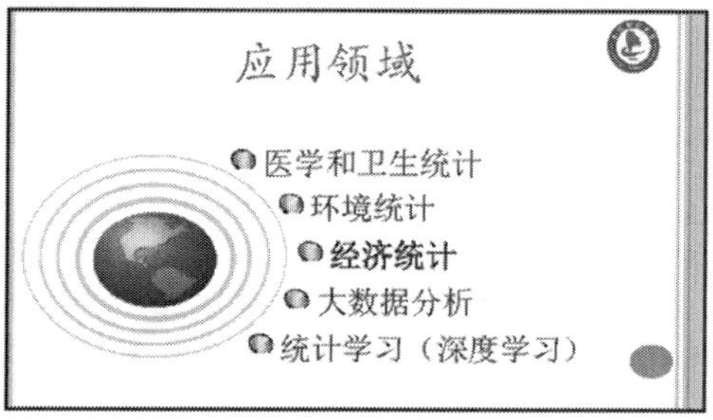

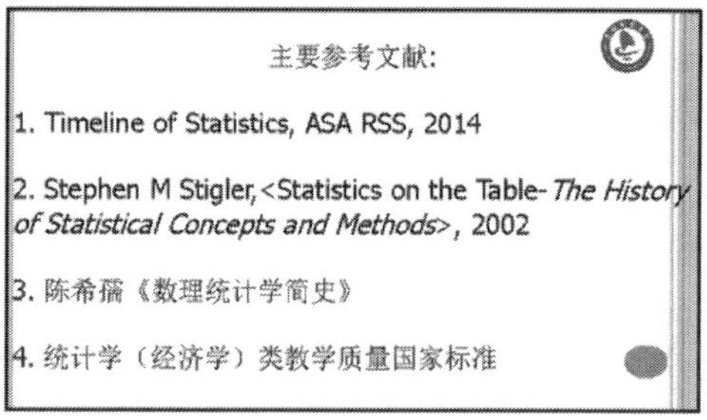

•文 学

“日语笔译”课程

甘菁菁　文学院日语系　讲师

一、课程思政教学设计思路

（一）课程基本信息

“日语笔译”为文学院日语系专业核心课程，开设时间为大三学年，为2个学分、36课时。学生已进行两年日语专业课学习，具备一定的日语听说读写能力。

课程已入选校级和省级课程思政示范课程建设项目。

（二）课程目标

“日语笔译”是《高等学校外语类专业本科教学质量国家标准》规定的日语专业核心课程之一，教学目标主要体现在以下三个方面：

1. 认知目标

- 了解翻译历史尤其是中日翻译交流史。
- 熟悉基本翻译理论、知晓主要翻译家的代表观点。
- 掌握汉日语言异同点、理解相关翻译策略。
- 扩充知识储备、了解其他专业、学科（如经济、法律、传播、科技、社会等）的基础知识。

2. 技能目标

- 灵活运用各种翻译策略处理文本的能力。
- 应对多种场合下的不同实用文体的汉日双语互译实践能力。
- 在汉日互译过程中熟悉中日两国文化，掌握跨文化交际能力。

3. 情感素质目标

• 树立正确的文化价值观，增强文化自信，增强民族荣誉感和使命感。

• 了解当代中国社会，坚定中国特色社会主义道路自信、理论自信、制度自信、文化自信，通过翻译讲好“中国故事”。

• 树立正确的人生观、价值观和世界观，深入践行社会主义核心价值观。

• 培养翻译职业道德、树立远大职业理想。

（三）课程内容简介

“日语笔译”是一门培养学生面对政治、经济、科技、法律等不同场合和文本的汉日互译实践能力的综合性、跨专业课程。

课程在介绍翻译基础概念和理论知识的基础上逐步过渡到词汇互译、短句互译、篇章互译、文章互译四大翻译实践部分，教学内容共分六章。

第一章为翻译概述。讲述翻译定义、中外各种翻译观点；介绍中日翻译历史以及中日互译现状。

第二章和第三章为词汇、语句互译。从汉日词汇、句型对比、惯用句翻译、位相语翻译、中国特色词汇翻译等四个方面着手介绍词汇互译时的策略以及背后的跨文化传播内涵。

第四章为汉日互译技巧。介绍汉日互译中各种翻译技巧的运用方法和场合。

第五章和第六章为文章翻译策略和实践。分为实用性文体和文学作品两大类，介绍不同类型文章的翻译要点和固定表达。

（四）课程思政融入设计

1. 课程思政要素融入点

翻译的核心特性是跨文化的。将课堂思政要素融入翻译就是从更宏观的文化对比角度看待双语互译学习。力争使培养的人才既要向“外”，做好各种涉外的沟通、交流和贸易，也要保持对中国文化、中国道路、中国制度的自信，时时刻刻服务于国家和民族。因此，“日语笔译”课程的课程思政要素主要体现在以下五个方面：

（1）翻译中国传统文化，增强文化自信；

（2）翻译当代中国社会、讲好“中国故事”；

（3）树立家国情怀，增强使命感，树立国家主人翁意识；

（4）树立正确的人生观、价值观和世界观，践行社会主义核心价值观；

（5）在翻译练习中培养职业道德、树立远大职业理想。

具体到各章节如下所示。

章节	教学内容概述	课程思政要素融入点
第一章	翻译概述 学习翻译的定义、历史；中日翻译交流史；代表翻译观点	• 了解中日翻译交流史，树立主人翁意识 • 培养良好的翻译职业规范，树立职业理想
第二章	中日词汇对比和翻译 学习汉日词汇差异；学习日语位相语翻译、中国特色词汇翻译	• 了解中国传统文化，增强民族自豪感和文化自信 • 学习在外翻中讲述当代中国社会，讲好“中国故事”
第三章	中日语句对比和翻译 学习汉日语句对比差异；学习汉日惯用句互译和长句互译	• 了解中日差异，增强文化自信 • 学习在各种外来文化中抵制糟粕，树立正确的人生观、价值观和世界观
第四章	翻译技巧 学习各种翻译技巧	• 形成良好的翻译职业规范，树立翻译职业理想
第五章	中日实用文体互译 学习新闻稿、公式语、演讲稿、商务和法律文书等实用文体汉日互译策略	• 通过翻译向世界介绍中国文化和中国社会，讲好“中国故事”，增强使命感 • 学习在各种外来文化中抵制糟粕，树立正确的人生观、价值观和世界观 • 形成良好的翻译职业规范，树立翻译职业理想
第六章	中日文学作品互译 学习小说、散文、诗歌等各种形式文学作品的翻译策略	• 学习通过翻译向世界介绍中国传统文化，尤其是如何通过翻译传递中国传统文学之美，增强民族自豪感和使命感 • 形成良好的翻译职业规范，树立翻译职业理想

2. 教学方法

为了更好地将课程思政要素融入“日语笔译”课程，课程教学除了采用传统的教师课堂讲解外，还尝试了以下几种新的教学方式以进一步提高学生自主学习意识。

（1）翻转课堂。

课前提供下次课的文字多媒体材料，要求学生自主学习，每次课由学生选择相关翻译问题进行课堂展示，引导学生思考如何通过笔下的译文讲好“中国故事”。

（2）翻译工作坊。

“翻译工作坊”起始于美国的翻译教学法，学生以团队合作的形式接受翻译任务、分配任务、进行过程讨论和最终的作业展示。记录学习者翻译讨论过程，充分发挥学生的自主意识，让学生在学习翻译的过程中培养更好的团队合作意识。

（3）第二课堂。

将翻译地点从教室挪到实际场景，带领学生走访蚌埠周边博物馆、旅游景点、企业，解决实际生活中的翻译问题。增加翻译活动现场感，提高学生自主学习意识。

3. 教学效果

多样化的教学手段、紧跟时代的教学材料极大地激发了学生的自主学习意识和学习热情，“日语笔译”课程各学年评教平均分达94.02分，名列全校前茅。

学生翻译实践能力不断提升，多名学生在“人民中国杯”国际翻译大赛、安徽省翻译大赛中斩获十余项奖项。

二、《公示语日译》教学展示

（一）教学目标和内容

教学内容：公示语日译策略和要点。

教学目标：

1.认知：了解中日公示语表达异同，掌握公示语日译策略要点。

2.技能：独立完成相关公示语日译。

3.情感素质：树立城市主人翁意识，增强使命意识；培养良好的翻译职业道德修养。

（二）教学重点和难点

教学重点：公示语日译方法和策略。

教学难点：中日公示语在不同语境中的差异化表达。

（三）教学过程和方法（可含时间分配）

设定授课时间为45分钟。

教学环节	教学内容	时间	教学活动		教学方法
			教师活动	学生活动	
学前导入	照片展示引入教学主题。	8分钟	展示教师收集到的公示语日译例子，提问：这些公示语日译有何问题？	以小组讨论的方式回答教师提问	1.翻转课堂法 2.案例展示法
新授与讨论	讲解公示语日译策略。	25分钟	1.讲解什么是公示语、公示语的分类以及公示语错译的危害 2.展示日本公示语。通过照片引导学生思考并讨论日本共公示语的特点。 3.总结讨论结果，归纳公示语日译策略和要点 4.引导学生思考身为翻译为城市和国家发展应该肩负的任务和使命；要求树立良好的翻译道德意识	1.思考公示语错译危害 2.以小组讨论方式探索总结日本公示语的表达逻辑和规律 3.仔细听教师讲解，对公示语日译策略有进一步认识	1. PPT演示法 2. 案例展示法 3. 课堂讨论法
巩固与运用	公示语日译练习和课后小组任务。	12分钟	1.组织学生以翻译工作坊形式完成公示语日译练习 2.布置小组工作坊任务：走访蚌埠市内，收集公示语的日语译文，并形成相关翻译调研报告	以翻译工作坊的形式完成课堂练习和课后翻译任务	翻译工作坊教学法

参考文献：

1.郭鸿雁.日汉汉日翻译实践［M］.北京：外语教学与研究出版社，2015.

2.東京都.国内外旅行者のためのわかりやすい　案内サイン標準化指針　東京

都対訳表「S」.2015.

3.横田保生.公共空間の案内サイン［J］.日本語学24（13），67–78，2005–11.

（四）教学反思

公示语翻译不同于中国文化、中国当代社会翻译等宏大课题，它切实地存在于我们身边，随处可见、看似平常，但其翻译质量影响着城市乃至国家的对外形象。

本次课程通过案例展示和讨论，归纳出公示语日译的策略和方法，45分钟的学习融合了思政教育与专业学习，在讨论和案例中掌握了翻译策略，激发了学生的翻译实践热情，更重要的是让学生切身体会到翻译在维护城市形象中的重要作用。

课后的第二课堂，让学生寻找城市里的公示语日语译文，培养了学生的自主学习意识，既能巩固所学，也培养了城市主人翁意识，增强了使命感，实现了显性学习和隐性学习的有机结合。

今后的“日语笔译”课程中我还要进一步挖掘课堂思政和翻译教学的融合点，多维度地培养能够传递中国声音、讲好中国故事的高层次翻译人才。

三、课程思政教育心得体会

通国策、知省情——翻译人才培养之我见

语言是工具，翻译则是技能，是沟通人与人、国与国的桥梁。从入校开始就担任“日语笔译”课程授课教师的我在教学实践中一直在困惑和思考如何让翻译助力学生实现人生价值、如何为国家和社会发展服务。课程思政理念无疑将语言学习和服务社会与国家完美融合在一起，找到了一条培养新时代外语翻译人才的新路径。

（一）课程思政与翻译课程融合的迫切性

在新时代，翻译教育不仅要继续服务改革开放，更要注重服务经济和文化“走出去”，服务中国参与全球治理和构建中国国际话语体系。面对新形势，思政元素已成为翻译人才培养中的必备要素。思政教育可保证学生具有坚定、正确的政治立场。帮助学生深入理解中国传统文化、国家政策和省情，增强其爱国、爱省的情怀及文化自信；坚定师生的社会主义核心价值观，较好地满足社会和行业对翻译人才的需要。

（二）翻译课堂的课程思政实践

翻译课堂上有了课程思政理念加持后，我意识到“语言形式”与“思想内容”之间密不可分——翻译理论的学习，各种翻译实践的展开最终是为了服务社会与国家。从2020年秋季学期起我将课程思政融入了翻译课堂，通过翻译教学提醒学生作为外语人的时代使命和责任担当——对外介绍和宣传中国和安徽的文化和社会。

将思政教材与专业教材有机结合。在课堂上选取日本媒体涉华报道、习近平总书记等国家领导人讲话、安徽传统文化、景点介绍等鲜活材料，课堂上既借助这些材料学习翻译，也鼓励学生就材料发表自己观点，增强思辨能力和理解能力，在潜移默化中加强学生思想政治意识和家国热爱之情。

将思政教育与专业教育有机结合。通过对教学资料双语的研读和欣赏，帮助学生掌握中国文化特色和地方特色词语及语篇，提升其进行中国文化外宣的精准表达及外宣能力，为讲好中国故事奠定扎实的基础。

将隐性教学和显性教学相结合。鼓励学生走出教室，开展第二课堂等社会实践活动，翻译项目、翻译讲座、学科竞赛等各项活动的开展极大激发了学生的自主学习意识，潜移默化地引导学生理解、坚守社会主义核心价值观，坚定“四个自信”，达到了润物无声的育人效果。

（三）今后的努力方向

半年多的课程思政教学实践让我意识到自身的很多不足之处，需要在今后的教学中不断完善。

首先，进一步加强对课程思政教育理念的理论学习，将课程思政理念全方位融入翻译课堂乃至外语教学的方方面面，不断深化和系统化课程思政教学。

其次，逐步在翻译课堂上融入多学科要素。通过翻译课程的跨学科属性和外语教学的合作参与性使课程思政建设在翻译课程中能够体现得更加明显。

最后，为学生提供更多的第二课堂等翻译实践机会。寻找可以合作的企业，为学生创造翻译实战机会，进一步激发学生的自主学习意识。

教学展示课件

甘菁菁　文学院日语系　讲师

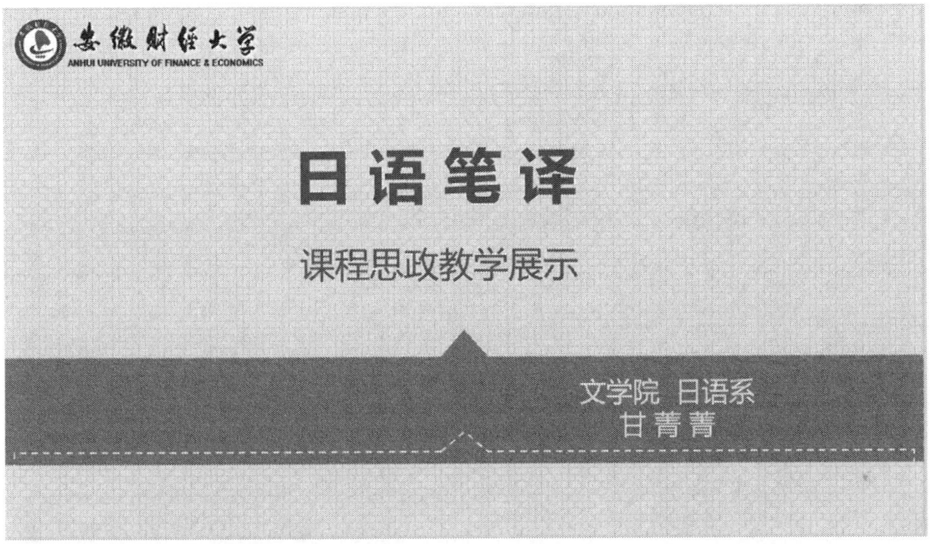

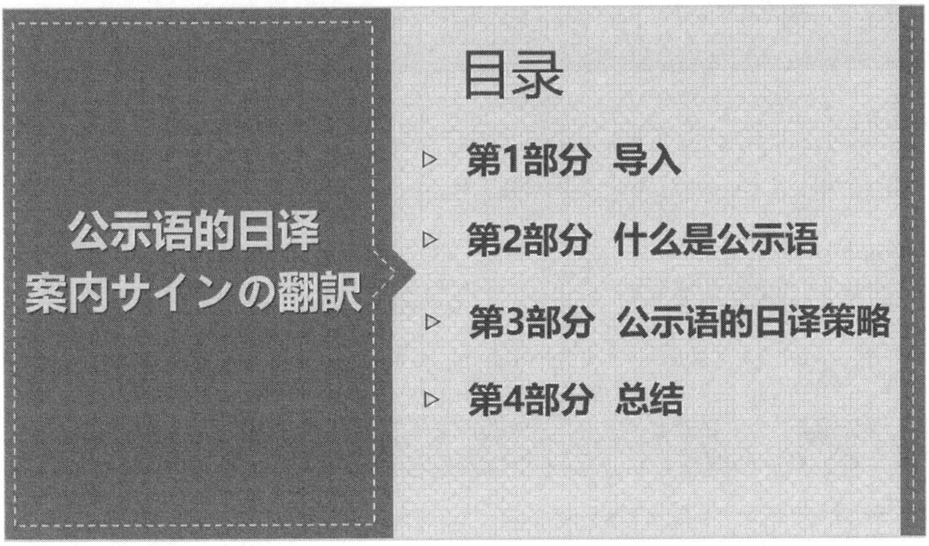

1 写真を見てください。

?

この写真の中の案内サインは正しく訳しましたか。

图片中的公示语日译正确吗?

1 写真の見てください。

?

左の二つの“卫生间”に、どっちが正しいですか。

上面三幅照片中的翻译哪个是正确的?

2 案内サインとは何?
什么是公示语?

案内サイン

公共施設に展示される、コミュニケーションや情報提供、警告などの目的を持つこと。

公共场所面向公众展示的、具有特殊交际功能以及信息提供、提示警示等功能的语言。

2 案内サインとは何?
什么是公示语?

情报提供（引导）

公園、観光スポットでよく見られる。公共施設の紹介、利用規約など。

警告

危険を避けるような場合に使われている。

呼びかけ（呼吁）

主張を述べ、行動を促したりする場合に使われている。

2 案内サインとは何?
什么是公示语?

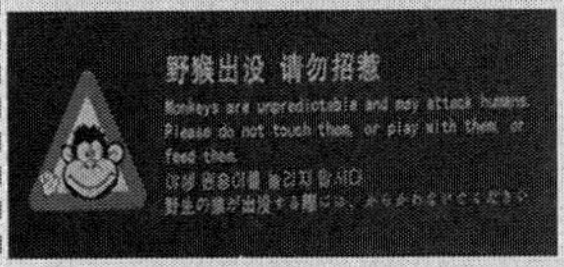

意味不明な案内サイン →

1、外国人の利用者に迷惑
影响外国游客旅游体验感

2、町のイメージに悪影響
有损城市形象

3、中国文化の紹介に障害
影响中国文化的传播

4、危険性
带来危险

3 案内サインの翻訳方法

1. 場所を表す案内サイン（地名、场所名）

· 在无法通过字典查阅到的情况下，可以查阅日本的相关表达进行参考。

· 避免掉入同形异义词的陷阱。

3 案内サインの翻訳方法

日本の例を見てみましょう。

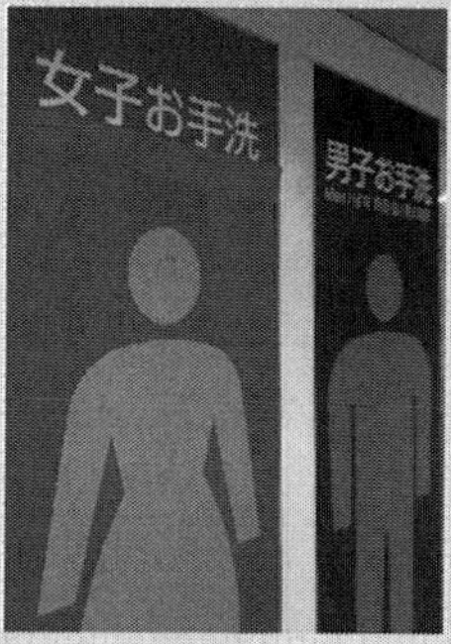

女子お手洗い
男子お手洗い √

× w.c.男
w.c.女

中式日语

3 案内サインの翻訳方法

国家重点保护文物

文物：文化の所産。法律・学問・芸術・宗教など文化に関するもの。

国家重点保护文物 ×

国指定文化財 √

切勿生搬硬套同形异义词，影响日本游客对中国相关文化设施的理解。

3 案内サインの翻訳方法

2．指示語（“请”“请勿”“禁止”）。

· 汉语指示语的表达直接、简洁。日语指示语多委婉含蓄。
· 因此要充分考虑日本人的思维习惯和表达习惯，即使是类似的汉语表达也要根据不同语境进行翻译。

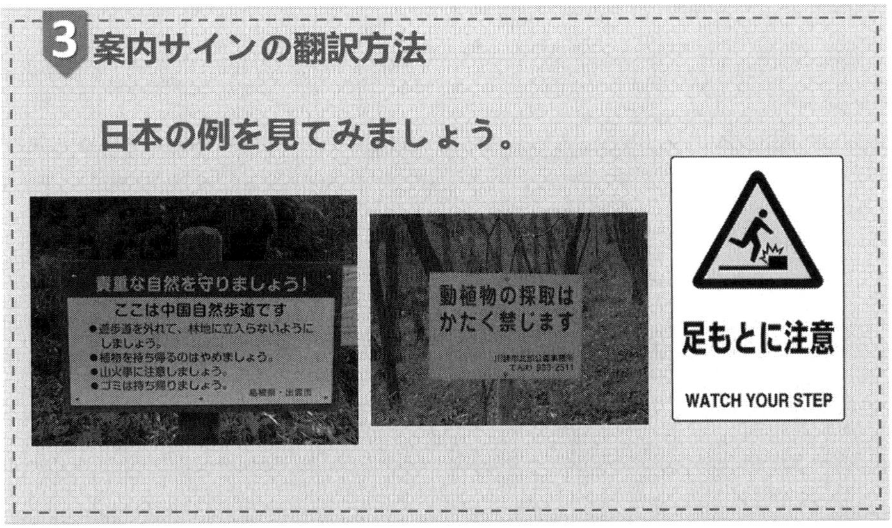
3 案内サインの翻訳方法
日本の例を見てみましょう。
貴重な自然を守りましょう！
ここは中国自然歩道です
●遊歩道を外れて、林地に立入らないようにしましょう。
●植物を持ち帰るのはやめましょう。
●山火事に注意しましょう。
●ゴミは持ち帰りましょう。
島根県・出雲市
動植物の採取は
かたく禁じます
足もとに注意
WATCH YOUR STEP

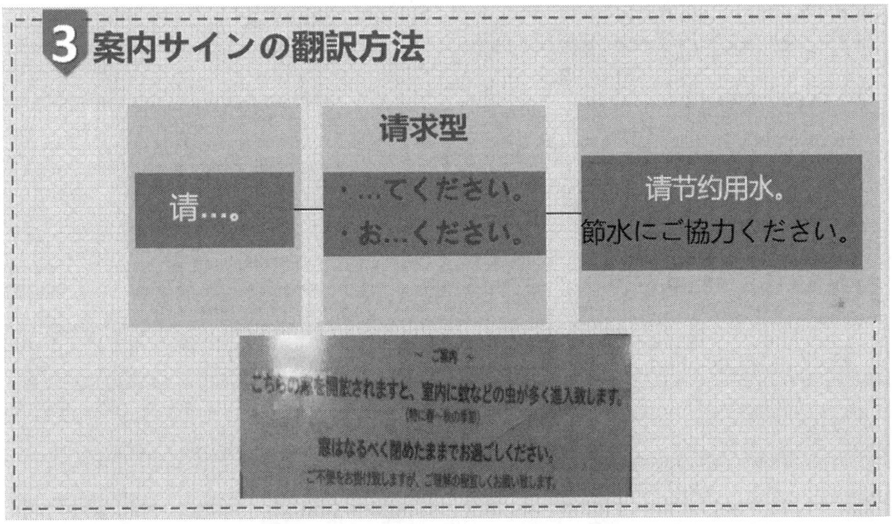
3 案内サインの翻訳方法
请求型
请…。
・…てください。
・お…ください。
请节约用水。
節水にご協力ください。
窓はなるべく閉めたままでお過ごしください。

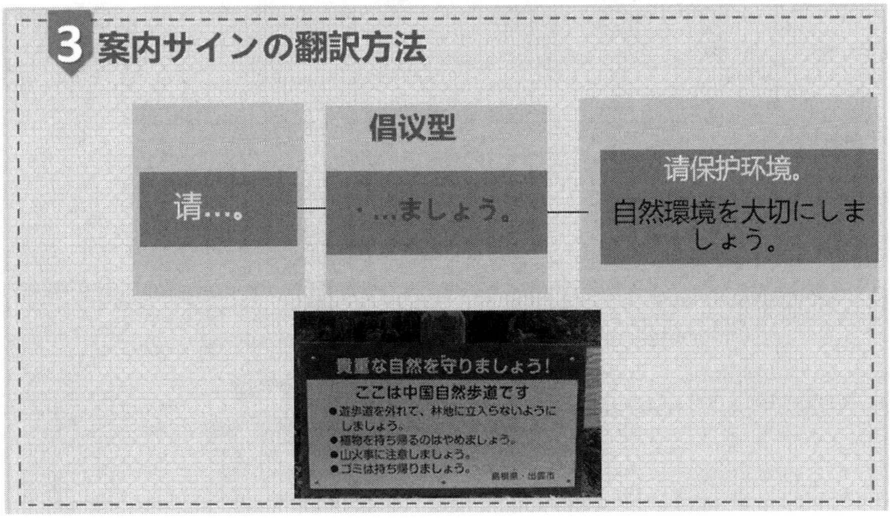
3 案内サインの翻訳方法
倡议型
请…。
・…ましょう。
请保护环境。
自然環境を大切にしましょう。
貴重な自然を守りましょう！
ここは中国自然歩道です
●遊歩道を外れて、林地に立入らないようにしましょう。
●植物を持ち帰るのはやめましょう。
●山火事に注意しましょう。
●ゴミは持ち帰りましょう。
島根県・出雲市

3 案内サインの翻訳方法

禁止型

请勿….。	…ご遠慮ください。	请勿吸烟。 喫煙はご遠慮ください。
严禁….。	禁止／厳禁／ない	严禁烟火。 火気厳禁

tips:
虽然都是禁止的意思，但根据汉语的语感以及使用场合的不同，日译时也要进行相应的调整。

3 案内サインの翻訳方法

練習

以下の三つの「禁止」に関する案内サインを訳してみなさい。

1、请不要带宠物入内。
2、除吸烟处外，其他地方严禁吸烟。
3、在展览室内，禁止使用闪光灯、三脚架的摄影。

4 まとめ 总结

1、在进行公示语日译时可以参考日语相关公示语的表达。

2、根据不同场所和语境选择合适的公示语日译表达。

3、进行公示语日译时要准确、恰当地传递信息，更好地向外国游客介绍中国、为城市和国家的对外形象建设出一份力。

5 宿題作业

蚌埠市内、あるいは周辺の町の観光スポットの案内サインを調査し、翻訳のレポートをやりなさい。

调查蚌埠及周边地区的公示语日译情况，并形成翻译报告。

· 市内の観光スポットの案内サインに日本語訳が付いていますか。
· 付いていましたら、正しく訳されていますか。
· 間違えたら、修正しなさい。

6 参考資料

書籍

論文

1、郭鸿雁.日汉汉日翻译实践[M].北京: 外语教学与研究出版社，2015.

2、東京都．国内外旅行者のためのわかりやすい案内サイン標準化指針　東京都対訳表「S」．2015．

3、横田保生．公共空間の案内サイン[J]．日本語学 24(13), 67-78, 2005-11．

ありがとうございました。

谢谢!

日语笔译　甘菁菁

• 经济学

“产业经济学”课程

王有兴　国际经济贸易学院贸易经济系　讲师

一、课程思政教学设计思路

（一）课程基本信息

“产业经济学”为省级精品课程，安徽财经大学国际经济贸易学院特色课程之一；既是经济类专业和部分管理类专业的学科基础课，也是经济学、产业经济学专业研究生的专业核心课程。

2018年，“产业经济学”获批安徽财经大学智慧课堂试点项目，搭建了“产业经济学”课程网络教学平台；2020年先后获批校级、省级课程思政示范课程建设项目。“产业经济学”课程建设坚持“知识传授与价值引领相结合”，在教学中既传授知识又提升素养；坚持专业理论与思政内容、德育元素相衔接，以期强化显性思政、细化隐性思政，构建全方位育人格局。

（二）课程目标

习近平总书记在全国高校思想政治工作会议上指出：“要坚持把立德树人作为中心环节，用好课堂教学这个主渠道，把思想政治工作贯穿教育教学全过程，实现全程育人、全方位育人”。“产业经济学”在教学内容和教学实施中，秉承“三全育人”教育理念，将专业教学与思政教育深度融合，构建知识、能力、素养“三位一体”全课程育人格局。不仅解决“培养什么人、怎样培养人”，更要做好“为谁培养人”的本职工作。

（三）课程内容简介

产业经济学主要是研究经济领域中产业的组织、结构、管理、政策和发展规律的应用经济学科。本课程体系结构，由五篇构成，具体为：总论—产业组织—产业结构—产业管理—产业发展。

（1）第一篇为产业经济学总论，共2章内容，4课时。本篇主要介绍产业经济学的研究对象、研究方法、产业的形成和分类、产业经济学的理论基础及其发展等内容。

（2）第二篇为产业组织，共3章内容，10课时。本篇主要介绍产业组织理论的演变，着重从分析产业经济的主体企业入手，按企业、市场、博弈、竞争展开，探讨在市场经济活动领域中产业组织的主要问题。

（3）第三篇为产业结构，共4章内容，11课时。本篇主要介绍产业结构的理论发展、产业关联、产业优化、产业布局。

（4）第四篇为产业管理，共2章内容，5课时。本篇主要介绍产业政策的意义、作用、类型及运行，重点讲解产业规制。

（5）第五篇为产业发展，共2章内容，4课时。本篇主要介绍产业发展理论及中国产业发展展望。

（四）课程思政融入设计

课程思政建设内容要紧紧围绕坚定学生理想信念，以爱党、爱国、爱社会主义、爱人民、爱集体为主线，围绕政治认同、家国情怀、文化素养、宪法法治意识、道德修养等重点优化课程思政内容供给，系统进行中国特色社会主义和中国梦教育、社会主义核心价值观教育、法治教育、劳动教育、心理健康教育、中华优秀传统文化教育。具体到“产业经济学”课程，如下：

序号	教学内容概述	课程思政育人目标/融入点	教学方法
1	第1章 产业经济学导论	融入价值观教育，点明价值引领对人的行为的影响，进而正面引入社会主义核心价值观的树立	讲授法 讨论式教学
2	第2章 产业经济学的理论基础及其发展	结合“邓小平的对外开放思想”，使学生树立“四个自信”	讲授法
3	第3章 企业	讲解企业特点时，引入东方文化、儒家思想在企业文化中的作用	讲授法 讨论式教学
4	第4章 市场	①讲述企业广告行为时，针对现实中的虚假广告现象，引入诚信教育； ②企业兼并：通过讲述中国企业成功实施跨国并购，树立“四个自信”	讲授法 案例教学法
5	第5章 竞争	通过学习企业竞争，引申至个人成长过程中无处不在的竞争，引导学生“不畏艰难、奋勇拼搏”	讲授法 讨论式教学

续表

序号	教学内容概述	课程思政育人目标/融入点	教学方法
6	第6章 产业演变	结合中国产业结构演变过程，体会从古代的丝绸之路、大唐盛世，一直到现今的贸易大国、粮食大国、制造大国，体现中华民族的伟大成就，增添民族自豪感	讲授法 案例教学与讨论
7	第7章 产业关联	从全球价值链角度，分析当今中国所处地位，要清醒认识到发达国家一方面将高能耗、高污染、低技术含量的传统产业转移到中国，另一方面又在高科技领域实施技术封锁	讲授法 讨论式教学
8	第8章 产业优化	讲述产业结构高级化时，要树立学生的创新意识；结合当下中美贸易战以及美国对华为的制裁，树立危机意识，要发愤图强，抢占科技制高点	讲授法 案例教学与讨论
9	第9章 产业布局	结合全球价值链剖析，阐述“污染避难所”事实，树立技术创新观念	讲授法 讨论式教学
10	第10章 产业政策	①阐述产业政策“民族性”特点时，结合当下中美贸易战，要深刻意识到美国实施贸易保护政策，完全是从自身利益出发。 ②中国与美国、日本等国的产业政策进行横向对比，引导学生进行客观、全面地分析问题，清醒地认识当代中国、看待外部世界	讲授法 案例教学与讨论
11	第11章 政策类型	①深刻理解现阶段中国产业政策，尤其是强调“高质量”发展，转变经济增长方式。 ②结合新冠肺炎疫情、洪涝灾害，使同学们深刻理解为什么国家要加大关系国计民生、基础设施行业的政策扶持	讲授法 案例教学与讨论
12	第12章 产业规制	引入“两桶油”案例，从国内成品油行业的特殊性，去把握国家对成品油行业的规制；进一步引申，把握电力、铁路、电信等自然垄断行业放松规制	讲授法 案例教学与讨论
13	第14章 产业发展理论	①引入家电、高铁的成功案例，使学生了解中国产业发展取得的成绩，引导学生认识到坚持走中国特色社会主义道路是取得成功的关键。 ②理解产业可持续发展，明确生态文明建设非常重要，推进绿色发展	讲授法 案例教学与讨论
14	第15章 中国产业发展展望	结合美国制裁华为和中兴以及两家中国公司的不同应对措施，深刻把握当前国家大力发展高新技术产业的紧迫性和必要性。华为应对事实，也让我们树立自信	讲授法 案例教学与讨论

（五）其他

通过“产业经济学”课程思政示范项目建设，积极组织课程组开展和实施“课程思政”教育教学改革，预计实现如下目标：重构“产业经济学”“课程思政”的教学设计（包括教学大纲和教案）、积极探索与“课程思政”相适应的教学方式、以现代化教学手段展现“课程思政”元素、相应调整“产业经济学”课程的考核方式。

二、教学展示

“产业经济学”课程教学设计

课程名称	产业经济学	主讲教师	王有兴
章节名称	第11章 产业政策类型 第一节 产业组织政策	授课对象	2019级贸易经济
授课时间	1学时（45分钟）	所在学院	国际经济贸易学院
教学目标和内容	一、教学内容 1.产业组织政策概述，掌握其概念及分类； 2.反垄断和反不正当竞争政策； 3.直接规制政策； 4.产业合理化政策。 二、教学目标 1.知识目标：熟悉产业组织政策，重点掌握反垄断和反不正当竞争政策，了解直接规制政策和产业合理化政策 2.能力目标：培养学生观察、分析、论证的能力；提高创新思维能力、抽象思维能力、逻辑推理能力，为将来参与创新性经济与管理研究工作打下坚实的基础 3.素质目标：在案例探究过程让学生体验用经济理论分析解决现实问题，感受生活中的经济学，树立“经济理论源于生活，又服务于生活”的经济理论应用意识		
课程思政融入点	通过阿里巴巴集团和上海食派士商贸发展有限公司滥用市场支配地位行为的案例，让学生了解反垄断与反不正当竞争政策的要点，不是要反对企业正常经营行为，而是反“垄断和不正当竞争行为”。垄断企业凭借其垄断地位，滥用市场支配地位，容易引发不正当竞争，最终损害的是一国经济和全体消费者		
教学重点和难点	产业组织政策概念；反垄断和反不正当竞争政策		
教学方法	采用讲授法、案例教学法、小组讨论法和情景教学等教学方法，促进学生通过参与和思考，实现认知、态度、情感和行为的认同，以“课程思政”的教育方式，培育社会主义核心价值观		

教学过程设计		
教学环节	具体教学内容和过程	设计意图
课前预习	课前通过学习通发布学习资料（PPT、案例），布置学生完成课前预习	线上教学不是简单地把学习环境搬到线上，需要教师通过巧妙的课程设计调动学生自主学习的积极性。通过课前布置任务，培养学生自己查阅资料、获取信息的能力
课程导入（5分钟）	以“阿里巴巴集团被罚182.28亿元”为切入点，引出产业组织政策在现实情境中的应用	以热门案例进行课程导入，增加教学内容的时效性，调动学生的学习兴趣
产业组织政策概述（10分钟）	一、产业组织政策概述 （一）概念界定 （二）分类 （三）政策目标 （四）政策手段	详细讲述产业组织政策概念，要求学生准确掌握，便于学生理解逻辑关系，同时为后续环节学习奠定基础
反垄断与反不正当竞争政策（20分钟）课程思政融入点	二、反垄断与反不正当竞争政策 （一）基本内容 （二）使用范围 （三）案例分析 案例一：阿里巴巴集团	（1）重点分析阿里巴巴集团、上海食派士商贸发展有限公司连个涉嫌滥用市场支配地位行为被罚案例，借助案例学习反垄断与反不正当竞争，一方面贴近现实容易理解，另外趣味性十足，容易激发和培养学生对课程的学习兴趣

续表

反垄断与反不正当竞争政策（20分钟）课程思政融入点	案例二：上海食派士商贸发展有限公司 引导学生思索：企业经营者实施企业经营行为，国家法律为什么要干预，并且进行处罚 进一步引申：对垄断和不正当竞争行为进行处罚，其好处是什么	（2）通过案例，让学生了解反垄断与反不正当竞争政策的要点，不是要反对企业正常经营行为，而是反“垄断和不正当竞争行为”。垄断企业凭借其垄断地位，滥用市场支配地位，容易引发不正当竞争，最终损害的是一国经济和全体消费者 （3）进一步引申：国家规范企业经营行为，有助于维护市场秩序，保护消费者权益 对学生进行引导，让其正确理解国家的反垄断和反不正当竞争规章制度
直接规制政策（5分钟）	三、直接规制政策 直接规制政策的对象主要是自然垄断产业。其目的是防止因重复投资与过度竞争所带来的资源低效配置，并确保产品的稳定供给、收入的公正分配、物价的稳定，以及产业的健康发展	
产业合理化政策（4分钟）	四、产业合理化政策 旨在促进规模经济形成、改善产业组织结构、建立大批量生产方式和增加产业利润、实现产业振兴的基本政策	
课堂小结（1分钟）	对本节知识点进行归纳和总结	对本节的重、难点，进行归纳和总结，使教学过程完整，使知识更系统
教学延伸课程思政点	思考题：（学习通发布课后任务） 请用经济学原理解释“企业并购”为什么需要获得政府许可	借助课后思考题巩固课程内容，加深学生印象，让学生掌握的更扎实

（一）教学反思

教学过程中，注意使用案例讨论法、师生互动法等教学方法，师生身份互换，让学生变被动为主动，成为课堂的主体。教师点到为止、注重启发引领，引导学生推证得出结论，授之以“鱼”的同时更注重授之以“渔”。培养学生逻辑推理能力，提升独立解决问题的能力和主动获取知识的能力。

积极引入“课堂教学+学习通平台+教学视频+多媒体课件”等多种教学手段，充分利用平台教学资源和丰富多样的网络资源，生动多样的教学资源让学生耳目一新，充分调动学生的学习积极性。

课后教学的延伸，在巩固课程知识掌握的同时，还有助于学生用理论分析生活中的经济现象，让学生充分体会经济学的应用价值，激发他们的学习兴趣和积极性。

通过本节课对“产业组织政策”知识点学习，教学过程中紧密结合实践案例，在完成知识传授的同时，引领学生形成正确的人生观、价值观和世界观，提升个人思想道德修养。通过案例分析，提高学生学以致用的能力，使其能够做到用理论分析解决实际经济问题，让学生认识到“产业经济学”的实际应用价值，提高学习兴趣和积极性！

在之后的教学中，课程组要继续强化“知识传授和价值引领相结合”的课程目标，强化显性思政，细化隐性思政，构建全课程育人格局，使经济理论内容和课程思政要素有机融合！

（二）其他需要展示的内容

板书设计

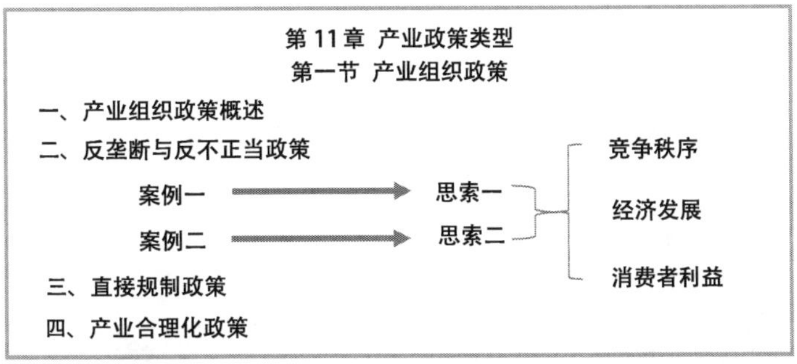

三、课程思政教育心得体会

“产业经济学”教学过程中，在讲授产业经济学理论知识的同时，注意融合经济案例、时政新闻、社会经济热点和改革开放各行各业经济成就等思政素材。使用案例讨论法、师生互动法、任务驱动法和情景模拟法等教学方法，师生身份互换，让学生变被动为主动，成为课堂的主体。教师点到为止的启发引领，培养学生逻辑推理能力、解决问题的能力以及主动获取知识的能力。同时，让学生在学的过程中收获乐趣，体会现实生活中蕴含的产业经济学知识，培养学生“学以致用”的意识和习惯。“无声”地将思政素材和理论内容融合渗透，在知识传授的同时形成对学生精神上的引领和塑造。

教学展示课件

王有兴　国际经济贸易学院贸易经济系　讲师

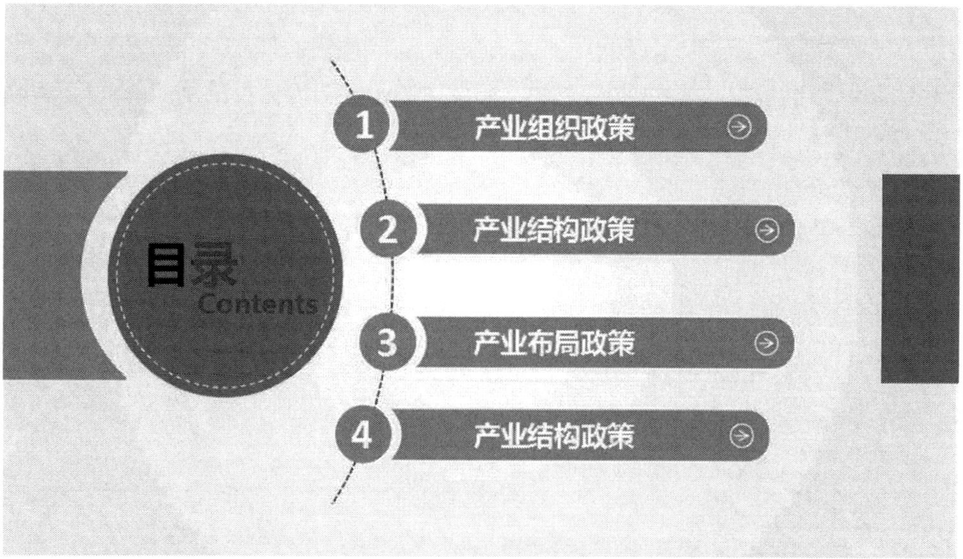

1
ANHUI UNIVERSITY OF FINANCE & ECONOMICS
第一节 产业组织政策

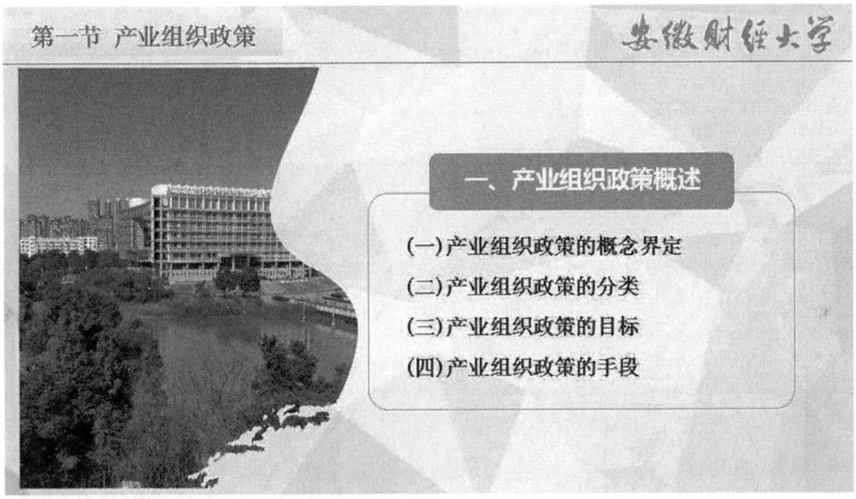
第一节 产业组织政策
安徽财经大学
一、产业组织政策概述
(一)产业组织政策的概念界定
(二)产业组织政策的分类
(三)产业组织政策的目标
(四)产业组织政策的手段

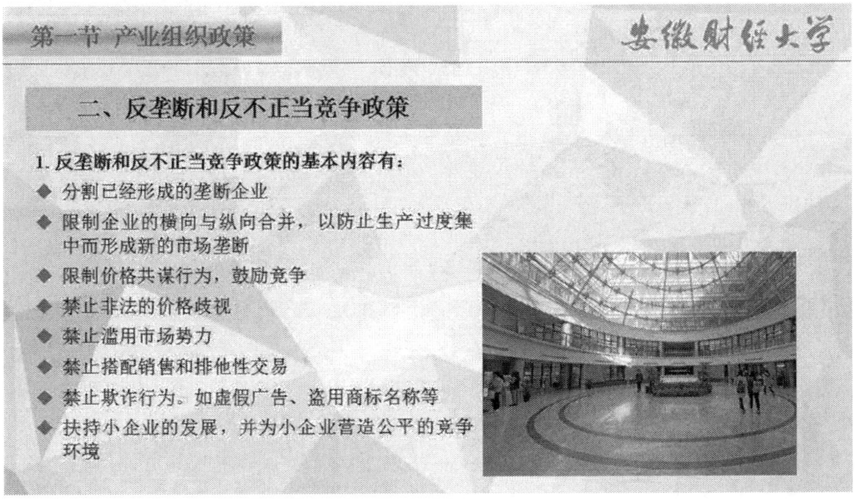
第一节 产业组织政策
安徽财经大学
二、反垄断和反不正当竞争政策
1. 反垄断和反不正当竞争政策的基本内容有：
◆ 分割已经形成的垄断企业
◆ 限制企业的横向与纵向合并，以防止生产过度集中而形成新的市场垄断
◆ 限制价格共谋行为，鼓励竞争
◆ 禁止非法的价格歧视
◆ 禁止滥用市场势力
◆ 禁止搭配销售和排他性交易
◆ 禁止欺诈行为。如虚假广告、盗用商标名称等
◆ 扶持小企业的发展，并为小企业营造公平的竞争环境

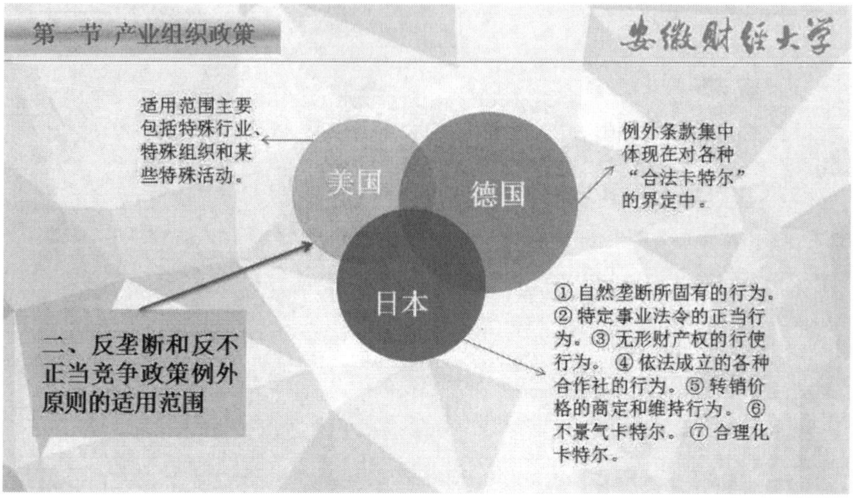
第一节 产业组织政策
安徽财经大学
适用范围主要包括特殊行业、特殊组织和某些特殊活动。
美国
德国
日本
例外条款集中体现在对各种“合法卡特尔”的界定中。
二、反垄断和反不正当竞争政策例外原则的适用范围
① 自然垄断所固有的行为。② 特定事业法令的正当行为。③ 无形财产权的行使行为。④ 依法成立的各种合作社的行为。⑤ 转销价格的商定和维持行为。⑥ 不景气卡特尔。⑦ 合理化卡特尔。

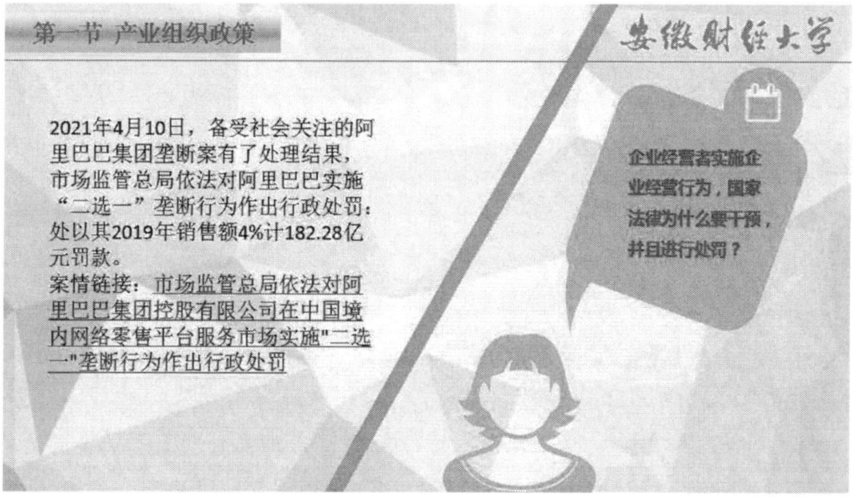
第一节 产业组织政策
安徽财经大学
2021年4月10日，备受社会关注的阿里巴巴集团垄断案有了处理结果，市场监管总局依法对阿里巴巴实施“二选一”垄断行为作出行政处罚：处以其2019年销售额4%计182.28亿元罚款。
案情链接：市场监管总局依法对阿里巴巴集团控股有限公司在中国境内网络零售平台服务市场实施"二选一"垄断行为作出行政处罚
企业经营者实施企业经营行为，国家法律为什么要干预，并且进行处罚？

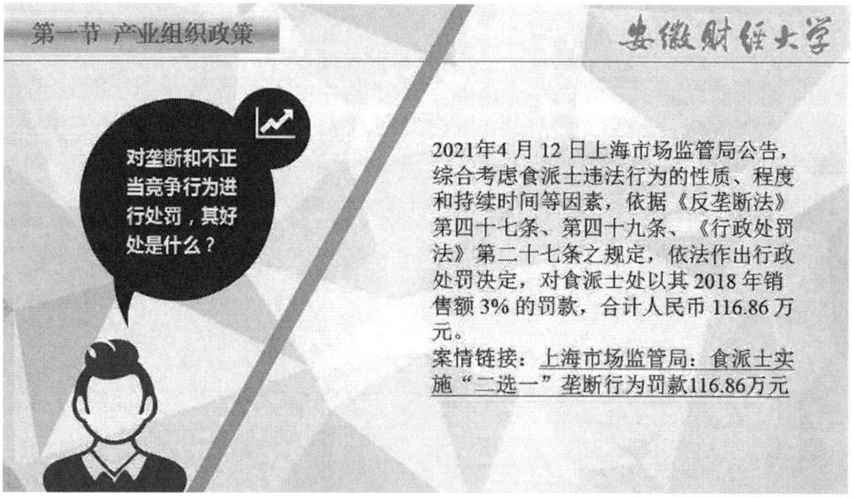
第一节 产业组织政策
安徽财经大学
对垄断和不正当竞争行为进行处罚，其好处是什么？
2021年4月12日上海市场监管局公告，综合考虑食派士违法行为的性质、程度和持续时间等因素，依据《反垄断法》第四十七条、第四十九条、《行政处罚法》第二十七条之规定，依法作出行政处罚决定，对食派士处以其2018年销售额3%的罚款，合计人民币116.86万元。
案情链接：上海市场监管局：食派士实施“二选一”垄断行为罚款116.86万元

第一节 产业组织政策
安徽财经大学
直接规制政策的对象主要是自然垄断产业
目的是防止因重复投资与过度竞争所带来的资源低效配置，并确保产品的稳定供给、收入的公正分配、物价的稳定，以及产业的健康发展
主要内容包括：进入规制、数量规制、质量规制、设备规制、价格规制和退出规制等
三、直接规制政策

第一节 产业组织政策
安徽财经大学
四、产业合理化政策
旨在促进规模经济形成、改善产业组织结构、建立大批量生产方式和增加产业利润、实现产业振兴的基本政策。
表现为产业组织的合理化和高效化，其基础是流通过程的改组，产品的规格化、标准化、定型化，以及加工的专业化。

THE END

• 经济学

“中级金融学”课程

周弘　金融学院金融系　副教授

一、课程思政教学设计思路

（一）课程基本信息

“中级金融学”是较为深入系统地研究货币金融原理和运行规律的一门学科。本课程力图以历史和逻辑的线索，以马克思主义和中国特色社会主义理论为指导思想，借鉴和吸收国外中级金融学课程的有益成分，紧密联系中国社会主义市场经济的实际，系统、全面地介绍中级金融理论的基本原理和知识结构框架。客观介绍世界主流中级金融理论及最新研究成果和实务运作的机制及最新发展；立足中国实际，努力反映改革开放的实践进展和理论研究成果，探讨金融理论和实践发展中的问题，分析和研究金融领域中出现的新问题、新情况。

从供求和效用的双重视角审视，我们主张分层次构筑金融学教材，特别是作为金融学专业的奠基课程——《金融学》。对于安徽财经大学来说，金融学教材可分为两个层次：本科生二年级上学期使用金融学（或称初级金融学），二年级下学期使用中级金融学。

（二）课程目标

“中级金融学”的课程教学目标要从与金融学比较的视域入手进行设定。《金融学》主要介绍金融的基本原理、主要逻辑框架以及基础性知识，旨在使学生对金融有初步的认识，为今后金融专业课的学习奠定基础。相比之下，“中级金融学”课程重在介绍金融的理论体系，梳理归纳流派和观点，纵览世界金融发展的轨迹，掌握金融变迁的内在规律，把握中国金融改革的路径，目的是提高本科生的金融理论水平，培养金融学术思想，引导金融研究的思路。

（三）课程内容简介

序号	教学内容概述
第一章	货币制度：循环演进中的变迁逻辑
第二章	货币合作：市场、规则与欧元
第三章	信用制度：理论、秩序与现代市场
第四章	金融体系：体系、动态与变革趋势
第五章	资本市场：博弈、跌宕与经济风向标
第六章	货币市场：运行机制与国际环视
第七章	外汇市场：从美元霸主到多元国际货币
第八章	农村金融：困惑、代价与出路
第九章	金融调控：开端、争论与有效性
第十章	金融深化：管制、深化到金融自由化
第十一章	金融危机：风险、传染与金融安全
第十二章	金融监管：约束、效率与国际合作

（四）课程思政融入设计

1.货币制度单元：对应李成教授主编教材1~3章

融入点：结合中国共产党在土地革命战争时期、抗日战争时期和解放战争时期的金融实践创新活动，从货币、汇率、信用、利率等方面入手，对课本知识点进行思政讲解。

2.金融结构单元：对应李成教授主编教材4~7章

融入点：中央苏区时期中华苏维埃国家银行的筹建以及运行案例。

3.金融调控与金融危机单元：对应李健教授主编教材8~12章

融入点1：红色金融历史中的货币政策案例介绍。

融入点2：新冠肺炎疫情期间中国人民银行采用特色货币金融工具积极应对的案例分析。

融入点3：结合金融危机案例分析我国金融市场遵循独立自主发展思路的必要性和可行性，同时穿插党的十九大报告、十九届四中和五中全会、2021年度两会等最新指示精神进行讲解。

融入点4：结合某历史实践对我国当前金融政策进行解析。

（五）其他：思政育人目标

“中级金融学”的思政育人目标主要从“历史”和“比较”两个维度入手来进

行。从历史的视角来看，重点要引导学生树立历史唯物主义的哲学观念，正确认识金融发展实践与历史发展阶段的匹配关系；从比较的视角来看，则要了解金融系统基本理论与实践的国别适用性，培养学生“金融一般理论与国家金融禀赋相结合”的学习思路，将我国金融制度与金融体系的结构性差异进行比较，了解完全照搬西方新自由主义金融理论对我国金融理论体系构建和金融实践运行指导可能造成的危害。

二、教学展示

（一）教学目标和内容

1.教学目标

（1）知识与技能方面：掌握金融自由化的理论内涵、经济效应以及由此带来的金融风险类型；掌握金融自由化与金融深化、金融抑制之间的关系。

（2）思政教育方面：了解金融自由化的国别适用性，将金融自由化和经济自由化与“华盛顿共识”之间的关系进行比较，了解其思想对我国经济发展造成的负面影响。

2.教学内容

新自由主义思潮下的金融自由化：警醒与反思。

（1）金融自由化理论的概述：

金融自由化的理论内涵

金融自由化的经济效应

金融自由化可能导致的金融风险

（2）金融自由化教学中的思政育人思路及方法：

经济自由化与金融自由化

华盛顿共识与北京共识

国别案例分析

我国的现状与启示

（二）教学重点和难点

教学重点：金融自由化的理论内涵及其经济效应。

教学难点：金融自由化与“华盛顿共识”为代表的经济自由化思想的结合及逻辑关联。

（三）教学过程和方法（可含时间分配）

1.教学过程及时间分配

第一部分：金融自由化的理论内涵介绍（6分钟）

放开对利率和汇率的管制；解除对银行业的管制；消除通货膨胀；实现成功的金融增长。

第二部分：金融自由化的经济效应（8分钟）

经济增长效应；金融深化效应；利率效应；储蓄效应；投资效应；金融效率；金融稳定。

第三部分：金融自由化可能导致的金融风险（5分钟）

违约风险：贷款无法偿还；

流动性风险：拆借不足，央行最后担保者失效；

金融机构丧失特许权价值带来的道德风险：银行从事高风险项目导致破产；

过度信用风险：过度资本流入及资产负债表恶化；

外汇风险：外币业务的大规模借入借出造成不确定性。

第四部分：纳入“华盛顿共识”与“北京共识”框架中的金融自由化（10分钟）

“华盛顿共识”是指1989年所出现由位于华盛顿的三大机构——国际货币基金组织、世界银行和美国政府——根据20世纪80年代拉美国家减少政府干预，促进贸易和金融自由化的经验提出并形成的一系列政策主张。

“华盛顿共识”是由美国国际经济研究所的约翰·威廉姆森对拉美国家的国内经济改革提出了已与上述各机构达成共识的10条政策措施，最终形成了一整套针对拉美国家和东欧转轨国家的新自由主义政治经济理论。它被认为是社会主义转向资本主义社会的最初级版本。

当“华盛顿共识”逐渐走向失败，宏观经济理论界提出了与此相对的北京共识。“北京共识”是美国《时代》周刊高级编辑、美国著名投资银行高盛公司资深顾问乔舒亚·库珀在英国伦敦外交政策中心发表了一篇调查论文，指出中国通过艰苦努力、主动创新和大胆实践，摸索出一个适合本国国情的发展模式。

“北京共识”具有：艰苦努力、主动创新和大胆实验（如设立经济特区）；坚决捍卫国家主权和利益（如处理台湾问题）；循序渐进（如“摸着石头过河”）；积聚能量和具有不对称力量的工具（如积累4000亿美元外汇储备）等特点。它不仅关注经济发展，同样注重社会变化，也涉及政治、生活质量和全球力量平衡等诸多方面，体现了一种寻求公正与高质量增长的发展思路。

第五部分：国别案例（10分钟）

智利：皮诺切特军政府与芝加哥男孩；

东欧：巴尔采洛维奇（波兰），克劳斯（捷克）；

俄罗斯：盖达尔与休克疗法；

东南亚：1997年金融危机。

第六部分：我国现状分析（6分钟）

第一，运用金融约束政策替代金融自由化政策；

第二，现有的经济金融类课程中要注意新自由主义思想的主导性与不同经济金融学说流派的百花齐放与争鸣。

2.教学方法

第一，课堂讲授法；

第二，案例分析法；

第三，课堂讨论法。

（四）教学反思

西方新自由主义经济金融思潮进入我国，宣扬的是资本主义经济金融体系的永恒性和普适性，刻意回避了历史性和差异性。然而历史性和差异性正是我们要正视当前中西方国情差异的根本出发点。在教学过程中，授课教师首先要树立历史唯物主义的哲学观，积极引导学生正视这种差异，然后再去学习西方经济金融理论。这样就不会陷入主流经济学的技术分析范式泥潭而无法自拔，反而忽视了理论产生的历史过程。

（五）其他需要展示的内容：本次教学设计思路

1.引入金融自由化的基本概念及其在实践中的表现；

2.将金融自由化的视角扩展至经济自由化，分析两者的联系；

3.选取“华盛顿共识”下实行金融自由化政策的部分国家，进行简要的案例分析；

4.结合我国的实际情况进行总结，正确认识金融自由化政策的国别适用性，明确其适用条件不当下的负面影响。

三、课程思政教育心得体会

习近平总书记指出：“要用好课堂教学这个主渠道，思想政治理论课要坚持在改进中加强，提升思想政治教育亲和力和针对性，满足学生成长发展需求和期待，其他各门课都要守好一段渠、种好责任田，使各类课程与思想政治理论课同向同行，形成协同效应。”如何打破长期以来思想政治教育与专业教育相互隔绝的“孤岛效应”，将立德树人贯彻到高校课堂教学全过程、全方位、全员之中，推动思政课程与课程思政协同前行、相得益彰，构筑育人大格局，是新时代中国高校面临的重要任务之一。

在金融高等教育领域，在专业课教学过程中开展课程思政，首先要对国内外经济金融发展新形势有一个基本的认识和判断。纵观国内外经济金融形势，可以发现，金融资本已经持续成为西方政治势力巩固国内统治和国家间势力渗透的重要利器。随着工业4.0时代的到来，金融资本运作与渗透活动呈现出了新的结构性特征、新的运行机制以及国家间新的扩张方式，较之以往来看，其手段更加新颖，方式更为隐蔽。我国在实现中华民族伟大复兴的进程中，西方敌对势力也隐蔽地采用金融资本渗透的方式腐蚀和瓦解我国的经济金融基础，从而达到阻碍我国发展甚至颠覆执政基础的目的。

对于这样一些与金融领域相关的现象与问题，高校金融学专任教师群体有必要进行更为深入的研究并给出科学的解释。要通过依托金融学相关专业课程的课堂教学作为主战场，将课程思政工作与金融学专业教学工作紧密结合，突出立德树人理念，在提升党员老师政治理论水平的同时，结合金融领域发展的新现象和新问题，引导学生正确认识国内外金融发展的新现象，不断开拓专业教学工作的新局面。

教学展示课件

周弘　金融学院金融系　副教授

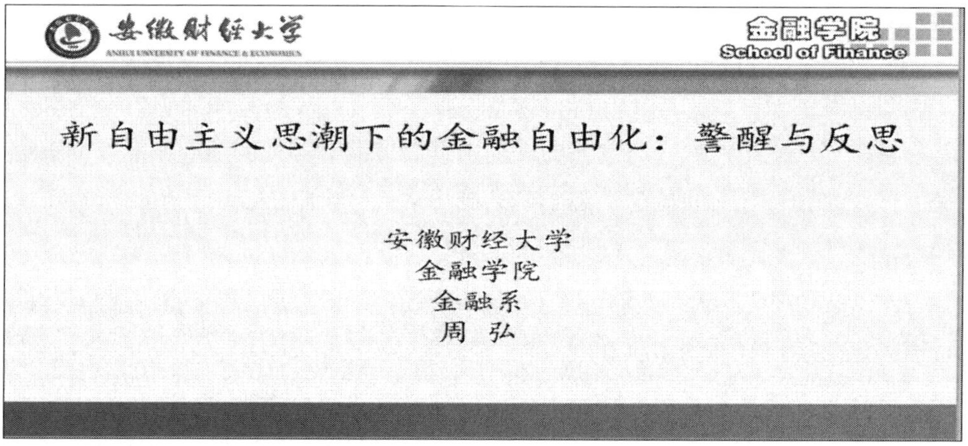

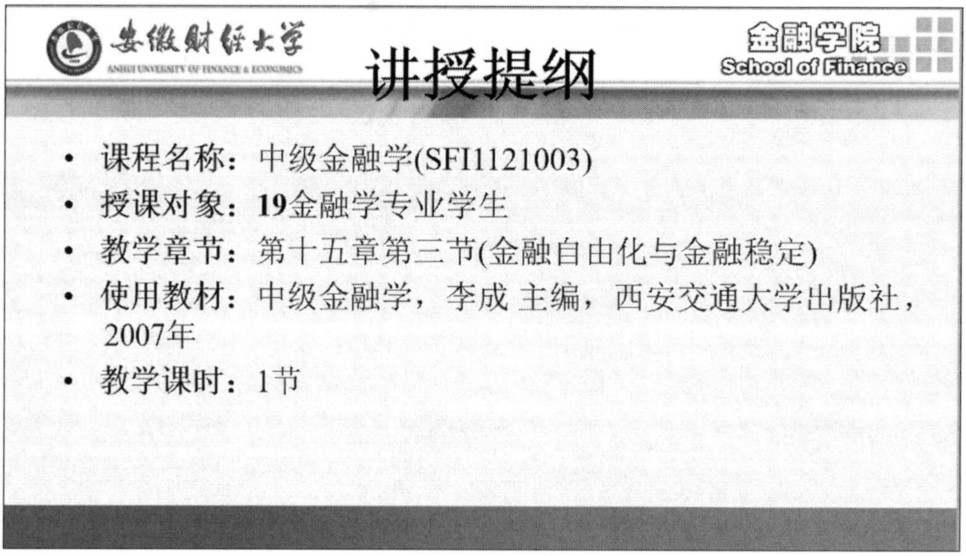

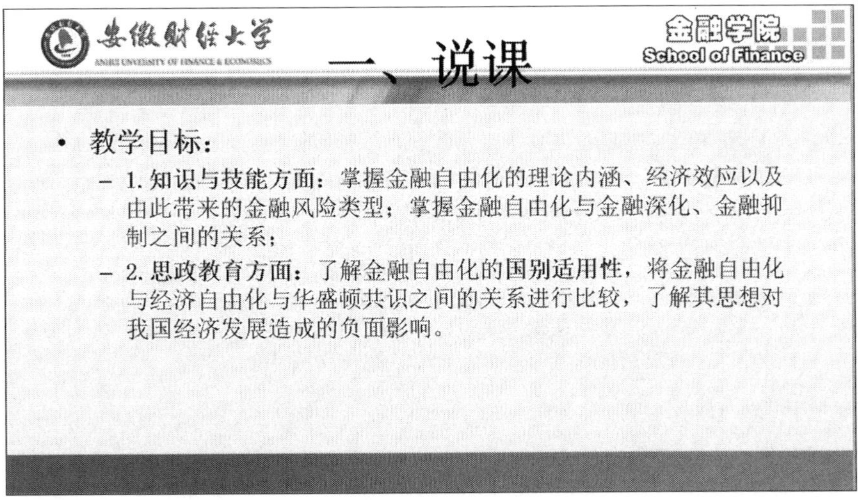
安徽财经大学
ANHUI UNIVERSITY OF FINANCE & ECONOMICS
金融学院
School of Finance
一、说课
• 教学目标：
– 1. 知识与技能方面：掌握金融自由化的理论内涵、经济效应以及由此带来的金融风险类型；掌握金融自由化与金融深化、金融抑制之间的关系；
– 2. 思政教育方面：了解金融自由化的国别适用性，将金融自由化与经济自由化与华盛顿共识之间的关系进行比较，了解其思想对我国经济发展造成的负面影响。

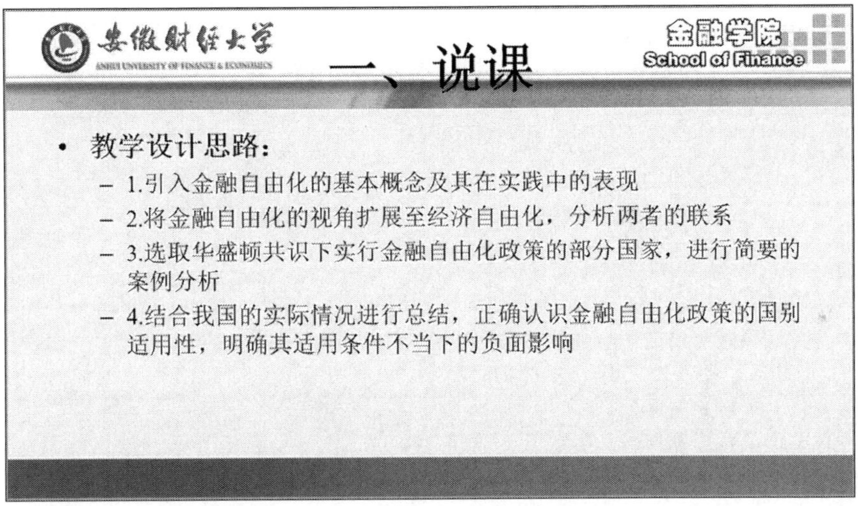
安徽财经大学
ANHUI UNIVERSITY OF FINANCE & ECONOMICS
金融学院
School of Finance
一、说课
• 教学设计思路：
– 1.引入金融自由化的基本概念及其在实践中的表现
– 2.将金融自由化的视角扩展至经济自由化，分析两者的联系
– 3.选取华盛顿共识下实行金融自由化政策的部分国家，进行简要的案例分析
– 4.结合我国的实际情况进行总结，正确认识金融自由化政策的国别适用性，明确其适用条件不当下的负面影响

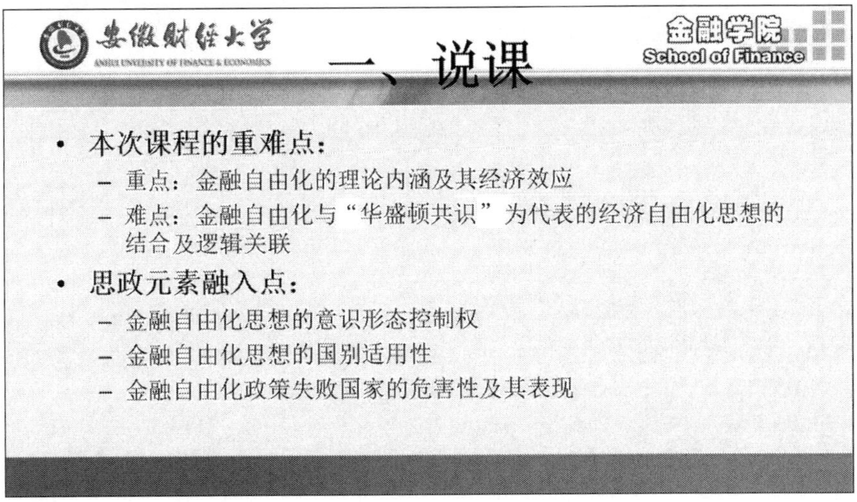
安徽财经大学
ANHUI UNIVERSITY OF FINANCE & ECONOMICS
金融学院
School of Finance
一、说课
• 本次课程的重难点：
– 重点：金融自由化的理论内涵及其经济效应
– 难点：金融自由化与“华盛顿共识”为代表的经济自由化思想的结合及逻辑关联
• 思政元素融入点：
– 金融自由化思想的意识形态控制权
– 金融自由化思想的国别适用性
– 金融自由化政策失败国家的危害性及其表现

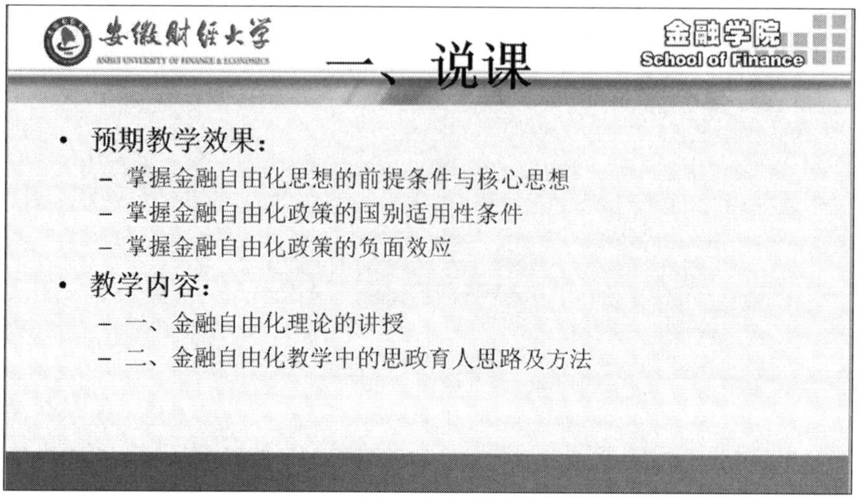
安徽财经大学
ANHUI UNIVERSITY OF FINANCE & ECONOMICS
金融学院
School of Finance
一、说课
• 预期教学效果：
– 掌握金融自由化思想的前提条件与核心思想
– 掌握金融自由化政策的国别适用性条件
– 掌握金融自由化政策的负面效应
• 教学内容：
– 一、金融自由化理论的讲授
– 二、金融自由化教学中的思政育人思路及方法

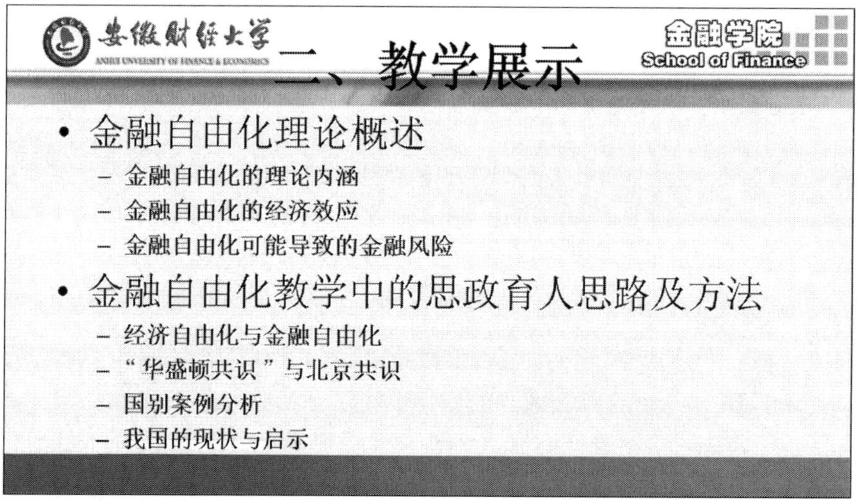
安徽财经大学
ANHUI UNIVERSITY OF FINANCE & ECONOMICS
金融学院
School of Finance
二、教学展示
• 金融自由化理论概述
– 金融自由化的理论内涵
– 金融自由化的经济效应
– 金融自由化可能导致的金融风险
• 金融自由化教学中的思政育人思路及方法
– 经济自由化与金融自由化
– “华盛顿共识”与北京共识
– 国别案例分析
– 我国的现状与启示

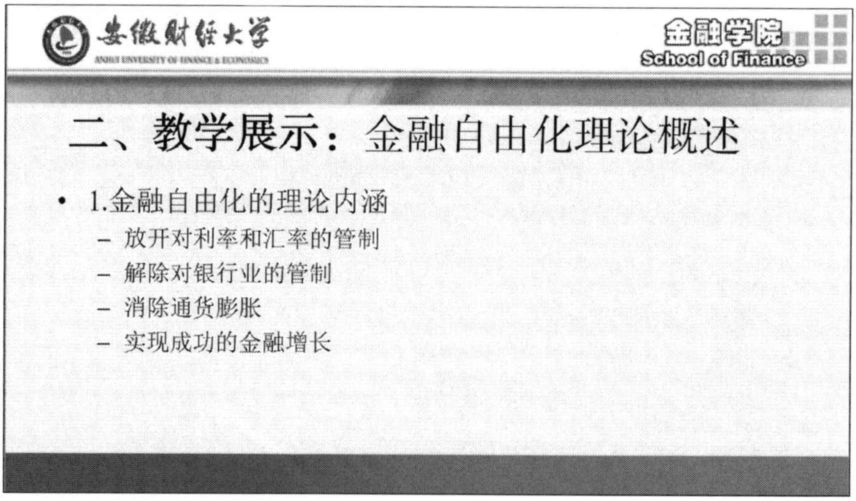
安徽财经大学
ANHUI UNIVERSITY OF FINANCE & ECONOMICS
金融学院
School of Finance
二、教学展示：金融自由化理论概述
• 1.金融自由化的理论内涵
– 放开对利率和汇率的管制
– 解除对银行业的管制
– 消除通货膨胀
– 实现成功的金融增长

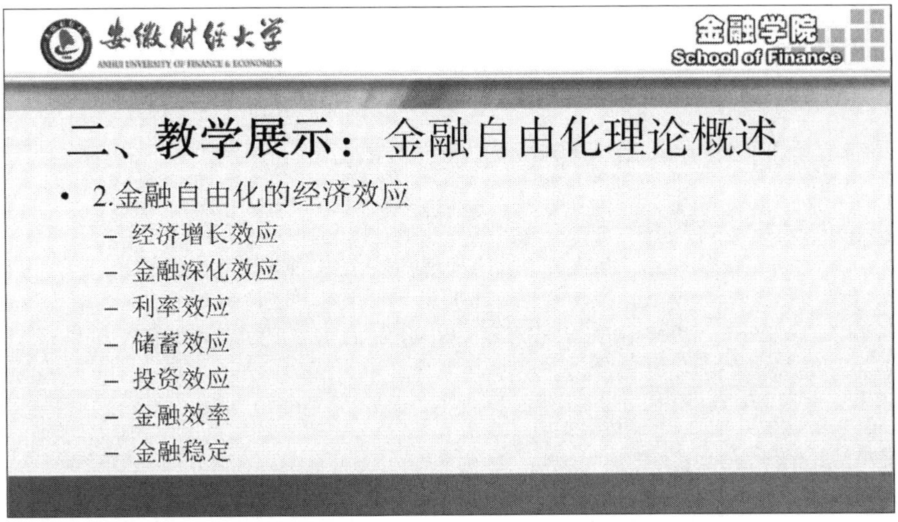
安徽财经大学
ANHUI UNIVERSITY OF FINANCE & ECONOMICS
金融学院
School of Finance
二、教学展示：金融自由化理论概述
• 2.金融自由化的经济效应
– 经济增长效应
– 金融深化效应
– 利率效应
– 储蓄效应
– 投资效应
– 金融效率
– 金融稳定

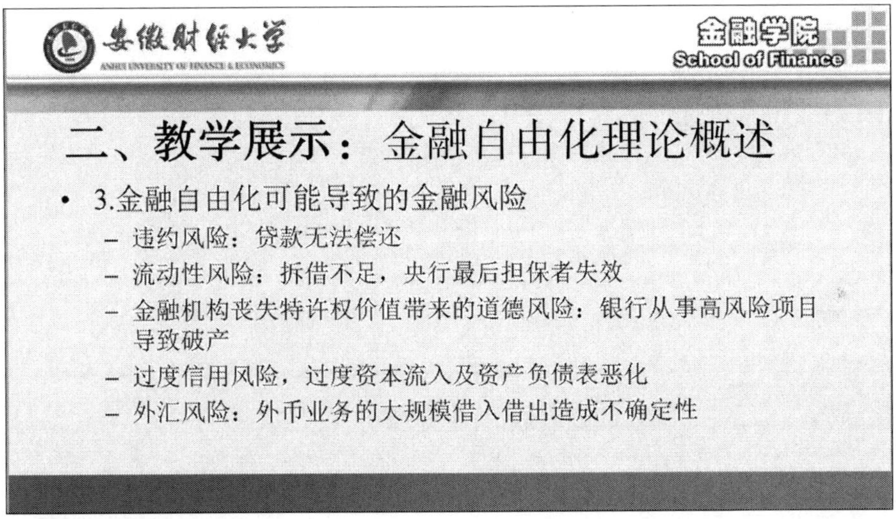
安徽财经大学
ANHUI UNIVERSITY OF FINANCE & ECONOMICS
金融学院
School of Finance
二、教学展示：金融自由化理论概述
• 3.金融自由化可能导致的金融风险
– 违约风险：贷款无法偿还
– 流动性风险：拆借不足，央行最后担保者失效
– 金融机构丧失特许权价值带来的道德风险：银行从事高风险项目导致破产
– 过度信用风险，过度资本流入及资产负债表恶化
– 外汇风险：外币业务的大规模借入借出造成不确定性

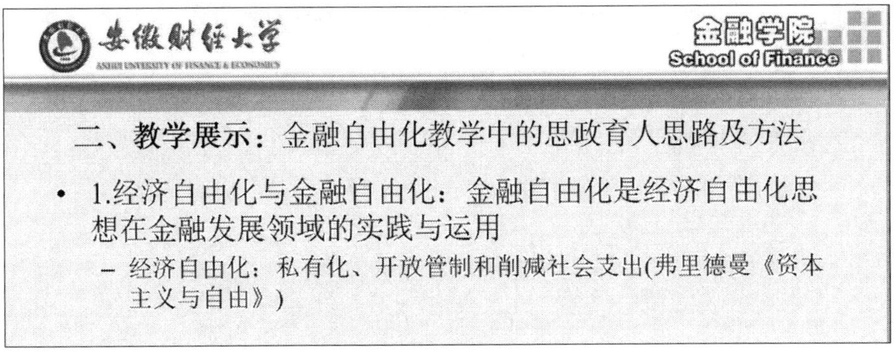
安徽财经大学
ANHUI UNIVERSITY OF FINANCE & ECONOMICS
金融学院
School of Finance
二、教学展示：金融自由化教学中的思政育人思路及方法
• 1.经济自由化与金融自由化：金融自由化是经济自由化思想在金融发展领域的实践与运用
– 经济自由化：私有化、开放管制和削减社会支出(弗里德曼《资本主义与自由》)

安徽财经大学
ANHUI UNIVERSITY OF FINANCE & ECONOMICS
金融学院
School of Finance

二、教学展示：金融自由化教学中的思政育人思路及方法

- 2.纳入“华盛顿共识”与“北京共识”框架中的金融自由化
  - “华盛顿共识”是指1989年所出现由位于华盛顿的三大机构——国际货币基金组织、世界银行和美国政府——根据20世纪80年代拉美国家减少政府干预，促进贸易和金融自由化的经验提出来并形成的一系列政策主张。

安徽财经大学
ANHUI UNIVERSITY OF FINANCE & ECONOMICS
金融学院
School of Finance

二、教学展示：金融自由化教学中的思政育人思路及方法

- 2.纳入“华盛顿共识”与“北京共识”框架中的金融自由化
  - “华盛顿共识”是由美国国际经济研究所的约翰·威廉姆森对拉美国家的国内经济改革提出了已与上述各机构达成共识的10条政策措施，最终形成了一整套针对拉美国家和东欧转轨国家的新自由主义政治经济理论。它被认为是社会主义转向资本主义社会的最初级版本。

表一 华盛顿共识（1989）

要点	后经修改或增加条件的
1. 财政纪律（fiscal discipline）	
2. 对公共支出的优先权进行重新排序，从无效益补贴转向公共产品（比如医疗和教育）	
3. 将扩大税收基础和降低边际税率结合起来的税制改革	*
4. 自由化的利率	*
5. 竞争性的汇率	*
6. 贸易自由化	*
7. 输入性外国直接投资的自由化	
8. 私有化	*
9. 放松政府管制、消除市场准入和退出的障碍	*
10. 有力的产权保护	*

来源：威廉姆森（1990，2002，2004，2006）

安徽财经大学
ANHUI UNIVERSITY OF FINANCE & ECONOMICS
金融学院
School of Finance

二、教学展示：金融自由化教学中的思政育人思路及方法

- 2.纳入“华盛顿共识”与“北京共识”框架中的金融自由化
  - 当“华盛顿共识”逐渐走向失败，宏观经济理论界提出了与此相对的“北京共识”。
  - “北京共识”是美国《时代》周刊高级编辑、美国著名投资银行高盛公司资深顾问乔舒亚·库珀在英国伦敦外交政策中心发表了一篇调查论文，指出中国通过艰苦努力、主动创新和大胆实践，摸索出一个适合本国国情的发展模式。

安徽财经大学 ANHUI UNIVERSITY OF FINANCE & ECONOMICS
金融学院 School of Finance

二、教学展示：金融自由化教学中的思政育人思路及方法

- 2.纳入“华盛顿共识”与“北京共识”框架中的金融自由化
  - “北京共识”具有
    - 艰苦努力、主动创新和大胆实验（如设立经济特区）
    - 坚决捍卫国家主权和利益（如处理台湾问题）
    - 循序渐进（如“摸着石头过河”）
    - 积聚能量和具有不对称力量的工具（如积累4000亿美元外汇储备）等特点。
    - 它不仅关注经济发展，同样注重社会变化，也涉及政治、生活质量和全球力量平衡等诸多方面，体现了一种寻求公正与高质量增长的发展思路。

安徽财经大学 ANHUI UNIVERSITY OF FINANCE & ECONOMICS
金融学院 School of Finance

二、教学展示：金融自由化教学中的思政育人思路及方法

- 3.国别案例：
  - 智利：皮诺切特军政府与芝加哥男孩
  - 东欧：巴尔采洛维奇(波兰)，克劳斯(捷克)
  - 俄罗斯：盖达尔与休克疗法
  - 东南亚：1997年金融危机

安徽财经大学 ANHUI UNIVERSITY OF FINANCE & ECONOMICS
金融学院 School of Finance

二、教学展示：金融自由化教学中的思政育人思路及方法

- 3.国别案例：
  - 智利：皮诺切特军政府与芝加哥男孩

安徽财经大学
ANHUI UNIVERSITY OF FINANCE & ECONOMICS
金融学院
School of Finance
二、教学展示：金融自由化教学中的思政育人思路及方法
• 3.国别案例：
– 东欧：巴尔采洛维奇(波兰)，
– 克劳斯(捷克)

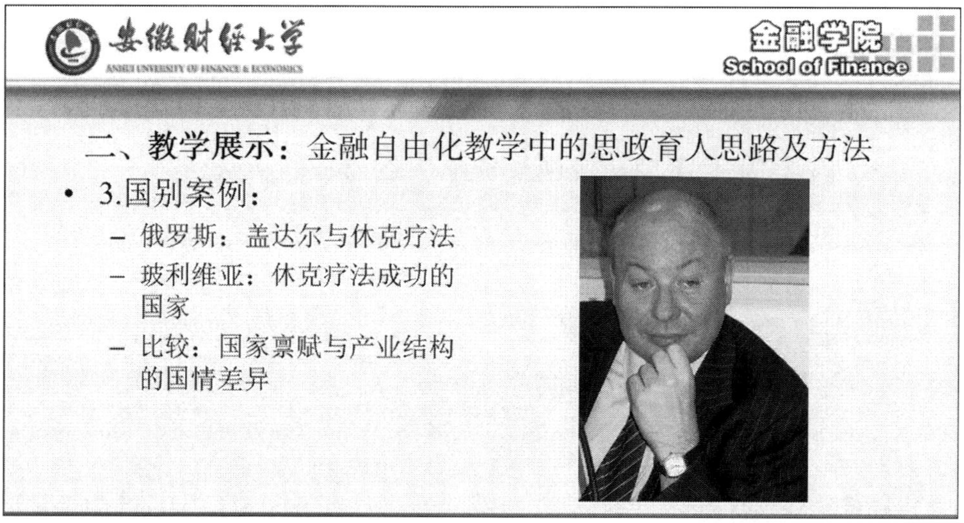
安徽财经大学
ANHUI UNIVERSITY OF FINANCE & ECONOMICS
金融学院
School of Finance
二、教学展示：金融自由化教学中的思政育人思路及方法
• 3.国别案例：
– 俄罗斯：盖达尔与休克疗法
– 玻利维亚：休克疗法成功的国家
– 比较：国家禀赋与产业结构的国情差异

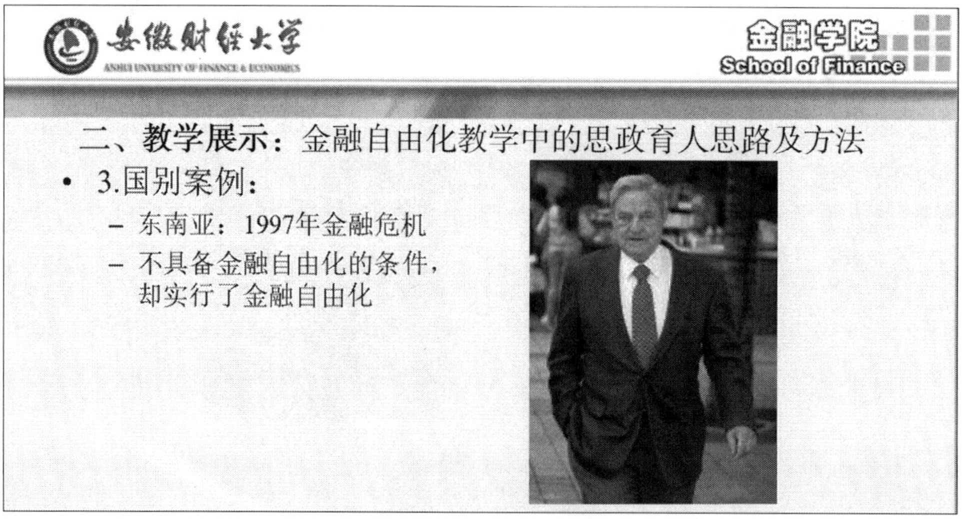
安徽财经大学
ANHUI UNIVERSITY OF FINANCE & ECONOMICS
金融学院
School of Finance
二、教学展示：金融自由化教学中的思政育人思路及方法
• 3.国别案例：
– 东南亚：1997年金融危机
– 不具备金融自由化的条件，却实行了金融自由化

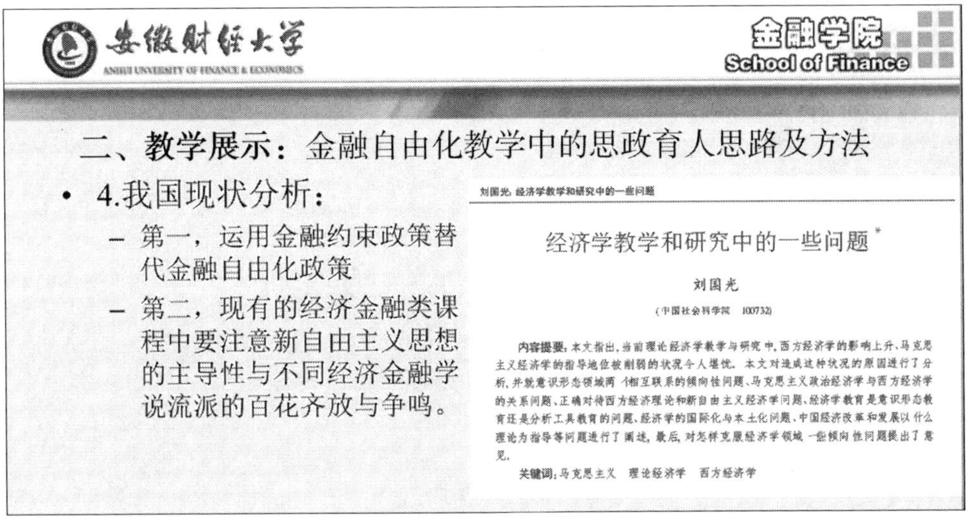
安徽财经大学
ANHUI UNIVERSITY OF FINANCE & ECONOMICS
金融学院
School of Finance
二、教学展示：金融自由化教学中的思政育人思路及方法
• 4.我国现状分析：
– 第一，运用金融约束政策替代金融自由化政策
– 第二，现有的经济金融类课程中要注意新自由主义思想的主导性与不同经济金融学说流派的百花齐放与争鸣。
刘国光：经济学教学和研究中的一些问题
经济学教学和研究中的一些问题*
刘国光
（中国社会科学院 100732）
内容提要：本文指出，当前理论经济学教学与研究中，西方经济学的影响上升、马克思主义经济学的指导地位被削弱的状况令人堪忧。本文对造成这种状况的原因进行了分析，并就意识形态领域两个相互联系的倾向性问题、马克思主义政治经济学与西方经济学的关系问题、正确对待西方经济理论和新自由主义经济学问题、经济学教育是意识形态教育还是分析工具教育的问题、经济学的国际化与本土化问题、中国经济改革和发展以什么理论为指导等问题进行了阐述，最后，对怎样克服经济学领域一些倾向性问题提出了意见。
关键词：马克思主义 理论经济学 西方经济学

• 文 学

"英语听说1"课程

谭娟　文学院公共外语教学部　讲师

一、课程思政教学设计思路

（一）课程基本信息

《英语听说》是我校非外语类专业本科学生必修的一门公共基础课程。教学对象为全校本科一年级学生（非外语类、非艺术类）。

使用教材为：文秋芳:《新标准大学英语视听说教程1》，外语教学与研究出版社2016年5月第2版。

（二）课程目标

1."价值塑造"目标

◎ 结合本课程中的育人价值，使学生在多种文化中形成文化自信与批判思维，构建理想人格，使其形成正确的社会主义核心价值观。

◎ 依托教学内容中的人文知识和中外文化，加强学生对我国道德观念、文明文化、历史传统、理想价值的认同感，培养爱国意识。

2."能力培养"目标

◎ 通过系统性、多样化的练习设计，并在此基础上强化词汇搭配、增强文化翻译和新闻听力等应用性的练习，综合培养学生的听、说、读、写、译等语言技能。

◎ 注重学生阅读、词汇、写作、听说、语音等语言学习策略的培养，并通过启发性和思辨性的练习设计提高学生跨文化交际能力和人文思辨能力，在培养英语语言能力的同时提升思辨能力以及文化自觉与自信。

3. “知识传授”目标

通过鲜活地道的语言选材、真实生动的交际语境，使学生以语言为载体，感知时代发展，了解世界文化，提升人文素养。

（三）课程内容简介

“英语听说1”共有8个单元，每个单元围绕一个主题提供听、说、读、写、译等全方位的语言输入。每个单元由实景视频（Inside view，Outside view）、新闻听力（News report）、篇章听力理解（Listening in）、口语技能训练（Presentation skills）、语音技能练习（Pronunciation）等部分组成。此外，Language and culture部分扩展并补充讲解了视听材料中的重要文化信息。

（四）课程思政融入设计

1. 思想政治教育的融入点

本设计拟以教材第二单元（Food，glorious food）为案例。

◎ 以第一部分（Inside view）中的点餐（food ordering）为切入点，在了解西方点餐习惯的同时，鼓励学生讨论中西方用餐方式的区别，以及其背后所蕴含的饮食文化、民族性格等深层次差异。此外，结合对后疫情时代的现实考量，通过比较中西方“分餐制”和“合餐制”的不同，倡导学生推广和使用“公筷公勺”的方式来实现“共食”。

◎ 在第二部分（Outside view）中，一位在英的中国留学生介绍了糖醋排骨（Sweet-and-sour spare ribs）的简易做法。在此基础上，通过提供更多的中国烹饪相关英语词汇表达方式，组织学生用英语介绍一道家乡美食，包括食品名称和简易做法。通过此练习，不仅提高了学生的英语语言表达能力，而且加深了对家乡美食的了解，增进了对家乡的热爱、对祖国博大精深的饮食文化的认同感和自豪感。

◎ 第三部分（Listening in）里涉及了餐桌文化（table manners）和垃圾食品（junk food）的话题。在关于国外餐桌文化的听力练习基础上，通过小组讨论的方式组织学生列举出中国餐桌文化中的礼仪和禁忌（dos and don'ts），使学生增强对中国文化的清晰认知和认可，培养其文化自信心和民族自豪感。另外，围绕垃圾食品这一话题，引申到食品安全问题，提高学生对这一严肃问题的关注和思考，培养其主观能动性和批判性思维能力。

◎ 作为本单元主题的补充和拓展，教师引入了“拒绝浪费，光盘行动”这一话题。通过视频、图片等方式引导学生继承中华民族“黜奢崇俭、勤俭节约”的传统美德，走出享乐主义和拜金主义误区，树立绿色、健康、积极的金钱观、消费观和理财观，体现外语课程思政育人价值。此环节还补充了国外某些媒体对我国“光盘行动”的不实报道，以引导当代大学生用批判的精神来看待西方文化，做到取其精华，弃其糟粕。通过这些教学活动唤醒当代中国年轻人担负向世界传递中国的声音，继承和发扬中国传统文化和文明的责任与使命，全面实现立德树人的教学目标。

2. 教学方法与举措

◎ 采用听说法，做到精听和泛听的有机结合。如Listening in部分，在对相关词汇进行讲解的基础上，播放听力练习，并针对播放内容提出问题，邀请学生回答。

◎ 采用交际法，鼓励学生以同伴学习（pair work）、3~4人小组讨论（group discussion）的方式就某一话题展开限时（5~10分钟）讨论，之后邀请学生汇报。

◎ 采用任务型教学法，紧扣本单元主题，要求学生就中国餐桌文化（table manners）的礼仪和禁忌展开讨论，通过搜集资料、讨论、整合资料等环节，学生在完成任务的过程中获得使用语言进行互动的机会，能在意义协商中构建自己的语言系统。

3. 教学成效

◎ 在课堂听力理解练习中，大部分学生理解了所听内容，练习正确率达到85%。针对部分错题，在进一步分析讲解后，能及时纠正。

◎ 小组任务中，大部分学生很积极地参与进来，并按照自己的特长进行角色分配，以期在限时讨论中提高效率，并保证完成质量。从汇报的结果来看，小组成员之间进行友好的互动，增强了语言交流。

◎ 课后作业部分，学生能够按照要求及时提交。由于本次作业是开放性题目，有的学生作业很有创意，充分说明学生的动手动脑能力强。

（五）其他

本课程教学采用线上、线下混合式教学模式，其中线上教学主要借助超星学习通平台。

二、教学展示

（一）教学目标和内容

本单元主题是饮食（Food, glorious food），通过本单元的学习，希望学生能够掌握与饮食和烹饪相关的词汇；能用英语介绍自己喜欢的或者具有代表性的家乡美食；能用英语表达基本的中国餐桌文化，并比较中外“分餐制”和“合餐制”的不同，分析其优缺点；表达自己对“光盘行动”的观点，审视自己的饮食行为和消费观。

（二）教学重点和难点

本单元重点在中西方餐饮文化的比较；难点是如何准确、恰当地用英语表达具有中国特色的饮食文化。

（三）教学过程和方法（可含时间分配）

本单元计划学习时长为6节课，每节课45分钟，按照每周两节听说课，本单元拟三周时间完成。具体安排如下：

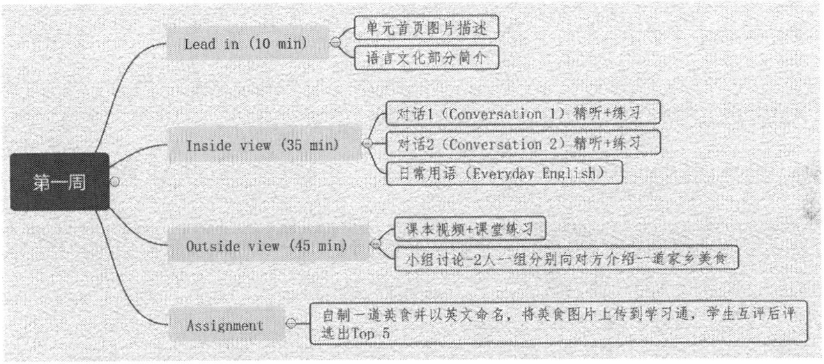

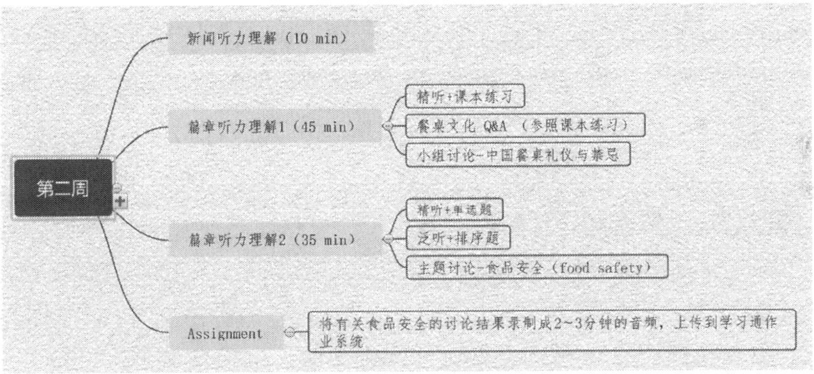

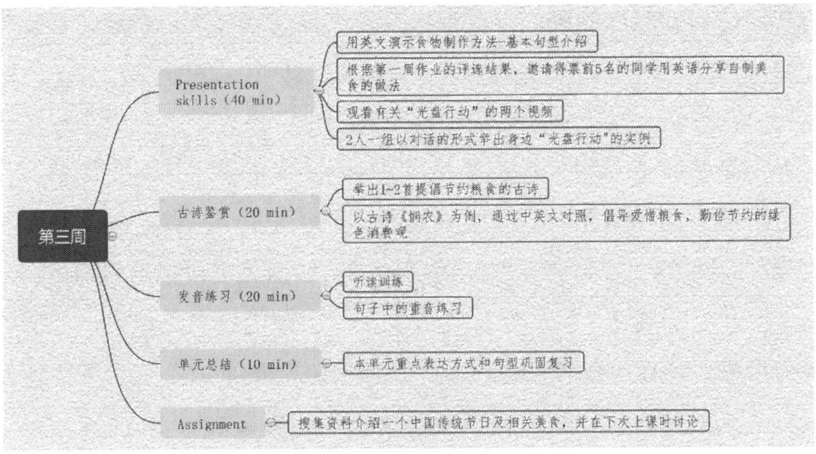

（四）教学反思

课程思政元素的挖掘是一个从整体到局部，从宏观到微观的过程。教师需要积极探索、创新和重构教材内容，把握文章主题，掌控课程思政方向，围绕单元主题关键词进行思政元素的头脑风暴，筛选确定可融入的思政内容。挖掘思政元素关键词，利用多种渠道展开资料搜索，分类整理进行筛选，结合课文的各个教学环节选取思政材料融入其中，达到自然、顺畅、潜移默化、润物无声。课程内容一定要有中国情怀、中国故事、中国想法，通过英语教学培养学生成为具有国际化视野，能够倾听包容及欣赏不同的文化，客观理性地进行国际交流的公民。大学英语教学不仅要加强理论和实践的融合，还要注重中西方优秀文化内容的融入，引导学生在文化共性中鉴别差异，在文化差异中寻求共性，筛选出可以与相关专业结合的思政元素，使课程思政和教学实践相得益彰，引领学生人生成长方向。总之，紧随时代发展步伐，把思政教育融入外语课堂实践，将教书和育人相结合，需要语言教师在教学中不断地主动思考和积极探索。

（五）其他需要展示的内容

参考资料：（英）金立贤、（英）科尔塔兹（Cortazzi，M.）主编，（英）金立贤等编，《新标准大学英语（第二版）视听说教程1教师用书》，北京教学与研究出版社2016年第2版。

三、课程思政教育心得体会

教师不仅要系统而科学地传授知识，还要重视建立知识与人，与生活多向度的交融关系。从育人价值的本位出发探讨“课程思政”的价值聚焦，就是要坚持合目的性、合规律性与必然性的统一。课程思政要重视人、环境、教育的相互影响，实现三者的协调配合，从而使教学过程及教育资源起到共同建构学生知识、能力及价值观的作用。在对国内学生学习英语的动机调查中，发现国内大学生对英语学习的功利性很强，普遍以通过大学英语四六级，拿到相应的证书为主要的学习目的。为此，我经常跟学生说，学好英语不仅限于此，并请大家一定要把眼光放高放远。所谓“师夷长技以制夷”，学好外语是学习任何一门外国先进科技的敲门砖。大家会注意到，从疫情开始到现在，国外媒体从未停止对中国的污名化渲染，如何批判性地面对外媒的报道，并在国际社会发出真实而响亮的中国声音，这都需要我们学好英语，用流利准确的英语去为我们的国家民族发声。本课程由于是一门语言类课程，必定会涉及多元文化的交流和碰撞，因此，在紧扣单元主题的前提下，我会选取一些与提升学生德育相关的学习资料。通过这种方式使学生们对本国文化有更深的理解，有助于培养学生的民族自信心和自豪感。此外，我也非常注重将中国传统文化相关的内容分享给学生，一方面可以巩固和加深对本民族文化的了解；另一方面也有助于学生们用英语表达我们悠久而深远的文化，提高其中西文化的素养。例如，在第5单元（News 24/7）的课程设计中，我增加了有关中国传统节日清明节的内容，并在课后的资料里强调大家学习4月4日全国哀悼日的中英文报道，将这些内容融入教学实践中，激发学生的爱国热情和奋发图强的意志，这是我对大学英语课程思政的一些探索和思考。

教学展示课件

谭娟　文学院公共外语教学部　讲师

1.

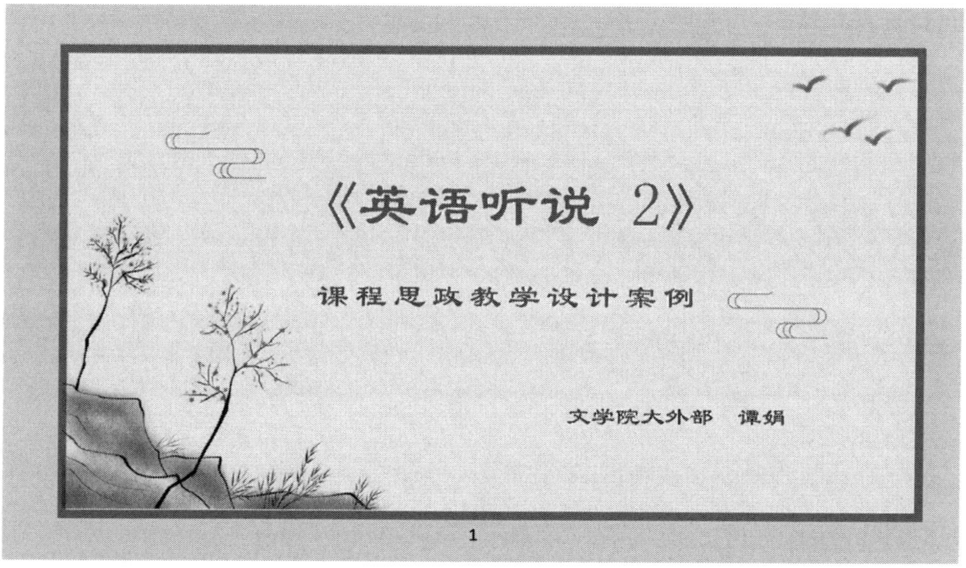

2.

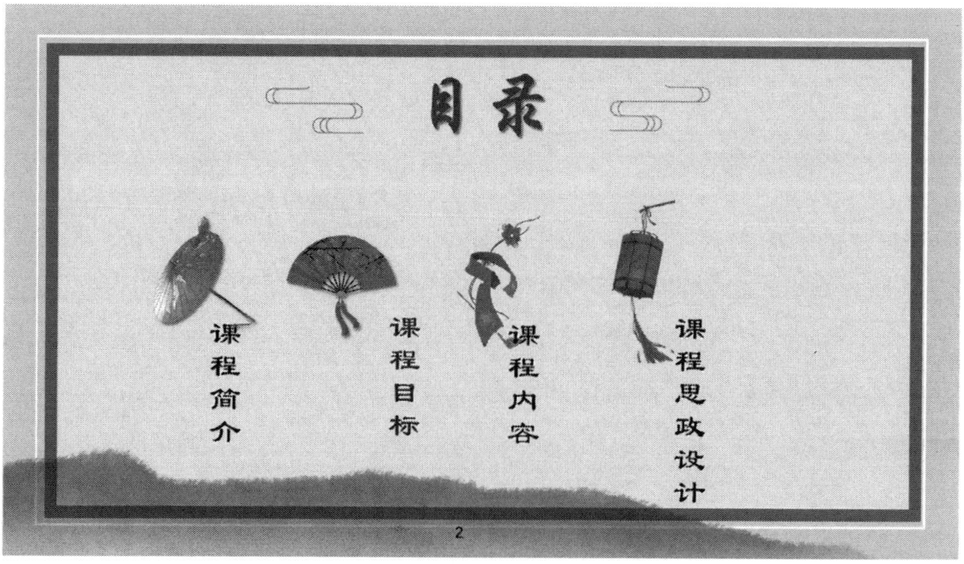

3.

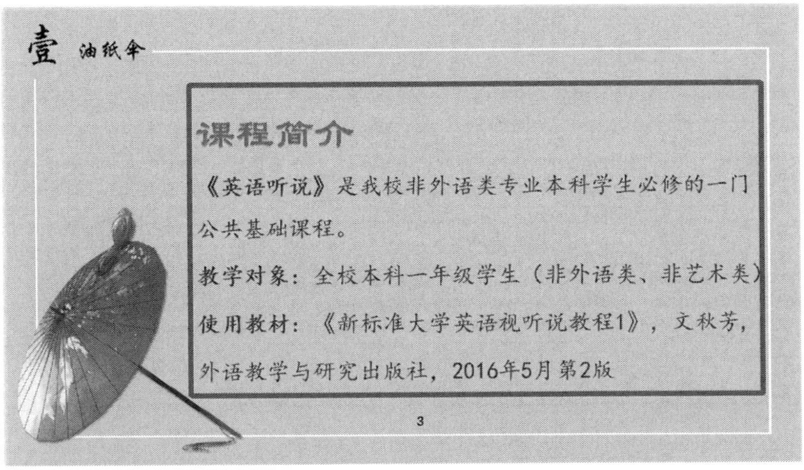
壹 油纸伞
课程简介
《英语听说》是我校非外语类专业本科学生必修的一门公共基础课程。
教学对象：全校本科一年级学生（非外语类、非艺术类）
使用教材：《新标准大学英语视听说教程1》，文秋芳，外语教学与研究出版社，2016年5月 第2版
3

4.

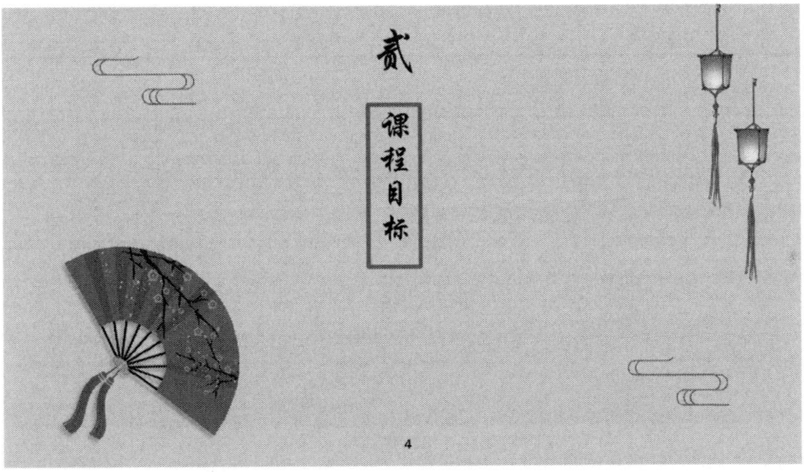
贰
课程目标
4

5.

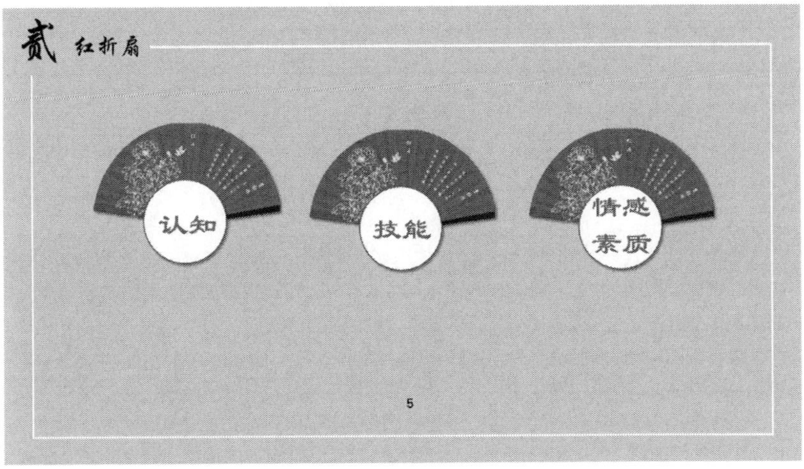
贰 红折扇
认知
技能
情感素质
5

6.

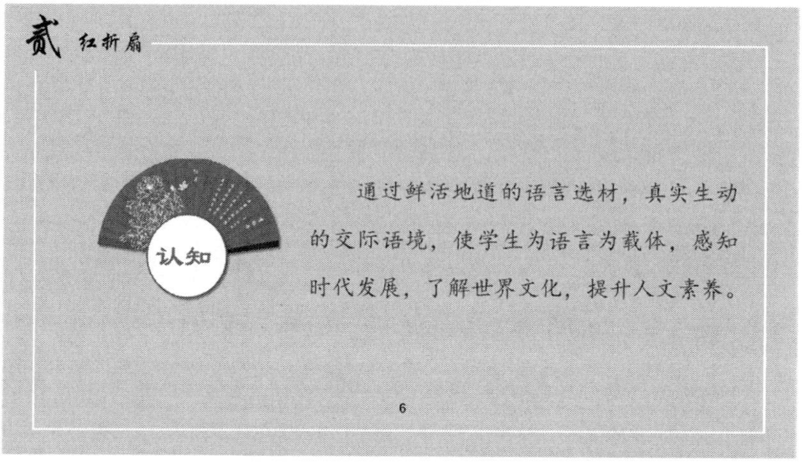
贰 红折扇
认知
通过鲜活地道的语言选材，真实生动的交际语境，使学生为语言为载体，感知时代发展，了解世界文化，提升人文素养。
6

7.

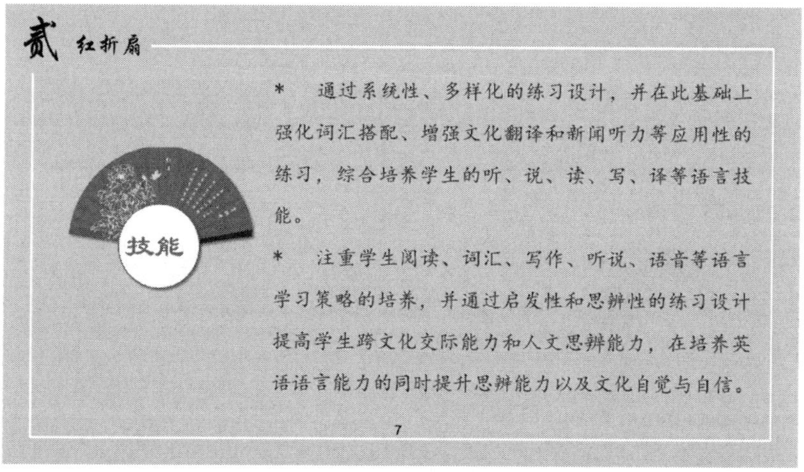
贰 红折扇
技能
* 通过系统性、多样化的练习设计，并在此基础上强化词汇搭配、增强文化翻译和新闻听力等应用性的练习，综合培养学生的听、说、读、写、译等语言技能。
* 注重学生阅读、词汇、写作、听说、语音等语言学习策略的培养，并通过启发性和思辨性的练习设计提高学生跨文化交际能力和人文思辨能力，在培养英语语言能力的同时提升思辨能力以及文化自觉与自信。
7

8.

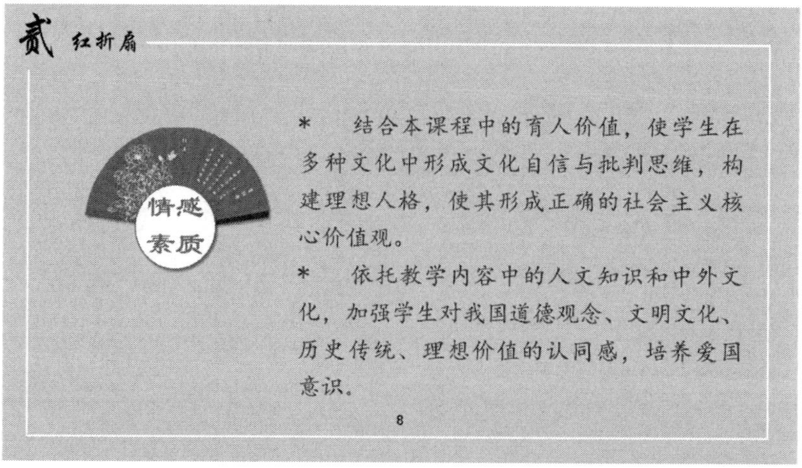
贰 红折扇
情感
素质
* 结合本课程中的育人价值，使学生在多种文化中形成文化自信与批判思维，构建理想人格，使其形成正确的社会主义核心价值观。
* 依托教学内容中的人文知识和中外文化，加强学生对我国道德观念、文明文化、历史传统、理想价值的认同感，培养爱国意识。
8

9.

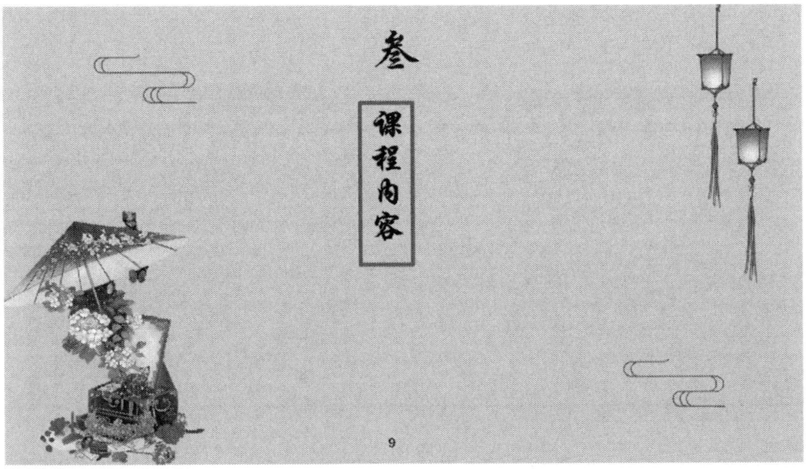
叁
课程内容
9

10.

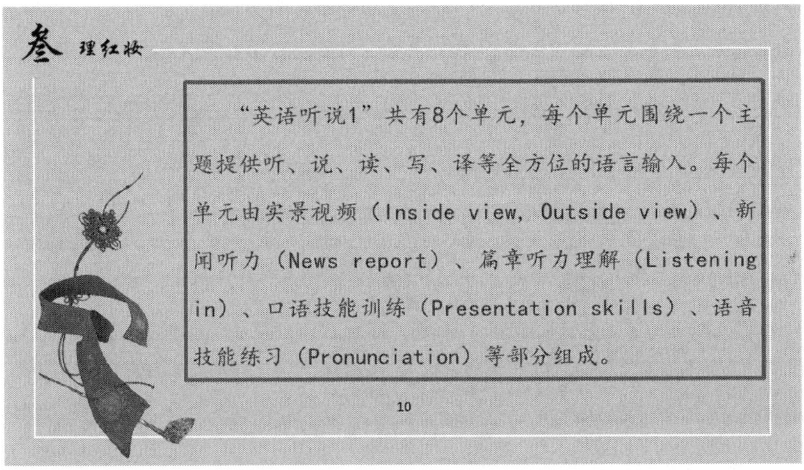
叁 理红妆
“英语听说1”共有8个单元，每个单元围绕一个主题提供听、说、读、写、译等全方位的语言输入。每个单元由实景视频（Inside view, Outside view）、新闻听力（News report）、篇章听力理解（Listening in）、口语技能训练（Presentation skills）、语音技能练习（Pronunciation）等部分组成。
10

11.

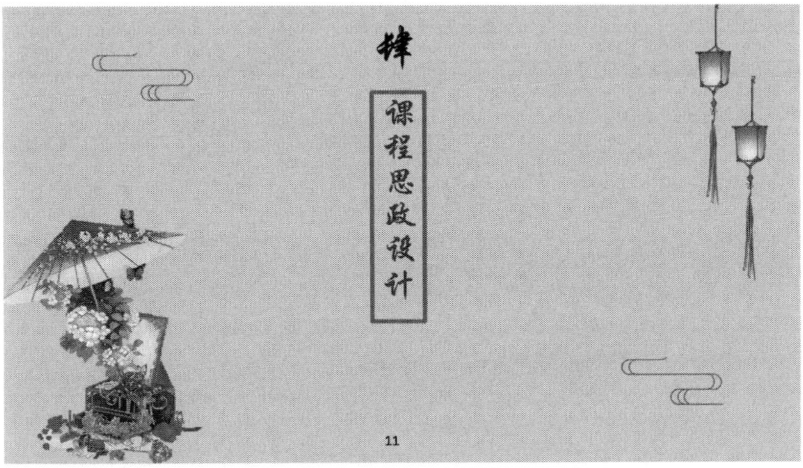
肆
课程思政设计
11

12.

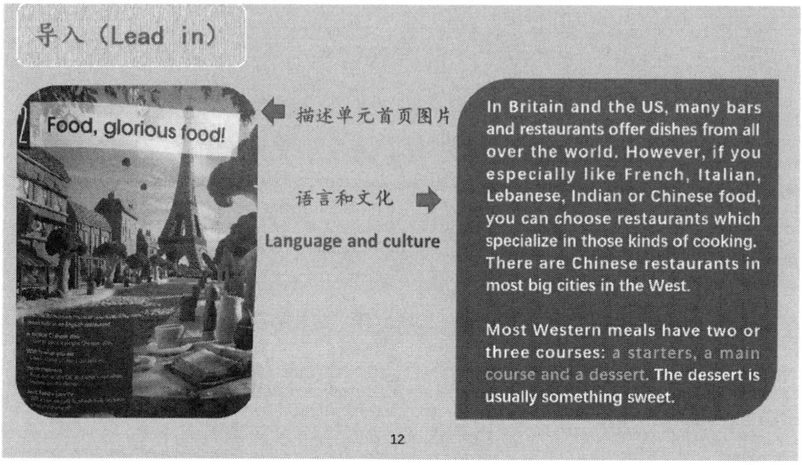
导入（Lead in）
Food, glorious food!
描述单元首页图片
语言和文化
Language and culture
In Britain and the US, many bars and restaurants offer dishes from all over the world. However, if you especially like French, Italian, Lebanese, Indian or Chinese food, you can choose restaurants which specialize in those kinds of cooking. There are Chinese restaurants in most big cities in the West.
Most Western meals have two or three courses: a starters, a main course and a dessert. The dessert is usually something sweet.
12

13.

视频材料
（Inside view）
播放视频材料1，完成课本第16页的练习。
Watch Conversation 1 and complete the table on P. 16.
13

14.

视频材料
（Inside view）
播放视频材料2，完成课本第17页的练习。
Watch Conversation 2 and complete the sentences on P. 17.
14

15.

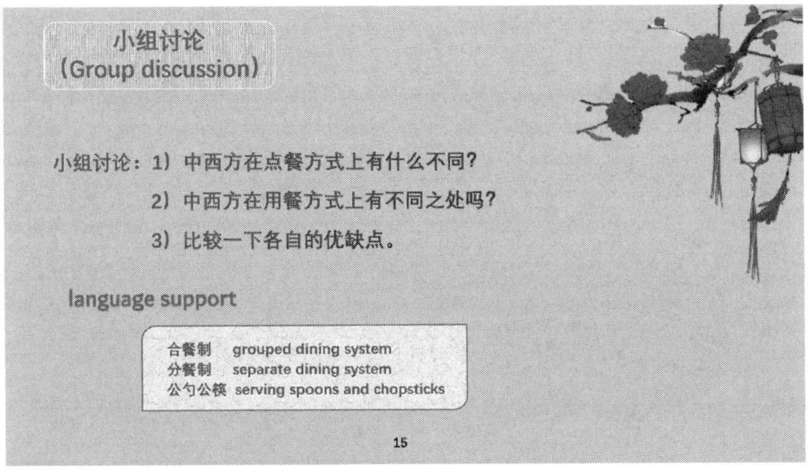
小组讨论
(Group discussion)
小组讨论：1）中西方在点餐方式上有什么不同？
2）中西方在用餐方式上有不同之处吗？
3）比较一下各自的优缺点。
language support
合餐制 grouped dining system
分餐制 separate dining system
公勺公筷 serving spoons and chopsticks
15

16.

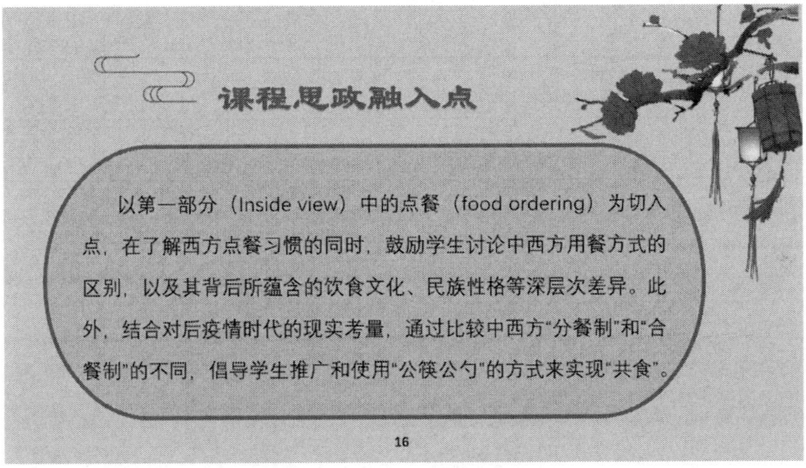
课程思政融入点
以第一部分（Inside view）中的点餐（food ordering）为切入点，在了解西方点餐习惯的同时，鼓励学生讨论中西方用餐方式的区别，以及其背后所蕴含的饮食文化、民族性格等深层次差异。此外，结合对后疫情时代的现实考量，通过比较中西方"分餐制"和"合餐制"的不同，倡导学生推广和使用"公筷公勺"的方式来实现"共食"。
16

17.

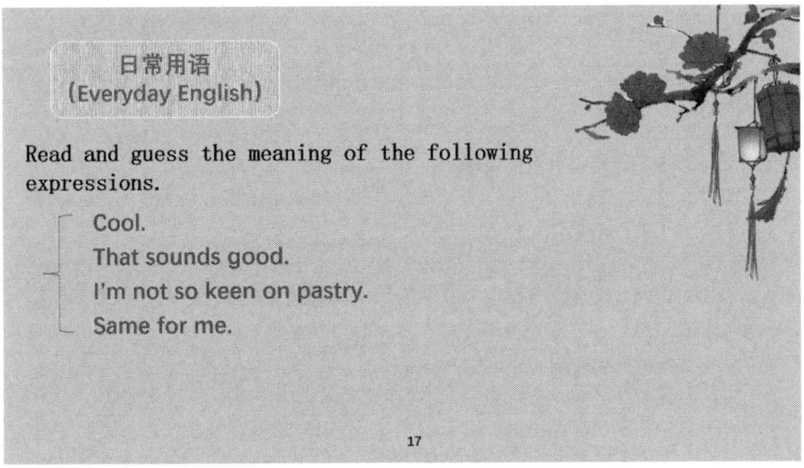
日常用语
(Everyday English)
Read and guess the meaning of the following expressions.
Cool.
That sounds good.
I'm not so keen on pastry.
Same for me.
17

18.

视频材料
(Outside view)
同伴学习任务1：看图说出菜的中英文名称
Pair work: Look at the picture and guess both the Chinese and English name of this dish.
糖醋排骨
sweet-and-sour spare ribs
18

19.

视频材料
(Outside view)
同伴学习任务2：看视频并按视频中的步骤排序。
Pair work: Watch the video and number the instructions in the order you hear them.
( ) marinate the pork ribs with soy sauce
( ) pour in some oil and sesame oil
( ) pour in oil and put them in one by one
( ) cover all the ribs
( ) stir constantly
( ) pour in the spare ribs
( ) leave them for 20 minutes
( ) turn them around
19

20.

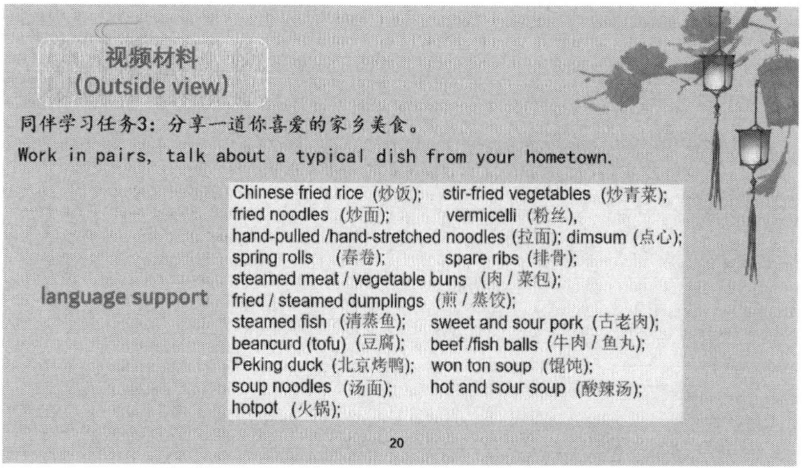
视频材料
(Outside view)
同伴学习任务3：分享一道你喜爱的家乡美食。
Work in pairs, talk about a typical dish from your hometown.
language support
Chinese fried rice (炒饭); stir-fried vegetables (炒青菜);
fried noodles (炒面); vermicelli (粉丝),
hand-pulled /hand-stretched noodles (拉面); dimsum (点心);
spring rolls (春卷); spare ribs (排骨);
steamed meat / vegetable buns (肉 / 菜包);
fried / steamed dumplings (煎 / 蒸饺);
steamed fish (清蒸鱼); sweet and sour pork (古老肉);
beancurd (tofu) (豆腐); beef /fish balls (牛肉 / 鱼丸);
Peking duck (北京烤鸭); won ton soup (馄饨);
soup noodles (汤面); hot and sour soup (酸辣汤);
hotpot (火锅);
20

21.

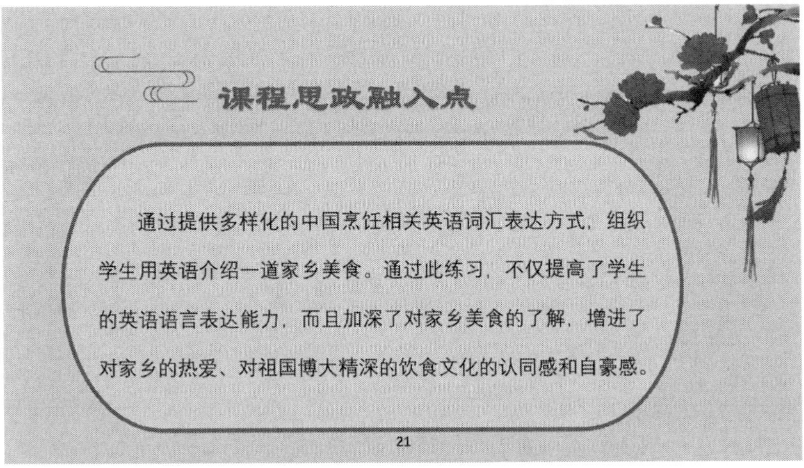
课程思政融入点
通过提供多样化的中国烹饪相关英语词汇表达方式，组织学生用英语介绍一道家乡美食。通过此练习，不仅提高了学生的英语语言表达能力，而且加深了对家乡美食的了解，增进了对家乡的热爱、对祖国博大精深的饮食文化的认同感和自豪感。
21

22.

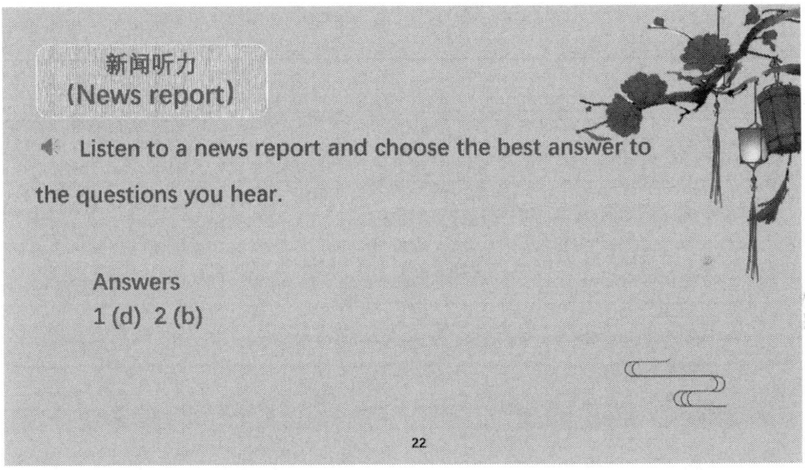
新闻听力
（News report）
Listen to a news report and choose the best answer to the questions you hear.
Answers
1 (d) 2 (b)
22

23.

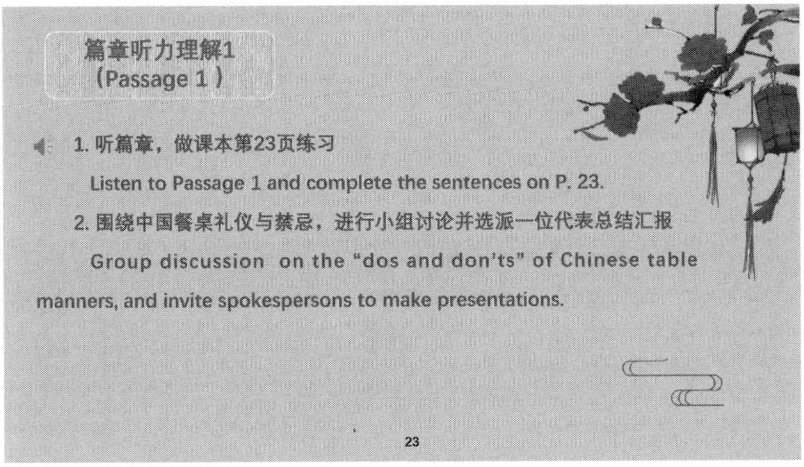
篇章听力理解1
（Passage 1）
1. 听篇章，做课本第23页练习
Listen to Passage 1 and complete the sentences on P. 23.
2. 围绕中国餐桌礼仪与禁忌，进行小组讨论并选派一位代表总结汇报
Group discussion on the "dos and don'ts" of Chinese table manners, and invite spokespersons to make presentations.
23

24.

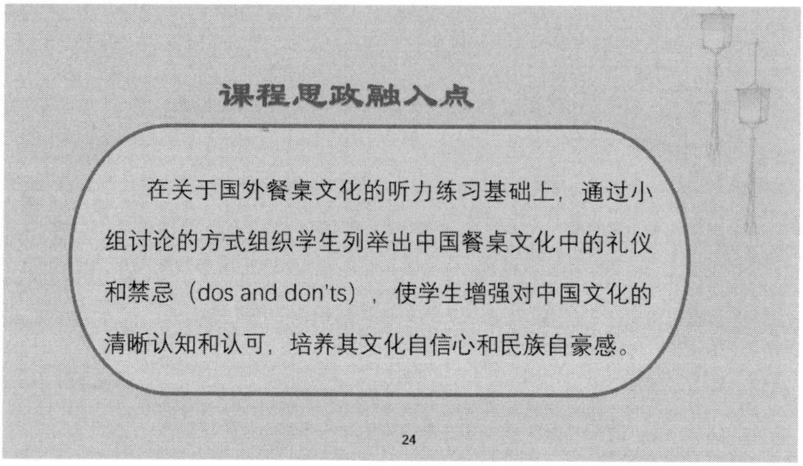
课程思政融入点
在关于国外餐桌文化的听力练习基础上，通过小组讨论的方式组织学生列举出中国餐桌文化中的礼仪和禁忌（dos and don'ts），使学生增强对中国文化的清晰认知和认可，培养其文化自信心和民族自豪感。
24

25.

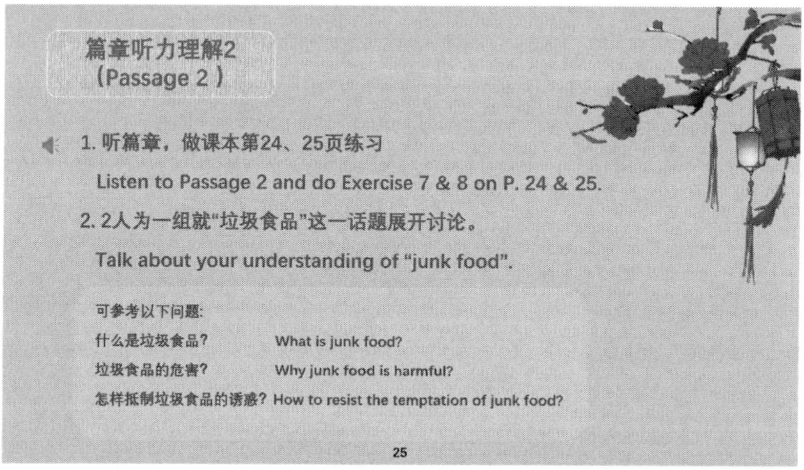
篇章听力理解2
（Passage 2）
1. 听篇章，做课本第24、25页练习
Listen to Passage 2 and do Exercise 7 & 8 on P. 24 & 25.
2. 2人为一组就“垃圾食品”这一话题展开讨论。
Talk about your understanding of “junk food”.
可参考以下问题：
什么是垃圾食品？ What is junk food?
垃圾食品的危害？ Why junk food is harmful?
怎样抵制垃圾食品的诱惑？ How to resist the temptation of junk food?
25

26.

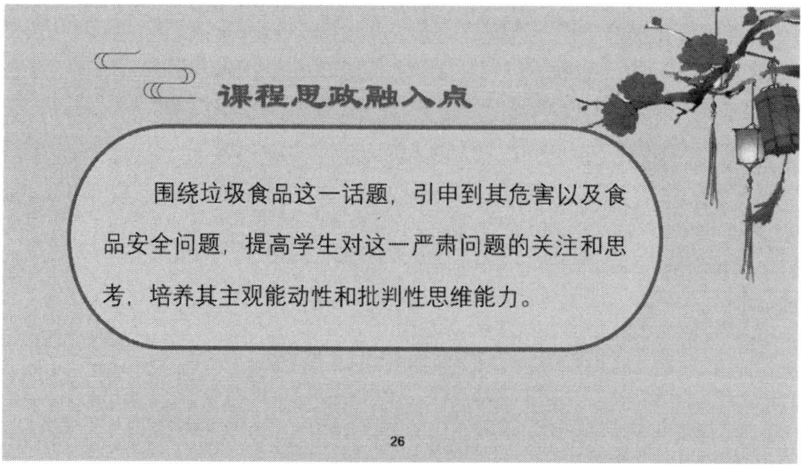
课程思政融入点
围绕垃圾食品这一话题，引申到其危害以及食品安全问题，提高学生对这一严肃问题的关注和思考，培养其主观能动性和批判性思维能力。
26

27.

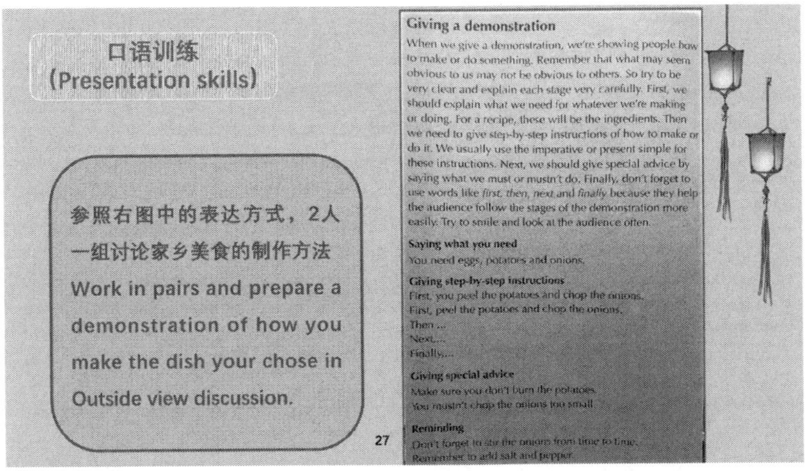
口语训练
(Presentation skills)
参照右图中的表达方式，2人一组讨论家乡美食的制作方法
Work in pairs and prepare a demonstration of how you make the dish your chose in Outside view discussion.
Giving a demonstration
When we give a demonstration, we're showing people how to make or do something. Remember that what may seem obvious to us may not be obvious to others. So try to be very clear and explain each stage very carefully. First, we should explain what we need for whatever we're making or doing. For a recipe, these will be the ingredients. Then we need to give step-by-step instructions of how to make or do it. We usually use the imperative or present simple for these instructions. Next, we should give special advice by saying what we must or mustn't do. Finally, don't forget to use words like first, then, next and finally because they help the audience follow the stages of the demonstration more easily. Try to smile and look at the audience often.
Saying what you need
You need eggs, potatoes and onions.
Giving step-by-step instructions
First, you peel the potatoes and chop the onions.
First, peel the potatoes and chop the onions.
Then ...
Next,...
Finally,...
Giving special advice
Make sure you don't burn the potatoes.
You mustn't chop the onions too small.
Reminding
Don't forget to stir the onions from time to time.
Remember to add salt and pepper.
27

28.

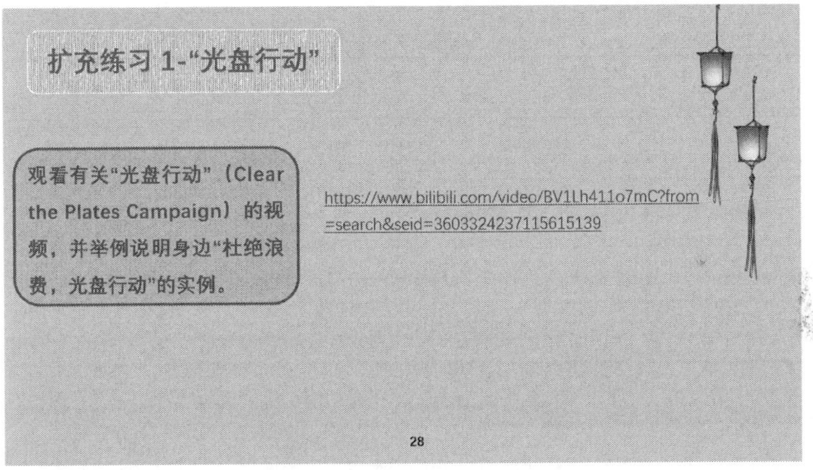
扩充练习 1-"光盘行动"
观看有关"光盘行动"（Clear the Plates Campaign）的视频，并举例说明身边"杜绝浪费，光盘行动"的实例。
https://www.bilibili.com/video/BV1Lh411o7mC?from=search&seid=3603324237115615139
28

29.

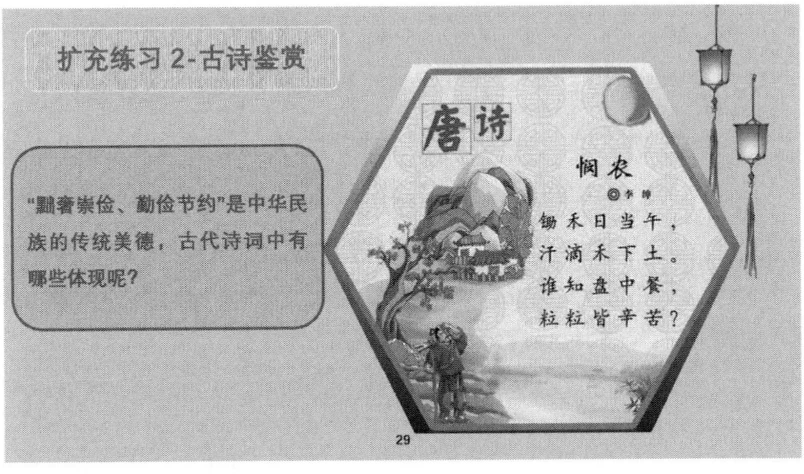
扩充练习 2-古诗鉴赏
"黜奢崇俭、勤俭节约"是中华民族的传统美德，古代诗词中有哪些体现呢？
唐诗
悯农
◎李绅
锄禾日当午，
汗滴禾下土。
谁知盘中餐，
粒粒皆辛苦？
29

30.

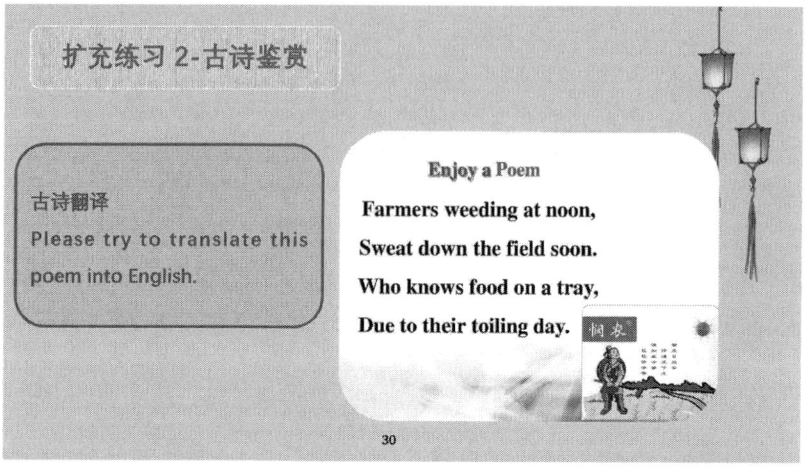
扩充练习 2-古诗鉴赏
古诗翻译
Please try to translate this poem into English.
Enjoy a Poem
Farmers weeding at noon,
Sweat down the field soon.
Who knows food on a tray,
Due to their toiling day.
悯农
30

31.

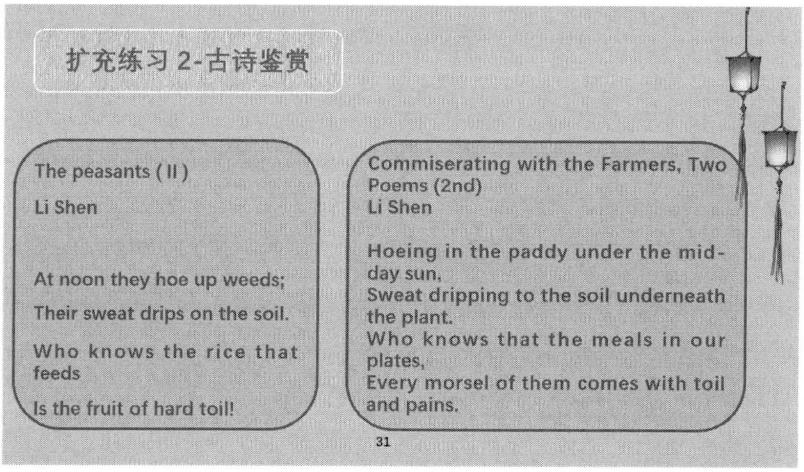
扩充练习 2-古诗鉴赏
The peasants (Ⅱ)
Li Shen
At noon they hoe up weeds;
Their sweat drips on the soil.
Who knows the rice that feeds
Is the fruit of hard toil!
Commiserating with the Farmers, Two Poems (2nd)
Li Shen
Hoeing in the paddy under the mid-day sun,
Sweat dripping to the soil underneath the plant.
Who knows that the meals in our plates,
Every morsel of them comes with toil and pains.
31

32.

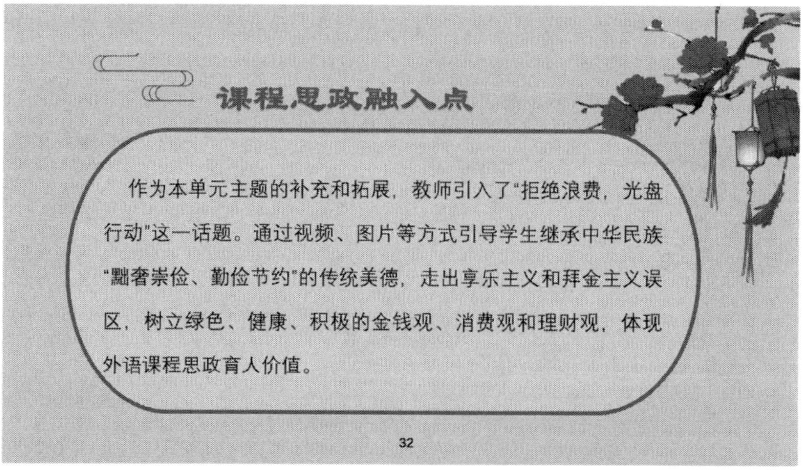
课程思政融入点
作为本单元主题的补充和拓展，教师引入了“拒绝浪费，光盘行动”这一话题。通过视频、图片等方式引导学生继承中华民族“黜奢崇俭、勤俭节约”的传统美德，走出享乐主义和拜金主义误区，树立绿色、健康、积极的金钱观、消费观和理财观，体现外语课程思政育人价值。
32

33.

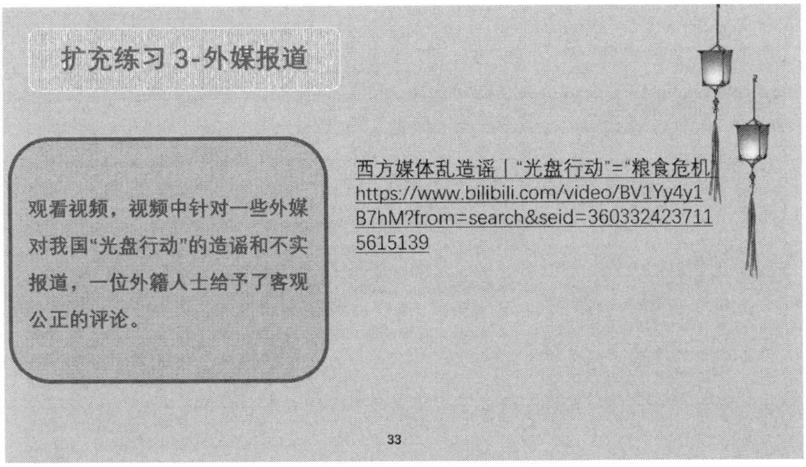
扩充练习 3-外媒报道
观看视频，视频中针对一些外媒对我国“光盘行动”的造谣和不实报道，一位外籍人士给予了客观公正的评论。
西方媒体乱造谣丨“光盘行动”=“粮食危机”
https://www.bilibili.com/video/BV1Yy4y1B7hM?from=search&seid=3603324237115615139
33

34.

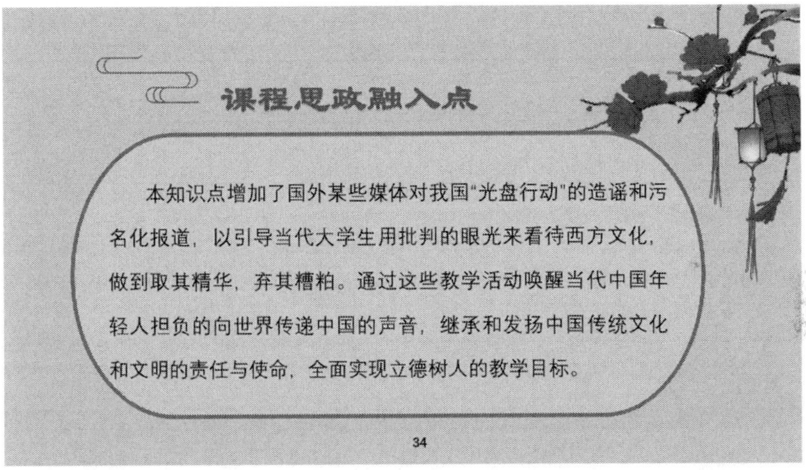
课程思政融入点
本知识点增加了国外某些媒体对我国“光盘行动”的造谣和污名化报道，以引导当代大学生用批判的眼光来看待西方文化，做到取其精华，弃其糟粕。通过这些教学活动唤醒当代中国年轻人担负的向世界传递中国的声音，继承和发扬中国传统文化和文明的责任与使命，全面实现立德树人的教学目标。
34

35.

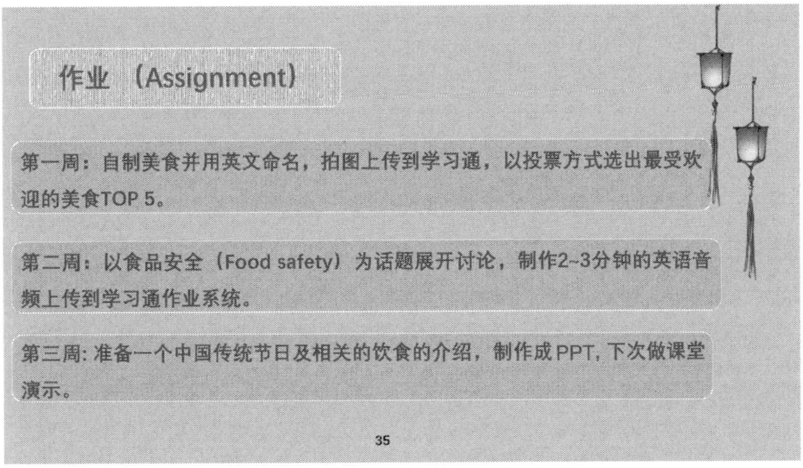
作业（Assignment）
第一周：自制美食并用英文命名，拍图上传到学习通，以投票方式选出最受欢迎的美食TOP 5。
第二周：以食品安全（Food safety）为话题展开讨论，制作2~3分钟的英语音频上传到学习通作业系统。
第三周: 准备一个中国传统节日及相关的饮食的介绍，制作成PPT, 下次做课堂演示。
35

36.

部分作业展示
My gratitude to my mother(I made this on her birth
I call this 'golden soup'
Power Source
Fried Rice Noodles looks normal, and without the slightly yellowed oil of onions and peppers to color it, it even looks appetizing.But when I feel tired because of the confusion of study and the rush of physical strength, it's not nice to sit down and eat a bowl of rice noodles.
When the quantity is enough to support, the smell and the feeling of satiety make me feel ordinary but experience excellent happiness.It's like one day when I'm wronged or frustrated, a little kindness or luck makes me full of energy. Everything can be fried with ricenoodles.Power source a name ordinary like Fried Rice Noodles,but its power is really so strong.
36

37.

Thanks !
37

优秀奖

• 管理学

“服务营销学”课程

王丽　工商管理学院市场营销系　副教授

一、课程思政教学设计思路

（一）课程基本信息

服务营销是市场营销专业及其他管理类专业本科学生的专业选修课程，修读对象为大三下学期学生，先修课程为市场营销学。

（二）课程目标

通过本课程的学习，学生能够达到以下目标：

了解现代服务营销的基本原理和基本方法，掌握分析服务与服务经济市场环境、研究服务消费行为、制定服务营销战略、运用营销组合进行服务营销策略制定与设计基本程序和方法。理解中国企业服务营销实务，能够综合运用服务营销学及相关学科的理论与方法发现、分析和解决问题的能力。

（1）知识目标：触摸真实商业世界信息，掌握分析服务与服务经济市场环境的基本程序与方法，理解服务营销基本理论体系，了解中国企业服务营销实务和服务营销前沿知识。

（2）能力目标：拥有在不同文化背景下，综合运用服务营销学及相关学科的理论与方法发现、分析和解决问题的能力，沟通能力、国际视野善于利用新兴技术赋能，能够独立解决营销实际问题。

（3）素养目标：具有人文素养、科学素养和职业道德素养，树立“服务营销为客户创造价值”的理念，营销人应致力于满足人们日益增长的美好生活需要，激发家国情怀和使命担当。

（三）课程内容简介

服务营销学是建立在市场营销学的理论基础和结构框架上，以服务企业的行为和产品营销中的服务环节作为研究对象，研究企业在市场细分市场的基础上，根据消费者特定需求与沟通状况安排市场营销组合，向顾客输出非有形产品或者附加价值，以满足顾客的特定需求等活动的应用科学。

本课程主要内容分为三大部分：第一部分理论篇，介绍服务营销基本概念；第二部分基础篇，介绍服务营销战略（包括服务质量等内容）服务营销组合7P策略（包括服务产品、价格、渠道、促销、人员、环境等内容）；第三部分提升篇，重点介绍客户关系、服务补救和服务创新管理等内容。

（四）课程思政融入设计

1. 思政教育融入点

本课程的思政建设主要体现在三个方面：

（1）服务营销基本概念的思政建设。

服务营销基本概念的思政建设，以习近平总书记关于服务、服务业、服务质量、市场营销等相关重要论述为指引，帮助学生树立顾客导向、人民至上的核心价值观，以及公平交易、诚信经营的营销价值观等。在此基础上，提高学生的职业道德、心理素质和技能素质，通过在课堂上引入思维创新训练活动，为学生创新创业能力的提高奠定基础。

（2）服务营销战略的思政建设。

在服务过程、顾客关系管理、服务质量管理等相关章节，帮助学生树立以消费者利益为中心，认真思考具有企业社会责任和提高服务质量的价值观。

（3）服务营销组合策略的思政建设。

服务企业的重要目标之一是满足人民日益增长的美好生活需要。在教学实践中，要教育学生树立为群众提供优质服务的意识，要重视消费者的满意度、企业内外经营者的效益和社会长期的福利而不是片面追求企业利润。

2. 教学方法

为了达到课程思政的教学目标，主要提出以下几种教学方法：

（1）坚持问题导向，提出问题并与同学们互动，在过程中营造和谐的课堂氛围。

（2）在课堂上运用多种教学手段，如广告视频分析、实地行为实验、小组课堂展示等，提高同学参与度，激发学习热情、增强学习兴趣。

（3）通过服务营销计划书撰写，让学生得以思考企业实际问题，运用理论知识给出建议，以培养自主学习、合作探究的能力。

《服务营销》课程思政目标
立足学生实际情况，发挥专业课本身特色，提炼爱国情怀、法制意识、社会责任、文化自信等要素，转换成核心价值观教育具体而生动的载体。融入爱国勤奋，诚信友善，团结协作，高素质准员工的课程育德目标，以提升服务营销的教学效果。

《服务营销》教学内容与思政点的选择与安排

	授课要点	思政融入点	授课形式与教学方法	预期成效
1	贯彻整个服务营销课程教学的全过程	融入马克思主义的以人民为中心、人民观立场。培养服务的思想和意识，注重人民的获得感、幸福感，将人民对“美好生活的追求”作为指导企业发展的战略理念	相关数据资料分析	我为人人，人人为我。践行社会主义核心价值观
2	客户关系管理	引入开拓创新的思政元素，培养学生乐于探索与创新的精神	新闻媒介信息分析、案例分析	文化自信
3	服务过程管理	引入马克思主义原理的“物质”与“意识”的内涵，“物质决定意识”“意识对物质具有反作用”等思政元素。一方面让学生深刻理解物质与意识的辩证关系，另一方面还能让学生理解诸如“爱岗敬业”精神的有效来源	问卷调查实战、案例分析	学有所长，报效祖国
4	服务人员与内部营销	融入爱岗敬业精神元素，让学生意识到爱岗竞争对自身、对现代企业的重要价值	视频、案例分析	引领学生树立干一行爱一行，行行出状元的择业观
5	服务创新	引入忧患与危机意识思想，让学生领会“危”与“机”的辩证关系，培养忧患与危机意识	小组课堂讨论	团队合作的意识增强，作用增大

二、教学展示

（一）第五章 顾客关系管理 教学目标和内容

教学内容：

1.专业知识回顾，通过视频案例前几周知识，通过服务营销知识的学习，塑造营销专业精神。

2.通过“新疆棉事件”引爆国潮消费的案例背景，对比H&M等品牌遭消费者自发抵制与李宁、安踏、回力等国货品牌排队和售罄的状况，分析顾客关键价值要素对消费行为的影响。

3.拓展思考，风口难得，但只靠情怀留不住年轻人，在产品力、品牌力、创新力等方面，国货品牌应该怎么做?

教学目标：

1.理解顾客关键价值要素对消费行为的影响；

2. 认识顾客关键价值要素的动态性，通过案例事件思考随着环境变化，企业应不断改进关键要素，以保持客户忠诚，预防客户流失；

3. 认识顾客流失的原因和减少顾客流失的策略。

（二）教学重点和难点

教学重点：关系营销基本理论。

教学难点：如何构建顾客忠诚关系。

（三）教学过程和方法（可含时间分配）

教学内容	时间	教学者活动	学生活动	授课形式与教学方法	思政融入点
导言	5	观看电视剧《猎场》里面的片段，理解猎头公司的职业经理人是如何“服务到极致”的	观看视频，回答问题	视频案例	让学生理解营销是一门致力于满足人们日益增长的美好生活需要的学问
和“上帝”手牵手——客户关系的重要性	3	教学案例：新疆棉事件”引爆国潮消费，崛起的“李宁们”能乘风翻盘吗	学习案例，讨论问题	教学案例	营销伦理与社会责任
	5	以此次事件为引例，引导出本节课知识点，从顾客角度看待关键价值要素	问题导向学习	理论模型讲述	习近平总书记在党的十九大报告中明确指出：“没有高度的文化自信，没有文化的繁荣兴盛，就没有中华民族伟大复兴。”
	5	抛出问题，引导讨论	学习案例，回答问题	教学案例	通过中国李宁品牌带给消费者的国家归属感，中国文化元素增强民族自豪感，国际舞台走秀——划分我国与他国
管理与上帝的关系	2	总结引导，布置课后作业	设计消费认同心理访谈提纲	PPT	通过访谈大学生对民族品牌再生发展进行思考

（四）教学反思

目前，市场营销专业遭遇社会诸多的不理解，部分企业借低俗营销、虚假营销的方式获利，损害了市场营销专业的形象，也严重扰乱了市场经济秩序。究其原因，主要是个别营销人员缺乏应有的营销职业操守。由此可见，必须加强社会主义核心价值观教育，引导学生自尊自信自立自强，将服务营销课程与思政建设相互融合，为营销人才培养质量提供可靠保障势在必行。

作为一名市场营销专业课教师，我将坚持把“育人”作为教育的生命，把“立德”作为教育的灵魂，把正确价值引领、共同理想信念塑造作为课堂的鲜亮底色。

培养具有健康人格、社会道德和营销道德，符合当前和未来社会需要的营销人才。

三、课程思政教育心得体会

本人自担任“服务营销学”课程的任课老师以来，一直努力挖掘思想政治元素，优化服务营销教学设计。服务营销学的“课程思政”教学改革应当将思想政治元素充分融入专业知识和技能的培养中，在授课过程中结合知识点加强理想信念教育，发挥课程育人的作用。充分挖掘课程所蕴含的思想政治元素和所承载的思想政治教育功能，教学设计中除了关注课程的基本内容外，还要及时补充学科发展的前沿知识，不时传递学科专业蕴含的科学思想和人文精神，适时体现思想政治元素和社会主义核心价值观，培养具有健康人格、社会道德和营销道德，符合当前和未来社会需要的营销人才。

（一）围绕思想政治思维，修订课程教学大纲

围绕“课程思政”对教学大纲进行修订。在教学大纲中增加多项价值引领目标。在课程中通过对服务营销理论知识的传授，帮学生树立社会营销理念，使学生正确认识企业的社会责任，建立正确的营销价值观、战略观；树立品牌强国理念，分析营销环境，尤其关注政治环境，把握市场机会、规避营销风险，做好品牌建设。正确认识互联网发展对消费者需求带来的变化，帮助学生建立正确的竞争观念，培养工匠精神；建立守法经营观念，坚决抵制虚假营销和恶意竞争等方面。

（二）制订思想政治元素融入表，创新教学内容设计

以学生学习“服务营销学”课程后应该具备的专业能力为依据，聚焦和架构教学设计中的具体章节内容；同时将社会主义核心价值观的要求、民族复兴的责任和担当等育人要素融入课程教学中，实现知识传授与价值引领的有机统一，将学科资源转化为育人资源。根据“课程思政”要求，重新进行教学内容设计，制订每一章节的服务营销元素融入表。把课程每一章节具体学习内容和融入的思想政治元素，以及价值引领目标一一对应，让学生清楚地了解我们为什么在学习营销知识，学习专业知识后我们能为社会，为国家做出什么贡献。例如，在营销观念一章，融入社会主义核心价值观，结合面对疫情，众多优秀企业表现出高度的责任和担当作为案例融入课程，使学生正确认识企业社会责任，建立全面营销观。

（三）改进教学方法，提升“课程思政”有效性

利用学习通平台进行混合式教学，线上线下有机结合，有选择地将基本理论知

识放入线上课程资源中，将具有时代精神、价值信念、学科前沿及能力培养这些引领价值内容在课堂上展开。另外，更多采取案例教学、项目教学的方法教授，搜集具有民族情怀或有社会责任感的品牌营销案例，让学生在学习专业知识的同时达到一种情感上的共鸣，让“课程思政”元素在教学内容中更充分地融合和碰撞。

（四）制订价值引领、能力本位的考核方案

本部分内容主要研究在服务营销学“课程思政”开展过程中，重新制订课程考核方案，保障“课程思政”的有效推进。在新的考核方案中除了考查学生掌握专业知识和技能外，创设价值引领目标的考核内容，加入涉及大学生的文化自觉、自信、社会主义核心价值观等内容的考核，注重任务成果中的思想政治目标达成，实现专业技能和价值观培养高度融合，保障“课程思政”在课程中顺利推进。

教学展示课件

王丽　工商管理学院市场营销系　副教授

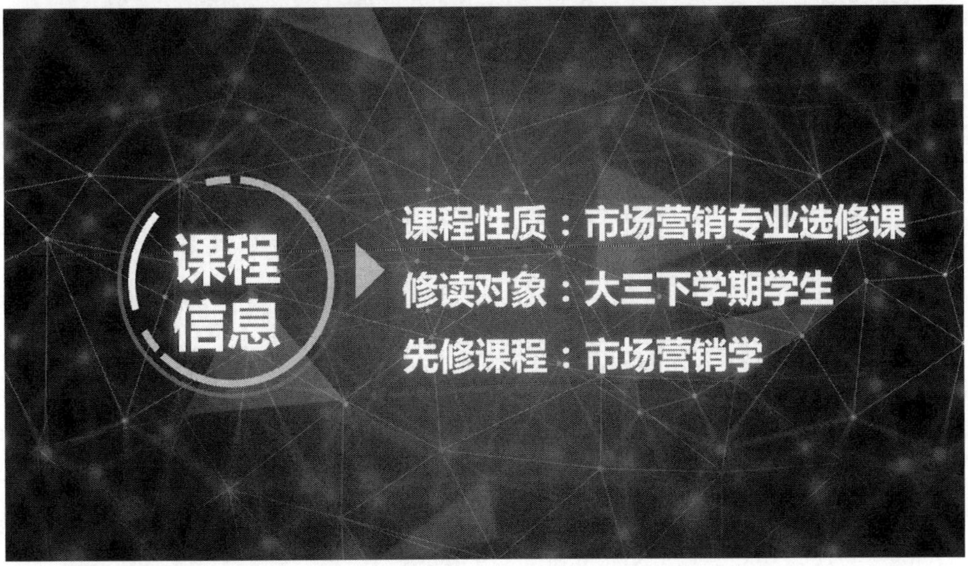

课程
内容
01
理论篇：服务营销基本概念
02
基础篇：服务营销战略和服务营销组合
03
提升篇：客户关系、服务补救和服务创新管理

课程教学目标
知识目标
服务营销基本理论
服务营销实务
服务营销前沿知识
能力目标
系统思维能力
逻辑思考能力
创新能力
沟通能力
素养目标
人文素养
科学素养
职业道德素养

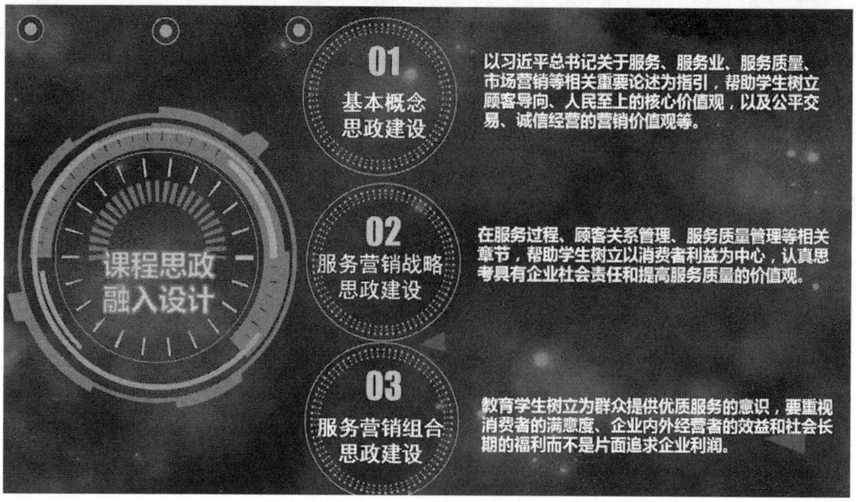
课程思政
融入设计
01
基本概念
思政建设
以习近平总书记关于服务、服务业、服务质量、市场营销等相关重要论述为指引，帮助学生树立顾客导向、人民至上的核心价值观，以及公平交易、诚信经营的营销价值观等。
02
服务营销战略
思政建设
在服务过程、顾客关系管理、服务质量管理等相关章节，帮助学生树立以消费者利益为中心，认真思考具有企业社会责任和提高服务质量的价值观。
03
服务营销组合
思政建设
教育学生树立为群众提供优质服务的意识，要重视消费者的满意度、企业内外经营者的效益和社会长期的福利而不是片面追求企业利润。

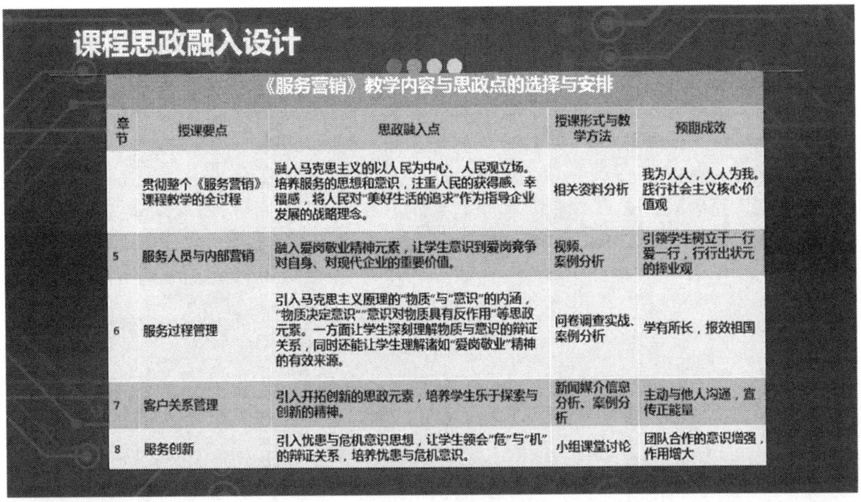

课程思政融入设计

《服务营销》教学内容与思政点的选择与安排

章节	授课要点	思政融入点	授课形式与教学方法	预期成效
	贯彻整个《服务营销》课程教学的全过程	融入马克思主义的以人民为中心、人民观立场。培养服务的思想和意识，注重人民的获得感、幸福感，将人民对"美好生活的追求"作为指导企业发展的战略理念。	相关资料分析	我为人人，人人为我。践行社会主义核心价值观
5	服务人员与内部营销	融入爱岗敬业精神元素，让学生意识到爱岗竞争对自身、对现代企业的重要价值。	视频、案例分析	引领学生树立干一行爱一行，行行出状元的择业观
6	服务过程管理	引入马克思主义原理的"物质"与"意识"的内涵，"物质决定意识""意识对物质具有反作用"等思政元素。一方面让学生深刻理解物质与意识的辩证关系，同时还能让学生理解诸如"爱岗敬业"精神的有效来源。	问卷调查实战、案例分析	学有所长，报效祖国
7	客户关系管理	引入开拓创新的思政元素，培养学生乐于探索与创新的精神。	新闻媒介信息分析、案例分析	主动与他人沟通，宣传正能量
8	服务创新	引入忧患与危机意识思想，让学生领会"危"与"机"的辩证关系，培养忧患与危机意识。	小组课堂讨论	团队合作的意识增强，作用增大

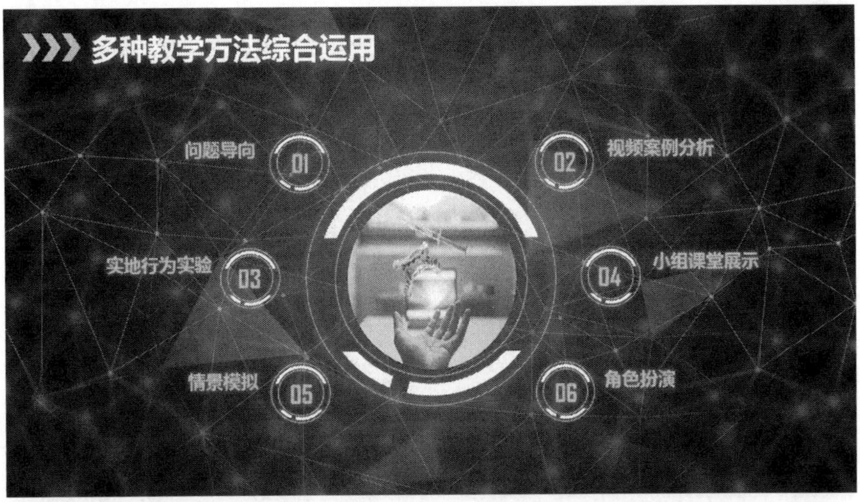

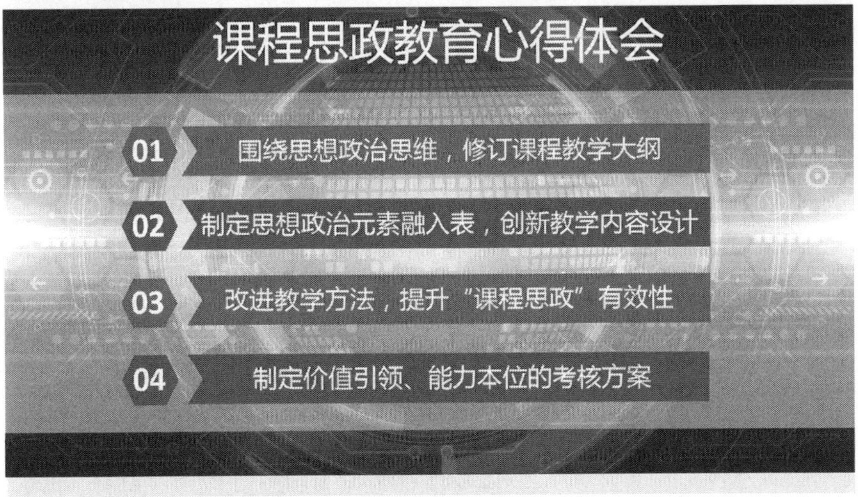

第五章 客户关系管理 案例教学课件
第五章
顾客关系管理
VS
01

观看《猎场》
视频片段
思考问题并回答：
1.回顾上节课内容
2.猎头公司的职业经理人是如何“服务到极致”的？

H&M
NAME OF THE COMPANY
“新疆棉事件”引爆国潮消费
崛起的“李宁们”能乘风翻盘吗？
VS
李宁
NAME OF COMPETITOR

案例背景

- ✓ 2021年3月底，瑞士良好棉花发展协会（BCI）及其成员宣称“抵制中国新疆产品”的做法在国内外引起轩然大波，包括H&M、耐克、GAP、ZARA在内的多个品牌都卷入其中。
- ✓ 虽然是中国消费者熟知的受欢迎品牌，但它们这场纯属无稽之谈的闹剧，在中国国内引发了消费者的强烈不满，网友们自发掀起对这些品牌的抵制行动，数十位与这些品牌合作的明星纷纷宣布解约，声援新疆棉，“我支持新疆棉花”响彻互联网。

时尚服装品牌的关键价值要素

2019快时尚品牌排行榜解读

排名	品牌	iPower	iBrand	iSite	总分
1	UNIQLO优衣库	98.9	94.18	90.45	97.11
2	ZARA	98.75	92.96	90.18	96.73
3	韩都衣舍	97.32	94.73	92.47	96.32
4	H&M	97.21	92.08	80.54	95.42
5	Adidas	97.34	91.14	88.04	95.17
6	Nike	96.2	90.17	86	94.02
7	ONLY	94.7	87.52	80.93	92.79
8	VERO MODA	92.39	96.6	86.1	92.61
9	森马	91.81	95.96	87.05	92.17
10	太平鸟	92.59	93.06	85.75	92

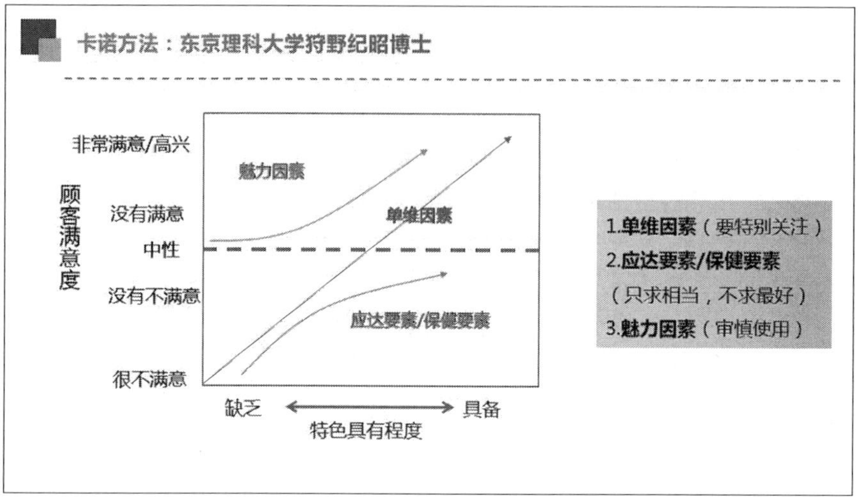
卡诺方法：东京理科大学狩野纪昭博士
非常满意/高兴
没有满意
中性
没有不满意
很不满意
顾客满意度
魅力因素
单维因素
应达要素/保健要素
缺乏
具备
特色具有程度
1.单维因素（要特别关注）
2.应达要素/保健要素
（只求相当，不求最好）
3.魅力因素（审慎使用）

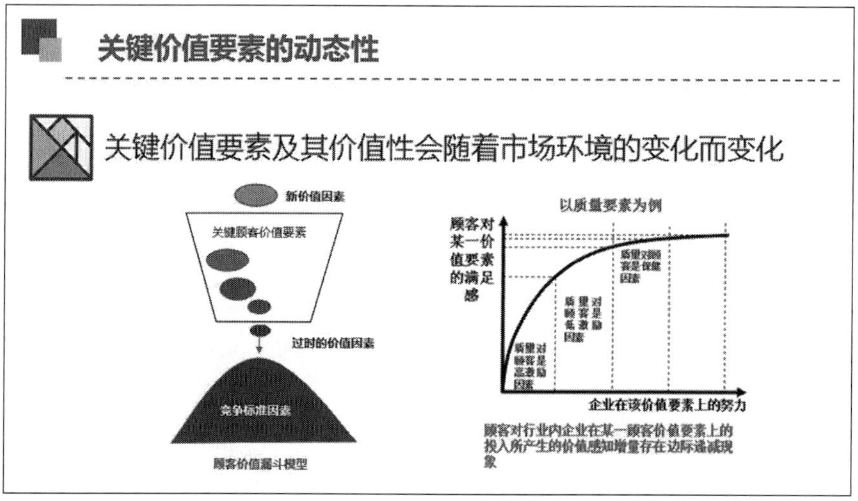
关键价值要素的动态性
关键价值要素及其价值性会随着市场环境的变化而变化
新价值因素
关键顾客价值要素
过时的价值因素
竞争标准因素
顾客价值漏斗模型
以质量要素为例
顾客对某一价值要素的满足感
质量对顾客是高激励因素
质量对顾客是低激励因素
质量对顾客是保健因素
企业在该价值要素上的努力
顾客对行业内企业在某一顾客价值要素上的投入所产生的价值感知增量存在边际递减现象

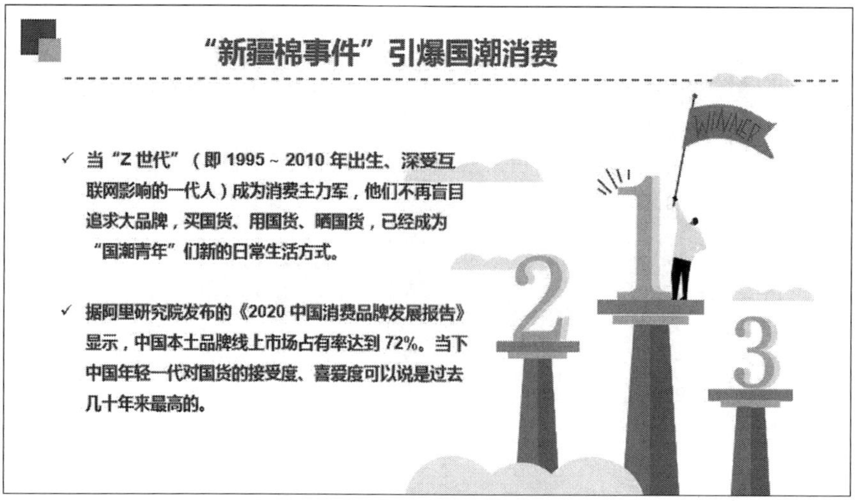
“新疆棉事件”引爆国潮消费
✓ 当“Z世代”（即1995~2010年出生、深受互联网影响的一代人）成为消费主力军，他们不再盲目追求大品牌，买国货、用国货、晒国货，已经成为“国潮青年”们新的日常生活方式。
✓ 据阿里研究院发布的《2020中国消费品牌发展报告》显示，中国本土品牌线上市场占有率达到72%。当下中国年轻一代对国货的接受度、喜爱度可以说是过去几十年来最高的。
WINNER
1
2
3

李宁品牌线下门店销售火爆
H&M门店冷冷清清，门可罗雀

问题讨论
1.中国李宁品牌中有哪些中国元素？中国文化元素对增强民族自豪感的作用？
2.根据关键要素理论，分析消费者的社会认同因素所起到的作用。
3.风口难得，但只靠情怀留不住年轻人,在产品力、品牌力、创新力等方面，国货品牌应该怎么做？

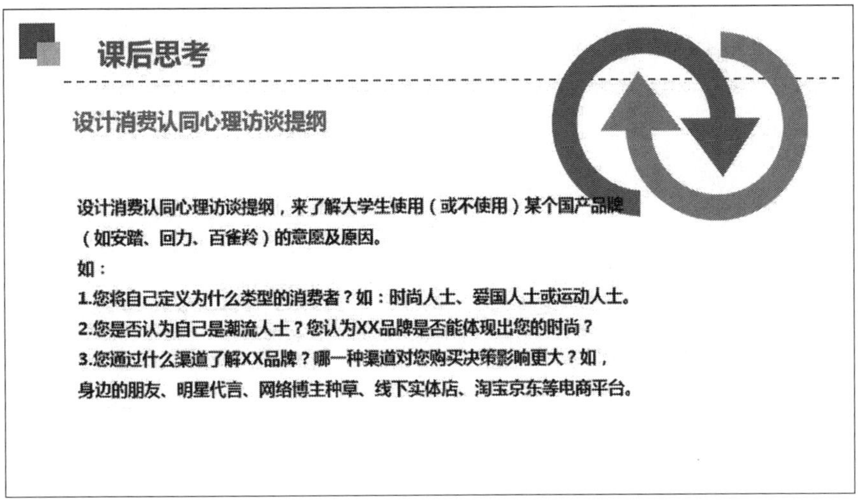
课后思考
设计消费认同心理访谈提纲
设计消费认同心理访谈提纲，来了解大学生使用（或不使用）某个国产品牌（如安踏、回力、百雀羚）的意愿及原因。
如：
1.您将自己定义为什么类型的消费者？如：时尚人士、爱国人士或运动人士。
2.您是否认为自己是潮流人士？您认为XX品牌是否能体现出您的时尚？
3.您通过什么渠道了解XX品牌？哪一种渠道对您购买决策影响更大？如，身边的朋友、明星代言、网络博主种草、线下实体店、淘宝京东等电商平台。

VS
感谢聆听！

· 艺术学

“包装设计”课程

赵昕　艺术学院视觉传达系　讲师

一、课程思政教学设计思路

（一）课程基本信息

课程性质：本门课是专业必修课；开设情况：包装设计是艺术学院视觉传达设计系的专业教育课程，从2012年一直开设至今。开设时间：第五学期；授课对象：艺术设计专业视觉传达设计系大三学生；课程任务：认真贯彻落实习近平新时代中国特色社会主义思想，牢固树立创新、协调、绿色、开放、共享的五大发展理念，将习近平总书记的绿色发展理念与包装设计课程紧密结合，积极推进课程与思政教育相结合的教学理念。并在课程中融入循环经济、社会责任、价值取向、职业素养、历史文化等方面教学内容。在学生系统了解包装设计的同时，通过对社会问题的探索设计，培养设计专业学生可持续意识，进一步提升学生综合能力和素质，努力培养担当民族复兴大任的时代新人。

（二）课程目标

通过课堂教学主渠道，与多媒介相融合的教学手段，包装设计课程从日常生活出发挖掘可持续议题，从可持续的视角和系统思维的方式探究“熟视无睹、习以为常、理所当然”的现象背后的深远影响。以问题式教学为导向，在探究的基础上鼓励同学们提出新颖、创新的生态包装想法和可持续设计理念。培养学生探索绿色设计对策以修复或再生被破坏的环境，在课程中潜移默化地培养学生的社会责任感与对美丽中国的热爱。

认知目标：系统性地学习包装设计理念，以及前沿的设计思潮与设计技法。

技能目标：可独立进行系列包装的设计，熟练运用PS，C4D等设计软件进行辅助，形成综合性的设计能力。

思政目标：了解了我国的基本国策，例如，我国目前对于环境保护的措施，生态文明建设、循环经济等先进理念，在课程中潜移默化地培养学生的民族自信心与凝聚力。

（三）课程内容简介

教学内容简介：认真贯彻落实习近平新时代中国特色社会主义思想，牢固树立创新、协调、绿色、开放、共享的五大发展理念，将习近平总书记的绿色发展理念与包装设计课程紧密结合，积极推进课程与思政教育相结合的教学理念。并在课程中融入循环经济、社会责任、价值取向、职业素养、历史文化等方面教学内容。在学生系统了解包装设计的同时，通过对社会问题的探索设计，培养设计专业学生可持续意识，进一步提升学生综合能力和素质。

（四）课程思政融入设计

将习近平总书记的绿色发展理念与设计专业必修课包装设计课程紧密结合在一起。通过在课程中融入循环经济理念、社会责任感、价值取向、历史文化等教学内容。把我国的基本国策、习总书记的重要讲话、我国的生态文明建设贯穿课程始终，并且在课程上对思政并不是照本宣科地宣传，让学生在系统地了解包装设计的同时，运用我们所学习的知识技能在贯彻在行动。提升学生的综合素质能力与可持续环境意识，培养担当民族复兴大任的时代新人。

二、教学展示

（一）教学目标和内容

1. 教学内容目标

了解生态包装的设计定义，坚持绿色发展、坚持节约资源、保护环境的基本国策，对设计专业担负的责任与未来包装设计的趋势进行系统性的学习。

2. 教学内容

第一章　绿色设计与美丽中国——生态包装与可持续发展

绿色设计与美丽中国是包装设计课程的第一节课，课程重点将放在教授学生系统地了解包装设计定义的同时，以我国的基本国策为切入点，了解我国目前对于环境保护的措施、生态文明建设、循环经济等先进理念。

第二章 绿色包装的设计要素

绿色设计源于对于现代技术文化所引起的环境及生态破坏的反思，体现了设计师的职业道德和社会责任心的回归。核心是“3R”，即Reduce、Recycle和Reuse，课程重点放在教授学生了解“3R”设计理念与设计要素，在设计中不仅要尽量减少物质和能源的消耗、减少有害物质的排放，而且要使产品及零部件能够方便地分类回收并再生循环或重新利用。

第三章 绿色包装的生命周期流程设计

生命周期是指包装系统生命周期整个阶段，从原材料的提取和加工，到使用，直至再循环和最终废物处置的环境影响的工具。课程重点放在教授学生了解包装的生命周期流程设计。并跟踪包装的生命周期流程，并选取日常生活中的衣、食、住、行、文等诸多方面，选取其中一个侧面（一个具体的物品/材料/行为等），以自然环境系统中的三个方面（空气、水、土地）为焦点，研究人类行为对环境的影响。并结合相关的设计手段（运用PS，C4D等设计软件进行辅助），对生态包装初步进行设计。

第四章 可持续理念下的包装设计

课程重点放在教授学生了解可持续发展观，以及在可持续发展观下包装设计的革新趋势。通过课堂问题式的设置，与多媒介相融合的教学手段，循序渐进地、系统化地培养学生的设计思维可持续思维与系统性思维。引导学生探究“熟视无睹、习以为常、理所当然”的现象背后的深远影响。并利用已习得的设计知识与技能，对社会问题进行设计方面的探索与优化，通过课程培养设计专业学生可持续意识与社会责任感。

第五章 循环经济与包装设计

安徽财经大学提出了“新经管”“新文科”人才培养模式的战略发展目标及思路相结合，在课程上教授学生循环经济理念、绿色经济理念，并与绿色包装设计理念相结合，综合性地提出对生态包装的设计理念，并针对具体的实践项目，给出具体的设计优化方案。

（二）教学重点和难点

将专业知识与思政教学有机融合，以问题为导向，以价值引领为主线，把绿色发展理念贯穿其中，涵盖科学精神、家国情怀、社会责任、价值取向、职业素养、历史文化等知识要素。

（三）教学过程和方法（可含时间分配）

1.教学过程

（1）理论教学：以课堂教学为主渠道，同时还融合线上课程资源多样式和线下碎片式的学习方式（课时时间占总学时20%）。

（2）实践教学：引导学生探究“熟视无睹、习以为常、理所当然”的现象背后的深远影响。并利用已习得的设计知识与技能，对社会问题进行设计方面的探索与优化。例如，带着学生去蚌埠市生态环保局参观学习，并通过自身习得的知识能力优化了蚌埠市生态环保中遇到的很多设计问题，引起了很好的社会评价（课时时间占总学时30%）。

（3）项目式教学：将项目驱动教学法引入课堂，通过此课程培养设计专业学生可持续意识与社会责任感，学生也通过社会实践让校外的民众了解绿色经济，宣传可持续发展观，潜移默化中形成了宣传与普及知识的作用（课时时间占总学时30%）。

（4）辅助性教学：通过开放式的讲座与网络课程的讲授，实现知识发布和共享，并且展览是教学成果的集中展示，同时也是打破高校壁垒、实现高校与社会链接、对外开放实现知识发布和共享的过程（课时时间占总学时20%）。

2. 教学方法

（1）教学手段上，以课堂教学为主渠道，同时还融合线上课程资源多样式和线下碎片式的学习方式。

（2）教学方式上，第一，丰富的线上资源，视频音频、APP、学习平台等提供给学生课前预习；第二，课堂教学上融合了翻转课堂的教学理念，采用多元化的参与式的上课方式；第三，参与式小组讨论，以学生为中心；第四，课程实践上，带领学生进行课程实践，将所学的设计技巧运用到项目实践中去。

（3）教学方法上，以问题为导向，并且结合课上学到的设计技能对这些问题进行设计和优化。

（4）教学思维上，循序渐进地、系统化地培养学生的设计思维可持续思维与系统性思维。

（5）思政融入点上，把我国的基本国策、习总书记的重要讲话、我国的生态文明建设贯穿课程始终，并且在课程上对思政并不是照本宣科地宣传，而是运用我们所学习的知识技能在贯彻在行动。

（四）教学反思

通过对“包装设计”课程的教学实践，我认为在高校思政教学体系规划下，可以“思政课程”为圆点，以专业核心课、通识教育课程、公共基础课程为半径，依照思政教育内容融合，不同程度形成一圈又一圈的波纹圈，架构起层次分明、错落有致的“全课程思政育人”的教学体系。把思政的核心内容灵活性地分解到每一门课程，充分体现每一门课程的育人功能。只有凸显了“圆心”价值，专业知识导向才能得以有价值作为支撑，失去了价值导向就会失去专业人才培养的方向。另外，要结合具体专业的知识特点，融合专业核心课、通识教育课程、公共基础课程为半径的专业知识结构。在教学建设中，要灵活性地消除知识传授与价值引领的分离。

三、课程思政教育心得体会

“课程思政”是新时代下学习贯彻落实习总书记重要讲话精神、凸显全员全过程全方位育人理念的总要求大背景下，有效提升高校“立德树人”的教学效果而开展的教育教学改革。这是以“知识传授与价值引领相结合”为课程目标，将“政治认同、文化自信、公民人格”作为教育教学的根本任务，培育新时代担当民族复兴大任的青年人。习近平总书记在全国高校思想政治工作会议上明确指出：“把思想政治工作贯穿教育教学全过程，开创我国高等教育事业发展新局面”。因此作为教师，应该把课程思政教学作为教学的重心。

“包装设计”这门课立足于安徽，以安徽的优秀文化作为设计要素，将着眼于具体的可持续设计课程，从课堂教学微观角度系统性研究，以“新经管”人才培养模式提出对思政课程教育教学的探索与思考。在课程教学中，作为教师也能感受到学生的积极性，特别是通过课堂教学环节的设置与课堂环境的影响，与多个教学环节的设置，引导学生探究“熟视无睹、习以为常、理所当然”的现象背后的深远影响。并通过自身习得的知识能力优化了蚌埠市生态环保中遇到的很多设计问题，引发了很好的社会评价。

从往期学生评教成绩来看，本课程均在90分以上，属于优秀课程的评价标准。并通过结课后问卷调查与学生访谈了解，学生普遍认为收获很大，通过课程系统地了解包装设计定义的同时，也对绿色发展理念、循环经济理念等有了一定的了解，并对自身未来就业的社会责任、价值取向、职业素养等知识要素也有了提升。

（1）课程影响力。第一，提高了学生的专业设计知识与技能；第二，培养社会责任感，思考与改善社会问题；第三，思政教育，了解我国基本国策与生态中国建设；第四，美丽中国的热爱，对生态包装进行设计优化；第五，培养担当民族复兴大任的时代新人。

（2）社会影响力。包装设计课也通过开放式展览、讲座、社会实践等形式，让校外的民众了解绿色经济，宣传可持续发展观，形成了一套完整的社会环保知识普及与设计完善社会创新效用的课程体系。

（3）成果影响力。包装设计课的主讲教师在2020年的思政教学比赛中，获得艺术学院“课程思政教学比赛”一等奖与安徽财经大学“课程思政教学比赛”三等奖，并获得省级思政课程立项。

教学展示课件

赵昕　艺术学院视觉传达系　讲师

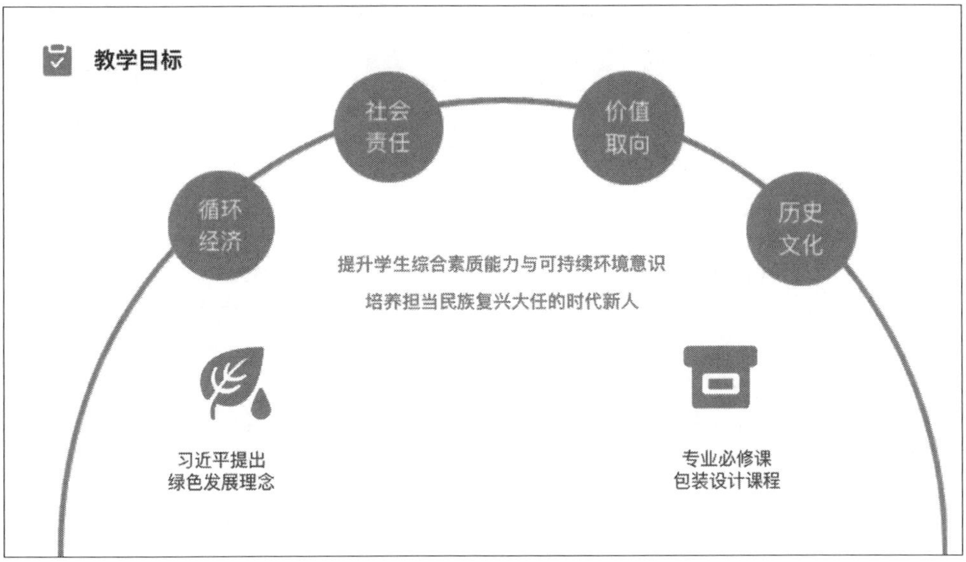

教学设计

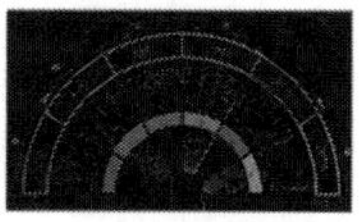

教学手段	教学方式	教学方法	教学思维
多媒介相融合展示	课堂教学+线下实践	以问题教学为导向	设计思维
线上课程+线下碎片化学习		从日常生活出发 挖掘可持续议题	可持续思维
			系统思维

思政融入点

1 基本国策 —— 2 专业知识 —— 3 社会问题

坚持节约资源
和保护环境
坚持可持续发展

提供
价值引导 →

包装设计
设计思维
制图技能

提供
设计优化 →

熟视无睹
习以为常
理所当然

将专业知识与思政教学有机融合，以问题为导向，以价值引领为主线，把绿色发展理念贯穿其中，对社会问题进行设计方面的探索与优化，通过此课程培养设计专业学生可持续意识与社会责任感。

洞察发现 | Insight

“坚持绿色发展，**必须坚持节约资源和保护环境的基本国策，**坚持可持续发展，**坚定走生产发展、生活富裕、生态良好的文明发展道路，**加快建设资源节约型、环境友好型社会，形成人与自然和谐发展现代化建设新格局，**推进美丽中国建设，**为全球生态安全作出新贡献。”

——十八届五中全会

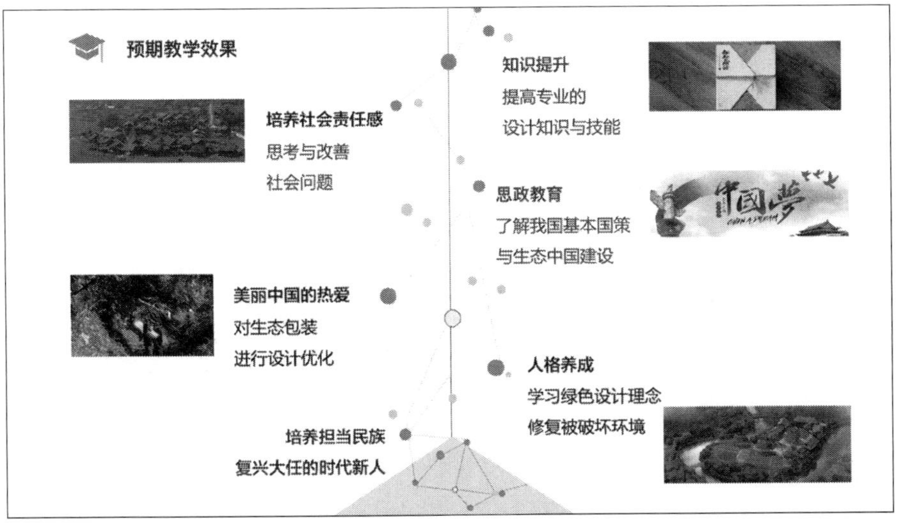

预期教学效果
培养社会责任感
思考与改善
社会问题
知识提升
提高专业的
设计知识与技能
思政教育
了解我国基本国策
与生态中国建设
美丽中国的热爱
对生态包装
进行设计优化
人格养成
学习绿色设计理念
修复被破坏环境
培养担当民族
复兴大任的时代新人

洞察发现 | Insight
SUSTAINABLE DEVELOPMENT GOALS
1 消除贫穷
2 消除饥荒
3 创造良好的健康与福利
4 教育质量
5 性别平等
6 清洁水源
8 降低工作量与促进经济发展
9 促进行业发展和创新
10 减少不公平差异
12 负责任的消费和生产
13 关注气候
14 关注水域生活环境
15 关注陆地生活环境
16 和平、正义和强大的体制
17 建立全球合作伙伴关系
SUSTAINABLE DEVELOPMENT GOALS

定义挑战 | Define Challenge
现代的世界是设计过的世界，设计是一把双刃剑
建筑
产品
家居

定义挑战 | Define Challenge

包装的作用：

包装（packaging）为在流通过程中保护产品，方便储运，促进销售，按一定的技术方法所用的容器、材料和辅助物等的总体名称；也指为达到上述目的在采用容器，材料和辅助物的过程中施加一定技术方法等的操作活动。

衣　食　住　行　弃

塑料使用量与使用周期

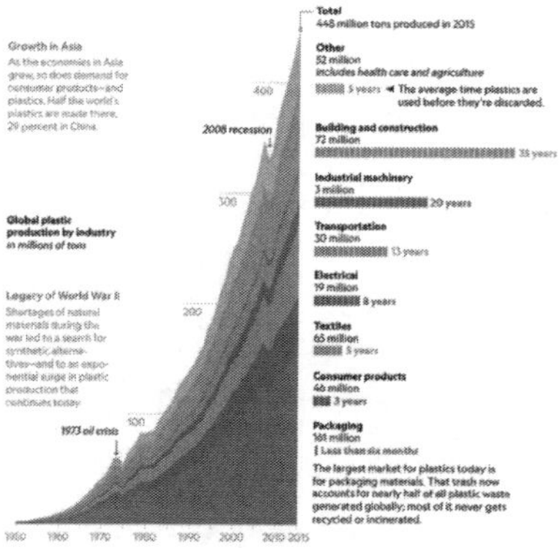

我们生活中包装80%都是塑料材质

目前全球有70亿吨塑料垃圾，其中只有9%被回收。

截止2019年，占整个塑料制品消费市场最大比重的是包装材料（近一半），其中绝大部分没有被回收。

线性经济造成浪费污染：

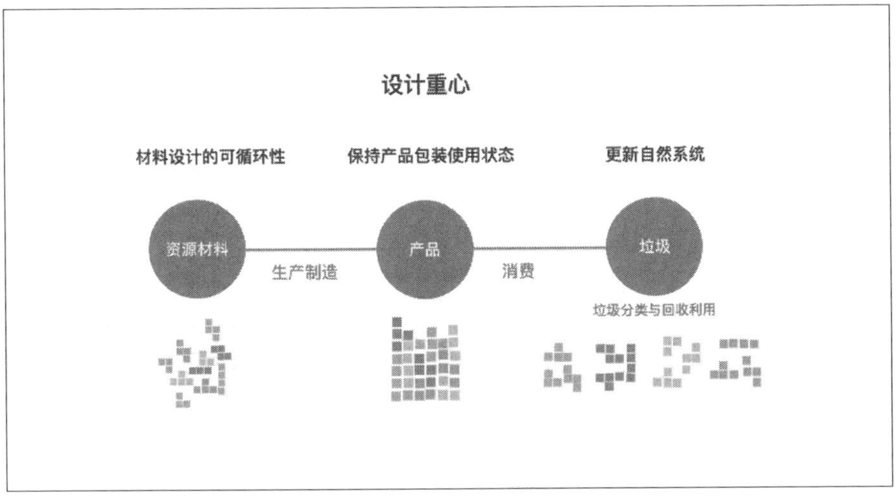
设计重心
材料设计的可循环性
保持产品包装使用状态
更新自然系统
资源材料
产品
垃圾
生产制造
消费
垃圾分类与回收利用

弃 Waste
4600 万吨快递纸盒谁处理？
Who handles 46 million tons of express cartons?
纸盒回收换来多少蓝天
How much blue sky does the express carton recycle
据中国再生资源回收利用协会估算，每 1 吨废纸回炉化浆能生产 0.8 吨的再生好纸。由此设想，1 吨可重复利用多次的纸盒纸箱，如果用一次就扔掉，即使能 100% 回收纸浆，最后也只能得到 0.8 吨的新纸盒纸箱；剩余 0.2 吨的缺口，仍要靠砍树伐木来解决。此外，生产过程中还会消耗煤、电等能源，对水、大气等环境也会造成新污染。
——《快递包装垃圾是"看不见的污染"》 人民网 2016 年 5 月 18 日

• 管理学

"市场营销学"课程

李永发　工商管理学院市场营销系　教授

一、课程思政教学设计思路

（一）课程基本信息

本课程是市场营销专业的学科基础课，第3学期必修课。

（二）课程目标

1. 知识目标

触摸真实商业世界信息，掌握营销基本专业术语，理解营销理论体系，了解营销前沿知识。

2. 能力目标

拥有数据思维、创新思维，掌握现代营销技术工具，善于利用新兴技术赋能，能够独立解决营销实际问题。

3. 素养目标

树立"营销为客户或顾客创造价值"的理念，营销人应致力于满足人们日益增长的美好生活需要，激发家国情怀和使命担当。

（三）课程内容简介

市场营销学是一门研究营销活动及其规律性的应用科学，更是一门致力于满足人民日益增长的美好生活需要的学问。教学内容主要有五个部分：第一部分，定义营销与营销过程，包括第1章营销与营销学、第2章营销哲学的演变、第3章战略计划与营销管理；第二部分，理解市场和消费者，包括第4章营销环境分析、第5章营销调研与市场需求预测、第6章消费者市场及其购买行为、第7章组织市场购买行为；第三部分，营销战略确立，包括第8章目标营销战略、第9章市场竞争战略；第四部分，营销策略推进，第10章产品与品牌策略、第11章定价策略、第12章分销策略、第13章促销策略；第五部分，营销管理与大数据营销，包括第14章营销管理、第15章大数据营销。

（四）课程思政融入设计

1.思政育人与课程育人的融入点

本课程包含诸多思政元素，表1列举了一些示例。

表1 思政元素设计示例

教学模块	思政元素	思政内容
第1章	社会主义核心价值观	范蠡诚信经商、景点乱收费
第2章	企业社会责任	李佳琦公益直播、企业抗击疫情、习近平的“两山论”
第4章	爱国主义情怀、民族自豪感	习近平2019年新年贺词、老百姓餐桌变化
第6章	正确的消费观、生活方式	郭美美微博炫富事件、流行音乐“卡路里”引出00后购买决策方式
第8章	不忘初心，牢记使命	保险公司“赏月险”“摇号险”
第9章	工匠精神	华为定义中国“质”造
第11章	爱国情感、文化自信	《战狼2》票房、杨洁篪“中国人不吃这一套”周边产品开发

2.教学方法

本课程借助深度自主开发的10多个商业教学案例与视频案例，通过案例教学法、实验教学法、情景模拟、相关短视频插播、弹幕发言、翻转课堂等多种教学方法，引导学生自主学习，实现潜移默化、润物无声的融合效果。

3.教学成效

第一，落实立德树人根本任务，实现对学生三观的有效塑造。讲授营销专业知识时，自然而然地将思政内容和盘托出，对于学生职业道德培养、价值观塑造、人生发展选择起到积极作用。

第二，学生参与度、问题解决能力显著提高。学生的学习主动性、积极性和参与性都明显提升。多数学生主动参与市场调研，参加校级和省级营销大赛的团队完成原创营销策划书的撰写，进行营销策划书的现场PPT展示和答辩以及原创短视频的制作。

第三，提升学生科研能力。案例教学法中学生自主开发案例的过程，启发了学生基于自主开发的案例做研究报告，撰写学术小论文、申报国家级和省级创新训练项目的积极性，大大提升了学生的科研素质和能力，完成了其他教学方法无法达到的效果。

第四，促进商业教学案例开发。当前课程组已开发案例13篇，例如，2018年至2020年连续3次入选“全国百篇优秀管理案例（微案例）”名单；荣获2019年清华大学“卓越开发者”案例大奖赛二等奖；2个视频案例。2020年，《透过案例学习营销管理》课程上线安徽省创业服务云平台；《营销教学案例深度开发与应用策略》荣获中国高等院校市场学研究会市场营销优秀教学成果奖优秀奖。

二、《产品决策》教学展示

（一）教学目标和内容

1. 知识目标

掌握产品属性、品牌、产品线和产品组合概念。

2. 能力目标

运用单个产品决策、产品线决策和产品组合决策理论，完成特定场景下的一份产品决策方案。

3. 素养目标

建立为顾客创造更多价值的思维方式，不仅考虑产品的功能要素，还要重视产品的情感要素。

（二）教学重点和难点

教学重点：产品属性。

教学难点：产品组合决策。

（三）授课方法与教学手段

请学生提前观看自主开发的视频教学案例《大士茶亭的价值创造逻辑》，采用案例教学法、小组讨论法授课。

（四）教学过程

在两个环节引入思政元素，教学计划安排如表2所示。

表2　课堂教学计划表（共45分钟）

步骤	时间	教师活动	学生活动	备注
导言	3分钟	简单描述大士茶亭的产品演化逻辑	回忆、整理大士茶亭视频内容	课前观看线上视频案例《大士茶亭的价值创造逻辑》
课程思政	5分钟	讲述“大士茶亭”的品牌由来，然后提问：有谁清楚张謇“魁星”商标？	学生抢答	关注产品属性、品牌由来

续表

步骤	时间	教师活动	学生活动	备注
小组讨论	15分钟	提问：大士茶亭的产品决策逻辑？	讨论，然后回答问题	期初分好组，然后固定下来
课程思政	7分钟	讲述大士茶亭的文化自信与产品的情感价值	搜索2017年中国共产党与世界政党高层对话会的两张海报，并解读	关注产品的文化要素与情感价值
小组讨论	10分钟	提问：大士茶亭的产品决策方向？下一步打算？	讨论，设计方案并报告	应用产品决策理论设计解决方案
总结	5分钟	播放2分钟大士茶亭老总最新的采访视频，回答大士茶亭的下一步打算。总结知识点，布置任务	反思，与大士茶亭老总思路比较。消化知识点	反思与技能、素养提升

（五）课后小组任务

各小组整理上课所听所思，提交大士茶亭产品决策逻辑的分析报告（嵌入图型表达），并上传学习通APP。

（六）教学反思

1.选用思政含量高的教学案例

本课程中采用案例教学法是有效的，几乎每个知识点都可以通过翔实的案例进行阐述。精心准备案例，优先选用思政含量高的案例进行教学，能够极大地提升教学效果。我们采用的大士茶亭视频案例很受学生欢迎。大士茶亭葛总经常提到“文化自信，茶道先行。”习近平总书记在党的十九大报告中明确指出：“没有高度的文化自信，没有文化的繁荣兴盛，就没有中华民族伟大复兴”。这里刚好可以穿插一个很有趣的故事：2017年中国共产党与世界政党高层对话会别具特色的海报《共饮一泓水》与《美美与共、和而不同》。

2.从教学生“学”到教学生“研”

讲好中国营销故事，避免专业教育效果出现“理论与实践脱节”的窘境，从灵魂深处厚植同学们爱党爱国情怀，应让学生学会“学习”，学会“研究”。鼓励学生自主探索真实的营销案例，进行创造性、扩散性的思维活动，通过小组讨论，设计体系化、结构化的商业案例、策划方案或者学术论文。

3.精心开展若干次移动课堂会有更好效果

我带学生做了几次移动课堂，也有个别学生亲自去体验大士茶亭的营销特色，这均将有助于升华营销认识，同时也能潜移默化，耳濡目染地塑造正确的价值观。

三、课程思政教育心得体会

（一）明确三维建设目标，推动全过程的课程思政

“三维”是指将社会主义核心价值观融入“营销知识传授”“营销能力培养”和“营销职业修养”三个不同维度，三者相辅相成，共同服务于立德树人的根本任务。通过课程思政教学培养具有爱岗敬业、富有诚信、笃行品德和社会责任感等“营销职业修养”，掌握市场营销基本理论体系、前沿知识和专业思想的“营销学识”，具备较强的营销意识和创新意识，拥有数据思维和数据分析技能及营销实践能力等“营销才能”的高层次营销人才。

（二）突出营销知识体系的开放性，不断引入前沿知识

在保证营销基本理论框架完整的前提下，紧密跟踪和梳理国内外最新营销学相关文献，将经过研究论证的最新营销理论及时更新、充实到营销课程内容中，以保证本课程内容的科学性、前瞻性和引领性。

（三）深度自主开发教学案例，讲好中国营销故事

从课程的教学目标看，深度自主开发与应用营销教学案例是优化课程教学方式的重要路径。紧盯营销知识前沿，保证教学案例聚焦的知识点与教学大纲匹配。避免开发的教学案例偏离营销主题及“大而空”的现象，形成处处有事实依据、有细节支持的真实案例。

教学展示课件

李永发　工商管理学院市场营销系　教授

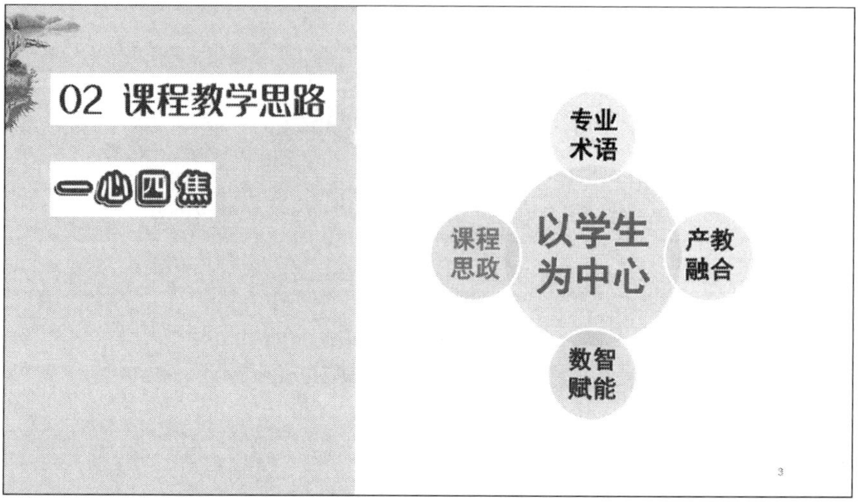
02 课程教学思路
一心四焦
专业
术语
课程
思政
以学生
为中心
产教
融合
数智
赋能
3

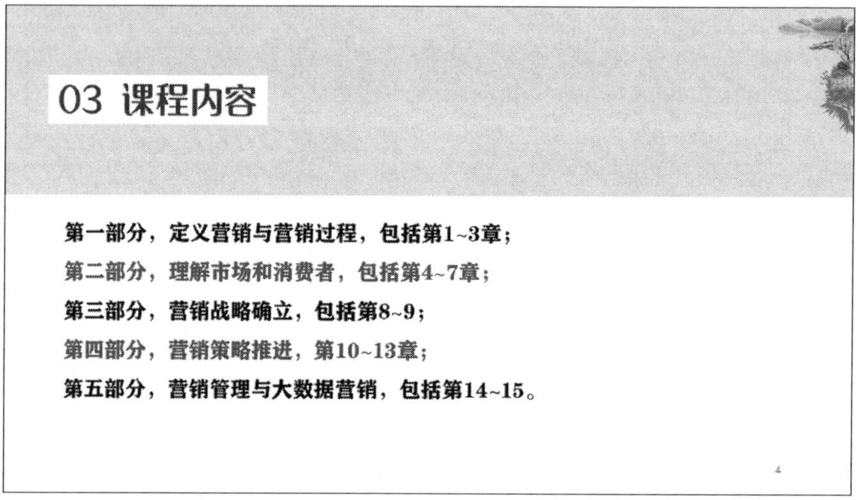
03 课程内容
第一部分，定义营销与营销过程，包括第1~3章；
第二部分，理解市场和消费者，包括第4~7章；
第三部分，营销战略确立，包括第8~9；
第四部分，营销策略推进，第10~13章；
第五部分，营销管理与大数据营销，包括第14~15。
4

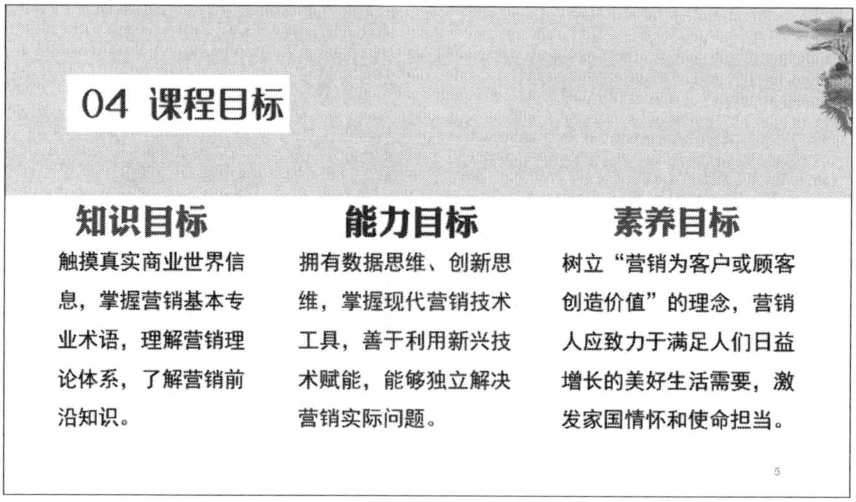
04 课程目标
知识目标
触摸真实商业世界信息，掌握营销基本专业术语，理解营销理论体系，了解营销前沿知识。
能力目标
拥有数据思维、创新思维，掌握现代营销技术工具，善于利用新兴技术赋能，能够独立解决营销实际问题。
素养目标
树立“营销为客户或顾客创造价值”的理念，营销人应致力于满足人们日益增长的美好生活需要，激发家国情怀和使命担当。
5

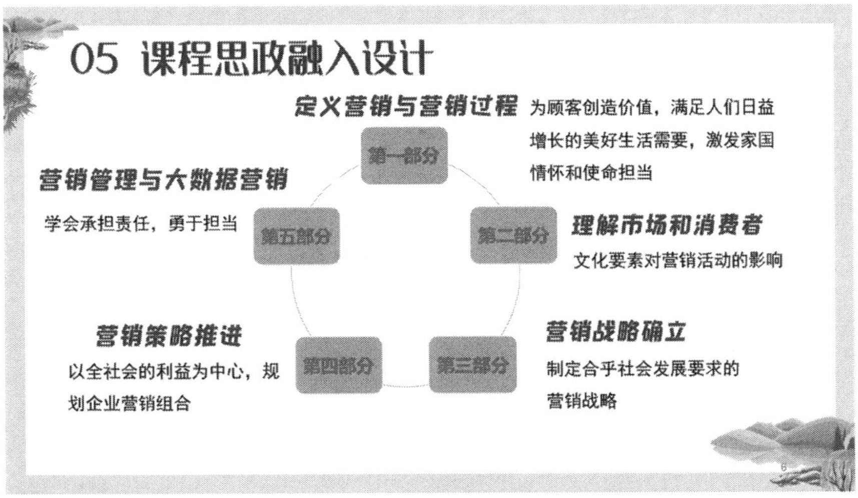
05 课程思政融入设计
定义营销与营销过程
为顾客创造价值，满足人们日益增长的美好生活需要，激发家国情怀和使命担当
第一部分
营销管理与大数据营销
学会承担责任，勇于担当
第五部分
第二部分
理解市场和消费者
文化要素对营销活动的影响
营销策略推进
以全社会的利益为中心，规划企业营销组合
第四部分
第三部分
营销战略确立
制定合乎社会发展要求的营销战略
6

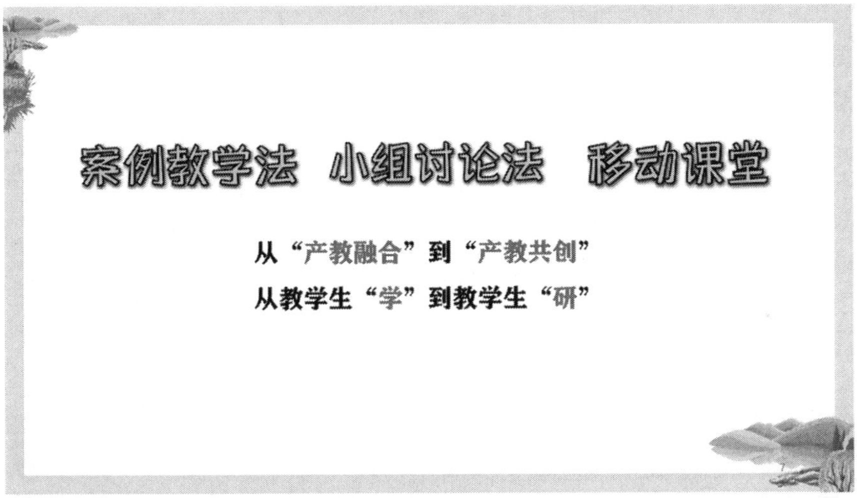
案例教学法 小组讨论法 移动课堂
从“产教融合”到“产教共创”
从教学生“学”到教学生“研”
7

产品决策
李永发
8

回顾视频案例内容
大士茶亭的顾客价值创造逻辑
安徽财经大学工商管理学院 李永发 王东 王晶晶 罗媞

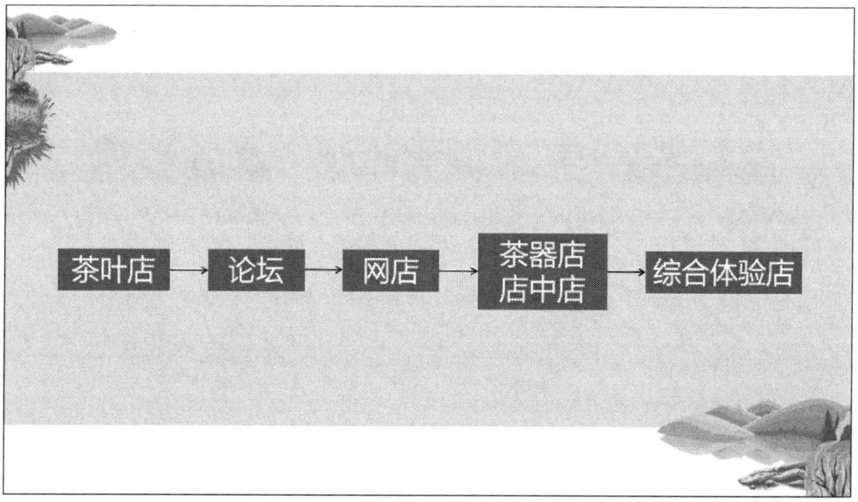
茶叶店
论坛
网店
茶器店
店中店
综合体验店

产品打磨和价值创造
茶水
茶叶
11

产品打磨和价值创造
茶器：铁壶、银壶、紫砂壶
茶课
12

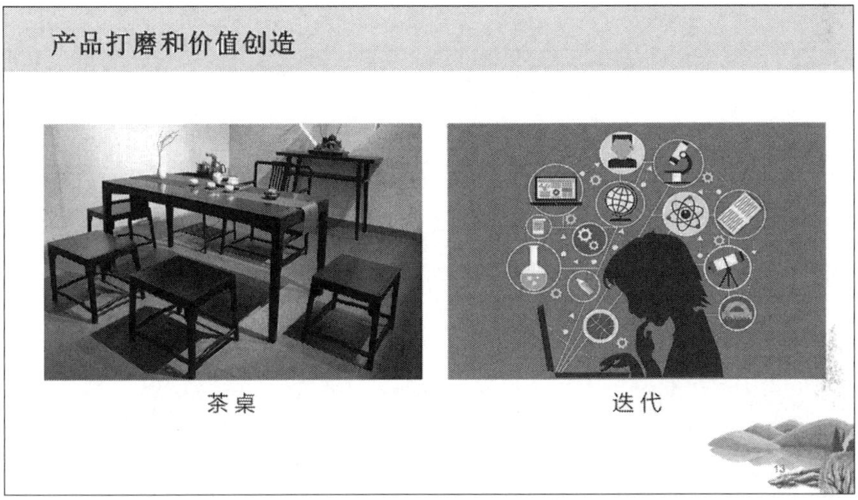
产品打磨和价值创造
茶桌
迭代
13

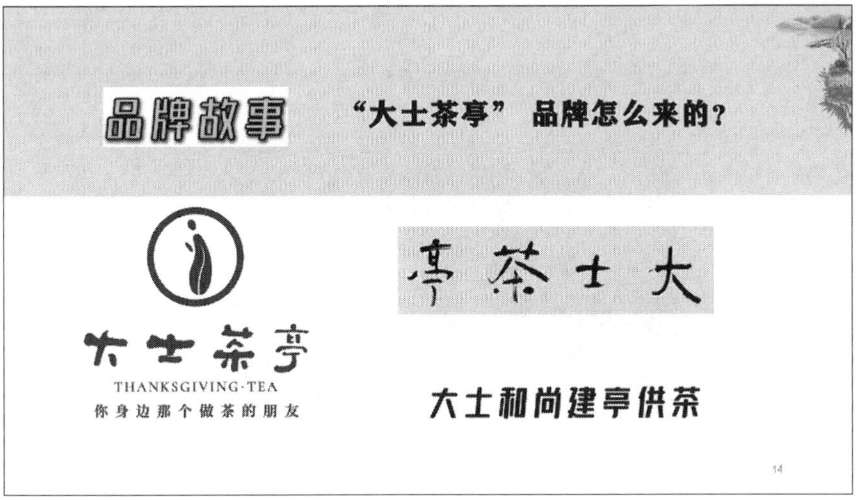
品牌故事
“大士茶亭” 品牌怎么来的？
亭茶士大
大士茶亭
THANKSGIVING·TEA
你身边那个做茶的朋友
大士和尚建亭供茶
14

品牌故事
习近平赞扬张謇：民营企业家的先贤和楷模
新华网客户端
大生纱厂红色魁星商标
“红魁”“蓝魁”“绿魁”“金魁”“彩魁”等不同产品线
15

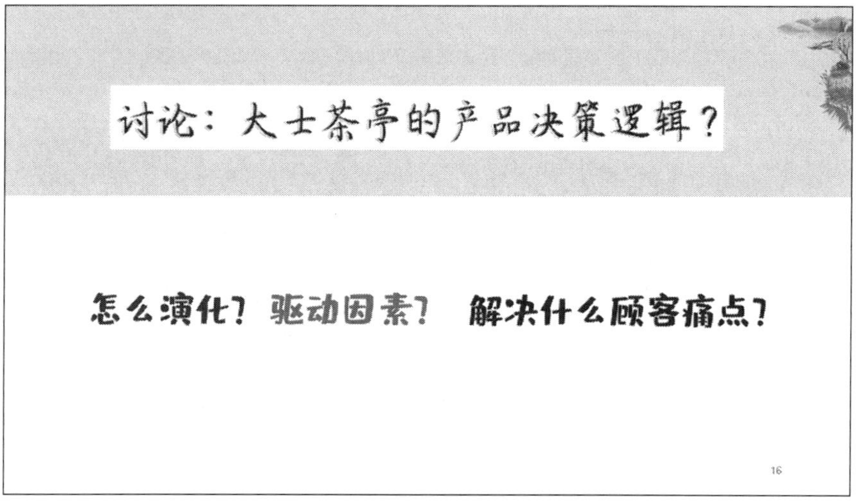
讨论：大士茶亭的产品决策逻辑？
怎么演化？驱动因素？ 解决什么顾客痛点？
16

大士茶亭的文化自信与产品的情感价值
小人物的文化中国梦
葛胜
17

中国共产党与世界政党高层对话会
两张海报以“茶”作为主要创意元素，巧借中国以茶会友、品茶论道的文化传统，寓意中国共产党邀请世界政党共议构建人类命运共同体的政党责任，共话建设美好世界的宏伟蓝图，生动诠释“构建人类命运共同体、共同建设美好世界：政党的责任”的对话会主题，营造会议良好氛围。
共饮一泓水
美美与共 和而不同
18

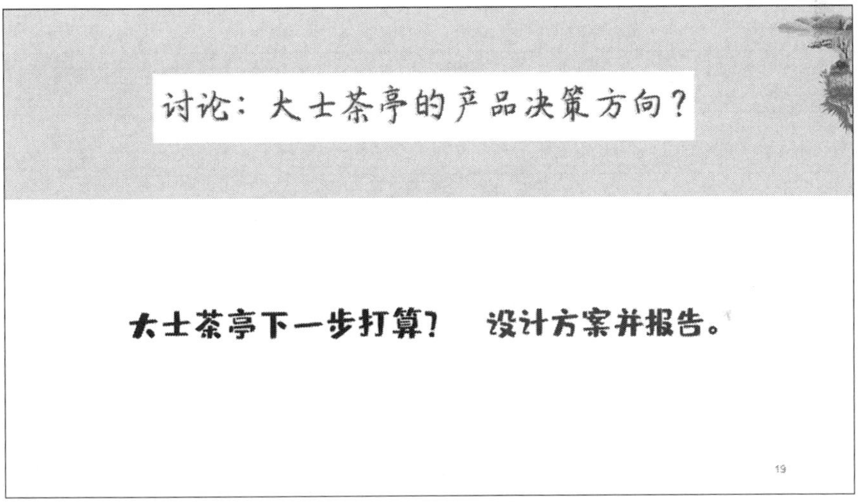
讨论：大士茶亭的产品决策方向？
大士茶亭下一步打算？ 设计方案并报告。
19

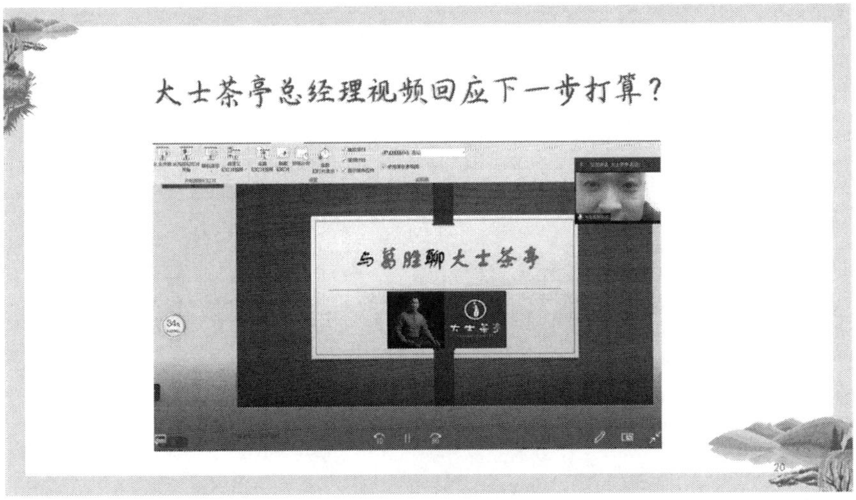
大士茶亭总经理视频回应下一步打算？
与葛胜聊大士茶亭
20

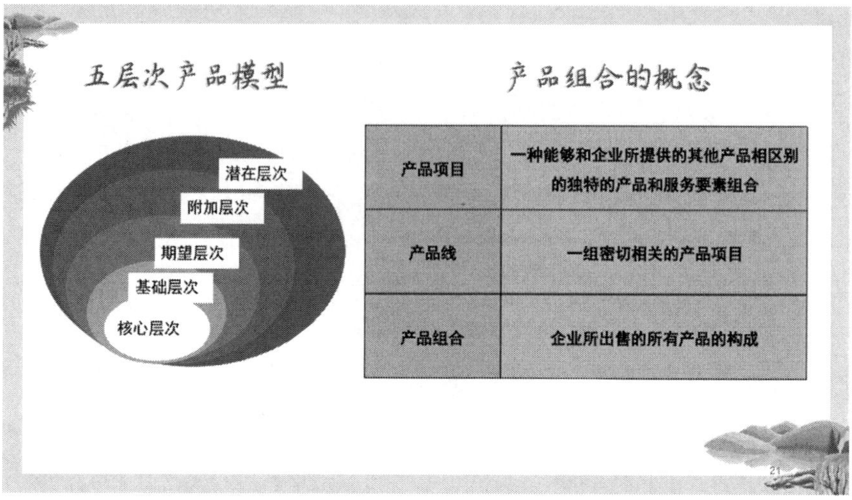
五层次产品模型
潜在层次
附加层次
期望层次
基础层次
核心层次
产品组合的概念
产品项目
一种能够和企业所提供的其他产品相区别的独特的产品和服务要素组合
产品线
一组密切相关的产品项目
产品组合
企业所出售的所有产品的构成

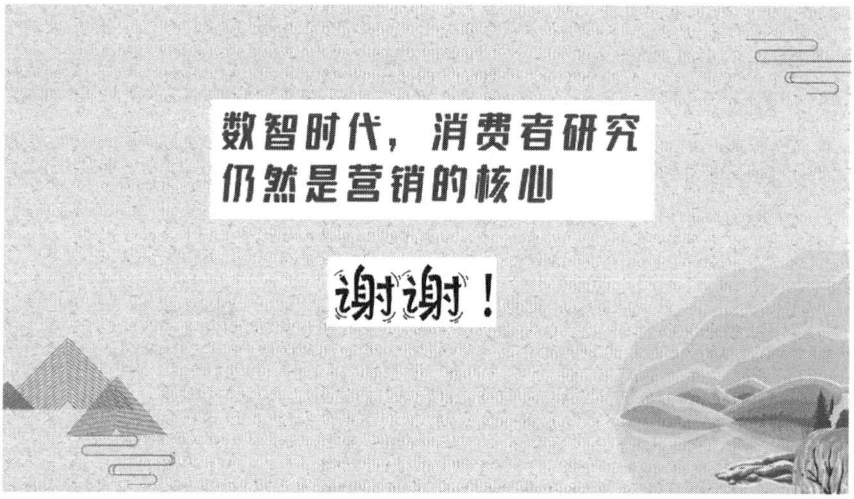
数智时代，消费者研究
仍然是营销的核心
谢谢！

• 经济学

“国际经济学”课程

刘国晖　国际经济贸易学院国际经济与贸易系　副教授

一、课程思政教学设计思路

（一）课程基本信息

“国际经济学”是教育部教学指导委员会确定的经济学门类所有本科专业必修的学科基础理论课程。安徽财经大学“国际经济学”课程教学共54学时，采用线上线下混合教学方式，其中线上学习18学时，线下教学36学时。

（二）课程目标

本课程的教学目标是：通过教学使学生在掌握国际贸易理论与政策的主要内容和演变历史、国际金融理论和开放条件下的宏观经济理论基础上，理解中国对外贸易政策和宏观经济政策的制定依据，服务“新经管”建设工程下各专业培养目标，塑造坚定“四个自信”、充满家国情怀、具备国际化视野的高素质应用型经济建设人才。

（三）课程内容简介

“国际经济学”是经济学科知识体系的重要组成部分。课程主要内容包括国际贸易理论与政策（即微观国际经济学）、国际金融与开放条件下的宏观经济学（即宏观国际经济学）两个部分。

（四）课程思政融入设计

本课程秉持三全育人理念，落实立德树人根本任务，发挥课程组集体力量，推进科研促进思政教学，实现课程思政元素与全部教学要点的有机融合；建设并丰富线上思政教学示范课资源，开展线上线下混合式教学和翻转课堂实践，实现课前、课中、课后以及考核环节的全过程思政育人；同时，任课教师坚持正确的科研方向，力争以高尚的师德师风感染学生，以严谨的治学态度培养学生，以正确的世界观、人生观、价值观塑造学生，扎实推进课程思政全方位育人。

二、教学展示

（一）教学目标和内容

1. 教学目标

（1）巩固线上学习知识点“里昂惕夫之谜的经济学解释”；（2）掌握斯托尔珀—萨缪尔森定理的成立条件、逻辑线索、基本结论；（3）结合定理分析对外贸易对提高中国人均收入水平所起到的积极贡献以及相关数据的国别对比，提高学生对改革开放国策的理性认识和认同感，增强学生对党领导下中国特色社会主义道路的自信心和自豪感。

2. 教学内容

（1）回顾第四章第三节有关里昂惕夫之谜的内容；对“里昂惕夫之谜的经济学解释”网上学习成效情况进行检查和督导。（2）学习第四章第四节有关“斯托尔珀—萨缪尔森定理”的内容。

（二）教学重点和难点

1. 教学重点

斯托尔珀—萨缪尔森定理的假设前提、基本结论及其在现实中的应用。这部分内容应作为课堂主要时间讲授，要利用当代国别人均收入等数据对定理加以印证和分析。

2. 教学难点

斯托尔珀—萨缪尔森定理的经济直觉化推导过程；斯托尔珀—萨缪尔森定理与要素价格均等化定理的区别。对此，要从微观经济学的基本原理出发，有条理地讲述经济学思维演绎过程，点明不同定理的逻辑区别，重在培养学生的经济学思维意识。

（三）教学过程和方法

1. 教学过程

（1）课程回顾和线上学习成效检查。

为了课程讲述内容衔接顺畅，课程开始要对于H-O定理、要素价格均等化定理、里昂惕夫之谜三个重要知识点进行简要回顾。对于按照教学计划安排应由学生线上自学的有关“里昂惕夫之谜”的几个重要经济学解释以提问、答疑的方式进行线上学习成效检查（见图1）；提问内容如“里昂惕夫本人是如何解释实证检验与H–O定理的理论预测不相符的？”以及“对里昂惕夫的经济学解释是否推翻了H–O定理？”，时间控制在10分钟以内。

图1 课程回顾与线上学习成效检查

（2）新课导入。

斯托尔珀—萨缪尔森定理是H–O定理的重要推论之一，是新古典贸易理论的核心组成部分，它揭示了对外贸易与要素收入变化之间的关系。通过东亚国家特定群体对自由贸易的态度作为案例式引入贸易与要素收入之间存在一定关系这一主题（案例：“印度卡那塔卡邦农民以自杀方式抗议贸易自由化”），进而进入新课的主题内容（见图2）。

图2 新课导入

（3）讲授新课内容。

①讲述斯托尔珀—萨缪尔森定理的基本内容。

在多媒体设备上用文字展现教材有关斯托尔珀—萨缪尔森定理的基本内容，对定理中涉及的基本概念做简要阐述。

②介绍斯托尔珀—萨缪尔森定理的时代背景和文献背景。

在教材内容的基础上，讲解斯托尔珀和萨缪尔森分别提出各自理论假设的时代背景以及所涉及的英文文献（Stolper & Samu-elson，1941. Protection and Real Wages），对英文文献所得出的研究结论与“国际经济学”同行教材中的定理表述在文字上的区别做简要讲解。作为较高要求，鼓励学有余力的学生在课外研读这篇英文文献，锻炼学术论文研读能力。

③重点讲解斯托尔珀—萨缪尔森定理的内在逻辑。

对于本科生，以微观经济学基本理论为基础，用经济学直觉思维方式演绎斯托尔珀—萨缪尔森定理的内在逻辑（即定理的推导过程），不采用纯粹数学方法推导该定理，用多媒体设备以动态文字展现逻辑演绎过程，力求用清晰、简明的经济学直觉式推理过程揭示斯托尔珀—萨缪尔森定理的内容。

④重点讲解斯托尔珀—萨缪尔森定理的假设条件。

斯托尔珀—萨缪尔森定理有一系列前提条件，其中之一是假设不存在国际贸易壁垒，这一假设与现实有较大差距。要向学生讲解尽管经济全球化在当前遭遇挫折，但现实中贸易壁垒逐渐降低是一个长期化趋势，经济全球化在长期也是不可阻挡的趋势；同时向学生说明尽管定理的假设条件在现实经济中难以完全满足，但这一定理所揭示的基本经济规律仍然在现实经济中可以找到印证并且自该定理被提出以来，一代又一代的学者对与定理相关的现实问题进行了大量且富有成效的研究。

⑤案例讨论和分析。

用多媒体设备展现中国自改革开放以来发展对外贸易和人均收入水平变化之间的关系，以及美国对外贸易对资本收益的影响等相关实证图形和数据，引导学生参与讨论分析案例，说明定理在现实中的印证，引申出我国改革开放政策和奉行互利共赢的对外开放战略的正确性。

通过引导学生讨论分析近40年来国别收入水平的对比变化，展现中国自改革开放以来对外贸易发展和经济建设成就，深化学生对中国改革开放政策的认识，坚定学生对中国特色社会主义道路的自信（见图3）。

图3 案例分析和讨论

⑥讲解、讨论斯托尔珀—萨缪尔森定理与要素价格均等化定理的区别联系。

在案例分析的基础上，引导学生参与讨论斯托尔珀—萨缪尔森定理与要素价格均等化定理在理论假设和结论上的区别和联系，在讨论基础上对相关内容进行讲解。

（4）课堂练习和成绩分析点评。

①课堂练习。

利用超星—学习通平台布置1个判断题和3个单项选择题，由学生在1.5分钟内完成答题并提交。学生整体答题结果同步显示到多媒体屏幕。

②成绩分析点评。

对学生提交的课堂练习成绩进行考察、点评，了解学生对本节课所教知识的掌握情况，对每道题进行简要讲解，帮助学生深化对理论知识点的认知（见图4）。

图4 课堂练习和成绩分析点评

（5）课堂教学小结。

对课堂教学环节和新授课主要知识点进行概述，对教、学两个方面做简要小结。

（6）布置课后线上作业、预习任务。

要求学生在超星—学习通平台完成线上作业，并且预习下一次课将要讲述的罗伯津斯基定理的内容。要求学生按照教学计划对教材第四章第五节“特定要素与国际贸易”内容利用超星—学习通平台课程资源进行完整线上自学（见图5）。

图5　学生线上学习、复习和完成作业

（7）课后线上作业完成情况及评阅（见图6）。

姓名	学号/工号	学校	状态	提交时间	IP	批阅时间	批阅人	批阅ip	成绩	
[illegible]	20190357		完成	2021-03-22 21:31	58.243.254.217	2021-03-23 07:50	[illegible]	120.243.100.98	9	查看 打回
[illegible]	20190951		完成	2021-03-22 19:52	58.243.254.188	2021-03-23 07:48	[illegible]	120.243.100.98	10	查看 打回
[illegible]	20191365		完成	2021-03-22 19:14	223.246.42.163	2021-03-23 07:47	[illegible]	120.243.100.98	9	查看 打回
[illegible]	20191918		完成	2021-03-22 19:46	39.144.36.87	2021-03-23 07:48	[illegible]	120.243.100.98	8	查看 打回
[illegible]	20192083		完成	2021-03-22 19:25	36.34.90.11	2021-03-23 07:47	[illegible]	120.243.100.98	8	查看 打回
[illegible]	20192727		完成	2021-03-22 19:54	58.243.250.250	2021-03-23 07:49	[illegible]	120.243.100.98	10	查看 打回
柯文庆	20192856		完成	2021-03-22 19:51	39.144.37.209	2021-03-23 07:48	[illegible]	120.243.100.98	9	查看 打回
[illegible]	20193511		完成	2021-03-22 19:11	58.243.250.2	2021-03-23 07:47	[illegible]	120.243.100.98	7	查看 打回
[illegible]	20194087		完成	2021-03-22 21:33	39.144.36.149	2021-03-23 07:50	[illegible]	120.243.100.98	9	查看 打回
[illegible]	20194704		完成	2021-03-22 [illegible]	39.144.37.9	2021-03-23 [illegible]	[illegible]	120.243.100.98	8	查看

图6　线上作业完成情况及评阅

图 6　续图　线上作业完成情况及评阅

2. 教学方法

（1）线上线下教学方式相结合。

对于按照教学计划由学生线上自学的“里昂惕夫之谜的经济学解释”，在课堂以答疑和提问的形式进行学习成效检查。对于线下课堂重点讲述“斯托尔珀—萨缪尔森定理”，在完成教学后，学生要在“国际经济学”课程线上平台完成线上作业并通过搜索互联网资源（包括学术论文、数据、案例等）开展课后延展性学习与阅读以巩固、提升课堂教学效果。

（2）案例和讨论式教学。

应用近年中国发展进出口贸易与人均GDP提升案例，以及中国人均收入与发达国家人均收入相对变化案例进行分析，引导学生应用所学理论知识分析现实中的经济现象。同时，采用“学生自由讨论+教师讲解”的方式进行教学，以进一步培养学生自主思考能力和参与讨论研究的意识和热情。

（四）教学反思

总体来看，学生对已讲授的H–O定理、要素价格均等化定理、里昂惕夫之谜等知识点掌握情况良好，能够自觉完成“里昂惕夫之谜的经济学解释”这一部分线上学习任务，学习效果良好。在课堂讨论环节，学生能够积极参与讨论，对案例涉及的相关问题能够清晰说明自己的观点，尽管学生的有些观点和语言表达存在偏颇和瑕疵，但学生能够围绕主题独立自主地思考并且能够积极参与课堂讨论仍是值得鼓励的，特别是学生能够自觉地站在中国立场上看待中国对外贸易发展现实问题，并对中国自改革开放以来人均收入水平提高、国力增强感到自豪，说明课程思政任务在专业课教学中落实情况达到预期效果。通过评阅课堂练习和课后线上作业完成情况可见，绝大部分学生能够正确完成作业，对相关理论知识掌握良好，有能力开展后续学习。

（五）其他需要展示的内容

1.线上教学资源

经过课程组全体教师的共同努力，“国际经济学”现已建成超星—学银在线网上教学平台（见图7），该平台包括教学视频50个（含1期6个思政教学示范课程，以“中国开放经济专题”命名呈现）、在线习题375道、课外阅读材料等资源。

图7 线上教学平台

2.近三个教学周期学生评教

学期	任课教师	课程	课程号	学生评教
2018年春学期	刘国晖	国际经济学	ITH1121104	91.7545
2019年春学期	刘国晖	国际经济学	ITH1121104	90.9186
2020年春学期	刘国晖	国际经济学	18IT0100	90.0648

三、课程思政教育心得体会

第一，“国际经济学”的主要内容是西方经济理论的重要组成部分，其主流学说不可避免地要为西方认可的国际经济体制提供辩护，并为具体的国际经济事务问题提供解决方案。教会学生站在中国立场上正确认识西方国际经济理论的意识形态问题，并且引导学生正确应用国际经济理论分析当前国际经济问题，增强学生对党领导下中国改革开放事业的认同感、自豪感和自信心，激发学生的学习热情和家国情怀，是“国际经济学”乃至整个经济学专业课思政教育的核心。第二，发挥课程组集体力量，挖掘并共享思政元素，贯彻三全育人理念，充分利用互联网课程平台，推进案例教学、翻转课堂教学实践，在经济理论教学有机融入思政教育，能够达到思政教育入耳入脑入心的效果，能够得到学生的认可和欢迎。

教学展示课件

刘国晖　国际经济贸易学院国际经济与贸易系　副教授

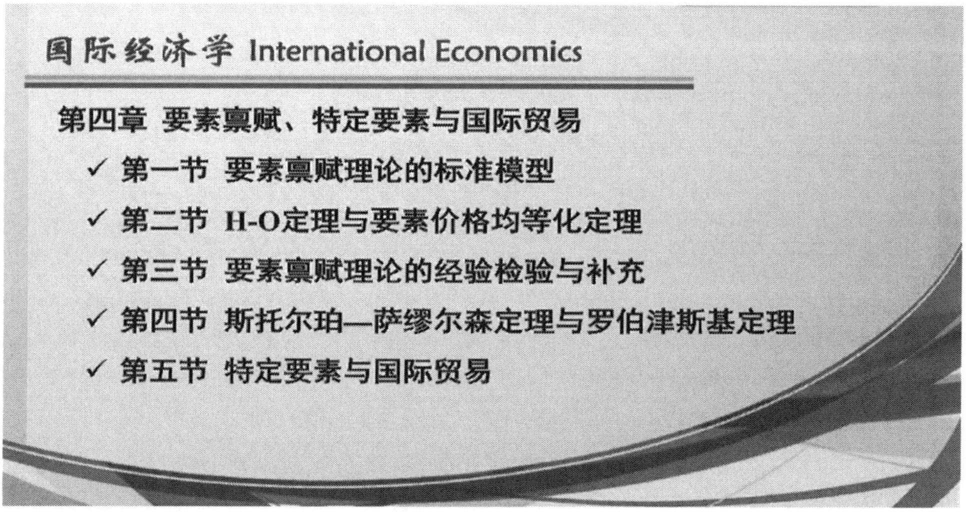

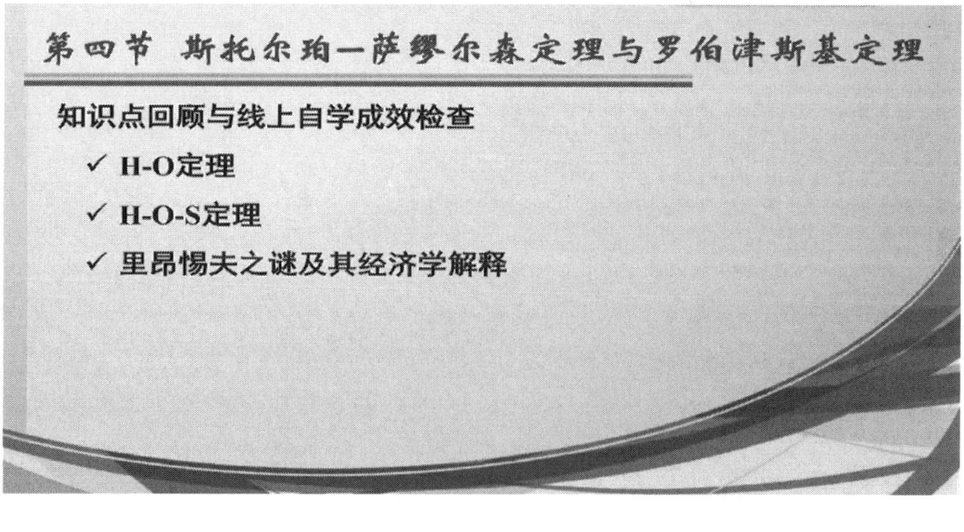

第四节 斯托尔珀—萨缪尔森定理与罗伯津斯基定理

本节介绍的两个定理，与H-O定理和H-O-S定理共同构成现代要素禀赋理论的核心内容。

现代要素禀赋理论
- 赫俄定理（H-O定理）
- 要素价格均等化定理（H-O-S定理）
- 斯托尔珀—萨缪尔森定理（S-S定理）
- 罗伯津斯基定理（Rybczynski 定理）

新古典假设下的自由贸易均衡

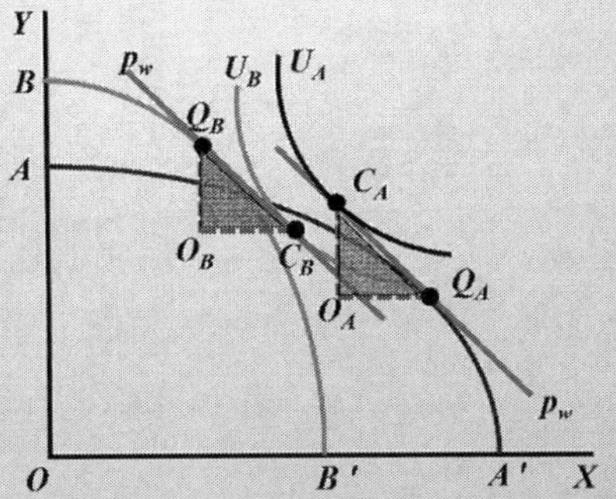

左图为开放条件下的贸易三角，两国的贸易三角（$\triangle Q_AO_AC_A$ 和 $\triangle Q_BO_BC_B$）为全等三角形。

对待自由贸易的态度

印度卡那塔卡邦农民以自杀方式抗议贸易自由化

2003年9月16日印度《金融时报》消息，卡邦官员透露今年4月以来，已有220名农民自杀。据卡邦农民协会领导人称，导致农民自杀的原因是由于市场开放、廉价进口货倾销、农产品价格下跌和负债沉重。他称这完全是世贸组织贸易自由化造成的后果。印度有7亿多农民，其中1.28亿是耕种的农民，大多数拥有土地不足5英亩，1.08亿是雇农。农民经常以高利率方式从私人手里借贷。卡邦本月颁布了紧急法令，把农业贷款限定为一年转滚法，私人借贷利率从22%~24%削减为14%~16%。

新闻来源：中国驻孟买总领事馆经济商务处网站

2014年6月韩国农民团体跪地示威 抗议政府开放大米市场

新闻来源：网易新闻

斯托尔珀—萨缪尔森定理

斯托尔珀—萨缪尔森定理（Stolper-Samuelson Theorem，S-S定理）：

某产品相对价格的上升（如开展国际贸易后出口产品的价格上升或征收进口关税后进口产品的价格上升），将导致该产品密集使用的生产要素的实际价格或报酬提高，而另一种生产要素的实际价格或报酬下降。（国际贸易有利于丰裕要素，而不利于稀缺要素）

斯托尔珀—萨缪尔森定理

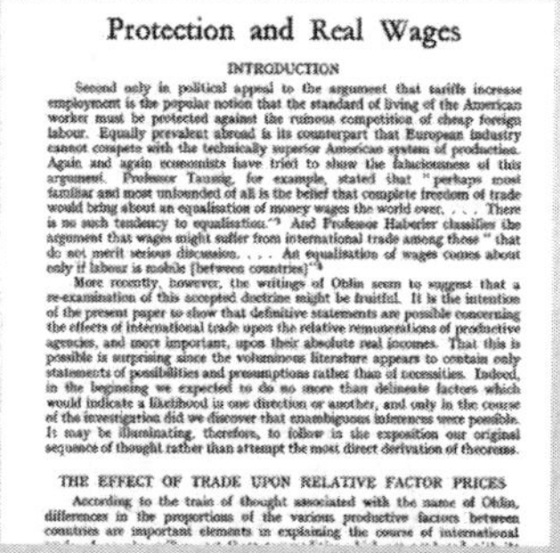

Protection and Real Wages

INTRODUCTION

Second only in political appeal to the argument that tariffs increase employment is the popular notion that the standard of living of the American worker must be protected against the ruinous competition of cheap foreign labour. Equally prevalent abroad is its counterpart that European industry cannot compete with the technically superior American system of production. Again and again economists have tried to show the fallaciousness of this argument. Professor Taussig, for example, stated that "perhaps most familiar and most unfounded of all is the belief that complete freedom of trade would bring about an equalisation of money wages the world over. . . . There is no such tendency to equalisation."[3] And Professor Haberler classifies the argument that wages might suffer from international trade among those "that do not merit serious discussion. . . . An equalisation of wages comes about only if labour is mobile [between countries]"[4]

More recently, however, the writings of Ohlin seem to suggest that a re-examination of this accepted doctrine might be fruitful. It is the intention of the present paper to show that definitive statements are possible concerning the effects of international trade upon the relative remunerations of productive agencies, and more important, upon their absolute real incomes. That this is possible is surprising since the voluminous literature appears to contain only statements of possibilities and presumptions rather than of necessities. Indeed, in the beginning we expected to do no more than delineate factors which would indicate a likelihood in one direction or another, and only in the course of the investigation did we discover that unambiguous inferences were possible. It may be illuminating, therefore, to follow in the exposition our original sequence of thought rather than attempt the most direct derivation of theorems.

THE EFFECT OF TRADE UPON RELATIVE FACTOR PRICES

According to the train of thought associated with the name of Ohlin, differences in the proportions of the various productive factors between countries are important elements in explaining the course of international

Author(s): Wolfgang F. Stolper and Paul A. Samuelson.
Source: The Review of Economic Studies , Nov., 1941, Vol. 9, No. 1 (Nov., 1941), pp. 58-73

Wolfgang F. Stolper
1912-2002

Paul A. Samuelson
1915-2009

斯托尔珀—萨缪尔森定理

均衡状态

$$w = P_x \times MPL_X = P_Y \times MPL_Y$$
$$r = P_x \times MPK_X = P_Y \times MPK_Y$$

$MPL_X = w_X/P_x$　　$MPL_Y = w_Y/P_Y$

$MPK_X = r_X/P_x$　　$MPK_Y = r_Y/P_Y$

X的相对价格上升 → 资本和劳动从Y向X部门流动
X部门是资本密型的，需要较多的资本和较少的劳动
Y部门是劳动密型的，释放较多的劳动和较少的资本 →

资本需求大于供给 → 资本价格上涨
劳动供给大于需求 → 劳动价格下跌
→ 两部门资本-劳动比都下降 → 资本的边际生产力(实际报酬)上升，劳动的边际生产力（实际报酬）下降

斯托尔珀—萨缪尔森定理

We are anxious to point out that even in the two factor case our argument provides no political ammunition for the protectionist. For if effects on the terms of trade can be disregarded, it has been shown that the harm which free trade inflicts upon one factor of production is necessarily less than the gain to the other. Hence, it is always possible to bribe the suffering factor by subsidy or other redistributive devices so as to leave all factors better off as a result of trade.

WOLFGANG F. STOLPER.
PAUL A. SAMUELSON.

“我们要立即指出的是，即便在两个要素模型中，我们的论据也没有为贸易保护论者提供政治攻击武器。因为如果忽略对贸易条件所产生的影响，那么自由贸易对一种生产要素所造成的损害必然要小于对另一种生产要素所造成的损害。因此，总有可能通过补贴或者其他再分配手段来补偿遭受损失的生产要素，从而使所有生产要素都受惠于贸易。”

斯托尔珀—萨缪尔森定理与H-O-S定理的比较

相同点：

- ✓ 都遵循了新古典理论的通常假定
- ✓ 都是在H-O定理基础上研究国际贸易对要素收入的影响

不同点：

- ✓ H-O-S定理的结论以完全的贸易自由化为前提而S-S定理可以从设置关税壁垒这一假设得到结论
- ✓ H-O-S定理分析国际贸易对国家间相同要素收入的影响（趋同化），而S-S定理分析国际贸易对国内收入不同要素收入的影响

斯托尔珀—萨缪尔森定理的应用和检验

经典案例：　　关税保护下的尼日利亚的纺织工厂

在1960年，斯托尔珀（Wolfgang F. Stolper）受聘于尼日利政府发展部，期间，他访问了尼日利亚北部的卡杜纳纺织厂（Kaduna Textile Mills）。该纺织厂由英国人投资兴建，雇员1400人，由于缺少技术工人，生产效率低下，政府实施了90%的高额关税才使工厂免于倒闭。如果实行自由贸易，尼日利亚当时就应从国外进口纺织品而不是自己生产。自由贸易不会给尼日利亚的稀缺要素带来好处，尼日利亚也没有为大规模工业生产做好准备，斯托尔珀总结说：“依赖高关税维持的产业只会陷国家于困境”。

斯托尔珀—萨缪尔森定理的应用和检验

案例：　　贸易自由化与巴西的收入分配

费雷拉等（Ferreira, Leite and Wai-Poi, 2007）的研究发现巴西贸易自由化伴随着收入不平等的减少。1987-1995年，巴西进口平均关税从43.4%下降到13.9%（巴西对技能行业的初始保护成都很高，但这些行业的关税下降幅度也最大，例如电气和电子设备行业名义关税从1988年的50%下降到21%，化工制品），进口制造商品在消费品中占比从15%提高到31%，熟练工人（相对稀缺）相对于非熟练工人的工资下降了14.3%。这与S-S定理的预测结果是一致的。

斯托尔珀—萨缪尔森定理的应用和检验

案例：　　中国的要素报酬

利用中国经济（制造业）工资差距检验S-S定理所得结论并不一致，有的研究支持S-S定理（朱钟棣，2009；刘慧，2015；王立勇、胡睿，2020；等），也有的研究认为S-S定理不适用于中国经济（蒋雨桥、岑杰，2016；徐圣、黄先海，2017；等）。

斯托尔珀—萨缪尔森定理的应用和检验

案例：

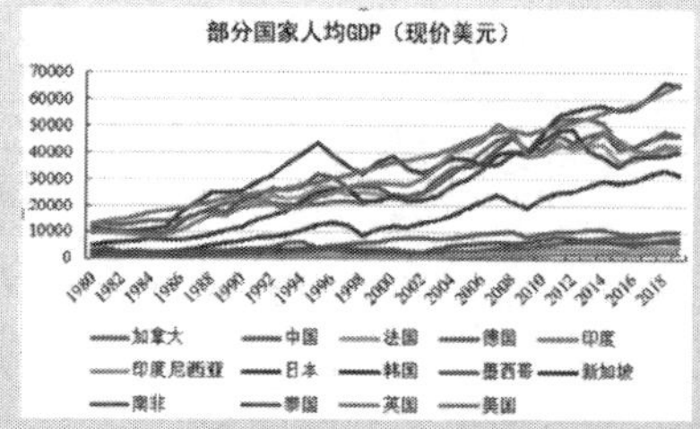

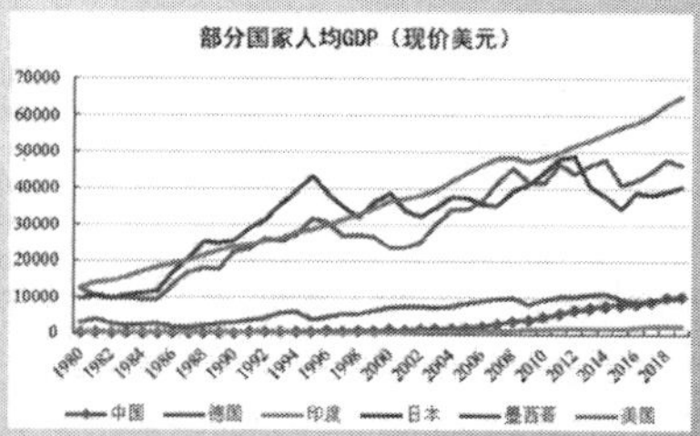

课堂测验

判断题：

即使生产要素不具备国际流动的条件，只要商品自由贸易得到充分的发展，那么根据要素价格均等化定理，各国同种生产要素的相对价格和绝对价格都会趋于相等。（　　）

课堂测验

单项选择题：

从国际贸易对生产要素收入的影响来看，国际贸易有利于（　　）。

A. 生产进口竞争品中密集使用的生产要素收入的增加

B. 生产进口竞争品中密集使用的共同生产要素收入的增加

C. 生产出口品中密集使用的共同生产要素收入的增加

D. 生产出口品中密集使用的生产要素收入的增加

课堂测验

单项选择题：

如果提高某进口品关税，在新古典假定下，进口竞争产品中密集使用的生产要素在要素投入中的占比将（　　）。

A. 提高

B. 下降

C. 不变

D. 无法确定

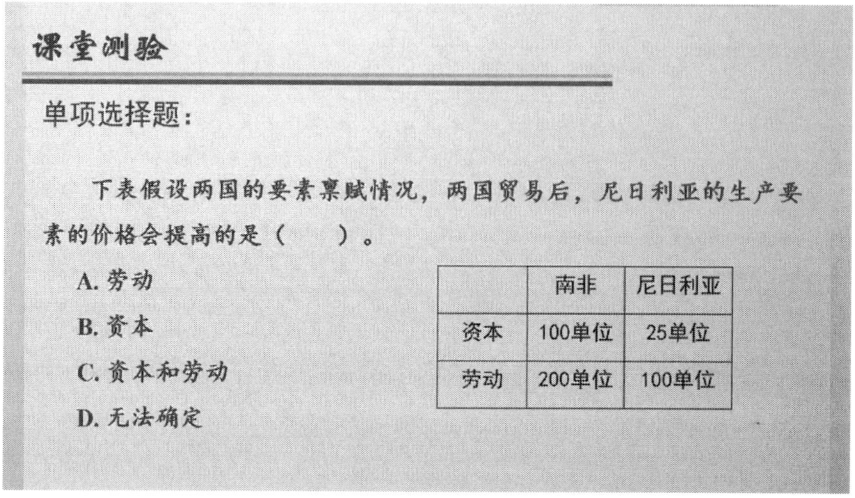
课堂测验
单项选择题：
下表假设两国的要素禀赋情况，两国贸易后，尼日利亚的生产要素的价格会提高的是（　　）。
A. 劳动
B. 资本
C. 资本和劳动
D. 无法确定
南非 尼日利亚
资本 100单位 25单位
劳动 200单位 100单位

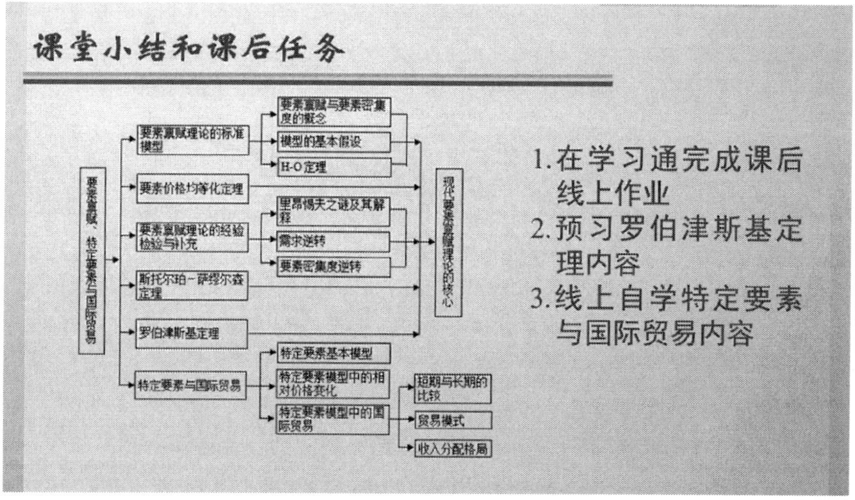
课堂小结和课后任务
要素禀赋、特定要素与国际贸易
要素禀赋理论的标准模型
要素禀赋与要素密集度的概念
模型的基本假设
H-O定理
要素价格均等化定理
要素禀赋理论的经验检验与补充
里昂惕夫之谜及其解释
需求逆转
要素密集度逆转
斯托尔珀－萨缪尔森定理
罗伯津斯基定理
特定要素与国际贸易
特定要素基本模型
特定要素模型中的相对价格变化
特定要素模型中的国际贸易
短期与长期的比较
贸易模式
收入分配格局
现代要素禀赋理论的核心
1.在学习通完成课后线上作业
2.预习罗伯津斯基定理内容
3.线上自学特定要素与国际贸易内容

管理学

“劳动关系管理”课程

王浩林　财政与公共管理学院劳动与社会保障系　副教授

一、课程思政教学设计思路

（一）课程基本信息

课程名称	劳动关系管理
课程编号	18FA0241
课程类型	专业必修课
面向学院及专业	劳动与社会保障
授课学分/学时	1学分/18学时
平均每次开课选课人数	25人
开课学期	2020–2021年春季学期

（二）课程目标

1. 课程教学目标

第一，知识与技能。系统地介绍劳动关系理论与相关制度，以及处理劳动关系事务的现代组织手段和科学技术方法。

第二，过程与方法。指导学生发现问题，引导解决问题的方法，并对教材知识进行拓展延伸。

第三，价值与观念。学生通过了解劳动关系多方主体行动的外部效应，认知“和谐劳动关系”在经济社会运行中的重要性。

2. 思政育人目标

第一，开展劳动教育。通过劳动关系管理课堂和社会实践教育，培育学生正确的劳动价值观，对未来的管理者树立劳动者权益保护意识，促进社会共识形成。

第二，传递制度自信。通过劳动保护制度的国内外比较，反映国家对劳动者权益保护的重视。国家有制度自信和治理能力在保护劳动者利益的同时发展社会经济。

第三，澄清错误观念。纠正企业只有最小化工资才能获得发展的观点，劳资双方能够谋求共赢发展，集体协商可以内化为企业管理有效措施。

第四，坚定政治立场。劳动关系既是经济问题同时也是政治问题，存在境外势力利用工运扰乱我国经济社会正常秩序现象，向学生宣传警惕极端工运活动和境外工运组织。

（三）课程内容简介

序号	教学内容概述	课程思政育人目标
1	劳动关系导论：了解劳动关系的概念、劳动关系的实质、影响劳动关系的外部环境	重视劳动关系对于个人和企业的“经济意义”和对于国家治理的“政治意义”，劳动关系是社会稳定的微观基础
2	劳动关系理论：各流派观点、理念溯源、劳动关系调整模式	了解马克思主义经典劳动理论，进行劳动教育，尊重劳动人民和劳动创造的价值
3	劳动关系的历史和制度背景：早期工业化时代的劳动关系、管理时代的劳动关系、冲突的制度化、成熟的劳动关系、新的矛盾和问题	树立正确的劳动关系理念，社会主义中国劳资双方并非对立关系，可以通过集体协商构建“和谐劳动关系”
4	管理方：管理方概念、角色理论、管理模式和实践	纠正企业只有最小化工资才能获得发展的观点，劳资双方可以实现共赢
5	工会：工会概念、组建工会、工会的职能与行为方式、工会的组织结构、劳资合作策略	认识工会在劳动关系中的维护稳定作用，重视发挥其在企业管理中的协调功能，学习马克思主义工会理论
6	政府：政府的角色、政府与劳动关系理论、政府劳动关系策略与实践	宣传我国在劳动者保护方面所取得的成熟和相关政策，树立制度自信
7	工业民主：员工参与管理、员工参与管理的实施、员工参与管理的形式	重申民主在经济领域的实现意义以及宣传职工参与管理的理念
8	集体谈判：集体谈判目的、形式、准备工作和意义	向学生传递集体谈判可以成为企业重要管理方式的理念，劳资双方并非只有竞争

（四）课程思政融入设计

本科课程在政治、现实和劳动教育方面具有思政属性。“劳动关系”是劳动力商品化的市场经济关系，是通过工作获得体面、尊严以及成就感的心理关系，亦涉及劳动与资本权力结构的政治关系。该课程为在校学生打开了一扇紧密联系社会现实关系的窗户。2021年3月，习近平总书记在看望参加全国政协会议的医药卫生界教育界委员时就指出，“大思政课”我们要善用之，一定要跟现实结合起来。同时“劳动关系管理”课程的劳动教育功能，与思政教育在价值目标上具有内在契合性。

2020年6月《高等学校课程思政建设指导纲要》明确指出，课程思政建设要系统地进行劳动教育。

本课程以劳动教育为主翼，实现职业道德教育、家国情怀教育以及政治认同教育。基于“劳动关系管理”课程独特的思政教育属性，本文试图从教学内容、教学方法以及考核方式的“三位一体”模式搭建课程思政基本逻辑框架，具体推进课程思政工作。

1. 改进教学内容显性贯彻思政育人理念

第一，教学内容课程思政改革的历史逻辑。将劳动关系历史知识和教育融入相关章节的课程教学中，传播社会主义核心价值观。课程思政改革的历史逻辑内嵌于相关章节组织和制度安排演进的讲述中。

第二，教学内容课程思政改革的思想逻辑。课程坚持马克思主义劳动价值观，构建中国特色社会主义的政治认同。课程思政改革的思想逻辑需要同劳动关系管理理论实现对话，中国特色社会主义理论发展了马克思主义思想，创新性地维护了社会主义公有制主体地位。

第三，教学内容课程思政改革的现实逻辑。课程直面我国劳动关系现实问题，坚定中国特色社会主义的制度自信。发挥课程思政改革的现实逻辑在劳动关系相关制度教学中的思政育人作用。引导学生思考新技术对传统劳动关系的挑战，如平台用工，思考国家在现有制度框架下如何人性化地保障劳动者权益以应对挑战。

2. 优化教学方法隐性浸润思政育人观念

第一，情景模拟内化和谐劳动关系价值观。隐性课程思政需要解决的核心问题之一就是如何激发学生的主体能动性，这一点与情景模拟教学的优势相契合。课程思政教育要传播的一个核心思想是“和谐劳动关系”社会价值观，具体可以通过案例讨论和基于案例的劳资谈判模拟开展隐性教育。

第二，社会实践进行劳动教育和民生教育。社会实践教学是课程思政育人的重要方式，开展课程思政实践教学，首先要站在马克思主义实践哲学高度。课程社会实践安排能够让学生充分接受劳动教育和民生教育，认同社会主义和谐价值观。

第三，网络空间课程构建思政育人新高地。课程思政作为高校进行思政教育的主战场和主渠道，要顺应新时代发展和学生交流方式的变化，主动创新为网络空间思政高地建设提供素材，利用网络空间传播的及时性和现场性特点，及时宣传课程相关正能量事件，同时及时讨论有关社会热点问题以消解负面影响。

3. 改革考核方式提升课程思政教育效果

第一，构建多形式和多主体考核模式。课程思政育人形式的丰富性决定了考核形式和主体的多样性。课程思政育人考核形式包括线上学习考核、课堂教学考核以及实践教学考核。课程思政育人考核由教师、学生和社会实践导师三部分组成，在不同的教学方式中三者的评价发挥着不同的作用。

第二，创新融入思政元素的考核评价内容。依据本课程思政的育人理念将思政育人考核体系内容化为三个一级指标：社会主义价值观教育、劳动教育以及社会发展与民生教育。

一级指标	权重	二级指标	权重	三级指标（每项1~10分）	权重	课程思政考核要点
社会主义价值观教育	40%	和谐劳动关系知识	30%	劳动政策与法律知识	40%	牢固树立企业与劳动者双方共赢的和谐劳动关系理念
				集体协商知识	60%	
		和谐劳动关系实践教育	70%	集体协商模拟	60%	
				和谐劳动关系调研	40%	
劳动教育	30%	马克思劳动价值论知识	30%	马克思劳动价值知识	40%	培养劳动纪律、树立劳动光荣的观念
				劳动关系历史知识	60%	
		劳动实践教育与职业道德教育	70%	学习态度	60%	
				活动参与情况	40%	
社会发展与民生教育	30%	劳动者工资和保障教育	30%	工资水平教育	50%	了解就业、社会发展与企业间的关系，树立有中国特色的劳动关系发展模式的制度自信
				劳动保护水平教育	50%	
		企业与社会发展教育	30%	企业营商环境教育	50%	
				企业与就业教育	50%	
		中国劳动关系国情教育	40%	中国工会发展教育	50%	
				中国劳动关系现状教育	50%	

（五）其他

选用程延园主编的《劳动关系》（2017版），由中国人民大学出版社出版。《劳动关系》一书是程延园教授在长期从事劳动关系研究、教学与实践基础上撰写的一本优秀教材，先后被评为教育部面向21世纪人力资源管理系列教材、“十一五”国家级规划教材、面向21世纪课程教材。

补充性教材使用情况：

1.常凯：《劳动关系：一种马克思主义的分析框架》，中国劳动社会保障出版社2008年版

2.唐鑛：《劳动关系管理概论》，中国人民大学出版社2012年版

3.刘郑恒：《企业劳动关系管理实务》，中国劳动社会保障出版社2015年版

二、教学展示

教学展示“劳动关系管理”课程“第五章 工会”中“第一节 工会概念与职能”的教学案例设计。

（一）教学目标和内容

1. 教学目标

第一，掌握工会的基本概念和职能，通过了解工会对于劳动者权益保护的作用进行现实和民生教育。

第二，了解阶级革命职能，深入学习马克思主义工会理论的中国化，进行马克思主义劳动教育。

2. 教学内容

第一，工会的内涵。工会是由雇员组成的组织，主要通过集体谈判方式代表雇员在工作场所以及整个社会中的利益。

思考：工会的利益边界在哪里？

第二，工会的结构分类。职业工会是将具有某种特殊技能、从事某种特殊职业的所有雇员组织起来的工会；行业工会是将在某一特定行业中从事工作的所有工人都组织起来的工会；总工会的组织原则就是对会员招募不加任何限制。

思考：不同类型的工会在维护职工利益方面有何差异？

第三，工会的历史。企业工会在发达国家已有200多年的历史，工会扮演了社会进步推动者的角色。西方国家的工会组织在市场经济发展过程中积累了较为丰富的经验，但是其发展轨迹因实际情况的差异也并不完全一致。

思考：工会历史上对劳动者权益保护的作用：以相关制度为例！

第四，工会的职能。经济职能：工会追求高工资水平与就业人数的平衡；民主职能：工会以各种形式参与企业管理，有助于企业经济民主的实现；整合职能：既为雇员同雇主平等对话提供平台，又为雇主实现高绩效管理提供渠道；工会阶级革命功能。

思考：如何看待“福利”工会问题，即，工会理论经济职能与现实劳动保护职能间的差距？

思考：如何理解马克思主义工会理论的中国化？

（二）教学重点和难点

第一，重点掌握工会的职能，难点在于解释中国工会在实现履职中的困境，如何看待“福利”工会问题，理解工会理论职能与现实劳动保护职能间的差距。拟从社会主义发展阶段、工会改革的努力、各国工会制度以及和谐劳动关系四个方面加以阐述。

第二，重点学习工会职能的理论基础，难点在于如何理解在中国特色社会主义市场经济环境下以阶段斗争为基础的马克思工会理论。习近平总书记关于工人阶级和工会工作的重要论述，是马克思主义工会学说中国化的最新成果。拟引用该论述来阐释中国特色社会主义工会发展道路。

（三）教学过程和方法

1. 提出问题，概念引入（20分钟）

提出问题：大家谈谈对工会的认知！

学生对工会的认知可能存在不了解、没接触或过节发福利等方面。由现实对工会的认知引出工会的定义和职能。

2. 创设情境，焦点讨论（25分钟）

回到对工会职能理论和现实差距的焦点问题讨论中。为什么会存在差距，如何理解两者间的差距？

第一，通过国内税务局代发工会宣传以及美国汽车产业工会阻碍美国汽车业发展两个极端案例的讨论，进一步认知社会主义“和谐劳动关系”的实践意义以及中外工会的差异；第二，通过学习习近平总书记关于工人阶级和工会工作的重要论述，回应中国特色社会主义市场经济下工会的阶级革命职能问题。

3. 网络拓展，主动学习（课后线上）

开设“劳动关系管理”线上课程，上传《忠诚党的事业竭诚服务职工——全面学习贯彻习近平总书记关于工人阶级和工会工作的重要论述》《美国工会状况及其复兴战略》《想象中的工会作用——评几篇定量研究中国工会作用的文献》《中国工会改革的第三条道路》《工会直选——广东实践的经验与教训》《60年来中国工会的三次大改革》《转型期的中国劳动问题与劳动政策》等文献，线上观看反映中国企业“走出去”所遭遇的劳动关系问题以及其中需要面对的工会问题的纪录片《美国工厂》（http：//v.sina.com.cn/mobile/2019-08-28/detail-ihytcern4133232.d.html）。

分小组分别线上讨论“在制造业用工荒以及工人老龄化背景下试分析工会在企业的作用”“平台用工对工会作用的影响：削弱或机遇？”“中国企业对外投资中的工会问题”。

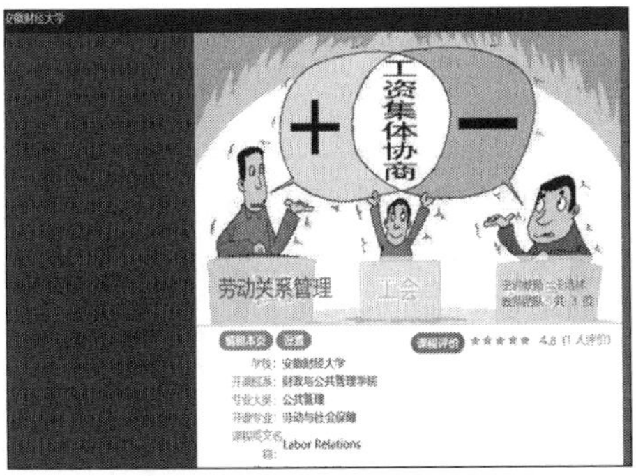

Netflix纪录片《美国工厂》American.Factory.2019 全片完整版

（四）教学反思

第一，既要有社会正能量的传播，也需要直面社会问题的思考。在既往课程思政教学中过于强调社会正能量的传播，而忽视了对学生存在社会问题观点的引导。目前我国劳动关系矛盾突出，更需要正面回应各类与之有关的问题（如工会改革）。因此，在本课程教学中，着力探讨相关教学内容中存在的理论与现实冲突或矛盾的问题。

第二，网络既扩展了学习空间，又对学生主动学习提出了新要求。依托云计算平台的多媒体功能，提供丰富的数字资源，但信息过载有可能妨碍同学学习。除了教师筛选信息资源外，还需要教授学生筛选信息的能力。在教学设计中通过任务驱动和讨论小组设置，让学生主动参与学习，并由此获得隐性思政教育。

（五）其他需要展示的内容

每年安排专业学生到蚌埠市及各区劳动人事争议仲裁院社会实践；从2016年以来举办安徽省高校劳资模拟集体协商大赛，并带队参加国赛；参与安徽省劳动就业与社会保障发展研究报告编撰，带队专业学生参与调研并指导本科学生参与报告撰写工作。

三、课程思政教育心得体会

（一）课程思政教育要紧扣学科、专业和课程特点

公共管理学科主体和客体的公共性以及公共管理所追求的公共利益，决定了公共管理学科的公共价值取向。劳动与社会保障专业关注最为广泛的民生问题，也是社会焦点问题。这些决定了专业相关课程思政必须直面社会现实问题，并加以思想引导。

劳动教育是“劳动关系管理”课程思政教育的重要抓手，与思政教育具有内在的契合性。一是劳动教育与思政教育在价值目标上具有内在契合性，两大教育均位列“德智体美劳”五大教育之一；二是劳动教育与思政教育在教育内容上具有内在契合性，引导学生树立“劳动最光荣”的劳动价值取向；三是劳动教育与思政教育在教育途径和方法上具有内在契合性，都要进行社会实践，通过实践育人来潜移默化实现。

（二）课程思政教育坚持问题导向以实现协同育人

《高校思政政治工作质量提升工程实施纲要》指出，新时代高校思政工作原则之一是：“坚持问题导向，注重精准施策……。”在此原则下，课程思政亦坚持问题导向，重点破解课程思政面临的各类问题。

课程思政以育人为核心，贯通不同学科和课程的功能，使各学科课程都能真正参与高校育人工作，体现育人价值。在这一导向下，各类学科课程与思想政治理论课之间形成协同的整体，相互滋养，相互支撑，形成育人合力，共同作用和服务于立德树人这一根本任务。公共管理学科应该在学校国情教育和现实教育中发挥更大的作用，劳动与社会保障专业应该结合专业特点在学校劳动教育中发挥应有的作用。

（三）显性教育与隐性教育相结合实现课程思政育人

围绕“知识传授与价值引领相结合”的目标，服务思政教育的内容，在课程教学组织上又有显性教育与隐性教育之别。显性教育与隐性教育两者不是一种具体、单一方法的名称，而是一种类型的方法称谓，显性教育和隐性教育相辅相成。

课程通过对马克思主义劳动价值论和工会理论的学习，实现社会主义核心价值观的显性教育。同时，要把隐性教育做足做深，让学生在潜移默化中接受主流价值观念的熏陶，最终做到显性教育与隐性教育融会贯通、有机融合。在此过程中，既要抓紧课程教学核心环节，又要发挥全方位德育“大熔炉”的教育合力作用，最后思政教育从专人、单维向全员、多维的创造性转化。

教学展示课件

王浩林　财政与公共管理学院劳动与社会保障系　副教授

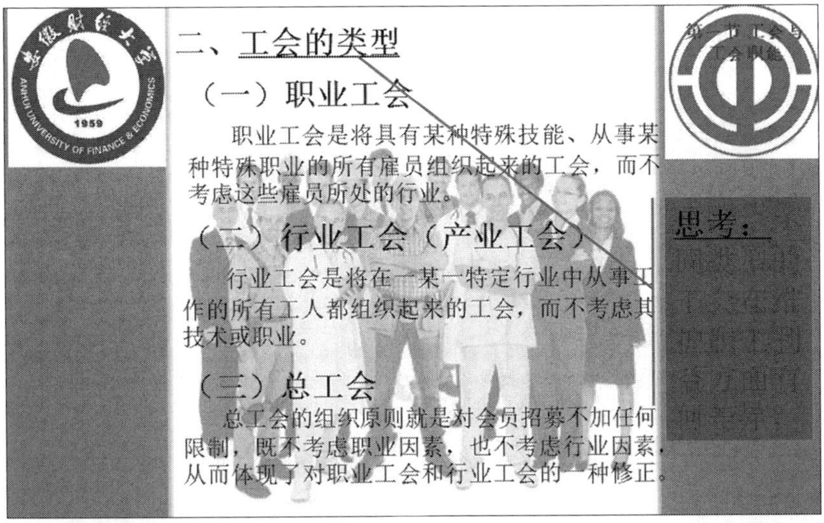

二、工会的类型
（一）职业工会
职业工会是将具有某种特殊技能、从事某种特殊职业的所有雇员组织起来的工会，而不考虑这些雇员所处的行业。
（二）行业工会（产业工会）
行业工会是将在一某一特定行业中从事工作的所有工人都组织起来的工会，而不考虑其技术或职业。
（三）总工会
总工会的组织原则就是对会员招募不加任何限制，既不考虑职业因素，也不考虑行业因素，从而体现了对职业工会和行业工会的一种修正。
第一节 工会与工会职能
思考：
ANHUI UNIVERSITY OF FINANCE & ECONOMICS
1959

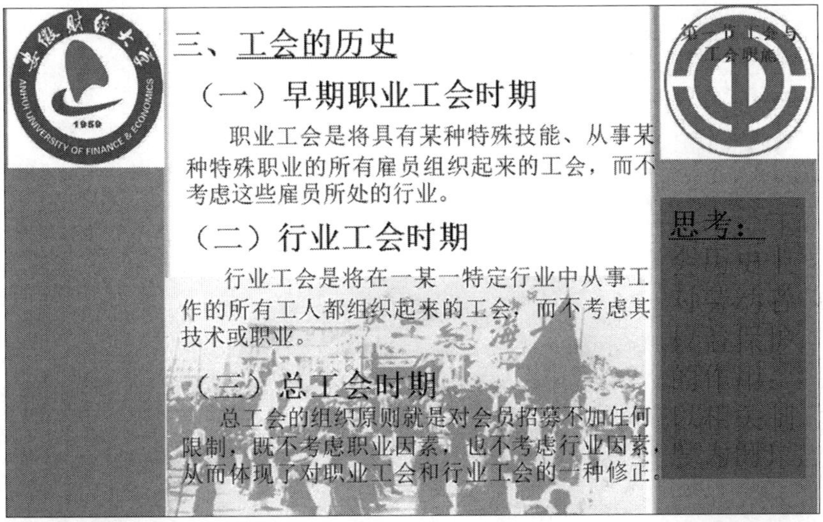

三、工会的历史
（一）早期职业工会时期
职业工会是将具有某种特殊技能、从事某种特殊职业的所有雇员组织起来的工会，而不考虑这些雇员所处的行业。
（二）行业工会时期
行业工会是将在一某一特定行业中从事工作的所有工人都组织起来的工会，而不考虑其技术或职业。
（三）总工会时期
总工会的组织原则就是对会员招募不加任何限制，既不考虑职业因素，也不考虑行业因素，从而体现了对职业工会和行业工会的一种修正。
第一节 工会与工会职能
思考：
ANHUI UNIVERSITY OF FINANCE & ECONOMICS
1959

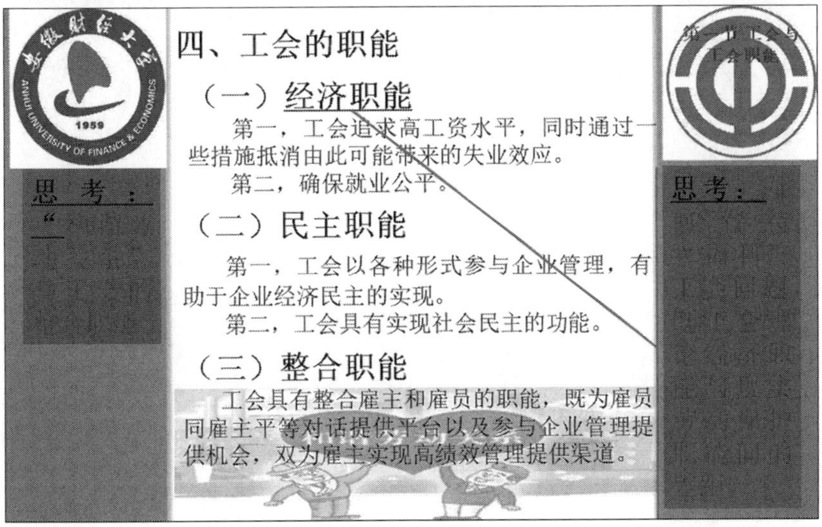

四、工会的职能
（一）经济职能
第一，工会追求高工资水平，同时通过一些措施抵消由此可能带来的失业效应。
第二，确保就业公平。
（二）民主职能
第一，工会以各种形式参与企业管理，有助于企业经济民主的实现。
第二，工会具有实现社会民主的功能。
（三）整合职能
工会具有整合雇主和雇员的职能，既为雇员同雇主平等对话提供平台以及参与企业管理提供机会，双为雇主实现高绩效管理提供渠道。
第一节 工会与工会职能
思考：
思考：
ANHUI UNIVERSITY OF FINANCE & ECONOMICS
1959

第一节 工会与工会职能

第一，改革开放以经济建设为中心的发展战略。问题：改革开放之初“一穷二白”的国情下，发展经济除“艰苦奋斗”外是否存在其它路径？试从福利经济学角度加以分析！

第二，伴随私有经济比重快速增长，私营企业工会组建率长期处于较低水平。

第三，工会为保护劳动者权益做出了重要的贡献。如2017年出台的号称史上最严的《劳动合同法》。

第四，工会的经济职能具有负的外部效应，如失业、经济增长等。因此，现实中各国普遍面临平衡其作用的问题。**如世界上最具战斗力的工会：美国汽车产业工人联合会（UAW）。**

屠龙者终成恶龙？美国工会如何使美国工业走向衰弱

通用汽车爆发2007年以来美国最大罢工，工会与企业的对立会毁掉美国制造业吗？

思考：

第一节 工会与工会职能

四、工会的职能

（四）阶级革命职能

马克思主义工会理论将阶级革命作为其重要职能，中国化马克思主义工会学说的概念范畴、理论形态、话语体系也随着工会重心和使命任务的变化而不断调整更新。

以习近平同志为核心的党中央，从国家治理和社会主义制度形态建构的战略高度布局工会事业，提出了一系列重要的原创性观点。中国工会十七大报告将其概括为八个方面：在领导主体上，坚持党对工会工作的领导；在依靠力量上，全心全意依靠工人阶级；在使命任务上，为实现中华民族伟大复兴的中国梦而奋斗；在奋斗方向上，走中国特色社会主义工会发展道路；在价值引领上，弘扬劳模精神、劳动精神、工匠精神；在社会职能上，高举维护职工合法权益旗帜；在组织改革上，坚持增强政治性、先进性、群众性的工会改革方向；在组织建设上，加强基层工会建设。

这一重要论述“是对马克思主义劳动学说和工运学说的传承和升华。

中国工会面临双重限定：

参考文献：

第一节 工会与工会职能

课后线上讨论：

线上（超星平台）阅读本章节相关文献，分小组分别讨论以下问题：

第一，在制造业用工荒以及工人老龄化背景下试分析工会在企业的作用。

第二，平台用工对工会作用的影响：削弱或机遇？

第三，中国企业对外投资中的工会问题。

·法 学

"商法"课程

王姝文　法学院民刑法学教研部　副教授

一、课程思政教学设计思路

（一）课程基本信息

"商法"是法学专业的专业核心课程。该课程的开设，是为适应我国改革开放和市场经济、法制建设及法学教育改革的实际，开设此课程的任务主要是培养新世纪高质量法律人才。该课程坚持理论联系实际的原则，以理论阐述与我国经济体制改革的实践和司法审判工作结合起来，突出科学的实用性。

（二）课程目标

通过本课程的讲授，培养学生的家国情怀和商事规则意识，理解企业社会责任的重要性；使学生全面系统地学习商法的基础理论及现有相关法律制度设置；熟练掌握商法学的基本分析方法；了解商法理论与实践的前沿和发展趋势。同时，通过翻转课堂教学模式的引入，使学生能够积极参与商法的热点、难点讨论，具备独立获取相关知识、提出和发掘商法领域相关问题，提高学生分析和解决相关问题的能力与素质。

（三）课程内容简介

商法学的核心是研究各类商主体如何从事商行为的法律，是现代市场经济法律最核心的课程。本课程以讲授商法的基本原理和基本制度为核心内容，包括商法本论与简史等基础知识、商主体法、商行为法、商救济法等内容。要求学生在系统地、准确地理解和掌握商法的基本原理、相关具体法律制度的基础上，初步学会在实践中分析和处理各种实际商事法律问题的能力，适用市场经济的法治化要求。

（四）课程思政融入设计

1. 丰富和完善商法课程思政建设的教学内容设计

结合商法各章节内容研究知识点和思政内容的耦合性，充分运用现代信息科技手段，科学设计和嵌入思政元素，实现商法和思政内容的有机融合。

2. 建立“校外导师说”视频专栏推行多角度案例式商法思政化教学

未来课堂教学中将常态化引入校外专家视频讲解专栏，通过邀请法官、检察官、律师、公司法务等，用身边的真实案例和实务视角，使学生深刻理解商法的人文精神和法律人的责任担当。

3. 推行“商法移动课堂”加强课程思政建设的实践教学效果

未来将在学期内推行一到两次的移动教学，使学生在法院、公司等实践教学基地身临其境的学习法律的知识、感受法律的威严、体会法律温度。

二、教学展示

（一）教学目标和内容

在本课程教学过程中，我们将秉承“一个根本、一个中心、四个结合”的教学理念及思路。“一个根本”即以立德树人为教学根本，注重法学专业课程的思政化教育，通过增加课程中对家国情怀、人文精神的讲授，用法律的温度孕育和培养新时代的高素质法律人才；“一个中心”即以学生为教学活动的中心，坚持以学生为主体，激发学生的学习热度，充分发挥学生的主观能动性，用师德和初心感染和引领每一位学生；“四个结合”即以理论教学与案例教学相结合、课堂教学与课后延续性教学相结合、教师讲授与外校专家讲授相结合、传统教学方式与多样性教学方法相结合的授课方式，使授课内容更具深度和广度，使授课方式方法更具新度，使该课程更适应学生的需要，更符合当今高校教育发展的趋势。

◎ 具体教学内容及进度分配

周次	学时	教学内容
第一周	2	■ 前言、商法的概念和调整对象
第二周	2	■ 商法的基本原则
第三周 第四周	4	■ 商人制度
第五周	2	■ 商行为制度概述

续表

周次	学时	教学内容
第六周	2	■ 商事代理
第七周 第八周	4	■ 商事登记制度 ■ 商号制度
第九周	2	■ 营业转让
第十周	2	■ 商事账簿
第十一周	2	■ 移动课堂
第十二周	2	■ 破产制度概述
第十三周	2	■ 破产原因与破产能力
第十四周	2	■ 破产申请与受理
第十五周	2	■ 破产管理人与债务人、债务人财产
第十六周	2	■ 破产债权、破产费用和共益费用
第十七周	2	■ 破产重整制度
第十八周	2	■ 破产和解制度与破产

（二）教学重点和难点

因该课程为法学专业本科一年级必修课，学生普遍具有法律知识尚浅的特点，传统的课堂教学模式和以书本为主的教学方法已无法满足学生的需要，亟须创新和改革教学思路和方式方法，合理运用现代信息科技手段，通过具有感染力和启发性的教学激发学生的学习兴趣和欲望。

（三）教学过程和方法

针对高校传统教学模式存在的课程内容缺少“温度”、知识点讲授缺少深度和广度、学生缺少“热度”、教学模式缺少“新度”四大痛点，通过建立“一个根本、一个中心、四个结合”的教学思路，依托翻转课堂教学模式，创新和丰富教学方式方法和考核评价体系，推进法学专业课程的思政化建设。

1. 课程教学设计创新

（1）教学模式创新。

本课程依托翻转课堂教学理念，在进行传统课堂授课的同时，通过线上讨论、教学视频、相关论文等阅读材料的分享，推进法律教学与思政内容的深度融合。

（2）教学内容创新。

本课程教学内容加入大量思政化元素，通过课程内容的设计、典型案例的选取、法律类思政视频及阅读材料的分享，使学生在学习商法的同时，更能深刻理解作为新时代法律人的家国情怀和使命。

（3）教学活动及组织创新。

本课程秉承以学生为主体的指导思想，采取专题讲解与演示教学的方法，在线上事先布置分组讨论的主题，由学生在线上进行资料查阅及讨论，小组讨论成果将在课堂上进行汇报演示，由全体学生评分，再由教师进行专题讲解，旨在加强学生对商法领域重大理论问题或争议性问题的理解与认识的同时，培养学生的责任担当，加强学生的评议表达能力、沟通能力、组织能力和团队合作能力。

（4）教学方法与手段创新。

本课程除采用传统的启发式教学法、案例教学法外，还将使用线上分组讨论、专题讲解与演示教学、翻转课堂的创新教学方法，并结合现代信息技术丰富课堂教学内容，充分激发学生的学习兴趣，展现现代高校教学的思政化、个性化、多元化、信息化、精准化和学生主体化特色。

◎ 具体课堂教学活动设计

课程前半（45分钟）

①教师结合线上课程系统发布的内容进行总结和点评。

②教师进行基础知识点教学（注重专业教学与课程思政内容的结合）。

课程后半（45分钟）

①各分组代表结合线上小组讨论结果进行汇报演示、全员打分投票。

②教师对分组汇报演示及投票结果进行点评和解说（注重法律教学的思政化引导）。

③教师布置翻转课堂线上课后作业、分组讨论主题、扩展性阅读材料（注重选取法律与思政融合的相关教学内容）。

2. 课程考核评价方法创新

（1）考核方式总体改革方向。

商法课程的考核方式将由传统的“考试考核”向“综合考核”方向转变，在考核过程中将加大“过程性考核”分值与比重，相应减少“结果性考核”比例。其中，“过程性考核”将加入对学生思想政治方面的考察，注重学生的全方面素质培养，从而优化和完善商法课程的整体考核体系。

（2）具体考核方式。

课程总评成绩构成：平时成绩（30%）；作业与课程论文成绩（20%）；期末成绩（50%）。

平时成绩构成：课堂小组讨论（40%）；专题PPT制作与讲解（40%）；课堂提问（20%）。

（四）教学反思

通过课堂实践，翻转课堂教学模式在对学生管理方面存在一定的局限性。虽然授课教师都是秉承“不让一个学生掉队”的目标，希望每一个学生都可以参与到线上教学的各项活动当中。但是，由于缺少课堂教学的直接性和威慑性，无法实现面对面的指导学生，因此很难保证所有学生都能够按照课程计划和授课教师的指导认真完成每一项学习任务，这也是线上教学与课堂教学相比存在的问题。未来，针对该问题将继续尝试探索新的教学方法加以改良，真正发挥并实现线上线下混合式课堂的作用和成效。

（五）其他需要展示的内容

1.课程思政化创新效果评价

（1）翻转课堂参与度较高。

根据线上课堂后台数据统计，截至2021年3月21日，该课程线上点击量高达69347余次，发布的50余个章节任务点完成度高达98%，大部分学生能够积极参加线上小组讨论和提问，与教师线上互动较多。

（2）演示教学法助力专业课程思政化建设。

全学期共计实施16次，不仅培养了学生的团队意识和自主性，更通过这种带入式演示教学法，使学生切身感受作为一名法律人的责任和使命担当，具有较强的引导性和感染性，能够达到专业课思政化教学目标。

（3）学生满意度较高。

自本课程进行教学创新以来，学生评教分数一直位列全校前10%。

2.课程思政化应用推广价值分析

近几年来“商法”课程所贯彻的“培养家国情怀、贴近社会实践、注重法条解释、强调案例教学”的教学原则，受到了同行教师、在校本科生以及法学专业成人教育（包括函授教学）学生的充分认可及好评，能够在法学思政化的教学过程中产生思想共鸣，课程思政创新效果不仅多次受到省级、校级的立项及表彰；在人才培养方面，这种创新的思政化教学效果也将会一直陪伴学生走入社会、体现在各自的法律工作当中。

三、课程思政教育心得体会

（一）师德和初心是决定课程思政化创新效果的根本

课程教学创新的重点在于教授教师对教学方式方法不断的探索和创新，特别是线上教学与传统教学模式的耦合。这就需要教师坚守师德、牢记初心，能够把师德和初心融入在教学创新的方式方法当中，爱护学生、感染学生，结合线上、线下教学功能尽可能地掌握每一位学生的学习情况，才能真正实现教学创新的效果，做到“以德促教、以教彰德”。

（二）新科技手段是实现课程思政化高质量发展的关键

运用现代信息科技手段可以解决传统课堂教学的不足，扩宽教学知识点的深度和广度，打破学科、时间、空间壁垒，培养和激发学生的家国情怀和人文精神。同时，通过利用线上平台的数据分析功能，实现对每一名学生学情的精准把握，解决学生学习管理死角。用不断创新的教学方式深化高校教育教学改革，做到“以新促学、以学彰新”。

教学展示课件

王姝文　法学院民刑法学教研部　副教授

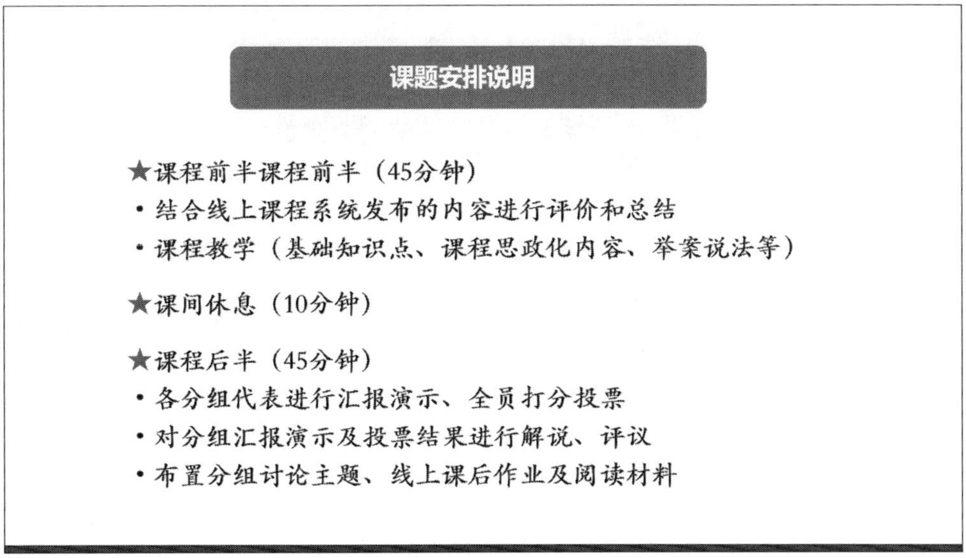

一、企业社会责任的基本概念

企业社会责任（Corporate social responsibility，CSR）是指企业在创造利润、对股东和员工承担法律责任的同时，还要承担对消费者、社区和环境的责任，企业的社会责任要求企业必须超越把利润作为唯一目标的传统理念，强调要在生产过程中对人的价值的关注，强调对环境、消费者、对社会的贡献。

★ 翻转课堂内容回顾

★ 思考：企业社会责任的意义是什么？
企业社会责任的内容是什么？

二、企业社会责任的发展历程

（一）发展历程

1.盈利至上阶段（20世纪50~70年代）
2.关注环境阶段（20世纪80~90年代）
3.社会责任运动阶段（20世纪90年代至今）

（二）中国的企业社会责任发展

1.第一阶段（90年代代中期到本世纪初）
2.第二阶段（21世纪初到2006年）
3.第三阶段（2006年《公司法》第5条）

三、企业社会责任的十大原则

1.企业应在其所能影响的范围内支持并尊重对国际社会做出的维护人权的宣言。
2.不袒护侵犯人权的行为、劳动。
3.有效保证组建工会的自由与团体交涉的权利。
4.消除任何形式的强制劳动。
5.切实有效地废除童工。
6.杜绝在用工与职业方面的差别歧视。
7.企业应对环保问题未雨绸缪。
8.主动承担环境保护责任。
9.推进环保技术的开发与普及。
10.积极采取措施反对强取和贿赂等任何形式的腐败行为。

四、企业社会责任的八大标准

1.明礼诚信
2.科学发展
3.可持续发展
4.保护环境
5.文化建设
6.发展慈善事业
7.保护职工健康
8.发展科技

视频学习材料（一）

视频学习材料（二）

五、学生分组讨论汇报环节

讨论主题：你认为企业应当负有社会责任吗？为什么？

要求：★请以分组为单位就主题进行讨论。
★每小组请选出1名代表进行约5分钟的汇报发言。
★发言结束后请所有同学就2位发言人的主张进行投票。
★发言和投票后，授课教师将对汇报和投票结果进行评析。

课后作业及学习任务

1．请在线上课程系统中完成本节课作业。

2．请分组就“我国商事立法应当民商合一还是民商分立？”为主题进行讨论，并形成汇报PPT，在下节课由小组代表进行演示。

3．请阅读线上课程系统资料库中与本节课内容对应的文献材料。

——下节课见！

管理学

"企业价值评估"课程

吴亭　会计学院资产评估系　讲师

一、课程思政教学设计思路

（一）课程基本信息

本课程为资产评估专业（本科）必修课程，修读对象为大三下学期学生。先修课程为：管理学、会计学原理、中级财务会计、财务管理学等。

（二）课程目标

本课程注重培养学生的基本理论、基本方法、基本操作技能的同时，也注重对学生应用能力、分析决策能力、创新能力以及情感价值素养的培养。通过本课程的学习，学生能够达到以下五个方面培养目标。

1.基本目标：基本理论、基本方法、基本操作技能的培养。全面了解企业价值评估目的、价值类型、评估对象和范围、评估基准日、评估方法、评估假设等评估基本事项，懂得在具体情况下如何确定这些基本评估事项；深入理解和掌握企业价值评估方法的选取和运用；领会企业价值评估报告撰写要点和注意事项。

2.强化目标：具备较强的发现问题、综合分析问题、解决问题的能力。

3.辅助目标：通过企业价值评估案例研讨和学习，实现理论与实践相结合，学生能够通过搜集数据、整理和分析数据，提高知识整合能力和撰写企业价值评估报告的能力。

4.创新目标：通过案例教学、前沿介绍，学生能以问题为导向探索主题知识，具备创新意识和一定的创新能力。

5.情感与价值目标：能认同企业价值评估内涵；具有"用发展的眼光看问题"

意识，因为企业价值评估不是纯粹的客观过程，它随着评估环境的变化而变化；拥有“学会选择”的能力，知晓企业价值评估方法、评估专业人员专业判断的不同对评估结果的影响。形成根据评估对象、价值类型、资料收集情况等相关条件，恰当选择一种或多种价值评估方法的客观公正的评估理念。遵守资产评估专业人员职业道德。

（三）课程内容简介

资产评估是一门综合性、应用性很强的学科。“企业价值评估”是资产评估专业的学生必修的一门专业核心课程，企业价值评估方法的选择和运用是重点内容。本课程在介绍企业价值评估概论的基础上，逐一介绍企业价值评估方法以及不同方法在国企改制、特殊情形下的具体运用，并提出企业价值管理基本框架。全书共三篇，十一章内容。

第一篇，共三章，分别介绍企业价值评估导论、企业价值评估基础、企业价值评估程序。第二篇，共五章，介绍企业价值评估的5种方法：收益法、经济增加值法、价格比率法、资产基础法、期权定价理论法等。第三篇，共三章，介绍国企改制中的企业价值评估、特殊情形下的企业价值评估以及企业价值管理。

（四）课程思政融入设计

1.思想政治教育的融入点

第一章介绍企业价值评估内涵，认为企业价值评估是为企业创造价值服务的，评估的是企业创造价值的能力，即持续获利能力。也就是说，企业价值评估的不仅是当下企业的价值，还有未来的价值。这点可以和“用发展的眼光看待问题”的唯物辩证观有机融合。

第三章介绍企业价值评估方法的选择与运用，根据评估对象、价值类型、资料收集情况等相关条件，做出客观公正的评估。这点可以和培养学生客观公正、高度责任心的评估理念相结合。

第四章到第八章逐一介绍企业价值评估方法。第四章介绍现金流量的预测和检验时，中国证监会为防止公司和评估师高估未来盈利能力和资产，出台了《关于进一步提高上市公司财务信息披露质量的通知》。这点可以和资产评估人员职业道德有机融合。

第四章到第八章分别介绍企业价值评估方法，引导学生对每一种评估方法进行比较分析，培养根据不同的情况选择恰当的评估方法的能力。这点可以和培养资产评估专业人员职业判断能力以及“学会选择”的主题讨论相结合。

2.教学方法与举措

为了达到“课程思政”的教学目标，将主要采取以下几种教学方法：

（1）比较分析法。小组合作、学生3~5人为一组。选择一个上市公司为研究对象，每个小组分别采用不同的方法对其进行价值评估，并将评估结果进行对比研究，将研究结果和启发进行汇报分享。

（2）课堂讨论法。从实际问题着手，要求学生提出自己的观点。例如，在介绍企业价值评估内容与方法时，要求学生就估值方法的不同究竟是否真的会导致估值结果的巨大差异、差异如何产生以及差异的存在是否合理等问题进行课堂专业知识讨论。随后，针对专业知识对应的课程思政问题展开小组讨论。

（3）情景教学法。课堂上，引导同学们勇敢表达自己观点的同时，积极鼓励同学们上台表演，让同学们身临其境，在具体情景中感受“如何用发展的眼光看待问题”“当面对不公正待遇时，应如何处理”“面对困境，如何进行选择”等问题。

（4）线上线下混合式教学。课前要求学生利用微课、慕课或SPOC等线上课程进行学习，了解课前学习中存在的重点和难点问题；课中，针对这些问题进行课堂讲授、结合案例进行课堂讨论；课后，我们形成书面的案例分析报告，巩固知识点的学习效果，培养学生的文字表达能力。

3.教学成效

通过小组作业的汇报，同学们在对同一个上市公司选用不同的价值评估方法和对评估结果进行比较和评价过程中，得出该公司应该选用何种价值评估方法的结论。同学们的职业判断能力得到很好的锻炼。讨论中，学生展现了客观公正、高度负责的态度，并总结交流了如何选择价值评估方法的心得。

通过课堂讨论，同学们更加深刻领会企业价值评估过程中，评估人员职业道德的重要性。另外，同学们在小组讨论中了解到沟通能力和文字表达能力也是评估人员必备的重要技能。

二、《AB科技有限公司拟引入战略性投资者的股权价值评估案例分析》教学展示

（一）教学目标和内容

1.知识目标：准确理解什么是企业价值评估，深入了解企业价值评估对象是什么，掌握企业价值评估内涵指的是什么。准确理解“持续获利能力”，明确区分预测期和永续期。评估主体、评估目的、评估对象之间的关系。

思政目标：与“用发展的眼光看待问题”有机融合，实现教学内容与思政育人无缝对接。

课程思政教学内容对标设计：（1）企业价值评估不仅是评估企业现有的价值，还对企业未来创造收益的能力进行评估。所以用发展的眼光看待企业未来的发展，进行价值的评估。（2）同学们在面临很多人生的选择时，也要用发展的眼光来分析现在出现的问题，这样会帮助你做出相对合理的选择。

2.知识目标：了解企业价值评估方法、每种方法的应用条件及优缺点。评估方法的选择。

思政目标：与实现“客观公正”的评估理念相结合，实现教学内容与思政育人无缝对接。

课程思政教学内容对标设计：（1）企业价值评估应用于并购领域，目的就是对被并购企业价值以公允的市场价值进行评估，使交易双方实现公平交易。因此客观公正的评估理念贯穿企业价值评估全过程。（2）引导同学们在生活中，当面对矛盾和困境时，首先要学会客观公正地评价现在的处境，然后在这个基础上，积极寻求解决问题的办法。另外，启发同学们思考，当你遇到不公平待遇没有得到合理解决时，未来你会把这种不公正带给周围的人吗？

（二）教学重点和难点

教学重点：企业价值评估步骤、本案例的评估技术说明。

教学难点：如何理解“持续获利能力”和评估方法的选择。

（三）教学过程和方法（可含时间分配）

教学方法：讲授法、案例分析法和课堂讨论法结合。

教学过程：

	时间（分钟）	老师活动	学生活动	教材设备
引言	5分钟	微课展示：企业价值评估概念、对象、内涵、目的、评估价值类型、评估主体以及评估方法的选择；收益法下现金流量的预测，折现率的确定以及企业价值的估值。提问：企业价值评估的思路是什么	观看视频、回答问题	PPT
前侧	1	提问：企业价值评估的基本事项有哪些	回答问题	PPT
参与式学习	5	介绍收益法的估值模型，净收益的预测、折现率的确定、评估价值的计算	列示计算加权平均资本成本率的计算过程	PPT
后侧	3	回答前侧环节提出的问题		PPT
讨论	5	播放评估方法的选择和净现值预测片段，请同学们讨论“如何用发展的眼光看待问题”，并结合生活中的案例进行讨论。如何理解客观公正的评估理念	讨论问题	PPT
总结	1	总结收益法评估的要点和注意事项，布置作业		PPT

（四）教学反思

自第一次接触“课程思政”这个名词以来，我不断学习和实践课程思政教学，对教育理念、教学内容和教学方法都有了更加深刻的理解。

在刚刚开始实践课程思政时，我会对教材上的知识点进行梳理和思考，判断它是否适合课程思政。结果并不是很好，因为教材上的知识点具有很强的专业局限性，有时候很难把它和思政育人联系起来。后来，我主动将思政育人理念与专业课程人才培养中的情感价值目标结合，发现有很多地方都可以实施课程思政，这种结合突破了我对于课程思政设计的“瓶颈”，专业课程中的思政元素逐渐变得多了些。如在讲解企业价值评估内涵和强调企业“持续盈利能力”时，要求同学们不仅要深入了解企业价值的现状，还要关注企业未来价值的创造能力，需要用“发展的眼光来看待问题”，并结合生活中的案例帮助大家更好地理解企业价值评估的内涵。

但我觉得，引导同学们面对未来的学习和生活时，形成用“发展的眼光看待问题”的意识和人生态度会更加重要。在今后的“企业价值评估”课程中，我会进一步深化课程思政，不仅促进学生对知识的掌握，更要培养学生理性睿智的人生态度和积极乐观的心态。

（五）其他需要展示的内容

- 课堂讨论（一）1~3组

1. 如何实现对评估对象收益预测。

（1）为什么要分预测期和后续期?

（2）国家宏观经济发展和产业政策对AB公司的影响如何？收益预测为什么要考虑这些因素?

2. 企业价值评估流程有哪些?

3. 评估主体、评估目的、评估对象之间的关系。

课程思政讨论：

请理论联系实际，结合本案例谈谈你对“用发展的眼光看问题”的理解。

联系生活，谈谈在面临很多人生的选择时，如何“用发展的眼光”来分析问题。分别从以下三个视角展开讨论：

1. 认为“用发展的眼光看问题”就是要立足长远，不能只看眼前的利益。

2. 换种眼光看生活，感受师长批评后的关心。（找同学演一下）

3. 站得高，看得远。考上安财是我曾经的目标，但是为了未来的发展，我要继续努力，做好人生规划。

- 课堂讨论（二）4~6组

1.本案例中，评估师需要收集哪些具体材料？请具体说明。

2.评估所遵循的具体依据有哪些？

3.评估师为何需要对搜集的基础资料进行了独立、客观的分析？

课程思政讨论：

1.如何理解客观公正的评估理念贯穿企业价值评估全过程？

2.生活中，你有遇到不公正的待遇吗？你是如何面对的，欢迎同学们的分享。

3.如果你感受到了不公正待遇，事后没有得到应有的尊重，请问你以后会将这种不公正带给周围的人吗？

- 课堂讨论（三）7~9组

1.资产评估方法具体有哪些？各自有哪些优缺点？

2.本案例为什么选用收益法？而不是资产基础法？

3.方法选择不同会导致怎样的资产评估效果？我国证券法对此有何规定？

4.收益法与资产基础法的不同会导致估值结果的巨大差异吗？收益法与市场法之间呢？原因分别是什么？

课程思政讨论：

面对生活，你是如何理解“选择”？

1.相信自己的前提下，可以有选择地听听别人的意见。

2.首先要学会辨别。

3.请和我们分享一下，你目前做的最重要的选择是什么？

- 主题讨论——学会选择

对于如何做出选择，谈谈自己的切身体会。

三、课程思政教育心得体会

习近平总书记在出席全国高校思想政治工作会议并发表重要讲话时，指出“做好高校思想政治工作，要用好课堂教学这个主渠道，思想政治理论课要坚持在改进中加强，提升思想政治教育亲和力和针对性，满足学生成长发展需求和期待，其他各门课都要守好一段渠、种好责任田，使各类课程与思想政治理论课同向同行，形成协同效应”。高校在专业课程教学过程中，要大力发挥专业知识所蕴含的德育功能，认真做好“课程思政”教学工作。作为一名资产评估专业教师，一直在探索课程思政的教学内容和教学方法，以下是我的一些浅薄的体会。

（一）开始时的疑问重重

什么是课程思政？课程思政是一种隐性教育，在课程中有机融入思政元素，让价值引导的成分在课程设计和课堂教学中达到润物细无声的育人效果。

课程思政需要每节课都进行思政设计吗？课程思政是专业课堂思政化还是专业知识与思政育人有机融合？带着这些疑问，我开始了“企业价值评估”课程思政的教学与实践。

（二）逐渐掌握开展课程思政教学的要点

通过近一年的摸索和研究，我认为课程思政不需要每节课都要进行思政设计。课程思政是一种教学理念，不是简单地将专业课堂思政化，而是要将专业知识和思政育人有机融合、无缝衔接。

那么如何做好课程思政设计是开展专业课程思政教学的首要任务。教育者先受教育，我积极参加学习组织的各种类型的课程思政培训，从理论上领会课程思政教学的三大基本功：挖掘课程的思政元素；有机融入课堂；联系实际不断学习。通过专业培训，解决了我想干却不知如何干的问题。

接下来，我深入钻研“企业价值评估”课程内容，挖掘课程思政元素，对教材上的知识点进行梳理和思考，判断它是否适合课程思政。但是，结果并不是很好，因为教材上的知识点具有很强的专业局限性，有时候很难把它和思政育人联系起来。后来，我主动将思政育人理念与专业课程人才培养中的情感、价值目标结合，发现有很多地方都可以实施课程思政，这种结合帮助我突破了课程思政设计的“瓶颈”，专业课程中的思政元素逐渐变得多了些。

有了思政元素，如何将它们融入课堂教学中呢？理论联系实际，我在大量阅读“企业价值评估”案例中，将思政元素和案例分析紧密结合，通过对现实案例的分析和思政元素的有机融合，无缝对接，大大提高课堂教学效果，同时我的课堂执教能力也有了很大提升。

（三）边摸索，边反思

在对课程思政教学方法、教学内容、教学设计的不断摸索的同时，我还积极和同学们交流，了解他们对于课程思政教学的建议，将一些有价值的建议反馈到我的课堂教学中，不断改进课程思政教学。

教学展示课件

吴亭　会计学院资产评估系　讲师

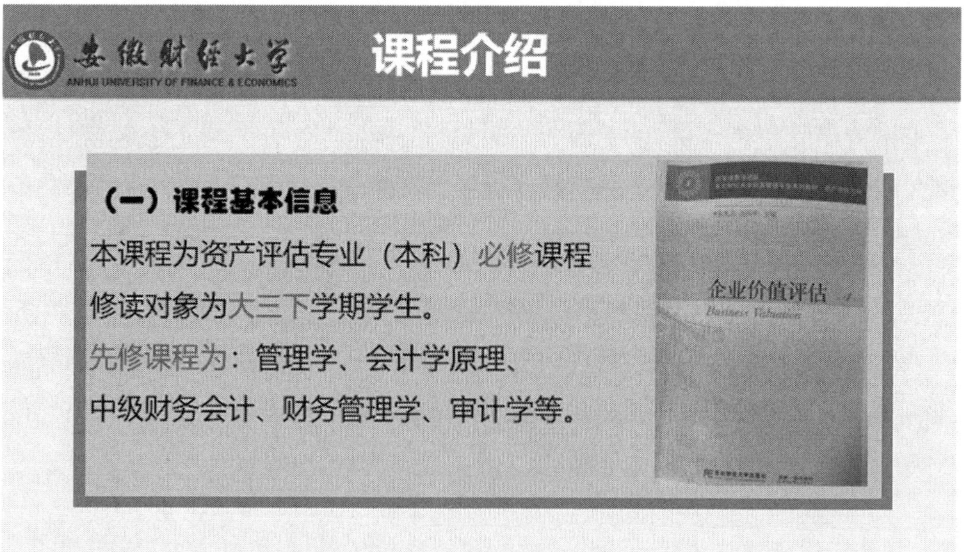

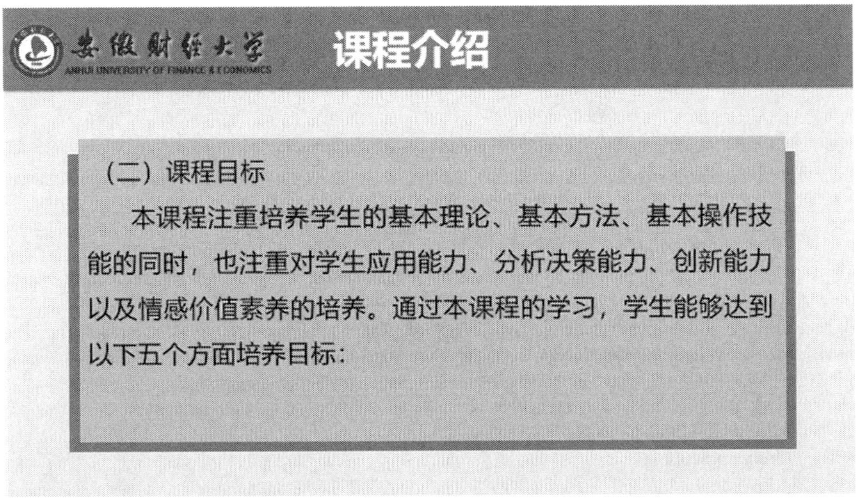
安徽财经大学
ANHUI UNIVERSITY OF FINANCE & ECONOMICS
课程介绍
（二）课程目标
本课程注重培养学生的基本理论、基本方法、基本操作技能的同时，也注重对学生应用能力、分析决策能力、创新能力以及情感价值素养的培养。通过本课程的学习，学生能够达到以下五个方面培养目标：

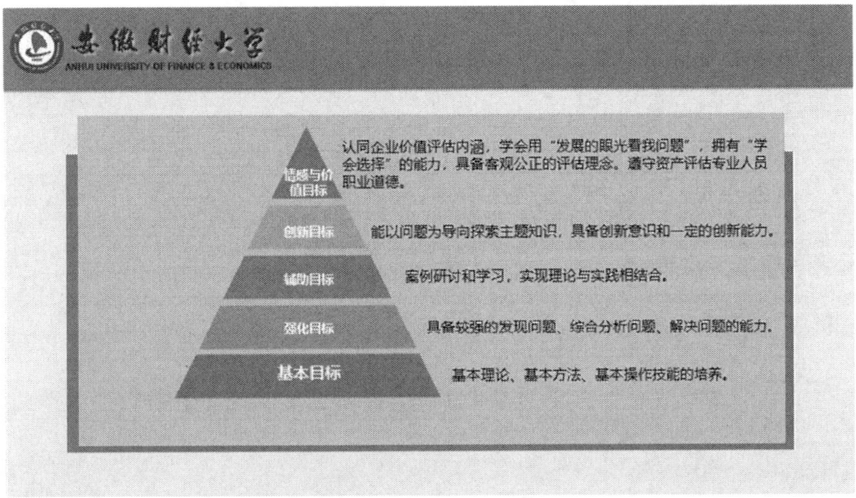
安徽财经大学
ANHUI UNIVERSITY OF FINANCE & ECONOMICS
情感与价值目标
认同企业价值评估内涵，学会用“发展的眼光看我问题”，拥有“学会选择”的能力，具备客观公正的评估理念。遵守资产评估专业人员职业道德。
创新目标
能以问题为导向探索主题知识，具备创新意识和一定的创新能力。
辅助目标
案例研讨和学习，实现理论与实践相结合。
强化目标
具备较强的发现问题、综合分析问题、解决问题的能力。
基本目标
基本理论、基本方法、基本操作技能的培养。

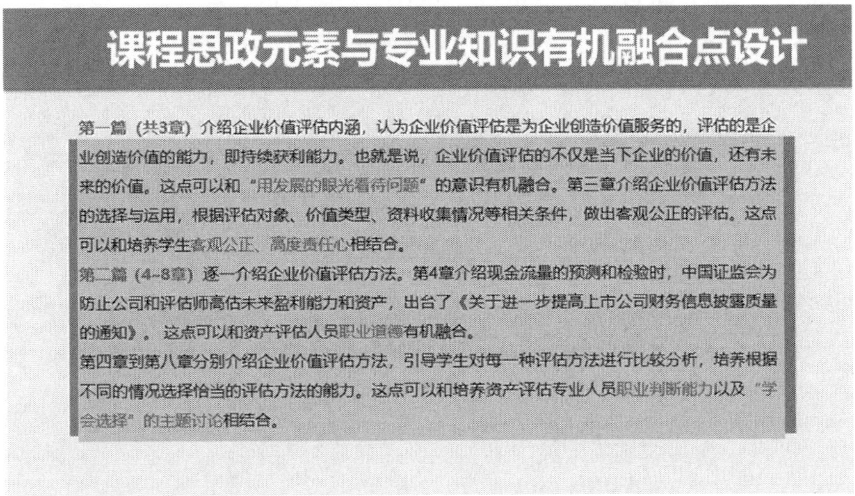
课程思政元素与专业知识有机融合点设计
第一篇（共3章）介绍企业价值评估内涵，认为企业价值评估是为企业创造价值服务的，评估的是企业创造价值的能力，即持续获利能力。也就是说，企业价值评估的不仅是当下企业的价值，还有未来的价值。这点可以和“用发展的眼光看待问题”的意识有机融合。第三章介绍企业价值评估方法的选择与运用，根据评估对象、价值类型、资料收集情况等相关条件，做出客观公正的评估。这点可以和培养学生客观公正、高度责任心相结合。
第二篇（4~8章）逐一介绍企业价值评估方法。第4章介绍现金流量的预测和检验时，中国证监会为防止公司和评估师高估未来盈利能力和资产，出台了《关于进一步提高上市公司财务信息披露质量的通知》。这点可以和资产评估人员职业道德有机融合。
第四章到第八章分别介绍企业价值评估方法，引导学生对每一种评估方法进行比较分析，培养根据不同的情况选择恰当的评估方法的能力。这点可以和培养资产评估专业人员职业判断能力以及“学会选择”的主题讨论相结合。

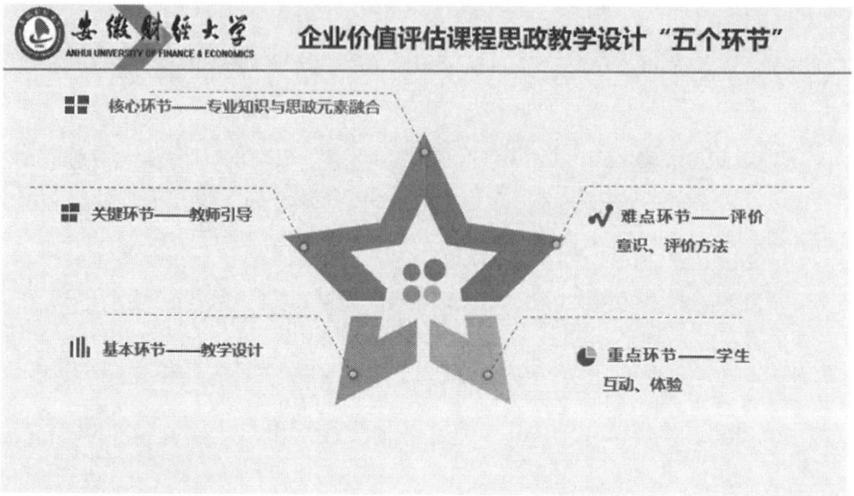
安徽财经大学
ANHUI UNIVERSITY OF FINANCE & ECONOMICS
企业价值评估课程思政教学设计“五个环节”
核心环节——专业知识与思政元素融合
关键环节——教师引导
难点环节——评价意识、评价方法
基本环节——教学设计
重点环节——学生互动、体验

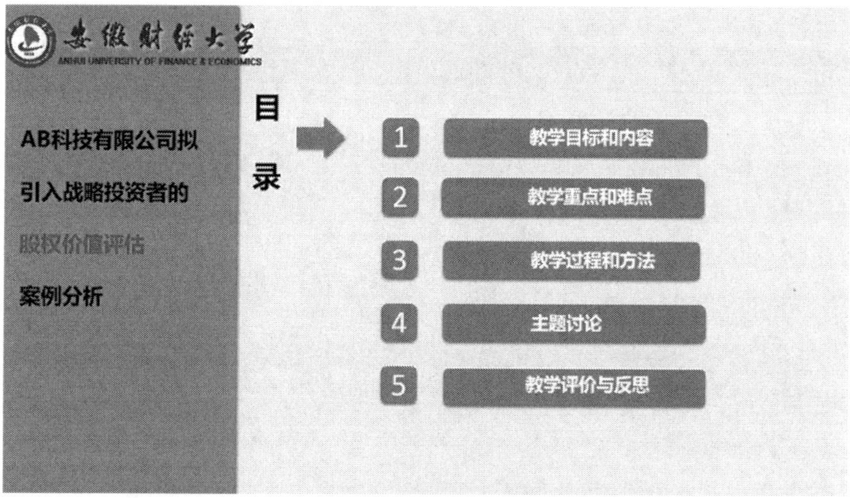
安徽财经大学
ANHUI UNIVERSITY OF FINANCE & ECONOMICS
AB科技有限公司拟
引入战略投资者的
股权价值评估
案例分析
目录
1 教学目标和内容
2 教学重点和难点
3 教学过程和方法
4 主题讨论
5 教学评价与反思

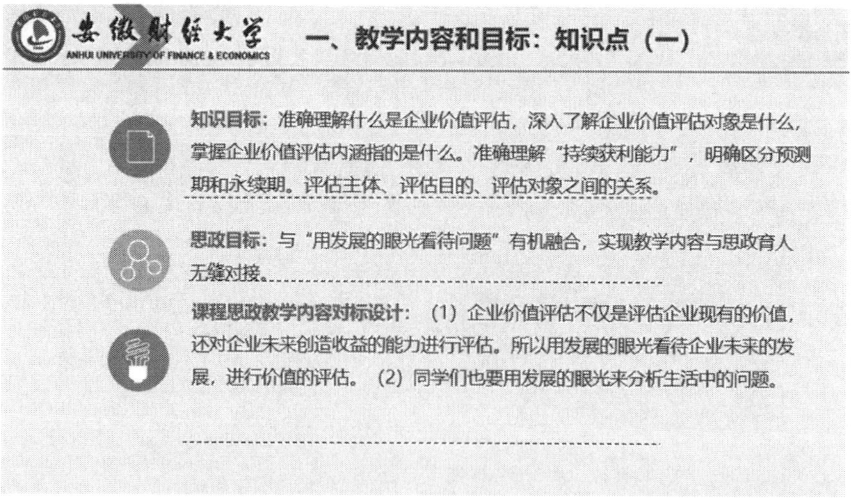
安徽财经大学
ANHUI UNIVERSITY OF FINANCE & ECONOMICS
一、教学内容和目标：知识点（一）
知识目标：准确理解什么是企业价值评估，深入了解企业价值评估对象是什么，掌握企业价值评估内涵指的是什么。准确理解“持续获利能力”，明确区分预测期和永续期。评估主体、评估目的、评估对象之间的关系。
思政目标：与“用发展的眼光看待问题”有机融合，实现教学内容与思政育人无缝对接。
课程思政教学内容对标设计：（1）企业价值评估不仅是评估企业现有的价值，还对企业未来创造收益的能力进行评估。所以用发展的眼光看待企业未来的发展，进行价值的评估。（2）同学们也要用发展的眼光来分析生活中的问题。

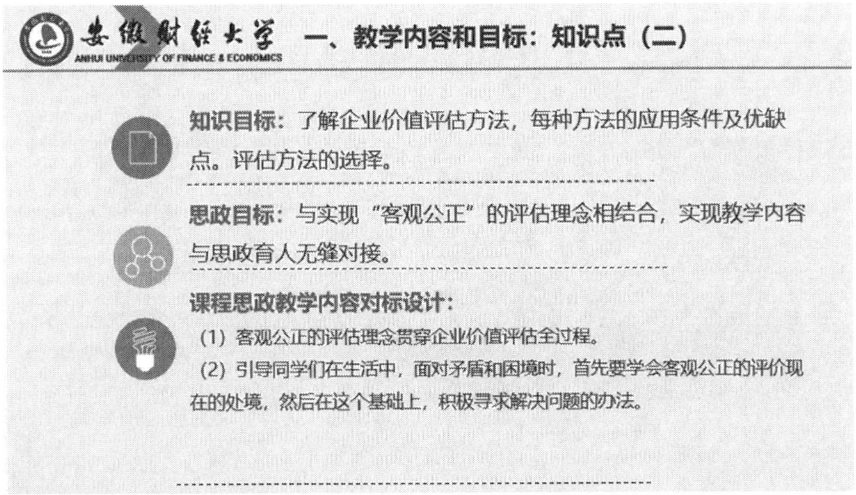
安徽财经大学
ANHUI UNIVERSITY OF FINANCE & ECONOMICS
一、教学内容和目标：知识点（二）
知识目标：了解企业价值评估方法，每种方法的应用条件及优缺点。评估方法的选择。
思政目标：与实现“客观公正”的评估理念相结合，实现教学内容与思政育人无缝对接。
课程思政教学内容对标设计：
（1）客观公正的评估理念贯穿企业价值评估全过程。
（2）引导同学们在生活中，面对矛盾和困境时，首先要学会客观公正的评价现在的处境，然后在这个基础上，积极寻求解决问题的办法。

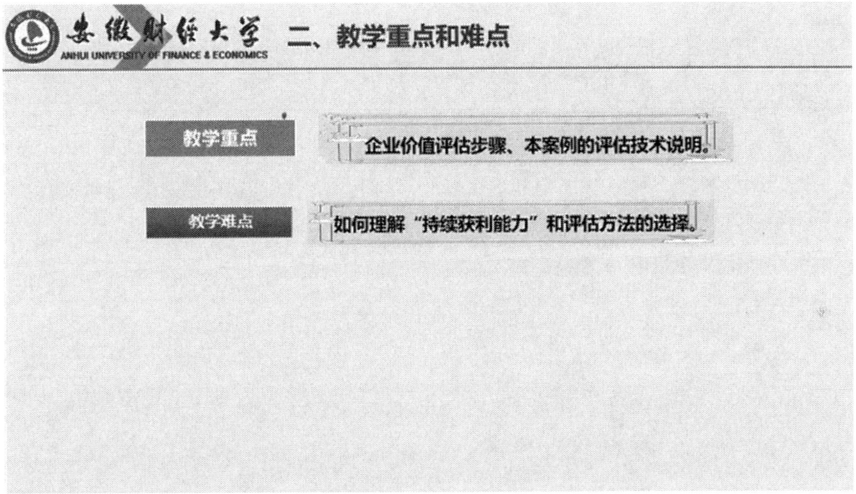
安徽财经大学
ANHUI UNIVERSITY OF FINANCE & ECONOMICS
二、教学重点和难点
教学重点
企业价值评估步骤、本案例的评估技术说明。
教学难点
如何理解“持续获利能力”和评估方法的选择。

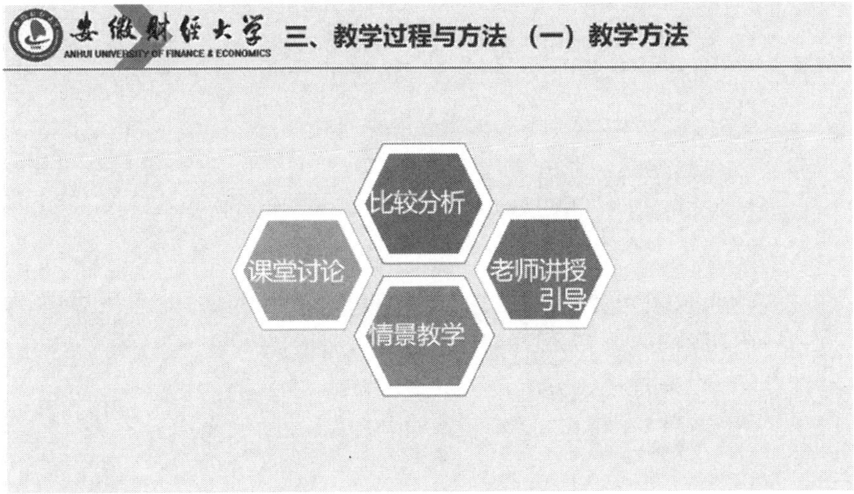
安徽财经大学
ANHUI UNIVERSITY OF FINANCE & ECONOMICS
三、教学过程与方法（一）教学方法
比较分析
课堂讨论
老师讲授引导
情景教学

安徽财经大学 ANHUI UNIVERSITY OF FINANCE & ECONOMICS

三、教学过程与方法 （二）教学过程

1、教学资料微视频展示

企业价值评估作用.mp4

企业价值评估 收益法讲解.mp4

安徽财经大学 ANHUI UNIVERSITY OF FINANCE & ECONOMICS

2、课堂讨论（一） 用发展的眼光看待问题（唯物辩证法的发展观）

1. 如何实现对评估对象收益预测。

（1）问什么要分预测期和后续期？

（2）国家宏观经济发展和产业政策对AB公司的影响如何？收益预测为什么要考虑这些因素？

2. 企业价值评估流程有哪些？

3. 评估主体、评估目的、评估对象之间的关系。

讨论：

请理论联系实际，结合本案例谈谈你对“用发展的眼光看问题”的理解。联系生活，谈谈如何理解“用发展的眼光看问题“。

课堂讨论（二） 客观公正的评估理念

1. 本案例中，评估师需要收集哪些具体材料？请具体说明。

2. 评估所遵循的具体依据有哪些？

3. 评估师为何需要对搜集的基础资料进行了独立、客观的分析？

讨论：

如何理解”客观公正的评估理念贯穿企业价值评估全过程“？生活中，你有遇到不公正的待遇吗？你是如何面对的，欢迎同学们的分享。

课堂讨论（三） 学会选择

1. 企业价值评估方法具体有哪些？各自有哪些优缺点？
2. 本案例问什么选用收益法？而不是资产基础法？
3. 方法选择不同会导致怎样的资产评估效果？我国证券法对此有何规定？

讨论：

收益法与资产基础法的不同会导致估值结果的巨大差异吗？收益法与市场法之间呢？

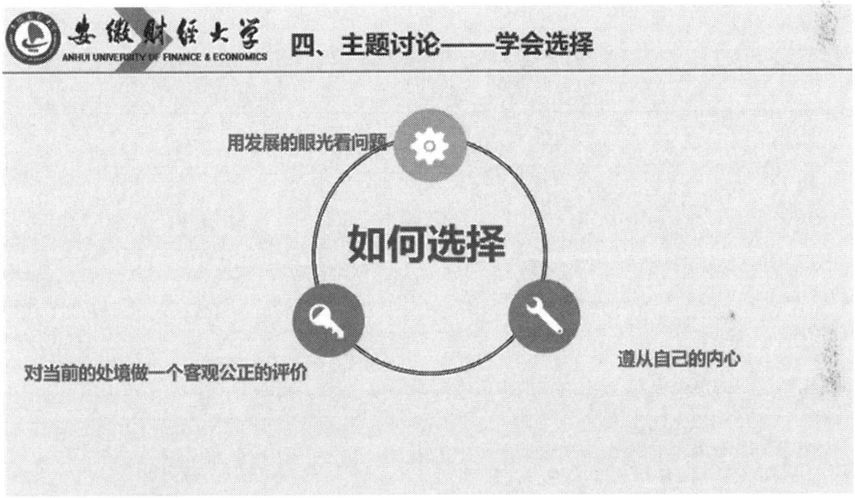

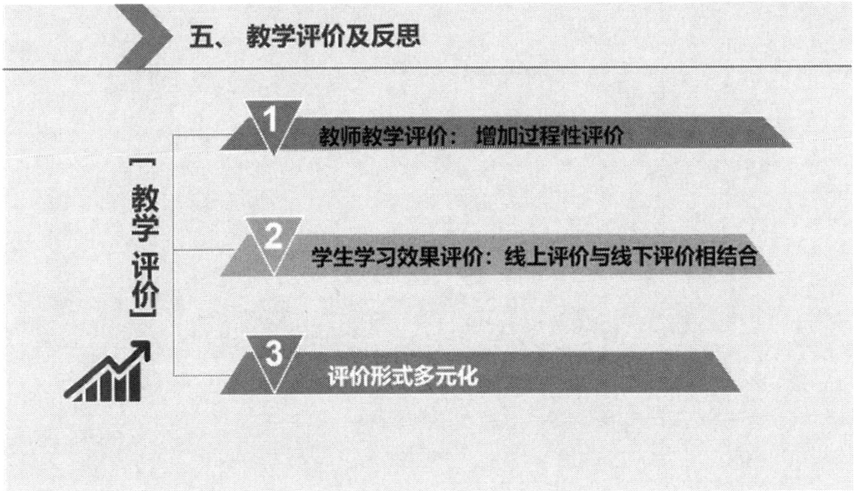

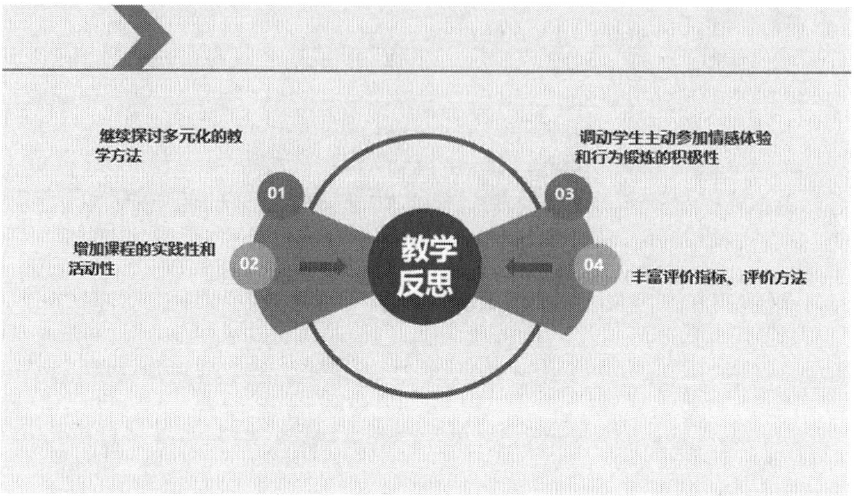
继续探讨多元化的教学方法
01
增加课程的实践性和活动性
02
教学
反思
调动学生主动参加情感体验和行为锻炼的积极性
03
04
丰富评价指标、评价方法

• 经济学

“公司经济学”课程

查华超　经济学院数字经济系　讲师

一、课程思政教学设计思路

（一）课程基本信息

公司经济学是一门新兴的学科，在我国的研究起步相对较晚。公司经济学是经济学和工商管理相关专业的总和基础课程，它属于应用经济学范畴。公司经济学是从经济学角度来研究公司运行规律的，是对公司运行过程中的各种经济关系的描述。公司经济学课程将经济学理论应用于公司决策实践，指导公司优化资源配置，并为经济学类其他的科学提供理论基础。公司经济学是经济学类专业基础课程，是一门将理论与实践很好联系、经济学类专业大三年级的学生必须重点掌握的专业基础课程。

（二）课程目标

公司经济学课程，以满足市场对公司经营管理人才的素质要求，以培养出适合我国现代公司发展需要的经济管理类人才为总体目标。公司经济学课程以经济理论为基础，致力于帮助学生掌握公司经济管理的基本知识、基本理论和基本方法，致力于使学生掌握现代公司制度中的产权理论、委托—代理关系、公司法人治理结构、公司层级制度和公司组织制度等相关理论和现代公司管理的实际操作流程，致力于使经管类专业的学生能够运用这些理论和方法分析解决现代公司常见的一些经济管理问题，为经管类专业毕业生更好的就业和创业提供理论指引。

（三）课程内容简介

公司经济学课程充分吸收了微观经济学、管理学、制度经济学、产业经济学等相关方面的研究成果，较为客观地研究了现代公司运行、发展的基本规律，进而围绕现代公司运营的整个历程，本课程分十二章具体展开：第一章引论，第二章介绍公司的历史沿革，第三章探讨了公司的选址，第四章阐述了现代公司产权制度，第五章介绍了公司投融资与资本配置，第六章重点研究公司如何良好地运行公司经营策略，第七章介绍了公司价值链，第八章阐述了公司治理与激励机制，第九章探讨了公司的合作与竞争策略，第十章研究了公司的兼并与收购，第十一章探讨了公司跨国经营问题，第十二章学习了公司生命周期理论。

（四）课程思政融入设计

针对“课程思政”的教学内容设计，结合公司经济学课程特点、遵循教学设计规律，本门课程重点从引导学生坚定理想信念、厚植爱国主义情怀、加强品德修养、增长知识见识、培养奋斗精神、增强综合素养六个方面下功夫，来践行“课程思政”理念。具体设计为：

其一，通过课程和课堂教学，引导学生树立远大的理想抱负，积极弘扬立德树人的主旋律，鼓励广大青年学生肩负起民族和国家的希望。

其二，课程和教学课堂融入“课程思政”内容，探索具有中国特色的教育教学体系，鼓励和引导青年学生立足当下世情、国情，透视历史、现实和未来，做到明确“四个正确认识”、增强“四个意识”、树立“四个自信”。

其三，教学内容设计围绕专业特性，挖掘专业课程与社会主义核心价值观的结合点，以增长学生知识为主要任务，让学生掌握最前沿的专业知识，积极阐释新时代中国特色社会主义建设的历史任务与实现中华民族伟大复兴的使命担当，激发学生勇担时代责任。

其四，抓好公司经济学课堂教学工作，把基础知识与前沿知识结合起来，让学生学到真实本领，抓好学生理论知识的应用能力，把知识传授与解决问题、书本知识与实践问题结合起来，通过多样化的教学手段，让学生成为“理论知识高、动手能力强、综合素养好”的优秀人才。

（五）其他

公司经济学课程教学过程中，通过大量实际案例的分析和讨论，大量视频资料的观看和探讨，尤其是通过对我国国有企业改革进程、问题和未来方向的课堂讨论，将“课程思政”理念融入本门课程课堂教学的方方面面，对学生进行潜移默化的“三观”“四个意识”“社会主义核心价值观”“习近平新时代中国特色社会主义思想”“党的十九大精神”等思想教育，努力培养“有本领、有理想、有情操、有信仰”德智体美全面发展的社会主义建设者和接班人。

二、教学展示

以下内容，以“公司经济学”第七章公司价值链第一节价值链为例，来进行具体展示。

（一）教学目标和内容

教学目标：让学生通过本次课程教学，能正确地分析企业价值链对于企业在市场竞争中的重要性，能分析企业价值链内容，能结合我国经济政策目标来分析不同企业的价值链存在的问题，能将价值链知识运用于分析我国企业价值链创造问题。

教学内容：企业价值链的思想内涵、价值活动九种类型、价值链的特征，供给侧结构性改革、双循环新发展格局和价值链重塑。

（二）教学重点和难点

教学重点是企业价值链的思想内涵、价值活动九种类型、价值链的特征；教学难点是供给侧结构性改革、双循环新发展格局和价值链重塑，以及价值链重塑理论的实际应用。

（三）教学过程和方法（可含时间分配）

首先，观看案例资料“小米全价值链打通价值优化”并讨论引出，公司价值链概念。（5分钟）

其次，学习“企业价值链的思想内涵”（20分钟），观看视频资料18“新中国70年 重构全球价值链”（5分钟），课堂讨论“我国企业应该如何更好地参与和重构全球价值链？”（10分钟）

再次，学习“企业价值链的特性”（15分钟），学习案例资料“中国大豆产业的沦陷”（5分钟），课堂讨论“中国大豆产业全价值链的沦陷是血的教训，除全中国人民为之高价买单外，你认为还有哪些实际危害？应该如何通过重塑价值链来进行挽救？”（15分钟）

最后，学习“供给侧结构性改革与价值链重塑”（10分钟），观看视频19：中国供给侧结构性改革将进入价值链重塑的全新过程（4分钟），国家能源集团价值链创造（1分钟）

本次课程总结。课后思考：数字经济时代，我国应该如何进行产业价值链重塑？？

（四）教学反思

本次课程教学，重在让学生理解企业价值链的基本内容，通过理论知识的讲解，结合案例、视频资料的学习，学生能够较好地把握企业价值链内涵，能够运用价值链知识分析实际问题。但不足之处是，课堂讨论时间不太好把控，有些问题，学生讨论十分激烈，需要花去超过提前设计好的时间，会在一定程度上影响教学进度，同时，学生对课堂讨论问题的认识深度不够，需要重点加强。

（五）其他需要展示的内容

“公司经济学”课程教学过程中，“理论+课程思政+案例分析+视频学习”这一教学方法的应用，引起较好的教学反响，部分学生十分喜欢这种教学方式，就本课程而言，也较好地实现了寓教于课的教学效果，不仅潜移默化地传授了看似枯燥的公司经济学理论知识，更激发学生们的学习兴趣，增进了学生们对我国社会主义现代建设、国有企业发展的认识和自信。

以下是18经1班，陈舒宜同学对于“公司经济学”课程教学的总结与感想，她的这一感想写在了课程考核论文之后，在我评阅论文时看见，觉得这既是对本门课程教学的肯定也是较好的反馈，当然，还有一些其他同学评论，在此不一一赘述。

课程总结与感想

公司经济学作为我大学生涯最后一门18周的专业课，竟也快接近了尾声，在自习教室里完成了最初的选题，后来的翻阅文献、撰写论文、不断降重，到最后的修改格式。终于在十七周末尾完成了这一篇论文时，大学的最后一篇课程论文也就结束了。所以我想谨以此篇总结和感想算作是给大学的专业课画上一个完美的句号。

本篇论文的选题是基于企业价值链的上市公司成本管控研究——以新能源发电行业为例。这绝不是我临时起意的，而是在一次上课的过程中，老师给我们放了企业家张一鸣创立抖音的创业故事，这个视频给我的印象及其深刻。因为这是当前我们最熟悉的娱乐APP之一，其用户的年龄层跨度分非常大。记得初次接触抖音的时候是高三，那时同学们玩的更多的是微博，所以我也慢慢地不怎么打开抖音软件。直到大一，抖音似乎风靡起来，经常在空间或是朋友圈看到“抖音有毒”、“刷到根本停不下来”的言论，但是抖音为什么有这样让人着迷的魔力呢。这次课堂上观看的视频让我明白抖音为何被大众广泛接受并带起了短视频的风潮，随即老师便发布了相关的讨论题，即“从价值链视角来分析张一鸣成功创立今日头条和抖音的原因”。我内心感叹于老师能将价值链这个陌生的名词和我们熟悉的抖音结合在一起，让讨论题真正变成了可以去思考、去自主讨论的题目，而不是出一些晦涩难懂，只能靠百度搜索的专业知识题。也就是那时对价值链这个名词十分感兴趣，心里默默定下期末论文的选题。如果没有这节课的案例，我不知道什么时候才会愿意去了解价值链，更不会从价值链的角度去思考问题，真的很感谢查老师用这样的方式让我真正在课堂上有所收获。因此出于对这门课的喜爱和最后一篇结课论文的仪式感，除了参考文献，我还去学校的图书馆借阅了五六本相关书籍，希望能多看多思考，运用我学过的实证分析方法撰写这篇论文。在选取研究对象时，我选择的是现在大势所趋的新能源发电行业，因为是新兴行业，其应用前景十分可观但同时问题也有很多，截至2020年国内上市的公司仅有15家，因此我选择新能源发电行业的上市公司作为分析对象。

至此，这篇结课论文的全部内容即将结束，也要和一本正经讲解知识点时穿插时事热点，偶尔也会来点娱乐八卦的查老师道声再见，可口可乐和百事可乐这对长期竞争者如何进行差异化竞争、明星公司与资方的对赌协议是否为有效的激励方式、古天乐代言传奇是否成功，这些有趣的讨论题都带给我或多或少的思考与启发。周二下午的公司经济学将成为大学生涯的过去式，但是努力学习、积极思考是人生永远的一般现在时，查老师带领的这一段时光在日后的漫漫长路上也将熠熠生辉。

三、课程思政教育心得体会

自实践课程思政教育理念以来，在课程内容设计、课程教学流畅度和课程教学效果上，均得到较大程度的提升，不仅自我学习了很多新的知识和理论，而且也能够更为熟练地利用现代信息网络实现数字化教学，能够更好地完成日常教学工作任务。现将个人感受总结如下：

（一）自我学习了很多新的知识和理论，充实了教学内容

实践课程思政教育理念，需要自我学习和掌握很多新的知识和理论，而且这些知识和理论通常都是我国重要的国家政策、国家经济发展战略和习近平总书记的重要讲话精神，使自己的理论知识得到大幅度的提高，尤其是充实了课程教学内容，使书本理论知识很好地与国家经济发展战略、我国现存的经济发展问题相结合，明显增强了学生的学习兴趣和学习的主动性，增强了教学效果，也提高了学生的知识素养，优化了学生的知识结构。

（二）完善了课程教学设计，提高了教学内容的电子化水平

实践课程思政教育理念，需要认真做好和完善好教学PPT，使之更加形象生动，做好教学设计，同时做好各种资料的电子化，包括电子化图书、电子化文档、试题、作业、课程设计、实践环节问题等，为开展课堂教学做好充分准备。

（三）学会了更好地充分利用网络教学资源，尤其是视频资料

实践课程思政教育理念，需要我有充足的时间静下心来备课，网上资源十分丰富，可以充分利用各个平台提供的丰富网络资源，文字、图片、视频、课件等使用更加便利、更加快捷，能从网上找更优秀的资源融入自己的教学中，能够丰富我的教学内容，提高教学质量，更利于提高自己的业务能力，更好地对学生进行潜移默化的思想教育，能更好地培养德智体美全面发展的大学生。

（四）存在不足与未来改进方向

课程思政设计比较花费时间，我自己的熟练度还需要提升，教学技艺、教学技巧和教学流畅的把控，仍然需要不断提高。

在今后的“公司经济学”课程教学中，我会积极做好课程思政教学工作，不断在课程教学内容里充实新的课程思政素材，不断提升课程思政教学水平，不断完善和充实“公司经济学”课程思政教学设计。

最后，我将开展好与学生的互动准备，争取让学生在有限的条件下学到更多的知识，教学过程一切为了学生，一切为了把学生培养好，让学生喜欢这门课程，利用课程思政教育培养出能力更强、综合素养更高的学生。

教学展示课件

查华超　经济学院数字经济系　讲师

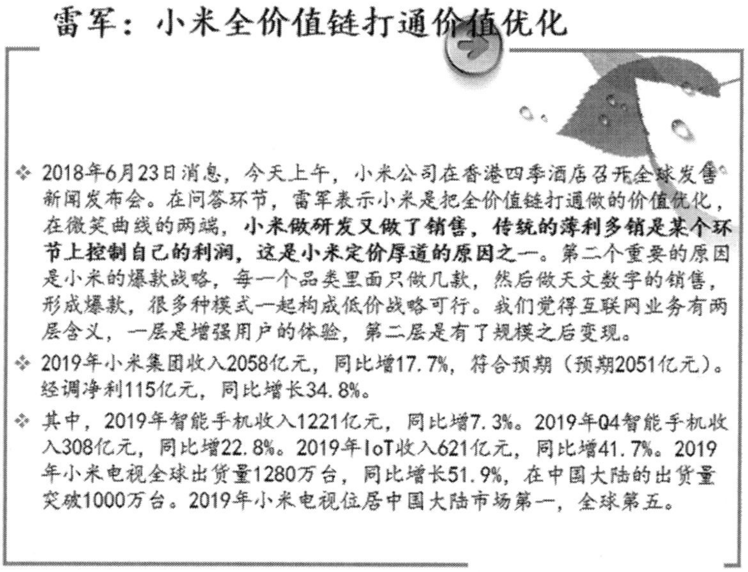

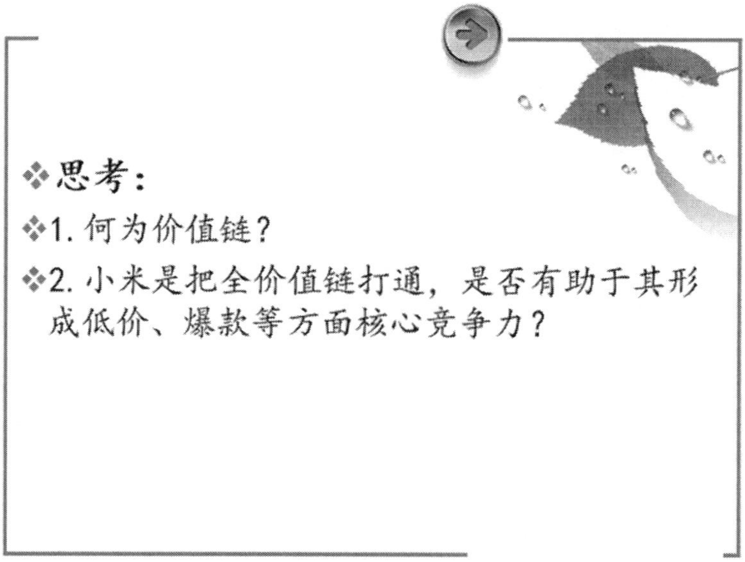

第七章 公司价值链

- 本章首先介绍了企业价值链的思想内涵和价值链的特性
- 然后重点介绍企业价值链的内容及分析方法，这其中包括价值链的基本增值活动和辅助性增值活动两大板块内容
- 最后从成本优势战略和差异化战略的角度介绍了价值链在竞争中的具体应用并附有相关的案例分析。

第一节 价值链

- **1985年，哈佛商学院的迈克尔·波特教授在其所著《竞争优势》中首次提出了价值链的概念。**
- **一、价值链的思想内涵**
- 波特认为，“每一个企业都是在设计、生产、销售、发送和辅助其产品的过程中进行种种活动的集合体。所有这些活动可以用一个价值链来表明。”
- 企业的价值创造是通过一系列活动构成的，这些活动可分为基本活动和辅助活动两类，基本活动包括内部后勤、生产作业、外部后勤、市场和销售、服务等；而辅助活动则包括采购、技术开发、人力资源管理和企业基础设施等。
- **1. 定义：这些互不相同但又相互关联的生产经营活动，构成了一个创造价值的动态过程，即价值链。**

一、价值链的思想内涵

- **2. 价值链的增值活动分类**
- （1）企业的基本增值活动
- 即一般意义上的“生产经营环节”，如材料供应、成品开发、生产运行、成品储运、市场营销和售后服务。这些活动都与商品实体的加工流转直接相关。
- （2）企业的辅助性增值活动
- 包括组织建设、人事管理、技术开发和采购管理。
- 技术既包括生产性技术，也包括非生产性的开发管理，如决策技术、信息技术、计划技术。
- 采购管理既包括生产原材料，也包括其他资源投入的管理，如聘请有关咨询公司为企业进行广告策划、市场预测、法律咨询、信息系统设计和长期战略计划等。

一、价值链的思想内涵

❖3. 基本价值链图

❖（1）制造业企业基本价值链

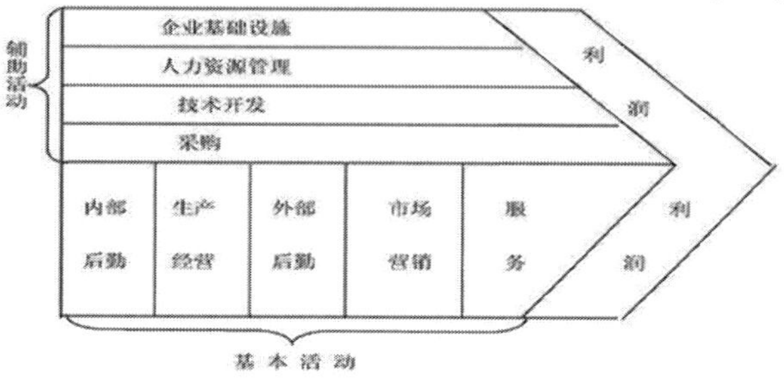

一、价值链的思想内涵

❖3. 基本价值链图

❖（2）举例：复印机企业价值链

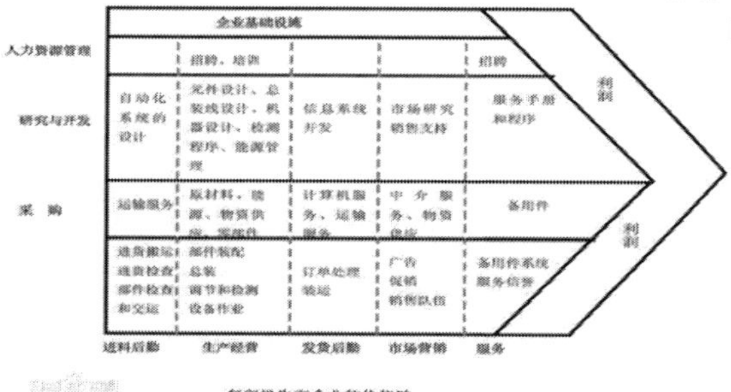

复印机生产企业的价值链

一、价值链的思想内涵

❖3. 基本价值链图

❖（3）举例：IT企业价值链

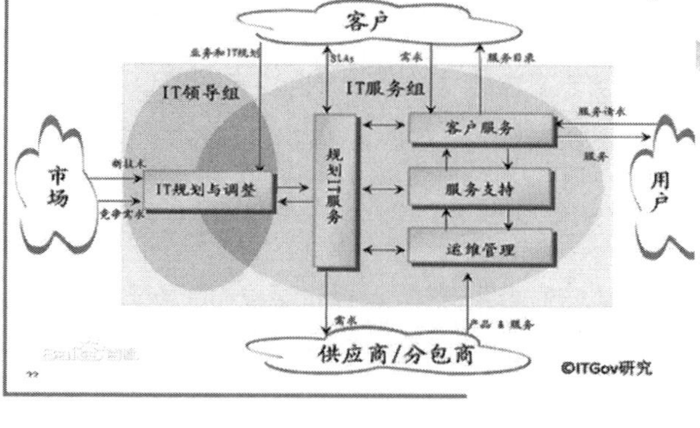

一、价值链的思想内涵

❖4. 价值增值活动的九种类型

◆ **基本活动：**

❖ （1）进料后勤

❖ 与接收、存储和分配相关联的各种活动，如原材料搬运、仓储、库存控制、车辆调度和向供应商退货。

❖ （2）生产作业

❖ 与将投入转化为最终产品形式相关的各种活动，如机械加工、包装、组装、设备维护、检测等。

❖ （3）发货后勤

❖ 与集中、存储和将产品发送给买方有关的各种活动，如产成品库存管理、原材料搬运、送货车辆调度等。

❖ （4）销售

❖ 与提供买方购买产品的方式和引导它们进行购买相关的各种活动，如广告、促销、销售队伍、渠道建设等。

❖ （5）服务

❖ 与提供服务以增加或保持产品价值有关的各种活动，如安装、维修、培训、零部件供应等。

一、价值链的思想内涵

❖4. 价值增值活动的九种类型

◆ **辅助活动：**

❖ （6）采购

❖ 指购买用于企业价值链各种投入的活动，采购既包括企业生产原料的采购，也包括支持性活动相关的购买行为，如研发设备的购买等。

❖ （7）研究开发

❖ 每项价值活动都包含着技术成分，无论是技术诀窍、程序，还是在工艺设备中所体现出来的技术。

❖ （8）人力资源

❖ 包括各种涉及所有类型人员的招聘、雇佣、培训、开发和报酬等各种活动。人力资源管理不仅对基本和支持性活动起到辅助作用，而且支撑着整个价值链。

一、价值链的思想内涵

❖4. 价值增值活动的九种类型

◆ **辅助活动：**

❖ （9）企业基础

❖ 企业基础设施支撑了企业的价值链条。判断标准：

❖ 是否可以在降低成本的同时维持价值（收入）不变；

❖ 是否可以在提高价值的同时保持成本不变；

❖ 是否可以降低工序投入的同时有保持成本收入不变；

❖ 更为重要的是，企业能否可以同时实现1、2、3条。

❖ **企业的竞争优势，或者说核心竞争力，实质上就是企业在价值链上某一特定的战略环节上所具有的优势，这些战略环节是企业核心竞争力的源泉。只要控制住这些关键的战略环节，也就控制了整个价值链。**

- 观看视频18
- 新中国70年 重构全球价值链？
- 课堂谈论：我国企业应该如何更好的参与和重构全球价值链？

二、价值链的特性

- **1. 价值活动分为两种：基本活动和辅助活动**
- 基本活动是涉及产品的物质创造及其销售、转移给买方和售后服务的各种活动。辅助活动是辅助基本活动并通过提供外购投入、技术、人力资源以及各种公司范围的职能以相互支持。

- **2. 价值链列示了总价值**
- 价值链除包括价值活动外，还包括利润，利润是总价值与从事各种价值活动的总成本之差。

二、价值链的特性

- **3. 价值和价值活动是价值链分析基础**
- 价值表现为买方愿意为企业提供的价格，它代表着客户需求满足的实现，价值用总收入来衡量。
- 价值活动是企业制造为买方提供有价值的产品源泉，涉及产品的物质创造及其销售、转移给买方和售后服务的各种基本活动，以及提供外购投人、技术、人力资源、各种公司范围的职能的辅助活动，是价值链分析法的基础。

- **4. 价值链的异质性**（核心竞争力差异）
- 不同的产业具有不同的价值链。在同一产业，不同企业的价值链也不同。
- 白酒行业价值链与汽车行业价值链；
- 小米价值链与华为价值链

二、价值链的特性

❖ **5. 价值链的整体性**

❖ 企业的价值链并不是处在一个真空地带，它与外界具有不可分割的价值联系。价值链揭示的是企业创造的总价值，体现在更广泛的价值系统中。

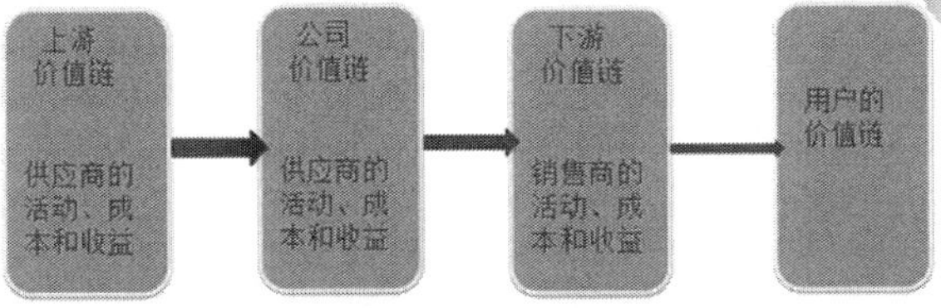

价值链系统利润

中国大豆的沦陷

❖ **20世纪时，中国还是世界最大的大豆生产国，一度出口到世界各国。那么中国是如何从大豆出口国演变成今天的世界第一大进口国的呢？**

❖ 大豆是一年生草本植物，是世界上最重要的豆类，原产于中国，中国学者大多认为原产地是云贵高原一带；也有植物学家认为是由原产中国的乌苏里大豆衍生而来。

❖ 中国种植大豆起源于商代，已有五千年栽培历史，古称菽，中国东北为主产区，是一种其种子含有丰富植物蛋白质的作物。1804年引入美国；20世纪中叶，在美国南部及中西部成为重要作物。世界各国栽培的大豆都是直接或间接由中国传播出去的。

❖ 20世纪，我国大豆无论生产量和出口量长期居世界第一位，张学良统治东北时期，东北大豆是奉系军阀的主要出口商品，依靠着这笔不菲收入，张家养活了20万军队。

❖ 20世纪下半叶，中国大豆完全自给自足，大跃进前(1959-1961年)，中国大豆的出口一度对前苏联非常重要。大豆产量从80年代的900万吨增长到1994年的1600万吨高峰。随后的几年里，产量亦稳步增长。直到1990年代，中国仍然是大豆净出口国。在80年代末和90年代初期，大豆出口超过100万吨，完全不需要进口。

中国大豆的沦陷

❖ 过去大豆主要用于豆制品的消费，养殖业的兴起带动了饲料需求增长，豆油的消费也不断增加，于是大豆市场的结构发生了变化。

❖ 大规模现代养殖业的推广导致工业化饲料使用量增加，对豆粕的需求随之增长。

❖ 为满足大豆需求，中国政府面临选择，加大国内大豆种植，减少必要粮食如玉米等的种植，还是进口大豆，保证必要粮食供给。

❖ 最终，政府做出了明确的地缘战略选择：巴西和阿根廷的农作物种植(包括大豆)正在迅猛扩展，可以进口这些国家有价格竞争力的原料来饲养动物，以支持养殖业的发展。

❖ **但此时，中国大豆产业仍未沦陷，直到四大粮商ABCD的进入。**

中国大豆的沦陷

- ABCD从2000年初开始进入中国，2002年全面投产中国大豆产业，2003年便出现了因为国际大豆价格短期内大幅上涨回落带来的国内大豆企业的危机。ABCD在此时收购了大量破产的大豆企业，为全面铺设全产业链奠定了基础。
- 收购既可以直接利用大豆企业原先的厂房场地、加工设备、社会资源、经验技术，不必增加投资成本延长盈利周期，又可以很容易地建立起产业链的生产，加工和储存环节，同时也消除了大量竞争者。
- 他们继续沿用原先中国企业的品牌，既规避了粮食敏感领域备受中国政府和公众舆论质疑的风险，又便于民众接受，从而赢得国内的广阔市场，可谓一举数得。目前全国97家大型油脂企业中，64家被外资企业（不全是ABCD）控制，比例高达66%。
- **至此，中国大豆全线沦陷。**

中国大豆的沦陷

- 中国十大食用油加工企业中，年产量150万吨以上的有3家，即“益海”“嘉里”“中粮”，前两家企业同属一个集团，即丰益国际，系新加坡丰益集团与美国ADM共同投资组建的。
- “嘉里”拥有金龙鱼、胡姬花、花旗等食用油品牌，金龙鱼已成功控股38家企业，参股鲁花等加工企业，工厂遍布全国。
- 而“中粮系”食用植物油的主要贸易进口对象仍是美国ADM。目前金龙鱼、福临门、鲁花三大食用油品牌占中国食用油70%以上市场份额，即“丰益嘉里系”独占中国食用油近50%市场份额。
- 在外资形成原料买方垄断的同时，也垄断了产品定价权。
- **痛心的启示：**
- 中国作为一个农业大国，在粮食方面需要多树立自己的国际品牌。涉农企业的全产业链构建还有很大的提升空间，要吸取ABCD全产业的发展经验，依靠自己的力量加紧打造适合自身特点的全产业链条，做好从生产加工、到物流仓储再到销售的各个环节，增强自身竞争力。

课堂讨论

- 中国大豆产业全价值链的沦陷是血的教训，除全中国人民为之高价买单外，你认为还有哪些实际危害？应该如何来挽救？

三、供给侧结构性改革与价值链重塑

❖（一）供给侧结构性改革

❖**1.**供给侧结构性改革旨在调整经济结构，使要素实现最优配置，提升经济增长的质量和数量。需求侧改革主要有投资、消费、出口三驾马车，供给侧则有劳动力、土地、资本、制度创造、创新等要素。

2.研究历程

❖2015年11月10日上午，中共中央总书记、国家主席、中央军委主席、中央财经领导小组组长习近平主持召开中央财经领导小组第十一次会议，研究经济结构性改革和城市工作。

❖2016年1月26日中央财经领导小组第十二次会议，习近平总书记强调，供给侧结构性改革的根本目的是提高社会生产力水平，落实好以人民为中心的发展思想。

❖2016年1月27日，中共中央总书记、国家主席、中央军委主席、中央财经领导小组组长习近平主持召开中央财经领导小组第十二次会议，研究供给侧结构性改革方案。

❖2017年10月18日，习近平同志在十九大报告中指出，深化供给侧结构性改革。建设现代化经济体系，必须把发展经济的着力点放在实体经济上，把提高供给体系质量作为主攻方向，显著增强我国经济质量优势。

❖2018年12月21日闭幕的中央经济工作会议认为，我国经济运行主要矛盾仍然是供给侧结构性的，必须坚持以供给侧结构性改革为主线不动摇，更多采取改革的办法，更多运用市场化、法治化手段，在“巩固、增强、提升、畅通”八个字上下功夫。

3.改革内容

❖如果用一个公式来描述人们口头上所说的“供给侧改革”，那就是“供给侧+结构性+改革”。其含义是：用改革的办法推进结构调整，减少无效和低端供给，扩大有效和中高端供给，增强供给结构对需求变化的适应性和灵活性，提高全要素生产率，使供给体系更好适应需求结构变化。

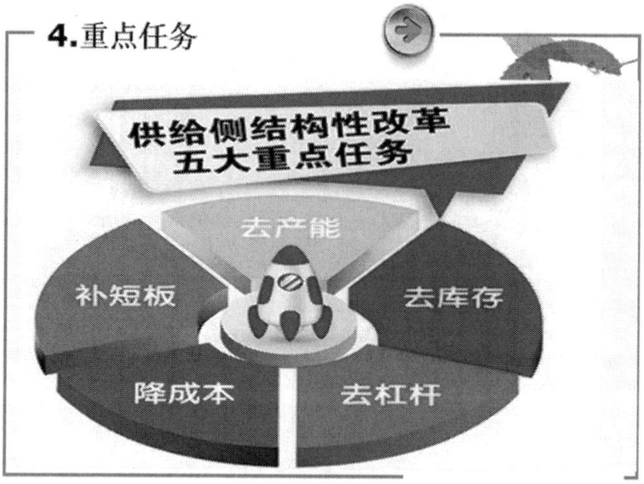

三、供给侧结构性改革与价值链重塑

（二）双循环发展格局

2020年**9**月**1**日，习近平总书记在中央全面深化改革委员会第十五次会议上强调，加快形成以国内大循环为主体、国内国际双循环相互促进的新发展格局，是根据我国发展阶段、环境、条件变化作出的战略决策，是事关全局的系统性深层次变革。

今年**5**月以来，特别是全国两会以来，习近平总书记多次强调，加快形成以国内大循环为主体、国内国际双循环相互促进的新发展格局。这是我国在即将全面建成小康社会，进而开启全面建设社会主义现代化国家新征程的历史节点，面对世界“百年未有之变局”，面对国家发展优势和现实约束提出的发展新战略，是关系我国发展前途的重大谋划，为“十四五”规划乃至更长远的发展提供了方向性的引领。

三、供给侧结构性改革与价值链重塑

❖（三）供给侧结构性改革将进入价值链重塑新阶段

❖观看视频19：

❖中国供给侧结构性改革将进入价值链重塑的全新过程

❖国家能源集团价值链创造

三、供给侧结构性改革与价值链重塑

❖（三）供给侧结构性改革将进入价值链重塑新阶段

❖观看视频19：

❖中国供给侧结构性改革将进入价值链重塑的全新过程

❖国家能源集团价值链创造

本次课小结

❖本节课学习了：企业价值链的企业价值链的思想内涵、价值活动九种类型、价值链的特征，供给侧改革、双循环新发展格局和价值链重塑。

❖课后思考：数字经济时代，我国应该如何进行产业价值链重塑？提交为学习通课后作业

• 理 学

“统计学专业综合实验课”课程

李超　统计与应用数学学院经济统计系　教授

一、课程思政教学设计思路

（一）课程基本信息

“统计学专业综合实验课”是统计学类专业的专业课程，在教学内容方面更加注重理论学习与教学实验和科研实践相结合，注重统计学与经济、管理等学科领域的知识交叉，并紧跟相关专业领域的科学发展前沿，不断吸收新知识，更新和充实教学内容。“统计学专业综合实验课”的教学特点是理论教学与软件教学在课内实验的基础上实现一体化。方法原理讲解与软件操作讲解在课内实验的基础上，以实验案例为先导、以大数据集为纽带、以“五图概括法”为结构框架的，方法原理教学、软件操作教学与案例教学三位一体的有机整合。“统计学专业综合实验课”现为安徽省省级质量工程大规模在线开放课程（MOOC）、省级示范教学示范课以及校级一流课程。

（二）课程目标

1.知识目标

培养学生的统计专业思想和能力，使学生能够运用统计学相关理论和方法分析、解决经济管理中出现的实际问题。培养学生能运用计算机软件（R）结合实例进行统计运算和分析，为进一步学习更高一级专业课程、进行经济管理和从事社会经济问题研究提供数量分析方法。

2.能力目标

一是培养学生系统地掌握各种统计方法，并理解各种统计方法中所包含的统计思想；二是培养学生掌握各种统计方法的不同特点、应用条件及适用场合；三是培养学生能够运用统计方法分析和解决实际问题的能力；四是培养学生能够熟练应用常用统计软件（R）进行统计计算和分析。

3.素质目标

采用PBL（Problem-Based Learning）教学模式，强调把学习置于复杂的、有意义的问题情境中。通过让学习者合作解决真实性问题，来学习隐含于问题背后的科学知识，形成解决问题的技能，培养自主学习能力。PBL教学法则更注重学生的能力培养，包括学生的自学能力、创新能力、发现问题、综合分析和解决问题能力的培养。

（三）课程内容简介

“统计学专业综合实验课”从培养学生实验技能的总体要求出发，确定教学目标，拟订教学大纲。遵循认知规律，由浅入深，由单项实验到综合性实验，由验证性实验到设计性实验，使学生的实验技能得到全面系统的培养。本课程主要涵盖以下九章教学内容。

第一章　描述统计分析实验

第二章　多元回归分析实验

第三章　投入产出分析实验

第四章　马尔可夫预测实验

第五章　数据包络分析实验

第六章　时间序列分析实验

第七章　多元统计分析实验

第八章　机器学习实验

第九章　资金流量核算分析实验

（四）课程思政融入设计

统计学专业综合实验课教学团队结合我校办学特点、专业特色和人才培养要求，贯彻落实党的十九大和十九届二中、三中、四中、五中全会精神，坚持立德树人根本任务，始终坚持价值性和知识性相统一，寓价值观引导于知识传授之中，以育人为根本，将德育置于首位，为学生确立正确的政治方向，帮助学生塑造社会主义核心价值观以及正确的世界观、人生观、价值观。我们不断研究开发符合本校统计学类学生能力培养的综合实验内容，在实验中融入课程思政教育元素，注重培养学生探索未知、追求真理、勇攀科学高峰的责任感和使命感，激发学生科技报国的家国情怀和使命担当。

（五）其他

统计学专业实验课教学团队依托学校定位和教育模式等鲜明特色与优势，遵循思政工作规律、教书育人规律、学生成长规律，提高教师团队课程思政建设的积极性。一方面，以课堂教学为思政教育的主渠道，进行课程思政教学体系建设，并建设思政元素库及思政教学资源库，提升思想政治教育亲和力及针对性；另一方面，构建“三全”思政教育大格局，满足学生成长发展需求和期待，并建设思政教育大数据分析平台。统计学专业实验课教学团队在课程思政建设方面采取措施主要有：一是加强课程教学团队的学习，提升课程思政教学理念；二是深入课程思政元素研究，设计课程思政教学体系；三是不断推进统计学专业综合实验课的思政教育，逐步建立思政元素库；四是利用其他平台关于思政教育的优秀资源，共建共享，持续建设思政资源库；五是开展实验教学思政教育平台建设，支撑课程思政教学。

二、教学展示

（一）教学目标和内容

教学目标是运用R语言绘制中国地图与世界地图可视化。

教学内容是收集1978年、2020年中国各地区与世界各国GDP数据，2020年3月与2021年4月世界各国新冠肺炎疫情数据，并运用（R）软件绘制可视化地图，进行对比分析。

（二）教学重点和难点

教学重点是R语言地图绘制方法；

教学难点是地图数据与统计数据的处理。

（三）教学过程和方法（可含时间分配）

第1~10分钟：介绍统计学相关方法原理和R语言的基础知识；

第11~20分钟：介绍并操作如何运用R语言对数据集进行描述统计分析；

第21~35分钟：介绍并操作如何运用R语言绘制地图可视化；

第36~45分钟：针对地图可视化结果对案例进行分析。

（四）教学反思

在绘制中国地图时要特别注意保证国家领土的完整，强调国家版图具有严肃的政治性、严格的法定性和严密的科学性，通过学习R语言绘制地图使青年学生认识到我国在当前和平时代仍存在领土争端问题，主动承担应有的责任和义务。

从对比1978年和2020年中国各地区与全球各个国家GDP的变化来看，短短四十多年，中国发展实现了质的飞跃，各方面实力跻身于世界前列，国际影响和国际地位发生了根本性转变；从对比2020年和2021年中国各地区与全球各个国家疫情数据的变化来看，中国在一年内有效控制住了疫情的蔓延，成功研制出多种疫苗，防疫措施严格高效，充分彰显了中国共产党的领导和中国特色社会主义制度的显著优势，体现了中国人民齐心协力、共同抗疫的决心和勇气，更体现了中国人民万众一心、团结互助的爱国主义精神。

（五）其他需要展示的内容

在将思政教育融入专业课程教学过程中，灵活运用网络技术和信息化教学资源，线上线下教学有机结合，发挥大数据和人工智能技术的赋能作用，在课程思政目标的引领下，深入挖掘专业教育的思政内容。在教学过程中灵活设计课程活动，组织个性自学、小组讨论等学习活动，探究实践与理论的差异，在差异中深刻理解专业知识，并结合学生情况进行针对性评价，以期为学生提供合理有效的评价体系，培养学生爱国情怀，增强民族自信心。

三、课程思政教育心得体会

将专业课程与思政教育结合，是全面提高人才培养质量、培育社会主义建设者和接班人的重要任务，将价值观引导于知识传授和能力培养之中，以育人为根本，将德育置于首位，为学生确立正确的政治方向，可以帮助学生塑造正确的世界观、人生观、价值观，使学生全方位综合发展。

统计学专业综合实验课在建设过程中，清晰定位课程思政特色，准确把握“坚定学生理想信念，教育学生爱党、爱国、爱社会主义、爱人民、爱集体”主线，结合实验教学及课程类型的育人要求和特点，深入挖掘蕴含的思政实验教学资源，优化课程思政内容供给。注重价值塑造、知识传授与能力培养相统一，科学设计课程目标和教案课件，将思政教育有机融入课程教学，达到润物无声的育人效果。注重课程思政建设模式创新，教学内容体现思想性、前沿性与时代性，教学方法体现先进性、互动性与针对性，形成可供同类课程借鉴共享的经验、成果和模式。

教学展示课件

李超　统计与应用数学学院经济统计系　教授

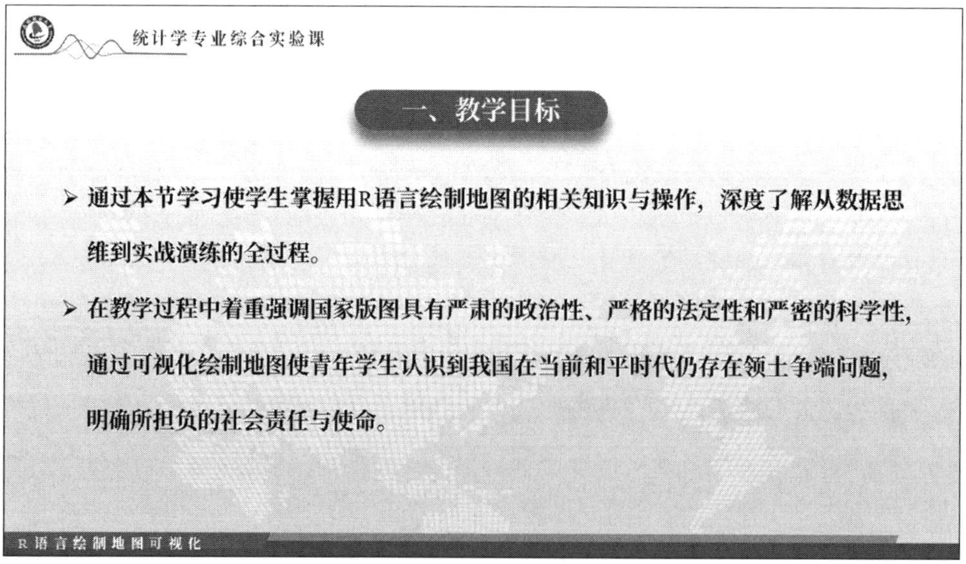

统计学专业综合实验课

三、绘制中国和世界GDP地图

（一）绘制中国GDP地图

绘制中国地图时需要用到tidyverse、sf、geojsonsf、geojsonio、jsonlite等R包，主要绘图代码如下：

```
cnmap <- read_sf('D:/china_full_map.json') %>%
        left_join(data, by = c("NAME" = "region"))
ggplot(cnmap) +
geom_sf(aes(fill = GDP), color = "gray", size = 0.03)
```

R语言绘制地图可视化

统计学专业综合实验课

三、绘制中国和世界GDP地图

（二）绘制世界GDP地图

绘制世界地图时需要用到highcharter 、tidyverse、sf、geojsonsf、geojsonio等R包，主要代码如下：

```
wdmap <- jsonlite::fromJSON("D:/world_high_resolution_mill.geo.json", simplifyVector = FALSE)
read_csv('D:/UID_ISO_FIPS_LookUp_Table.csv') %>%
  select(iso3, Country_Region) %>%
  distinct() -> isodf
  highchart(type = "map") %>%
  hc_add_series_map(map = wdmap, df = data, joinBy = c("code", "iso"), value = "GDP", name = "GDP： ",
          borderWidth = 0.5,dataLabels = list(enabled = FALSE,align = 'center',
          format = '{point.country}: {point.GDP}'))
```

R语言绘制地图可视化

统计学专业综合实验课

三、绘制中国和世界GDP地图

（三）实证分析

对比1978年和2020年中国各地区GDP的变化，可以明显看到中国在短短四十多年里实现了飞速发展，并且保持着不断上升的态势，中国GDP总量从1978年的3645亿元增加到2020年的1083649亿元；对比1978年和2020年世界各国GDP的变化，可看出中国GDP总量在国际排名中不断上升，接连超过一众发达国家，跻身世界前列，并呈现出持续上升的趋势。

R语言绘制地图可视化

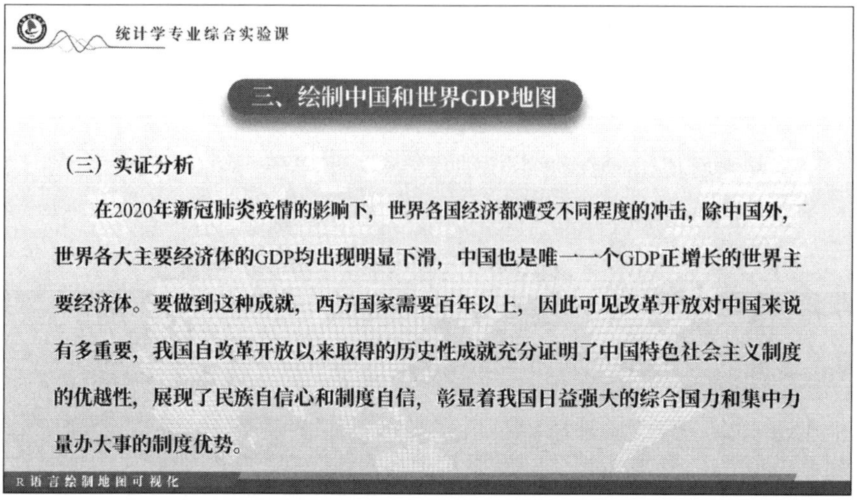
统计学专业综合实验课
三、绘制中国和世界GDP地图
（三）实证分析
在2020年新冠肺炎疫情的影响下，世界各国经济都遭受不同程度的冲击，除中国外，世界各大主要经济体的GDP均出现明显下滑，中国也是唯一一个GDP正增长的世界主要经济体。要做到这种成就，西方国家需要百年以上，因此可见改革开放对中国来说有多重要，我国自改革开放以来取得的历史性成就充分证明了中国特色社会主义制度的优越性，展现了民族自信心和制度自信，彰显着我国日益强大的综合国力和集中力量办大事的制度优势。
R语言绘制地图可视化

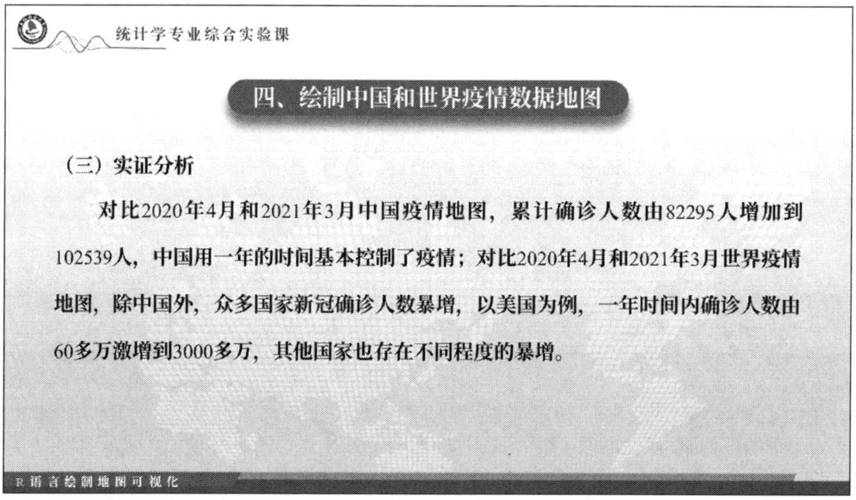
统计学专业综合实验课
四、绘制中国和世界疫情数据地图
（三）实证分析
对比2020年4月和2021年3月中国疫情地图，累计确诊人数由82295人增加到102539人，中国用一年的时间基本控制了疫情；对比2020年4月和2021年3月世界疫情地图，除中国外，众多国家新冠确诊人数暴增，以美国为例，一年时间内确诊人数由60多万激增到3000多万，其他国家也存在不同程度的暴增。
R语言绘制地图可视化

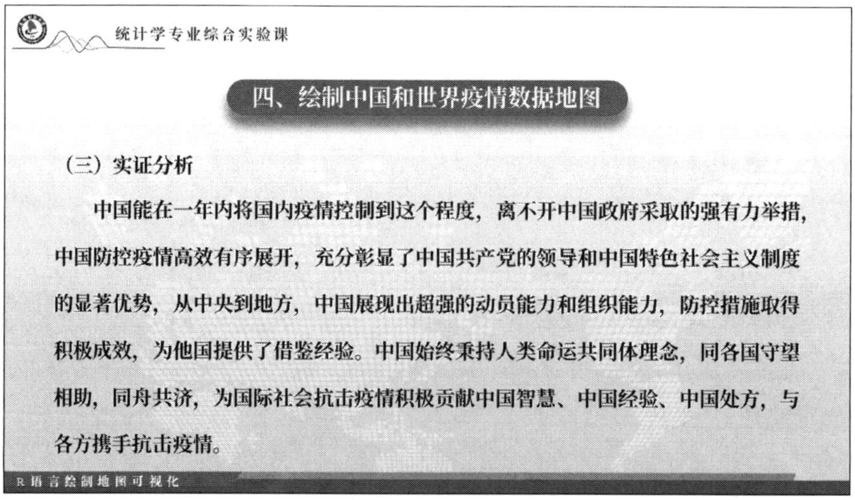
统计学专业综合实验课
四、绘制中国和世界疫情数据地图
（三）实证分析
中国能在一年内将国内疫情控制到这个程度，离不开中国政府采取的强有力举措，中国防控疫情高效有序展开，充分彰显了中国共产党的领导和中国特色社会主义制度的显著优势，从中央到地方，中国展现出超强的动员能力和组织能力，防控措施取得积极成效，为他国提供了借鉴经验。中国始终秉持人类命运共同体理念，同各国守望相助，同舟共济，为国际社会抗击疫情积极贡献中国智慧、中国经验、中国处方，与各方携手抗击疫情。
R语言绘制地图可视化

统计学专业综合实验课
谢 谢
主讲人：李超
安徽财经大学
ANHUI UNIVERSITY OF FINANCE & ECONOMICS

•艺术学

“景点写生”课程

王承　艺术学院绘画系　副教授

一、课程思政教学设计思路

（一）课程基本信息

“景点写生”是艺术学院本科绘画专业的核心课程，主要面向大学二年级本科生开设。本课程理论学习与实践技能培养两者并重，课程内容框架是包含徽州建筑、徽派三雕等与人类现实生活和精神世界息息相关的文化，要求学生通过课程内容学习，运用现代美术学理论对社会中存在的中国传统徽派景点及新兴景点进行分析研究，提炼中国传统徽派文化中优秀的设计元素并运用于当代绘画与设计中。

（二）课程目标

现代的课堂教学需要立足新时代、回应新需求，将课程思政理念贯穿其中，积极引导学生在了解传统文化的同时，培养对徽派建筑艺术的兴趣，以进一步继承和弘扬徽州民间优秀的传统文化。徽州三雕是徽派建筑装饰艺术的精髓所在，是徽州特色建筑文化的重要组成部分。从徽州三雕入手，教育学生能够把木雕、石雕、砖雕中蕴含的优秀文化与现实紧密结合，分析徽州三雕背后沉浸的中华民族之“魂”，古为今用，能够在继承中创新，在创新中继承，将古人造物之精气结合新时代审美融入绘画创作中，以激发学生的民族自信心和爱国热情。

（三）课程内容简介

通过“景点写生”课程的教学，使学生了解徽州三雕在造型、工艺和色彩等方面的审美价值。自然界物与物形成的空间距离，是室内布置的空间无法比拟的；自然光下，色彩变化之奥妙也是室内见不到的。大自然中的地形、物貌的形态变化、透视现象错综复杂，通过写生训练可以使学生逐步掌握这些规律，从容传达色彩感受，既能大胆破形布色，又能精到地深入刻画表现。引导学生在日常的学习和生活中发现传统文化的身影，拉近古人与今人、传统与现代的距离，通过相关设计学的研究方法，鼓励学生对自己感兴趣的传统景点进行设计学和艺术学角度的分析和创新创作，也增强了他们将传统文化元素融合现代绘画的意识。在体悟传统文化的美与崇高的同时，将这种感悟内化为创作思维，并转化成具体的绘画作品。

（四）课程思政融入设计

“景点写生”课程的显性教学就是通过展示徽派建筑及其三雕艺术，引导学生用现代美术学的视角去分析和思考。首先，要先掌握基本的创作理念，并厘清创作思路；其次，增加学术知识的储备，提高专业技能；最后，在坚持良好学习习惯的同时，理解中国传统文化中的“物以承志、即器见道”的真正含义，并领会这种人与自然和谐统一的人文思想和精益求精的“工匠精神”，如展示徽州的“三雕”，小组讨论“徽州三雕中的传统雕刻纹样，蕴含着怎么样的设计思想？”等。

“景点写生”课程的隐性教学就是深度把握融入思政课程的内容，例如，在绘画视觉表现和绘画技巧训练等课程内容中，通过横向现实和纵向历史相比较的方式将思政教育渗透到教学过程中。思政思维的引入可以开拓学生的设计思路，引导学生在创作过程中加入中国传统文化元素，让现代作品也能带有民族味道，以此促进中华民族优秀文化的弘扬与发展，增强学生的文化自信。现代城镇化建设的加快使承载我们成长记忆的美丽古建筑正在逐步消失，高楼大厦“挡住”了我们的精神家园，如何守住我们的乡愁，守住我们的传统文化，成为我们这个时代和现代绘画所面临的现实命题。

二、教学展示

（一）教学目标和内容

1.教学目标

认知目标：引导学生靠大脑去思考，靠内心去体会徽州三雕“以仁爱为核心、以忠恕为本”的思想，重视“礼”的行为规范，强调重慈爱、重人情、重人性的美学主张，引导学生对古建筑精神和传统文化中美的感悟内化和转化为具体的绘画作品。

技能目标：使学生学习、了解、掌握如何在“景点写生”当中，通过对客观对象的观察，从中得到启示，注入画家主观的思考，情景交融，逐渐形成独特的艺术表现语言。通过几个阶段性课题的写生，提升学生的审美层次，在平凡的景物中捕捉到动人的场景和完美的构图。

情感素质：在创作思维中感悟美和崇高，促使学生将这种感悟内化和转化，引导学生对艺术化的生活和事业抱有的一种孜孜不倦的追求和人生态度，激发学生对弘扬传统文化、传承中华文明的使命感和责任感。

2. 教学内容

让学生在更为生动形象的形式下了解我国古建筑文化中的徽州三雕在艺术领域前沿的发展概况、艺术格局等内容，引导学生探究徽州三雕所蕴含的文化道德元素，以增强学生的民族自信心和爱国热情。如徽州三雕中的诗词画意、历史故事、京剧戏曲、祥瑞吉利等，使课堂成为思政教育的有效载体。这能够拓宽学生的视野，提高学生的自学能力，增进学生的合作能力，更好地推动高校艺术教育的发展。

（二）教学重点和难点

1. 重点

通过现场的观察写生，让学生们了解徽州三雕的艺术价值和文化内涵，传承徽州三雕中所蕴含的自强不息、宽容谦让、尊老敬贤的传统美德。培养学生的文脉意识，引导学生多关注并学习中华民族优秀的传统文化，增强文化自信。

2. 难点

建好课程思政主战场，撒“盐”教学全过程；显性教学和隐性教学相统一；从建筑自豪到文化自信相结合。

（三）教学过程和方法

“景点写生”课程的教学过程不同于其他专业课课堂教学（画室或教室上课）。本课程是将课堂专业理论知识进行实地写生的应用和绘画创作延伸，引导学生在对徽州三雕的写生过程中，挖掘其造型、工艺、色彩、内涵四个方面在思政教育中的重要作用，指导学生运用油画、国画、水彩、丙烯等作画工具，对室外景、物进行真实表达和绘画表现。积极引导学生围绕思政主题进行绘画创作设计和参加展览，实现了理论与实践的结合、以美育人与以德化人的结合。

1. 造型之美

本阶段课题是用相对简单的工具材料去表现徽派建筑和徽州三雕的结构与组合。无论是秩序井然的二维平面造型，还是结构奇巧的三维立体造型，都将古建筑雕刻图案艺术的造型美感表现得淋漓尽致。学生通过对古建筑速写过程的体验，熟悉速写工具的特性表现对象的特征，进而培养学生的艺术感悟及造型表达能力，掌握画面构成技巧。

2. 工艺之美

该阶段课程课题是让学生对徽州古建筑雕刻的工艺进行分析和观察，感受和欣赏浮凸的立体效果、明确的图底关系和丰富的图案变化，以提高学生对画面形式构成进行分析和表达的能力。不同的雕刻工艺呈现了多元的态势，影响并丰富了雕刻艺术的表现手段。

3. 色彩之美

本阶段课程课题以创意性思维的培养为目标，以古建筑和风景绘画综合表现为手法，以长期和短期作业相结合的方式，主要培养学生的想象力和创造潜能，引导学生观察古建筑中的形态及光和色彩之间的关系，用不同的绘画色彩语言来表现不同时间和空间里的光影关系，表达对物像的不同感受，从而更加深入地理解色彩之美。通过本阶段课程的教学，使学生在景点写生中把握古建筑的造型特点，掌握画面色彩抽象形式结构的感知能力和审美修养。

4. 内涵之美

本阶段课程主要是通过对徽州古建筑雕刻艺术的写生活动，帮助学生建立良好的人生观、价值观和世界观。徽州三雕艺术作品反映了民间美术乐观与繁荣的基本精神，体现了徽州人“知足常乐”“五谷丰登”的朴素理想。这些有利于学生形成积极向上、自强不息的人生态度。

（四）教学反思

以“景点写生”这一专业绘画课为平台和载体，在传授学生徽州三雕其理论知识和创作技能的同时，应将该课程中的德育元素充分发掘和提炼出来，并有效地融入教学过程中，潜移默化地帮助学生形成正确的人生观和价值观，使其成为专业扎实、工作严谨、勇于创新的优秀复合性应用人才。将本课程涉及景点中的古建筑现状、前沿作品及产业格局等内容融入课堂，让学生了解我国传统景点中的古建筑文化取得的巨大成就，增强他们的爱国热情和民族自豪感；将科学艺术、人文情怀等内容引入课堂，让同学们在获取专业知识的同时，认识到艺术创作须符合人类社会的发展规律，做到在促进社会和国家发展的基础上，以满足人民群众的物质文化需求为目标。同时，可使更多的艺术教师了解“景点写生”在课程思政背景下的重要作用，实现教师教学方式和学生学习方式的转变，提高课堂教学实效性，实现学生全面发展与教师的专业成长的目标。帮助我们找到“景点写生”课程教学模式创新的理论依据，对“景点写生”课程教学模式的改革有一定的理论意义。

三、课程思政教育心得体会

构建以思政元素为核心的“景点写生”课程教学实践与建设研究这一课程思政建设研究项目的实验和完成，将使广大学生受益。有效提升高校“立德树人”的教学效果，深度拓展并挖掘课程自身的优势和特色。让学生在更为生动形象的形式下了解我国古建筑文化中的徽州三雕在艺术领域前沿的发展概况、艺术格局等内容，提炼课程内容中蕴含的文化道德元素，拓宽学生视野，以激发学生的民族自信心和爱国热情，使课堂成为思政教育的有效载体。能够拓宽学生的视野，提高学生的自学能力，增进学生的合作能力，更好地推动高校艺术教育的发展。能够帮助学生提高审美能力，并帮助学生确立正确的人生观和价值观，引导学生成长为品德高尚、工作严谨、具有创新精神的应用型人才，这对于构建和完善“课程思政”在专业课程体系中的育人功能有着重要的意义。

教学展示课件

王承　艺术学院绘画系　副教授

从建筑自豪到文化自信
——让思政元素融入《景点写生》课程教学

王承　安徽财经大学艺术学院绘画系　副教授

一、教学设计

1．课程思政提炼好：建好课程思政主战场，撒"盐"教学全过程

2．课程思政融入好：显性教学和隐性教学相统一

3．课程思政示范好：从建筑自豪到文化自信

二、“景点写生”课程的思政表达

1．**传统文脉**。“景点写生”课程组立足新时代、回应新需求，把课程思政育人贯穿教学全过程，引导学生传承中华文脉。教育学生能够把景点中蕴含的优秀文化与现实紧密结合，分析中国传统景点背后沉浸的中华民族之“魂”，古为今用，能够在继承中创新，在创新中继承，实现传统及现代景点的时代化、融合化、中国化、国际化。

2．**思想情感**。通过现场的观察写生，让学生们了解徽州三雕的艺术价值和文化内涵，传承徽州三雕中所蕴含的尊老敬贤、宽容谦让、自强不息的传统美德。引导学生关注中华民族优秀文化，传承弘扬历史文脉，增强文化自信。

3．**多样教学**。在景点写生中，我们采用分课题理论讲授、范画分析、导师示范教学、学生实践、学生作品分析、作业集中汇报展览这一系列教学流程，构建了立体的教学体系。根据学生专业方向和水平掌握的程度，进行因时、因地、因材施教，全面有效提高景点写生实训的质量。

三、教学内容

徽州三雕包括木雕、砖雕、石雕。“三雕”文化是徽派建筑文化的重要组成部分，其内涵丰富，民俗色彩浓郁，手法高超，“三雕”艺术在徽派古建筑中不但起着装饰功能，而且更起着精神和理念的教化作用。每块雕刻以传神的手法，通过暗喻、借用、文字谐音添加到人物、瑞兽、灵禽、花卉、器物、纹饰上，含蓄地表达了人们对生活的美好愿望和希冀。明清时期是徽州雕刻艺术发展的黄金时代，众多的雕刻能手以他们的勤劳和智慧在金石，碑刻，版画，墨模，竹刻乃至建筑雕饰方面，无不给后人留下了珍贵的艺术瑰宝。

木雕

梅兰竹菊：“花中四君子”，品质分别是:傲、幽、坚、淡，成为婺源徽商感物喻志的象征，也是咏物诗和文人画中最常见的题材，正是根源于对这种审美人格境界的神往。共同特点是自强不息，澹泊其中，不作媚世之态。

梅兰竹菊

《冰梅图》出自《警世贤文》勤奋篇，“宝剑锋从磨砺出，梅花香自苦寒来”徽商的住宅中较常见，朵朵梅花落在一方方冰裂纹上，寓意着“梅花香自苦寒来”，这是一家之长对子孙后代发奋苦读的希冀，盼着有朝一日金榜题名。

冰梅图

砖雕

徽州民居，祠堂，庙宇，牌坊，厅，塔，桥等建筑上许多构建和局部都饰以精美的砖雕。尤其是阔绰的建筑（如承志堂），从入口到室内，两厢回廊的左右上下，精美的砖雕仰俯皆是，美不胜收。

民居建筑门罩上面砖雕的大致位置和他的一些雕刻细部

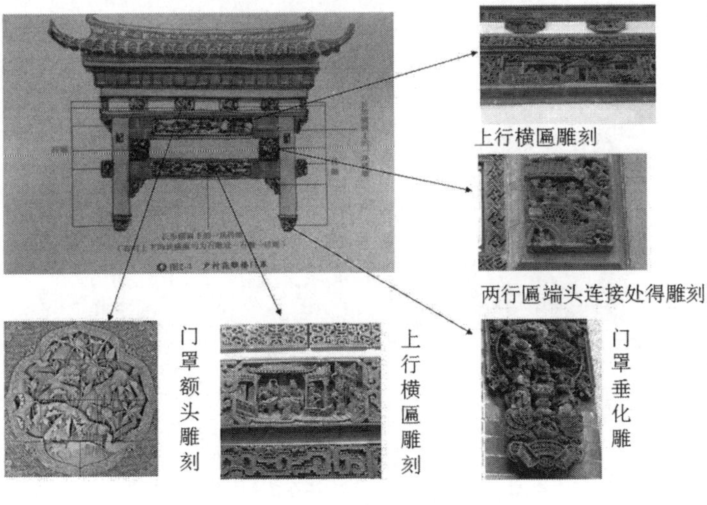

石雕

徽州石雕受雕刻材料本身限制，不及木雕与砖雕复杂，主要是动植物形象、书法和博古纹样（博古纹样常包括一些古董、花瓶、文房四宝以及天文仪器之类的器物。），至于人物与山水则较为少见。在雕刻手法上，浮雕以浅层透雕与平面雕为主，圆雕整合趋势明显，刀法融精致与古朴大方，没有清代木雕与砖雕那样细腻烦琐。

徽州三雕的传承意义

徽州三雕是民间情趣与文人情趣的结合，从思想内容上看，三雕反映了新安理学的影响，强调了社会教化功能，重视审美中的情感体验与道德伦理的自然融合。在艺术形式上，三雕作品充分体现了民间艺术语言的特点，是民间艺人主观意志的充分体现。徽州三雕中这种极富装饰味的、稚拙天真的艺术造型，融汇了秦汉以来中原文化及民间艺术的优秀传统，同时又吸收了徽州地域文化的丰富营养，因而呈现出既玲珑剔透、又清新雅致的独特面貌。就工艺技术而言，徽州三雕的雕工讲究刀法，追求刀味，用刀干净利落，方硬爽利，不拖泥带水，粗中有细，刚中有柔，看似大刀阔斧，实则层次分明。三雕艺术是徽州建筑的一部分，在形体色彩、质地、工艺技巧、构图、艺术立意诸方面都有大量创新，代表着一个时代的美学倾向。它使徽州传统建筑走向一个绚丽斑斓、华美多姿的自我表现时代，在中国工艺美术史上占有重要地位。

△图1《独占鳌头》

旧时的科举考试中，考中状元者称为“独占鳌头”。独占鳌头，这是千千万万读书人梦寐以求的理想。砖雕图案所体现的主题是：要有努力拼搏、积极进取的意识，才能在竞争中获胜。这幅砖雕作品于今来说，仍有积极意义，它能激励后人勇于拼搏，把握机遇，才能独占鳌头。

在这一主题意义的指导下，民间雕刻艺人领会了以科举求功名为背景的意义，因此构图立意明确，主体图案采用鳌鱼和魁星。鳌鱼被雕刻得栩栩如生，魁星手持朱笔，意欲圈点科考金榜上的题名者；右脚后踢，又暗合了踢斗之意。加上襟飘带舞，魁星动态感强，形象通真，欢喜表情跃然鳌鱼之头顶。再看背景，波浪洗炼，后缀花案庄重典雅，衬托性明显，加上整体圆形构图，给人以圆融完美的感受。

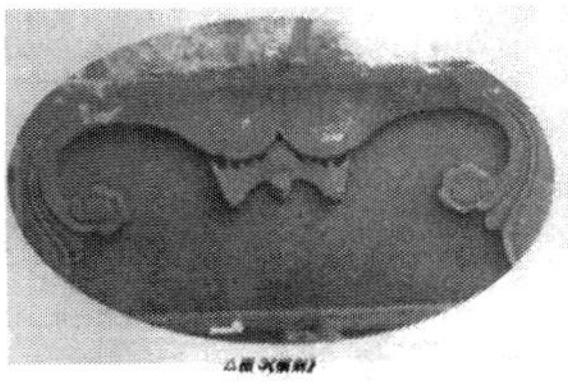

△图3(福到)

这幅石雕的内容为“福到”。其主题是“求福扯”。若不对其进行民俗文化的解读,你就体会不到它的意蕴是福到。求福扯.是百姓最强烈的愿望。而求福观念又往往与蝙蝠图案构成的物谜有关。这幅石雕图案中,雕刻的主体是蝙蝠。

这幅“倒挂鼠”的石雕图案,画面简洁,没有过多的装饰,只是雌刻一只倒挂的蝙蝠,构成隐喻的物谜。加上两弯卷草和祥云的衬托,雕艺风格体现出线条圆润,蝙蝠的位置处理得当.画面留白空间大,显得对称和谐,所以整幅图就让人感觉到它的造型自然古朴。解读这幅读,要巧用谐音。编蝠中的“蝠”与“福”同音,加上蝙蝠又是倒挂着的,“倒”谐“到”,其寓意就很清楚了,它表达的意思就是“福到”。人们还将蝙蝠与其他占祥物组合,构成新的寓义。如四只蝙蝠围着一个寿字,且寿字的正中又有一只展翅的蝙蝠,这就是“五福祝寿”。

尊敬老人,孝敬长辈,无论在什么时代,都是需要极力弘扬的传统美德。在封建社会的道德观念中,“百事孝为先”。因此在民间形成了广为传播的“二十四孝”故事。

这幅木服就是以推行孝道为主题的木雕艺术作品。“态蚊饱血”的故事是二十四孝中的故事之一。这幅木雕图案中,赤裸着身子的人物是东晋时的吴猛,浪阳人,他年方八岁,便能尽孝道。他父母晚年得子,家中甚贫,床榻上没有蚊帐,蚊子非常多,嗡嗡态肆让人无法防避。吴猛看到年迈的父母被蚊子困扰得无法人眠,心里很难过。于是他脱光衣服,躺在凉床上,群蚊即刻扑向他细嫩的皮肉,叮嗜着他身上的血,吸饱血的蚊子直撑得不能飞动。于是吴猛的父母也安然入睡。小小吴猛,不惜付出自身代价,这种孝,是传统道德中的自我牺牲精神。

△图2(恣蚊饱血)

徽州三雕艺术体现了刀法与艺术一致，内容与风格统一，是徽州人民艺术与智慧的结晶。中国古代艺术，无论历史变迁，却总有斩不断的历史文脉。强大的家族文化伦理道德制约，封建根深蒂固的文化背景，能工巧匠高超的艺术才能等，都是古代艺术得以持续发展的依托。并非为美而美，而是十足的生活体现和建筑结构的真实运用。

现代绘画中的仿古或复古，不应只是一种时尚，而应研究传统建筑装饰雕刻的背景、精神与情韵，绘画应真实服务于生活，是高于生活，并融于生活的。

四、课程总结

以“景点写生”这一专业绘画课为平台和载体，提炼课程内容中蕴含的文化道德元素，使课堂成为思政教育的有效载体。拓宽学生视野，增强学生的爱国热情和民族自豪感，让学生了解我国传统景点中的古建筑文化取得的巨大成就，在传授学生徽州三雕其理论知识和创作技能的同时，对学生进行潜移默化地教育，使其逐渐养成严谨好学、勇于创新的科学精神和素养，树立正确的人生观、价值观；将人文情怀、科学艺术等内容引入课堂，让学生了解所学专业知识、所创作的艺术作品均须符合人类社会的发展规律，须以利于国家和社会的发展为前提，以服务于人民群众的物质文化需求为目标。注重学生“全体”“全面”“全人”的发展。

管理学

“就业指导”课程

王骥卓　国际经济贸易学院　讲师

一、课程思政教学设计思路

（一）课程基本信息

就业指导是我校一门通识必修课程，主要修读对象为大三下学期本科生，课程围绕学校“新经管”工程建设，结合“高层次应用型人才”的培养目标，坚持“立德树人”“以生为本”的工作理念，以促进学生多元化就业、提高学生就业质量为导向，通过课堂教学和实践指导，引导学生树立正确的职业观和就业观，提高学生就业能力和创新创业意识，帮助学生明晰个人发展目标，实现更充分、更高质量就业。

（二）课程目标

本课程坚持以人为本的原则，以提升学生综合素质和就业创业能力为基本要求，实行全程指导。授课以课堂教学为主，采取教学与训练相结合的方式，运用课堂讲授、典型案例分析、情景模拟训练、社会调查等方式，优化教学内容和教学过程，学以致用，讲求实效。采取理论联系实际的教学方式，紧密结合社会现实，联系不同专业的学科特点，激发学生的学习自主性和能动性，通过加强对大学生的就业指导和创新创业教育，帮助学生树立科学的就业择业观念，提高就业能力，了解就业形势与政策，掌握就业技巧，在认知、技能、情感素质三个维度达到高层次应用型人才综合能力的要求。

1.认知：掌握基本的就业市场相关信息及职业生涯规划、就业创业的基本知识。

2.技能：使学生具备能进行生涯决策、搜集就业信息、求职面试能力及提升人际交往、自我管理等多种通用能力。

3.情感素质：引领学生在提升职业素养的基础上，培养积极健康的职业观，将理想信念、中国梦、社会主义核心价值观、我国优秀传统文化等思政元素与就业指导课程中的职业价值观、职业道德、敬业精神、诚信品质、个人与集团利益关系、家国情怀等相关联，通过“学中华历史、讲当代故事”等多种形式，实现“课程思政”与“思政课程”的无缝衔接，培养具有“全球视野、家国情怀、创新精神、专业素养”的高质量人才。在实现课程知识传授、能力培养等基本功能的基础上，挖掘并凸显其课程的价值引领功能，充分挖掘课程的育德功能。

（三）课程内容简介

课程共有五章内容，课时分配如下：

章目	教学内容	周次	教学课时
第一章	就业形势与政策	第一周	2
第二章	职业生涯规划	第二、三周	4
第三章	就业准备（就业心理、就业信息、就业材料）	第四、五周	4
第四章	应聘求职（笔试、面试、礼仪）	第六、七周	4
第五章	毕业生就业程序及权益维护	第八周	2
	课程考核	第九周	2

（四）课程思政融入设计

1.思政政治教育的融入点

我校“就业指导”课程教学过程绝非传统视阈中的草草了事，而是一项融教育、管理、服务、辅导等功能于一身的全校必修公选课，课程内容为大学生提供全方位的就业指导服务，将就业指导工作贯穿整个学生生涯的始终，在课程的不同章节，通过融入不同的思政元素，可以帮助学生更好地树立科学理想信念，认清当代大学生的历史使命，自觉把国家富强、民族复兴、人民幸福目标的实现与个人理想结合起来，最终成为“有理想、有道德、有文化、有纪律”的合格的社会建设者和接班人。

在讲授“就业形势与政策”章节时，可以融入一些党史、国史的内容，结合分析最新的国内外形势，帮助大学生认清自己身上的历史使命，要勇于承担国家富强、民族复兴的重担。通过讲授、讨论等方式，帮助学生在了解国家及地方就业创业政策的基础上，树立正确的就业观，要帮助学生树立“服务基层、牺牲自我、奉献社会”的精神，实现促进学生多元化就业。充分挖掘社会热点，如围绕敢于亮剑的“卫国戍边英雄团长”祁发宝的英雄事迹，再去解读最新的大学生应征入伍的政策，将培养大学生的家国情怀与政策解读密切结合在一起；可以与学生分享优秀校友安徽财经大学经济学专业毕业生，合肥市肥西县柿树岗乡双龙社区，担任社区主任副主任的孔维玲事迹，通过身边的榜样，在展示当代大学生与时代同行的精神风貌，在农村基层实现了自己的青春梦、创业梦的同时，把习近平总书记提出的全面实施乡村振兴战略与选聘生、服务西部、“三支一扶”等政策解读密切结合在一起。帮助学生理解习近平总书记提出的：“青年既是追梦人，也是圆梦人。农村这片广阔天地就是我们青年人追逐理想最好的实践地，在这里经风雨、历磨难，才能更好地知国情、解民意、长才干”。鼓励大学生扎根基层、服务基层，到需要的地方施展青春才华。

在讲授“职业生涯规划”章节时，通过讲授、小组讨论、职业生涯人物访谈等方式方法，帮助他们关注自己的职业道路选择，在热衷向往职业、特长擅长职业、需求旺盛职业、最易获得offer职业、国家提供基金资助的职业当中，进行科学分析、认真筛选、合理抉择，客观审视各职业道路的可能选择，从中选出交集部分，进行深入剖析，从中发现更多职业道路的可能性。并且，要将这些职业要素选择加以深度融合，通过职业与自我气质、性情、兴趣、特长、能力等进行客观匹配，最终明确自我的职业选择。同时要让学生在学好生涯规划方法技巧的基础上，还要意识到将个人职业理想与民族复兴相结合，帮助学生理解为什么说只有将个人的发展融入国家社会的发展，才会最大限度地实现自我价值。

在讲授“求职准备”章节时，突出强调诚信道德品质在求职就业中的重要作用，人无信不立，业无信不兴，国无信不宁。从党的十八大到思想政治理论课教师座谈会，再到十九届四中全会，习近平总书记从历史维度、价值维度、实践维度对诚信问题作过深刻论述，内容涉及中华传统文化、党的建设、社会建设、国家形象建设、制度建设等。安徽财经大学是一所以经济学、管理学、法学为主的多科性大学，校训“诚信博学，知行统一”前两个字即是“诚信”二字，从毕业前实事求是地将自己的经历、证书、成绩等求职材料向用人单位展示，到日后职业生涯中也要坚守诚信的道德品质和价值观，授课教师结合优秀校友的正面案例抑或是社会热点的反面，避免“空对空”的理论说教，真正将诚信的种子种植到学生的心灵深处。

在讲授“应聘求职”章节时，教授学生基本的着重礼仪、求职礼仪、商务礼仪的同时，介绍“礼仪之邦”的传统礼仪文化，将我国优秀的礼仪传承发扬，尝试将传统的价值观与现代社会价值观进行巧妙结合，引导学生主动学习礼仪、礼节、个人修养等方面，通过一些案例讨论，让学生明白在为优秀传统文化自豪的同时，身上担负着如何弘扬光大，如何以一己之力提升全民素质等重任。

2.教学方法与举措

为了达到实现“课程思政”与“思政课程”的无缝衔接的目标，课程主要采取“学中华历史、讲当代故事”、课堂讲授，活动体验、案例分析与讨论等教学方法与举措。

3.教学成效

（1）对学生进行价值引领；

（2）培养学生树立正确积极健康的职业观，将理想信念、中国梦、社会主义核心价值观、我国优秀传统文化等思政元素与就业指导课程中的职业价值观、职业道德、敬业精神、诚信品质、个人与集团利益关系、家国情怀等相关联，养成职业生涯发展的自主意识；

（3）指导学生掌握职业生涯设计能力，助力学生养成良好职业习惯；

（4）培养具有“全球视野、家国情怀、创新精神、专业素养”的高质量人才。

二、教学展示

（一）教学目标和内容

1.教学目标

了解当前高校毕业生面临的就业形势、就业类型和基本就业政策，领会当前大学生就业政策内涵，帮助大学生认清自己身上的历史使命，要勇于承担国家富强、民族复兴的重担，进而确定就业方向。

2.教学内容

（1）安徽省“十四五”期间的就业形势；

（2）我国高校毕业生就业政策概况；

（3）我国高校毕业生就业专项政策；

（4）高校毕业生的就业类型：应届求职、公务员考试、升学深造、自主创业（创业政策介绍及创业意识培养）、国家政策性项目就业、灵活就业。

（二）教学重点和难点

教学重点：国家和地方就业专项政策和就业创业政策介绍。

教学难点：如何帮助学生在了解国家及地方就业创业政策的基础上，树立正确的就业观，要帮助学生树立“服务基层、牺牲自我、奉献社会”的精神，实现促进学生多元化就业。

（三）教学过程和方法（可含时间分配）

教学者活动	学生活动	时间（分钟）	教学方法
提问：你了解安徽省“十四五”期间就业形势及高校毕业生就业类型吗？	小组讨论、回答问题	5分钟	小组讨论
介绍我国高校毕业生就业政策概况	观看PPT及相关文件	10分钟	PPT教学
互动：多少同学有意愿投入基层服务项目？如不愿意，原因分享	回答问题	15分钟	互动式教学
挖掘社会热点，比如介绍“卫国戍边英雄团长”祁发宝的英雄事迹，分享优秀校友孔维玲事迹，通过身边的榜样，帮助大学生认清自己身上的历史使命，要勇于承担国家富强、民族复兴的重担。组织学生课堂讨论投身基层就业的挑战与机遇	思考并参与小组讨论	15分钟	课堂讲授、视频展示等

（四）教学反思

我校的就业指导课程，是面向大三下的全体本科生授课，其他年级的学生可以选择提前修读。2020~2021年春季学期，我校就业指导课程的授课教师为59人，其中专职辅导员53人，学校就业工作部门5人，党委书记1人，授课教师大多有着丰富的就业创业指导经验，同时也有着长期思想政治教育的积累，在将思政教育融入“就业指导”课程教学方面，有着得天独厚的优势。

一方面，2021年高校毕业生人数达909万，创历史新高，就业市场之严峻，无须赘述；另一方面，李克强等国家领导人一再强调就业是“民生之本、发展之基”，在十三届全国人大四次会议闭幕后，李克强总理再一次解读了政府提出的就业优先、推动“六稳”、实现“六保”等就业首位政策。如何帮助学生在了解国家及地方就业创业政策的基础上，树立正确的就业观，要帮助学生树立“服务基层、牺牲自我、奉献社会”的精神，实现促进学生多元化就业。鼓励大学生扎根基层、服务基层，到需要的地方施展青春才华。

（五）参考资料、课程资源及课程思考、作业

1.安徽省高校就业指导教师培训资料（2020年11月）。

2.我到基层写未来——三个大学生的就业故事。

3.调研本专业1~2名毕业生投身基层建设的故事。

三、课程思政教育心得体会

“课程思政”的理念是近几年出现的热门名词，但是在我看来，在这一概念提出

之前，其实我们高校教师在授课的过程中就一直践行着这一理念，只不过是说法可能有所不同，之前更多的可能是说文化与情感。师者，传道授业解惑也，“传道”位置在“授业解惑”之前，可见培养学生的人格品质，可能比教授学生专业知识更为重要，更是教育的精髓。

新时代的教师，不仅要具备科研能力、专业知识，如果想上好课程思政的课，还得有“会讲故事”的本领，会讲中国传统文化故事，会讲中国历史故事，会把身边有意义的事情讲得有温度、有深度，用“00后”爱听的方式，占领他们的思想阵地，帮助学生更好地树立科学理想信念，认清当代大学生的历史使命，自觉把国家富强、民族复兴、人民幸福目标的实现与个人理想结合起来，最终成为“有理想、有道德、有文化、有纪律”的合格的社会建设者和接班人。

教学展示课件

王骥卓　国际经济贸易学院　讲师

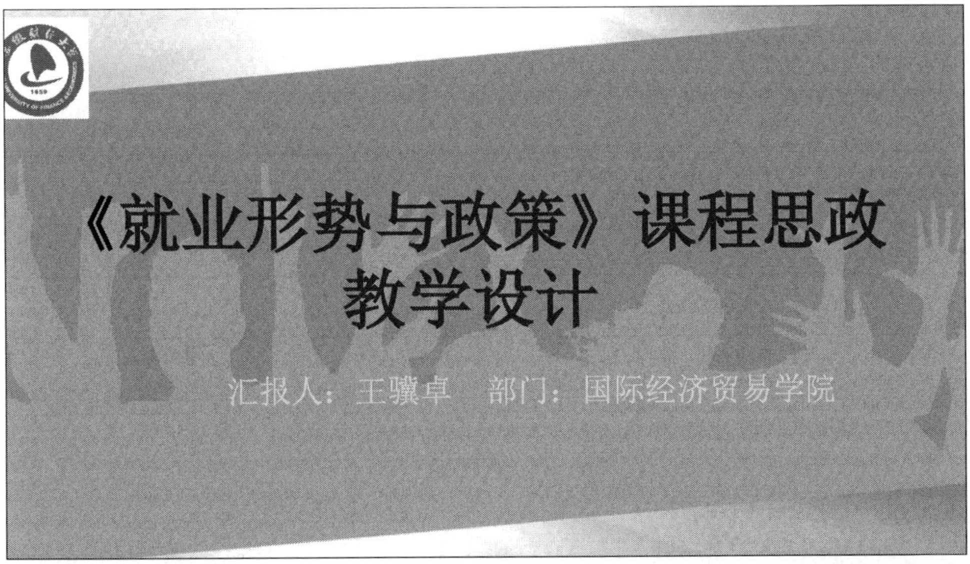

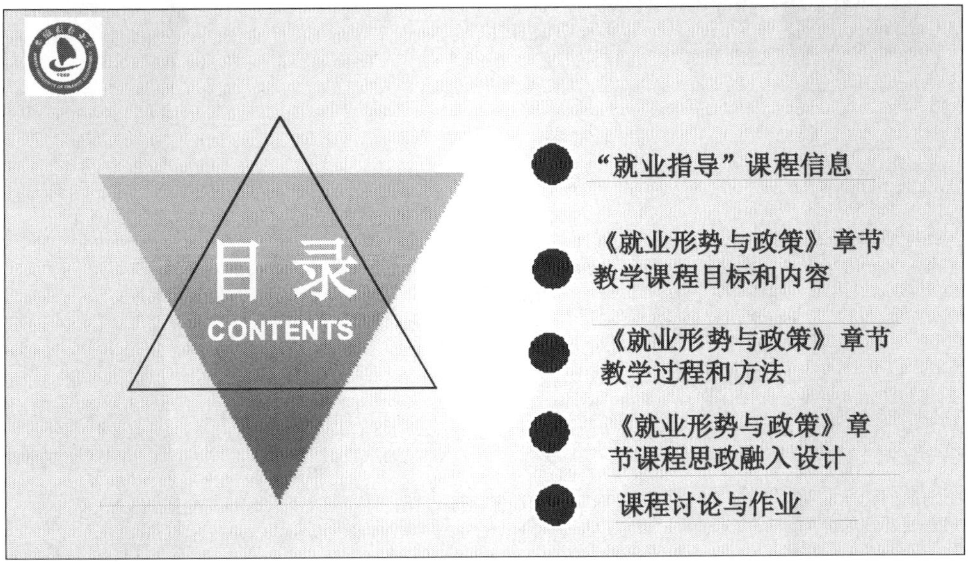

1 课程信息
高等教育规划教材（公共基础课系列）
大学生职业生涯规划
与就业指导
该课程在专业教学中的定位
课程教学目标
教学内容设置

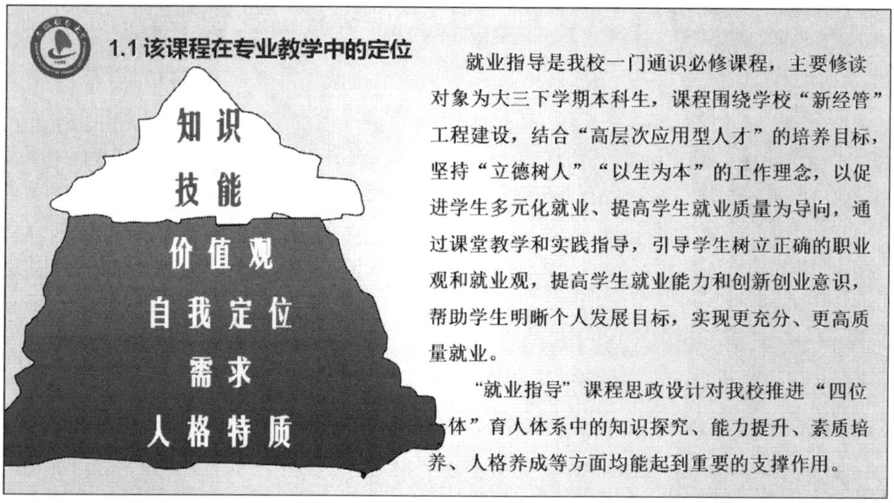
1.1 该课程在专业教学中的定位
知识
技能
价值观
自我定位
需求
人格特质
就业指导是我校一门通识必修课程，主要修读对象为大三下学期本科生，课程围绕学校“新经管”工程建设，结合“高层次应用型人才”的培养目标，坚持“立德树人”“以生为本”的工作理念，以促进学生多元化就业、提高学生就业质量为导向，通过课堂教学和实践指导，引导学生树立正确的职业观和就业观，提高学生就业能力和创新创业意识，帮助学生明晰个人发展目标，实现更充分、更高质量就业。
“就业指导”课程思政设计对我校推进“四位一体”育人体系中的知识探究、能力提升、素质培养、人格养成等方面均能起到重要的支撑作用。

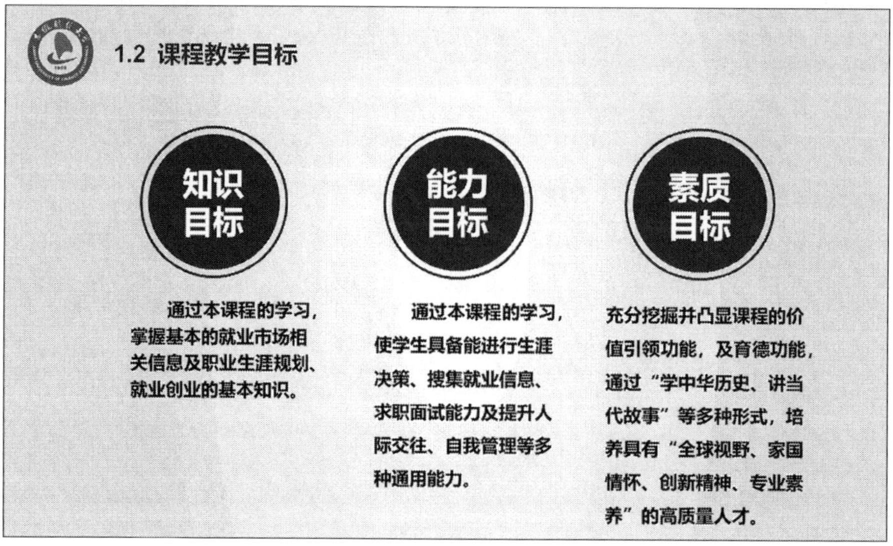
1.2 课程教学目标
知识目标
能力目标
素质目标
通过本课程的学习，掌握基本的就业市场相关信息及职业生涯规划、就业创业的基本知识。
通过本课程的学习，使学生具备能进行生涯决策、搜集就业信息、求职面试能力及提升人际交往、自我管理等多种通用能力。
充分挖掘并凸显课程的价值引领功能，及育德功能，通过“学中华历史、讲当代故事”等多种形式，培养具有“全球视野、家国情怀、创新精神、专业素养”的高质量人才。

1.3 教学内容

章目	教学内容	周次	教学课时
第一章	就业形势与政策	第一周	2
第二章	职业生涯规划	第二周	2
第三章	就业准备（就业心理、就业信息、就业材料）	第三、四周	4
第四章	应聘求职（笔试、面试、礼仪）	第五、六周	4
第五章	毕业生就业程序及权益维护	第七周	2
第六章	创业指导	第八周	2
	课程考核	第九周	2

2 《就业形势与政策》章节 教学课程目标和内容

1.教学目标

了解当前高校毕业生面临的就业形势、就业类型和基本就业政策，领会当前大学生就业政策内涵，帮助大学生认清自己身上的历史使命，要勇于承担国家富强、民族复兴的重担策，进而确定就业方向。

2.教学内容

（1）安徽省"十四五"期间的就业形势

（2）我国高校毕业生就业政策概况

（3）我国高校毕业生就业专项政策

（4）高校毕业生的就业类型：应届求职、公务员考试、升学深造、自主创业（创业政策介绍及创业意识培养）、国家政策性项目就业、灵活就业

党中央把就业工作摆在“六稳”“六保”首位

2018年7月31日中央政治局会议首提“六稳”

稳就业、稳金融、稳外贸、稳外资、稳投资、稳预期

2020年4月17日中央政治局会议首提“六保”

保居民就业、保基本民生、保市场主体、保粮食能源安全、保产业链供应链稳定、保基层运转

充分说明就业工作在全局中具有基础性、关键性重要地位合作。

资料来源：《当前就业形势及对策》刘少华

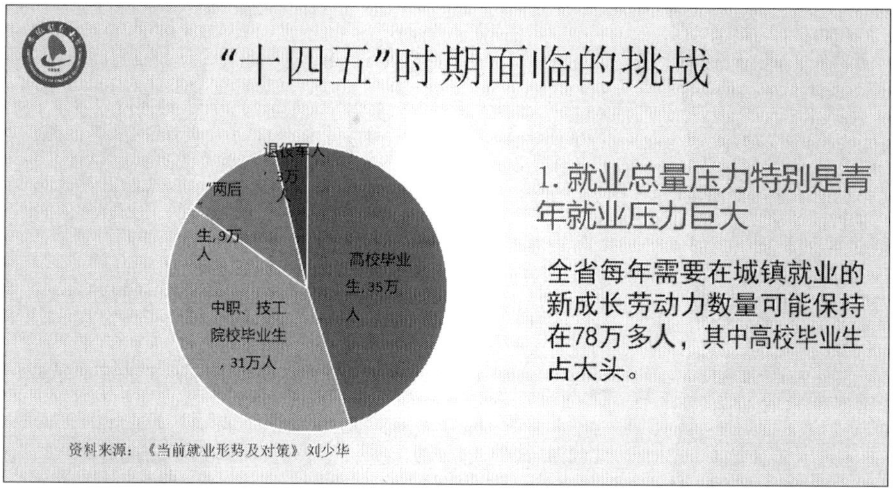
“十四五”时期面临的挑战
退役军人，3万人
“两后生，9万人
高校毕业生，35万人
中职、技工院校毕业生，31万人
1. 就业总量压力特别是青年就业压力巨大
全省每年需要在城镇就业的新成长劳动力数量可能保持在78万多人，其中高校毕业生占大头。
资料来源：《当前就业形势及对策》刘少华

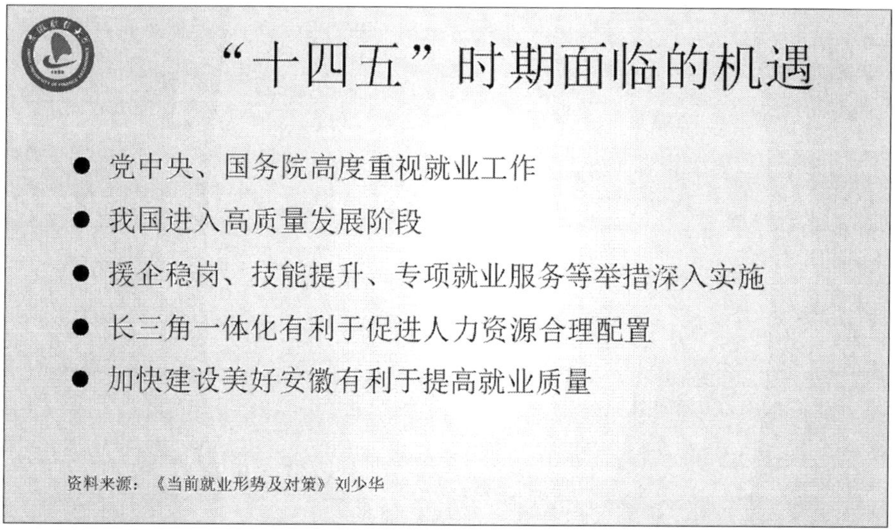
“十四五”时期面临的机遇
党中央、国务院高度重视就业工作
我国进入高质量发展阶段
援企稳岗、技能提升、专项就业服务等举措深入实施
长三角一体化有利于促进人力资源合理配置
加快建设美好安徽有利于提高就业质量
资料来源：《当前就业形势及对策》刘少华

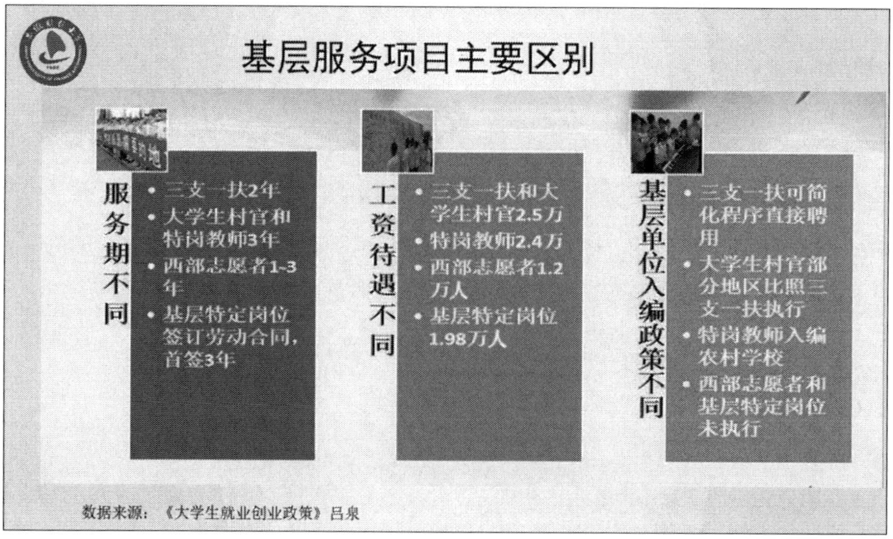
基层服务项目主要区别
服务期不同
三支一扶2年
大学生村官和特岗教师3年
西部志愿者1-3年
基层特定岗位签订劳动合同，首签3年
工资待遇不同
三支一扶和大学生村官2.5万
特岗教师2.4万
西部志愿者1.2万人
基层特定岗位1.98万人
基层单位入编政策不同
三支一扶可简化程序直接聘用
大学生村官部分地区比照三支一扶执行
特岗教师入编农村学校
西部志愿者和基层特定岗位未执行
数据来源：《大学生就业创业政策》吕泉

3《就业形势与政策》章节教学过程和方法

教学者活动	学生活动	时间	教学方法
提问：你了解安徽省"十四五"期间就业形势及高校毕业生就业类型吗？	小组讨论、回答问题	5分钟	小组讨论
介绍我国高校毕业生就业政策概况。	观看PPT及相关文件	10分钟	PPT 教学
互动：多少同学有意愿投入到基层服务项目？如不愿意，原因分享。	回答问题	15分钟	启发引导、互动式教学
挖掘社会热点，比如介绍"卫国戍边英雄团长"祁发宝的英雄事迹，分享优秀校友孔维玲事迹，通过身边的榜样，帮助大学生认清自己身上的历史使命，要勇于承担国家富强、民族复兴的重担。组织学生课堂讨论投身基层就业的挑战与机遇。	思考并参与小组讨论	15分钟	课堂讲授、案例分析、视频展示等

3《就业形势与政策》章节教学过程和方法

启发引导

由教师先提出问题，启发学生自主思考，教师再归纳总结出一般规律或概念。

情景模拟

教学的过程中，通过设置一些物流活动的真实场景，组织学生积极参与教学。

案例分析

通过分析和研究现有的案例，来解释所要讲授的教学内容并推动教学内容的发展与完善。

示范互动

教学互动，使学生更直观地从互动的过程中学习，并能立即进行实践，大幅度提升学生学习兴趣。

4《就业形势与政策》课程思政融入设计

教学挑战

- 授课教师既需要一定的专业知识、又需要大量的相关案例。
- 如何把枯燥的就业形势与政策知识转化为学生能听懂、学生感兴趣的教学内容。
- 如何帮助学生在了解国家及地方就业创业政策的基础上，树立正确的就业观，要帮助学生树立"服务基层、牺牲自我、奉献社会"的精神，实现促进学生多元化就业。

教学建议

- 可以融入一些党史、国史的内容，结合分析最新的国内外形势，帮助大学生认清自己身上的历史使命，要勇于承担国家富强、民族复兴的重担。
- 充分挖掘社会热点，比如围绕敢于亮剑的"卫国戍边英雄团长"祁发宝的英雄事迹，再去解读最新的大学生应征入伍的政策。
- 收集大量的音像资料，有针对性地展示给学生看，增强教学的直观性和现实性。

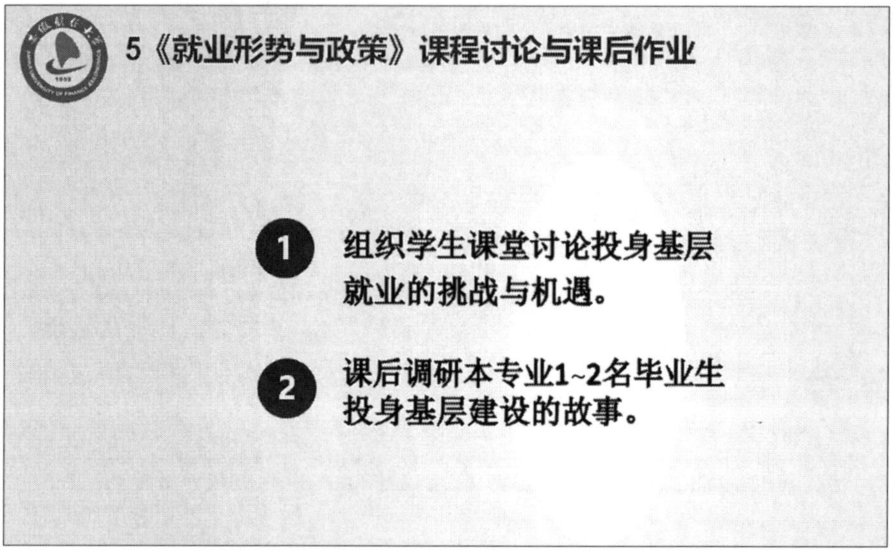
5《就业形势与政策》课程讨论与课后作业
1 组织学生课堂讨论投身基层就业的挑战与机遇。
2 课后调研本专业1~2名毕业生投身基层建设的故事。

管理学

"劳动关系"课程

魏巍 工商管理学院人力资源管理系 副教授

一、课程思政教学设计思路

(一)课程基本信息

"劳动关系"课程是人力资源管理专业必修课。本课程为36学时，开设时间是本科大三上学期。课程主要分析劳动关系的理论基础，以及构建和谐劳动关系的法律法规、规章制度、员工参与管理、集体谈判和集体合同，以及劳动争议处理。

(二)课程目标

1.掌握企业劳动关系管理的概念，理解构建和谐的企业劳动关系对构建和谐社会的意义；

2.了解当代劳动关系管理理论、劳动关系的发展历史和制度背景、劳动关系的实质，能从我国国情和实际出发，对我国劳动关系管理进行研究和探讨；

3.掌握企业劳动合同管理、企业劳动争议管理、企业集体谈判管理、企业集体合同管理、员工参与管理等方法；

4.注重价值塑造，把课程思政的理念贯穿于教学全过程。形成课程标准，优化教学实施过程，推动社会主义核心价值观和中华优秀传统文化进课堂，凸显课程价值引领功能。

(三)课程内容简介

本课程全面系统地介绍现代劳动关系理论与相关制度，以及处理劳动关系事务的现代组织手段和科学技术方法，使学生能够从理论到操作的各个层面了解现代劳动关系理论和发展的整体状况；注重教学内容与中国劳动关系的具体实际情况相结合，培养学生用劳动关系的理论方法来分析解决现实劳动关系问题的能力。

（四）课程思政融入设计

1. 课程思政总体设计

本课程的课程思政教学设计，有效地实现了思政内容与专业知识地紧密融合。主要包括以下方面：

（1）课程教学与社会公德教育相结合。社会公德是人们在长期社会生活中形成的调节公共生活的道德规范，工作场所中职工的社会公德是维护用人单位正常秩序，维系组织成员间良好社会关系和和谐劳动关系的行为准则和道德要求。因此，在劳动关系课程中融入社会公德教育，积极践行社会主义核心价值观。

（2）课程教学与职业道德教育相结合。职业道德是从业人员在职业活动中应该遵循的行为准则，也是发挥职业能力和树立职业声望的基本前提。在劳动关系课程教学中，引导学生熟知并遵守《劳动法》《劳动合同法》等法律法规，依法办事，严于律己，诚实守信，实事求是，树立爱岗敬业精神，培养学生良好的职业品德、职业纪律及职业责任心。

（3）课程教学与核心价值观教育相结合。习近平总书记指出，一种价值观要真正发挥作用，必须融入社会生活，让人们在实践中感知它、领悟它。通过对大学生社会主义核心价值观的教育，引导大学生形成积极乐观的人生态度，让大学生从理想信念上、思想道德上、行为方式上辨得清是非、经得起检验，成长为对国家、对人民、对社会有益的人。劳动关系课程教学通过将相关知识点与社会主义核心价值观相结合，使核心价值观教育“内化于心，外化于行”，达到“润物细无声”的教育效果。

2. 课程思政具体内容设计

根据上述总体课程思政设计，本课程紧密联系各个章节的专业理论知识，用案例讲解和理论分析的形式，形成了以下相关课程思政专题内容：

在第一章讲解学习劳动关系导论时，围绕和谐劳动关系对学生进行家国情怀教育，从促进国家进步的角度帮助学生理解学习劳动关系的重要性。通过和谐劳动关系内涵解读及相关案例分析，引导学生强化责任担当意识，勇于承担时代所赋予的使命和责任。

在第二章讲述劳动关系理论时，通过结合中国国情特点，分析劳动关系理论的适应性和发展，引导学生建立科学的思维方法。引导学生建立强烈的时代责任感，传承历史，开创未来，担当起建设中国特色社会主义的重任。

在第三章讲述劳动法时，通过疫情期间劳动关系案例讲解，帮助学生在学习劳动法的同时，建立正确的道德观和社会责任感。通过案例和理论讲解帮助学生自觉向道德楷模学习，同时结合当今社会发展需要和实践经验，以此提高自身道德修养。

在第四章讲述劳动合同法时，围绕劳动合同主体：员工个体或工会、企业方以及政府各自的义务，融入家国情怀的分析，通过案例形式阐述家国情怀是中华民族优秀传统文化，是对家国民族的责任担当。

在第五章关于用人单位规章制度时，围绕制度合法性引导学生明确作为一名人力资源从业者的基本要求和素质，并在学习过程中，不断充实和修炼自己，为未来走上工作岗位做好相应准备。

在第六章关于员工参与管理内容讲解中，引导学生正确利用参与管理对大学正式组织起到正面促进作用，并引导大学生学习培养自身的领导力，实现对自身角色的正确认知并对自己进行有效的自我激励。

在第七章关于集体谈判和集体合同讲解中，通过集体谈判视频和模拟集体谈判的形式，向学生阐述集体谈判的流程、方法、技巧，引导学生提高自身的专业素养。并结合中国国情，分析我国的集体谈判与西方集体谈判的差异性，引导学生从国情出发思考理论的本土化和适应性问题。

二、教学展示

（一）教学目标和内容

【教学目标】

知识目标：掌握劳动关系的概念、劳动关系的主体。

能力目标：理解劳动关系的主体及在协调劳动关系中的角色。

思政目标：抗击疫情背景下劳动关系的协调方式。

【教学内容】劳动关系的概念与主体；在掌握劳动关系管理知识的同时，结合当前抗击疫情背景，从身边实际案例出发，将思政元素融入生活中。弘扬社会主义核心价值观，激发学生的爱国情怀。彰显抗击疫情的决心，提供正向能量。

（二）教学重点和难点

【教学重点】劳动关系的概念和主体。

【教学难点】为什么说政府、企业和员工在劳动关系协调中都发挥重要作用？如何结合当前抗击疫情背景，设计思政元素？

（三）教学过程和方法

【案例1】“最美快递小哥"汪勇案例

“80后”汪勇曾是武汉的一名“快递小哥”。2020年，在武汉疫情最严重期间，他组织志愿者队伍免费接送医护人员上下班，解决医护人员吃饭、出行等问题。因在志愿服务中表现突出，被公司破格提升三级，从一名“快递小哥”升为分公司经理。他的志愿行为得到上级嘉奖、社会赞赏，入选了“感动中国2020年度人物”，国家邮政局授予其“最美快递员”特别奖，组织部门还批准其“火线入党”，成为一名中共预备党员。

1.启发思考题：从“最美快递员”汪勇的事迹提出引导问题，汪勇是疫情期间的“摆渡人”。因为他协调资源满足一线医疗人员的吃、用、行需求。同样地，组织中也需要“摆渡人”，协调劳动者和用人单位的关系。为什么需要协调呢？

2.分析思路：

（1）知识点1：劳动关系的提出。劳动关系是在就业组织中由雇佣行为而产生的关系。它以研究与雇佣行为管理有关的问题为核心内容。劳动关系中的“劳动”是雇佣劳动；劳动关系中的“关系”是因为雇佣劳动发生在劳动者和用人单位之间的关系。

（2）知识点2：劳动关系的主体。广义主体包括政府、企业方、员工方。狭义主体包括企业方和员工。这三方都在协调劳动关系中发挥着作用。

【案例2】安徽财经大学的“云端”教学

根据上级教育主管部门的总体部署和要求，学校提前谋划、群策群力，研究制定了《2019—2020学年春季学期延期开学工作方案》《关于2019—2020学年春季学期本科课程线上教学方案》等一系列实施方案，部署落实相关方案，制订线上教学实施细则，统筹线上教学活动，确保线上教学按时、有序、保质、保量。2020年2月24日，学校迎来首个线上开学日，开学日当天，748门课程、2380个课堂、681名教师在线上为同学们答疑解惑，隔空传递着爱和知识。这些可以得出结论：劳动关系的协调需要劳动者、用人单位和政府共同发力。

1.启发思考题：党的十九大报告强调，要构建和谐劳动关系！何为和谐？疫情期间很多企业停工停产，工资发不发？如何发？

2.分析思路：劳动关系的协调。从字面来看，和是一个“禾”加一个“口”，谐是一个“言字旁”加上一个“皆”，可以理解为人人都有饭吃，人人都有说话的权利。这与劳动关系中的工资、工作时间、休息休假、劳动安全卫士等都密切相关。这些问题都涉及劳动者的切身利益，如果处理不得当，很容易产生争议和纠纷。得出结论：劳动关系涉及工资、工作时间和休息休假、劳动安全卫生、个人劳动合同、集体劳动合同、员工参与管理、惩处与申诉、劳动争议处理。劳动关系也需要协调。

人力资源与社会保障部（2020年1月24日）《关于妥善处理新型冠状病毒感染的肺炎疫情防控期间劳动关系问题的通知》。这为处理疫情期间的工资问题提供了指导，有效地协调了劳动关系。由此可见，政府在劳动关系协调中发挥着重要作用。除了政府外，管理方和员工方也对劳动关系的协调具有重要作用。

【教学方法】

1.情景教学法。采用视频图片介绍课程相关的先进个人与事迹，激发学生的爱国情怀。例如，结合抗击新冠肺炎疫情背景，通过典型事迹，使学生明白劳动关系的协调需要政府、企业和员工共同助力，才能产生和谐劳动关系。

2.互动教学法。通过讨论式教学、案例教学、角色体验等教学方法的探索，使教学双方在平等交流探讨的过程中，达到不同观点碰撞交融，进而激发教学双方的主动性和探索性，促进学生认知、态度、情感和行为认同，在潜移默化中培育社会主义核心价值观。

3.线上线下混合式教学。为强化教学效果，劳动关系课程整合线上线下混合教学方式。课前预习：通过提供丰富的教学资源，以PPT、图文、视频等多样化呈现，给予学生全面沉浸式知识体验；发布线下调研任务，引起学生兴趣，使其更快进入课堂情境。

课堂面授：通过线下的课堂讲授、课堂辩论、案例分析等方式丰富课堂教学形式。

（四）教学反思

劳动关系的协调问题，不仅是一个非常重要的理论问题，还是一个很难解决的实践问题。通过“劳动关系导论”学习，让学生了解劳动关系内涵、主体和协调方式。尤其是，受疫情持续影响，当前劳动矛盾逐渐凸显，劳动领域风险隐患逐渐加大。为此，需要多管齐下做好劳动争议防范化解，例如，从政府角度，加大降税减费力度，减轻企业经营压力；从企业角度，企业采取远程办公、带薪年休假、错时上下班和弹性工时等方式，尽量少裁员；从员工角度，特殊时期，企业和职工间要互相体谅练“内功”。

三、课程思政教育心得体会

随着课程思政教学的推进，让我更加体会到教师不仅是知识的传授者，更是价值的引领者、心灵的润泽者。这种接地气又走心的教学方式，让学生逐步从被动的知识接受者，转变为主动的知识探究者，为自己的学业负责，为自己的人生负责。自开展课程思政教学以来，劳动关系课程的学生评价成绩较以往有较大提升，授课教师也获得学校“课程思政设计大赛”三等奖，并获得省级质量工程以及校级课程思政项目立项。

教学展示课件

魏巍　工商管理学院人力资源管理系　副教授

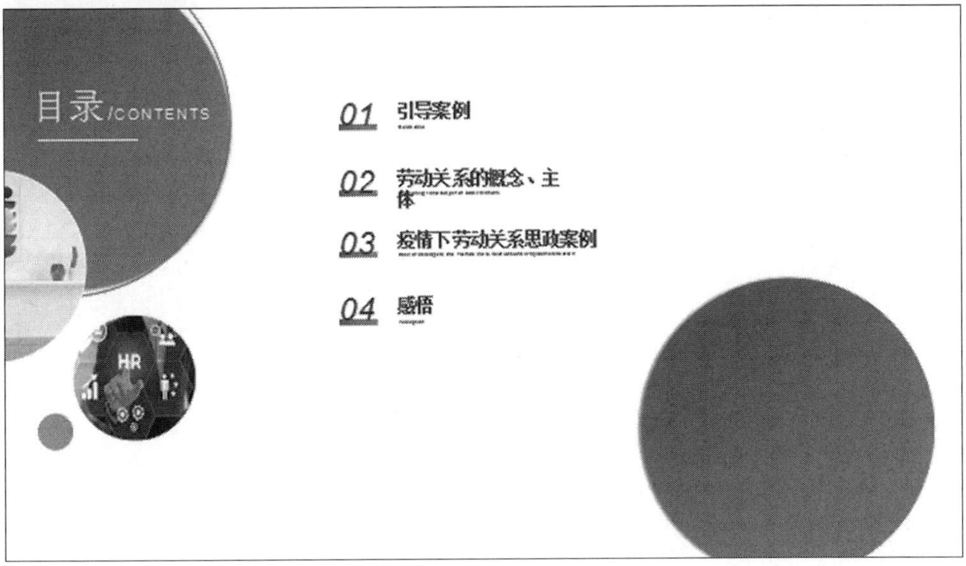

PART ONE
引导案例
More
01

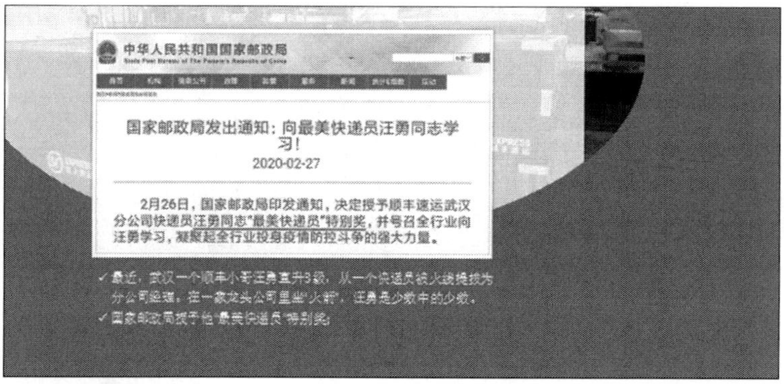
中华人民共和国国家邮政局
国家邮政局发出通知：向最美快递员汪勇同志学习！
2020-02-27
2月26日，国家邮政局印发通知，决定授予顺丰速运武汉分公司快递员汪勇同志"最美快递员"特别奖，并号召全行业向汪勇学习，凝聚起全行业投身疫情防控斗争的强大力量。
✓ 最近，武汉一个顺丰小哥汪勇直升3级，从一个快递员被火线提拔为分公司经理。在一家龙头公司里坐"火箭"，汪勇是少数中的少数。
✓ 国家邮政局授予他"最美快递员"特别奖。

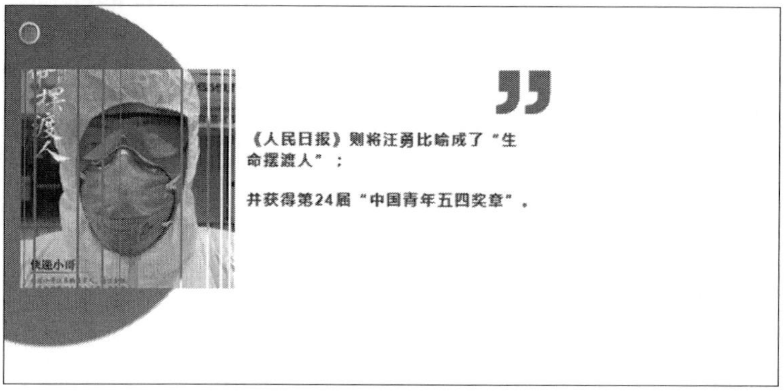
《人民日报》则将汪勇比喻成了"生命摆渡人"；
并获得第24届"中国青年五四奖章"。
快递小哥

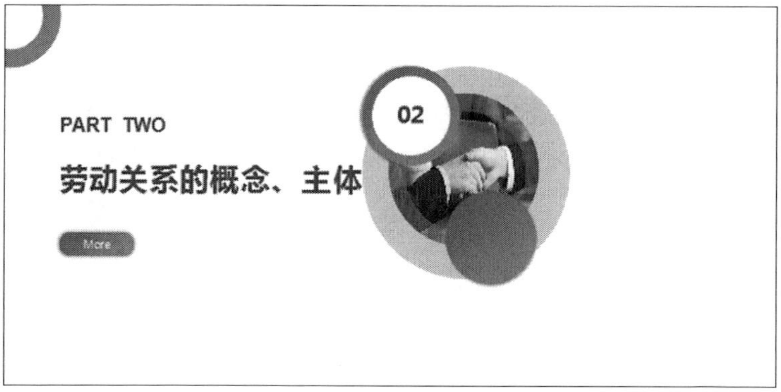
PART TWO
劳动关系的概念、主体
More
02

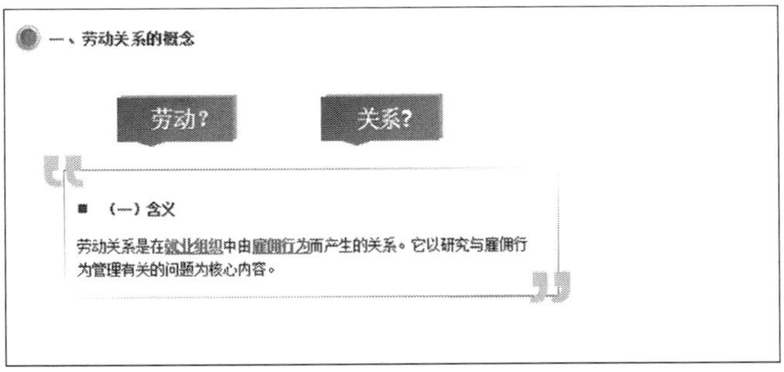
一、劳动关系的概念
劳动?
关系?
（一）含义
劳动关系是在就业组织中由雇佣行为而产生的关系。它以研究与雇佣行为管理有关的问题为核心内容。

中国共产党第十九次全国代表大会
十九大报告强调：要构建和谐劳动关系！

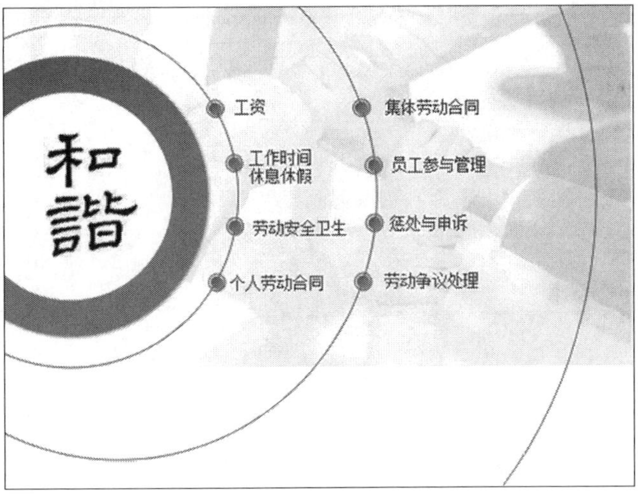
和諧
工资
工作时间
休息休假
劳动安全卫生
个人劳动合同
集体劳动合同
员工参与管理
惩处与申诉
劳动争议处理

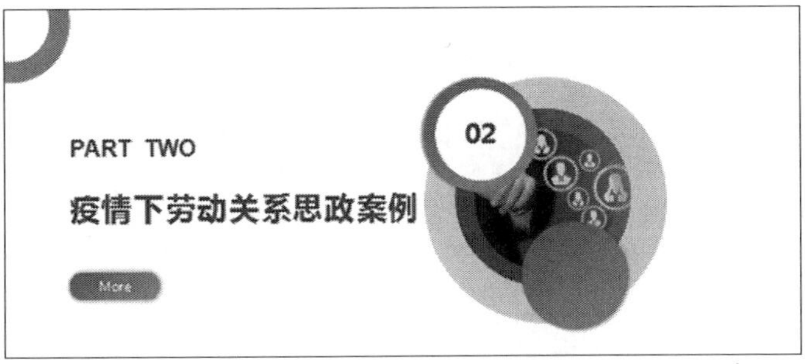
PART TWO
疫情下劳动关系思政案例
More
02

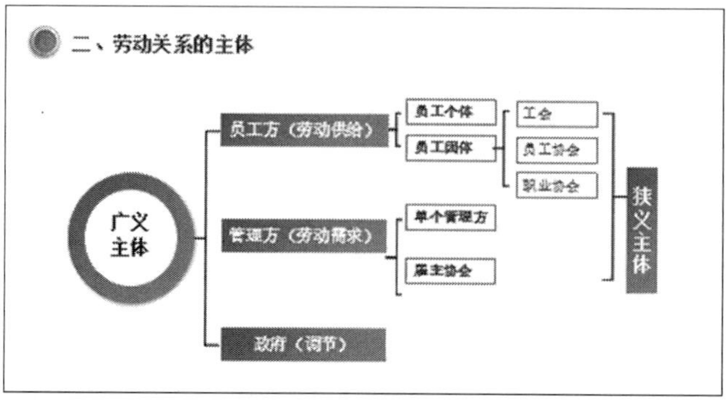
二、劳动关系的主体
广义主体
员工方（劳动供给）
员工个体
员工团体
工会
员工协会
职业协会
管理方（劳动需求）
单个管理方
雇主协会
狭义主体
政府（调节）

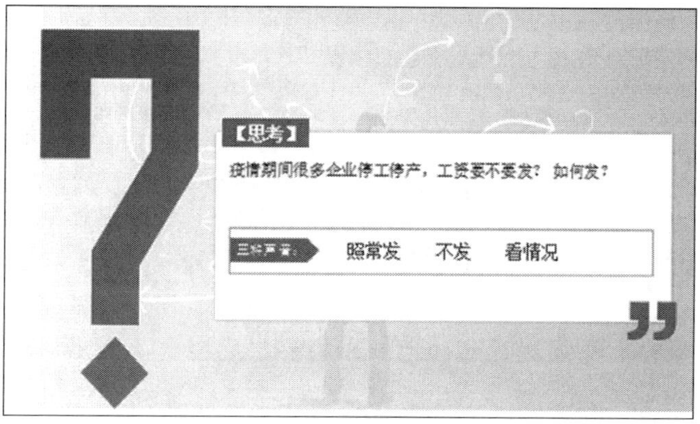
【思考】
疫情期间很多企业停工停产，工资要不要发？如何发？
照常发
不发
看情况

清华大学经济管理学院金融系朱武祥教授对995家中小企业受新冠肺炎疫情影响的情况及诉求进行了问卷调查，包括收入下降幅度、可维持的时间、成本支付压力、自身对策及对政府诉求等8个问题。
中小企业调研结果显示：
85%的企业撑不过3个月

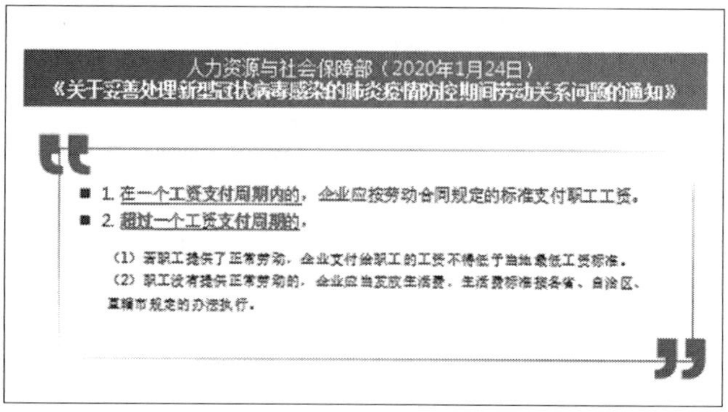
人力资源与社会保障部（2020年1月24日）
《关于妥善处理新型冠状病毒感染的肺炎疫情防控期间劳动关系问题的通知》
1. 在一个工资支付周期内的，企业应按劳动合同规定的标准支付职工工资。
2. 超过一个工资支付周期的，
（1）若职工提供了正常劳动，企业支付给职工的工资不得低于当地最低工资标准。
（2）职工没有提供正常劳动的，企业应当发放生活费，生活费标准按各省、自治区、直辖市规定的办法执行。

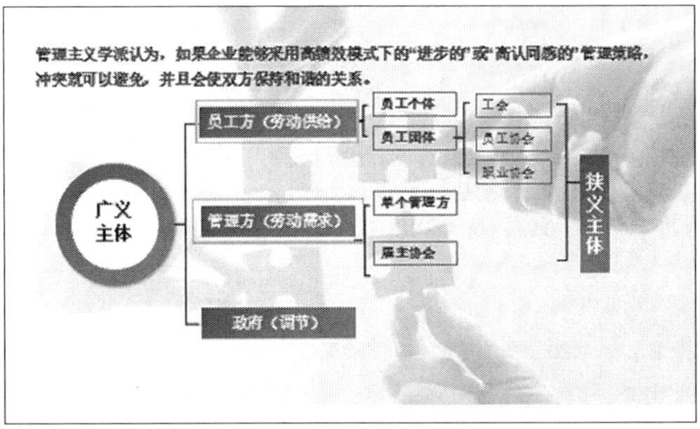
管理主义学派认为，如果企业能够采用高绩效模式下的"进步的"或"高认同感的"管理策略，冲突就可以避免，并且会使双方保持和谐的关系。
广义主体
员工方（劳动供给）
员工个体
员工团体
工会
员工协会
职业协会
管理方（劳动需求）
单个管理方
雇主协会
政府（调节）
狭义主体

案例
我们身边的
Cases around us

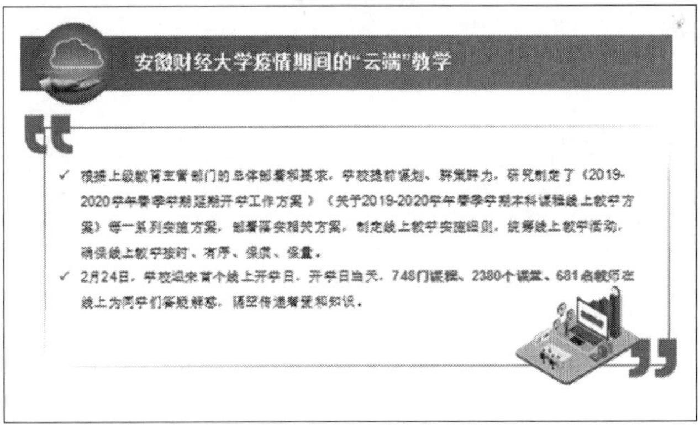
安徽财经大学疫情期间的"云端"教学
根据上级教育主管部门的总体部署和要求，学校提前谋划、群策群力，研究制定了《2019-2020学年春季学期延期开学工作方案》《关于2019-2020学年春季学期本科课程线上教学方案》等一系列实施方案，部署落实相关方案，制定线上教学实施细则，统筹线上教学活动，确保线上教学按时、有序、保质、保量。
2月24日，学校迎来首个线上开学日，开学日当天，748门课程、2380个课堂、681名教师在线上为同学们答疑解惑，播撒传递希望和知识。

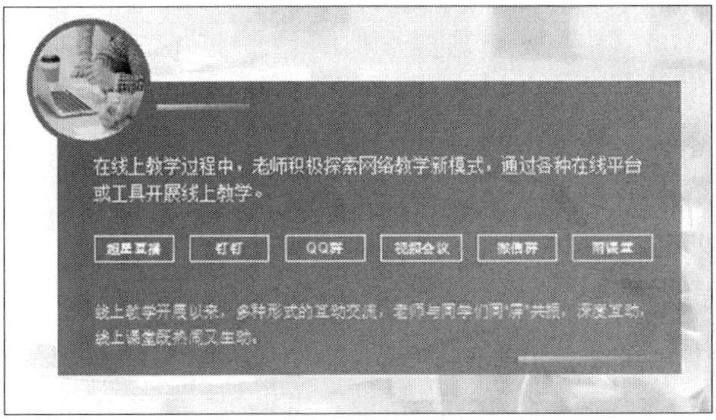
在线上教学过程中，老师积极探索网络教学新模式，通过各种在线平台或工具开展线上教学。
超星直播
钉钉
QQ群
视频会议
微信群
雨课堂
线上教学开展以来，多种形式的互动交流，老师与同学们同"屏"共振，深度互动，线上课堂既热闹又生动。

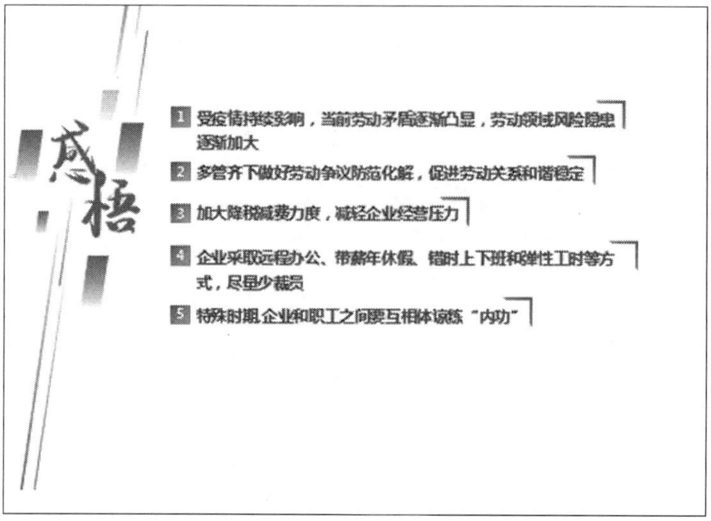
感悟
1 受疫情持续影响，当前劳动矛盾逐渐凸显，劳动领域风险隐患逐渐加大
2 多管齐下做好劳动争议防范化解，促进劳动关系和谐稳定
3 加大降税减费力度，减轻企业经营压力
4 企业采取远程办公、带薪年休假、错时上下班和弹性工时等方式，尽量少裁员
5 特殊时期企业和职工之间要互相体谅练“内功”

艺术学

“艺术概论”课程

张黎黎　艺术学院动画系　副教授

一、课程思政教学设计思路

（一）课程基本信息

本课程是艺术学院所有专业大一新生第一学期必修的专业基础课，要求学生有一定的艺术理论常识和艺术实践的基础。

（二）课程目标

通过本课程的学习，学生能够达到以下目标：

1.知识：能够了解到各门艺术的普遍规律，利用艺术理论综合地看待各种艺术现象，探索和思考各种艺术现象共有的普遍规律，尤其是共性的问题，熟悉和记忆艺术的基本原理和概念范畴。能够对艺术的本质、各门类艺术之间的关系、艺术的发展规律、艺术创作、艺术作品、艺术接受有一定的了解。

2.应用：能在一个具体的艺术门类中，使用学习过的艺术理论来思考和分析该艺术的一般规律。通过理论学习培养学生对艺术作品的审美感知能力和审美判断能力。

3.效果：在学生自己的艺术创作中，能够运用所学习的艺术理论，如历史上各种思潮流派的特点、艺术的本质特征、发展规律、各阶段艺术家对“美”的不同标准等内容，来实践自己的艺术创作。不论这种尝试是否有效，它都是有益的。

4.情感：能够意识到艺术创作的复杂和艰辛，能够意识到每一件艺术品之所以被称为艺术品，背后都有艺术家坚持不懈的努力和全部生命情感的灌注。

5.价值：能认同艺术的价值；能认识到艺术创作的不易，并从中得到正面的启发；学习艺术家坚持不懈的努力，坚忍不拔的精神；学习艺术作品中所蕴含的艺术精神，从而完善自身的人生观、世界观和价值观。

6.学习：养成在创作活动中学习理论知识的习惯，要懂得理论指挥实践、实践丰富理论的辩证关系。

（三）课程内容简介

“艺术概论”就是对艺术理论的一般概括。这里的艺术理论是以各门艺术的普遍规律作为自己的教学内容。概括地说，艺术理论要综合地研究、考察人类社会的一切艺术现象，探索和揭示各种艺术现象共有的普遍规律，主要是学习艺术现象的共性问题、艺术的基本原理和概念范畴问题。需要注意两点：第一，艺术理论要阐述的是艺术的本质、特征及其发生、发展的规律；第二，艺术理论并不是对某一部门的艺术专门学习和研究，而是对各个部门艺术最普遍、最一般规律的学习和研究。主要包括艺术的本质、艺术的门类划分、艺术的发生发展、艺术的创作主体与创作活动、艺术作品、艺术接受与艺术的功能。

（四）课程思政融入设计

1.思想政治教育的融入点

“艺术概论”这门课的课程思政从很多角度可以切入，并且都很自然和流畅。可以说每一个艺术门类中都有相当多的经典艺术作品在表达爱国之心和仁爱之情。这种类型的表情达意是艺术的功能之一，艺术作品具有教化功能、审美功能、认识功能、体验功能和“寓教于乐”的娱乐功能。而英雄主题的作品、爱国主题的作品在具备上述各种艺术功能的同时，在课堂教学中，显然教化功能是第一位的，这是教学目标的基础。例如，音乐类作品：西方古典音乐中贝多芬展示与命运抗争的《第五命运交响曲》、表达英雄主义气概的《第三英雄主义交响曲》；肖邦的《c小调革命练习曲》《波洛涅兹舞曲：军队》等表现爱国、历史与人民生活的作品；捷克作曲家斯美塔那创作的交响诗《我的祖国》等。中国的音乐中表达爱国之情、团结一致的作品数不胜数，以民歌为例，如《英雄赞歌》《我的祖国》《十送红军》《唱支山歌给党听》等，这种类型的音乐在课堂教学时无须过多讲解，只要把音乐播放出来让学生们听一听，教学目的就会潜移默化地在学生头脑中完成。这是由艺术自带的内在视域决定的，即它能够也应该能够让人们对其本身所具有的内容产生共鸣，这是一个作品形式与内容完备的基本表现之一，更何况是艺术作品。此外还有美术类作品具有哲学意味的《雅典学院》（拉斐尔·桑西）、批判现实主义的《伏尔加河上的纤夫》（俄国画家伊里亚·叶菲默维奇·列宾）、再现历史场景的《开国大典》（董希文）、写实的大幅油画《父亲》（罗中立）等。文学类作品：小说《太阳照在桑干河上》《林海雪原》《茶馆》等；现代诗歌：余光中《乡愁》、艾青《我爱这土地》、舒婷《祖国啊，我亲爱的祖国》等。当然，类似题材的艺术作品在雕塑、舞蹈、戏剧戏曲、电影电视等艺术门类中也比比皆是，在课堂上能够比较流畅地纳入教学内容当中。

2.教学方法与举措

为了达到“将盐融入于水般”的“课程思政”的教学效果，将主要采取以下教学方法。

理论讲解和实践教学相结合，加强课堂讨论，形成师生互动的良好氛围，充分调动学生的参与性和积极性。

教学举措：

（1）讲授法：完成书本教学内容的讲解，帮助学生梳理概念和基本理论。

（2）课堂示范：在讲到门类艺术音乐一章时，会在课堂上现场演奏或演唱相关作品，让学生近距离感受音乐所要表达和所能表达的内在视域。

（3）课堂讨论法：完成教学任务后，分小组就某一作品或某一理论进行讨论，并举例说明自己的观点。目的在于启发学生在表达观点时要有理有据。

（4）角色互换：引发学生的教师角色，将学习的主动权交给学生。按照所带班级学生的专业特长，选择一个门类艺术，课上分组，要求课下小组集合自学、讨论，找材料制作教学课件、PPT，下次在课堂做一个呈现。最后对各小组的课堂呈现做一个评价和总结。

3.教学成效

在期末考试中，知识方面以概念、基本理论为主，常识性的内容为辅。常识性的内容如各门类艺术中艺术家的代表作、代表作中的代表人物、各门类艺术流派的代表人物等多以选择填空的形式出现，基本没问题。概念和基本理论多以名词解释、简答和论述呈现。在这一部分中，大多数学生都能在具体的艺术案例中分析某一理论在实际应用过程中的状态，能够做到理论与实践（鉴赏）的结合。在答题过程中，尤其对本专业的艺术作品举例甚多，这说明该课程的学习有助于学生对本专业综合知识的了解，如历史、代表人物、代表作品、流派、思潮等。

二、《表情艺术之音乐艺术》教学展示

（一）教学目标和内容

1.教学目标

在民歌中让学生了解在实现中华民族伟大复兴的过程中，是有无数个英雄前赴

后继的努力才有今天中国梦的实现，这些英雄无论是战争时期的先辈还是疫情下的战士和医护人员，都是我们讴歌和赞美的对象。以此引导同学们树立正确的人生观、历史观、国家观和文化观，不断增强中华民族归属感、认同感、尊严感和荣誉感。

2. 教学内容

（1）音乐艺术之当代音乐中的民歌概述——有关《诗经》中《风》《雅》《颂》的讲解；

（2）音乐与德育的关系；

（3）当代音乐中如何区分《风》《雅》《颂》；

（4）讲解民歌中的革命歌曲并举例示范。

（二）教学重点和难点

1. 教学重点：从历史和欣赏的角度讲解音乐与德育的关系。

2. 教学难点：如何区分当代音乐中的《风》《雅》《颂》。

（三）教学过程和方法（可含时间分配）

授课以讲授法、案例法和演唱示范为主。

教学过程：

	时间分钟	教学者活动	学生活动	教材设备
导言 Bridge-in	5	对表情艺术做整体介绍后导入本节课的内容：音乐艺术	听讲， 回答问题	PPT
前测 Pre-assessment	3	提问学生对《诗经》了解多少》	师生互动 回答问题	PPT
参与式学习 Participatory Learning	25	结合课程思政的内容开始讲解本节课的重点和难点	学生听课 看PPT	PPT
后测 Post-assessment	2	检测学生对《风·雅·颂》的了解	学生思考 回答问题	PPT
讨论 Class discussion	5	演唱示范民歌之革命歌曲《英雄赞歌》	学生现场 聆听、欣赏	播放音响 视频
总结 Summary	5	对主要内容进行总结，结合课程思政的内容潜移默化的引导学生树立正确的历史观、价值观	听讲 思考	PPT

（四）教学反思

本次课程选自“艺术概论”第八章的内容：表情艺术，在这里表情艺术被分为音乐艺术和舞蹈艺术，在讲到音乐艺术的时候，我在这个部分加入了“课程思政”的内容融入其中，选取中国音乐的某一个种类，通过讲故事的方式，现场演唱的方式，并穿插专业音乐知识的方式，为同学们带来不一样的课堂体验。有什么样的眼光，就会有什么样的观点，在艺术概论的课堂上，或者说在艺术的课堂上，将历史融入艺术中讲，让同学们换个角度了解中国，认识中国，这也是艺术的重要功能之一。此外，艺术还有重要的德育功能。“立德树人”是高校教育教学中的重要组成部分，这对“为谁培养人”和“培养什么样的人”的至关重要。音乐教育与德育教育自古以来就相互关联、相辅相成，这也是在讲授音乐艺术时自然地加入“课程思政”元素的文化基础，整节课无须刻意强调和说教，只需要讲好音乐故事，讲好革命故事，学生自然就能从中得到应有的体会。

（五）其他需要展示的内容

1.讨论、思考、作业

（1）你们熟悉的革命歌曲有哪些？

（2）你们喜欢听的音乐中能区分出哪些是《风》《雅》《颂》吗？

2.参考资料

（1）王宏建.艺术概论〔M〕.北京：文化艺术出版社，2010（1）.

（2）彭吉象.艺术学概论〔M〕.北京：北京大学出版社，2015（4）.

（3）〔美〕威廉·弗莱明·马利·马里安 著，宋协立 译.艺术与观念〔M〕.北京：北京大学出版社，2012（1）.

三、课程思政教育心得体会

加强对大学生的思想政治教育，其意义毋庸置疑。在课堂上真正做到思想传递的有效性和大学生接受的主动性，课程设计者必须拜托以自我为中心的教学方案，要站在学生的立场上，才能取得预期的效果。此外，思政内容加之于课堂教学，不可以生搬硬套，要有“将盐融入于水”的效果，起到润物无声的作用，这样才能完成教育育人的根本任务。

在专业基础课的课堂上突出“教育思政”的育人导向对“艺术概论”这门课来说具有一定的优势，这门课并不是纯理论的课程，主要是在具体艺术家和艺术作品的基础上解读艺术理论，对于艺术家及其作品的解读是一个很好向学生输出正确的价值观、世界观和人生观的窗口，因为很多艺术家本身就是很好的例子，老师只需要讲好故事，融情（思政）理（知识）于其中，让学生沉浸在这一氛围中即可。当然，关键是学生要与老师产生共鸣，这样才能正向地接受老师传递的教学内容，老师也才能获得预期的教学效果。

教学展示课件

张黎黎　艺术学院动画系　副教授

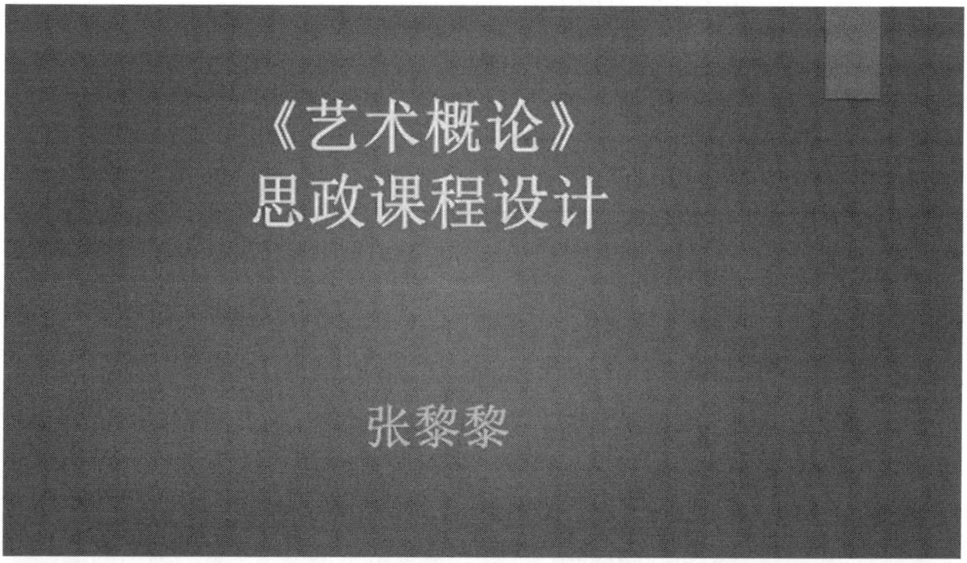

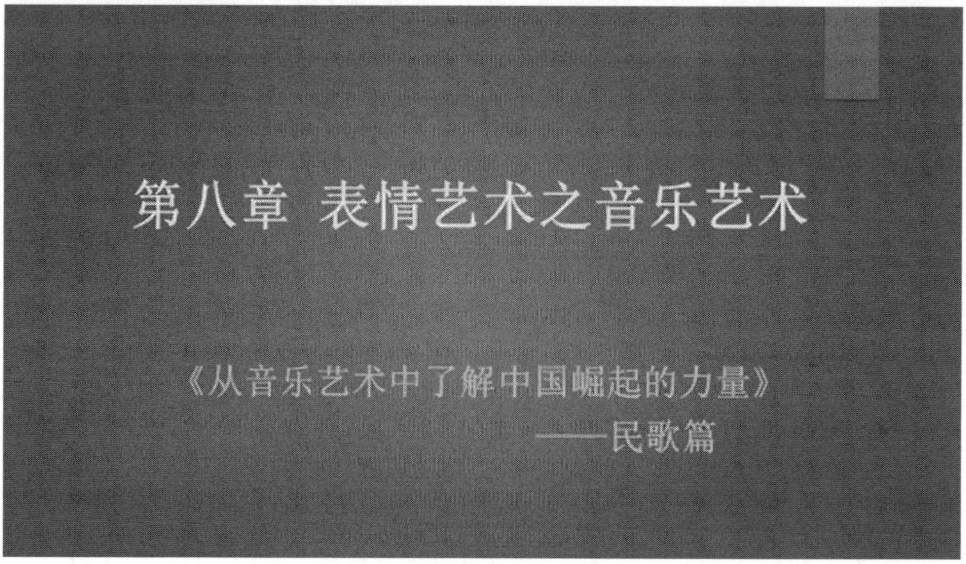

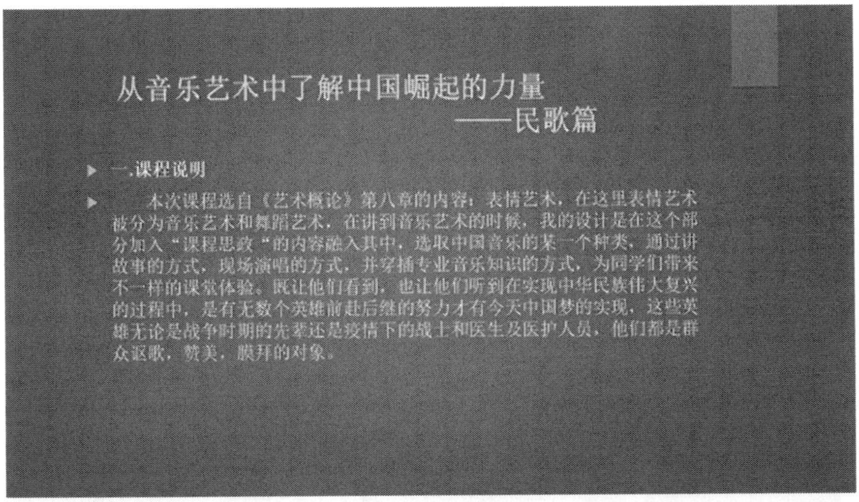
从音乐艺术中了解中国崛起的力量
——民歌篇
一.课程说明
本次课程选自《艺术概论》第八章的内容：表情艺术，在这里表情艺术被分为音乐艺术和舞蹈艺术，在讲到音乐艺术的时候，我的设计是在这个部分加入“课程思政“的内容融入其中，选取中国音乐的某一个种类，通过讲故事的方式，现场演唱的方式，并穿插专业音乐知识的方式，为同学们带来不一样的课堂体验。既让他们看到，也让他们听到在实现中华民族伟大复兴的过程中，是有无数个英雄前赴后继的努力才有今天中国梦的实现，这些英雄无论是战争时期的先辈还是疫情下的战士和医生及医护人员，他们都是群众讴歌，赞美，膜拜的对象。

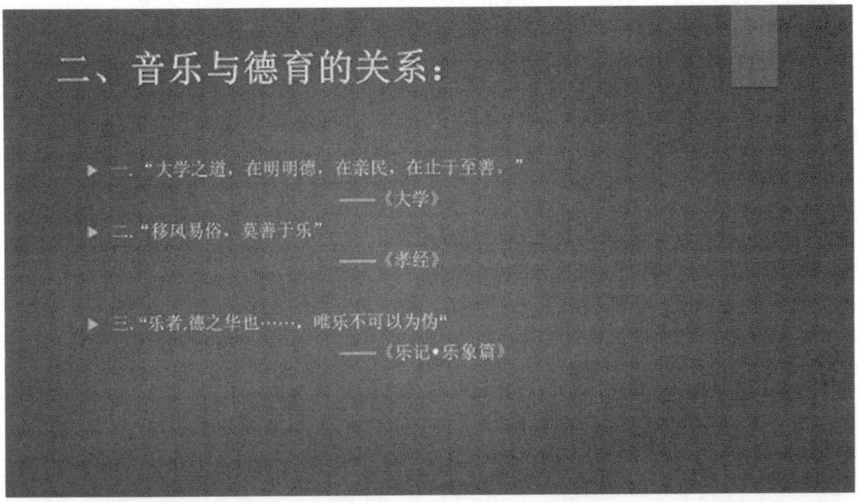
二、音乐与德育的关系：
一.“大学之道，在明明德，在亲民，在止于至善。”
——《大学》
二.“移风易俗，莫善于乐”
——《孝经》
三.“乐者,德之华也……，唯乐不可以为伪“
——《乐记•乐象篇》

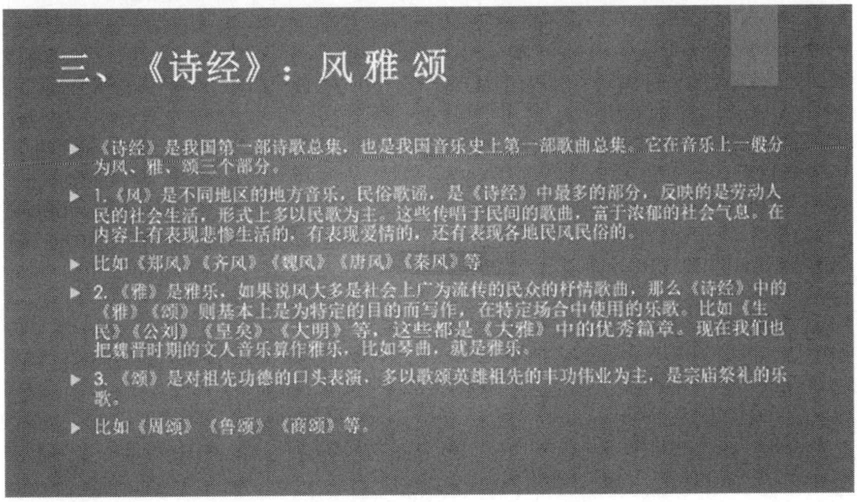
三、《诗经》：风 雅 颂
《诗经》是我国第一部诗歌总集，也是我国音乐史上第一部歌曲总集。它在音乐上一般分为风、雅、颂三个部分。
1.《风》是不同地区的地方音乐，民俗歌谣，是《诗经》中最多的部分，反映的是劳动人民的社会生活，形式上多以民歌为主。这些传唱于民间的歌曲，富于浓郁的社会气息。在内容上有表现悲惨生活的，有表现爱情的，还有表现各地民风民俗的。
比如《郑风》《齐风》《魏风》《唐风》《秦风》等
2.《雅》是雅乐，如果说风大多是社会上广为流传的民众的抒情歌曲，那么《诗经》中的《雅》《颂》则基本上是为特定的目的而写作，在特定场合中使用的乐歌。比如《生民》《公刘》《皇矣》《大明》等，这些都是《大雅》中的优秀篇章。现在我们也把魏晋时期的文人音乐算作雅乐，比如琴曲，就是雅乐。
3.《颂》是对祖先功德的口头表演，多以歌颂英雄祖先的丰功伟业为主，是宗庙祭礼的乐歌。
比如《周颂》《鲁颂》《商颂》等。

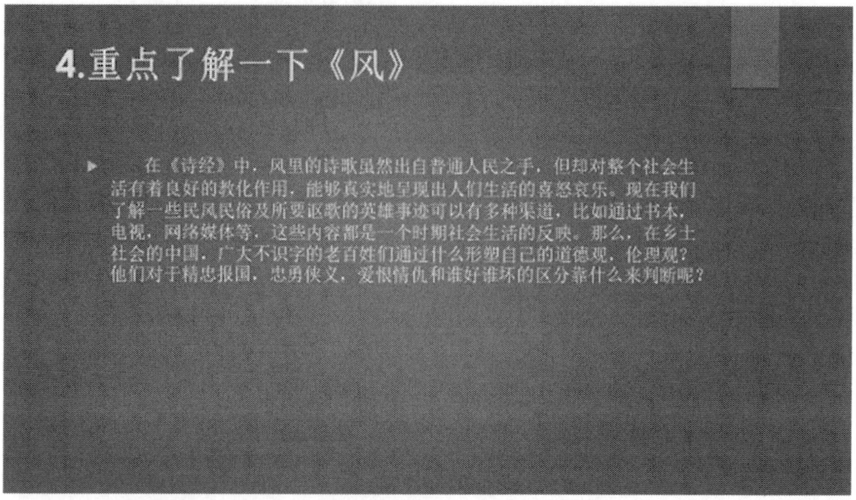
4.重点了解一下《风》
在《诗经》中，风里的诗歌虽然出自普通人民之手，但却对整个社会生活有着良好的教化作用，能够真实地呈现出人们生活的喜怒哀乐。现在我们了解一些民风民俗及所要讴歌的英雄事迹可以有多种渠道，比如通过书本，电视，网络媒体等，这些内容都是一个时期社会生活的反映。那么，在乡土社会的中国，广大不识字的老百姓们通过什么形塑自己的道德观，伦理观？他们对于精忠报国，忠勇侠义，爱恨情仇和谁好谁坏的区分靠什么来判断呢？

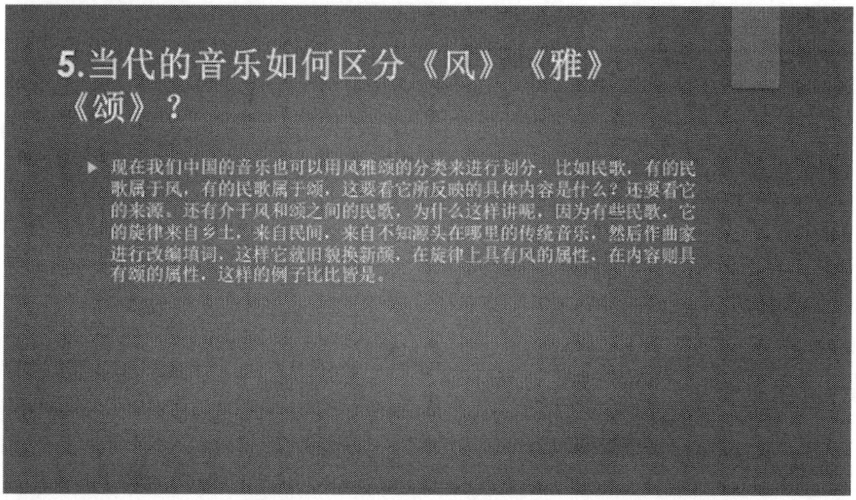
5.当代的音乐如何区分《风》《雅》《颂》？
现在我们中国的音乐也可以用风雅颂的分类来进行划分，比如民歌，有的民歌属于风，有的民歌属于颂，这要看它所反映的具体内容是什么？还要看它的来源。还有介于风和颂之间的民歌，为什么这样讲呢，因为有些民歌，它的旋律来自乡土，来自民间，来自不知源头在哪里的传统音乐，然后作曲家进行改编填词，这样它就旧貌换新颜，在旋律上具有风的属性，在内容则具有颂的属性，这样的例子比比皆是。

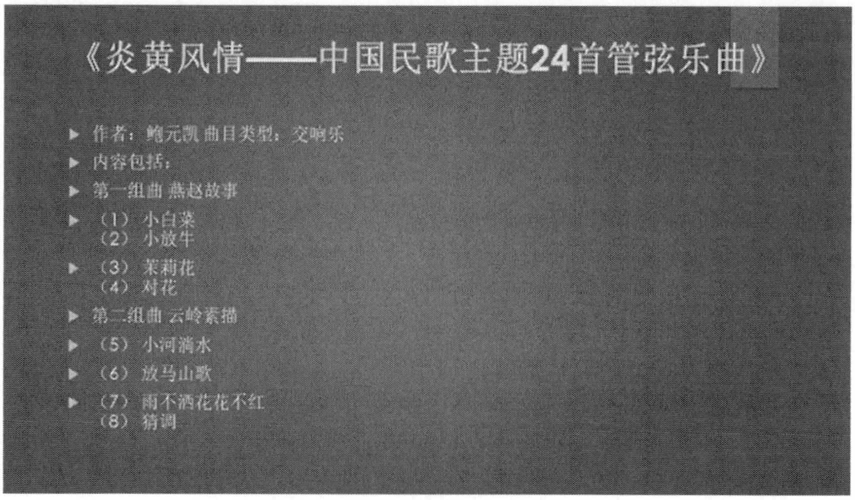
《炎黄风情——中国民歌主题24首管弦乐曲》
作者：鲍元凯 曲目类型：交响乐
内容包括：
第一组曲 燕赵故事
（1）小白菜
（2）小放牛
（3）茉莉花
（4）对花
第二组曲 云岭素描
（5）小河淌水
（6）放马山歌
（7）雨不洒花花不红
（8）猜调

- 第三组曲 黄土悲欢
- （9）女娃担水
- （10）夫妻逗趣
- （11）走绛州
  （12）兰花花

- 第四组曲 巴蜀山歌
  （13）槐花几时开
- （14）黄杨扁担
- （15）绣荷包
  （16）太阳出来喜洋洋

四、民歌

- 在我们的民歌中，有情歌，劳动歌，革命歌曲等。以革命歌曲来说，无论是战争时期，还是80年代以来都涌现出了很多经典的，脍炙人口的革命歌曲，比如冼星海作曲和光未然作词的《黄河大合唱》，这部合唱是以黄河为背景，以陕北民歌为素材，热情歌颂中华民族源远流长的光荣历史和中国人民坚强不屈的斗争精神，它向全中国全世界发出了民族解放的战斗警号，从而塑造起中华民族巨人般的英雄形象。这些英雄们是我们今天民族复兴的奠基人。

1.《英雄赞歌》

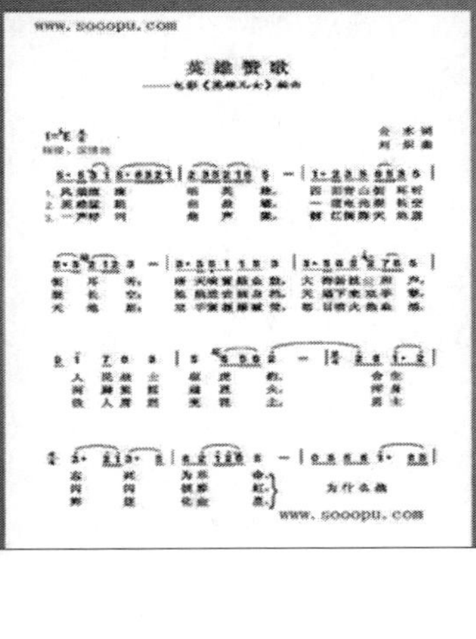

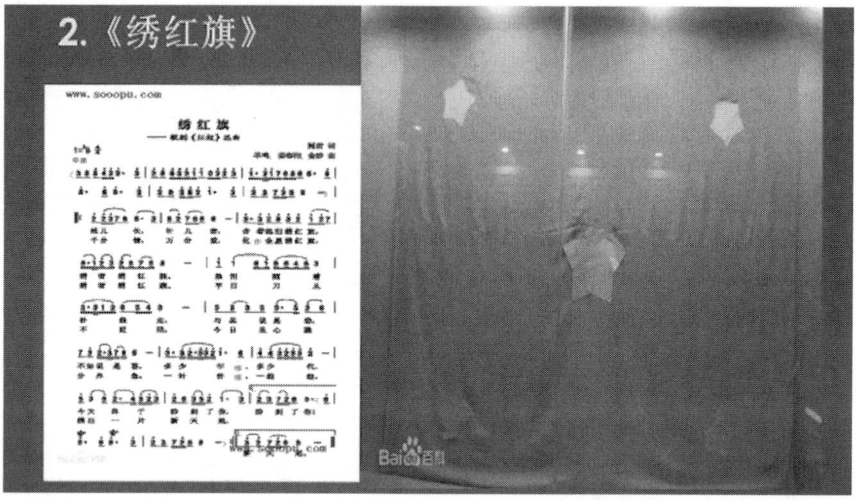
2.《绣红旗》
www.sooopu.com
绣红旗

3.《映山红》
映山红

4.歌曲伴奏：示范演唱

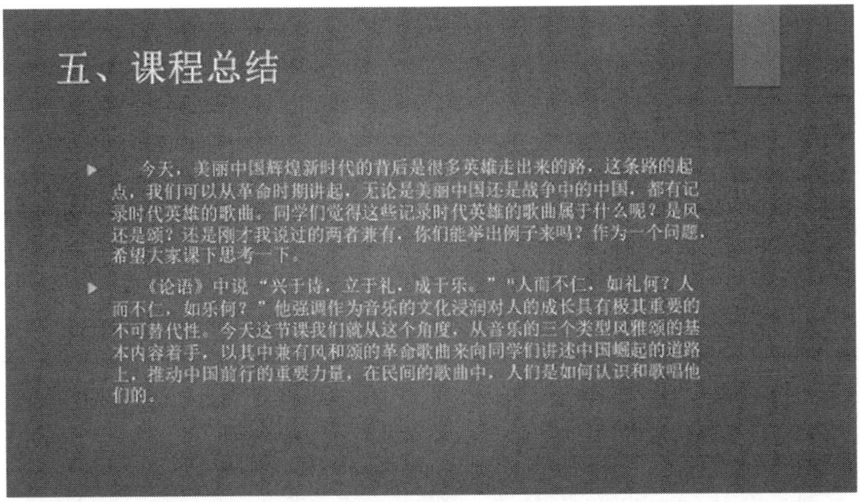
五、课程总结
今天，美丽中国辉煌新时代的背后是很多英雄走出来的路，这条路的起点，我们可以从革命时期讲起，无论是美丽中国还是战争中的中国，都有记录时代英雄的歌曲。同学们觉得这些记录时代英雄的歌曲属于什么呢？是风还是颂？还是刚才我说过的两者兼有，你们能举出例子来吗？作为一个问题，希望大家课下思考一下。
《论语》中说“兴于诗，立于礼，成于乐。”“人而不仁，如礼何？人而不仁，如乐何？”他强调作为音乐的文化浸润对人的成长具有极其重要的不可替代性。今天这节课我们就从这个角度，从音乐的三个类型风雅颂的基本内容着手，以其中兼有风和颂的革命歌曲来向同学们讲述中国崛起的道路上，推动中国前行的重要力量，在民间的歌曲中，人们是如何认识和歌唱他们的。

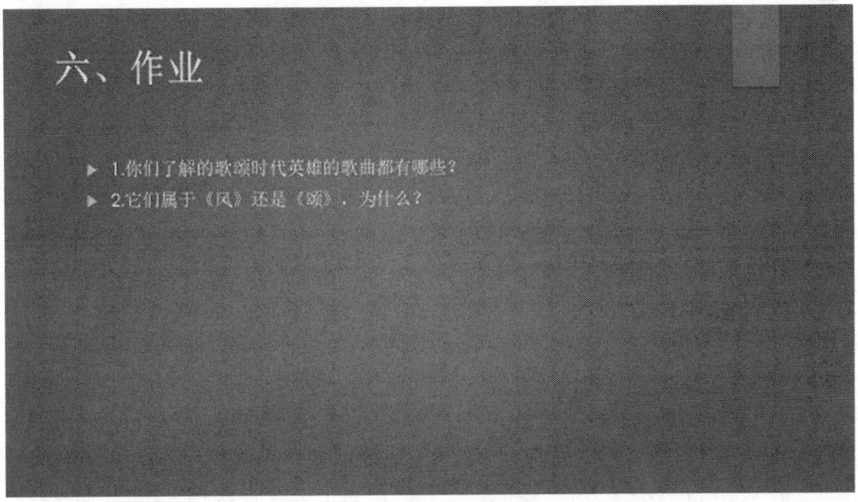
六、作业
1.你们了解的歌颂时代英雄的歌曲都有哪些？
2.它们属于《风》还是《颂》，为什么？

·文 学

“英语精读1”课程

姜蕊　文学院公共英语教学部　讲师

一、课程思政教学设计思路

（一）课程基本信息

本课程作为“英语精读”系列课程第一册，是非英语专业的必修课程，修读对象为大一新生。

（二）课程目标

通过学习本课程，学生达到以下三维目标：

1.知识与技能

（1）知识：掌握4500个单词和500个词组；读懂中等难度的英文文章，阅读速度达每分钟100词；根据一定的话题或提纲在半小时内写出120字的短文，且结构完整、语篇连贯；进行每小时300词的英汉互译，译文基本通顺、达意。

（2）技能：提高听、说、读、写各方面的英语综合应用能力。

2.过程与方法

（1）过程：学生了解英语词汇、句法及篇章的基本特征；理解文化和语言之间的紧密联系。

（2）方法：熟练掌握多种信息技术手段及独立自主、举一反三、追本溯源的英语学习方法。

3.情感态度与价值观

（1）情感态度：因流利使用英语进行交际而产生满足及喜爱的情感体验；养成独立自主的学习态度、求真务实的科学态度和乐观积极的生活态度。

（2）价值观：培养国际化视野，吸收西方文化的精华，摒弃其糟粕，增加中华民族文化自信。

（三）课程内容简介

采用《全新版大学英语综合教程1》为主要教材，包括八个单元，每个单元包括主题相同的两篇文章：TEXT A和TEXT B，着眼重点词汇、语法、句法等语言知识，培养学生的听、说、读、写技能和文化知识，同时设置练习和测验以检验学生的学习情况。具体如下：

单元	主题	关键元素
Unit 1	Growing Up	成长与青年
Unit 2	Friendship	友谊与亲情
Unit 3	Understanding Science	科学与探索
Unit 4	The American Dream	中国梦与美国梦
Unit 5	Work to Live or Live to Work	工作与生活
Unit 6	Romance	艺术与浪漫
Unit 7	Animal Intelligence	人工智能
Unit 8	Educational Problems	教育与未来

（四）课程思政融入设计

八个主题均与大学生的生活与学习紧密相连，每个单元都能挖掘出内涵丰富的思政元素。在语言知识教学的同时，融入相应的思政元素，实现三维课程目标。同时，利用先进的信息技术手段提高外语教学的效率，有助于深化课程思政教学。总体而言，本课程思政融入设计可归结为两个结合。

首先，将外语教学与思想政治教育相结合。在外语教学中引导学生树立正确的世界观、人生观、价值观和积极乐观的生活态度；在中外对比教学中增加民族文化自信，帮助学生打破死记硬背等被动的学习态度，培养其举一反三、追本溯源、独立自主的学习精神；并发挥学生的专业优势，培养多学科全面发展的人才。

其次，将信息技术与外语教学相结合。使用学习通、微信、QQ、英语趣配音、有道词典等移动教学工具提高教学效率，改善教学效果。其中，学习通是本课程主要的移动教学辅助工具，利用其丰富的功能如投票、抢答、分组讨论、评分等深化思政元素融入外语教学的效果。

二、“Work to Live or Live to Work-Text A”教学展示

（一）教学目标和内容

1.知识：TEXT A的中心思想、文章结构及基本的词汇句法。

2.能力：拆解分析长难句、英语叙事文写作。

3.思政：了解中西方语言及文化差异，增加中华民族文化自信；剖析工作与生活的关系，树立正确的事业观、人生观和价值观。

（二）教学重点和难点

1.重点：workaholic在词源、构词法及历时变化的规律。

2.难点：TYPE A（A型行为者）的特征。

（三）教学方法和过程

授课以情景导入法、讲授法、小组协作讨论法和任务驱动法相结合。使用多媒体教学设备、学习通、英语趣配音和微信作为教学工具。

课前教学准备

1.教学对象及学情分析；

2.制订本单元整体教学计划；

3.布置课前教学活动。

（1）学习通——讨论任务：“How many parts do you think this passage should be divided into？”

（2）学习通——调查问卷：“从20个生活的基本元素中挑选出你认为在生活中最重要的十项”，初步掌握学生的生活观。

（3）将问卷数据做成词云图，用于课堂教学的Warming-up和思政教学环节。

课堂教学活动（90分钟）

教学内容1：Warming-up（教学活动1、2，共10分钟）

活动1	课文导入——“生活的元素”	5分钟
教学方法	图片导入+教师讲授	
教学辅助	PPT	
教学目标	活跃课堂气氛，引导学生思考初步的生活观	
教学步骤	①展示课前调查问卷的统计结果和词云图 ②分析词云图，引出本单元主题	
活动2	Work to live or live to work？	5分钟

续表

活动1	课文导入——“生活的元素”	5分钟
教学方法	任务驱动+自主探究	
教学辅助	学习通——投票、投屏和选人/抢答	
教学目标	学生独立思考“学习/工作”与“生活/娱乐/家庭”的关系，进一步塑造其事业观和人生观	
教学步骤	①发布投票任务“A.work to live/B.live to work” ②投屏结果并分析，进行初步思政教学	

课堂教学内容2：主题词讲解（教学活动3.4，共25分钟）

活动3	单词讲解workaholic+思政扩展	15分钟
教学方法	教师解说法+课堂讨论法	
教学辅助	PPT、板书	
教学目标	熟悉workaholic，培养举一反三、追本溯源的学习态度，同时体会汉字的博大精深	
教学步骤	①主题词词义、历时变化、词源及其构词法特征讲解 ②介绍后缀-holic后缀与“词根+词缀”构词法 ③对比中文同义词“工作狂”，分析中文构词法的强大与巧妙	
活动4	Dictation听写练习	10分钟
教学方法	任务驱动	
教学辅助	视频播放、学习通——随堂练习+选人/抢答	
教学目标	加深对workaholic及workaholism的理解与应用，提高听力水平，纠正语音语调	
教学步骤	①观看视频，完成学习通—随堂练习—填空任务并讲解 ②语音教学	

课堂教学内容3：背景知识介绍（教学活动5，共10分钟）

活动5	TYPE A behavior（A型行为者）	10分钟
教学方法	教师讲授+图片举例+课堂讨论	
教学辅助	PPT、漫画	
教学目标	了解A型行为者的特征，引导学生自测行为类型	
教学步骤	①文字及图片展示A型行为者的特征 ②介绍A、mA、M、mB、B五种行为分类供学生自测，引导学生树立积极正确的行为方式	

课堂教学内容4：课文泛读（教学活动6、7、8，共20分钟）

活动6	人物关系梳理	5分钟
活动7	文章框架结构分析	7分钟
活动8	泛读练习	8分钟
教学方法	课堂讨论+板书、任务驱动	

续表

活动6	人物关系梳理	5分钟
教学辅助	PPT、学习通——讨论、学习通——随堂练习	
教学目标	与课前讨论任务相结合，熟悉文章的主体框架，学习写作技巧，培养快速阅读能力	
教学步骤	①展示人物关系图 ②分析文章结构及写作技巧 ③通过随堂练习，检验学生对文章的理解程度	

课堂教学内容5：思政教学延伸（教学活动9，共10分钟）

活动9	思政教学	10分钟
教学方法	教师讲授+课堂讨论	
教学辅助	PPT、学习通——选人/抢答——投票	
教学目标	进一步引导学生思考工作/学习与生活的关系，形成正确的事业观和人生观	
教学步骤	①引入词云图，总结主人公忽视的元素：健康和家人 ②引导学生思考总结自己拥有的元素，讨论并分享 ③再次投票活动2，观察A选项人数是否增加，以检验思政教学效果	

课堂教学内容6：总结、作业及答疑（共15分钟）

教学活动	时长
总结课堂内容	5分钟
分享课外资料+布置课后作业（①英语词缀“-holic”与中文“狂”的对比研究 ②英语情景剧“我是工作狂”）	5分钟
答疑	5分钟

（四）教学反思

1.教学目标完成情况

知识目标完成良好。学习通的统计结果显示，课文理解类练习正确率达90%以上，构词法和词缀的知识掌握良好；教学难点完成良好，大多数同学自测为mA、mB。

能力目标完成欠佳，其中听说较差。录音播放三遍，但听写的正确率仅为26%；口语水平也相对较弱，且语音语调需要纠正。

思政目标完成良好。课程导入的投票任务中30.5%的同学选择了B（生活是为了工作），思政延伸活动之后，8位同学将答案变成了A（工作是为了生活）。

2.主要收获

合理利用先进的信息技术手段有助于提高教学效果。学生们对词云图非常感兴趣；此外，学习通的签到、选人等功能，大大节省了课堂时间。

将课程思政教学与课本内容相结合，有助于调动学生的学习积极性。课程最后的答疑阶段，同学们反馈，以前很少独立思考词汇背后的意义，而这增加了中华民族文化自豪感。

3. 不足与改进方案：

选取的听力材料难度过大，且语音语调的问题也急需解决。因此，在后续的教学中，降低听力材料难度，并使用potplayer软件调整播放速度，并配合发音器官图及口型图，讲解英语发音原理和方法。

（五）参考文献

［1］叶俊，盘华．“四个自信”视域下大学英语课程思政功能的实现路径［J］．学校党建与思想教育，2020（20）．

［2］刘正光，岳曼曼．转变理念、重构内容，落实外语课程思政［J］．外国语（上海外国语大学学报），2020（5）．

［3］夏文红，何芳．大学英语“课程思政”的使命担当［J］．人民论坛，2019（30）．

三、“英语精读1”课程思政教育心得体会

“英语精读”系列课程在本校始于20世纪80年代，发展至今已有40余年的历史。其中，“英语精读1”面向全校非英语专业的大一新生，可以说，在本校每一位非英语专业的新生课表中都有本课程的身影。近年来，为响应国家及学校大力支持的课程思政建设，实现习总书记提出的“立德树人”之根本任务，我尝试在外语教学中融入思政教育，取得了一些成功的经验，同时也总结了有待改进的不足之处。

（一）成功的经验

首先，充分挖掘外语教学中的思政元素，有利于改善教学效果。本课程具有语言学科特有的文字优势，文字的力量是巨大的。在教学过程中，充分挖掘文字内容所包含的思政元素，有助于培养学生举一反三、追本溯源、独立自主的学习精神，并引导学生树立正确的世界观、人生观、价值观和积极乐观的生活态度。

其次，可将文化作为外语学科思政教学的切入点。文化是连接中外的桥梁，中外对比教学有助于培养学生的民族文化自信。

最后，根据授课对象的学科和专业，制订相应的思政教学计划。发挥学生的专业优势，有助于培养多学科全面发展的人才。

（二）存在的不足

首先，思政元素有待进一步挖掘。思政教学的内容应是百花齐放的。同一篇文章，可以从不同角度发现不同的思政元素。我目前对于教学中的思政元素挖掘尚不充分。

其次，信息技术手段发展迅速，新兴教学软件和教学平台层出不穷，必须持续学习，而我的信息技术水平有待进一步提高。

（三）今后努力的方向

基于上述经验与不足，在今后的教学中，我将努力做到以下几点：第一，继续提高思想政治觉悟，学习党的方针政策，提高思想觉悟；第二，充分挖掘思政教学元素，开展多角度深入的思政教育；第三，坚持以学生为中心，突出学生在教学活动中的主体地位；第四，在教学中进一步学习和使用先进的信息化技术手段，深化思政教学改革，提高思政教学效率。

教学展示课件

姜蕊　文学院公共英语教学部　讲师

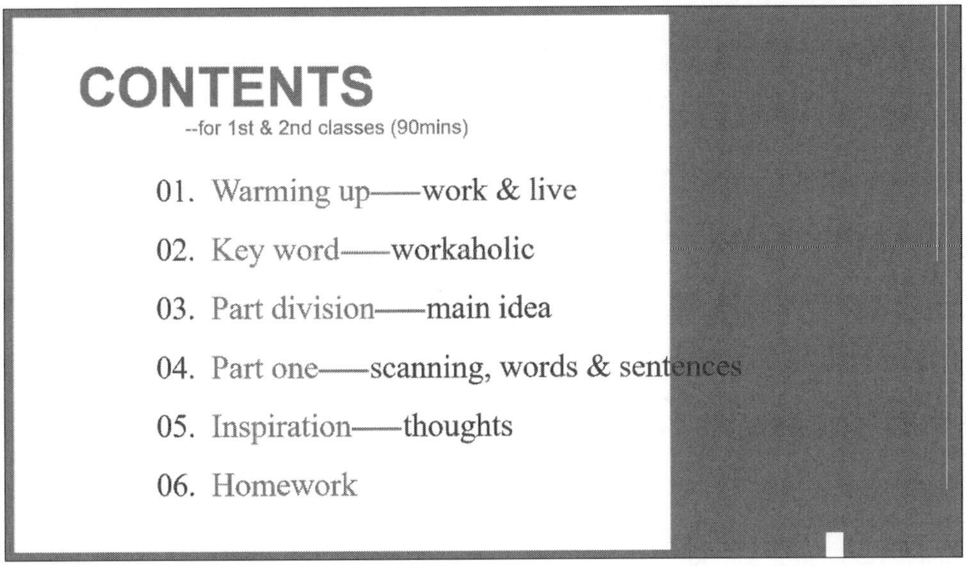

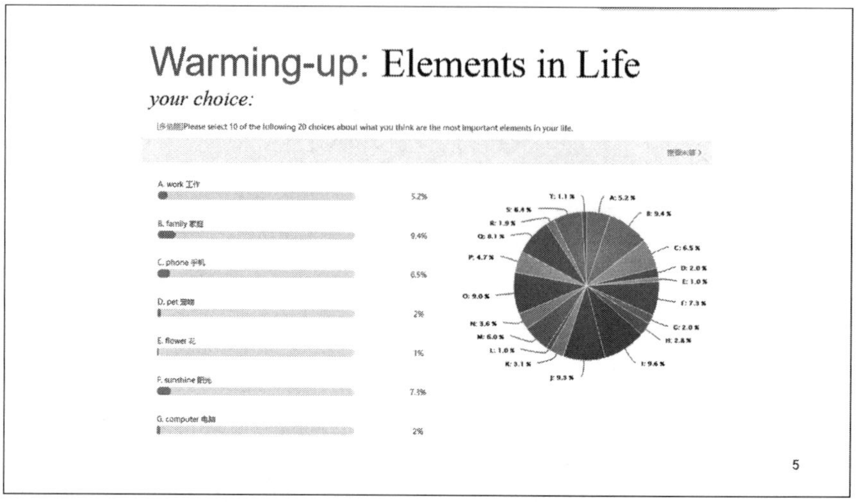
Warming-up: Elements in Life
your choice:
Please select 10 of the following 20 choices about what you think are the most important elements in your life.
A. work 工作
5.2%
B. family 家庭
9.4%
C. phone 手机
6.5%
D. pet 宠物
2%
E. flower 花
1%
F. sunshine 阳光
7.3%
G. computer 电脑
2%
T: 1.1%
A: 5.2%
S: 6.4%
B: 9.4%
R: 1.9%
Q: 8.1%
C: 6.5%
P: 4.7%
D: 2.0%
E: 1.0%
O: 9.0%
F: 7.3%
N: 3.6%
G: 2.0%
M: 6.0%
H: 2.8%
L: 1.0%
I: 9.6%
K: 3.1%
J: 9.3%
5

Let's change its form as
water 水
foods 食物
family 家庭
friends 朋友
study 学习
work 工作
music 音乐
books 书
sunshine 阳光
sports 运动
traveling 旅行
phone 手机
computer 电脑
shopping 购物
6

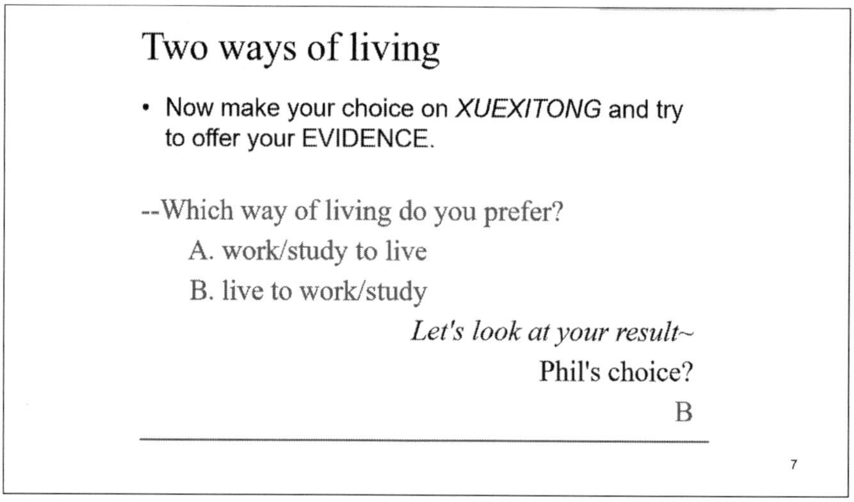
Two ways of living
• Now make your choice on XUEXITONG and try to offer your EVIDENCE.
--Which way of living do you prefer?
A. work/study to live
B. live to work/study
Let's look at your result~
Phil's choice?
B
7

Key word: Workaholic

ORIGIN

Time	Development
In 1891	Alcoholic was first attested.
In the 1960s	A whole new category of taking "-holic"as a suffix meaning "addict"followed.
In 1968	"workaholic"was first announced.
In 1971	The use of workaholic prompted many writers to start using the suffixes "-aholic", "-holic",or "-oholic"to describe "all-consuming obsession".
In the 1970s	More "-holic"words appeared.

8

affix 词缀

- prefix 前缀:in-, un-, im-, dis-, re-, extra-
- infix 中缀: sons in law, men
- suffix 后缀:-s, -ly, -ful,-able,-ion,-ment

- 前缀+词根：改变意义 happy——unhappy
- 词根+后缀：改变词性 happy——happiness

9

Let's compare

workaholic vs 工作狂

1.语法

suffix only	suffix 购物狂
	preffix 狂人
	word 你可真狂啊

2. 意义

对…上瘾，疯狂，嚣张，

"控"—手机控 "党" —标题党

10

Dictation: blank filling in XUEXITONG

11

Parts	Para.s	Main Ideas
1	1-3	One of six vice-presidents, Phil worked himself to death.
2	4-6	Phil completely tied up himself in work regardless of his health.
3	7-12	A typical workaholic, Phil totally neglected those closest to him — his wife and three children.
4	13-16	Phil's boss said one thing at the funeral and did quite another soon afterwards.

13

Phil & colleagues

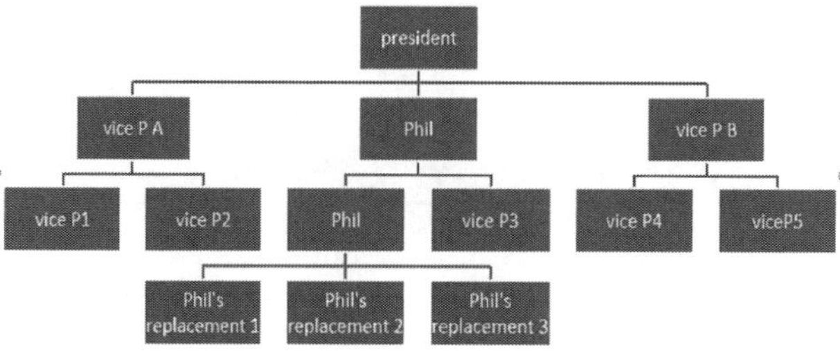

15

Type A behavior（A型行为者）

This is a behavior pattern associated with individuals who are impatient, excessively time-conscious, insecure about their status, highly competitive, hostile and aggressive, and incapable of relaxation. They are often high achieving workaholics who multi-task, drive themselves with deadlines, and are unhappy about the smallest of delays.

16

the opposite -Type B behavior

17

5 behavior types

A	A型行为人的极端型，有强烈的进取心和竞争欲。有时间紧迫感，人际关系不协调，有敌意倾向。
mA	是一种不那么明朗和极端的A型人。
B	B型行为人中的极端型，是与A型行为相反的一种类型，缺乏竞争性，喜欢不紧张的工作，喜欢过松散的生活，无时间紧迫感，有耐心，无主动的敌意。
mB	不像B型表现得那么明朗和极端。
M	M是介于A型和B型之间的一种混合型。

- *so, which one is your type?*

Back

18

proverbs and quotations

- All work and no play makes Jack a dull boy. — English proverb
- （只工作不玩耍，聪明孩子也变傻。英国谚语）
- You have a lifetime to work, but children are only young once. — Polish proverb

（你有一生时间用于工作，但孩子的童年只有一次。波兰谚语）

20

- Nothing makes a man so selfish as work.— George Bernard Shaw（没有什么事情能像工作那样使人不顾他人，只为自己。— 乔治 萧伯纳）
- Far and away the best prize that life offers is the chance to work hard at work worth doing.— Theodore Roosevelt（毫无疑问，生活给予我们最好的奖赏就是给予了我们努力去做值得做的事情的机会。— 西奥多 罗斯福）

21

today we have learned

- ➢Elements of life
- ➢Two living styles
- ➢Workaholic
- ➢Type A behavior
- ➢Part-division
- ➢Part one

- words & expressions
- precisely
- day off

22

Homework

① 狂/-holic

查询“狂”作为中文合成词词尾（如“购物狂”）的历时演变，以及两者在词法及词韵（褒贬）方面有何异同。思考：网络新词层出不穷，有些新词如昙花一现，而有些则得以长时间大范围传播，试分析影响新词汇生命力的因素，并举例说明。

② 我是工作狂

自行分组（每组建议5~8人），自拟场景（如文中出现的公司加班、打高尔夫、葬礼等），台词自拟，全英文对话。

24

· 管理学

“空间面板数据分析”课程

王晶　管理科学与工程学院信息管理与信息系统系　副教授

一、课程思政教学设计思路

（一）课程基本信息

“空间面板数据分析”是信息管理与信息系统专业的专业方向及专业前沿限选课。通过本课程的学习，使学生在掌握了该课程的一般理论和计算方法的基础上进行实践操作，提高学生的理论与实践相结合的能力，教学的主要目标是锻炼和培养学生的应用分析能力，教会学生如何在计量软件的帮助下，通过构建面板数据模型定量地分析和解决实际问题。

（二）课程目标

1. 知识目标

（1）掌握面板数据的基本理论和常用分析方法。培养学生学习用概率统计的思想和方法去思考多个变量之间的数量关系，逐步提高学生分析能力。通过学习要求学生掌握一些常用的分析方法，并能正确地应用于实际问题中。

（2）能读懂国内外权威期刊（如经济研究、管理世界等）上运用面板数据分析方法完成的经验研究论文。

（3）掌握面板数据模型的各种估计方法的基本思想、误差校正。

（4）理解应用前景非常广泛的面板数据分析方法的理论并掌握其在Stata中的实现程序，进而提高其实证分析能力和经验研究论文的写作水平。

2. 能力目标

（1）能够掌握面板数据模型理论方面的概念、原理和分析方法，理解各种方法的基本原理并能熟练运用。

（2）深刻理解并掌握每种方法的实现命令。

（3）能够对经济问题进行抽象、简化、归纳，依据概率论、数理统计等知识建立面板数据的数学模型。

（4）掌握模型估计方法，能够利用Stata软件进行辅助设计、分析、计算与模拟，使学生获得一定的现代工具的使用能力。

3.价值目标

（1）学生通过本课程学习，能够养成实事求是的专业习惯，深化其严谨的科学思维素质，激发不畏艰难、尽心尽力的敬业精神；

（2）培养学生的家国情怀和精益求精的工匠精神、辞海精神。

（3）培养学生要有稳定意识、大局意识、协作意识、责任意识、规划意识、底线意识。

（4）通过丰富的经济、社会案例挖掘面板数据分析功能，促进青年学生养成良好的学术道德与学术规范，了解国家发展取得的历史性成就，内化社会主义制度自信、厚植爱国主义情怀，自觉养成“爱国情操、强国志向、报国行动”的发展定位。

（三）课程内容简介

面板数据耦合了时空两个维度的信息，其相对于横截面数据与时间序列数据能够提供更为丰富的经验信息、能刻画人类更为复杂的经济行为和经济学理论；Stata软件中涵盖了丰富的面板数据模型板块，为研究者应用面板数据模型进行实证分析提供了可能。随着大数据时代的到来，个体、时点维度数据的获取变得越来越便利，面板数据模型也被广泛应用于计量实证分析领域。因此，无论是阅读文献还是撰写论文，都很容易接触到面板数据模型。通过本课程的学习，将有助于学生深入理解和系统掌握面板数据模型中常用的计量模型理论、不同模型间的逻辑关系、Stata软件操作技能，同时有助于提高学生高水平期刊论文阅读能力和实证研究能力。

（四）课程思政融入设计

1.思政元素的融入

围绕信管专业核心职业需求，按照重构后模块化教学内容分类进行教学设计。对于基本知识培养模块的基础知识教育，结合课堂讲授、小组讨论、提问、实践验证等方法，采用“课前回顾→问题导入→目标分析→理论学习→实践验证→内容小结→课后作业”的教学过程，融入逻辑严谨的科学思维，实事求是的专业素养，不畏艰难、尽心尽力的敬业精神等思政元素。于是，根据课程内容目标，设计如表1

所示的课程思政元素。

表1　思政育人案例设计

教学内容	思政要素切入点	育人目标
课程导入：国内外经济问题	“国内外形势”中经济数据内涵	增强“理论联系实际”观念，了解时事政治，研究中国问题，认识国情，激发爱国热情
知识延伸：提出问题	提问：如何挖掘这些数据蕴藏的含义？ 要弄清楚是什么原因产生的、为什么会产生，如何分析	透过现象看本质，培养学生辩证的思维模式；培养学生实事求是、追根溯源的科学探究精神
知识深入：面板数据如何分析	建模步骤逻辑性、条理性	引导学生要有规划意识，大局意识
案例分析与软件操作	1.案例本身背景及经济含义 2.编写代码，实例操作 3.分组讨论	引导学生坚持唯物辩证法； 培养学生一丝不苟、严谨求真的科学精神，对模型精雕细琢、精益求精的工匠精神； 引导学生养成认真负责的工作态度，增强学生的责任担当，培养学生团结协作精神； 通过研究中国问题，发现我国经济发展中的优势与不足，树立为中华民族的伟大复兴而奋斗的信念

2. 实施过程

（1）因“视”利导，循循善诱。

根据课程主题，观看两个小视频：“美方的关税严重阻碍国际贸易”和“看得见的手”，结合当前国内外形势和经济问题，引出实例：中美贸易摩擦和2019年猪肉价格，激发学生学习兴趣，提升学生思考动力。

针对国内外形势，让学生了解这些政治、经济问题涉及的数据及发掘隐藏于背后的本质，积极思考：能否运用数据分析这些问题背后的信息？

思政元素融入：润物无声地引导学生了解国内外动态，关心国家大事，激励青年学生的爱国主义精神，树立为中华民族伟大复兴贡献自己力量的远大理想。

（2）以图导学，紧扣要点。

根据经济管理理论分析所研究的社会经济现象，找出蕴含的内在关联性，把目标问题、主要影响因素分别视为被解释变量，其他因素归入随机项，按照内在的行为关系，选择适当数学形式挖掘案例故事背后信息。借助经济、统计检验等基本理论，阐述对问题建模的基本步骤流程，以流程图的形式简洁清晰地展示分析问题的思维逻辑框架，引导学生分析问题、解决问题。

思政元素融入：引导学生要有规划意识和大局意识，根据不同阶段规划好其阶段目标，有了目标才有努力的方向，同时要做好全面、充分准备，应对不确定性，以便相时而动。

（3）案例实操，举一反三。

下面分别通过案例进行讲解与练习。

案例一　家庭联产承包责任制与中国农业增长的研究

首先，观看视频：家庭联产承包责任制实行，中国产生了第一批万元户。

其次，引出该案例的背景，从而根据林毅夫（1992）的研究，构建度量指标，采集中国1970~1987年有关种植业的数据，分析家庭联产承包责任下种植业的投入与产出的变化。

最后，根据整理数据，编写代码，引导学生分析、解决问题

思政元素融入：历史进程中，20世纪80年代，没有哪个词比“万元户”更能引起中国人的关注，那是一个时代中的财富象征，改革开放使中国农村旧貌换新颜，给了中国农民最好的礼物，充分体现中国在农村改革中的制度创新，彰显中国制度自信，引导学生认识到中国特色社会主义的制度优越性，培养学生的家国情怀和创新进取的优秀品质。

案例二　产业创新与消费升级的实证分析

新时期的中国经济在保持稳中趋好增长势头的同时，也暴露出以产能过剩和供给缺口并存为主要特征的结构性问题。

问题：该背景下，新时期中国实现高质量发展的关键是什么？通过产业自主创新能否实现持续改进生产技术（方法）、提高产品质量、有效填补“供给缺口”，促进消费升级？参考文献孙早等（2018）的基本思想：引入不同产业部门自主创新效应和技术吸收效应，刻画了两者对一国消费结构高级化和总消费增长率的影响机理，并考察了劳动配置效率改善可能产生的影响。

以案例一为标杆，牵物引类，让学生学会触类旁通、举一反三，真正达到融会贯通。

思政元素的引入：作为年轻人，同学们应该如何正确看待经济变化这种社会现象呢？年轻人应该用辩证的思想看待这个问题。计量经济模型所追求的一种规则与形式：被解释变量、解释自变量、控制变量、多元回归、系数显著、稳健性检验……从计量模型在形式上的表现来讲，培养学生善于钻研、不畏困难的工匠精神和一丝不苟的辞海精神。

二、教学展示

（一）教学目标和内容

1.教学目标：

（1）能区分随机效应模型和固定效应模型；

（2）能运用Stata软件进行掌握变系数面板数据模型操作。

2.教学内容：

变系数面板数据模型案例分析与软件操作。

（二）教学重点和难点

教学重点：参数估计；Stata软件操作。

教学难点：建立模型过程中的状态判断、模型建立、参数估计以及对比分析和优化。

（三）教学过程和方法（可含时间分配）

1.教学过程

根据学生学情特点，采用案例教学法、项目教学法和实践教学法相结合的手段，讲授过程以实用和过程化应用为主，简化理论的讲授，重点结合行业案例进行分析，通过知识巩固，思维锻炼，让学生从实例操作中获取成就感和自信心，试图激发学生的求知欲。具体安排如表2所示。

表2 教学内容的安排

教学安排 教学环节	时间	教学活动		教学 工具
		教师活动	学生 活动	
导论	5分钟	（1）中美贸易战 （2）猪肉价格	观看 视频	PPT
提出问题	3分钟	（1）复杂的国际形势，中国路在何方？ （2）突发经济、社会问题，如何运用数据解决？	回答 问题	PPT、网络教学平台
案例引入	5分钟	经济与统计理论、数据、面板数据计量模型设定的案例	分析、解决问题的思维	视频、PPT
实例操作	25分钟	Stata模型估计与检验	运用软件实践操作	PPT、Stata
讨论	3分钟	如何选择估计方法？ 如何鉴别是随机效应还是固定效应？	分组讨论问题	PPT、Stata、网络教学平台
总结	2分钟	课程总结呼应开头，总结检验结果	小组总结	PPT、网络教学平台
评价	2分钟	评价学生学情、教学反思	学生课堂练习、学习交流反馈	面谈、交流平台

2.教学方法

采用讲述、视频、案例、分组讨论等多种教学手段相结合的方式激发学生学习兴趣，加深学习认知印象。利用板书严密推导数学模型的构建过程，结合Stata软件实施实例操作，借助多媒体课件直观展现构建数据模型的估计结果，最后根据运行的结果讨论模型的合理性和可行性，并尽最大可能地加以改善。

案例教学法和分组讨论法是空间面板数据分析最主要的教学方法。精心选取并实时更新一些生动新颖、内涵丰富的案例，有助于提升学生的学习兴趣，有效培养学生的数学规模意识和应用意识。引导学生通过网络资源搜索相应的课程资料，分组讨论，鼓励团队协作进行实操锻炼，以期达到学以致用的目标。

（四）教学反思

如何在本课程中加入思政元素，使学生在接受专业课知识教育的同时，潜移默化地给学生传递做人做事的道理，是我们在教学工作中不断探讨的主题。结合本课程的特点，我在对学生进行系统教授专业知识的同时，力求课程育人合力，同向同行，试图培养学生的科学认识论、辩证统一的认识论和方法论等本领，提高学生的综合分析水平和能力，树立科研报国的使命感和责任感。

为此，本课程紧扣“做人做事的道理、社会主义核心价值观的要求、实现民族复兴的理想和责任”这三句话，在备课时找出“三句话”、讲课时体现“三句话”，反思时领悟“三句话”，采用案例分析法、实践教学等多种教学方式，以“视频+讲述+讨论”等多种形式加以展现，通过具体实例分析，教给学生采用多种手段分析事物本质的方法，使学生掌握辩证统一思想、科学方法论在认识事物本质中的作用与地位。我在每个章节中增加了案例分析实例操作，使学生认识到本专业发展的必要性，引发学生追求技术进步的紧迫感和自信心。根据课堂内容，采用问题驱动式分组讨论，引导学生主动学习，提高学生的自信心、表达能力和团结协作精神。实际教学过程中，依据课程进度、章节特点，适时拓展思维，引导学生利用本课程所学知识深入思考，针对特定问题，提出解决办法，并能够进行正确分析，激励学生要勇于探索，勇于创新。

然而，课程教学与思政元素融合过程中，还需要不断打磨、渗透和融合。在今后教学中，我将进一步聚焦以学生为中心，遵循学生的认知规律，关注学生的求知欲和获得感，牢牢把握住“教育者先受教育”这个难点和思想政治教育元素的“挖掘”与“融入”这个关键点，强化立德树人的“三项基本功”，推动课程建设。

（五）其他需要展示的内容

根据学生的需要和兴趣，归纳本次课程内容要点和布置课后思考，是教学过程完善重要的一步。

给学生布置课后思考：（1）你觉得，随机效应模型和固定效应模型哪个更接近现实情形，为什么？（2）假设所有检验的前提条件都满足的情况下，出现统计检验与定性分析（权威理论或研究结论等）不一致时，如何选择？例如，定性分析认为应建立个体固定效应模型较为合理，然而，统计检验显示应该建立个体随机效应模型，此时如何处理？

三、课程思政教育心得体会

由于时间所限，在本课程课中涉及的面板数据分析知识比较有限，但即使在有限的内容中仍然可以提炼出不少合适的思政元素，在传授科学知识的同时，提升学生的科学精神，陶冶学生的情操。课程思政，不是简单僵硬的拼凑与说教，强调的是“润物细无声”，通过巧妙的设计、合理的安排，使学生在学习具体科学知识的同时得到价值观的熏陶，并最终实现与社会主义核心价值观的共鸣。

数据分析是一个探索性的过程，需要好奇心、寻找答案的欲望和很好的韧性。因此，需要掌握科学的方法进行数据分析，才能更好地将数据科学学科的内容应用到实际生产生活中。随着大数据的发展，数据分析已经渗透到各行各业，如互联网、电子商务、金融、电信、旅游、医疗卫生等领域有着广泛的应用，甚至像我国非常重要的尖端科技发展、大国重器及超级工程的背后都离不开数据分析的技术支持。

无论学习还是生活，我们经常会遇到复杂的面板数据分析问题，要学会应用“知行合一”的哲学思想，分析思考问题的性质（即致“知”）和实际去解决问题（即格“物”）不可分割，“知是行之始，行是知之成”。因此，应通过理论知识与实操训练，培养学生一丝不苟、严谨求真的科学探索精神和对模型精雕细琢、精益求精的工匠精神。作为高校教师，要充分挖掘和拓展专业课程的育人价值，站在立德树人、培养社会主义建设者和接班人的出发点和目标角度上，“用好课堂教学主渠道”，打破课程育人的“孤岛效应”，强化全过程、全方位、全员育人理念，感染学生、打动学生、激发学生，实现思想启迪和价值引领。

教学展示课件

王晶　管理科学与工程学院信息管理与信息系统系　副教授

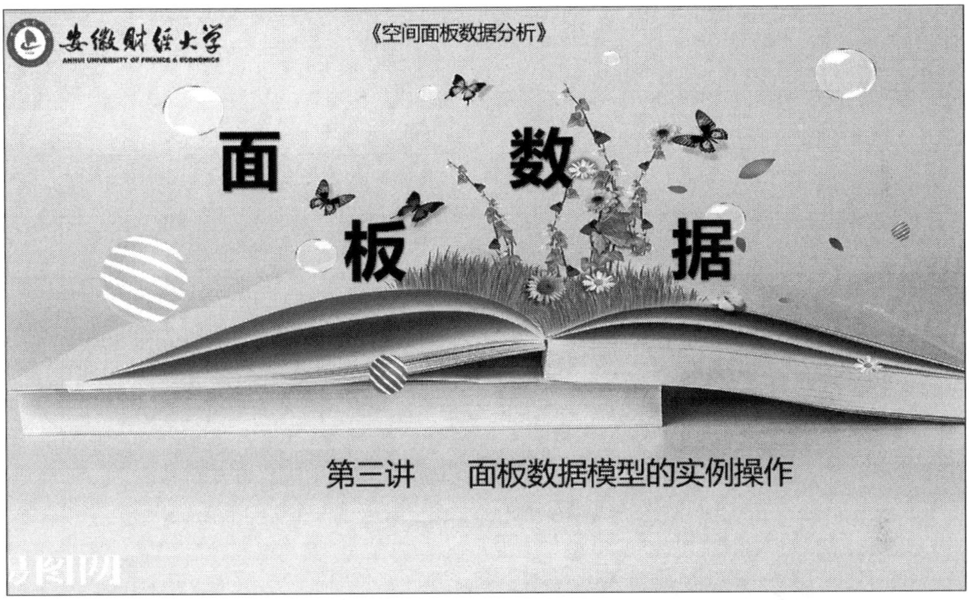

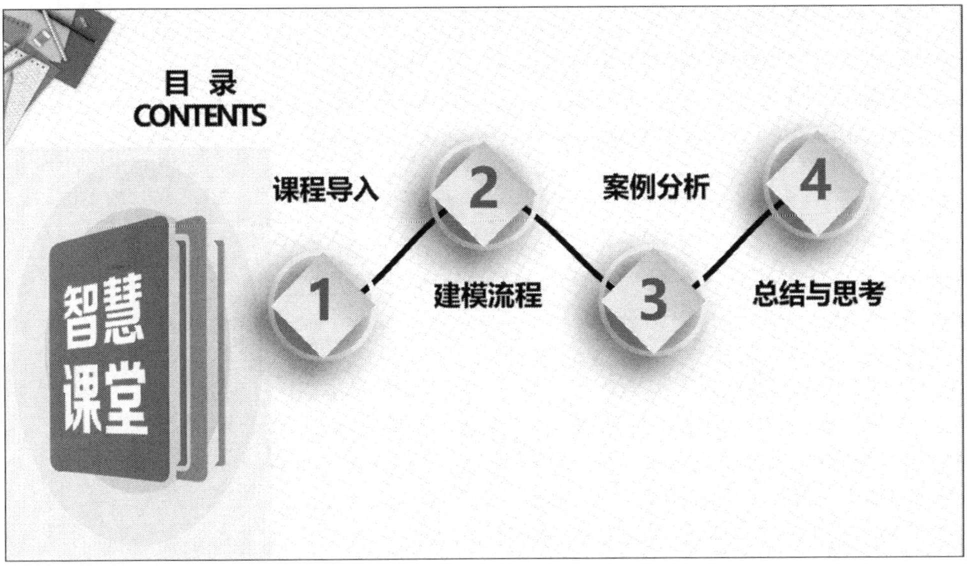

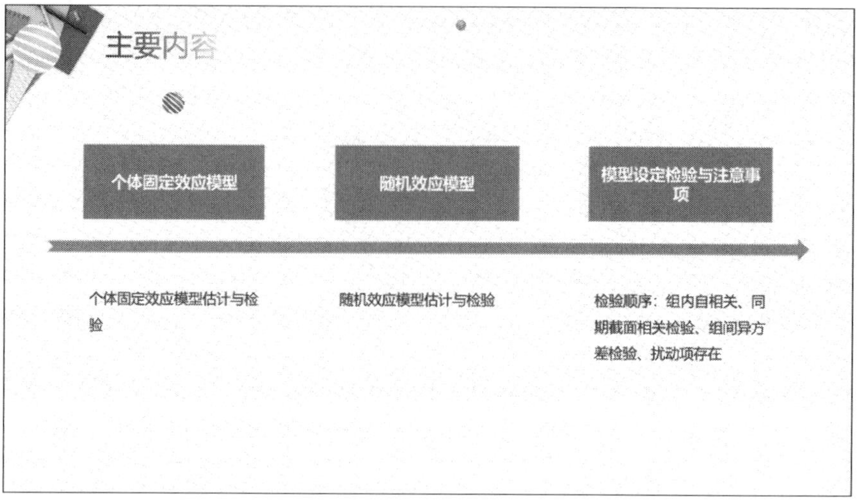
主要内容
个体固定效应模型
随机效应模型
模型设定检验与注意事项
个体固定效应模型估计与检验
随机效应模型估计与检验
检验顺序：组内自相关、同期截面相关检验、组间异方差检验、扰动项存在

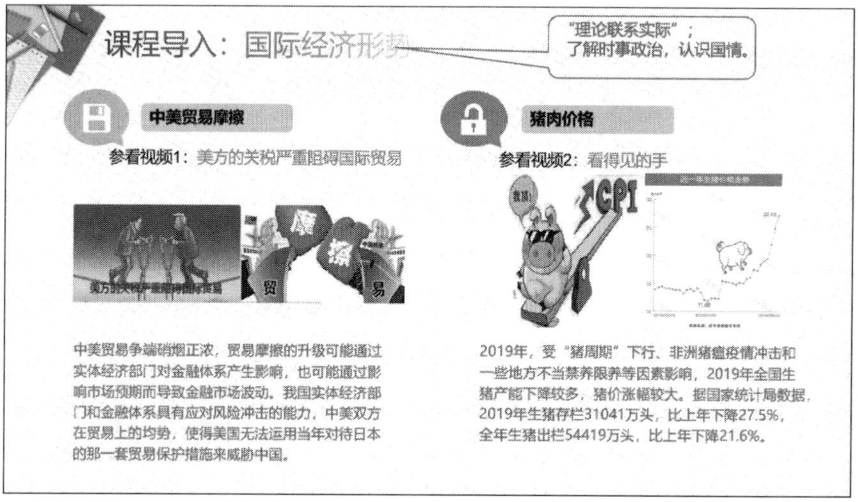
课程导入：国际经济形势
"理论联系实际"；
了解时事政治，认识国情。
中美贸易摩擦
参看视频1：美方的关税严重阻碍国际贸易
猪肉价格
参看视频2：看得见的手
CPI
中美贸易争端硝烟正浓，贸易摩擦的升级可能通过实体经济部门对金融体系产生影响，也可能通过影响市场预期而导致金融市场波动。我国实体经济部门和金融体系具有应对风险冲击的能力，中美双方在贸易上的均势，使得美国无法运用当年对待日本的那一套贸易保护措施来威胁中国。
2019年，受"猪周期"下行、非洲猪瘟疫情冲击和一些地方不当禁养限养等因素影响，2019年全国生猪产能下降较多，猪价涨幅较大。据国家统计局数据，2019年生猪存栏31041万头，比上年下降27.5%，全年生猪出栏54419万头，比上年下降21.6%。

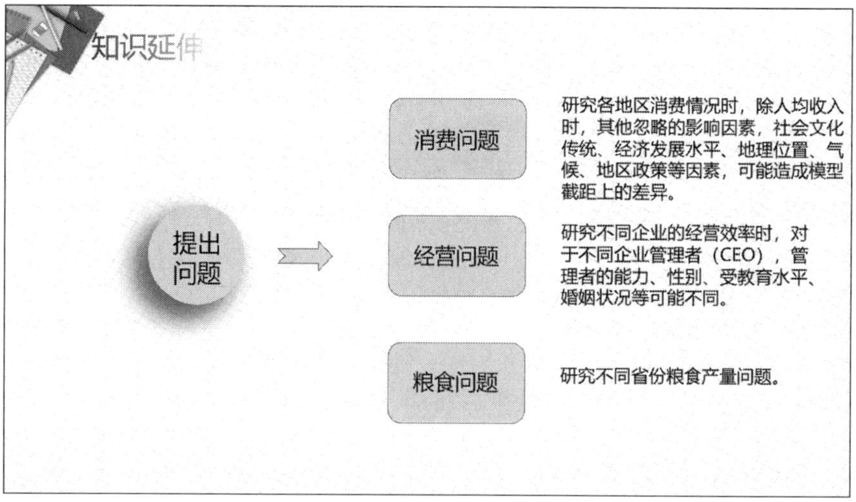
知识延伸
提出问题
消费问题
研究各地区消费情况时，除人均收入时，其他忽略的影响因素，社会文化传统、经济发展水平、地理位置、气候、地区政策等因素，可能造成模型截距上的差异。
经营问题
研究不同企业的经营效率时，对于不同企业管理者（CEO），管理者的能力、性别、受教育水平、婚姻状况等可能不同。
粮食问题
研究不同省份粮食产量问题。

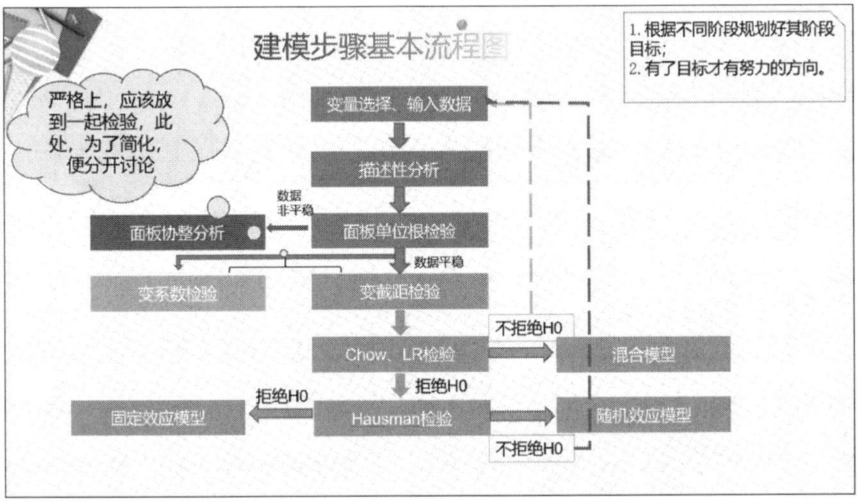
建模步骤基本流程图
1. 根据不同阶段规划好其阶段目标；
2. 有了目标才有努力的方向。
严格上，应该放到一起检验，此处，为了简化，便分开讨论
变量选择、输入数据
描述性分析
数据非平稳
面板协整分析
面板单位根检验
数据平稳
变系数检验
变截距检验
不拒绝H0
Chow、LR检验
混合模型
拒绝H0
拒绝H0
固定效应模型
Hausman检验
随机效应模型
不拒绝H0

案例一 家庭联产承包责任制与中国农业增长
参看视频：家庭联产承包责任制
林毅夫（1992），基准模型为加入年度虚拟变量的双向固定效应模型，来估计省级农业生产函数：
$\ln Y_{it} = \beta_0 + \beta_1 hrs_{i,t-1} + \beta_2 \ln land_{it} + \beta_3 \ln labor_{it} + \beta_4 \ln power_{it} + \beta_5 \ln fert_{it} + \beta_6 irrig_{it} + \beta_7 \ln mci_{it} + \beta_8 ngca_{it} + \beta_9 wa_{it} + u_i + \lambda_t + \varepsilon_{it}$
其中，下标i指省份，下标t指年份，u_i为省份固定效应，而λ_t为年度固定效应。方程未包括两个全国层面的价格指数（gp和mp），因为它们不随省份而变。

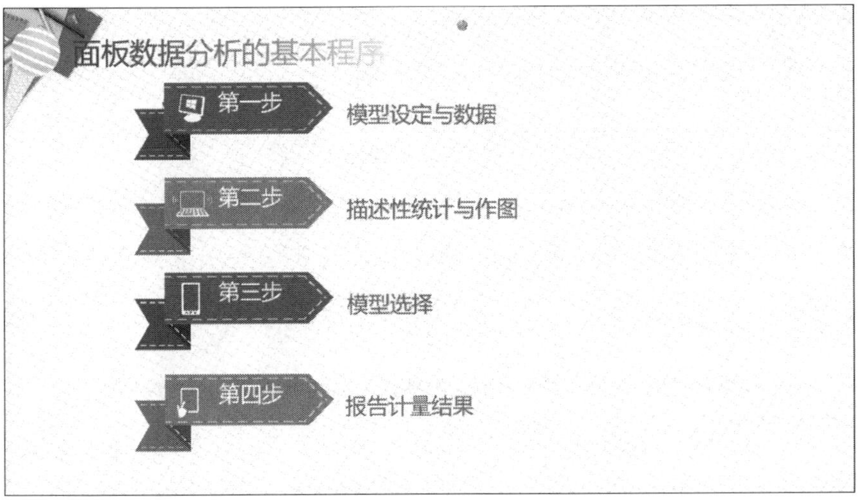
面板数据分析的基本程序
第一步
模型设定与数据
第二步
描述性统计与作图
第三步
模型选择
第四步
报告计量结果

第一步：模型设定与数据

1

- *打开位于桌面上的交通数据集lin1992.dta
  use "C:\Users\Administrator\Desktop\lin1992.dta"
- 查看导入的数据集
  des
- 在Stata中将变量state设置为个体编码，将year设置为时间编码，形成面板数据
  xtset state year
- 查看导入面板数据的特征
  xtdes

第二步：描述性统计与作图

2

- 对模型中涉及的相关变量做描述性统计分析
  sum fatal beertax spircons unrate perinck
- 画出核心变量与被解释变量的散点图与回归直线（未控制变量）
  twoway(scatter fatal beertax)(lift fatal beertax)
- 利用LSDV进行回归估计
  reg fatal beertax spircons unrate perinckyear2-year7 i.state
- 安装avplot命令：　search avplot
  在LSDV回归后利用avplot画出核心解释变量与被解释变量的偏回归图
  avplot beertax
- 做出变量fatal在各个省的时间序列图：　xtline fatal

第三步：模型选择

3

- 1. 比较混合回归模型（PLS）和固定效应模型（FE）
  *生成年份虚拟变量
  tab year, gen(year)
  *先估计双向固定效应
  xtreg fatal beertax spircons unrate perinckyear2-year7,fe
- 2. 比较混合回归模型（PLS）和随机效应模型（RE）
  $$H_0: \sigma_\mu^2 = 0$$
- 3.比较固定效应模型（FE）和随机效应模型（RE）——Hausman检验

第四步：报告计量结果

4

> 1.检验异方差是否存在

> 2.检验误差项是否存在自相关

> 3.根据以上三大检验结果选择合适的回归命令（直接用xtscc最省力）

> 4.报告结果

注意：
面板数据分析是动态的分析，即主张用动态的、发展的、联系的、全面的观点看问题

案例二 产业创新与消费升级的实证分析

新时期的中国经济在保持"稳中趋好"增长势头的同时，也暴露出以"产能过剩"和"供给缺口"并存为主要特征的结构性问题。能否通过产业自主创新实现"持续改进生产技术（方法）、提高产品质量、有效填补"供给缺口"，促进消费升级则是新时期中国实现高质量发展的关键。孙早和许薛璐（2018）在Ngai & Pissarides（2007）基础上引入不同产业部门自主创新效应和技术吸收效应，刻画了二者影响一国消费结构高级化和总消费增长率的作用机理，同时考察了劳动配置效率改善可能产生的影响。

基本假设

- **假说1**：发展中国家消费结构的转换方向主要取决于本国创新（高技术）产品部门自主创新效应和基础（低技术）产品部门技术吸收效应强弱的比较：当创新产品部门自主创新效应强于基础产品部门技术吸收效应时，消费者对本国创新型产品的消费随之上升，消费结构呈现出高级化特征；反之，当创新产品部门自主创新效应弱于基础产品部门技术吸收效应时，消费者转而消费更多本国基础产品，导致消费结构逆高级化趋势。
- **假说2**：发展中国家总消费增长率仅与本国创新（高技术）产品部门自主创新效应有关。自主创新能力越强，均衡条件下总消费增长率越高。
- **假说3**：在自主创新能力给定的情况下，发展中国家的要素配置效率会随着本国经济增长自发改善（劳动力从低技术产品部门向高技术产品部门流动）。但要素配置效率改善并不会对总体消费增长率产生正面影响，本国自主创新能力才是总消费持续增长的唯一动力。

构建模型与数据来源

1. 基本模型

为了验证假设1与假设2，孙早等（2018）设定模型

$$\text{constru}_{it}=\alpha_0+\alpha_1 \ln ino_{it}+\alpha_2 \ln abs_{it}+\alpha_3 X_{it}+\varepsilon_i+u_{it}$$

$$\text{consump}_{it}=\alpha_0+\alpha_1 \ln ino_{it}+\alpha_2 \ln abs_{it}+\alpha_3 X_{it}+\varepsilon_i+u_{it}$$

为了验证假设3，反映高技术产业自主创新能力对经济增长进而对劳动要素配置效率改善的作用以及要素配置效率改善对消费的可能影响，设定模型

$$\text{consump}_{it}=\beta_0+\beta_1 \ln ino_{it}+\beta_2 \ln abs_{it}+\beta_3 \ln laror_{it}+\beta_4 X_{it}+\varepsilon_i+u_{it}$$

$$\text{labor}_{it}=\gamma_0+\gamma_1 \ln ino_{it}+\gamma_2 \ln abs_{it}+\gamma_3 Y_{it}+\gamma_4 X_{it}+\varepsilon_i+u_{it}$$

2.数据来源与预处理

数据来源于2003—2016 年《中国统计年鉴》《中国工业统计年鉴》《中国科技统计年鉴》、《中国高技术产业统计年鉴》《中国地区投入产出表》及各省份统计年鉴以及WIOT 数据库中1995—2014 年中国分行业投入产出数据。

变量解释

被变量解释和核心解释变量

变量	说明	观测值
$Consump_{it}$	总消费增长率	农村家庭、城镇家庭平均每人全年的衣着支出和家庭设备及服务支出代表农村家庭和城镇家庭的人均总消费情况，并利用农村人口和城镇人口的比重加权平均，得到各省各年人均总消费水平的数据。
$Constru_{it}$	消费结构高级化	将工业行业中高技术产业最终消费设定为高技术产业总消费，将低技术产业最终消费设定为扣除食品支出后低技术产业总消费，消费结构高级化由高技术产业实际消费与低技术产业实际消费之比。
$Labor_{it}$	劳动配置效率	低技术产业就业人数占比和第一产业就业人数占比相乘
$\ln Ino_{it}$	高技术产业自主创新效应	高技术产业R&D 实际值的积累水平
$\ln Abs_{it}$	低技术产业技术吸收效应	《中国科技统计年鉴》中规模以上工业企业技术获取和技术改造经费
$\ln Y_{it}$	总产出水平	人均规模以上工业企业生产总值实际值

控制变量

变量	说明	观测值
$\ln Kper_{it}$	资本积累水平	用各省份第一、二产业的固定资产投资总额计算获得，计算方法与张军等（2004）相同，并利用各省年末人口数折算为人均值
Urb_{it}	城镇化水平	各省份年末城镇人口比重
$\ln Hum_{it}$	人力资本水平	各省高中文化程度人口数取对数
$\ln Edu_{it}$	政府教育支出	各省份一般预算支出中教育支出实际值取对数
$\ln Med_{it}$	政府医疗支出	各省份一般预算支出中医疗支出实际值取对数
Int_{it}	市场利率	年均银行整存整取一年期存款利率
$\ln Inc_{it}$	居民可支配收入	城镇居民人均可支配收入和农村居民人均可支配收入的加权平均值
Juv_{it}	少年人口抚养比	由《中国统计年鉴》直接给出
Eld_{it}	老年人口抚养比	由《中国统计年鉴》直接给出
$\ln Import_{it}$	货物进口水平	各省份货物总进口额以2000 年为基期的消费者物价指数转换为实际值并取对数

模型估计结果

表1 混合模型的Stata分析结果

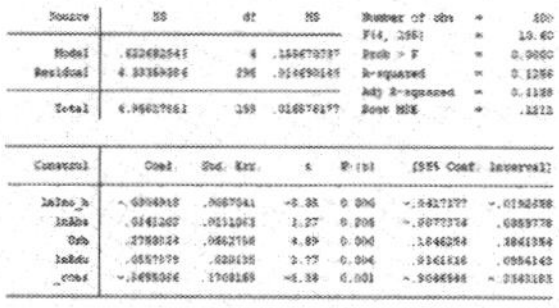

表2 个体效应模型的Stata分析结果

表3 假设2的检验结果

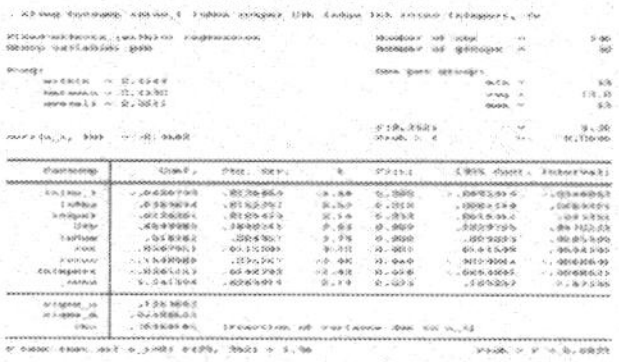

表4 假设3的检验结果

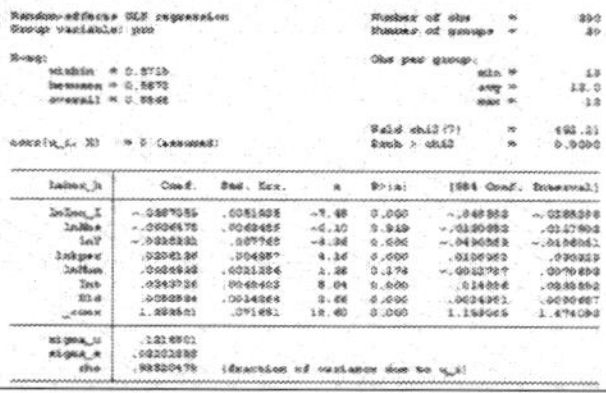

学生课堂练习

请每位同学按要求完成以下内容：

- 1. 请学生参考案例一，设计建模流程，并将其写在do文件里。
- 2. 运行自己编写代码，根据模型估计结果，学会查找错误，发现错误，解决错误。
- 3. 对运行的结果进行分析，形成文字性说明。

小结与思考

小结

与传统计量经济模型类似，面板数据模型所追求的一种规则与形式：被解释变量、解释自变量、控制变量、多元回归、系数显著、稳健性检验……从计量模型在形式上的表现来讲，其核心在于培养学生善于钻研、不畏困难的工匠精神。

组内自相关检验：xtserial

同期截面相关检验：xttest2，仅适用于n<T情形，长面板数据xtcscd组内异方差检验：xttest3

扰动项存在自相关、异方差与截面相关估计方法：xtgls、xtpcse

查找中美贸易摩擦过程中中美进出口数据、猪肉价格数据，你能分析出什么结果呢？

小结与思考

课后思考

1. 你觉得，固定效应模型和随机效应模型哪个更接近现实情形，为什么？
2. 假设所有检验的前提条件都满足的情况下，出现统计检验与定性分析（权威理论、权威文献研究结论等）不一致时，如何选择？

例如，定性分析认为应建立个体固定效应模型较为合理，然而，统计检验显示应该建立个体随机效应模型，此时如何处理？

谢
谢
观
看